ISIS: Inside the Army of Terror

Michael Weiss & Hassan Hassan

イスラム国

グローバル・ジハード「国家」の進化と拡大

マイケル・ワイス／ハサン・ハサン　山形浩生＝訳

亜紀書房

どんな家族にとっても不当なほど
ＩＳＩＳ（と我々）につきあわされた
エイミーとジュリア、オラ、ジェイコブ、ダニエルに

イスラム国――グローバル・ジハード「国家」の進化と拡大

ＩＳＩＳ：Inside the Army of Terror

目次

・原著者による補足は［　］で示した。
・訳者による注は（　）内に割注で示した。

おもな頭字語

AKP　公正発展党
AQAP　アラビア半島のアル＝カイダ
AQI　イラクのアル＝カイダ
CENTCOM　アメリカ中央軍
COIN　反乱軍対抗
CPA　連合国暫定当局
CTC　テロ対抗センター
FSA　自由シリア軍
FSB　ロシア連邦保安庁
GID　（ヨルダン王国）総合情報局
HDP　人民民主党
IRGC　イスラム革命防衛隊
ISF　イラク安全保障軍
ISI　イラクのイスラム国
ISIS　イラクとアル＝シャムのイスラム国
JSOC　統合特殊作戦司令部
KDP　クルディスタン民主党
KRG　クルディスタン地方政府
NSF　新シリア軍
PKK　クルド労働者党
PUK　クルディスタン愛国同盟
PYD　クルド民主統一党
SCIRI　イラク・イスラム革命最高評議会
SOFA　駐留米軍地位協定
SSO　イラク特別治安機関
USAID　アメリカ合衆国国際開発庁
YPG　クルド人民防衛隊

はじめに

二〇一一年末、一六歳のバーレーン人少年アブデルアジーズ・クワンはシリアの叔父に接触し、リアド・アル＝アサドを紹介してくれと依頼した。これはシリア空軍の大佐であり、バシャール・アル＝アサドの独裁から最初期に離反した軍人の一人だ。アブデルアジーズはシリアで反乱軍に参加したいと思ったが、両親に止められた。そこで両親をだますことにしたのだった。

二〇一二年初頭、かれはまずイスタンブールに飛び、そして多くの外国人戦士と同じく、一三時間もバスに揺られてトルコ南部の国境町レイハンルに向かった。そこから国境を越えてシリアのアレッポ県に入った。これは北の地方部で、その頃は反乱軍に制圧されていた。アブデルアジーズは数週間にわたって穏健な反乱軍派閥に加わり戦ったが、あまりに腐敗して役立たずだと見切りをつけた。それからアル＝ヌスラ戦線を含む各種のイスラム主義旅団に参加した。アル＝ヌスラ戦線は後に、シリアにおけるアル＝カイダの一派だと明かしている。恐れ知らずで宗教的にも敬虔な戦士という評判を獲得する一方で、アブデルアジーズはイスラム主義の同志たちに幻滅し、また家族からバーレーンに戻れというかなりの圧力も受けた。それに屈して二〇一二年末に帰国すると母親は即座にアブデルアジーズのパスポートを没収した。

アブデルアジーズはその一年後に、聖戦士だった日々に焦がれつつ、筆者たちにこう語っている。「おれは［バーレーンの］街路を歩いていても、捕らわれているように感じるんだ。縛り付けられてる。だれかにいつも見張られているようだ。この世界はおれには無意味だ。自由になりたい。戻りたい。人々が命を捧げてる。あれこそが栄誉ある暮らしだ」

アブデルアジーズの一家は一九八〇年代にシリア東部からバーレーンに引っ越してきた。両親からは、まともな生活を送れるだけのものを与えられてきた。ある親戚はこう回想する。「父親はあの子を立派に育てました。一人立ちして高い社会的地位についてほしいと願っていました」。その親戚は、アブデルアジーズが「物静か」で「洗練され」「常に男らしかった」と付け加えた。

アブデルアジーズはバーレーンに三ヶ月とどまったが、母親を説得してパスポートを取り戻した（なぜ母親がそれに同意したのかはいまだに謎だ）。そして三日後にシリアに向かった。到着するとすぐに、アブデルアジーズは「イラクとアル＝シャムのイスラム国（ＩＳＩＳ）」に参加した。ここは当時、シリアで最も統制が取れ、組織力の高いジハード主義集団として台頭しつつあった。後にアブデルアジーズは、バーレーンに最後に滞在した数ヶ月の間にスカイプ経由でシリアの「兄弟たち数人」と会話したことで、ＩＳＩＳに加わろうと決意したと述べている。ISISとイデオロギー的に類似した他のイスラム派閥で経験を積んでいたことも、外国人戦士が多数派を占める組織に参加するにあたって有利となった。アブデルアジーズはISIS内で頭角を現し、まずは地元エミル（イスラム世界で司令官を意味する称号）の調整役となり、それから指導者に代わって伝言したり口頭での合意事項を伝える役となった。ISISが二〇一四年夏にシリアとイラクで広大な領土を掌握したとき、アブデルアジーズはシリアとイラク国境の町アルブ・カマル近郊の三つの町を監督する治安担当官へと昇進した。この地域は、まさにアブデルアジーズのような人々が両国の間を行き来するときに使う玄関口だった。

ISISで、アブデルアジーズは自分自身についても新たな発見をしている。自分が暴力的で、残虐で、意志が固いことを学んだ。敵の首をはねた。ヤズディ教徒の少女を一人、サビーヤ、つまり性奴隷として家に囲った。この少女はシリア国境近くのイラク領シンジャールで、イラク系クルド人部隊のペシュメルガやその他クルド系民兵との戦闘に参加したことに対するご褒美なのだった。ISISのプロパガンダ雑誌『ダービク』によると、シンジャールから奪取した性奴隷の五分の一は好きにしてよい存在としてISISの中央指導者層に分け与えられた。残りはアブデルアジーズのような下位の兵員に、戦利品として分け与えられた。

アブデルアジーズは、そのサビーヤの写真を見せてくれた。一〇代後半だ。アブデルアジーズの「所有物」だったのは一ヶ月ほどで、その後他のISIS指揮官に譲られた。

仲間の戦士の一人によれば、テレビでニュースが流れる際にアブデルアジーズはテレビの画面を覆って、女性キャスターの顔を見ないようにするのだという。それなのに自分が強姦者だという事実は、アブデルアジーズが考える敬虔なイスラム教徒の道徳的な義務には違反しないらしい。しばしばコーランとハディース（預言者ムハンマドのものとされる言行録）を熱心に引用し、「アル＝ダウラ」について大仰な発言を繰り返した。アル＝ダウラとは「国家」であり、ＩＳＩＳが自分たちの計画を語るときに使う用語だ。もし父親がアル＝ヌスラ戦線（アブデル・ジアーズが一時的に所属したアル＝カイダのグループで、アル＝カイダと敵対していた）の一員で戦場で出くわしたらどうするか、と尋ねたら、アブデルアジーズは即座に答えた。「殺す。アブ・オベイダ［預言者ムハンマドの仲間の一人］は戦場で父親を殺した。アル＝ダウラを傷つけるべく手を差し伸べる者はすべて、その手を切り落とされる」。アブデルアジーズはまた、バーレーン軍やバーレーン治安部隊に所属している親戚を「背教者」と呼んだ。自分を養ってくれたバーレーン軍は当時、アメリカ率いる多国籍軍のＩＳＩＳ爆撃作戦に参加していたからだ。

　シリアでのジハードに参加するまで、アブデルアジーズの神学的な知識は浅く、サウジアラビアの宗教学校でやっとイスラム学を一年終えたくらいだった。バーレーンで高校を中退し、サウジアラビアのメディナに旅してイスラム法《シャリーア》を学んだのだった。家族の一人によると、学校では敬虔でない同級生は避け、主に硬派の学生とつきあっていた。やがて「ジハード主義発言」をしきりに繰り返すようになり、アフリカや中東、東南アジアのスンナ派イスラム教徒たちが置かれている悲惨な状況について絶えず語るようになる。

シリアの戦場でかれの変身が続いた。かれはアッバース朝八代目カリフ、アブ・アル＝ムタシム・ビラーにちなんでアブ・アル＝ムタシムを名乗るようになった。このカリフは東ローマ帝国の兵士による女性の侮辱に対する報復として軍を率いたことで有名だ。アブデルアジーズは、シリアとイラクの無力なイスラム教徒を支援することで、このアッバース朝カリフを真似たいのだと述べた。治安担当官に任命されても、常に前線で戦う機会を探し続けた。かれはこう語った。「じっとすわっていられない。おれは殉教者になるためにここにきたんだ。どこへ行ってもそれを求めてきた」

二〇一四年一〇月二三日、アブデルアジーズの願いはかなった。東部のデリゾール県で、シリア軍スナイパーに射殺されたのだった。

ＩＳＩＳが、二〇一四年六月半ばにニナワ県の首都モースルを急襲したとき、世界は衝撃を受けて大混乱となった。アブデルアジーズと大差ない連中が、イギリスとほぼ同じくらいの広さの地域を中東で制圧したのだ。それが人工衛星の絶え間ない監視下と査察ドローンの下で実現されたことで、世界の各国政府も一般人に負けず劣らず驚くことになる。

さらにもっと驚愕させられたのは、ＩＳＩＳが同市を制圧した手法だった。イラク政府によれば、たった一〇〇〇人ほどが、アメリカで訓練を受けたイラク兵や警官三万人ほどに守られたモースルを制圧したのだ。そのイラク兵や警官たちはあっさり姿を消してしまい、ＩＳＩＳに何千万ドルにもなるアメリカ製ハンビー装甲車やエイブラムス戦車を譲り渡した。新しく手に入れた最新兵器の前に立ってにらみをきかせている様々な民族と肌の色をしたジハード主義者の写真が、世界のあらゆる大陸をかけめぐった。現代の高速道路で装甲車だの戦車だのを走らせるテロリストって何者だ？　ヒンドゥークシュで、ラバやロバにまたがっているのがテロリストの常道じゃないのか？　ＩＳＩＳは原理主義ゲリラ組織なのか、それとも軍隊に近いものなのか？　そしてイラクで一〇年近く血と財産が無駄にされた後で、すでに大げさな墓碑銘が刻まれた――そしてその死が同じくらいはっきり誇張されていた――連中が、どうしてこれほどの戦果をこんな短期間で達成できたのか？

モースル陥落五ヶ月前、オバマ大統領は『ニューヨーカー』誌デヴィッド・レムニックとのインタビューの中で、いささか残念なことにＩＳＩＳをテロリストの「二軍」として一蹴していた。いまやその二軍が、一〇〇年弱ほどの間、シリアとイラクという現代民族国家を隔ててきた盛り土の国境線を崩してしまった。そして、この再統一という物理的かつ象徴的な行動は、第一次大戦が公式に終わらないうちから現代世界地図の一部となってきた英仏植民地協定の終わりを告げるものだと宣言した。ＩＳＩＳによれば、この地図には西洋の足跡はまったく残らない。そこにはもはやカリフ国しかないのだ。ムスリムが強さを維持できれば、カリフ国は再びスペインにまで広がり、いずれローマすら制圧するかもしれない、とＩＳＩＳの新任

「カリフ」、アブ・バクル・アル＝バグダーディは唱えたのだった。

本書は個人的なものだ。筆者の一人ハサン・ハサンはシリア生まれで、国境の町アルブ・カマルの出身者だ。ここは長いことイラクを出入りするジハード主義者たちの玄関となってきた。もう一人の筆者マイケル・ワイスは、アレッポの郊外アル＝バブから報道してきた。ここはかつて、シリアの独立した親民主主義的な市民社会のゆりかごだった。それがいまや、シャリーアとマフィア団に支配されたＩＳＩＳの悲惨な封土だ。アル＝バブはいまや、喫煙者が屋外の檻に何日も投げ込まれ、「裏切り者」の疑念をかけられた者たちが町の広場で斬首され、その頭と胴体が杭に刺されて熱いレヴァント（シリア、レバノン、ヨルダン、イスラエルを含む地中海東部沿岸地方を指す呼称）の太陽の下で腐るに任されている場所だ。

私たちは、あの恐ろしい二〇一四年の夏と秋に、ケーブルテレビのニュース番組で繰り返し流れた単純な質問に答えようとして本書を開始した。「ＩＳＩＳはどこからやってきたのか？」という質問だ。

この質問は、世界中に流通したビデオや写真を考えれば気持ちはわかる。特に、アメリカ人ジャーナリストのジェームズ・フォーリーに始まる、一連の西側捕虜たちの、恐ろしいプロパガンダ斬首の映像は最も悪名高い。だがこの質問は奇妙なものでもあった。というのもアメリカは五年以上も、現れ方は様々とはいえ、ＩＳＩＳと戦争状態を続けてきたからだ。米軍はいわゆる「イラクのアル＝カイダ」――本書でインタビューしたイラク戦争の退役将校の多くは習慣的にまだこの呼び名を使う――として知られるＩＳＩＳと戦ってきた。まるで一九八五年にベトコンが別の旗印のもとで復活し、東南アジアの三分の一を制圧して、それがレーガン政権からＣＮＮまであらゆる人々から、驚くべき未知のゲリラ蜂起軍として驚愕されセンセーションを巻き起こしたようなものだ。ＩＳＩＳは実は、まさに昔からいるおなじみの敵なのだ。

だが、この専制的で神学支配的な敵の相当部分は、いまだに忘れられ、隠され、あるいは単に検討が不十分なままだ。イラク侵攻が賢明だったかとか、その最も悪質なテロリストたちがイスラムなのかそうでないのか、といった難問の霧に覆い隠されてしまったせいだ。そのイデオロギー、戦争戦略、内部力学に関する論争は、それを打倒しようとするあらゆる国の中で続いている。ＩＳＩＳはその部分の総和よりも大きいのか小さいのか？　多国籍軍による空爆作戦が二年近く続き、選ばれた同盟国や代理軍への武器提供も行われている中、ＩＳＩＳは勝利しているのか敗北しつつあるのか？　ＩＳＩＳを「弱体化させて最終的には破壊する」というオバマ大統領が述べたアメリカの公式目標は、シリアとイラクにおける現在のアメリカの政策を考えたときに現実的なのだろうか？　それともこの中東戦争の最新版は、米国の元国防長官レオン・パネッタが最近示唆したように、トルコや北アフリカ、アフガニスタン、ロシアへと広がり、三〇年続くことになるのだろうか――そしてその間にシナイ半島からパリ、アメリカのサン・バーナディーノまで各地で残虐行為をはたらいたり、それを「刺激」したりするのだろうか？

本書はまずＩＳＩＳの現状を検討するとともに、それが過去一〇年にわたりどう進化して適応してきたかを見る。最初の数章は、主にＩＳＩＳがこれまでに見せた姿の複雑な歴史を追う。その情報源は、元アメリカ軍事諜報や対テロ担当者、イラクのアル＝カイダを追跡して戦い、投獄した西側外交官たちへの独自インタビューだ。ＩＳＩＳは実は、国際ジハード主義の内部で昔から続いている論争の、血みどろの結果がもたらした最新の戦線なのだ。その論争とは、聖戦をどのように展開すべきか、だれに対して展開すべきか、というものだ。シーア派、アラウィー派などの少数派宗派や民族は、攻撃対象として適切か、それともアメリカ人とその「シオニスト十字軍」仲間どもと戦うというもっと目先の邪悪を重視して、そうした連中は助けるべきだろうか？　この論争で狂信者たちの見解は、イラクのアル＝カイダを創設したヨルダン人アブ・ムサーブ・アル＝ザルカーウィが体現していたものであり、もっと「穏健」な面を体現していたのは、その出資者であり、名目上は上司であるオサマ・ビン・ラディンだった。最近のアル＝カイダとＩＳＩＳとの分裂は、一九九九年のアフガニスタンで、アル＝ザルカーウィとビン・ラディンが初めて顔を合わせたときから必然だった。手を組んだ二人はイラクを引き裂き、シーア派による報復を引き起こし、アメリカ人と連合軍の生命を血みどろの中で奪っていった。イランとシリアにおける政権の各種課題と、一〇年にわたる紛争を結びつけるのはこの歴史であり、これなしには今日のＩＳＩＳを真に理解はできない。どちらが最終的に勝つのかを決めるのは不可能だし、勝者が決まるのかもわからないが、アル＝カイダが過去二年にわたり、自らのかつての下位組織と骨肉の争い状態だったという事実は、西側がこの両者とどう戦うかを確実に左右するはずだ。

紛争の歴史を見た後で、シリア革命の起源を見よう。アサド政権は昔から隣国のアル＝カイダによるテロを支援し資金提供してきたのに、自分がかつての味方の被害者だという顔をしようとしただけでなく、逆説的にそうしたテロがシリア国内に根付くのを手助けしてしまったのだ。バシャール・アル＝アサドは、自分の支配の危うさを理解している多くの独裁者と同じく、五年近くにわたり正当な民主主義的政権交代の試みを排除しつつ、だれも（特に西側のウォッチャーたち）が決して容認できないような侵略者の台頭をこっそり奨励していたのだった。「アサドか、さもなければ国を焦土に」というのが二〇一一年のシリア抗議運動のごく初期から、政権の忠実な支持者たちが掲げていたスローガンだ。これは口先の脅しではなかった。「政治改革」の仮面の下で、アル＝アサドは、かつてイラクに米兵やイラク兵を殺すために送り込み、そして帰国したところを逮捕した、まさにその過激派たちを監獄から釈放させた。その治安部隊から脱走した者たちによれば、戦争拡大の口実をつくるために、イスラム主義ゲリラを武装させて、同政権の各種機関の攻撃をそそのかせと指示を受けたという。多くの目撃者が証言するように、アサド政権の正規兵や傭兵たちもまた、明らかに宗派的な理由から、抗議活動家に意図的に虐殺の刃を向けてきた。その狙いはスンナ派ムスリムに恥をかかせて士気を下げることだ。そうすれば反乱軍の過激化が加速され、外国人戦士たちがＩＳＩＳのような集団を利する形で入ってくる。これは同政権とＩＳＩＳとの間接的な協力関係の、ごく一部でしかない。アメリカ財務省と独立アナリストたちによれば、アル＝アサドはいまだにＩＳＩＳの主要な収入源である石油に補助を出し続けている。ジハード主義者たちはいまや、シリアの油田と精製所の大半を支配しており、おかげでこの中東国の「電力総元締め」とあるエネルギー専門家に呼ばれる存在になっている。かれらはアル＝アサドにその電力を売り戻し、これはダマスカスの王宮の照明に使われるだけでなく、アル＝アサドとＩＳＩＳの両方と戦うシリアの反乱軍に向けられた、野蛮な戦争機関の動力源にもなっているのだ。

シリアの支配政権にとって、テロはこれまで本質的に問題と思われたことはなく、単なるうっとうしい存在でしかないし、あっさり別の目的で使える存在だと思われてきた。アル＝アサドは本書で示す通り、アル＝カイダの脅威を西側諸国の前にぶら下げることで、自政権と反テロに基づいた友好協定を結びたいと考えていた。なぜか？　理由は二つある。まず、世界唯一の超大国が、自分をその国家安全保障にとって不可欠な存在と見なしてくれる以上に強力な保険はない。第二に、自分を地域の重量級存在であり、見くびったり敵にまわしたりしてはいけない存在だと印象づけるには、アメリカと通じ合う以上の方法はない。実際、シリア革命に先立つ数ヶ月、アル＝アサドはアメリカのオバマ新政権との関係を正常化するための狡猾な道をたどりつつあった。革命がある程度進行した後、そしてアル＝アサドの手下たちがシリア人の子供たちを誘拐、拷問、殺害し始めてしばらくたった後も、アル＝アサドは相変わらずオバマ政権が自分を「改革者」と呼ぶのを聞いて悦に入っていた。実際、かれは狡猾にもこの事実を活用して、シリアにおける虐殺の数をだんだん増やしつつ、テロリストたちに刃向かうようけしかけたのだった。

この点でアル＝アサドは特にユニークな存在とは言えない。イラクにおけるイギリス人米軍顧問で、小声でソフトに話すエマ・スカイが述べたように「腐敗政権とテロリストはお互いに持ちつ持たれつ。共生関係」なのだ。そしてこれから見るように、サダム・フセインは自分を打倒しようと決意しているのに、短期的で便宜的には自分と手を組むだけの切羽詰まったジハード主義者たちと、アメリカのイラク侵攻と占領後などに同じような危険なゲームを行っていたのだった。これまたテロを巧みに操っていたのは、テロの世界最大の国家スポンサーである、イラン・イスラム共和国だ。二〇一一年七月というごく最近の時期ですら、イランはアメリカ政府により、アル＝カイダの有名なリクルーターがシリアに移動するのを容認したと糾弾されている。まちがいなく、アル＝アサドが戦っていると主張していた手下のテロリストたちの人員供給を支援するためだろう。そしてイランの手先がイラクでＩＳＩＳと戦うのに主導的な役割を果たすようになったいま（少なくとも、同国内でイランの利益が脅かされる場所ではそうだ）、かれらはシリアでＩＳＩＳ軍を攻撃するのはおおむね控えている。

ＩＳＩＳとアル＝アサドという、敵同士を自称する勢力が、実は相互に依存し合い相手の存在を活用して、共通の目標——自分たちにとって代わる存在をすべてまとめて破壊し尽くすこと——を実現しようとしているというのは、二一世紀にあってさほど驚くべきことではないだろう。前世紀にだって、他にも絶対的な敵同士が同衾《どうきん》していた先例はあったのだから。シリアの悲劇の一つとして、いささか見え透いたアジプロとして始まったものが、いつのまにかアメリカの外交政策になってしまったという事実はとても大きい。

アル＝アサドはいまや、ＩＳＩＳの弱体化と破壊に専念する間は自分に手出ししないよう西側を説得しおおせた。西側は主観的にはどうあれ、客観的にはアル＝アサド——そしてその最大の同盟相手であるイランとロシア——を後押ししている。イランもロシアも、いまシリアに直接介入して、アル＝アサド政権の延命を図っている——ＩＳＩＳと戦おうとしているのではない。

最後に、今日のＩＳＩＳが、アル＝バグダーディとその熱心な死刑執行人たちの下でどうなっているかを見る。これは現役またはいまや死亡したＩＳＩＳの軍事関係者、スパイ、「スリーパーエージェント（任務地に潜伏して指令を待つスパイ）」、そしてＩＳＩＳの被害者であるシリアの部族民、反逆者、活動家たちへのインタビューに基づく。世界がＩＳＩＳという名前を知る前から、ラッカで外国のチンピラどもが同胞シリア人たちに服の着方、祈りの場所、それどころか壊さずに残すモスクまで指図するのに逆らって立ち上がり、「もうたくさんだ」と述べた、勇敢かつ反逆的な教師もいる。私たちはラッカで起きた地下抵抗運動を記録する。それを率いていたのは隠密ながらも狩り立てられていた、活動家と記者のグループであり、そのメンバーたちはＩＳＩＳの「首都」がどんな場所かについて外部に説明しようとして、あらゆる危険を冒し続けてきたのだった。

ＩＳＩＳに対する過去一八ヶ月の国際的な戦争で、ＩＳＩＳが独自の巨大かつしっかりしたプロパガンダ装置を使い、その思想を広めてリクルートを行う手法についての価値ある研究が大量に生まれてきた。そこには立派な月刊誌、毎日のビデオ――しかも複数の言語で、恐ろしいほど質が高い――を発行する大きなメディア部隊、諜報機関が追い切れないほどのＩＳＩＳのメッセージを繰り返し、使い回す大量のソーシャルメディアのアカウントがある。そしてこれらは外国での消費に向けて設計された材料でしかない。内部でも、ＩＳＩＳはすでに参加した人々に対する情報強制を続け、このジハード主義者たちが全面的な敗北を喫したときですら、毎日戦場での勝利の物語や聖なる栄光の物語を供給し続けている。

ＩＳＩＳはどうやって、これほど多くの人々をこんなにうまく洗脳する方法を学んだのだろうか？　一言で言えば、たくさん練習を積んだのだ。本書の注目点の一つは、ＩＳＩＳの主要なリクルート場所で組織の拠点としての監獄の役割だ。偶然か意図的かはわからないが、中東の牢屋は長年、実質的なテロリスト養成学校として機能しており、「鉄条網の中」で過激派が集まり、たくらみ、組織化し、リーダーシップ技能を磨くところなのだ。そして最も恐ろしいこととして、そこは新世代の戦士のリクルート場所でもある。

「とどまって拡大」というのがこのカリフ国のモットーだ。ＩＳＩＳはシリアとイラクで多少の支配地を失ってはいるけれど、この両国でスンナ派アラブ部族地域の地理戦略的な核心地はしっかり掌握し続けているし、支部を設立したり、既存ジハード主義組織にＩＳＩＳへの忠誠を誓わせたりすることで、世界中に転移し続けている。どんな定義を採用するにしても「抑えられた」とはとても言えない状況だ。この増補改訂版では、こうしたウィラヤすなわちＩＳＩＳの「県」の一部がエジプトのシナイ半島、イエメン、リビアでどう始まったかを述べ、今後の数年で重要度や残虐度の面でどこが台頭しそうかについて検討する。

カリフ国が収縮するにつれて、その外国のテロが増えてますます恐ろしい結果をもたらしている。二〇一五年一一月のパリにおける銃撃と爆弾虐殺は、世界のＩＳＩＳ観を一変させたが、その理由としては、テロが単発ではなかったことも大きい。ＮＡＴＯ諸国三ヶ国が、三ヶ月の間に攻撃された（トルコの場合は攻撃が繰り返された）。そしてこれは他の「スペクタクル」は含んでいない。たとえばロシア民間航空機の破壊、一九九〇年のレバノン内戦以来、テロ一回で最大の死者数を記録したベイルートでの二重自爆攻撃などだ。パリの一年近く前に、ベルギーのベルビエで辛くも虐殺が回避された。警察特殊部隊がＩＳＩＳの隠れ家を襲撃して、第二次大戦以来最大の銃撃戦が展開されたのだ。本書が印刷にまわる間にも、似たような計画が進行中なのはまちがいない。でも、イラク生まれの反乱軍がその直近の活動領域の外で大量殺人を行うと力説したところで、何が目新しいのか？　確かにＩＳＩＳのスポークスマンであるアブ・ムハンマド・アル＝アドナニは二〇一四年九月に布告を出している。「信仰なきアメリカ人やヨーロッパ人――特に意地の悪く薄汚いフランス人――やオーストラリア人やカナダ人や、その他戦争を仕掛けている不信仰国からの不信仰者を、イスラム国に敵対する連合に参加した諸国の市民を含め、だれであれ殺せるなら、アッラーを頼みに、その者を手段も方策も構わずに殺すがよい」。でもこれから見るように、外国の「不信仰者」を殺すのは常にザルカーウィ派の中心的な教義であり、ヨルダンではそれが二重の意味で実現している。

この増補改訂版はまた、ISISのエリートスパイ組織の一つにかつて所属していた「アブ・カレド」のプロフィールに大量のページを割いている。かれはISISの地上歩兵部隊の教練を行い、その外国工作員数人を訓練したが、その中には二〇一五年の陰惨なパリ攻撃の数ヶ月前に帰国した、フランス国籍の二人もいた。ISISから寝返って数週間後、アブ・カレドは筆者の一人とイスタンブールで面会し、三日にわたりぶっ通しで、黒旗の下における生と死を説明した。ISISがどうやってお金を儲け、ゆすり取り、驚くほど有効な「イスラム福祉国家」を運営し、それを排除しようとする各国の攻撃にどう耐えるかについて、重要な内部情報を提供してもらった。アブ・カレドの伝えるところでは、それだけのものがあっても、ISISは脆弱で人気がなく、被支配者たちが我慢しているのも、それに代わるまともなものがないからだ。そうした行政統治は、西側も地域内の各種組織もまだ提供できていないのだ。

ISISはテロ組織だが、それだけではない。何十年も続く石油や武器輸出の国際灰色市場を活用できるマフィアでもある。米軍すら感嘆させたほどのプロ技能を持って歩兵を動員配備する、伝統的な軍隊でもある。競合組織に潜入し、こっそりそのメンバーたちをリクルートしてその組織を乗っ取り、戦いで敗走させ、土地を制圧する、高度な情報収集機関でもある。ISISはまた、アル＝カイダよりもっと古い敵の、幽霊のような遺物でもある。トップの意志決定者のほとんどはサダム・フセインの軍や治安部隊に所属していた。つまりある意味で「世俗」バアス派が、イスラム原理主義の姿を借りてイラクに戻ってきたというわけだ――これは見かけほどの矛盾ではない。

最も重要な点として、ISISはイラク内の戦闘に疲れた少数派のスンナ派や、シリアでもっと訴追され被害を受けている多数派のスンナ派に対し、自分たちこそは各種の敵に対するこの宗派の最終防衛線なのだと訴える。その敵とは、アメリカ合衆国、湾岸アラブ諸国、シリアのアラウィー派専制主義、イランのシーア派政権、さらにはバグダッドにおけるイラン専制総督支配地だ。ここですら、あらゆる陰謀論がそうであるように、ISISはわずかな真実と複雑な地政学的現実を活用し、スンナ派に対する悪魔のような世界的陰謀を描き出して見せる。シリアの戦闘機はいまや、アメリカの戦闘機と同じ空を飛んでおり、従ってシリア東部で同じ標的を爆撃しているというわけだ――実はアメリカ政府は、アサド政権にはダマスカスでの未来はないと主張しているのだが。イラクでは、イランが構築したシーア派民兵組織（その一部はアメリカ人を殺害しているためにアメリカ政府からテロ組織認定を受けている）がいまやイラク治安部隊によるＩＳＩＳ打倒地上作戦の最前線にたち、それを監督しているのは、これまたアメリカがテロ組織認定しているイランの革命防衛隊だ。こうした民兵は行きがけの駄賃で、スンナ派の村で民族浄化を行っており、アムネスティ・インターナショナルとヒューマン・ライツ・ウォッチ（米国に基盤を持つ国際的人権団体）の非難を受けている――だがその間ずっと、アメリカの戦闘機が間接的にかれらに空中支援を提供しているのだ。アメリカの意図はどうあれ、それが便宜的にせよシリアとイランの殺人的な政権と手を組んでいるとみられているために、ＩＳＩＳを嫌悪し恐れているスンナ派はテロリストを自分たちの土地から追い出そうという新たな草の根活動（かつてイラクで起こった「覚醒」のようなもの）に参加せずにいる。それを試みた人々は無慈悲に虐殺された。他の人々はあっさり籠絡され、虐殺者たちに忠誠を誓っている。

　ＩＳＩＳは扇情的に扱われつつ甘く見られており、残虐なのに巧妙だ。かれらは現代の国民国家の境界を破壊し、失われたイスラム帝国を復活させてみせると喧伝している。古い敵がいまや新しい敵となり、すでに悲しいほど長引きすぎている戦争をさらに引き延ばそうとしているのだ。

1 創設者

アブ・ムサーブ・アル＝ザルカーウィのジハード

「おおムスリムたちよ、おまえたちの国家へと急げ。そう、おまえたちの国家だ。急げ、というのもシリアはシリア人のためのものではなく、イラクはイラク人のためのものではないからだ」。アブ・バクル・アル＝バグダーディ――この頃にはすでにカリフ・イブラヒームと名乗っていた――はイスラム国の誕生を、ラマダーンの初日である二〇一四年六月二八日に宣言した。この説教を行ったのは、数日前にかれらの軍が武力制圧したイラク北部にある人口二五〇万人の都市、モースルのアル＝ヌリにある、大モスクの説教壇からだった。

この接収されたモスクの名前は、一二世紀の支配者ヌールッディーン・マフムード・ザンギにちなんだものだ。かれはアレッポとモースルの両方を支配し、第二次十字軍の英雄とされていた。ヌールッディーンはトルコ南部のフランク軍を撃破し、アンティオキアでキリスト教徒の王子レーモン・ド・ポワティエを破った（そして首をはねた）。後に、ダマスカスの摂政《アタベグ》の娘をめとり、シリアを統一している。ヌールッディーンの臣下であるクルド人将軍のサラディンは、現代のジハード主義者たちの多くがいまだに信奉する存在だが、かれはモースルの領主となった。十字軍との戦いに出かける前に、サラディンは演説を行っているが、その場所はまさにアル＝バグダーディが全ムスリムに対して、新十字軍の走狗どもから新たに解放されたこの古代の土地に結集せよと呼びかけたその演壇なのだった。

だから、ほんの数週間前までは地理的な境界で知られていた、イラクとアル＝シャムのイスラム国はもう終わったのだ、とアル＝バグダーディは宣言した。理由は簡単で、地理そのものがもはや無関係となったからだ。かれの見方では、肥沃な三日月地帯の国々や、さらには全世界の国はもはや存在しない。存在するのはイスラム国だけだった。

さらに人類は二つの「陣営」にきれいに二分される。一つは「あらゆるところのムスリムとムジャヒディンの陣営」だ。ムジャヒディンは聖戦士であり、人種も出身国も関係ない（アル＝バグダーディによれば「至るところにいる」）。二つ目は「ユダヤ人、十字軍、その味方の陣営」。これは驚くほど雑多な集団で、アメリカ、サウジアラビア、ヨルダン、イスラエル、ロシア、イラン、ヨーロッパのすべての諸国、その他あらゆる人々をおおむね含んでいる。

黒ずくめで、両端が白みがかった長いひげをたくわえ、そこに立ったアル＝バグダーディは、自分が二つの過去に連なる存在なのだと名乗りを上げていた。一つははるか過去、一つはもっと最近だ。かれは中世アッバース朝カリフ、つまりスンナ派イスラムが最後に真の栄光を得ていた時代の後継者なのだ。またかれは、自分の英雄的な先人であるアブ・ムサーブ・アル＝ザルカーウィの霊の化身なのだと述べた。アル＝ザルカーウィは、アブ・バクル・アル＝バグダーディとほとんど同じような革命的用語を使って語った人物だが、二〇〇六年にF－16戦闘機が五〇〇ポンド爆弾を二発頭上に落としたために他界した。その後継者がアル＝ヌリ・モスクから全ムスリムに向けた説教を行うというのは、アル＝ザルカーウィの遺産でもあり復讐でもある。というのもかれは、成人になってからほぼ一貫してこの聖地を畏敬しており、いまやアル＝バグダーディに与えられている機会のためであれば、もう一度死ぬことも辞さなかったはずだからだ。アル＝バグダーディが説いているのは、アル＝ザルカーウィが一一年がかりで構築してきた暗いビジョンの実現なのだ。

ザルカから来た少年

ひなびた城市ザルカは、ヨルダンの首都アンマンの北東二五キロほどに位置する。ここからの最も悪名高い出身者が、町の名前を変名として採用する以前は、主に二つのことで知られていた町で、その一つは聖典に関すること、もう一つは人道的なものだ。ザルカは聖書でヤコブが神様との有名な戦いを行った土俵であり、今日ではヨルダン最古のパレスチナ難民キャンプであるアル＝ルセイファの所在地でもある。後にアル＝ザルカーウィとなるアフマド・ファディール・ナザール・アル＝ハライラは、国を持たない人々の間から生まれたのではなく、バニー・ハサン族の出身だった。これはヨルダン川の東岸に暮らすベドウィン連合で、ハシーム王国への忠誠で知られる。アル＝ザルカーウィの父親は村の長老《ムフタール》であり、自治体により地元の紛争調停役を任されていたが、その息子はむしろ紛争を引き起こすほうが得意だった。アル＝ザルカーウィはできの悪い生徒で、アラビア語はほとんど書けず、父親が他界した一九八四年には学校から落ちこぼれて、すぐに犯罪に手を染めるようになった。「身体はそんなに大きくなかったが、大胆だった」とアル＝ザルカーウィのいとこの一人は、後に『ニューヨークタイムズ』で回想している。酒を飲み、密造酒を造った。当時を知る人の一部によれば、ポン引きもやっていたらしい。初めて牢屋に入ったのは、ドラッグ所持と性的暴行のせいだ。後者の被害者は、片方の性別に限定されてはいなかった。アル＝ザルカーウィの伝記を最近書いたジョビー・ウォリックは、ヨルダン治安警察とこの未来のジハード主義者の知り合いの証言に基づいてこう書いている。「かれの性的な征服というのは、若手の男に無理矢理のしかかって、相手に恥をかかせて自分の優位を誇示することなのだった」

監獄から釈放されて、アル＝ザルカーウィは腕や肩につけた多くの刺青のせいで「緑の男」としてザルカ中で有名となる。この罪深い徴《ハラームしるし》を、かれは後に二度目の投獄（このときはテロによるもの）に際して、カミソリで肉体から削り取らせている。息子が裏社会に落ち込んで二度と脱出できなくなるのではと恐れた母親ウム・サエルは、息子にアンマンのアル＝フサイン・ベン・アリ・モスクの宗教講義を履修させた。この経験がアル＝ザルカーウィを一変させた。

思惑通り、信仰が無法性にとって代わったのだが、もちろんそれはウム・サエルの期待したはずの形にはならなかった。

一九七〇年代以来、ヨルダンでは各種のイスラム主義イデオロギーが猛威を振るっていた。最も有力なのは、国が支援しているムスリム同胞団だ。これはパレスチナ解放機構（ＰＬＯ）のヨルダン追放を助けたことで喜んだフセイン王からのご褒美として、教育省を任されたためだった。見返りに同胞団は暴力的な蜂起を否定して、ヨルダン王国の政治を投票箱で変えようという単純な試みに向かった。にもかかわらず、ザルカの横町やモスクや茶の間で人気のあった一般的なイスラム主義は、シオニズムとイスラエルを憎しみの対象にするのが通例だった。そしてヨルダンのハシーム王家が、じわじわとユダヤ国家とのつながりを深めるにつれて――それがやがて、イスラエルとパレスチナ解放機構の正式な国交を確立するオスロ合意につながる――憎しみは国内にも向けられた。

同胞団には競争相手がいた。サラフィー主義と呼ばれるイスラム主義思想の一派で、これはずっと昔の一九世紀にまでさかのぼるものだが、中核的な哲学はいまや完全にひっくり返っていた。もともと、サラフィー主義はイスラムと西洋的な民主主義や現代性と融合させ、当時の自分たちの邪魔者である、腐敗し、衰退し、崩壊しつつあるオスマン帝国の残骸に対抗しようという思想だった。でも一九二〇年代初頭になると、サラフィー主義は第一次世界大戦終結に伴い明らかとなってきた新しい現実に適応した。いまや敵は、機能不全の形骸的なイスラム帝国ではなく、むしろその後釜として台頭した、西洋の支援を受けた各国王朝政府だった。サラフィー主義の処方箋は、イスラムの第一原理に完全に立ち戻り、預言者ムハンマドの七世紀のやり方に回帰せよと主張するものだ。西洋型の民主主義や現代性はいまや、信仰と相いれないとされた。そうした汚染物質が集まったプールはまさに、強大ながらすでに失われた文明の生誕の地にあるからだ。つまりエジプト、ヨルダン、シリア、イラクなどの「背教」政権が誕生した地域だ。サラフィー主義者は革命的で妥協がなかった。同胞団がメンシェヴィキなら、こちらはボリシェヴィキだ。このサラフィー派の最も極端な一派はまたジハード支持者でもある。ジハードはアラビア語で「闘争」を意味し、定義は実に様々だ。でもソ連が帝国主義的な攻撃としてアフガン侵攻を行った後の一九七〇年代末から一九八〇年代にかけて、ジハードは「武装抵抗」に他ならなかった。

アル＝ザルカーウィが初めてこの世界転覆教義に触れたのは、アル＝フサイン・ベン・アリ・モスクでのことだった。初めてアフガニスタンに出かけ、仲間のムスリムたちが共産主義者たちを追い出すのを手伝いたいと志願したのもこのモスクでだ。かれが到着した頃には、赤軍はすでに退却しつつあった。そしてアル＝ザルカーウィはその後残った親ソ的な衛星政府と戦いはしたが——ほとんどの証言によれば勇敢だったとか——アル＝ザルカーウィにとってもっと人間的に一変する体験というのは、別種の内戦への耽溺だった。これはサラフィー派ジハード主義の知的側面で生じていた戦いだ。問題となっていたのは、ソ連敗北後のいまや、イスラムにとって当面の本物の敵はだれか、ということであり、また聖戦の遂行にあたって容認できる標的はだれか、ということだった。こうした問題はいまだに人々の頭を離れないし、その答えは銃弾一発ごと、自爆テロ一つごとに、世界のあらゆる時間帯において、かつては同じ旗印を掲げていた二つの競合するジハード主義組織の間で示されている。その二つの組織の一方を創始したのはオサマ・ビン・ラディンであり、もう一つを創始したのがアブ・ムサーブ・アル＝ザルカーウィだ。

ハヤタバードの環境

ハヤタバードはパキスタンのペシャワール郊外の都市で、カイバル峠の入り口にあり、アフガニスタンにやってきては退出していった多くの帝国の退却路だ。一九八〇年代末、この都市はすでに鎮静化しつつあったソ連アフガン戦争において、一種のカサブランカとなっていた。そこは果てしない待機と計画の都市であり、兵士、スパイ、押し売り、犯罪者、軍閥、密輸入業者、難民、闇商人、聖戦経験者やその志望者たちが群れていた。

そこはまた、オサマ・ビン・ラディンの活動本拠地でもあった。かれはサウジアラビアの億万長者の実業家一家の子息で、独自の新生組織アル＝カイダのための基盤をまとめ、人員を集めていた。ビン・ラディンの当時の導師も、ハヤタバード最高のイスラム主義理論家の一人で、アブドゥラー・アッザームというパレスチナ人だった。かれは一九八四年にアフガニスタンのムジャヒディンたちにとってのマニフェストとなった本を刊行した。その本は、ムスリムたちが個人としても共同体としても、聖地から征服軍や占領軍を追い出す義務があるのだと論じていた。自分の生誕地がイスラエルによって軍事的に占領されていることに明らかに奮起したアッザームは――かれの有名なスローガンは「ジハードと銃のみ。交渉も話し合いも対話もない」だった――アフガニスタン人に限らず、反ソ連キャンペーンこそあらゆる信仰あるムスリムたちの優先事項だとはっきり述べた。何十年も後のアル＝バグダーディによる説教のように、アッザームは世界中のムジャヒディンたちに対し、敵勢力を倒すために自分たちに加われと世界的に呼びかけたのだった。国を越えるカリフ支配をはっきり支持したわけではないが、アッザームがアフガニスタンについて、共産主義覇権の灰の中からきちんとしたイスラム国家を構築できる場所だと考えていたのは事実だ。というのも、この戦争はまだ純潔なもので、まだ競合し相矛盾するイデオロギーのカクテルでぼやけてはいなかったからだ。これに対し最近のパレスチナでの戦いは、ヤセル・アラファトの世俗ナショナリズムと、カルロス・ザ・ジャッカルの国際レーニン主義テロリズムのおかげで、完全にイスラム主義の焦点を失ってしまっていた。

だからアッザームがペシャワールに本拠地を変えたとき、かれとビン・ラディンは到来する「アラブ＝アフガン」たちの母親役を務めることとなった。「アラブ＝アフガン」とは外国人ムジャヒディンたちを指す俗称で、かれらは聖戦を仕掛けたくてうずうずしていたが、どこからどうやって手をつけるべきか、皆目見当もついていなかったのだった。アッザームとビン・ラディンはビン・ラディンが所有する住宅を拠点として、マクタブ・アル＝ヒダマトというサービス局を創設した。アッザームはマルクス役、つまりは新たな革命闘争のコンセプトを考案する大哲学者であり、ビン・ラディンはエンゲルス役、つまりは親分が世界変革のための著作に没頭する間に、経費を負担して灯りを絶やさない役回りの、金持ち一家の坊ちゃんだ。

このジハード主義オリエンテーション・センターを通過していったアラブ＝アフガンたちは三〇〇〇人ほどで、食事、資金、住居を提供してもらい、見知らぬ、人種言語的にも非正統的な北西フロンティアになじんでいった。また何百万ドルもの資金がサービス局経由で流れ込んだ。そのほとんどはビン・ラディンとアッザームが調達したもので、一部はサウジアラビア政府からまわってきた資金だ。ビン・ラディンは一族の建設帝国を通じ、サウジ政府と密接な関係を持っていたのだ。世界で最も悪名高い国際テロリストの一部は、その最も価値ある財産——コネ——をビン・ラディンとアッザームが創設したパトロン制度の下で獲得している。

けたはずれの自我を持つ二人の関係は長続きせず、アッザームとその弟子はやがて、ビン・ラディンがジハード主義業界で新生セレブと親密になったため、袂《たもと》を分かつ。その新生セレブがアイマン・アル＝ザワヒリだった。かれはエジプト人外科医で、一九八〇年夏にパキスタンで赤新月社（イスラム圏における赤十字社と同等の組織）のために医療に三ヶ月従事し、戦争を自分の目で見るために短期で数回アフガニスタンに出かけている。八〇年代末、アル＝ザワヒリは、八一年のエジプト大統領アンワル・サダト暗殺に関与した疑いで投獄拷問された数百人のうちの一人として、世界的に悪名を高めた。かれはカイロでクーデターを起こし、イスラム神政を樹立しようとしたジャマート・アル＝ジハード（ジハード団）の司令官《エミル》だった。

釈放後、アル＝ザワヒリは一九八六年にペシャワールに戻り、赤新月病院で医療を再開しつつ、エジプトの組織を再構築しようとした。その頃には、かれのサラフィー主義はさらに極端になった。そしてタクフィール主義にも足を突っ込み始めた。これは同じイスラム教徒を、異端だという批判により破門する主義であり、この糾弾にはほぼ必ず死刑が伴うのだった。すべてのジハード主義概念は神学的には正当化されるものだったが、このタクフィール主義はまたスンナ派イスラムの中で、怪しげな、競合する、イデオロギー的に疑問視された分子を粛正するための都合のいい手段でもあった。テロリスト版拘禁状とでも言うべきか。だからアル＝ザワヒリがビン・ラディンとつきあい始めると、ムスリムが他のムスリムを殺すことに反対するアブドゥラー・アッザームとは真っ向から衝突することとなった。アッザームにとって、ジハード主義の真の標的は無宗教で堕落した西洋だ。これは神学的な言説では「遠い敵」と呼ばれていた。ムスリムは、後進的なアラブ政権の支持者ですら、説得により屈服させるべきであり、爆弾で殺すべきではない。アル＝ザワヒリの考えはこれとはまったく相いれない。実はかれがアフガニスタンに渡ったのもまさに、そうした後進的なアラブ政権である自国エジプト、つまり「近い敵」を不安定化させて転覆させるための訓練とノウハウを獲得するのが狙いだと公言されていた。

こうして、ライバル一家同士からの争い合う求婚者二人のように、アル＝ザワヒリとアッザームはお互い犬猿の仲で、ビン・ラディンの歓心を買おうと競った。何よりも、その資金をめぐって競争したのだった。

一九八九年一一月末、アッザームとその息子のうち二人は、モスクへ向かう途中の車で路肩爆弾により殺された（爆弾を仕掛けた下手人の可能性としては、KGBからサウジ情報部、CIAからビン・ラディンそして／あるいはアル＝ザワヒリからモサドまで様々な説がある）。そのまさに翌月、アッザームの残った息子の一人フタイファ・アッザームがペシャワール空港に赴き、その日遅くに到着するヨルダン人中心のアラブ＝アフガンたちを迎えた。かれらは、アフガニスタンから正式撤退する二ヶ月前の赤軍と戦おうとしていたのだった。そのとき到着した一人がアル＝ザルカーウィだった。

テロリストのクラウゼヴィッツ

聖戦に間に合わなかった人物としてヨルダンに戻る代わりに、アル＝ザルカーウィは北西国境地帯に一九九三年までとどまり、知識の基盤を強化し、軍事的な経歴も高め、ポストソ連時代のアフガニスタンの運命を決めようと暗躍する人々との有用なつながりをさらに築いた。その中には、九・一一同時多発テロの首謀者ハリード・シェイク・モハメッドの兄弟と、『アル＝ブンヤン・アル＝マルサス（難攻不落の要塞）』というジハード主義雑誌の発行者モハメッド・ショバナもいた。いささか悲惨なアラビア語能力にもかかわらず、高名な司祭たった一人の推薦を受けたというだけで、アル＝ザルカーウィは同誌寄稿者の一人として雇われた。また後の義兄弟であるサラー・アル＝ハミにも出会う。これはヨルダンとパレスチナ出身のジャーナリストで、アブドゥラー・アッザームがサービス局内部向けに出していた雑誌『アル＝ジハード』とつながりがある人物だった。アル＝ハミはアフガニスタンのホストの地雷で片脚を失っており、後に語ったところでは、病院で治療を受けている間にこんな片輪では結婚は無理だとグチっていたところ、アル＝ザルカーウィが妹七人の一人を結婚相手として提供してくれたのだという。その妹は婚礼のためにペシャワールにやってきて、その婚礼写真は長いことアル＝ザルカーウィの最初で唯一の写真であり続けた。二〇〇六年四月になってやっと、イラクのアル＝カイダ系組織が、その黒ずくめの頭目アル＝ザルカーウィがランボーまがいに機関銃を掃射しているプロパガンダビデオを公開したのだった。

アル＝ハミによれば、アル＝ザルカーウィの記事はほとんどがソ連アフガン戦争の参戦者へのインタビューで、それを通じて当人も参戦気分を味わって、北西戦線を闊歩した気になっていたらしい。ロシアのハインド攻撃ヘリコプターやT62戦車と対決したムジャヒディンの、おそらくかなり誇張された手記を書いていたのだろう。夜にはコーランを暗記しようとした。アル＝ハミによれば、かれは「お祈りを唱えるときには、そのお祈りを主導する場合ですら、いつも泣き出した」そうだ。義弟とのキャンプ旅行に出たときには、アル＝ザルカーウィは余生の過ごし方について、いささかキッチュな啓示を伝えたという。なんでも、剣が天から落ちてきて、そこに「ジハード」という言葉が刻まれている、という夢を見たのだとか。

アル＝ハミは数ヶ月後に花嫁とヨルダンに戻ったが、義兄はとどまり、その頃には新たに解放されたアフガニスタンの運命をめぐる内戦の発端に参加していた。つきあっていたのは、パシュトゥーン族の軍閥グルブッディン・ヘクマトヤールで、この人物はカブールで何度か首相を務めたが、後にその政権がタリバンに転覆されるとイランに逃げた。ザルカーウィはまた、アフガニスタンとパキスタンの国境でいくつか訓練キャンプに参加した。その一つがサダ・アル＝マラヒム（「戦いの残響」）で、これはアル＝カイダの一大教練基地とも言うべきものだった。卒業生の中には二回の世界貿易センタービル攻撃それぞれの首謀者である、ラムジ・ユーセフとハリード・シェイク・モハメッドがいる。ロレッタ・ナポレオーニが著書『イラク蜂起――アル＝ザルカーウィと新世代』で述べているように、ビン・ラディンの元ボディガードであるナシール・アフマド・ナシール・アブダラ・アル＝バハリはサダ・アル＝マラヒムにおけるキャンプ生活が、訓練と参入教練の三つのちがったフェーズに分かれていたと語る。最初のフェーズは一五日続く「実験の日々」で、新人は「心理面でも道徳面でも疲弊させられる」

――これは明らかに、本物の戦士と軟弱者どもを選り分けるためだ。第二フェーズは「軍隊準備期」で、四五日かかり、新人はまず軽火器の扱いを教わり、それを卒業したら肩かけ式の地対空ミサイルや地図の読み方講座に進んだ。最終の第三フェーズは「ゲリラ戦術教程」で、軍事理論の講義だ。テロリストのためのクラウゼヴィッツだ。

アル＝ザルカーウィは、立派で恐れ知らずの戦いぶりを見せたという。少なくとも死んだ司教の息子で、何年も前にアル＝ザルカーウィがペシャワール空港からきたときに運転手を務めたフタイファ・アッザームによればそうだった。その話では、アル＝ザルカーウィはアフガン兵一二人を一人で撃退したこともあるという。チンピラからこの見事な指揮官への変身でかれを動かしたのは何だったのだろうか？　若きアッザームは、それが罪の意識だという。アル＝ザルカーウィは若き日々について贖《あがな》うべきことが実に多く、その罪をぬぐい去る最も確実な方法が、戦場での殉教だと感じていたそうだ。伝説と現実の間でどんな乖離があるにせよ、人の戦争物語記録者としてのこのヨルダン人の日々は終わった。かれは自前の戦争物語を作りつつあった。

帰国

一九九三年末にアル＝ザルカーウィはヨルダンに戻り、他のアラブ＝アフガン帰国組と同じく即座にヨルダン王国総合情報局（ＧＩＤ）、すなわち諜報機関《ムハバラート》の監視下に置かれた。当時ＧＩＤは、帰国したアラブ＝アフガンたちが故国の敵に標的を移すのではと危惧していたのだ。その懸念は半年以内に的中した。

アル＝ザルカーウィにとって、文民生活への帰還は当然ながら落ち着かない、不首尾なものだった。ヨルダンはまだおおむね世俗国で、西側のポピュラー文化だらけであり、酒もポルノもセックスも比較的簡単に手に入った。これはアル＝ザルカーウィが身をもって知っていることだった。だから北西国境地帯で感じたスピリチュアルな糧や仲間意識を求めて、かれはハヤタバードで出会ったヨルダン／パレスチナ人のサラフィー主義者アブ・ムハンマド・アル＝マクディシを訪ねた。かれは国際的に知られたサラフィー主義理論家としての地位を急速に上げつつあり、痛烈な反西洋の長広舌である『民主主義は宗教である』を刊行し、「異教徒ども」の政治経済とアッラーの聖なる法との間にきっぱりと線を引いていた。ビン・ラディンとアッザームの二人羽織を密やかに再現するかのように、アル＝ザルカーウィとアル＝マクディシはヨルダン各地の即席サロンで説教し、自国政府のイスラエルとの関係軟化や、アメリカの中東におけるお節介で帝国主義的な役割について激しく糾弾した。アル＝マクディシは衒学的な学者で、現代政治の欠陥と感じているものについて大いに罵った。アル＝ザルカーウィはカリスマ的ではあったが、知的には小者でしかなかった。アル＝ザルカーウィの弁護士となるモハメッド・アル＝ドウェイクは「かれが知的に思えたことは一度もない」と後年語っている。この見方は、アル＝ザルカーウィの母親で、道徳的、感情的な支えとしてかれに初めて宗教を紹介した、ウム・サエルも共有しているものだ。

　アル＝マクディシは、バヤット・アル＝イマーム（イマームへの忠誠）（イマームはイスラムの宗教指導者。集団礼拝で信徒を指導する役目を果たす）という独自のヨルダン人ジハード主義者セルを創設した。この組織はムハバラートに徹底して潜入されていたのに、アル＝ザルカーウィの支援を受けて人を集め、攻撃を計画した。かれらの自家製テロの第一歩は、陰惨な悲劇というよりは、警官隊とのドタバタ喜劇の観が強かった。第一次湾岸戦争後に退却するイラク軍が残していった兵器のため、クウェートにはその活発な市場ができていた。アル＝マクディシは、一時はペルシャ湾地域に住んで適切なコネクションもあったので、対人地雷、対戦車ロケット、手榴弾を購入し、王国に対する将来のテロ攻撃のため、それらをヨルダンに密輸していた。アル＝マクディシはアル＝ザルカーウィに密輸品を渡して隠させ、その後返すように求めた。アル＝ザルカーウィはその通りにしたが、爆弾二つを手元に残した。後で語ったところでは、それは「シオニスト占領地における自爆作戦で使うため」だったという。ムハバラートに活動を監視され、密輸品のこともバレていると承知していた両テロリストは、ヨルダンから逃げ出そうとした。そして捕まった。一九九四年三月、二人とも逮捕された――アル＝ザルカーウィはムハバラートに家宅捜索されて、兵器の山が見つかったのだ。ベッドの中で捕まったときには、捜査員を一人撃とうとし、その後自殺しようとしたが、どちらにも失敗した。そして違法武器所持と、禁止テロ組織所属で有罪となった。

裁判中、このテロリストになり損ねた二人は、証人台を説教壇に変えることにした。これはアル＝ザワヒリのエジプトでの行いを意図的に真似ようとしたのかもしれない。アル＝ザワヒリはサダト暗殺後の捜査で、捕まった後の有名な大演説で裁判所と政府を批判した。二人も法廷、国家、王家を神とイスラムの法に違反していると糾弾した。判事によると、バヤット・アル＝イマームは「私たちが聖なるコーランの教えに反した行動をしていると主張する告訴状を提出した」。判事はさらに、ヨルダンのフセイン王を冒瀆行為で糾弾するメッセージを、王自身に渡せと言われた。アル＝ザルカーウィはそれでもアル＝マクディシに比べれば若輩で、司法プロセスをプロパガンダに易々と変えてみせたアル＝マクディシの前では影が薄かった。しかし、受けた刑は先輩パートナーと大差なかった。両者は一九九四年に懲役一五年の判決を受け、スワカという砂漠の中の重警備刑務所に移送された。そこで四年間を過ごしてから、もっと悪名高い監獄に移送された。アル＝ジャブルと呼ばれる、イギリス軍が作った、隔絶して湿ったネズミだらけの砂漠の要塞だ。何年も閉鎖されていたのに、ヨルダンの最も熱狂的で暴力的な敵となる数人を収監するため、再び開かれたのだった。

「刑務所がかれの大学」

アル＝ザルカーウィがスワカで過ごした時期は無駄ではなかった。ずっと集中力を高め、残虐で決然とした人物となった。かれはバニー・ハサン族の一員として、アル＝マクディシをも含めて他の囚人より一段高い地位を占めることになったし、そのアル＝マクディシも、アル＝ザルカーウィの仲間ということで一目置かれるようになった。どこでもそうだが、ここヨルダンでも監獄の共同体《ゲマインシャフト》は娑婆《しゃば》での犯罪者どもの特権や恩典を強化するだけだった。アル＝ザルカーウィは頼みを聞いてくれる腐敗した看守たちへの影響力を利用して、バヤット・アル＝イマーム仲間の囚人たちからなる派閥の勢力を強化した。手下たちは標準制服を着なくてもよくなり、朝の中庭での点呼にも出ずに済んだ。お気に入りの服装はアフガンのシャルワール・カミーズ――シャツと長ズボンの組み合わせ――とパシュトゥーン帽だった。見た目の虚栄ぶりに加え、鉄のような立ち居振る舞いとギャング的な規律により、逆らう者はほとんどいなかった。「視線を動かすだけで、手下たちに命令を下せた」と、アル＝ジャブルに移送されたアル＝ザルカーウィと囚人数名を診た刑務所の医師は回想する。

脅しや説得により、アル＝ザルカーウィはイスラム主義イデオロギーに関する自分自身の解釈を唯一無二のものとして、監獄内の最高判事の地位につこうとした。自分に批判的な記事を書いた『スワカ』誌の寄稿者など、気に食わないやつはぶちのめした。アブ・ドマという別の囚人は、「異教徒の本」である『罪と罰』を読んでいるところをアル＝ザルカーウィに見つかったという。アル＝ザルカーウィはその後、アブ・ドマが不敬なロシア文学への関心を捨てたか確認するため、脅しの手紙をよこしたが、その中でドストエフスキーを「ドセフスキ」と書いていたそうだ（「そのメモはひどいアラビア語だらけで、子供が書いたような代物だった」とドマは回想する）。頭脳を鍛えられなかったアル＝ザルカーウィは、代わりにベッドの枠やオリーブ油の空き缶に石を詰めたものをウェイトに使い、肉体を鍛えた。とはいえ、いつも看守を思い通りに動かせたわけではない。看守に刃向かったときにはぶちのめされることもあった。でもそれは、かれを人類の指導者として仰ぐ人々への印象を強めることになった。八ヶ月半も独房に送り込まれたことさえあったという。

また、バヤット・アル＝イマームの指導的役割が、最終的かつ決定的に逆転したのも監獄でのことだった。アル＝ザルカーウィがエミルの称号を名乗ったのも、刑務所だ。後にアル＝マクディシは、面子を保つためかもしれないが、その称号は自分がアル＝ザルカーウィに授けたのだと言い張っている。民主主義に対する激しい檄文にもかかわらず、アル＝マクディシは監獄では弱腰で、「異教」の監獄当局に礼儀正しくしたり、追及されるとヨルダン議会に対して好意的な発言をしたりした。これに対しアル＝ザルカーウィは、どんな人にも、どんな敵対的見方に対しても、一歩も譲ろうとはしなかった。ただし手下には、意外な優しさを示したという。特にかれらの健康や快適性に関わる部分ではそれが顕著だった。すでに見た通り、アル＝

ザルカーウィはアフガニスタンで、片脚を失ったサラー・アル＝ハミを哀れんで、妹を嫁として差し出している。その監獄時代についての証言を見ても、かれは強面のエミル役と、身体が弱かったり手傷を負ったりしたジハード主義者たちに対して愛を込めた世話を行うフローレンス・ナイチンゲール役の二役を演じていたようだ（こうした分裂した人格は歴史上の怪物の多くにも見られる）。

アル＝マクディシの影が薄くなったからといって、アル＝ザルカーウィがすぐに取って代わったわけではない。導師たるアル＝マクディシは、庇護者にして指揮官たるアル＝ザルカーウィが怒号だけでなくイデオロギーをも育む力を貸した。どちらもファトワ、つまり宗教的な指令を書き、それがインターネットにアップロードされて広く読まれた。そのいくつかはビン・ラディンの目にさえ止まった。かれはこのヨルダン人二人の裁判をパキスタンから興味津々で見守っていたのだった。ペンタゴンの元対テロ担当高官リチャード（仮名）によると、刑務所でのアル＝ザルカーウィの体験は、ボストンの組織犯罪のボスであるホワイティー・バルガーの体験にも似たものだった。「バルガーは、アメリカ刑務所のハーバード大に送り込まれたわけです。かれはちょっと知恵のある小ずるい犯罪者で、いくつかよい収入源を手にしていました。そして豚箱から出てきたことで箔がついて、独自のギャング団を形成できるようになり、ボストンを四、五年仕切ることになったんです。アル＝ザルカーウィも同じことです。刑務所がかれの大学だった」

現在のＩＳＩＳ指導者アブ・バクル・アル＝バグダーディや、ＩＳＩＳの上層部のほとんどについてもほぼ同じことが言える。かれらは二〇年後にイラク南部のアメリカによる収監施設キャンプ・ブッカで、様々な期間を過ごしている。アル＝バグダーディは、アル＝ザルカーウィと同じように、監獄当局からしっかりしたカリスマ的な指導者としてみられており、その追随者たちはあらゆる命令に従ったという。鉄格子の向こうでは資産だった個人崇拝は、監獄を出るとかれにとって大きな危険を秘めたものとなる。

結局アル＝ザルカーウィは、ヨルダン政府での変化のおかげで、刑期のごく一部しか勤め上げなかった。ヨルダンのフセイン国王が死去し、その後を継いだ息子アブドゥラー二世は西側で教育を受けた改革主義者で、父の王位を継承するよりも軍人として生きようとした。一九九九年三月、新国王は殺人者、強姦者、反逆者を除く囚人三〇〇〇人ほどに対して恩赦を施したのだった。実際に王国へのテロ行為を実行していなかった（または失敗していた）多くのイスラム主義者たちは、この種の犯罪者にみられる再犯率を熟知していたベテランスパイたちの反対にもかかわらず、釈放された。アル＝ザルカーウィも、刑期半ばで自由の身となった。

確かに「自由」というのはアラブの専制国家では相対的な意味しかない。アル＝ザルカーウィは一回、養蜂家志望をよそおってヨルダンを離れてパキスタンに向かおうとした。そして母親と妻と一緒に空港で捕まった。ムハバラートはそもそも、かれを監獄から出したのはまちがいだと思っていたのだ。収監され、蜂蜜採集にいきなり興味を持ったというあり得そうにない話について尋問を受けつつも、アル＝ザルカーウィは一九九九年夏にヨルダンを離れることができた。もちろん、本当の狙いは六年前に中断した活動の再開だった。でもパキスタンに着いたら、新しい問題が待ち構えていた。ペシャワールで一時逮捕され、八日ほど鑑別所に入ったが、どうやらこれは査証《ビザ》が切れたためらしい。即座にヨルダンに戻らないとパスポートは返さないと言われたので、かれはこっそり国境を越えてアフガニスタンに入り、カブール西にある村のジハード主義者「ゲストハウス」にやってきた。ここは当時、かつての軍閥仲間であるグルブッディン・ヘクマトヤールの勢力下にある地域だった。その後間もなく、中東を一変させる会合が行われたのだった。

ビン・ラディンとの出会い

アル＝ザルカーウィが初めてオサマ・ビン・ラディンと会ったのは、ビン・ラディンがさんざん断ったのちに、当時アフガンの神政権力だったタリバンの実質的な首都であるカンダハールでのことだった。かなりひどい出会いではあった。ビン・ラディンはアル＝ザルカーウィや、一緒にやってきた若いヨルダン人一行が、まさにかれらがやっとふりほどいてきたＧＩＤではないかと疑っていた。また、アル＝ザルカーウィはまだ敬虔でなかった日々に大量に刺青をしており、刑務所でそれを削り取った傷跡がはっきり残っていた。それが厳格なビン・ラディンには癇《かん》に障った。だが何よりもビン・ラディンを怒らせたのはアル＝ザルカーウィの傲慢さであり「硬直した見方」だった。その会合にはいまやビン・ラディンの文句なしのナンバーツーであるアイマン・アル＝ザワヒリもいたが、かれもこの元ペテン師をアル＝カイダ参加の候補として認めなかった。これは、アル＝ザルカーウィの人格問題のせいだけでなく、カンダハールの古参ジハード主義者たちが、すでにジハードにとって古くさく邪魔なだけだと見なしていた、かれの思想のせいもあった。

近い敵、遠い敵

一九九六年にビン・ラディンは「二つの聖地を持つ地を占拠するアメリカ人に対するジハード宣言」というファトワを発した。この二つの聖地とは、サウジアラビアのメッカとメディナだ。サウジにはアメリカと多国籍軍が、第一次湾岸戦争以来ずっと駐留しているのだった。この宣言はある意味で、ビン・ラディンの師匠二人、故アブドゥラー・アッザームとアル＝ザワヒリの競合する哲学を弁証法的に融合させたものだった。アフガニスタン同様、アル＝カイダはムスリムの土地を占拠する別の異教徒どもと戦っているのだと主張した。ただし今回の「占領者」は名目的にせよムスリム政府とサウジ王家の招待と歓迎を受けてそこにいるのであり、しかもそのムスリム政府は、かつての西洋占領者たるソ連に対する戦いでビン・ラディンと協力していたのだ。

一九九〇年代初頭、アル＝カイダはイエメンからサウジアラビア、ケニアやタンザニアなど中東やアフリカ全土でアメリカ兵を標的にしていた。つまりこの組織は民主超大国に協力するムスリムたちを、行きがけの駄賃で殺しはしたけれど、ジハードの中でも「遠い敵」を相手にする一派として成立していた。だからテロリズムをヨルダンで復活させ、その標的をムスリムだけに絞ることで、アル＝ザルカーウィはいまだに断固「近い敵」を相手にする一派とみなされた。これは高齢のアル＝ザワヒリがまさに一〇年前に採った立場そのままだ。当時のアル＝ザワヒリはエジプト政府を攻撃したいだけだったけれど、その後自分の見方を適応させて、アメリカに対する攻撃を含むものとし、それを優先事項としたのだった。

一九九九年には、ジハード主義における近い敵と遠い敵の分裂は、イデオロギー的なものにとどまらず世代的なものでもあった。アル＝ザルカーウィはまた、「カーフィル」（「不信仰者」を指すきわめて侮蔑的な表現）の定義としてずっと広いものを採用しており、シーア派すべてと、同じスンナ派でも厳密なサラフィー主義に従わない者はだれでもそこに含めた。これまた世代的な分断の徴として、アル＝ザワヒリはその頃には敬虔さが足りなかったり空論的だったりするムスリムを破門することをやめていたのに、アル＝ザルカーウィはこのやり方を熱心に採用していた。

ビン・ラディンはそれまでシーア派の少数派たちを標的としたことはなかった。そこには哲学的な理由だけでなく、まちがいなく親族の事情もあっただろう。なんといってもかれの実母はシリア人のアラウィー派、つまりシーア派分派の一員だったのだ。

このような不純なきっかけではあったが、その後この両ジハード主義者の間には実利的な協力関係が確立した。アル＝カイダの治安主任サイフ・アル＝アデルがその主な仲介役だったようだ（他にもいたかもしれない）。かれは粗野で無謀なアル＝ザルカーウィのどこを評価したのだろうか？　影響力と勢力図を広げたがるときに、あらゆるジハード主義者たちが求めるもの、つまりそのすぐ隣にいる無数の同志たちだ。一九九九年までに、スワカとアル＝ジャブル監獄の塀の内外で、アル＝ザルカーウィはレヴァント地方に多くのコネを築いており、アル＝アデルはそれがアル＝カイダに有用だとビン・ラディンを説得したのだった。そうしたコネの一人がアブ・ムハンマド・アル＝アドナニで、かれは現在ＩＳＩＳの公式「スポークスマン」ということになっている。実際にはＩＳＩＳのために故国シリア全土を仕切っており、カリフ国の創立者の一人と言っても過言ではない存在だ。

一神教と聖戦

二〇〇〇年になると、アル＝ザルカーウィはイラン国境に近いアフガニスタン第三の都市へラートにある訓練キャンプ責任者となっていた。元ＣＩＡアナリストで後にイラクのアル＝ザルカーウィ追跡担当者だったネイダ・バコスは、このキャンプはアル＝カイダが設立資金を出して作られたもので、ビン・ラディンはアル＝ザルカーウィに対して「融資」の形で二〇万ドルを渡したと踏んでいる。この金額は、アル＝カイダが財務的に提供できる金額からみれば、雀の涙ほどでしかない。アル＝ザルカーウィが、こんな少額でやりくりできるかを見るためのテストだったのかもしれない。「土地と、懸垂用の鉄棒いくつか、そしてＡＫ－47を持って走り回る連中さえあれば済む訓練キャンプです。高度な訓練どころか、海兵隊基礎教練ですら必要ない。ヘラートでの身体活動は、だれが戦うだけの度胸を持っているか見極めるためのものなんです」と元ペンタゴン職員のリチャードは語る。

ネイダ・バコスはいまではＣＩＡを辞めているが、ヘラート地区には多くの訓練キャンプがあって、そのどれも「各種の地理、領域、リソースを共有していた」と付け加えている。「そこにもう一つ追加したところで、アル＝カイダにとっては無意味だった。「アル＝ザルカーウィは、アル＝カイダの主張するジハードを認めていなかったし、アル＝カイダはアル＝ザルカーウィなんか屁とも思ってませんでした。だからむしろ『ほら、ヨルダンで好き勝手にジハードしてろよ。そのほうがいいだろう』という感じです。あと、みんないまや知っているように、当時のビン・ラディンにはずっと大きなたくらみがあったんです」

その出自に忠実に、アル＝ザルカーウィはアル＝カイダ出資ながらも独立所有の部隊、自称ジュンド・アル＝シャム（レヴァントの兵士たち）に、主にパレスチナ人とヨルダン人を配備した。でもキャンプ入り口の旗には、後にイラク（そこではすでに、県や国境という認識が薄れつつあった）におけるかれのテロリストセルの名称となるスローガンが書かれていた。「タウヒード・ワル＝ジハード（一神教と聖戦）」。この名前は、アブラハム的な信仰についての自明の主張のみならず、真の信仰者とその獲物たちのちがいを示している。「多神教徒」というのが、アル＝ザルカーウィとその手下たちがシーア派を貶めるために使う決まり文句となった。もちろん、イスラム以前のあらゆる信仰、たとえばゾロアスター教なども同罪だ。これはかれの断罪文句の一つとなった。

でもその時点では、レヴァントの兵士たちはイスラエル／パレスチナ、ヨルダンなどアラブ諸国での将来的なテロ作戦向けに養成され、その最終的な目標は暴力的な政権転覆とイスラム首長国確立だった。同キャンプ卒業生の一部は確かに、「華々しい活動」に参加した。その一例が、二〇〇二年アンマンにおけるアメリカ合衆国国際開発庁の職員ローレンス・フォーリーの至近距離からの射殺だ。この殺害は、アル＝ザルカーウィ当人が命じたものかもしれない。この点は諜報関係筋の間ではまだ議論が分かれる。また他には二〇〇四年にヨルダンの首都で、首相府、ムハバラート（ＧＩＤ）本部、アメリカ大使館を標的とした化学爆弾を爆発させようという、非常に有名な作戦に参加した者もいる。ヨルダン当局によれば、この攻撃が成功していたら最大八万人が死んでいたかもしれない。この計画を主導したのは、アズミ・アル＝

ジャヨウシというヨルダン系パレスチナ人で、与えられた予算はやがて二五万ドルにふくれあがった。この資金を使ってトラック、自動車、化学薬品二〇トンを買い、これをイルビド市に借りた巨大倉庫に保管した。アル＝ジャヨウシに倉庫を貸した人物は、店子がこんなにつまらない不動産に、とんでもない警備をつけているのを見て怪しく思い、ムハバラートに通報した。ちょうど準備が最終段階に入ったところでアル＝ジャヨウシを通報したこの地主がいなければ、アンマンの大半は、GID本部を爆心地とする有毒ガスの煙に飲み込まれていた可能性も十分にある。アル＝ジャヨウシが尋問官に行った告白は、アブドゥラー王の命令でヨルダン国営テレビで放映された。「私はアブ・ムサーブ・アル＝ザルカーウィに忠誠を誓った。私はかれのために働くと合意した――無条件で」

アル＝ザルカーウィは、このGID攻撃計画への関与を認めているが、化学兵器の使用については否定し、これがGID自身の捏造したデマ攻撃なのだと述べている。大量破壊兵器（WMD）なんか持っていたら、イスラエルを攻撃するというのが当人の主張だ。イラクとシリアにいるかれの手下のジハード主義者たちは、後に本当に化学「ダーティー爆弾」（通常は塩素を使ったもの）を、クルド人をはじめ各種の敵に対する小規模ながら致命的な攻撃で使っている。

ジュンド・アル＝シャムは爆発的に成長した。この作戦に資金を提供した責任者であるアル＝アデルは毎月ヘラートを訪れて、融資先の進捗についてビン・ラディンに報告していたが、大いに感心した。この成功のおかげか、あるいは九・一一攻撃を目前に控えて、猫の手も借りたかったせいか、傲慢なヨルダン人アル＝ザルカーウィに対するビン・ラディンの評価は少し変わったらしい。二〇〇〇年から二〇〇一年にかけて、このアル＝カイダ指導者はアル＝ザルカーウィに対し、カンダハールに戻ってバヤットを行う——つまり忠誠を誓う——よう繰り返し要請している。バヤットは、アル＝カイダへの完全参加の必須通過儀礼だ。アル＝ザルカーウィはそのたびに断った。「かれが預言者以外の人物を誉めるのは聞いたことがない。これがアブ・ムサーブの人柄で、だれにも従わず、自分がやるべきだと考えることをやりに出かけるだけだった」とかつての仲間の一人は回想する。傲慢なせいか資金提供者との意見相違のためか、アル＝ザルカーウィは二〇〇四年までアル＝カイダとはつかず離れずの日和見的な関係を維持した。

イラク北部にて

ヘラートにおけるアル＝ザルカーウィの腹心の一人が、同じくヨルダン人のアブ・アブデル・ラフマーン・アル＝シャミで、イラン経由でイラク北部にネットワークを拡大するという任務を与えられていた。準自治区クルディスタンに、タリバン式の封建領土を作ろうという狙いらしい。当時この地域は、国際的な飛行禁止地区が設定され、サダム・フセインの陸軍や空軍から守られていた。アル＝シャミが組織したジハード主義集団はジュンド・アル＝イスラムと呼ばれ、同地域の山岳地帯五〇〇平方キロを占拠し、二〇万人ほどの住人たちに君臨した。この住民たちは突然、酒や音楽、衛星テレビを禁止されることになる。まるでカンダハールがクルディスタンにやってきたかのようだった。

九・一一同時多発テロ攻撃と、アメリカによるアフガン侵略開始後、ジュンド・アル＝イスラムは他のテロリストセルと融合し、アンサール・アル＝イスラム（イスラムの支援者）になった。この超コングロマリットの標的は二つあった。バグダッドのバアス党政権と、クルディスタン愛国同盟（ＰＵＫ）だ。後者はイラク内クルディスタンの二つの主要世俗政党の一つで、それを率いていたのは、後にサダム・フセイン後のイラク大統領となったジャラル・タラバーニだ。クルド人たちは独自の諜報機関と準軍組織を持っており、アンサール兵たちと衝突したりかれらを逮捕したりした。

二〇〇三年二月三日、イラク戦争開始のほんの数週間前に、コリン・パウエル国務長官は国連で演説を行い、クルド情報部が詳述したアンサール・アル＝イスラムのイラク北部占拠は、アル＝カイダがサダム・フセイン政権とつながっている証拠だと主張した。パウエルによれば、アル＝ザルカーウィのネットワークは支配下の五〇〇平方キロ地域でリシンなどの化学兵器を製造しており、アル＝ザルカーウィ（長官はかれを誤ってパレスチナ人としていた）はイラクの庇護を受けて何ヶ月もバグダッドで治療を受けていたという。アフガニスタン空爆で重傷を負ったため、片脚の切断と義足が必要になったという話だった。

パウエルの演説の大小様々な部分は、後に米軍がイラクを侵略して大量のイラク情報部ファイルを押収し、多くの旧イラク情報部員を尋問した結果、まちがっていたことが判明した。だがブッシュ政権で働く人々の一部も、最初からパウエルの主張を疑問視していた。リチャードはこう語る。「初めてザルカーウィについて知ったのは九八年だか九九年だかでしたが、どういう奴かは知ってました。アフガニスタンから追い出されたらひどく残虐な人物にはなると思っていましたが、イラクに向かうとは知りませんでした。ヨルダンに帰ると思ったんです。イラクで『歓待』されたという話について言うと、ブッシュ政権の言うようなバグダッドで入院とかいう話は信じられませんね——それは『ディック・チェイニー（ブッシュ政権時代の副大統領）の空想』に分類されるものだと思いますよ」

ＰＵＫは、イラクの軍事諜報筋がアンサールに対し、自爆テロ向けのＴＮＴ火薬を供給していると主張した。クルド人に捕らえられたイラク工作員高官は、アンサールの宗教指導者で、アル＝カイダとの連絡係だったアブ・ワエルと接触するためにバグダッドから送り込まれたのだと告白している。

実は、アメリカはアンサール・アル＝イスラムの活動については優れた情報を持っていて、特にクルドのサルガット村での活動は筒抜けだった。ＣＩＡは八人編成のチームをそこに送って同グループを調べさせ、親米派のクルド人が捕まえた囚人すべてを尋問させたのだ。ＣＩＡ

はまた、サダム・フセインのエージェントたちがアンサールの本部近くに駐留しているのも知っていたが、かれらもまた自分たちと同じ目的なのも知っていた。つまり、このジハード主義者セルを監視するのが目的であり、それを味方につけて自分たちの下請けをやらせるつもりはなかった。アンサールの基地を破壊させろというCIAの要請を、ジョージ・W・ブッシュ政権は繰り返し却下した。当時かれらはイラク侵攻の腹を決めており、大規模な戦争を拙速に、こんな小さな標的から始めるのを恐れていたのだ。

アル＝ザルカーウィのクルディスタン滞在は一ヶ月に満たず、二〇〇二年五月には、バグダッドに引っ越していた。諜報筋の間では、アメリカによる侵攻の直前にアル＝カイダの仲間たちがまだその存在感を保ち、イラク国内でもサダム・フセイン政権の黙認を受けて簡単に移動できたのか、という点についていまだに議論が分かれている。元CIA長官ジョージ・テネットはその回想録『嵐の中心で』の中でこう書いている。「二〇〇二年の春と夏には、一〇人以上のアル＝カイダ関連過激派たちがバグダッドに集結していたのに、どうもイラク政府からはまったく嫌がらせを受けなかったようだ。快適かつ安全な環境を与えられ、その中でイラク北東部のザルカーウィの作戦を支援する人や物資を輸送していたのだ」。イラクは警察国家であり、アメリカとの戦争の可能性がきわめて高くなっていた。サダム・フセインのムハバラートは、首都が西洋による占領と命がけで戦おうとする聖戦士たちの結集地になるよう、見て見ぬふりをしたのだろうか？　アメリカのスパイたちは、ジハード主義者がイラクに潜入していることは疑わなかった。単に、それがどういう意味かで意見が分かれただけだ。

元国防総省の対テロリズム担当官だったリチャードによると、アンサールの一味にアル＝ザルカーウィが参加したのは、正規の階層組織によるものというよりは便宜的なものでしかなかった。なんといってもアル＝ザルカーウィは、アル＝シャミなどのヘラート卒業生たちをクルディスタンに送り込み、一派を創設させたのだ。この一派はその後、クルディスタンの既存の派閥と融合してアンサールを形成した。結果としてできた組織はアル＝カイダとつながりを持っていた。まさに三年前のアル＝ザルカーウィとビン・ラディンとの関係とまったく同じ、コネ重視のプラグマティズムに基づくものだった。それがいまや、アラブとクルドのジハード主義者たちのネットワークの基礎を作りつつあったのだ。リチャードによれば「ジハード主義者たちは、同じテロリストセルの一部だというリストに名前を連ねるよりも、友人や知人から得るもののほうが多いんです。今日のISISでも、シリアの各種グループでも見れば、それがいかに流動的かわかるでしょう。アンサール・アル＝イスラムが［イラクの］クルディスタンでザルカーウィに庇護を与えたのは、知り合いで気に入っていたからです。あいつがいつも、各種の犯罪組織や部族団体と取引をまとめるのが上手だったのはお忘れなく」

さらにアル＝ザルカーウィがフセイン政権の手の届かない地域にあるサルガット村に入れたのは、サダム・フセインの仇敵のおかげでもあった。それはイラン・イスラム共和国だ。

アメリカとNATOがアフガニスタンで戦争に向かったとき、アル＝ザルカーウィのヘラートキャンプは、西側の支援を受けた北部連合に制圧され、アル＝ザルカーウィはカンダハールに逃げた。そしてそこで確かに、多国籍軍の空爆で軽傷を負ったらしい。でも報道とはちがい、脚はボロボロになったり切断されたりはしなかった。元訓練生イヤード・トバイッシによると、あばらを何本か折った程度でしかない。そしてアル＝ザルカーウィと三〇〇人ほどの武装団は、アフガニスタンを離れてイランに向かった。イランはアメリカがつくり出した戦争からジハード主義者たちが脱出するにあたり、用心しつつも喜んで支援を与えた。アル＝ザルカーウィはザヘダン市に一週間ほどとどまったと言われ、その後旧友グルブッディン・ヘクマトヤール（北西国境地帯に初めて赴いた時代に築いた、これまた便利なコネだ）の庇護の下、テヘランに移住した。ヘクマトヤールはその頃にはイラン諜報部と関係を築いていたのだった。

イランからの支援

アフガニスタン脱出後、一年ほどアル＝ザルカーウィはイランとイラク北部を拠点としつつ、地域中を広く移動していた。南レバノンではパレスチナ難民キャンプを訪れ、急発展するジハード主義者ネットワークの新入メンバーを募集し、イラク中部と北部のスンナ派が有力なコミュニティの中を渡り歩いた。ビン・ラディンの元ボディガードであるシャディ・アブダラは後にドイツ当局に対し、アル＝ザルカーウィはこの時期にイランでしばらく逮捕されたが、すぐに釈放されたと述べている――この指摘は、ヨルダン政府関係者が二〇〇三年のイラン訪問で裏付けを得たとされる。アル＝ザルカーウィはまたシリアにも出かけ、ヨルダンのスパイたちはこれがローレンス・フォーリー暗殺を計画するためだったと考えている。そしてバシャール・アル＝アサドの保安部隊は、これを黙認した。

アル＝ザルカーウィのテロ活動に対するイラクの出資に関するアンマン当局の調査結果は、パウエルが以前に述べたものとはかなりちがっている。ヨルダン人たちによれば、アメリカはイラクよりもイランに目を向けるべきだった。

革命的シーア派イスラム主義者がスンナ派のテロを幇助するというのは、直感に反するかもしれない。でもイランは、テロリストの狂信を共通の敵――サダム・フセインかアメリカ――に向けておける限り、拘束力のない契約のようなものが結べるということを、他のあらゆる地域勢力に負けず劣らず理解していた。その契約の主文にはこうある。「おれたちを攻撃さえしなければ、いまは助けてやる」。そしてアル＝ザルカーウィはシーア派すべてを病的なまでに憎んではいたけれど、アメリカの戦闘機によるタリバンの壮絶な崩壊と、自分自身が死にかけてから、優先順位は変わった。救世主的、殲滅主義的野心を向ける新しい対象が姿を現したのだ。そしてそれは、ビン・ラディンの標的やアル＝ザワヒリの標的と同じだった。サイフ・アル＝アデルは後にアル＝ザルカーウィについてこう回想している。「イランに出かける前に別れを告げにきたとき、アル＝ザルカーウィはアフガニスタン爆撃においてアメリカ人どもが犯した罪——それをかれは自分の目で見たと言いました——について復讐することが重要だと言っていました」。これを実現するには、かれは新しい短期的な同盟関係を結ばねばならない。いつもながら、アメリカはジハード主義者たちの実際の動きよりもあまりに理詰めすぎる計画を立ててしまった。この対象についても、世界で最も有名な国際指名手配者に急速になりつつある人物についても、ずっと詳しいヨルダンのムハバラートは、アル＝ザルカーウィのたくらみをはるかによく理解していた。ヨルダン諜報筋のある上級職員は、二〇〇六年に『アトランティック』誌にこう語っている。

我々は、ザルカーウィ自身よりもかれのことをよく知っている。そしてかれはサダム・フセインとまったくつながりはないと断言できる。イランとなると、話はまったく別だ。イラン人たちは、イラクを支配したいという政策を持っている。その政策の一部として、ザルカーウィを支援しているのだ。戦略的というよりは戦術的にね。（中略）当初、かれがアンサール・アル＝イスラム軍に属していた頃には、自動火器、制服、軍備を与えられていた。いまやかれらは、ザルカーウィの活動やアル＝カイダの活動全般を、基本的には見て見ぬふりをする。イラン人たちはイラクをアメリカ人との戦いとして見ており、結局のところ、アメリカ人が撤退すればザルカーウィやその手下を全部始末するだろう。

この発言には三重のアイロニーがある。

まず、アル＝ザルカーウィがその後イラクにもたらすテロルの支配は、同国の多数派であるシーア派の人々を拷問し殺害するのを重視したという点が大きな特徴だった。これにより内戦状態をつくり出せば、スンナ派はバグダッドにおける失った権力と名声を回復して、ヌールッディーンの栄光再興を目指すしかなくなるとかれは信じていたのだった。多くの人々は、アメリカ人たちがサダム・フセインを失脚させ、代わりにシーア派優位の政府を樹立させたことで、バグダッドの権力も名声も失われたと思っていたのだ。

第二に、イランは後にイラクでアル＝ザルカーウィのはるかに強力な弟子たちを「始末」しようとした。自国の革命防衛隊とその手先である、厳しい訓練と豊富な装備を与えられたイラクのシーア派民兵たちを使って、これみよがしにＩＳＩＳに対する地上戦を仕掛けたのだ。イラン戦闘機がイラクにおけるＩＳＩＳ拠点を爆撃したという報告さえある。

第三に、二〇〇一年から二〇〇二年のイランによるアル＝ザルカーウィの活動支援は、アル＝カイダとの戦術的同盟あるいは提携を維持しているという、ブッシュ政権によるサダム・フセイン政権批判が見事にあてはまるものだ。ちょっとした偶然ながら、この事実はアル＝ザルカーウィの仲間でＩＳＩＳの現スポークスマンにしてイラクでの全権大使であるアブ・ムハンマド・アル＝アドナニも明言していたものだ。かれはアル＝カイダがかつての分派であるＩ

ＳＩＳとの分裂を公式に発表して何ヶ月も後の二〇一四年五月に、アイマン・アル＝ザワヒリ宛てのメッセージで明言している。「ＩＳＩＳは創設以来イランのラワフィード［シーア派］を攻撃していない。（中略）最悪の敵であるイランと手を組んでいるとか、イランを標的にせず、そこのラワフィードの安全な暮らしを維持させ、イランにおける利権と補給路を守れというアル＝カイダの指導に従っているとかいう糾弾については、長年にわたり怒りをつのらせつつ我慢してきたのだ。イランはアル＝カイダに大いに恩を受けているのだということを歴史に記録すべきだ」

「社会主義異教徒たち」とヌールッディーン

アル＝ザルカーウィとビン・ラディンとのパートナーシップは互恵的な取り決めとして定められたものだ。それは九・一一同時多発テロとアフガン戦争に続く過激な活動の中で固められ、アメリカや西側同盟軍を新たな中東紛争に引きずりこむための戦略的な見通しも共有されていた。

遅くとも二〇〇二年一〇月にはすでに、アル＝ザワヒリはこの戦争を予見していた。当人によれば、この戦争は民主主義の拡大が狙いではなく、アラブ・イスラム世界においてイスラエル国家への軍事的な抵抗をすべて抹殺するのが狙いなのだ。半年後、ビン・ラディンはアルジャジーラで放送された公式声明で、イラクの人々への手紙を書き、「大イスラエル創設の道を拓く」古代イスラム首都の占拠と傀儡政権の樹立を覚悟せよと述べている。メソポタミアは、中東すべてを飲み込む十字軍・ユダヤ教陰謀の震源地となる。これに対抗すべくビン・ラディンは都市戦争と「殉教作戦」つまり自爆テロを支持した。そして、アフガニスタンのサービス局の日々以来最大規模のムジャヒディン軍招集を世界的に呼びかけた。この訴えには興味深いあとがきがついていた。サダム・フセインのバアス派政権にいる「社会主義の異教徒ども」はアメリカ人に対するすべての戦いで、有益な仲間である。「遠い敵」に損害を与えるため、ジハード主義者たちは究極のイスラムの勝利を勝ち取るまでこうして「近い敵」の残党と協力するように奨励された。このイスラム主義者とバアス派との同盟容認の影響は、きわめて致命的かつ長期的なものとなる。

アル＝ザルカーウィにとって、イラクの十字軍に対する戦争は、歴史的栄光と聖なる預言をめぐるものでもあり、アブ・バクル・アル＝バグダーディが二〇一四年六月に全ムスリムに呼びかけたあのモスクに根ざしているものでもあった。サイフ・アル＝アデルはこう回想している。「ヌールッディーンとそのイラクのモースルからの戦役開始について読んだ内容に大きく影響されて、アフガニスタンでのイスラム首長国崩壊後にザルカーウィはイラクに移動したと思う」

2 虐殺者たちのシェイク

アル＝ザルカーウィとイラクのアル＝カイダ

ビン・ラディンの命令はイラク占拠のかなり初期に完全に実現され、米軍は直面する蜂起軍がきわめてハイブリッドだということを、大きな損害を被りつつ思い知ることになる。サダム・フセインはバグダッド侵略は予想していなかった。でも、別の政権破滅シナリオについては自分の政権に十分な準備をさせてあった。それはイラクで多数を占めるシーア派の国内再蜂起か、少数派であるクルド人の再蜂起だった。アメリカにつつかれて、この両派閥は第一次湾岸戦争の終わりに蜂起したが、すぐに虐殺されてしまった（そしてアメリカはそれを黙認した）。こんな革命の胎動が二度と起きないよう、サダム・フセインは両湾岸戦争間の一〇年で、反革命の巨大地下組織を育成し、その伝統的な軍事抑止力も強化して予防手段を講じた。そして親衛隊の一部門、フェダイーン・サダムを強化し、その手先となる民兵コンソーシアム創設を許可した。第二次湾岸戦争の堂々たる歴史研究『エンドゲーム——ジョージ・W・ブッシュからバラク・オバマまでのイラクをめぐる闘争の内幕』の中で、マイケル・ゴードンとバーナード・トレイナー将軍はイラクに最初の米兵が到着するはるか以前に「民兵組織のための隠れ家や武器備蓄、それも即製爆弾の材料なども含むものが全国に確立していた。（中略）それはサダム・フセインが自分の支配に対する最も深刻な脅威と考えたものを抑え込むための、対蜂起戦略とも言うべきものだった」と書いている。

この戦略を解剖し、侵略後の蜂起は実は旧体制からの残党たちによるものだということを理解したのは、デレク・ハーヴェイ大佐だ。かれは第七統合共同作戦軍、つまりイラクのアメリカ軍司令部のリカルド・「リック」・サンチェス将軍の下で働く、軍事諜報担当官だった。ハーヴェイの推計では、サダム・フセインの他の親衛隊、特別共和国警備隊、ムハバラート（イラクの各種諜報局の総称）、フェダイーン・サダム、国家補助下の民兵たちの総勢六万五〇〇〇人から九万五〇〇〇人が、ブッシュ指名の連合国暫定当局（ＣＰＡ）代表ポール・ブレマーにより署名一本でイラク軍解体が行われたために失業してしまった。クビになった兵員の多くは、自分たちを追い払った連中を排除しようという初期のキャンペーンに参加した。そこに加わったのは、さらに不満を抱くイラク人たちで、ブレマーが二〇〇三年五月にバグダッドに到着してから一〇日後に発表した「脱バアス化」という批判の多い政策の被害者たちだった。

事態をさらに悪化させたのが、サダム・フセインは国連禁輸措置を逃れるための灰色市場をイラク内で許可していたということだ。これは要するに、政府容認の組織犯罪ネットワークで、その親玉が副大統領のイザート・イブラヒーム・アル＝ドゥリだった。最初のイスラム教カリフ、アブ・バクルの直系子孫を名乗るスーフィー・ナクシュバンディ教団の一員であるアル＝ドゥリは、イラク北部のサラー・フッディーン県北部のサダム・フセインの故郷ティクリートに近いアル＝ダウル生まれだ。だから、同国のスンナ派拠点地域内での巧みなバアス派活動家となって活躍した。そして副大統領として、政権の情報や軍の武器を、仲間のスーフィーたちのために蓄えることもできた。これは一種の民族パトロン制で、これが二〇〇六年のサダム・フセインの処刑後には、ナクシュバンディ教団員軍の創設という形で現れた――この軍はイラク最強のスンナ派蜂起集団の一つであり、後には二〇一四年のＩＳＩＳによるモースル占領も支援している。

アル＝ドゥリは手練れの密輸商人だった。高級ヨーロッパ車をヨルダンのアカバ港経由でイラクに持ち込むという盗難車の転売事業で大儲けをしていた。ハーヴェイによれば、これは垂直統合された裏稼業だった。というのもアル＝ドゥリはこうした盗難車を加工する車体加工工場も運営し、車両搭載即製爆弾（軍事方面の略称ではＶＢＩＥＤ）の製造と輸送の両方を受け持っていたからだ。ＶＢＩＥＤは、イラクの駐留米軍に対する兵器として最も死傷者の多いものだ。

サダム・フセインは戦争前に、他にも革命防止策を講じていた。サダム・フセイン政権は一般に「世俗的」だったと思われていて、それはある程度までは事実だった。でも第一次湾岸戦争後、かれはムスリム同胞団のような内外原理主義敵対勢力に対しても、政権の守りを固めようとした。そこでかれは政権をイスラム化した。一九九一年の多国籍軍による空爆数日前に、イラク国旗に「アッラーフ・アクバル」（「神は偉大なり」）を加筆して、クウェート撤退後にはイスラム法《シャリーア》に基づく多くの各種厳罰を導入した。泥棒は手を切り落とされ、徴兵忌避者や逃亡兵は耳を切り落とされるなどだ。後者をイラン・イラク戦争での負傷兵たちと区別するため、サダム・フセイン派たちは耳を切断された人々の額に、焼きごてで十字を焼き付けた。

国家の宗教性強化にはおまけの狙いがあった。国際的な経済制裁でボロボロになった経済についての批判をそらしたりはね返したりすることだ。そこでこの政権は女性雇用の禁止を導入し、イラクの増大する失業者を人工的に減らそうとした。でも最も重要なのは、サダム・フセインがイスラム信仰キャンペーンを開始したことだった。これは政権エリート層のバアス派イデオロギーを、イスラム主義と融合させようとしたものだ。この改宗カリキュラムの監督をサダム・フセインが任せた人物は、他ならぬ自動車密輸の副支部長たるアル＝ドゥリだった。

予想できたことだが、この信仰キャンペーンは改宗運動とマフィア経済とのフランケンシュタインめいたつぎはぎ細工だった。イラクの新生ムスリムたちの一部は、メッカへの年次巡礼であるハッジを行い、他の一部は不動産や現金、そして——もちろん——高級車という賄賂をもらった。イラクに駐留してイラク史を執筆した別の米軍諜報担当官ジョエル・レイバーン大佐は、この信仰キャンペーンの予想外の結果の一つが、実は最も予想しやすいものだったと述べている。「サダム・フセインはイスラム学校に熱心なバアス派を送り込んでいるつもりで、かれらがモスクに足がかりを築いた後でも自分に忠実で、かれらを通じて政権がイスラム主義運動を監視したり操作したりできると思っていた。実際に起きたのは、その逆だった。モスクに送り込まれた将校のほとんどは、その時点ではあまりバアス党に熱心ではなく、サラフィー派の教えに接すると、フセインよりもサラフィー主義に忠実となったのだった」

このプログラムの卒業生の多くは、自分たちが懺悔し償うべき行動をたくさん行ってきたことに気がつき、信仰キャンペーンが教え込もうとしていたイデオロギーに反旗を翻し、政権そのものに逆らうようになったのだ、とレイバーンは指摘する。こうした「サラフィー主義のバアス派」の中には、アメリカ主導の新生イラク政府に役職を持ちつつ、裏で反米テロリスト活動を続ける者さえいた。そうした一人がハラーフ・アル＝オラヤンで、サダム・フセイン軍の高官だったがその後ポストフセインのイラク議会におけるスンナ派イスラム主義派閥であるタワフークの首脳陣となった。マムード・アル＝マシャダーニはアメリカの侵攻以前から、信仰キャンペーンの愚かさの好例だった。かれは本物のサラフィー主義者になってしまい、その後信仰キャンペーンを生み出した当の政権自体を攻撃したことで投獄された（アル＝マシャダーニはその後二〇〇六年にイラク代表評議会での議長となった。その一年後にアル＝マシャダーニとアル＝オラヤンは、死者を多数出したイラク議会の自爆テロ攻撃への関与を指摘された）。

政権の攻撃を始めた過激サラフィー主義者の輩出は、信仰キャンペーンの失敗の一つだった。もう一つ裏目に出たのは、それが全イスラムにあてはまると主張したことだった。キャンペーンは明らかに親スンナ派だったので、国とシーア派との関係は決定的に崩壊し、イラク内での宗派間の緊張は現代史では前代未聞の水準にまで高まってしまった。でもこのキャンペーンはスンナ派地域では多少は成功し、長きにわたりバアス党の対立運動となってきた主流サラフィー派への敵意を和らげたので、サラフィー派の一部は政府に入るようにまでなった。信仰キャンペーンはまた、中位の司祭を社会指導者に仕立てた。これはイラクのスンナ派地域での従来のイマームたちの役割とはちがう。これがアル＝ドゥリの犯罪経済と組み合わさり、部族員に大きく依存することで、社会を組み替えてしまい、それがサダム・フセイン政権崩壊後も続くことになる。最後に、このキャンペーンはまたイラク治安部隊に対し、同国のスンナ派アラブの文化的宗教的アイデンティティについて、もっと深く鋭い不安を抱かせるようになり、そのアイデンティティを自分たちの狙いのために利用する最善の方法についても熟考させるに至った――この教訓は、こうした治安機関の参加者たちが反アメリカ蜂起勢力に加わり、最終的にいまやＩＳＩＳと呼ばれる組織に参加するようになったときに、大いに役立つことになる。

二〇一四年一〇月、マンハッタンのアッパーウェストサイドにあるフランス風カフェで、デレク・ハーヴェイは筆者たちの一人に対して、サダム・フセインによるジハードに対する防壁が結局ジハード主義者たちに貢献してしまった仕組みを説明してくれた。イラン蜂起勢にだれがいて何をしているのかという初の分析を完成させた一〇年以上後のことだ。「信仰キャンペーンは、バアス党の人々に週に一晩だけ宗教訓練を受けさせて宿題をさせてとかいう話だけじゃないんです。あれは諜報機関を利用してイスラム学者社会に手を伸ばし、ハリース・アル＝ダリ（アンバール県出身の有力なスンナ派司祭で、ムスリム学者協会会長）のような各種宗教指導者と協力関係を作ったんです」。ハーヴェイはさらに付け加えた。「（ファルージャの蜂起軍ムジャヒディン・シューラ評議会の元議長だった）アブドゥル・アル＝ジャナビですら、元はイラクの諜報員でした。とはいえ、我々がかれの身辺調査をした頃には、サラフィー主義者ではなく、むしろアル＝ドゥリとナクシュバンディ教団に関連したスーフィー教徒でした。アル＝ジャナビの本性には気がつけなかった。当時はまるで宗教過激派ではなかったんです。アラブナショナリストでした。こうした連中がみんな共通して持っていたのは、部族、親族、自分自身への欲望だったんです。それがみんなをまとめあげる原理でした。それがスンナ派アラブ人のアイデンティティです。この失われた権力と栄誉の探求、それがスンナ派蜂起の動機となっていました。多くの人は、スンナ派蜂起の特徴を考えるときにこの点を見落とします。シーア派と話をすれば、それがどういうものかわかりますよ」

アメリカの侵略後、アル＝ドゥリとそのバアス派ネットワークの大半はシリアに逃げ、バシャール・アル＝アサド政権の庇護を受けた。アル＝アサドは、父親ハフェーズが数十年にわたりサダム・フセインと敵対していたにもかかわらず、こうした逃亡者たちを混乱醸成や、テロ予備軍、隣国でのブッシュによる国家建設撹乱の便利な手先と考えた。アル＝ドゥリのほうはと言えば、かれはイラクのバアス党とシリアのバアス党を一つの超国家的コングロマリットにまとめたいと思っていたが、アル＝アサドはこれを拒否し、一時は独自の代替イラクバアス党を育ててアル＝ドゥリのものと張り合わせようとしたほどだった（後で見るように、シリアはイラクにおけるバアス派とアル＝カイダの双方のテロに対する主要国家スポンサーの一つになった）。

サダム・フセイン、アル＝アサド、アル＝ザルカーウィ、ビン・ラディン全員が理解し、アメリカが金銭的にも人命的にも大きな代償を払って学んだ事実は、イラクの民主政府に対する最大の脅威は必ずしもジハード主義ではなく、行き場を失ったバアス党員でもないということだった。それはスンナ派の雪辱戦だったのだ。

スンナ派アラブ人は最大でもイラク人口のたった二〇パーセントだが、シーア派アラブ人は六五パーセントにも達する。スンナ派クルド人の多数（一七パーセント）に、キリスト教徒、アッシリア人、ヤズディ教徒、スンナ派とシーア派のトルクメニスタン人たちが、イラク社会の他の構成者となる。でもサダム・フセインは何十年にもわたり、宗派主義的なパトロン方式を統括しており、この方式は多数派の貧窮と停滞という犠牲の上に、少数派を引き立てるものとなっていた。だからこそジョージ・ブッシュ（父）は第一次湾岸戦争の責任追及にあたり、イラクでの完全な政権交代政策を決して推進せず、（思いつきのように）政権の頭だけ変えようとして、しかも失敗した。ブッシュ父は、イラク軍がクウェートに出払っていることで、バアス派のクーデターが生じてサダム・フセインが完全に追放されると期待していた。そうすればもっと改革主義的な政権か、少なくとも西洋の意向に従う独裁政権ができると思ったのだ。

民主主義を暴力的に導入するというのは、イラクの権力の人口学的な逆転を意味する。それは多くのスンナ派イラク人たちが、自分たちの生まれながらの権利だと思っていたものを破壊したのだった。著書『アメリカ後のイラク――独裁者、宗派主義者、レジスタンス』でジョエル・レイバーンはイラク北部でのあるスンナ派の発言を回想している。「当初は、だれもアメリカ人とは戦わなかった。バアス派も、軍将校も、部族も。でもアメリカ人たちが［二〇〇三年七月に］イラク統治評議会を設置し、そこにシーア派を一三人入れたのにスンナ派は数名しか入れなかったとき、人々は『アメリカ人たちはこの国をシーア派にくれてやるつもりだ』と言い始め、そのときから戦い始めたし、部族もアル＝カイダを引き込み始めたのだ」。行き場を失ったサダム・フセイン支持者たちは、ユーフラテス川沿いの生まれ故郷の都市や村に溶け込んでいたが、アル＝カイダの新規到来を喜んで迎え入れた。かれらをアメリカ人追放のエージェントと考え、自分たちの復活の手先と見たからだ。でもジハード主義者たちは、イラクに対して別の野望を持っていた。

アル＝ザルカーウィVS.アメリカ

アブ・ムサーブ・アル＝ザルカーウィがイラクで凄惨なデビューを飾ったのは、二〇〇三年八月七日、かれのネットワークの新しい名前であるタウヒード・ワル＝ジハード（「一神教と聖戦」、この名前はヘラート訓練キャンプの入り口にぶら下がっていた旗から取ったものだ）がバグダッドのヨルダン大使館の防護壁を爆弾を積んだ緑のトラックで爆破したときだった。壁には九メートルの穴があき、いくつかの家族を含む一七人が死亡した（いつもながら、かれは自分の故国の政府を主要な標的と見なした）。同月一九日、アル＝ザルカーウィはバグダッドのカナルホテルにある国連本部攻撃を画策した。これを実行したのは二六歳のモロッコ人男性アブ・オサマ・アル＝マグリービで、国連事務総長特別代表セルジオ・ヴィエイラ・デ・メロの窓のすぐ下にある壁にＶＢＩＥＤで突っ込み、かれと二一人を殺して二〇〇人以上を負傷させた。アル＝ザルカーウィは、メロを個人的に標的にしていたが、その理由は「アメリカ、十字軍、ユダヤ人どものイメージを美化しているから」だった。この「美化」は、どうやらこのブラジル人外交官が（キリスト教の）東チモールを（イスラム教の）インドネシアから独立させる監督役を果たしたことを含んでいるらしい――このおかげで、アル＝ザルカーウィを擁護する西側の人々は、そのテロリズムをためらいなく「反帝国主義」の表れと見なすようになった。

アル＝ザルカーウィは支援を受けていた。ハーヴェイによれば、「もともと、バアス派たちは二〇〇三年の国連などの自爆テロに協力していました。自爆テロ実行犯の隠れ家は、イラク特別治安機関［ＳＳＯ］の将校たちの拠点や居住地に隣接していたんです」。ＳＳＯは、戦前イラクで最も強力な安全保障機関でありイラク特別共和国防衛隊と特殊部隊を監督していた。ハーヴェイによると、この機関はザルカーウィの手下にＶＢＩＥＤ改造用の車を提供した。さらに自爆テロ実行犯の輸送も行った。「これほどいろいろ知っている理由は、自爆テロ実行犯の一人が死なず、そいつから情報を引き出してさかのぼれたからなんです」

二〇〇三年一〇月には、ビン・ラディンの外国人聖戦士《ムジャヒディン》招集指令の成果が出ていたが、それは部分的には社会主義の異教徒たちのおかげもあった。サダム・フセイン派たちはすでに「ラットライン」——外国人戦士たちの通路——を確立していた。これは中東や北アフリカの各種テロリストセルや組織から、そうした戦士たちをイラクに送り込むルートだ。「こうしたジハード主義者たちは、少なくとも三年は——ときにはもっと長く——ＳＳＯと、ムハメッド・ハイリ・アル＝バルハーウィという将軍の関係を維持しました。この将軍はかれらの訓練担当者です。テロリストがだれか知っていて、それを身近に置いておけば、そいつらに攻撃される心配はない、というわけです」

アル＝バルハーウィは後に、当時モースルに駐留していた第一〇一空挺師団の司令官だった、デヴィッド・ペトレイアス少将によって警察長官に任命された。ペトレイアスはアル＝バルハーウィの、親米的な警官から反米テロへの転身が、自発的なものではなく脅された結果だったと主張した。ハーヴェイは、そうは思っていない。アル＝バルハーウィは、イラクでは必然的なゲームをやっていただけであり、いつの時点でもそのとき権力の座にあった者に奉仕することで、自分の親族たちの安全と安心を確保していたのだという。「バルハーウィは警察長官時代にも、アル＝カイダに家族を入れ、モースルの警察にも親族を配し、それから地元覚醒評議会ができたときには、そこにも親族を送り込みました」。覚醒評議会は、アル＝カイダの野蛮な手法への反発から後に生まれてきた草の根的スンナ派政治組織であり、アメリカやイラク軍と地元でパートナーシップを形成してアル＝カイダを打倒しようとしたものだ。「部族的な観点からすると、これは賢い動きでした。そうしたつながりをできるだけ多くの場所に持て、というわけです」

シーア派殺し

二〇〇三年から二〇〇五年にかけて、ザルカーウィ派はイラクのテロにおいてはまだ少数派だった。ワシントンのシンクタンクであるジェームズタウン財団による調査だと、イラクのテロリズムにおいて、アメリカが「スンナ派アラブ排除主義者たち」と呼んだもののうち、アル＝ザルカーウィのネットワークに所属しているのはたった一四パーセントだった。でも、かれらはメディアでは過大に報じられた。それはコリン・パウエルがアル＝ザルカーウィにずいぶん脚光を浴びせたことと、アル＝ザルカーウィのテロはイラクで実行された自爆テロ――犠牲者の数を最も増やす暴力形態――の四二パーセントを占めていたせいだ。

ヨルダン大使館と国連を爆破した同月、タウヒード・ワル＝ジハードはイラク・イスラム革命最高評議会（ＳＣＩＲＩ）の指導者アヤトラ・モハメッド・バキル・アル＝ハキームもＶＢＩＥＤで暗殺している。実はその自爆作戦を実行したのはアル＝ザルカーウィの義父ヤシン・ジャラードだった。かれはそのＶＢＩＥＤで、ナジャフ市郊外にあるシーア派イスラム最高の聖寺院イマーム・アリ・モスクを攻撃し、一〇〇人ほどを殺害、その五倍が負傷したのだった。アル＝ハキームはほんの数分前に、アメリカの占領軍がイラク人たちをテロリストの魔手から守れない無能だと糾弾し、それまでの二件の大きな爆破を引き合いに出す演説を終えたばかりだった。そのアル＝ハキームがいまや粉々に吹き飛ばされた。これはバアス派転覆以後、畏敬される宗教的要人の暗殺として最悪のものであり、その下手人も明白だった。たった四週間の間に、アル＝ザルカーウィは自分が個人的に嫌悪する三つのちがった象徴を、見事に損傷または破壊しおおせた――そしてそれは、偶然ではないが、アメリカ政府がいまや「戦後」の足がかりを得て、回復、独立、民主的安定に着実に向かっていると述べた国における、最も大きな三つの弱点でもあった。一つはヨルダン政府で、アル＝ザルカーウィの「近い敵」であり、いまやムスリムの土地の占領者と手を結んでいる――それを攻撃することで、他のアラブ政府に似たようなことをするなと警告を送ったわけだ。もう一つは国際組織の本部であり、いまだに電力も基本的サービスもない、爆撃を受けた人々に支援と救援をもたらそうとしていた。そしてもう一つはモスクのすぐ外にいるシーア派のアヤトラ（シーア派最高指導者の称号）で、この人物を殺害すれば内戦が起こりかねない。そしてそれこそまさにアル＝ザルカーウィの求めていたものだ。

アル＝ザルカーウィが書いたとされる、ビン・ラディン宛ての手紙が、二〇〇四年一月にクルド人によって押収された。それはアル＝ザルカーウィの、イラクを引き裂いて自分の勢力がその廃墟を受け継ぐというマキャベリじみた計画をきわめて明瞭に述べていた。手紙によると、シーア派は「度しがたい障害であり、潜む蛇であり、狡猾で悪意に満ちたサソリであり、こちらをうかがう敵であり、刺す毒である」。かれらは墓を拝み、偶像を崇拝し、多神教徒であり、この国の人口的な多数派として、「ムジャヒディンを攻撃する十字軍の一味となることで戦利品の三分の二を手に入れる」という取引をしているという。シーア派に対する唯一の解決策は、従って最終的なものでしかあり得ない。そしてかれら自身のまちがいや行き過ぎは、その最終解決策を後押しするものなのだ。アル＝ザルカーウィはまた、イラクの政治的発展における、当時はまだ萌芽的ながら現実的な問題を利用した。それは、国家の機関を家父長的なシーア派政治家がじわじわと占拠しつつあるということで、しかもそうしたシーア派政治家の多くは、イランのイスラム革命防衛隊（ＩＲＧＣ）のスパイか、ＩＲＧＣに影響を与えるエージェントだったのだ。手紙の中でアル＝ザルカーウィの宿敵として名前が挙がっているのは、バドル旅団だ。これは、ＳＣＩＲＩの武装部隊だ。ＳＣＩＲＩはアル＝ザルカーウィがついさっき指導者を爆破して吹き飛ばしてしまったものだし、その名前は少なくともスンナ派にとってこの国におけるホメイニ主義的な影響の代名詞のようなものだ。スンナ派を迫害しているバドルを孤立させることで、アル＝ザルカーウィは実際の社会政治的な不満を、終末論的な対決へと変えてしまった。「バドル旅団はこうした国家機関に要員を送り込み、故国と市民を守ると称してスンナ派に対する意趣晴らしを始めたのだ」とかれは書いた。

アル＝ザルカーウィの処方箋は、スンナ派とシーア派の間に内戦を引き起こすため、シーア派の「宗教的、政治的、軍事的深みを狙って」攻撃することだった。これは「スンナ派たちに患部をあらわにさせ、その身中で活動している隠れた悪意の歯をむき出しにするよう挑発する。もし我々が連中を宗派戦争の戦場に引きずり出せれば、無関心なスンナ派たちの目を覚ますことも可能になるだろう。かれらも邪教徒どもの手にかかって皆殺しにされるという危険が迫っているのを感じるだろうから」。

イラクでは、シーア派は数の上ではスンナ派より多かったものの、イスラム世界のもっと大きな人口構成が同国の運命を決める。スンナ派ムジャヒディンはアル＝ザルカーウィの招集令に応じ、バドル旅団や他のシーア派虐殺団による殺戮や拷問室を目の当たりにして、かつてアフガニスタンでそうしたように、イラクを自分たちの決定的聖戦の集結地とするだろうというわけだ。実に終末論的で狂った話だ。だがほとんど成功しかけた。

ＩＳＩＳはシリアとイラクでの現在の戦争作戦を、まさにこの宗派主義的、実存的な観点から正当化し、その公式プロパガンダでアル＝ザルカーウィの戦闘戦略を好意的に紹介している。そして、シーア派を挑発してその反発（および過剰反応）を引き出し、それによりスンナ派たちをＩＳＩＳの守護の腕へと引き込もうとする点でも、アル＝ザルカーウィの顰《ひそ》みに倣っている。たとえば二〇一四年六月にティクリートの元米軍基地であるキャンプ・スペイサーを潰してから、アル＝バグダーディ配下のジハード主義者たちは、イラク軍が引き渡したシーア派兵士一七〇〇人を処刑したと豪語した。この数字は誇張かもしれないが、それでもかなり実際に近い。ヒューマン・ライツ・ウォッチは後に、シーア派の大規模な処刑場があったことを確認しており、全体で死者数七七〇人と推計している。モースルでは、ＩＳＩＳが制圧したまさにその日にバドゥシュ刑務所を襲撃して、囚人一五〇〇人ほどを連れ出した。そして全員を近くの砂漠に車で運び、スンナ派とキリスト教徒をシーア派から選り分けた。この前者二つの集団はその後、どこかに運び去られた。シーア派はまず暴行され持ち物を奪われ、谷間の前で横一列に並ばされ、通し番号を述べたところで射殺されたのだった。

斬首への招待

アル＝ザルカーウィは別の重要な面でも先駆者であることが示された。恐るべき過剰な暴力と、マスメディアとを融合させる手法を初めて編み出したのだ。今日のＩＳＩＳ指揮官たちと同様に、かれもまた斬首とそれに西洋が示す注目がことさらお気に入りだった。二〇〇四年にはアメリカ人施工業者ニコラス・バーグをアル＝ザルカーウィ自身が斬首して、その処刑ビデオをオンラインに投稿させ、世界中で閲覧させた。このグロテスクな出来事の演出もまた国際テロリズムの未来にとって決定的なものだった。

ＩＳＩＳの最新のアメリカ人被害者であるジェームズ・フォーリー、スティーブン・ソトロフ、ピーター・カッシグと同様に、バーグはグアンタナモ式のオレンジ色のつなぎを着せられ、ひざまずかされて、無理矢理名乗らされていた。そして捕獲者側が祈りを暗唱し、それからのどにナイフが当てられる。でもそこで編集上の方針が両者で分かれる。バーグの場合、斬首のすべてが画面上に映し出された。でもＩＳＩＳはほとんどの流血沙汰を写さない（まちがいなく、そのほうが国際的にもっと露出が増えるからだ）。また、その殺戮ビデオが出回る前に、バーグの死体は発見され、家族にはすでに連絡が行っていた。ＩＳＩＳもまた、殺害を録画してから、世界にその被害者たちが死んだと知らせるのはずっと後になってからだ。これはアラブ人で最も有名な被害者である、ヨルダンの戦闘機パイロットのムアズ・アル＝カサスベの場合でもそうだった。かれは檻の中で焼き殺され、その間にＩＳＩＳはアンマンと、釈放を交渉するようなふりを重ねていたのだ。

アル＝カイダのサウジ支局が刊行する雑誌『ジハードの声』二〇〇四年八－九月号では、このやり口をアブド・エル＝ラフマーン・イブン・サレム・アル＝シャマリが肯定している文が掲載されているが、そこではザルカーウィ派によるエジプト人の斬首が具体例として挙げられていた。「おお殺人者の首長《シェイク》たるアブ・ムサーブ・アル＝ザルカーウィよ、アッラーのご加護を得てそのまっすぐな道をたどり続けるがよい、アッラーの導きにより唯一神信仰者たちとともに、偶像崇拝者と戦え、ジハード戦士たちとともに利敵者や偽善者や反逆者どもと戦え（中略）そいつ［サウジ王の軍隊のすべての兵士］に情けは無用！」アル＝ザルカーウィのトレードマークである斬首のおかげで、「虐殺者のシェイク」なる異名をとったわけだ。

アル＝ザルカーウィはコンピュータ画像編集ソフトに詳しい人物と、それよりはかなり技術的に劣るインターネット技術専門家からなる、総勢三名のオーディオビジュアル部隊を持っているとされたが、ＩＳＩＳはアル＝ザルカーウィのメディア活用を大幅に改善させ、独自のチャンネルとソーシャルメディアのフィードを活用して情報を撒いている。でも最も凄惨な殺人のスペクタクルは、どちらの下手人の場合でも同じ意図通りの効果を持っていた。

アル＝ザルカーウィが、シーア派とはいえムスリムを殺すことについて、すべてのジハード主義者が容認しているわけではない。元導師たるアル＝マクディシは公然と批判している。いまだに収監されている、目下のヨルダン監獄からかつての弟子に宛てた手紙で、この聖職者はアル＝ザルカーウィをたしなめている。「ムジャヒディンの清らかな手は、守られたる人々の血で汚されないようにすべきだ」。でも元ＣＩＡアナリストのブルース・リーデルが述べているように、こうした感情は必ずしも本心ではないかもしれない。この手紙が公開された直後、ヨルダンはアル＝マクディシを牢屋から出して自宅軟禁に変えた。ここから、アル＝ザルカーウィに対する非難はヨルダンＧＩＤが編集か代筆した代物であり、蜂起に対する一種の心理戦争なのだとジハード主義者たちが糾弾しているのだ。

アル＝ザルカーウィは、かつての師匠による批判で大いに傷ついたとされている（この手紙を読んだときに涙を流したそうだ）が、アル＝マクディシの指導でもムスリムに対するタウヒード・ワル＝ジハードの暴力はいささかも減らなかった。アル＝ザルカーウィは師匠に対し、今後はこうした制約の多い叱責のファトワを出すのには慎重になってくれと告げた。今日、アル＝マクディシはＩＳＩＳを「常軌を逸している」と糾弾し、大量に公開される残虐行為や、シリアにおける地元ムスリム社会や武装集団の疎外について非難している。

アル＝マクディシによる、その迷える生徒の支持者たちに対する糾弾はそれなりに重視されているようだ。この司祭のジハード主義理論家としての影響力は続いているし、アル＝ザルカーウィのキャリアに糸口をつける役割を果たしたこともあり、ＩＳＩＳはアル＝マクディシの追随者たちを抱き込もうとしている。学者のマイケル・Ｗ・Ｓ・ライアンが述べたように、

ISISのプロパガンダ雑誌『ダービク』創刊号はミラット・イブラヒーム（アブラハムの道。『コーラン』で、多くの民族の父とされている人物のイデオロギー）に関する詳細な議論を掲載している。この「ミラット・イブラヒーム」というのは、おそらく偶然ではないだろうが、アル＝マクディシが一九八四年に発表した論説で、大量のムジャヒディンにアフガニスタンに結集するよう促した文書と同じタイトルだ。

スンナ派への訴え

二〇〇七年にバグダッド西部のニスール広場で発砲し、イラク人一七人を殺したことで、アメリカのブラックウォーター社（一九九七年に創設された民間軍事企業）が国際的に悪名を高める以前、同社の傭兵たちはその三年前に、イラクのアンバール県で鉄道橋から逆さまに死体をぶら下げられるという凄惨な姿によって見出しを飾った。当時もいまも、ファルージャは多くのアメリカ兵にとって、この世の地獄の代名詞だった――そして何万人ものイラク民間人にとっても同様だった。

ファルージャとアンバール県都ラマディは、二〇〇三年の侵攻後にかなりの米軍部隊が駐留する予定だった。でも米軍が易々と国を横切ってバグダッドに直行できたため、軍の計画が変わった。代わりに、スンナ派排外主義の主要な拠点となる両都市は、アメリカ人の「足跡」が最も軽い場所となった。ユーフラテス川流域が、デレク・ハーヴェイによれば単なるスンナ派の中心地にとどまらず、バアス派の全国的な拠点でもあることを考えると、その後の展開を予想できなかったというのは、いまにして思えば驚くべきことに思える。

サダムの息子であるウダイ・フセインとクサイ・フセインは、父親の総司令部が米軍侵攻に先立ってバグダッドを退去したときに、アンバール県に逃げた。ファルージャの蜂起軍に溶け込んでいたパレスチナ人ジャーナリストであるワエル・エッサムによると、多国籍軍と戦うべく銃を取った多くの旧バアス党員、ムハバラート将校、共和国防衛隊員たちは「全員が自分たちはサダム・フセインのために戦っているのではなく、イスラムとスンナ派のために戦っていると断言した」。ニコラス・バーグの斬首は、ジョランで実行されたというのがアメリカの諜報部門の考えだ。これはファルージャ北西近郊で、ザルカーウィ派が最初期の駐屯地を設営したところだ。

二〇〇四年春に、ファルージャ奪還の最初の試みが行われた――いささか不適当だが、油断なき解決作戦という名前だった――が、これは大混乱に終わった。ブッシュ政権によるイラク再建プロジェクトで不可欠なのは、独立主権と統治をすみやかにイラク人自身に移行させることだった。これは、いまだに戦争まっただ中の国における国家安全保障というすさまじい責任の移譲も含まれていた。イラク人たちは、その任を担う用意もできておらず、その意志も能力もなかったので、アメリカ海兵隊が戦闘の大半を引き受けた。地元イラク人のファルージャ旅団に立ち向かおうとする試みは大失敗に終わった。部隊すべてが崩壊し、その新兵たちの七割は、蜂起軍のほうに寝返ってしまった。その後起こった戦闘は、アメリカ人二七人が殺されて終わった。

　戦争のこの段階は、イラク人たちが自分自身の領土を守る準備がいかにできていなかったかを示すだけでなく、別の点でも示唆的だった。これはアル＝ザルカーウィの腹心の一人、アブ・アナス・アル＝シャミによって細かく記録されていた。かれは戦時「日記」をつけており、蜂起軍がどのように戦闘の準備をして戦ったかを説明していた――そこに書かれている内容は、ＩＳＩＳが現在使っている手法と不気味なほど似ている。

　まずアル＝シャミがはっきりさせたことだが、アル＝ザルカーウィはファルージャの戦闘にまったく顔を出していない。アル＝ザルカーウィは近くのラマディに収まって、遠くから作戦を指揮していた。ただしアル＝シャミによると、司令官《エミル》は伝令を通じて前線の部下たちに加わろうと申し出たそうだ。部下たちはアル＝ザルカーウィの安全を懸念して、それを断ったという。防衛計画には時間がかかった。あらゆるジハード主義組織には各種の意志決定部局があり、その一つが軍事評議会だ。タウヒード・ワル＝ジハードの軍事評議会はファルージャでの戦闘が始まる一〇日ほど前に集まって、行動計画を立案した。この集団は、まだテロリスト的な派手な事件以外には目に見える勝利を収めていなかった。領土の征服と維持もできていなかった。アル＝シャミによると、昼間は隠れ、夜には人と資材を市内各地に運んだのだという。だから軍事評議会は、ファルージャが「ムスリムにとって安全で不可侵な避難所となり、アメリカ人にとっても侵略不能の危険な領土となって、かれらは恐怖に怯えてこの地に入り、衝撃を受けてそこを去り、追跡を受けつつ、戦死者と負傷者に足を引っ張られることとなる」と決議した。

ファルージャはザルカーウィ派の茨《いばら》の道となり、よそ者には危険だが、その道を知り暗がりに姿を消す方法を知る者にとっては快適となる。当初、サウジアラビア、エジプト、クウェート、リビア、イエメンから集まった外国人戦士たち（この段階では、タウヒード・ワル＝ジハードの成員たちの大半はまだイラク人ではなかった）はトンネルや塹壕を地下に掘って、近郊住民たちの敵意を買わないようにした。でもその後、こうした用心が不要だったことがわかった。というのもアル＝シャミの記述だと、ジハード主義者たちはファルージャ住民たちの「親切心」に打たれたのだという。ファルージャにはいまや、他の地域からのイラク人たちが集まっていて、侵略するアメリカの大隊から同胞たちや国土を守ろうとしていたのだそうだ。それでもアル＝シャミの戦争日記によれば、ファルージャ市は正式には戦闘でどちらにつくか決めていなかった。何人かの地元イマーム（宗教指導者）は、アル＝シャミやその部下たちに、モスクで人々に直接ジハードを説くのを禁じた。もっとおもしろいのは、タウヒード・ワル＝ジハードがその革新的な信条である、アメリカの支援を受けたイラク機関は一切認知せず交渉もしないという規則を破っているということだ。当時のイラク統治評議会とはいかなる対話も行ってはならないというアル＝ザルカーウィの命令にもかかわらず、アル＝シャミは自分が実際に話に参加したという。ただし、ファルージャ全体からの代表団の中では実に取るに足らない地位での参加だったとのこと。

ジョエル・レイバーンによると、イラク統治評議会は実際に、二〇〇四年四月にファルージャの武闘派と話し合いのために係官を一人派遣したという。その根底にある想定は、蜂起軍の大半はやはりイラク人であり、イラク人は外国人主導のジハード主義者から引き離せるはずだ、というものだった。この想定は、決してまちがったものではなかった。レイバーンに言わせると、「二〇〇五年と二〇〇六年にアル＝カイダを名乗った人々は、二〇〇七年と二〇〇八年にはアル＝カイダを狩り立てる側にまわる」。

この教訓は、イラクにおけるアメリカの戦争戦略の完全な見直しを求めるものだったが、国防総省はなかなかそれを受け入れようとしなかった。そして二〇〇四年にアンバール県のザルカーウィ派に対する米軍の主要兵器は、ドローン「プレデター」による空爆だった。これは統合特殊作戦司令部（ＪＳＯＣ）が実施し、バグダッド北部バラド空軍基地からスタンリー・マクリスタル少将が指揮を執っていた。ＪＳＯＣの作戦は、指導者の首をはね、蜂起軍の中間幹部を空洞化するため計画された小集団テロリストや急襲部隊の一つひとつを追うことで、ＪＳＯＣは二〇〇四年九月までに、「重要な人物」一四人のうち六人を殺したと発表していた。その中には、アル＝ザルカーウィの最新の「霊的アドバイザー」も含まれていた。それでも、タウヒード・ワル＝ジハードの組織構造は、激しい空爆にもかかわらず健在どころか、むしろ戦闘の後に同集団は、強さも人員数も世間的な人気もかえって高まっていた。この戦闘はファルージャ第一の戦いと呼ばれ、国内蜂起軍と外国蜂起兵との組み合わせが強大な超大国にも損害を与えられることを示したのだった。マクリスタルは、アル＝ザルカーウィのネットワークがもたらす脅威は、軍が「旧政権分子」と一蹴したものよりもずっと大きいと見積もった――この見積もりは、二〇〇四年一〇月にアル＝ザルカーウィが四年前に拒絶した、ビン・ラディンへのバヤット、つまり忠誠をついに誓ったときに大いに強化された。

その頃には、心理戦争とプロパガンダの利用に長けてきたアル＝ザルカーウィは、そのアル＝カイダ首領への忠誠の誓いを大いに広めることにした。そして、アル＝ザルカーウィがビン・ラディンと同盟しているとは思わないとドナルド・ラムズフェルドが宣言した（これはコリン・パウエルが一年前に国連で述べた疑惑をひっくり返すものだった）二週間後にそれを行ったのだった。

アル＝ザルカーウィが膝を屈して従属したことで、タウヒード・ワル＝ジハードはタンジーム・カエダット・アル＝ジハード・フィ・ビラード・アル＝ラフィダイン、「二本の川の地におけるアル＝カイダ」に改名した。アメリカはこれを縮めて、イラクのアル＝カイダ（ＡＱＩ）と呼んだ。だから、ヨルダン人アル＝ザルカーウィはアル＝カイダの単なる提携先または同盟組織としてイラクにやってきたのに、戦争開始から一年で、ビン・ラディンの野戦指揮官として完全に従属することになったのだった。ある推計によると、アル＝カイダはすでにタウヒード・ワル＝ジハードとはまったく別に、イラクに配下の兵二〇〇人を配備していたという。アル＝カイダはまた、アンサール・アル＝スンナという「関係組織」をイラク国内に持っていた。この組織もまた自立的な派閥で、その構成員たちは後にアル＝カイダに反旗を翻し、アンバール覚醒運動に加わる。忠誠を誓う公開書簡の中で、アル＝ザルカーウィはいまやビン・ラディンに完全に従っているようだった。かれは「恩寵深き九・一一攻撃」を称賛し、イラクでの戦役が短期の楽なものになると考えているアメリカをあざ笑った。この国を受け継ぐのは、アル＝カイダだ、とアル＝ザルカーウィは述べた。

忠誠を誓った一ヶ月後、アル＝ザルカーウィはアメリカに二回目の戦いを仕掛けてこの新しいパトロンと輝かしい地位を実地に試してみようとした。この戦いは二〇〇四年一一月初旬に始まったファルージャ第二の戦いだ。この作戦は、前回とは桁違いで米陸軍一〇大隊が動員され、そこには海兵隊二連隊と数百名のイラク兵も含まれていた。イラク兵のほとんどは、有効な標的を探す担当だった。またF／A－18ホーネット戦闘機も同行し、都市周辺の要所に二〇〇〇ポンドの爆弾を落とした。

海兵隊たちはまた、AQI一派がファルージャで市民を味方につけるためにどんな手口を使ったかも発見した。ビデオ録画された斬首の予定表に加え、兵士たちは脚を切断された誘拐被害者たちを発見した。この都市で三ヶ所の「拷問ハウス」が発見され、またIED（即席爆発物）製造設備も見つかったので、米軍たちは外国からの戦闘員がどんな経路を取ったかのヒントを手に入れた。アル＝ザルカーウィ自身は東から密航しイランからクルディスタンに入ったのに対し、いまや外国人戦闘員たちは反対方向からきていた。回収されたGPS装置を見ると、その所有者たちは西のシリア経由でイラクに入ったことがわかった。戦闘の後で集められた諜報で、いまやデレク・ハーヴェイのような人々には自明だったことが示された。アル＝カイダと旧政権分子たちが肩を並べて戦っていたのだ。両者は独自の通信手段さえ持っていた。歴史家のマイケル・ゴードンとバーナード・トレイナーによると、ジハード主義者たちは「黒と緑の信号旗」を使い、情報をやりとりしていた。解体されたムハバラート将校たちは、バアス党の便箋にその指示を書いていた。

ファルージャ第二の戦いはすさまじいものだった。二週間にわたる激しい市街戦と、壮絶な空爆の組み合わせで、家屋一万軒、すなわちファルージャの全住居の五分の一が破壊された。その後に残ったのは爆撃クレーターまみれの月面のような光景で、多くの人にとって居住不能だった――そもそも残っていた人間がそんなにいたわけではないのだが。ファルージャのほとんどの人は疎開し、何十万人もの難民が、大規模戦闘開始以前に逃げ出した。二〇〇四年に米軍が殺害した反乱軍のおよそ四分の一――八四〇〇人中二一七五人――はファルージャ第二の戦いで死んだが、米軍側の被害もそれに比例して大きかった。海兵隊員七〇名が死亡、六五一人が負傷し、それ以外にも米軍の死傷者が出た。

第一の戦いと同じく、アメリカにとってはこれは高くつく戦術的な勝利だったが、戦略的には敗北だった。回復された領土があったにしても、それが反乱軍に与えたすさまじいプロパガンダ的支援に比べればないも同然だった。ファルージャの第二の戦いは、ジハード主義者やバアス党員にとってはワーテルローの戦いというよりダンケルクの戦いだったのだ。

ジハード主義者もバアス党員たちも、イラク中央部と北部の他の都市や町、村に逃げた。今回はアル＝ザルカーウィも一瞬とはいえ戦場にいたらしい。海兵隊は、アル＝ザルカーウィは激しい戦闘作戦の初日にモースルに逃げたと考えていた。こちらはアンバール県都で、これまたスンナ派が多数の都市だ。そこに陣取るほうがいいと考えたのだろう。何千キロも彼方から見ていたビン・ラディンもまたこの機を捉え、一時的な退却を大規模な前進へと一変させ、自分が戦闘の「殉教者」たちの一部と知り合いだと述べ、ファルージャの荒廃の責任をはっきりブッシュ大統領に押しつけたのだった。アメリカは「イスラムに対する全面戦争」を仕掛けているのだとビン・ラディンは宣言した。それを迎え撃つ、副官アル＝ザルカーウィに率いられた自分の勇敢な戦士たちは「信仰者コミュニティの歴史の栄光に新たなページを付け加えたのである」と。

このサウジ人たちにとって、これは当初は嫌々ながらの協力でしかなかった。それがいまや、公然とした大いに褒めそやされる連携へと明らかに変身を遂げた。アル＝カイダ指導者が、この野戦司令官の傲慢さとセクト主義的な残虐性について抱いていたためらいは、アル＝ザルカーウィが世界最大の遠い敵に繰り出している、士気を高める攻撃を見て封印された。

二〇〇四年一二月、ビン・ラディンはアル＝ザルカーウィの忠誠の誓いに対して暖かく受け入れの意志を表明し、かれを「気高い兄弟」と呼んで、「アル＝ザルカーウィをイラクのアル＝カイダのエミルと認める統一基準のもと、ジハード集団を統合しよう」と呼びかけた。

だが、この肩書きはいささか欺瞞的だった。というのもアル＝ザルカーウィが実際に与えられたのは、イラク領土をはるかに超えて、周辺アラブ諸国やトルコにまで広がる作戦範囲だったからだ。この指名により、アル＝ザルカーウィは当のビン・ラディンよりも強力なアル＝カイダ指導者になったと言えなくもない。元ＣＩＡアナリストのブルース・リーデルが回想するように、一部のアル＝カイダ・イデオローグたちはアル＝ザルカーウィの狂信的な反シーア派主義にさえすり寄ったが、これはパキスタンの中核アル＝カイダ指導層には支持されていない（そして後に批判された）ものだった。あるサウジのイデオローグは特に、シーア派を中東の蒙古侵攻にまでさかのぼる長く絶え間ない不実な協力者の一部として描き出すヨルダン人を称賛した。ちなみにその蒙古侵攻は、悪名高いことに、一三世紀のバグダッド殲滅につながったのだった。ここでイブン・タイミーヤ――サラフィー主義とＩＳＩＳの拠り所となった中世の神学者――が引き合いに出される。「シーア派たちに用心せよ、やつらと戦え、やつらは嘘をつく」。現代的な文脈だと蒙古軍はアメリカ人占領者たちであり、またイラクでその真後ろに控えているとされる「ユダヤ人ども」だ。アル＝ザルカーウィはこのように、スンナ派による抵抗の七〇〇年に及ぶ伝統を継承しているとみられたのだ。この枠組みによると、ムスリムはタウヒード、つまり一神教の三つの基準に従わねばならない。神様を崇拝し、神様だけを崇拝し、正しい信仰を持つこと。中世のイブン・タイミーヤはこのタウヒードの基準を使うことで、一三世紀のシーア派やスーフィーの慣行や信仰――これはイマーム崇拝を含むが、それが偶像崇拝であり多神崇拝にもなりかねないという――は唯一神のみの崇拝に相反するものであると決めつけ、かれらを破門したのだった。

リーデルが述べたように、アル＝ザルカーウィはまた単にイブン・タイミーヤの正当な後継者としてだけでなく、西洋の異教徒どもに対する究極の戦略的罠の仕掛け人としても褒めそやされた。かれはアメリカとそのヨーロッパの同盟国、国連、シーア派主流のイラク政府を、古くからの陰謀の共同謀議者どもとして描き出し、その陰謀の狙いはイスラム世界の一三億人ものスンナ派の系譜を断つことなのだと主張した。サウジの崇拝者に言わせると、アル＝ザルカーウィは「心では想像しきれないほどの能力を持つ。アメリカによるイラク占領の一年前からアメリカ人との戦いに備えた。キャンプや武器庫も建設した」。そして、全地域――パレスチナからイエメンまで――から人々をリクルートして参戦させたのだった。

このとりとめのない説教において、アル＝ザルカーウィが終末時代の創始者のように聞こえるとすれば、それはジハード主義崇拝者たちの群れによってかれがまさにそういう存在だと思われていたからだ。今日のＩＳＩＳは、中東における来るべき文明の決戦についての、同じく終末的な預言に頼っている。そこではローマ軍とイスラム軍が衝突し、イスラム軍が勝利する。この預言の別バージョンでは、スンナ派戦士が戦うべきは「ペルシャ人」だ。その宿命の戦いの中心はどこだろうか？　シリアのアレッポ県にある小さな町ダービクだ。これはいまや、ＩＳＩＳの月刊誌のタイトルとなっている。その『ダービク』のすべての号は、アル＝ザルカーウィの以下の引用で始まる。「火花はここイラクで着火され、その熱は強まり続ける──アッラーのお許しによって──それが十字軍を焼き尽くすまで」。これは有名なハディース（預言者ムハンマドの言行録）に対するアル＝ザルカーウィの称賛だ。「ローマ人たちがダービクにやってきて、はじめて時は満つる。そのとき、地上で最も優れた人々の軍がメディナから出発する。（中略）そうして我々はかれらと戦う。すると［戦士たちの］三分の一は逃げ出す。アッラーは決してかれらをお許しにならない。三分の一は殺される。かれらはアッラーの最高の殉教者となる。そして三分の一は敵を征服する。かれらは決して悲しみを覚えることはない。そしてかれらはコンスタンティノープルを征服する」

アル＝ザルカーウィは、イラクの国境でジハードを止めるつもりなどなかった。イラクなどという「国」はそもそも存在していないとかれは信じている。「我々は、一握りの塵やサイクス＝ピコ協定により引かれた幻想の国境のために戦っているのではない」とかれは、第一次大戦後に中東を英仏が帝国主義的に切り刻んだ条約を引き合いに出して書いている。イラクは火花に過ぎない。最終的な大火はシリアを焼き尽くすのだ。

3 残虐性マネジメント

イラクのイスラム国家誕生

「ハビービ、一つお話をしてあげよう」

モハメッドは、ニューヨークの東七六丁目にある国連のイラク政府代表部の、小さな上階オフィスで口を開いて微笑んだ。二〇一五年春のことで、ISISを貶め破壊しようという有志国連合軍の活動が一年に満たない頃だ。そしてこの戦争はあまり首尾よく進んではいなかった。五月にはジハード主義者たちはアンバール県の首都ラマディと、古代の各種文明――ギリシャ、ローマ、ペルシャ、アッシリア――の十字路となり、遺跡や記念碑にそうした文明すべての混成が見られる古代シリアのパルミラも占領した。「変われば変わるほど同じ」というのがモハメッドの態度のようで、かれはなぜアメリカ人たちが同じまちがいを繰り返すのか説明したがっていた。

マンハッタンの代表部へのミッションに加わる前に、かれはサダム・フセイン以後のイラクで暮らし、アメリカ人、アル＝カイダ、さらに一連の腐敗した、怯えた、圧政的なイラク政府の下での生活を目の当たりにしてきた。ユーモアあふれる赤毛の外交官であるかれは、バグダッド西部にあるマンスール地区の出身だ。この地区は、豊かなスンナ派アラブのブルジョワが暮らすところで、その家長の多くはなんらかの形でサダム・フセイン政権とつながりがあった。脱バアス化とイラク軍の解体は、かれらの階級的な特権意識と尊厳をひっくり返してしまい、おかげでかれらはありえないほどの宗派的遺恨をためこんでいた。モハメッドの話では二〇〇〇年代半ばのある日、マンスールでのおなじみの通りを歩いていると、目出し帽をかぶった人物が、ある家の壁に何かを取り付けようとしているのに気がついた。「おい、何してるんだ！」とモハメッドは叫んだ。顔を覆った男は不安そうに振り向くと、モハメッドの名前を呼んだ。おそらくご近所のだれかだ。かれは――これまたマンスールの出身だが――あまりツイていなかった。アメリカの占領のせいで何ヶ月も失業し、仕事が見つからないという。「頼むよ、モハメッド、すまない。これをやらないと今月は何も食えないんだ」。スンナ派蜂起軍がモハメッドのご近所に、人通りの多い大通りに即席爆発物を設置したら、現金を支払うと申し出たのだった。報酬は、アメリカ人かイラク兵を見事に死傷させたら支払われる（金額は、殺されたのがだれか、そして何人かでちがってくる。もちろんアメリカ人のほうが価値が高い）。

「これだからこそ」とモハメッドは、熱い紅茶をすすりながら言った。「あなたたちは負け続けているんです」

「イエス、イエス、ザルカーウィ」

一一年前の二〇〇四年春、ファルージャ第二の戦いの後で、アル＝ザルカーウィの黙示録的イデオロギーの「火花」がイラク全域に飛び火していた。これは特に反米感情の高い地域で顕著だった。つまり、米軍が最も密集しているところ、ということになる。反乱軍の拠点の一つは、グリーンゾーン（バグダッド中心部に位置する旧米軍管理地域。連合国暫定当局などが置かれた）入り口のアサシンズゲートを出たすぐ北、チグリス川と並行して走る大通りハイファストリートだ。ハイファストリートは特に、スンナ派の権利剝奪の見本のような場所だった。このバビロン的シャンゼリゼに並ぶ高級アパートの住民たちは、サダム・フセイン政権お気に入りの高給エリートたちだった。でも移行期のイラクでは多くが失業し、また脱バアス党政策のおかげで雇われる見込みもなかった。だからなんらかの形で多くが反乱軍に引き込まれていった。イラク統治評議会が組織されても、自国の将来について民主的な発言力を与えてくれるはずの初の自由国民選挙が二〇〇五年一月に行われる見通しについても、まったく何の希望も見出せなかった。かつては肩章をつけ（中にはそれを正当に獲得した者もいた）、複数の家を持てた（一部は合法的に購入されたものすらあった）軍の将校たちは、いまやタクシー運転手だ。バアス党とのコネがあったというだけで大学や大学院に進学できた医師、弁護士、エンジニアたちは、いまやケバブ屋台を引くしかない。かつてバアス党員だったのに、党の敵に寝返った、スンナ派からの尊敬も篤い世俗シーア派のアヤド・アラウィーがいまやイラク暫定首相だという事実も、なんらちがいをもたらさなかった。尊厳はいまや、戦争の余波で破壊された。イラクを何十年にもわたり掌握してきたスンナ派にとって、これはそれを取り戻すための個人的な闘争の皮切りだった――そして取り戻す方法は投票箱を通じてではなかった。ゴードンとトレイナーの決定版イラク戦争史『エンドゲーム』によると、二〇〇四年九月にこの通り沿いに放置されていた、壊れたUSブラッドレー戦闘車両は、ザルカーウィ派の戦利品になっていた。反乱軍が「その二五ミリ砲にタウヒード・ワル＝ジハードの黒旗を掲げ、その地を制圧する任務を負った第一騎兵師団からの部隊は、ハイファを『リトルファルージャ』や『パープルハート大通り』と名付けた。これはこの部隊が二〇〇五年初頭に帰国したとき、総勢八〇〇人のうち一六〇人に与えられる勲章にちなんだ名称だ」。ドーラ（これもまた反乱軍が浸透しているバグダッドの地区）の地元の忠誠心は、ゴードンとトレイナーによるとファルージャ第二の戦いの後でさらに露骨に表明されるようになった。一月の選挙が迫るにつれて、別の第一騎兵師団が次のような新しい落書きを見るようになったというのだ。「ノー、ノー、アラウィー、イエス、イエス、ザルカーウィ」

モースル（最初の）陥落

イラク第二の都市でありニナワ県の県都モースルは状況がちがうようだった。ペトレイアス少将の第一〇一空挺師団による占領初期にはよいニュースはあまりなかったが、(比較的)安定しているようだった。でもその平穏は見かけだけのものだった。すでに見た通り、アル＝ザルカーウィはこの都市をバックアップ用の基地にしており、ファルージャ第二の戦いでの大規模戦闘作戦から数時間以内にモースルに逃げた。そして、たった数日のうちに、モースルは反乱軍の手に落ちた。

モースルは、サダム・フセイン派とサラフィー主義者とが混在しているから仕方ないことではあるが、実を言うと、常にスンナ派排外主義に陥りがちだった。モースルの失業率は、同市のクルディスタン愛国連合安全保障主任であるサディ・アフメド・ピレによれば七五パーセントほどであり、だから五〇ドルも払えば地元民をテロ作戦の実行犯として雇える。それまでの戦い同様、地元イラク警察とイラク軍は消え、その駐在所は何の抵抗も受けない反乱軍に襲撃されたか、放火された。モースルがこれほど簡単に崩壊したというのは、デレク・ハーヴェイが米軍に提示した分析の正しさを示すようにも見えた。つまり、アメリカが指名した同市の警察長官モハメッド・ハイリ・アル＝バルハーウィがこっそり反乱軍とも通じていた、という分析だ。

そしてアル＝バルハーウィは昔からイラクにおける諜報の情報源ではあったが、ザルカーウィ派たちのせいで他のモースル住民たちが、アメリカ人と本気で手を組むのもまちがいなく大変難しくなった。特に、自分の職場を離れようとしなかったイラク兵やイラク警官に対し、かれらはきわめて残虐だった。ある悪名高い逸話として、負傷した大佐が治療でどこの病院に入院したかを追跡して、そこで斬首したという。最終的に、ファルージャと同様に、バアス党とアル＝カイダの合同の機関銃とグレネードランチャー総攻撃を前にモースルの支配を回復するには、アメリカの火力と兵力――それにイラク特別警察部隊員たちの異様に有能な部隊の共同作戦――が必要となった。

一〇年後、歴史は繰り返し、モースルは再びアル＝ザルカーウィの弟子たちと、更迭されたイラク副大統領イザート・アル＝ドゥリのナクシュバンディ軍の混成反乱軍の前に陥落した。ただし今度は、モースルを再奪還する米軍はいなかった。ＩＳＩＳはモースルを一週間もかからずに制圧した。ジハード主義者たちは今日にいたるまで同市を支配している。

アル＝ザルカーウィの邪悪な戦略は、『イダラート・アル＝タワーフシュ（残虐性マネジメント）』というオンライン文書に忠実に従ったものだった。この文書は二〇〇四年に発表され、カリフ国設立のための野戦マニュアル兼マニフェストとなっており、『戦術とリヴァイアサン』へのジハード主義者の回答だ。著者アブ・バクル・ナジは「じらしと疲弊」と称するものを通じて敵国軍を弱らせるという戦闘計画を考案した。アメリカを中東において、「代理」戦争ではなくオープンな戦闘に引き込むことが最大のポイントだった。ナジはいったんアメリカ兵が戦場で聖戦士《ムジャヒディン》に殺されれば、かれらの無敵ぶりを演出する「メディアの後光」が消えるだろうと考えていたのだ。するとムスリムたちは、弱くて道徳的に腐敗した超大国に対して自分たちが与えられる被害に「心酔」し、また聖地の占領に対して激怒するので、聖戦へと導かれるという。そうなったら、アメリカと手を組んでいる「背教」政権の経済文化制度機関（たとえば石油産業）の攻撃に専念すべきだ、とナジは挑発した。「世間はなりふりかまわず部隊が逃げ出すのを見るだろう。この時点で、残虐性と混乱が始まり、こうした地域は安全保障の不在のために苦しむようになる。これは残った標的の攻撃と当局への反抗（の結果として生じる）疲弊と枯渇に加えて生じるものだ」。ナジは昔からジハード主義者が引き合いに出すエジプトを例に挙げていたが、いまや暗黙のうちにイラクにも言及しており、「周辺国の制圧」のためにジハード主義者の勝利を素早く固めるべきだと主張している。

ナジによれば、じらしと疲弊の戦略には四つの「主要目的」があるという。第一に、敵とその共謀政権を疲れさせて息をつけないようにする。第二に、「定性的作戦」つまりテロ攻撃を通じて若きジハード主義者たちをこの大義の下に結集させる。そうしたテロは九・一一ほどのものである必要はなく、小規模なものを頻繁にやればいい。第三の目的は宗教を「背教」政権の支配から完全に引き離すことだ。領土を征服し、続いてジハード主義者による統治または残虐性の実施が続く。第四の最終目標は「教練と作戦実施を通じて苛立たせる集団たちを進歩させ、心理的にも実践的にも残虐性マネジメントの段階に備えさせる」ことだ。

ナジの定義では、この段階は初歩的なジハード主義政治経済の適用でしかない。つまり、先に述べた政権の転覆によりもたらされるはずの、ホッブズ的な混沌からムスリムたちを救うのだ。実際の「マネジメント」は以下の12の基本ニーズを満たすことで行われる。

1　域内の治安を確立し、地元住民がイスラム的権威のもたらすもの以外の暴力から保護されるようにする
2　食料と医薬品の提供
3　外国の侵略者から国境を守る
4　被支配者たちの統治のためにイスラム法統治《シャリーア》システムを導入
5　敬虔で「戦闘効率の高い」若者による運動をつくり出す
6　イスラム法統治と「世界的な科学」を広める
7　「スパイの拡散」と諜報機関の創設
8　賄賂と金銭的な餌を通じて地元住民の忠誠を買う
9　「偽善者どもを抑止する」。これはナジ的に言えば、支配するイスラム当局に対する内部の抵抗や反抗を抑えるということ
10　この封建領土の拡大と敵に対するもっと大きな攻撃に向けた基盤整備。敵のお金は収奪し、その敵自身は「絶えず不安と和解を求める状態に置くこと」
11　他の集団との「連帯」を構築すること。これはイスラム当局に完全な忠誠を誓ってい

ない集団も含む（文中の他の部分で、ナジは「提携先」の役割について別個に考察している）

12 文句なしのイスラム国家を将来設立するために活動する「マネジメント集団」――つまりは官僚――の発展。イスラム国家こそが結局のところジハードの最終目的であり、残虐性マネジメントの段階は「カリフ国の凋落以来ずっと待ち望まれていた」そうした国家への「橋渡し」なのだ。この段階は最も重要なものであり、これぞ世界イスラムコミュニティが、いまや通過しなくてはならないものなのだ、とナジは論考の副題で述べている

あるＩＳＩＳ系聖職者によれば、ナジの『残虐性マネジメント』は地方ＩＳＩＳ指揮官たちや一般戦士たちの間で広く流通しており、斬首が宗教的に容認できるばかりか、神とその預言者により推奨されているのだと正当化するための手段になっているという。ＩＳＩＳにとって『残虐性マネジメント』の最大の貢献は、それがジハードの意味づけを他の宗教的な問題とはちがうものにしたということだった。ある部分でナジは読者に講義する中で、ジハードが「紙の上で」教えられているやり方は、若きムジャヒディンにとってその概念の真の意味を理解しにくくしていると論じている。「すでにジハードを実践した経験がある者は、それが暴力、テロ、（他人の）脅し、虐殺以外の何物でもないのを知っている。私はジハードと戦いの話をし

ているのであり、イスラムの話をしているのではない。この両者を混同してはならない」。かれがここで言っているのは、この聖なる責任をあらゆる敬虔なムスリムが実践できるわけではないことだ。これを実践するなら、痛み、苦しみ、死しかもたらされない。「初期の段階に、敵を虐殺して拠り所をなくすという段階を含まない限り、戦士は戦い続けてある段階から次へと移行はできない（後略）」こうした作業は、小心者にはできない。「ジハード行動を始めようという意図を持っていても軟弱な者は、家にこもっていたほうがいい。そうでなければかれらは失敗し、後でショックに苦しむことになる」

聖戦の正しいやり方について独自の助言を行う合間に、ナジはエリート的な司祭階級を求めていた。これは最も規律正しい熱意ある者だけが所属できる。あらゆる革命は、包囲されつつも美化された地下世界、自らを犠牲にする前衛がなければ完遂されない。ナジは、かなり意図的に、マンチェスターやミネアポリスやマニラなどの家にこもっている目に見えぬ兵たちの群れに訴えかけていた。そしてアル＝ザルカーウィという名前は『残虐性マネジメント』にはまったく登場しないものの、二〇〇四年にニュースを見て、イラクで展開している出来事に腹をたてたりインスピレーションを受けたりしたムスリムすべてにとって、ジハードがその最高の将軍を手に入れたというのは明らかだった。

スンナ派のボイコット

イラクで自分なりの「じらしと疲弊作戦」を成功させるには、アル＝ザルカーウィは敵（シーア派とアメリカ人ども）を虐殺して追い出し、スンナ派をその敵どもの陰謀的なプロジェクト、つまり民主イラク政府構築に一切関与させないようにすることが必要だった。バアス党員もザルカーウィ派も、二〇〇五年一月に迫ったイラク選挙をスンナ派がまちがいなくボイコットするような作戦を実行し、成功した。イラク中央の重要なアンバール県では、投票所に現れたのはスンナ派の一パーセント以下だった。この結果はまさに、一年前の手紙でアル＝ザルカーウィが概説していた恐ろしいシナリオに従ったものだった。シーア派政党は圧倒的多数で選挙に勝ち、イランから何百万ドルもの選挙資金を受け取ったダワ党候補者イブラヒーム・アル＝ジャーファリが、イラクの新憲法を起草する政府の首相となった。これにより、スンナ派の意見はその少ない人数をさらに下回る水準でしか反映されないことがほぼ確実になった。

スンナ派の敗北とともに、驚くことでもないが、「シーア派」を標的とする攻撃が急増した。そうした標的に政府やイラク安全保障軍（ＩＳＦ）も含まれていた。二〇〇五年二月二八日、シーア派が多数派となっているバグダッドすぐ南の都市ヒッラで、自爆テロにより一二〇人が死んだ。この攻撃は、ＩＳＦの求人に応募しようとしていた若者たちを狙ったものだった。重要な国境町タル・アファールは、ジハード主義者たちがシリアから外国戦士を輸入する玄関口として使われていたが、ＡＱＩは混合コミュニティを民族浄化し「遊び場や校庭やサッカー場を攻撃した」とハーバート・「Ｈ・Ｒ」・マクマスター大佐は後に回想している。ある陰惨な例では、精神障害を持つ三歳と一三歳の少女二人を自爆テロ実行犯として使い、警察の採用審査の行列を爆破したのだった。

砂漠の守護者たち

イラクでの軍事的進歩は、即興として始まった――バグダッドのグリーンゾーンを一度も離れたことのない連中や、場合によってはペンタゴンの壁の中にいる連中の考案した戦略に準拠しているだけでは地元の軍事関係者たちの中で、早い時期に「心と頭」の支持を集めるための戦争に勝てないということに気がついた人々が、独創的な考え方をするようになったのだった。反乱軍の成功にとって重要なのは、アメリカ人たちがスンナ派イラクにおける最も重要なグループと交渉していない、ということだった。そのグループとは、部族だ。かれらは脱バアス党化の動きですさまじく苦労してきた。サダム・フセインはこうした古代からの家族や血族の連合体の重要性を理解しており、国家庇護システムの大きな部分がこの部族に向けられていた。部族は密輸商売や、灰色市場の商業活動などを、すべて副大統領アル＝ドゥリ公認で行っていたのだった。

部族が多国籍軍に対し、自分たちが反乱軍を倒す主導的な立場にあると説得し損ねたのは、別にそのための努力をしなかったからではない。有力なアルブ・ニムル族の首長《シェイク》が、イラク統治評議会とCPAへの協力を申し出て、待望されていた広範な国境警備を構築しようと二〇〇三年の時点で述べていた。この提案は、同年一〇月のアメリカ統合参謀本部向けのメモにも記録されている。「こうした部族の指導者たち――多くはいまでも地元当局の要職を占める――はますます多国籍軍と協力し、ポストフセインのイラクでの影響力を回復または維持したいと考えている」とメモにはある。「もしそれに失敗したと感じたら、かれらは別の行動を取りかねず、そうしたものとしては独自の統治国防組織の構築、反多国籍軍との協力、あるいは自身が属する部族の繁栄と安全を確保するための犯罪活動などがあり得る」。だがこのメモは完全に無視された。

ここでもアル＝ザルカーウィは、CPAや米軍よりもイラク文化の利用に長けていることを示した――少なくとも当初は。デレク・ハーヴェイいわく「ザルカーウィ、というかその手先のイラク人たちは、部族の重要人物を抽出して工作を行ったんだ。そうやってアンバール県とユーフラテス川流域の領域を支配したわけだ」。

でもアル・ザルカーウィの致命的なまちがいは、あまりにそれをやりすぎて、アル＝カイダによる「守ってやるから協力しろ」的な脅しを窒息しそうなジハード主義統治に変えてしまったことだった。どの部族も、原理主義者の支配する地域に七世紀式の民法が導入されたことに唖然とした。その原理主義者どもの多くは外国生まれで、まさに自分たちが排除しようとしていた植民地の簒奪《さんだつ》者どもとまったく同じように振る舞ったのだ。部族の稼業は邪魔されたり、密輸を自分で独占しようとする連中に横取りされたりした。そしてアル＝カイダは、横取りした利権を、マフィアのごろつき並みにがめつく守った。市場競争になるからというだけで相手を殺していいという方針だったのだ。

だからアル＝カイダがアルブ・ニムル族のシェイクを二〇〇五年に暗殺すると、第一海兵師団の陸軍特殊部隊アルファ作戦分遣隊五五五中隊を指揮するアダム・サッチ少佐はその機を捉え、ＡＱＩをその最も重要な支持層の間で忌み嫌われる存在に仕立てた。部族民に声をかけて、即席の民兵部隊に参加させ、アンバール県のヒット市近くの道を見張らせた――ヒットも戦略的に重要な町で、ＩＳＩＳは二〇一四年になってここを掌握した。これは見事なアイデアだったが、必要な構造的支援がなかったため、完全に状況を逆転させるには至らなかった。当時、この地域には米軍駐留部隊は常駐しておらず、アル＝カイダを追い出すのが短期間で終わる話ではなく、対反乱軍のための長期的な警備作業の準備なのだと地元民に納得させられなかった。それでも、イラク人が突然自国にアメリカ人たちがとどまってほしいと思い始めたという事実は、ジハード主義者たちが歓迎されなくなったことを示していた。

それがあてはまる別の都市がカイムだった。ここはアル＝ザルカーウィが、はっきりした地政戦略的な理由から西ユーフラテス「首長国」の首都にしたところだ。このスンナ派とベドウィンの町は、シリアの国境町アルブ・カマルと隣接し、またイラクとヨルダンを結ぶ主要街道にも沿っている。また中東最大のリン鉱山を持ち、巨大な地下洞窟系があって、これが人員や資材を見つからずに運ぶゲリラネットワークとなっている。

アメリカ海兵隊は、二〇〇五年九月にカイム制圧に乗り出し、その後西ユーフラテスにある副次的なアル＝カイダ基地も次々に制圧した。そして長期的にとどまることを示すためにコンクリートで固めた要塞を建設し、ジハード主義者の再台頭を抑えようとした。ヒットでのアダム・サッチの経験を元に、かれらはまたカイムの部族にも声をかけた。その一部はすでに、アル＝カイダのやり口にあまりに震え上がり、ザルカーウィ派たちに武力で対抗を始めていたのだ。アルブ・マハルのハムザ大隊の中には、海兵隊たちと同じくらい反乱軍を叩き潰したがっている義勇軍があることもわかった。

イラク治安部隊がしばしばアル＝カイダに勝てない、あるいはやりあう意志がない主要な理由は汚職だったが、それを割り引けば別の理由は多くの新兵がシーア派であり、スンナ派が多数派を占めて、自分たちが疑惑の目か、下手をすると露骨な偏見をもって見られる土地で戦うことについて、無理もないがほとんど興味がなかったということがある。でもスンナ派の部族民たちはそんなこだわりは持たず、自分たちの支配地から、元は称賛すべき反米「レジスタンス」だったのに、反文明的な首つり好きのギャングどもへと退行してしまった連中を追い出したいという利己的な気持ちに燃えていた。カイムにおける作戦の卒業生は、「砂漠の守護者たち」と呼ばれる大隊にまとめられた。いささかアラビアのロレンスめいたロマン主義過多な名前ではあるが、大隊が二〇〇五年議会選挙をテロリストの妨害工作から守ったという意味では正確な名前だった。

二〇〇六年になると、カイムでの治安上の事件は激減した。でもこのように成功した場合ですら、米軍は相変わらず部族たちが愛国心などという壮大なものに動かされているわけではないことを理解し損ねた。かれらは自分自身のコミュニティに平穏を確保したいだけで、国全体などに興味はなかった。砂漠の守護者たちの三分の一は、自分たちが国民防衛軍の一部であり地元カイムの警察守備隊ではないので、イラクの別の箇所に転属となる予定なのだと聞かされて辞めた。

そうは言っても、イラクの国民議会選挙は予想外のすばらしい展開を見せた。その一つは、昔から追われていた蜂起軍リーダーのムハンマド・マハムード・ラティーフ博士が、アメリカのパートナーに転身したことだった。憲法制定議会のための一月選挙をボイコットしたために、スンナ派がイラクの自己決定にまったく意見を言えなくなってしまったことに呆れたラティーフは、新政府の正当性を貶めようとするアル＝ザルカーウィの計画が裏目に出ていることに気がついたのだった。また、ラティーフはかれなりの政治的野心を持っていた。議会選挙に先立って、かれはラマディ部族のシェイクを集めた。そのシェイクたちはAQIに宣戦したがり、そのためにアメリカと手を組もうとするだけの大胆さがあった。ただしこのシェイクたちは、一つだけ条件をつけた。砂漠の守護者たちと同様に、ラマディ部族民たちはアンバール県の県都の安全保障利権が、ＡＱＩ亡き後には自分たちに戻るという保証を求めたのだった。

この点でアメリカ人たちの善意が保証されたことで、アンバール人民評議会が生まれた。その最初の施策は、スンナ派にイラク警察に参加するよう勧めることだった。警察は、地元ガラス工場で大規模な新人募集大会を開く予定だったのだ。評議会がこの試みにお墨付きを与えたので、何百人もの新人応募者が現れ、当然ながらアル＝ザルカーウィのジハード主義者の標的になった。ガラス工場での募集四日目に、自爆テロリストによる爆破でイラク人六〇人とアメリカ人二人が死亡した。そしてアル＝カイダは、この評議会に参加したアンバール県のシェイクたちに全面戦争を宣言し、爆破の何週間も後まで一人ずつ追いかけた。ラティーフはテロリストの包囲網に捕まらないようイラクから逃げ出した。まだアル＝ザルカーウィの強引な戦術にはかなわなかった評議会は、数週間後に解体した。

米軍が、ヒット、カイム、ラマディで起こったことについて戦略的に理解するには、さらに二年かかった。同じ外国主導テロ組織に対する突発的で予想外の部族による散発的な反発は、部族の歴史に照らしてみれば筋が通っているのだった。何世紀にもわたり、こうした血族は自分たちの中にいる支配的な力と思われるものと、現実的な取引をすることで生き残ってきたのだった。相手がサダム・フセインでもそうだったし、アル＝ザルカーウィ相手でもそうだし、アメリカ相手でも喜んでそうするつもりだった。そして相変わらずアメリカに白い目を向けてはいたが、米軍はもっと大きな共通の敵に対する味方になり得ると考えたのだ。

ある米軍元高官がイラクにおける軍の人類学的独学期間について語った。「うちの海兵隊隊長の一人はスー族でね。アンバール県だのイラクだのについては、クソほども知らなかった。でも現場に出かけたら、すぐに理解したよ。イラク人たちは、そいつが事態を理解しているのがわかったので、大いに気に入っていたよ」

デレク・ハーヴェイにとって、イラク部族の仕組みを理解するのは、イラクそのものを理解するためのあらゆる神話の鍵だった。「いろいろな統治組織があって、それを我々はあまりうまく理解できなかった。鍵となる人物はその長ではなく、二番手か三番手の人物だったりする——そしてだれがずばり糸を引いているかわからないというルールは、サダム・フセイン派にもあてはまったし、今日のＩＳＩＳにもあてはまる。部族は同国で起こるあらゆることについて、非公式のヒエラルキーを決める専門的、ときには宗教的なネットワークを持っている。我々は、だれが何をしているか学ぶのにとても苦労した」。内部の階級構造が敵にわからないようにしておくというのは、まちがいなく今日のＩＳＩＳの戦略の一部だ。たとえばアブ・バクル・アル＝バグダーディが指導者として指名されたやり方は、これが合意によるものか、それともアル＝ザルカーウィのつくり上げた組織の地元イラク民による——それどころかイラク「バアス派」による——横取りなのかについて、かなりの憶測を生んだ。バグダーディによる地位継承の秘密の条件（これについては後の章で検討する）が六年後にもジハード主義者や諜報アナリストたちの間で議論されているという事実は、隠れて活動し、敵がどう頑張っても自分たちについて知るよりはるかに多くのことを知ることで存続している組織に、マフィアめいた壮大さと謎をもたらしている。

ＩＳＩＳがこの問題に答える能力の点でアル＝カイダより優れていたのは、ジハード主義支配の残虐性マネジメントを、イラクやシリアの部族に任せたという点だ。この準自治に向けた権力分散もまた、アブ・バクル・ナジが一〇年前に定めた指示から学んだものらしい。「連帯性を持つ部族に対応するときには、かれらにその連帯を放棄するよう訴えたりしてはいけない。むしろかれらを先鋭化させ、連帯性を持つ称賛すべき部族に変化させるべきだ」とナジは書く。その連帯を活用するため、まずそれを神のほうに向けさせるべきだ、とかれは続けた。そのためにはまずシェイク（部族指導者たち）を「お金など」でまとめあげ、それから真の信仰者たちとのゆるいつながりが、浸透膜のように部族の構成員たちに作用するよう仕向けるのだ。「もちろん連帯は残るが、それはかつて連中の持っていた罪深い連帯ではなく称賛に値する連帯に変化しているのだ」

4 カオスのエージェント

イランとアル＝カイダ

イラクのスンナ派も、米軍と同じくらい事態の学習に苦労していた。二〇〇五年一月の選挙の悲惨なボイコットで、政治権力の大半を手放してしまったかれらは、一二月の選挙ではそうした愚行を繰り返すつもりはなかった。その豹変ぶりはすさまじかった。一二月のラマディでは、スンナ派の投票率は八〇パーセントほど。一月にはそれが二パーセントという悲惨な水準だったというのに。だから、その結果の失望もそれに比例して大きなものとなった。僅差とはいえ、シーア派の政治連合がまた首位に立ったのだ。これで多くのスンナ派は、アル＝ザルカーウィが巧妙に利用して、いきなり完全に実現したかに見えた、ある陰謀論を捨てられなくなってしまった。その陰謀論とは、イランとアメリカの連合軍が意図的に、自分たちをバグダッドの真の主人にして守護者という正当な地位から排除しているのだという主張だ。

スンナ派が一二月の選挙に参加したことで、もう一つ不穏な副作用があった。民族主義的または「穏健」な反乱派が戦場から撤収して投票で運試しを試みたため、イラクのテロにおけるアル＝カイダの比重がもっと高まったのだ。さらに、非穏健非アル＝カイダ反乱軍、たとえば一九二〇年革命旅団（一九二〇年にイギリスに対してイラクで起きた反植民地蜂起から採った名前）などもザルカーウィ派に加担した。ザルカーウィ派が、スンナ派の不満を代弁しているように見えたからだ。そしてジャイシュ・アル＝イスラミー（イスラム軍）はモースルでの領土支配をめぐってアル＝カイダと争ってはいたが、スンナ派排除主義を捨てて再融和を図るには至っていなかった。アル＝カイダのやりすぎで遠ざかった人も多かったが、アル＝ザルカーウィは戦争のはるか以前にさかのぼる人口面での不安を利用したのだ。

サダム・フセイン時代のイラクの有名な学者カナン・マキヤは、一九九三年の著書『残虐性と沈黙』でポストバアス党国家についての悲惨な未来を予測していた。「サダムが消えた後、自分の生活と愛する者たちの生活とがずたずたにされようとしているとき、イスラムの名においてシーア派に何をされるかわからないというスンナ派の恐れは、イラク政治における一大勢力となる。イラクのシーア派が自分たちをシーア派であると主張すればするほど、イラクのスンナ派少数派としてはイスラム共和国の片鱗でもうかがわせるようなものがイラクにできる以前に、命果てるまで戦いたくなる。かれらはそんな国家においては、自分たちが殲滅させられるとみているのだ――それが正しいかまちがっているかは関係ない」

すでに見た通り、アル＝ザルカーウィはこれを当てにしていた。だからイラクのスンナ派に対してアル＝ザルカーウィが突きつけた厳しい選択肢は「おれの蛮行かあいつらの蛮行か」という単純きわまるものだった。自分の選択肢をもっと説得力あるものにするためには、アル＝カイダの世間的なアピールにとっての最大の障壁をなくす必要があった――アル＝カイダが外国人によるジハード主義軍だと思われている、ということだ。スンナ派はバグダッドにおける権力と名声を取り戻したかったのかもしれないが、ヨルダンやサウジアラビア、リビア、アルジェリアのトップほどその地位に固執しなかった。だからアル＝カイダは自分のフランチャイズを「イラク化」する必要があった。二〇〇六年一月に、アル＝ザルカーウィはマジリス・シューラ・アル＝ムジャヒディン・フィ・アル＝イラク（イラクのムジャヒディン諮問評議会）の設立を発表した。当初、このコンソーシアムは六つのサラフィー主義団体で構成され、うち五つがイラクの団体で、アル＝カイダだけが唯一の外部者となった。とはいえそのアル＝カイダが評議会の運営を牛耳っていたのだが。タクフィール主義の新しいマーケティング、つまり「ブランディング」戦略に貢献したのは、新たに選出されたイラク政府の父権的で権威主義的な振る舞いだった。

シーア派民兵、イランの手先

目下の世界はＩＳＩＳとそれに対するアメリカの戦いにばかり注目しているので、一〇年前の米軍が恐るべきテロリストの脅威と考えていたのが、デマばかり述べるでっぷりしたシーア派聖職者ムクタダ・アル＝サドルだったというのを忘れがちだ。一九九九年にサダム・フセインの秘密警察に殺され、畏敬されていたムハンマド・サディーム・アル＝サドルの息子だった若きアル＝サドルは、生まれから言えばシーア派の下位宗教指導者にしかなれないはずだった。かれの縄張りは、バグダッド北東部の貧しい過密ゲットーだった。ここはもともとサダムシティと呼ばれ、侵攻後にはサドルシティと呼ばれた。ここでアル＝サドルは、政権崩壊から間もなくして独自の民兵組織ジャイシュ・アル＝マフディ（マフディ軍）を創設し、これをイラク版のヒズボラ（「神の党」）だとした。ヒズボラはレバノンにおけるイランの手先の民兵組織で、アメリカ公認のテロ機関と国際的に正当とされる政党との断絶をまたぐ存在となり、レバノンの内閣要職に就き同国の名目上は独立した諜報機関や軍に対してもかなりの影響力を持っている。神の党は、イラクにおける同様のテロリストによる「深い国家」をつくり出すための完璧なひな型だった。

あらゆる軍閥同様、アル＝サドルは自分の領土支配に競合を望まなかった。米軍にはほとんど相手にされなかったため、イラン人たちの助けを借りて独自の影響圏を構築し始めた。イラクを破壊しようとするアメリカとイランの陰謀というスンナ派の陰謀論は、イランが自分たちの生活を精一杯難しく血みどろのものにしようとしている様子を目の当たりにした米兵たちから見れば、怒りと嘲笑の対象でしかなかった。二〇〇四年八月のナジャフの戦いは、基本的にはアメリカと、イランのエリート外国諜報軍事機関である革命防衛隊ゴドス軍（ＩＲＧＣ－Ｑ

Ｆ）との代理戦争だった。イラク側でこれを仕切っていたのは、イラン人工作員シェイク・アンサリで、アメリカ諜報部はこの人物がナジャフのマフディ軍の一員であり、マフディ軍による戦闘作戦実施を支援していると結論づけている。アンサリはゴドス軍の第一〇〇〇部の工作員だったが、ここはイランのイラクにおける諜報ポートフォリオを扱っている。

イラクにおけるイランの覇権は、政権転覆のはるか前から始まっていた。イラクとの悲惨な八年戦争で、イランはサダム・フセインの支配から逃げ出した何十万人ものシーア派イラク人たちの避難所になった。サダム・フセインが消えたので、こうした在外イラク人の多くは帰国したが、そこでは新生民主主義によりシーア派が公権を与えられており、かれらはバアス党支配の下で何年もかけてこっそり静かに構築されてきたインフラを使い、政治的・民兵的な組織を立ち上げることができたのだ。

イラク・イスラム革命最高評議会（ＳＣＩＲＩ）は、実はイラン諜報部とモハメッド・バキル・アル＝ハキームが丸ごとつくり上げたものだった。アル＝ハキームは、ザルカーウィが二〇〇三年の夏に一ヶ月にわたる爆発騒ぎで暗殺した有名なシーア派聖職者だ。ＳＣＩＲＩの武闘部門、アル＝ザルカーウィの忌み嫌うバドル軍は、イラクにおけるイランの第五部隊として機能した。「ムラーたちは、我々米軍がイラクに入るはるか以前から、反サダム・フセインのきわめて破壊的な作戦を実施しており、我々もそこに到着する前からそれと同じ通信手段とやりとりしていたんだ」と、二〇〇三年一二月にサダム・フセインを捕まえた第四歩兵師団の元指揮官ジム・ヒッキー大佐は語る。サダム・フセイン捕獲作戦で、ヒッキーは中心的な役割を果たしている。

米軍がやってくるとテヘランによる妨害工作とテロ作戦は主にＩＲＧＣ－ＱＦの指揮官カッセム・スレイマニ准将の役割となった。この人物はイランの最高指導者アヤトラ・アリ・ハメネイ直属の存在となる。ある元ＣＩＡ係官は、その後当然ながら少将に昇進したこの人物についてしばらく前に「今日の中東で唯一最高の力を持つ工作員なのに、だれもこの人物の名前を聞いたこともない」と評している。

デヴィッド・ペトレイアスは、イラクで米軍最高の司令官となったとき、スレイマニをよく知るようになり、このスパイの親玉を「邪悪」と評した。そしてブッシュ大統領に対し、「実はイラクでアメリカに戦争を仕掛けているのはイランだと告げ、これを暴露してアメリカの世論や政府に大規模な反応を引き起こす」べきかどうか迷ったという。ペトレイアスにとって、イランは「単にイラクでの影響力を求めて努力する段階を越えて、米軍と積極的に戦う代理軍を構築している可能性があり、大量破壊兵器の準備を試みて、［マフディ軍を］イラクにおけるレバノンのヒズボラのように仕立てる間に米軍の目をそらしておけると思っているようだった」という。

二〇〇七年にカルバラで、アメリカ兵五名が待ち伏せを受けて殺された。実行したのはアサイブ・アフル・アル＝ハク（正義同盟）のエージェントたちで、これはアル＝サドルとイランの支援により構築されたマフディ軍の分派民兵だ。この待ち伏せが行われる直前に、カルバラにおけるイラク領事館駐在ゴドス軍担当官は辞任していただけでなく、正義同盟の指導者の一人カイス・アル＝カザーリはこの作戦すべてをイランが操っていたことを告白している。

イラクでアメリカに流血させる作戦におけるスレイマニの副官は、アブ・マフディ・アル＝ムハンディスだ。この人物はイラク人だが、イラン在住で、クウェートにおける一九八三年のアメリカ大使館爆破と関係があるとされている。アル＝ムハンディスはバドル軍の一員だったが、その後ゴドス軍の正式工作員となり、さらにイラク議会に選出された。かれはまた、別の通称「特別グループ」を設立した――これはサドル主義者分派民兵を指す、アメリカ人による婉曲語法だ。そのグループは、カタイブ・ヒズボラであり、これも米軍を標的にした。

一九九〇年、スレイマニは、アフガニスタンからイランへの麻薬流入阻止に注力した。その後一〇年は、イラクでの輸入業に関わった。アル＝ムハンディスはイラク戦争で使われた最も殺傷力の高い兵器の一つの密輸を監督していた。爆発成形侵徹体（ＥＦＰ）と呼ばれる路肩爆弾だ。爆発すると、ＥＦＰの熱は爆発物の銅製ケースを溶かし、それをドロドロの投射物にするが、これは鋼鉄や戦闘用の防護服や戦車の車体をも貫通する。米軍は、こうした装置が二〇〇六年第四半期における多国籍軍戦闘死者数の一八パーセントを占めていると指摘する。これはイランで製造され、バドル軍と協力するイラン人工作員により国境を越えて密輸され、各種のシーア派民兵に使われているため、「ペルシャ爆弾」なる異名を得ている。二〇〇七年七月には、米軍死傷者の三分の二はこうしたシーア派民兵たちによるもので、ペトレイアスはここからマフディ軍について「イラクの長期安全保障にとっては、ＡＱＩ以上の阻害要因」とアメリカ国防長官ロバート・ゲイツ宛ての手紙の中で評価している。この理由から、米軍の多くの人が外交的な影響がどうあってもイランのＥＦＰ工場を爆撃すべきだと提案した。そしてペトレイアスが大統領にどう告げたにしても、アメリカはイラクでイランと戦争をしていたのだった。

マクリスタル将軍のＪＳＯＣは、二〇〇六年末にゴドス軍作戦訓練スタッフ主任モーゼン・チザーリを、ゴドス軍のバグダッド駐留主任およびドバイ駐留主任と共に逮捕した（チザーリはちょうどＳＣＩＲＩ本部の会合から出てきたところで、アメリカの偵察ドローンに見つかったのだった）。クルディスタン地域政府の首都エルビルでＪＳＯＣの行った襲撃は、ゴドス軍主任指揮モハマッド・アリ・ジャファーリ准将を捕獲する予定だったのだが、代わりにもっと下位のイラン係官五名が捕まった。やがてイラクでの「イラン対抗策」で手一杯となったＪＳＯＣは、タスクフォースを相手ごとに分けた。タスクフォース一六はＡＱＩを追跡し、タスクフォース一七は特別グループにおけるスレイマニの工作員とその手先を追う。

一部の例では、この二つの敵が秘密裏に協力し合っているのをアメリカは発見した。スレイマニは断続的にＡＱＩを支援していたが、理由は簡単で、アメリカがイラクから出ていくのを早めるようなカオスと破壊の要因はすべて、イランにとっては差し引きでプラスになるからだ。二〇一一年にアメリカ財務省はイラン経由でお金、伝言、人員をパキスタンやアフガニスタンに出入りさせていた、イラン拠点のアル＝カイダ工作員六名に制裁措置を加えた。「イランは今日の世界における主要な国家スポンサーです」と当時、テロリズムと金融情報担当次官だったデヴィッド・S・コーエンは語っている。「資金とスパイを領土内に送り込めるようにするというイランとアル＝カイダの秘密取引を暴くことで、我々はイランのテロリズムに対する大がかりな支援の別の側面を明らかにしているのです」

元イラク駐在アメリカ大使ライアン・クロッカーは二〇一三年に『ニューヨーカー』誌に対し、アメリカ情報部がイランにアル＝カイダがいることを一〇年前に確認していたと述べている——それ自体は大した情報ではない。アル＝ザルカーウィはその前年に、カンダハールから逃げ出した後、退却基地をイランに設けていたのだから（ロンドンを拠点とするサウジの新聞『アシャルク・アル＝アウサット』によると、スレイマニは二〇〇四年にアル＝ザルカーウィとかれのイラクでの最初のジハード主義ネットワーク、アンサール・アル＝イスラム軍が複数の越境地点から好き勝手にイランを出入りして構わないと公言していたとさえ言われている。そしてアル＝ザルカーウィはメヘランのＩＲＧＣキャンプで訓練を受けたとすら述べていたという）。でもクロッカーによれば、イランのアル＝カイダは二〇〇三年にはサウジアラビアにいる西側の標的を攻撃しようとしていたという。イランはタリバン追放にあたりアメリカにこっそり協力していたので、クロッカーはイラン高官たちと、人がうらやむほどの裏取引きを享受していたのだろう。敵の敵は味方という論理の一例だが、これは日和見主義的で長続きはしなかった。クロッカーがイラク侵攻の年にジュネーブに赴き、湾岸地域でのアメリカに対するアル＝カイダのテロを止めてくれと依頼すると、イランは拒絶した。二〇〇三年五月一二日、銃撃とＶＢＩＥＤ爆破によるコンビネーション攻撃で、リヤドの居住地三ヶ所が爆破された。何十人もが死亡し、中にはアメリカ人九人もいた。「やつらはそこで、イランの庇護下にいて作戦を計画していたんです」と元外交官は『ニューヨーカー』誌に回想した。

一方、アル＝サドルの妄想とスンナ派の悪夢である宗派的な「深い国家」、新生イラク政府の野合によって本当に誕生しつつあった。二〇〇五年一二月以降、ＳＣＩＲＩがイラク内務省を仕切る立場に置かれた。内務省は兵員一万六〇〇〇人を指揮する立場にある。表向きの内務大臣はファラー・ナキーブで、このスンナ派の人物は叔父のアドナン・タービットと共に、初のポストサダム・フセイン警察保安隊をまとめあげ、それがアメリカ人たちにより、特別警察奇襲隊や治安維持旅団として活用された。ナキーブは、イランの協力者がイラクの国家警察部隊を指揮しているなどトラブルの元でしかないと考えた。「連中を止めるか、イラクをイランにくれてやるかのどちらかだ。他にはない」とナキーブはジョージ・ケイシー・ジュニア司令官に告げたとされる。

ナキーブの後任はバヤン・ジャブル。ＳＣＩＲＩの工作員で、アメリカは同党の他の党員よりは志向が穏健だとみていた。それでもかれによる損害を小さくしようということで、アメリカは内務省所属軍の長官としてタービットが留任するよう手配した。ジャブルにとってこれはなんら問題ではなく、その回避はタービットとのやりとりを一切せずに、指揮下の民兵組織をすべて、忠実なバドル軍やマフディ軍民兵員に置きかえることだった。それに対応した西バグダッド担当の旅団は、二〇〇五年一二月一五日には威嚇するように街路を警備して、シーア派の曲を大音量で流し続けた。これはスンナ派たちが、多くの人にとっては初の民主選挙となるものに参加しようとして投票所に赴いたときだった。内務省の制服は、宗派的な死刑執行部隊の活動隊に対し、権威と免責をもたらしたのだった。

バドル軍の影響下にある特別警察奇襲部隊、通称オオカミ旅団が、最も悪質な集団だった。イラクのNGOであるイスラム人権組織は、収監者への暴行二〇件が内務省によるものだと述べており、そのうち六件は死者が出た。そのほとんどはモースルでオオカミ旅団が実施したものだった。バグダッドのアメリカ大使からの国務省宛て公電によれば、このNGOは「スタンガンの使用、被疑者の腕を後ろ手に縛って手首で吊す、人糞まみれの地下室に拘留者を収監、殴打などの慣行を報告している」と述べている。

他のイラク政府機関もまた、シーア派の宗派主義の影響下に置かれた。たとえば保健省では、副大臣がハキーム・アル＝ザミリで、これはマフディ軍のエージェントだ。救急車は病人やけが人を運ぶためではなく、武器輸送に使われた。一方、病院はスンナ派の処刑場として使われたので、多くのバグダッド市民たちは医療を受けるのに別の町に行くこととなった。

イラク首相イブラヒーム・アル＝ジャーファァリも独自の諜報機関をつくった。国家安全保障国務省がそれで、その長官はシルワン・アル＝ワエリだった。かれは米軍部隊についての情報をマフディ軍に伝え、サドル派たちがイラクの旅行産業――特に民間航空部門――について実質的に監視できるようにした人物だ。アメリカの民間と軍当局の目と鼻の先で、マフディ軍はバグダッドで、ヒズボラがベイルートで行ったことをやっていた。主要国際空港と関連設備の指揮を掌握していたのだ。税関や航空保安官制度はおろか、清掃業者さえも運営した。サドル派たちは従来の従業員を殺して自分たちの職をつくり出した。イランからの飛行機の貨物室に武器を隠して輸入した。またスンナ派の国際的な行き来もすぐに把握できた――これは、当然ながら、多くの誘拐や殺人につながった。

かつてのイラクの廃墟の上に築かれつつある、新しい恐怖の共和国をスンナ派にとって最も赤裸々に描き出したのは、ジャドリヤ地下壕だった。この収監施設はグリーンゾーンのすぐ南にあり、その特別尋問ユニットを仕切っているのがバシール・ナスル・アル＝ワンディ、またの名を「エンジニアのアフメド」だ。バドル軍の元上級諜報工作員だったアフメドは、ハディ・アル＝アミリのように、スレイマニのゴドス軍に属していた。米兵がついにこの地下牢の扉を開けてみると、目隠しをされた囚人一六八人が見つかった。全員が何ヶ月もそこに収容されており、部屋は過密で人糞と尿にまみれていた。

囚人はほぼ全員がスンナ派で、多くに拷問の跡があった――一部はあまりにひどく殴られて、グリーンゾーンで治療を受けねばならなかった。ここは内務省の管轄下だったので、バヤン・ジャブルはこの一件について責任を取らざるを得なかった。かれは記者会見で、この牢屋を訪れたことはないと主張し、人権蹂躙を否定した。ジャブルによれば収監されたのは「最も犯罪的なテロリスト」だけで、しかもその扱いがいかに穏やかだったかを示すため「だれも斬首されなかったし、殺されてもいない」と付け加えた。アル゠ジャーファリ政権下のイラクにおけるシーア派運営の省庁間でいかに陰惨な協力が行われているかを証言したファラー・ナキーブ（ジャブルの前任者）は、ジャドリヤ地下壕からほんの数街区のところに住んでいたが、この建物から救急車が出入りするのを見たと述べており、囚人たちがその救急車に乗せられていたのではと考えている。

元米軍顧問のイギリス人エマ・スカイが語ってくれたところでは「イラク戦争は地域の権力バランスをイラン有利に変えてしまいました。アラブ世界では、イランとアメリカの間に秘密の取引があるという話はよく聞きますし、アメリカが『イラクをイランにくれてやった』と嘆かれます」。この地政学的な認識こそは、スンナ派がＩＳＩＳに惹かれた主要な理由の一つなのだ、とスカイは述べる。

もっと不穏なのは、こうしたシーア派民兵による犯罪の隠蔽にアメリカが手を貸したということだ。米国はアル゠ジャーファリにジャドリヤでの拷問を調査するよう圧力をかけたものの、委員会はこの一件をごまかす報告書を作成してそれを発表しなかった。一〇年後にロイター通信が、この報告書を手に入れた。二〇一五年一二月半ばに、ロイターはアル＝ジャーファリの委員会が、この犯罪は「バアス派」警察によるものだとしていることを明かした。米軍は独自の調査を行い、ジャブルとエンジニアのアフメド、別のバドル将校、旅団将軍アリ・サディーク、イラク法律家のメドハット・アル＝マフムード判事こそが真の下手人だと突き止めた。ジャブルは「違法収監、蛮行、拷問、裁判なしの殺害に間接的に責任がある」とアメリカの報告書は述べており、さらにメドハット判事はこの問題を熟知していたのに、それを「正そうと一切しなかった」という。どちらも、法的にも政治的にもなんら罰を受けていない。ジャブルは現在イラクの運輸大臣、メドハット判事はイラク最高裁の主任裁判官だ。このスクープを報じたジャーナリストのネッド・パーカーは、二〇一五年四月までロイター通信のバグダッド支局長だったが、イランが支援するシーア派民兵たちに殺すと脅された。こうした脅しはパーカーによるティクリートからの率直な報道に対する仕返しだった。ティクリートはその頃、三万人の分遣隊によりＩＳＩＳから奪還されたばかりで、その分遣隊の大半はそうしたシーア派民兵であり、それをイラク軍と連邦警察、さらには頭上の空爆をすべて担当した米軍戦闘機が支援していたのだった。パーカーは、ＩＳＩＳ戦闘員とされる人々に対するリンチと、スンナ派家屋の強奪について報道した。正義同盟が運営する全国テレビチャンネルがパーカーの写真を流して、視聴者にこの人物のイラク追放を訴えるよう呼びかけた。ソーシャルメディアのウェブサイトにコメントする人々は、パーカーを殺せと訴えたのだった。

ビン・ラディンより金持ち

あらゆるスンナ派の庇護者というアル＝ザルカーウィの自認する立場と、多くのイラク人に自分をそうした存在として見事に認知させたことから見て、収入面でもかれが急速に親組織を出し抜くに至ったのも、それほど驚きではない。二〇〇六年にアメリカ政府はＡＱＩが、他のスンナ派反乱閥と合わせて、犯罪活動から年間七〇〇〇万から二億ドルを集めていると突き止めている。情報会社であるフラッシュポイント・パートナーズ社でアル＝カイダを専門とするライース・アルコウリによると、アル＝ザルカーウィのギャング時代の過去は、テロリスト軍閥としてのキャリアにも明らかに影響している。「ＡＱＩは、米軍兵器を窃盗して他の反乱軍に売却したり、誘拐による身代金要求を行ったり、各種の手法でお金をつくっています。イラク軍将校トップの家を襲い、かれらの自宅で尋問します。『他の軍高官の住所氏名と電話番号を教えろ』と言うんです。こうした誘拐の被害者は大金持ちだから、家族は身代金を出します。それがうまくいかなければ、アル＝カイダはその場でその将校を殺してしまいます」

二〇〇五年から二〇一〇年にかけて、アラブ湾岸諸国の出資者や、怪しげな中東「慈善団体」からの寄付は、ＡＱＩの総予算のたった五パーセント、ほとんど問題にならない程度でしかなかった。サラーフッディーン県のバイジ石油精製所からの石油密売が、アル＝ザルカーウィの組織を動かし続けていた（この精製所は二〇一四年にISISが掌握した最初の資産の一つだ。その後、ここは何度も持ち主を変えている）。

二〇〇六年に行われたアメリカ国防情報局（DIA）の評価によると「反乱軍が手にしている収入源に関する限られた調査ですら、その金額が支出をはるかに上回っていると強く示唆している」。AQIの財源はその頃にはパキスタン拠点の指導部をはるかに上回るものとなっており、オサマ・ビン・ラディンは嫌がる部下アル＝ザルカーウィから現金を取り立てるという恥ずかしい役回りを演じさせられた。

二〇〇五年五月の、アル＝ザルカーウィのものとされるテープで、このイラクの司令官《エミル》は自分がシーア派だけを標的にすると述べている。その理由は単に、シーア派がイラクのスンナ派の抹殺を目指している邪悪な共謀者どもだからだ、という（まちがいなくフロイト的投影の症例だ）。シーア派どもはスンナ派のモスクを押収し、スンナ派の司祭や医師や専門家を殺している。そして最悪なことにスンナ派の女性を強姦しているのだという。偏執狂の社会エンジニアの常として、アル＝ザルカーウィは事実と陰謀との間を行き来している。政府の要職にあったシーア派たちは、確かに牢屋や収容センターを運営していて、そこではスンナ派虜囚に対して広く暴行が行われていたのだ。

でもそれは、アル＝ザルカーウィがシーア派への全面戦争を正当化するために述べたような、シーア派によるスンナ派の殲滅作戦と言えるのだろうか？　そう思わなかった人物の一人が、アル＝ザルカーウィの名目上の上官だった。二〇〇五年七月、アル＝ザワヒリがアル＝ザルカーウィに対して友愛的な口調の助言に満ちた手紙を送ったが、そこでのメッセージは明らかだった。イラクの多数派であるシーア派を殺すのをやめろ、というのだ。このエジプト人は、AQIは四段階の戦略を考えるべきだと信じていた。まず何よりも、アメリカ人占領者を追い出せ。第二に、イラクのスンナ派地域にイスラム首長国を確立せよ。第三に、その地の利を使って他のアラブ政権に対するテロ攻撃を計画せよ。第四に、その戦争をイスラエルに輸出せよ。アル＝ザワヒリはアル＝ザルカーウィに対し、「タリバンの誤ち」を避けろと助言した。カンダハールとアフガニスタン南部地域の支持層にばかり働きかけて、国の他の部分を犠牲にしたために、タリバン政権は急速に崩壊してしまった、とかれは考えていたのだ。

アル＝ザワヒリは要するに、一種のジハード主義的ナショナリズムを弄んでいたのだった。少なくとも、寄生虫的な組織がその宿主である国を疎外しないための戦術ツールとしてそれを使おうというわけだ。アル＝ザワヒリは辛抱強い計画者だった。一方、アル＝ザルカーウィは強面の戦士であり、どんな相手でもまとめて相手にして一気に戦えると思っていたし、さらには自分のメディアでの大口を自分で信じてしまうという困った癖を持っていた。アル＝カイダの老指導者は、イラクの指揮官にこう書いている。「熱狂的な若者たちの一部による称賛や、その若者たちがきみを虐殺者たちの首長《シェイク》などと呼んでいるのを真に受けるべきではない。かれらはイラクの抵抗勢力の崇拝者や支持者の一般的な見方を代表してはいないし、神の恩寵と恵みにより特にきみについての見方を代表するものではないのだ」。アメリカ人のほうがクラスター爆弾だの収監者拷問プログラムなどの面でずっと残虐だというアル＝ザルカーウィの反論を予想して、アル＝ザワヒリは熱烈な部下たちに節度を求めるために自分のつらい体験と苦しみを挙げた。「この文を書いている人物は、アメリカの蛮行のつらさを味わっており、いちばんのお気に入りだった妻の胸はコンクリートの天井に押し潰され、その石の塊を胸からどけてくれと助けを求め続ける中で息を引き取った。神が彼女に慈悲をたまわり、殉教者の中に彼女を迎えたまわんことを」。それだけの体験をしても、アル＝ザワヒリはもっと大きな戦いがムスリムたちの「心と頭」を求めてのものであり、インターネットのビデオに示されている、同じムスリムたちや、非ムスリムに対する理不尽な虐殺は、確実に敗北につながる道だと理解しているのだった。「囚人たちは銃弾で殺せばいい。そうすることで、求めるものは得られるし、自分たちを疑問視されることもなく、疑念に答える必要もないのだ」

アル＝ザワヒリがまだ戦うべきでないと思っている敵が一つだけあった。それがイランだ。AQIがイランに少しでも挑発行為をしようものなら、その反撃は壮絶になると恐れた（すでにアメリカの占領に対する反応は壮絶だった）アル＝ザワヒリは、アル＝ザルカーウィに対して「我々とイラン人とは、アメリカ人たちが我々を標的としているこの時点では、お互いを傷つけ合うのを避けるべきだ」と告げた。この手紙は二〇〇五年七月に書かれたもので、ISISのスポークスマン、アブ・ムハンマド・アル＝アドナニが二〇一四年五月にエジプト人たちに指摘した内容を反映している。つまり「イランはアル＝カイダに多大な貸しがある」というわけだ。

この手紙は決して一般に公開される予定ではなかった。アル＝カイダの最高司令部はメソポタミアのエミルの成果について、大絶賛というわけではない、というのが世界に対する公式発表になるはずだったのだ。ＣＩＡがこの重要な手紙を漏洩したのは、一部は虐殺者たちのシェイクと中央アジアにいるその上官たちとの間の、当時はまだ深い溝に過ぎなかったものをさらに大きくするためだった。それが結局は裏目に出てしまったのだが。

二〇〇五年一一月五日、人の多いアンマンのホテル三軒――ラディソンＳＡＳ、グランドハイヤット、デイズイン――で、自爆テロリストたちが軍用水準の爆発ベストを爆発させた。それもそれぞれ一〇分と間を置かずに。爆発で六〇人が死亡した。最初に攻撃されたラディソンでは、標的はホテルの主宴会場での混雑した結婚式で、爆発で天井の相当部分がガウンやタキシード姿の人々の頭上に落下した――中には幼い子供たちもいた。またアリ・フセイン・アリ・アル＝シャマリというイラク人が爆発させた、二二ポンド着用型爆弾に仕込まれたボールベアリングでミンチにされた人々もいた。かれは起爆スイッチを押す前にテーブルのてっぺんにのぼり、なるべく多くの人を殺そうとしたのだった。被害は実はもっと大きかった可能性もあった。アリの「妻」サジダ・アル＝リシャーウィは三五歳のイラク女性で、兄はアル＝カイダに加わってファルージャで米軍と戦って殺されていた。彼女は自分の爆弾がうまく機能していないのに気がついて、アリが爆発させる前に、フィラデルフィア宴会場から逃げ出していたのだった。二人の結婚は偽装で、この二人の工作員が不妊治療を受けるという口実のもと、ヨルダンに潜入できるようにするためのものだった。合わせると、この三件のホテル攻撃はヨルダン史上最悪のテロ攻撃となり、アル＝リシャーウィが親戚の家で捕まる前から、同国の諜報機関《ムハバラート》は下手人を確信していた——ちょうど一年前にムハバラート本部を窒息性薬物雲に変えようとして失敗した、アル＝ザルカーウィだ。アル＝リシャーウィは取調官にこう述べている。「アメリカ人を殺すんだって言われたんです。あたしはただ、兄弟たちの死に報いたかっただけ」。未遂に終わった化学兵器作戦のときと同じく、アル＝ザルカーウィはまたもやヨルダンで国民的な嫌悪の的となった。そしてまた、この過剰な流血に対する世間の反応を和らげるため——というのもその暴挙の被害者は仲間のスンナ派だった——かれはまた嘘をつき、この三件のホテルが「兄弟たち」により何ヶ月も詳細に調査された結果、それが「イスラエルとアメリカの諜報部の本部だった」と主張した。

二〇〇五年夏にはイラクにおける外国人ムスリム外交官たちに対する凶行は頂点に達した。ポストサダム・フセインのイラクにおいて、エジプト（およびアラブ世界）の初の大使となるのがほぼ確実とされていたエジプト人のイハーブ・シェリーフは、アル＝カイダにより誘拐されて殺された。パキスタン大使とバーレーンの代理大使はいずれも同じ手口——車列に対する銃撃——で誘拐されかかり、なんとか逃げ出した。後者は軽傷を負っている。

その年の末になると、スンナ派の自称庇護者に文句を言っているのは、スンナ派の一般庶民だけではなかった。リビアのアル＝カイダ上級将校でビン・ラディンの話し相手であり、やがてはパキスタンのアル＝カイダ本部とその各地の関連組織との主要なつながりとなるアティヤ・アブド・アル＝ラフマーンがアル＝ザルカーウィに手紙を書いているが、これまたかれのこれまでの成果について称賛と励ましを山盛りにしつつも、明らかに悲しみと同じくらい怒りがこもっている。「政策が軍事主義を律するのだ」と述べて、アル＝ラフマーンはアル＝ザルカーウィに対し、自分たち自身にとって、倒そうとする政権よりもさらに大きな敵となってしまった他の失敗したジハード主義者の道を突進しているぞと警告している。かれは一九九〇年代のアルジェリア内戦を例に挙げている。これはアル＝ラフマーン自身も戦ったものだ。かれはさらにアル＝ザルカーウィに対し、二つの川の土地という指定された領域以外での作戦は、今後すべて「シェイク・オサマと医師およびその兄弟たち」の事前の承認が必要だと告げている。これはもちろんビン・ラディンとアル＝ザワヒリを指す。またイラクでのアル＝カイダのもう一つの関連組織、アンサール・アル＝スンナにも「きみがかれらやその一部に対してどれほど不満や警戒を抱いていたとしても」相談するべきだと述べている。「その一例は、シーア派の裏切り者たちに宣戦布告してそいつらを殺すという問題だ。もう一つは、戦争の範囲を近隣国に広げることだ。さらに打撃が大きく影響範囲が広い大規模な作戦を実施する際もそうだ。そういったものについては話を通しておけ」

この友愛的な指示は、これまた無視された。二〇〇六年二月二二日、ＡＱＩのテロリスト四名が、イラク内務省の制服を着て、サマラのアル＝アスカリ・モスク内部で爆発物をいくつか爆破させた。これはシーア派イスラムにとって最も聖なる神殿の一つであり、この宗派で畏敬されるイマーム一二人のうち二人の霊廟があるところだ（この作戦を直接率いたのはハイサム・アル＝バドリ、サダム・フセイン政権下の元官僚だった）。

このモスクは九九四年に建立され、一九世紀に改装されたが、その有名な金箔張りのドーム（爆発で破壊された）は二〇世紀初頭に増築されたばかりだった。爆破の日、イラクの副大統領でシーア派のアデル・アブドゥル・マフディは、それを九・一一テロになぞらえた。大アヤトラのアリ・アル＝シスタニは平和的な抗議を呼びかけたものの、イラク治安維持軍が他の聖地を保護できないなら、シーア派民兵が乗り出すしかないと匂わせた。イラクＮＧＯの一つは、爆破後にシーア派家族数百世帯が怯えてバグダッドを逃げ出したという。米軍は緊急作戦「正義の天秤」を発表し、スンナ派に対して予想された報復的暴力の波を緩和しようとした。

アル＝アスカリ・モスク爆破は、国際的な想像力の中で、アル＝ザルカーウィが意図してほとんどのイラク人がすでに三年にわたり生き抜いてきたものを実現した――内戦だ。

アル＝シスタニによる、自制の訴えはサドル派たちやイラン運営の特別グループの耳には届かなかった。捕まえたスンナ派に対してかれらが使うお好みの武器は、電動ドリルや電気コードだ。死体はチグリス川に投げ捨てられた。マフディ軍はまた、ガザリーヤに検問所を設けた。これはバグダッドからアンバール県に向かう主要高速道路沿いにある、戦略的に重要ないくつかの町の一つだ。何も知らないイラク警官が、そこで通過する車を停めて通行人の身分証をチェックする。スンナ派だったら、いかにもお役所風のやり方でかれらは消される。それは実は、サドル派による民族浄化の手口なのだった。

スンナ派反乱軍はシーア派に対して同じ手口で返報した。AQIなどのイスラム主義反乱集団は、後にAQIに刃向かうものも含め、シーア派をアメリヤ・ファルージャから追い出すのに手当たり次第のあらゆる恐ろしい手段を使った。これはバグダッドの西にあるスンナ派が多数を占める町で、サドル派たちに封鎖をかけられて一部の住民は飢えかけていたのだ。イラク軍と警察は、どちらも新任首相ノウリ・アル＝マリキの管轄下だった。アル＝マリキもまたダワ党員だ。だから警察と軍は、横行する殺害や誘拐の協力者と思われていたし、アル＝マリキはそれを容認しているようだった。これは、ホワイトハウスの国家安全保障理事会スティーブン・ハドリーが、バグダッド訪問後の二〇〇六年にブッシュ大統領宛ての秘密メモで提起していた問題だった。このメモはその後漏洩された。

メモにはこうある。「スンナ派地域へのサービスの不提供、シーア派の標的に対する軍事行動阻止と、スンナ派の標的への軍事行動推奨、最も有能な司令官を宗派に基づき排除し、シーア派があらゆる省庁で多数派を確保できるようにするための首相府からの介入――これは「マフディ軍による」殺人の拡大と組み合わさると――はすべて、バグダッドでシーア派の権力を集約しようという作戦を示唆するものである」

アル＝ザルカーウィの死

アル＝ザルカーウィの居場所は、多国籍軍にはファルージャ第二の戦い以来謎だった。でもブルース・リーデルによると、実は囚人の正体にまったく気がつかなかったイラク人たちに何度か捕まっているのだという。米軍に捕まっておきながらこっそり逃げ出したことさえあったかもしれない。アル＝ザルカーウィをその手下を通じて見つけようとして、ＪＳＯＣとイギリス特殊空挺部隊（ＳＡＳ）は二〇〇六年春に下っ端のＡＱＩメンバーを追い立て始めた。ある襲撃で、アブ・グレイブの町のＡＱＩリーダーが捕まったが、そこでアル＝ザルカーウィが不器用に機関銃を扱っている、編集前のプロパガンダビデオが見つかった。この収監者と別に捕まった中位ＡＱＩ工作員とが、ジハード主義者のネットワークを詳細に説明し、アメリカ人に対してアル＝ザルカーウィの最新の宗教アドバイザー、アブド・アル＝ラフマーンの名前を明かした。（アンマン攻撃の後で名乗りをあげたリビア人とは別人）そこからは、アル＝ラフマーンのアル＝ザルカーウィとの通信手段である、一連の伝令をさかのぼるだけの話だった。米軍は、標的がずっと目と鼻の先に隠れていたことを知った。アル＝ザルカーウィの隠れ家は、ヒビーブにあった。これはバグダッド北東の町で、バラド空軍基地のＪＳＯＣ本部からたった二〇キロ弱しか離れていなかった。

二〇〇六年六月七日、アメリカのドローンが静かに、アル＝ラフマーンとアル＝ザルカーウィの接触の様子を偵察した。その夕方にはF－16がその場所にレーザー誘導爆弾二三〇キロを投下し、続いて人工衛星誘導の爆弾第二波も投下された。イラク兵はまずアル＝ザルカーウィを見つけた。まだ生きていたが、致命傷を受けていた。そしてマクリスタルの部下が現場に到着すると同時に死亡した。アル＝ザルカーウィを当人自身よりも熟知していると主張していたヨルダン諜報部が、その発見の一部は自分たちの手柄だと主張した。

虐殺者たちのシェイクは、死後アル＝カイダの中核指導層から、存命中は決して得られなかった絶賛を受けることになった。かれは「騎士でありジハードの獅子である」とビン・ラディンは修正主義的に美化して語った。それまでの警告の言葉をすべて反古にして、いきなりアル＝ザルカーウィのイラク・シーア派大量殺戮を完全に肯定し、それが「十字軍」との野合に対する仕返しなのだと主張したのだった。

一石二鳥

アル＝ザルカーウィが死んだからといって、ＡＱＩが潰れたわけではまったくなかった。アル＝ザルカーウィの設立したムジャヒディン諮問評議会は、外国人の多いこの一派をイラク化する手法として設置されたものだったが、それが新しい外国人エミルを選んだ。アブ・アイユーブ・アル＝マスリは、エジプト人で、もともとアブ・ハムザ・アル＝ムハジールという別の変名を名乗っていた人物だった。

かれはアル＝ザワヒリやアル＝ザルカーウィと個人的な知り合いだった。アル＝マスリは一九八〇年代にアル＝ジハードに所属した。アル＝ザルカーウィと同じ年にアフガニスタンに渡り、かれとアル＝カイダの訓練キャンプで出会っている。アル＝ザルカーウィが二〇〇三年にイラクに向かったとき、アル＝マスリも同行した。実は元CIA長官ジョージ・テネットによると、アメリカ諜報筋はアル＝マスリのイラク入国を追跡していた。かれは「エジプトのイスラムジハードが擁する最高の作戦計画者と上級アル＝カイダ捕虜によって評されたエジプト人二人のうちの一人であり二〇〇二年五月半ばには入国していた。一時は見失ったものの、その仲間たちは二〇〇二年一〇月時点でもバグダッドで活動を続けていた。新兵をアル＝ザルカーウィのキャンプに送り込んで訓練を受けさせるという活動だけでも十分に納得がいくものだった。また、この両者がイラク外で作戦を計画しているのではという懸念もあった」。

アル＝マスリの任命は、アル＝ザルカーウィの遺産の継承であると同時に否定でもあった。まず、かれはイラク化の方針をさらに進め、二〇〇六年一〇月にはAQIが地元で生まれたイスラム抵抗運動のモザイクの一部だと宣言した。そのモザイクをかれは、イラクのイスラム国（ISI）と呼んだ。その支配地はニナワ、アンバール、サラーフッディーンの各県だったが、他にスンナ派が数の上では強みを持たない地域、たとえばバビル、ワシット、ディヤラ、バグダッド、キルクークも含んでいた。キルクークは石油が豊富で、かつてはコスモポリタン都市だったが、一九八〇年代にサダム・フセインが「アラブ化」した。またクルド人たちは今日にいたるまで、ここをかれらの「エルサレム」としている。二月にアル＝マスリはＩＳＩへの忠誠を正式に誓い、イラクのアル＝カイダを正式に解散させて、ＩＳＩ初代エミルのアブ・オマル・アル＝バグダーディの戦争大臣として部下になった。アル＝バグダーディは地元イラクの出身であり、ムジャヒディン・シューラ評議会の投票で指導者に選ばれたが、おそらくは安全上の理由からビデオや音声ファイルに登場したことはなかった。一部ではその存在自体を疑う人もいたが、やがてその死体が発見され、存在が確認された。これは見せかけだったかもしれない。というのも実はアル＝マスリこそがこの新組織を牛耳っていて、アル＝バグダーディはただの傀儡という可能性もあるのだ。

でも、アル＝マスリはテロの目的について前任者とはちがう見通しを持っていた。かれが後を継いだことが公表されてから、米軍はバグダッド南西部のＡＱＩのエミルを捕まえたが、この人物が尋問の中で、二人のジハード主義者を分かつものについて説明した。それによると、アル＝ザルカーウィは自分について救世主的な見方をしており、あらゆるスンナ派をシーア派から守る存在と考えていた。アル＝マスリは自分を人材スカウト役でテロルの輸出業者とみており、イラクは「世界的な西洋イデオロギー」に対する戦いにおける舞台の一つでしかないと考える。この意味で、アル＝マスリは大戦略家としてはアル＝ザワヒリに近かった。米軍諜報担当官、ジョエル・レイバーンは語る。「外部からやってきて、アル＝ザワヒリとビン・ラディンがイラクでの手下として送り込んできた人物なんです。でも、イラク人サラフィー主義者アル＝バグダーディと手を組んだので、内部と外部とのパートナーシップが生じました。アル＝バグダーディは作戦に実務レベルでの信用をもたらしました。アル＝マスリはその背後に控える監督役ムハジードです」。このようにAQI（アル＝マスリが正式にAQIを解散してもこの名称は米軍で使われた）はイラクのパワーポリティクスの操作に長けてきた。責任者と言われている人物が必ずしも実際の責任者ではないのだ。

アル＝マスリとアル＝バグダーディのペアは、実務面でも有益だった。アル＝マスリのほうは、外国人戦士の継続的な供給における中心だったし、アル＝バクダーディのほうは、あまりにアル＝カイダと密着していると思われたら、自分たちがもっと民族主義的なジハードを戦っていると信じていたスンナ派反乱勢の支持を失いかねない。どちらも、アメリカ人やそのシーア派支援者たちの灰の上にイスラム首長国を設立したいと思っていたが、そのちがいはどこを強調するかという点だった。軍事歴史研究者アフメド・ハシムが述べるように、ISIに参加したスンナ派集団は「自分たちがやりたいのはイラク解放であって、イスラム国家設立じゃない」という理由で抗議した。

さらにISIは、ライース・アルコウリが「ソフトな標的」と呼ぶものの攻撃に専念した。

たとえばイラクの軍事基地やシーア派の宗教指導者などだ。アルコウリいわく「これはアル＝カイダ配下の外にいる残存サラフィー主義派閥に対するPRキャンペーンとして意図されていました。そのメッセージは『世界中のジハード集団から正当と見なされている集団はうちだけだ。おまえたちは毎日味方を失っている。うちに加わったらどうだい？』というものです。だからジャイシュ・アル＝イスラミーは参加を拒否しましたし、いまだにそれは続いています。ISIに参加しないジハード主義者たちは殺して、その活動地域を取り込みました。マフィアの縄張り戦争のような感じです」。

名前に恥じることなく、イラクのイスラム国は他の各種「省庁」を創設し任官することで、ムジャヒディン・シューラ評議会の権限を一変させた。たとえば農業、石油、保健などについての省をつくったのだ。これは国家構築、あるいは少なくともそういう印象を与えるものだった。最も議論の分かれる点として、アル＝マスリはビン・ラディンへの忠誠を再確認しつつも、アル＝バグダーディに対してもバヤットを行い、AQIの階級を新生の組織体系の傘下にあるものとした。ジハード主義者風に言えば、これは妾をつくってそれを正妻に対して第二夫人だと紹介するようなものだ。

アル＝マスリは確かに、両者のいいとこ取りを試みていた。AQIのエミルとして留任しつつも、露骨に分離してイラクで独自の「国」を創設しようと出していたのだ。アル＝バグダーディの国家ごっこと、アル＝マスリが自派閥をＩＳＩに従属させたことで、深く修復不能な決裂が生じたという事実がついに明らかになったのは、ＩＳＩＳが二〇一四年初頭にアル＝ザワヒリと公式に袂をわかったときだった――それを公言したのが、激怒したアイマン・アル＝ザワヒリだ。二〇一四年五月に、かれは声明の中でアル＝バグダーディとアル＝マスリを「嫌悪を催す」馬鹿者と評した未知の第三者を引用している。アル＝カイダは、アル＝ザルカーウィに対してそうした譴責《けんせき》を行いたかったにしても、それをこのように発表したことはなかった。

自動車爆弾を超えて

ＩＳＩが台頭するにつれ、ＶＢＩＥＤ攻撃の頻度と洗練度も上昇している。戦争調査研究所のイラクアナリストであるジェシカ・ルイス・マクフェイトによると、今日のＩＳＩＳが、実際よりもずっと軍事的に強い印象を与える理由は、こうした装置の見事な使い方にあるという。ＶＢＩＥＤ爆弾の殺傷範囲がきわめて広いだけでなく、この兵器は大規模軍事侵攻の前に敵を心理的に怯えさせる狙いも大きい。「主に検問所で見かけますね。攻勢のきっかけとして、あるいは攻勢のための緊張を醸成するツールとしてＶＢＩＥＤや自爆型ＶＢＩＥＤを考える場合が増えています。だからたとえば、ＩＳＩＳはバグダッドかユーフラテス川河床のどこかでＶＢＩＥＤ爆破を行い、そうした攻撃に対してイラク治安部隊やシーア派民兵がどう反応するか試すわけです」

二〇〇六年以降、アル＝マスリはこうした攻撃をバグダッド市内や周辺だけで実施してきた。自動車やトラックに爆発物を装備するための工場がバグダッド「ベルト」で見つかっている。これは首都を取り巻く町や村で、二〇〇七年の米軍「増派」以前は米軍が比較的手薄だった場所だ。

ＩＳＩは、バグダッドとベルト地帯を六つのゾーンに分け、そのうち五つは市を取り巻くものとなっている。それぞれのゾーンは独自のエミルに支配されていた。ＪＳＯＣによる襲撃で入手されたＩＳＩのデジタル諜報によれば、人口三万三〇〇〇人のタルミーヤを支配するエミルであるアブ・ガズワンは、イラク北部で多数のＡＱＩセルを管理しており、中には女子供を自爆テロ任務用にリクルートしているセルもあった。アブ・ガズワンはまた、米軍とイラクのパトロール部隊のスケジュールや、その回避の仕方、罠の仕掛け方にも精通していた。『ウォールストリート・ジャーナル』紙の報道では二〇〇七年二月半ばに「巨大なトラック爆弾が、タルミーヤの兵士基地の前面を削り取り、コンクリートとガラスの破片が空中を短刀のように飛び散った。この小さな前哨基地の兵士たちは、その後四時間にわたり命がけで反乱軍七〇人から八〇人相手に戦った」（もっと最近のこととして、ＩＳＩＳはタルミーヤをＶＢＩＥＤ攻撃で狙っている。二〇一四年六月には、イラク治安部隊高官と元部族覚醒リーダーの家を爆破している）。

アブ・ガズワンがミニ首長国を監督していたやり方からみて、ＩＳＩは単にタルミーヤをテロ活動の基地として使っていただけではなかった——ミニ国家を積極的に作っていたのだ。かれは、多少どころではない自己満足を込めてこう語っている。「我々はこの地区も、人々の活動も、行政サービスも運営し、兄のアブ・バクルを首長とする地区を運営する委員会もある」。実際、ＡＱＩのタルミーヤ占領は、アンサール・アル＝イスラムによるイラク領クルディスタンの五〇〇〇平方キロに及ぶ区域や、ＩＳＩＳによる東シリアのラッカ県支配にみられたイスラム封建国のようなものを思わせた。アブ・ガズワンは自分のタルミーヤ首長国のために、地方輸送手段すら持っていった。イラク警察から奪ってＩＳＩ車両に変えた、白い日産トラックを乗り回していたのだ。また浄水場から奪ったフェリーボートで、チグリス川を行き来した。

アブ・ガズワンの個人史を調べると、ＩＳＩによる戦争のもう一つの困った傾向が明らかとなった——再犯性だ。かつてアブ・ガズワンは多国籍軍に収監されていたが、マジン・アブ・アブド・アル＝ラフマーンという人物も一緒だった。この人物は、キャンプ・ブッカから釈放されたばかりだった。このキャンプはバスラに拠点を持つ米軍が運営しているイラク最大の監獄の一つで、名前は九・一一同時多発テロで死亡したニューヨーク市の消防隊員にちなんだものだ。

アル＝ザルカーウィのスワカ刑務所と同様に、キャンプ・ブッカは収監施設である以上にテロリスト養成校になっているという、実に正当な評判を獲得した。イスラム主義者たちは転向者に説教することで自分たちの正しさを再確認するとともに、この豚箱に世俗主義者や宗教心の軽い人物としてやってきた、一般犯罪者集団から成る新人入所者を取り込んだので、かれらは出所する頃には暴力的な原理主義者となっていた。ブッカで、アル＝ラフマーンはシャリーアの細部を学んだだけでなく、ＡＱＩの爆弾製造人とも仲良くなり、キャンプ・ブッカから卒業する頃にはＶＢＩＥＤ製造のピカピカの新人専門家となっていた。別のＡＱＩメンバーは後に、アル＝ラフマーンが施設で過ごした期間、釈放後にバグダッド北部ベルト地帯で独自のジハード主義セルを立ち上げるのに必要なコネを得たことを回想している。マイケル・ゴードンとバーナード・トレイナーが回想するように、「工房として使っていたタルミーヤの農家で、車両爆弾一台を作るのに［アル＝ラフマーンと］他の二人で二日かかった。（中略）アダミーヤに保管してある盗難車を農家まで運転してきて、そこにプラスチック爆弾と自家製爆弾の組み合わせを取り付けるのだ。襲撃の前の晩に、完成した自動車爆弾はタルミーヤからバグダッドに戻り、夜の間は駐車場に停めておいて、それから爆破犯が最終目的地まで運転して、爆破するのだ」。

アル＝カイダの最も恐ろしい周縁組織の創設者は、バラド空軍基地のＪＳＯＣ本部から二〇キロのところで発見され殺された。キャンプ・ヴィクトリーから六五キロほどのところでは、自動車爆弾製造の大規模な小工房産業が花開いていた。

ヨルダン諜報当局は、最重要指名手配の国内テロリストを狩り立てるのに大きな役割を果たしたが、アル＝ザルカーウィ死亡時点ではかれが工作員三〇〇人ほどを擁していたと推計している。かれはこの工作員を、イラク外での攻撃実施に使うつもりだった。かれら全員はイラクで訓練を受けてから、出身国に送り戻されて、活動開始を待つスリーパーとなっていたのだ。アメリカとヨーロッパのスパイ機関はその人数を三〇〇人よりは少なく見積もっているけれど、虐殺者たちのシェイクは決してその虐殺を中東だけで済ませるつもりはなかった。ドイツの連邦情報局（ＢＮＤ）は、ある時点でアンサール・アル＝イスラムとアル＝ザルカーウィのネットワークの工作員一八人を逮捕した。ＢＮＤによれば、かれらは二〇〇四年のイラクの臨時首相アヤド・アラウィー訪独中に暗殺をたくらんでいたという。その二年前、アル＝ザルカーウィが公式にアル＝カイダに加わる前、かれはフランスの対テロ専門官たちにより、チェチェンで訓練を受け、パリで活動するジハード主義者集団とつながりがあるとされていた。そうはいっても、アル＝ザルカーウィのヨーロッパのネットワークは、かれの存命中には一度もテロ攻撃を成功させていない。その暗い成果を実現するのはＩＳＩＳの次世代ザルカーウィ主義者たちの役目となる。

5 覚醒
イラク人、ISIに刃向かう

「アンバール覚醒《サフワ》の歴史はとても苦々しいものです」イラク政府の元高官が二〇一四年末に語ってくれた。「アル＝カイダと戦った人々は、後に自国政府に見捨てられました。多くはまたアル＝カイダに処刑され、一部はイラク軍に逮捕すらされたのです。政府のやり方が目に見えて変わらない限り、人々が命がけでISISに対して似たようなことを始めたがるとはとても思えません」。この論点は、我々がインタビューした多くのイラク人スンナ派の意見でもあるが、「覚醒」の起源を見るともっと明確になる。ほとんどの幸先《さいさき》のよい発見と同様に、これもまた偶然に始まったことだった。

覚醒《サフワ》

砂漠の守護者プログラムは、アメリカがラマディの部族民と手を組む訓練として短命ではあったが有益なものだった。でも二〇〇六年には、アンバール県都がまたもやＡＱＩ支配に陥った。

ジハード主義者たちはこの都市に実に深く根を張っていたので、米軍やイラク軍の力を抑えたり殺したりするための即席爆発物（ＩＥＤ）を検知されないように敷設するにあたり、アメリカ陸軍工兵司令部にも負けないほどイノベーションに頼っている。チェーンソーを使って道路のアスファルトの大きな塊をくりぬき、その穴に爆薬を埋め込んで、その上にアスファルトをかぶせて一見すると何も手が加えられていないように見せかけるのだ。裸眼では、普通の道にしか見えない――そこで爆弾が炸裂し、ブラッドレー装甲車やエイブラムス戦車を破壊し、その乗員を殺傷するのだ。こうした埋め込みＩＥＤが残すクレーターもまたひどいインフラ破壊を招き、同市の下水管を破裂させて街路を汚物まみれにしてしまう。

イラクの他の地域と同様に、ラマディの地方政府は二重帳簿をつけていた。片方はバグダッドの公式業務のもの、もう一方はイラク治安軍や地方役人に賄賂を送ったり脅したりするＡＱＩ向けだ。ＡＱＩはそのために、殺人以外で最も強力な資産を活用した。それが石油密売収入だった。盗まれた原油のドラム缶が、定期的に北方のバイジ石油精製所からラマディに運び込まれ、イラクの闇市場で再販されるべく出荷される。これはサダム・フセイン派と部族との長年の取り決めだった。でも新しい親分たるＡＱＩは、サダム・フセイン時代よりも仕事をしづらい相手だったのだ。部族の長老たちは誘拐されたり、殺害されたりしやすかった。アルブ・

アエタ族とアルブ・ディヤーブ族の首長はすでに殺されており、他の首長もジハード主義者が栄える戦争経済の競合として、標的にされた。

ラマディの人々はゆっくりと反テロに向かった。夜間警備は、ラマディの被害者一家の間でかなりの支持者を集め、そこに恨み骨髄のイラク警官も加わり、さらにタクフィール主義者にうんざりしたライバルの反乱軍も加わったので、やがて本物の市民レジスタンス運動がトゥワール・アル＝アンバール（アンバール革命家軍）の旗印の下で誕生した。これがサフワ――「覚醒」――と呼ばれるものの始まりだった。こうした土着革命家たちはラマディであまりに成功したため、ＡＱＩはかれらと交渉すら試みたほどだった。

ラマディが他とちがっていたのは、この都市が米軍とイラク軍に奪還されたとき、戦闘後の警官採用戦略が賢明にも実施されたのは、攻撃に遭いやすい都心ではなく（ここは二年前のガラス工場のエピソードでもわかるとおり反乱軍の標的になりやすい）、隣接した地方部族地区だったということだ。すでにＡＱＩに対する反撃軍として成長しつつあったものが、公式に認定されるほどの規模にまで成長できた。それを支えたのは、アメリカ人と部族との間の相互信頼の向上だった。重要な部族の同盟相手は、カリスマ的なアブドゥル・サッタール・アル＝リシャーウィだ。その居留地は実は、反乱軍と商業的に協力しているのではとの嫌疑をかけられて、米軍に二度も手入れを受けていた。いきなり、きわめて利己的な理由で一時的な同盟が引き起こされ、アル＝リシャーウィは敵の敵と新たに手を組む用意ができていた。「反乱軍とつながりのある人々が我々をお茶に招いてくれるんです」と米軍中尉が、二〇〇五年のタル・アファルにおける類似の経験についてジョージ・パッカー記者に語っている。これはH・R・マクマスター監督下で、この国境都市でほぼ同じ原理に基づいて一時的に町が転向したときのことだ。アル＝リシャーウィは、アメリカがイラクで得た最も重要な味方の一人となる。

アル＝カイダはこの試みを潰そうとしたが失敗した。これは部族からの反感がすでに巨大な底流にまで成長していたからだ。兄と共に、アル＝リシャーウィはアンバール緊急評議会を組織した。これは多国籍軍と手を組んでＡＱＩに対抗しようとするアンバール県の一七部族代表とされていた。評議会は急速に拡大し、これがアンバール県覚醒評議会と改名された。アル＝リシャーウィは二〇〇六年一〇月のイラク警察の四〇〇〇人の採用を監督し、さらに一一月には五〇〇人の採用を監督した。また警察の新規採用が必ずしもすぐに治安改善につながるわけではないと認識するだけの見識もあった。こうした新規採用組はすべて、訓練のためヨルダンに送る必要があり、その空白期間をＡＱＩは必ず突いてくる。アル＝リシャーウィはノウリ・アル＝マリキを説得して、即席の民兵大隊の組織を認めさせ、警察の代わりとした。これにより緊急対応部隊が生まれ、それを指揮するのは腐敗したり無能だったりする新人ではなく、以前のイラク軍にも従軍して戦い方を知っている部族民だった。二〇〇七年の元日直前に、部隊は総勢二〇〇〇人強となっていた。

この場当たり的な解決策を永続的なものとするため、アメリカは巧妙にもラマディ地域全域に、新しい警察派出所をたくさん設け、部族にとってさらなる心理的な支えをつくり出した――アメリカがもたらし、イラクの維持する法秩序は消えないことを示したのだ。これは反乱軍の抑止にもなった。結果として市の外周部におけるＶＢＩＥＤ攻撃は激減した。成功したアル＝リシャーウィは、やたらに大風呂敷を広げ、自信過剰になった。とはいえ、当時の米軍にとってはどちらも大歓迎だったろう。「神にかけて、よい武器とよい車両とよい支援があれば、アル＝カイダをはるかアフガニスタンにまで追い詰めてやる」とかれは『ニューヨークタイムズ』に告げた。そして二〇〇七年にバグダッドを訪れた際にかれと面会したブッシュ大統領にもどうやらそう語ったようだ。結局、アル＝リシャーウィはアル＝カイダがイラクから追い立てられるのを見届けることはできなかった。大統領と会った数日後に、ジハード主義者たちに暗殺されたのだ。

アンバール県覚醒運動は、トップダウンではなくボトムアップだったので、他の頭の回転が速く即興性のある指揮官たちにより、旅団レベルで採用され、前日までは反乱軍と茶飲み仲間だった人々とも交渉が行われた。二〇〇五年一二月の選挙はすでに、スンナ派テロリストの一部はイラクの政治システムと折り合いをつけられるから、殺したり捕まえたりする必要はないと示していたのだ。

グレアム・ラム中将は、ケイシー将軍のイギリス人補佐だったが、ＡＱＩの存在がスンナ派にとってあまりに有害になりすぎているから、ジハード主義者のそれほど過激でない仲間たちが多国籍軍に助けを求めるのは時間の問題だと昔から主張し続けてきた。問題は、それに対して支援に応じるべき相手はだれで、すでに手遅れの相手はだれかを見極めることだった。AQI工作員は明らかに門前払いだが、イラクのイスラム国（ISI）内部のイデオロギー的に柔軟な「仲間」はどうだろう？　ラムはアンサール・アル＝スンナという、ISIの手法を最近疑問視するようになったサラフィー主義派閥の司令官《エミル》と会談した。そのエミルは、外国人占拠者とは戦えるし戦わねばならないが、イラクが直面しているもっと喫緊の問題はアル＝マスリとアル＝バグダーディの首斬り人や強姦者どもだということをアンサール・アル＝スンナは知っている、と語った。「アンバール県であんた方を三年半観察してきた。あんたらは我々の信仰や生き方を脅かしたりしない。アル＝カイダは脅かす」

増派

ＡＱＩに対して始まりかけた大衆的反逆を強化するためには、イラクでの従来型軍事能力を増強する必要があるということだった。イラクにおける米軍の「増派」についてはいろいろな議論があった。この増派は、二〇〇七年にワシントンでの国内政治論争の雲の下で始まったものだった。ペトレイアス監督下で大統領が採用したこの政策は追加の戦闘旅団を五つ投入するものだった——つまり最大三万人の兵員追加だ——そして完全に練り直された戦略も導入された。この戦略は、ＡＱＩだけでなく国家支援を受けたシーア派民兵やイランの手先など、米軍にとって同じくらいの安全上の脅威となる存在にも対応し、そしてスンナ派の民間人にいきなりジハード主義根絶を手伝うよう頼むというものだった。偶然ではないが、この戦略を起草したのは、その実施を任された人物でもあった。

ペトレイアスと海兵隊中将ジェームズ・マティスは、反乱軍対抗（ＣＯＩＮ）についての新しい野戦マニュアルを共同で執筆した。二八二ページのガイドブックで、毛沢東式ゲリラレジスタンスを押し戻すのに、そのレジスタンスを居住させて協力しているコミュニティを、レジスタンスに刃向かわせるというものだ――あるいはしばしば引用される毛沢東主義の比喩を使うなら、海を魚に刃向かうよう仕向けるのだ。軍事動員と警察との組み合わせを行うにあたり、ＣＯＩＮの魔法の比率は、ペトレイアスとマティスのマニュアルに書かれていたのが、二〇対一〇〇〇――つまり民間人一〇〇〇人ごとに兵士二〇人というものだった（この計算は、イラク軍兵士や警官も含んでいた）。

スンナ派部族に、ＡＱＩを狩り立てるのが利益となることを説く必要はなかった――すでにイラク軍の大半よりも勇敢かつ有能にそれを実施していたのだから。ペトレイアスはそれをじかに目撃していた。かれはイラク治安部隊の訓練プログラムを担当していたが、このプログラムは力量不足と汚職によって機能しなかった。多くの士官は無能か戦いたがらなかった。装備を盗んで逃げ出し、横流しする者もいた――ときには、まさにアメリカがかれらを雇って倒そうとしたその相手に対して。二〇〇七年にアメリカ政府の会計検査院が、登録された在庫から一九万丁近いＡＫ－47自動小銃と携帯武器が消えているという報告書を出した。これはつまり、アメリカの納税者が購入した武器が、おそらくはイラクに出回ってアメリカ兵を殺しているということだった。

最初の増派旅団二つはバグダッドに配備された。ここはＡＱＩの巣でもあり、ＡＱＩは即座に新しいＣＯＩＮ戦略を妨害し始めた。ＡＱＩは首都を取り巻くベルト地帯で最も力を持っていたので、新しくできた米軍前哨基地はＶＢＩＥＤを用いた連携攻撃により襲撃された。二月のある一日だけで、こうした作戦が五つ実施され、五〇〇人ほどが死んだ。特にスンナ派とシーア派が交じっている地域の状況は悪夢のようだった。そこでは特別グループや反乱軍がお互いを誘拐や拷問、殺害、民族浄化し合っていた。米軍の解決策はかれらを分離させることだった。巨大で長大なコンクリートの壁を作り、ある宗派とその競合する宗派とを隔てておくのだ。

サダム・フセインを追跡し、捕らえた米陸軍大佐ジム・ヒッキーによると「バグダッドの鍵となるのはこの地形、特に北と南です。スンナ派部族と家族――かれらは二〇〇五年と二〇〇七年にＡＱＩが使った支持基盤です。私たちは最終的にはバグダッドの戦いには勝ちました。やつらが何年もかけて構築した支持基盤を一掃したからです」。この一掃が実現したのは、そうした支持基盤がそれまでのお客に敵対するようになってからのことだった。アメリカ軍部隊がかつては地元抵抗軍の攻撃を恐れたスンナ派の茨の地は、ジハード主義者を突き刺して流血させるようになってきたのだった。

ディヤラ、今昔

アメリカが、イラクの首都に対するＡＱＩの支配を破壊しきれなかったのは、実はいくつかの勝利に舞い上がってしまったことも一因だ。アル＝ザルカーウィが二〇〇六年六月にヒビーブで殺されたとき、ＪＳＯＣはＡＱＩが隠し持つ情報を手に入れたが、それはジハード主義者たちがアメリカに対する主要な拠点である、バグダッド南部の通称死の三角形を奪われそうだと考えていることを示唆するものだった。アル＝ザルカーウィは殺される直前に、本拠地をまたもや変えようと考えていたのだった。でも多国籍軍の領土的な勝利は割に合わないものだった。それが戦略的ではなく戦術的なものだったからだ。ＡＱＩをある場所で破ったからといって、全国的に破ったことにはならないのでは？　この点について、アメリカの軍事関係者の間では意見が一致しなかった。ペトレイアスの前任者ジョージ・ケイシー・ジュニアが委託した軍事諜報分析は、ザルカーウィ派の暴力のトレードマーク――自爆テロ、狙撃、ＩＥＤ爆破――が目に見えて減っており、ジハード主義者も減ったらしいと結論づけた。さらに攻撃の大部分は、イラク一八県のうちたった四県に集中していた。でも国の人口の半分は、それ以外の県のうち一二県に集中しており、そちらは全攻撃のたった六パーセントしか受けていない。ケイシーはここから、AQIがイラク全域で大敗北を喫していると考えた。

ケイシーの楽観的な評価に反論したのが、デレク・ハーヴェイだった。ハーヴェイは、将軍の方法論がまちがっており、短期的な成果を長期的なものと取りちがえていると考えた。かれは、イラク人が自政府の防衛能力についてほとんど信用していないが、「武装レジスタンス」に対してはいまだに大絶賛だというアメリカ情報国防局（DIA）委託の住民投票結果を挙げた。これはあまりよいことではなかった。大衆支持はそれ自体が武力の相乗効果を持つものだし、これによりイラクの治安はかなり不穏な状態になりかねない。ハーヴェイはまた、軍がテロ攻撃を数えるやり方が非常に歪んでいることも指摘した。成功したものだけ、つまり死傷者が出たものだけを数えていたのだ。でも失敗した攻撃や、成功寸前だったものは？　IEDを起爆してもそれが不発弾だったり、だれも死傷しなかったりした場合でも、やはり攻撃にはちがいないし、AQIがテロ能力を持ち、それを実施する作戦遂行能力を持つことになるのでは？

ハーヴェイの気の滅入る分析のほうが正しかった。AQIは司令部を都市から都市へと移動させ続けていたので、ケイシーのテロ対抗にだけ絞った戦略は、モグラ叩きのひどいものと化した。

二〇〇七年にAQIはディヤラ県の県都バクバに新しい本部を設置した。前年のラマディと同様に、ジハード主義者たちはバクバの都心だけでなく、南部の周辺郊外地域も制圧した。その地域はディヤラ川と並行しており、川が活動を隠すための緑の覆いとなってくれた。集団がバックアップ拠点にしていたのは近くのブフリッツで、ここはかつてのバアス党堡塁《ほうるい》であり、地元民を家から追い出したり、それが駄目なら公開処刑や誘拐を行ったりしていた場所だった。ＡＱＩの「統治」はと言えば、市街のパン工場を掌握して、追放したり殺したりしなかった人々の忠誠を得るために食料配給制を始めた。ブフリッツはその後、イラク戦争全体の中で最大の激戦地の一つとなった。それは二〇〇七年三月に、米軍ストライカー（米陸軍の装甲車）旅団と落下傘部隊が市の制圧のために侵攻し、ＲＰＧ（ロシアの携帯式対戦車砲）と狙撃銃の嵐に直面したときに始まった。敵は米軍を「ごまかし」の活用により「少人数に分けて」狙った。一等軍曹ベンジャミン・ハンナーは『ワシントンポスト』紙にこう語っている。「かれらは統制が取れ、計画も優れているし、人的情報ネットワークと早期警戒ネットワークも有効だ」。また、おとりの利用にも長けていた。道路一・六キロにわたりＩＥＤを二七ヶ所敷設したが、実際に爆発するのは、三つか四つに一つでしかないようになっていた。「こんな組織は私にとって空前絶後です」と二等軍曹ショーン・マグワイヤーはゴードンとトレイナーに語った。「組織化されていました。訓練も十分です。撃って、ちゃんと当てます。小細工をしてぶっ放して逃げるのではなく、こちらに向かってきて仕掛けてきます。ほとんど米兵の訓練を見ているようでした」

　ジハード主義者たちはまた、別の兵器も好んで大量に使用した。それが家屋設置式即席爆発装置（ＨＢＩＥＤ）だ。これはブフリツの住宅の壁に仕込まれ、兵たちが家屋に入ると爆発するようになっている。二〇一三年にＩＳＩＳはＨＢＩＥＤを使用してすさまじい成果を上げた——このときはニナワのイラク兵や警官に対して使用し、かれらを脅して寝返ったり持ち場を放棄するよう仕向けたりしたのだ。翌年、ＩＳＩＳが実に容易にモースルを制圧したことを考えると、こうした攻撃はもともとかなり見劣りしたイラク当局を明らかに弱体化させていた。

ブフリツの戦いからかなりたって、ディヤラは宗派戦争の復活を目にした。シーア派の民兵が、抑圧的なアル＝マリキ政権への反対を決意した新生スンナ派サフワット（サフワの実践者）と争いを始めた。この県はまた、ＩＳＩＳにとっても重要な戦場だ。アブ・バクル・アル＝バグダーディはディヤラ県のボバドリ部族の出身なのだ。ＩＳＩＳスポークスマンでアル・ザルカーウィと同世代のアル＝アドナニは、ジハード主義者によるイラクのシーア派に対する戦争はここに最も集中していると語っている。

ラムの戦略

ブフリツ支配をめぐる戦いはまた、スンナ派反乱軍のうちあまり狂信的でない人々を懐柔し、ＡＱＩへの対抗に使うというグレアム・ラムの試みが賢かったことを示した。これがいずれ実施可能だと示されたあらゆる集団の中で、かつてのジハード主義仲間に対して最も熾烈に刃向かったのがイスラム軍だったのだ。

二〇〇四年、ファルージャ第二の戦いからほどなくして『ワシントンポスト』紙が行ったインタビューでは、このグループの指導者であるスンナ派部族のイシュマエル・ジュブーリは、自軍は完全な全イラク組織であり、スンナ派もシーア派もクルド人もおり、占領者追放だけに専念しているのだと主張した。それはそうかもしれない。でもイスラム軍はまた、サラフィー主義のバアス党反乱軍としてイラク最大でもあり、二〇〇七年四月には、AQIにすっかり嫌気が差して、ビン・ラディンに対してこの暴走分派の手綱を引き締めてくれと直接訴えているほどだ。これがうまくいかないと、かれらはアメリカ人に訴えた。

イスラム軍司令官アブ・アッザームは、占領されたバグダッドのベルト地帯奪還を手伝おうと米軍に提案した。特に、スンナ派がAQIやシーア派民兵の締め付けに直面しているアブ・グレイブを取り戻してやるという。アッザームは、米軍と、覚醒スタイルの自衛警備隊に加わる意欲を示した志願者三〇〇〇人との会合を手配した。その中には、アブ・グレイブでの多国籍軍指名手配リスト第七位だったアブ・マルーフという一九二〇年革命旅団メンバーもいた。ほんの数週間前には米兵を狩り立てて殺していたトップ級テロリストと協力するというのは気が進まないことではあったが、アメリカ人たちはアブ・マルーフの申し出を試してみることにした。ベルト地帯の都市ラドワニヤにおけるAQI活動家トップ10一覧を渡されたアブ・マルーフは、数日後にその一人を捕まえて処刑した携帯動画を持ち帰った。

アブ・マルーフはバグダッド地域の強力なゾバイ部族の後ろ盾があり、この部族と一緒に大胆な襲撃をＡＱＩに仕掛けていたので、その本気度はさらに証明された。バグダッド西の近隣アメリヤでは、フォルサン・アル＝ラフィダイン（二つの川の騎士たち）と呼ばれるイラク人志願者集団が、ジハード主義者の標的座標を伝えて、アメリカの戦闘機に爆撃させた。

やがてサフワは、地元民間活動の寄せ集めから、ペトレイアスのＣＯＩＮ戦略における組織化された一部となり、地域覚醒評議会は米軍とイラク地方政府の直属となった。当初は「憂慮する地元市民」プログラムの一部とされていたものが、やがてはもっと直情的な「イラクの息子たち」という名称で知られるようになった。最初のイラク治安部隊訓練装備における失態の繰り返しをまちがいなく避けたいと思ったペトレイアスは、覚醒志願者たちのバイオメトリックを計測し、それを中央データベースに登録して追跡した。

こうした新しい政治・軍事的な力は潮目を逆転させるのに重要ではあったけれど、アル＝ザルカーウィの軍も知らず知らずのうちにそれを助けていたのだった。

アル＝カイダ将校アティヤ・アブド・アル＝ラフマーンがアル＝ザルカーウィにかつて警告したこと――政策が軍事主義を律するものでなくてはならない――が結局はアル＝ザルカーウィの墓穴を掘ることになる。アンバール県の覚醒運動は、何世紀にもわたる部族政治が、数年にわたるジハード主義者の支配（ほとんどジハード主義者による占領とすら言える）に対して抵抗しようとするものだった。スンナ派はアメリカ人たちを快く思ってはいなかったけれど、黒服の外国人たちが自分たちの領土やお金を奪い、女性(そしてときには少年少女たち)を強姦し、長老たちを殺しているのは我慢ならなかった。ガラスに、水滴が集まって流れとなるように、サフワは局地的に孤立して始まったが、やがては全国的な運動へと拡大した。これでイラクのスンナ派たちは、選挙をボイコットせよというアル＝ザルカーウィの呼びかけに従ったときに手放したチャンスを取り戻すことになった。それは、国民的な和解のチャンスだ。

イラクで最も長く勤務しているアメリカ人外交官アリ・ケデリーが語ってくれたところでは、「『増派』はきちんと理解されていません。これは兵の急増を指すよりはむしろ、イラクの国民指導層との外交努力急増であり、それにより一緒に作業をして政治的な取引を固めるということなんです。目標は、政治家たちがお互いになじみになるための時間を稼ぐということでした。だから、増派以前と比べて二〇〇九年地方選挙までに暴力が九割も減少したんです」

その選挙はスンナ派地域では、まさにＡＱＩを刃にかけた部族関係者たちがおおむね勝利を収めているのは偶然ではない。アル＝リシャーウィの兄はアンバール県評議会の議員となった。ディヤラとニナワ県でも、やはりスンナ派連合政府が首位となった。

二〇一〇年六月のペンタゴン記者発表で、オディエルノ将軍はこの三ヶ月で米軍が「イラクのアル＝カイダ指導者トップ四二人のうち三四人を捕まえるか殺した。かれらは明らかにいまや、組織を立て直そうとしている。そしてちょっと苦労している（中略）。パキスタンとアフガニスタン［のアル＝カイダ上級指導層］とのつながりを失ったのだ」と述べた。

アル＝カイダ系勢力はJSOCによる襲撃と、アメリカ増派旅団、民兵「イラクの息子たち」、そして自分たちの劣悪な通信の組み合わせにより打撃を受けていた。何年にもわたり、アメリカ国家安全保障局（NSA）は現場のジハード主義者同士の通話を盗聴し、傍受結果をCIAとJSOCに流しており、それにより追跡、逮捕、殺害が行われていた。

デレク・ハーヴェイは言う。「ダーウィニズムだね。バグダッドで携帯電話を使うようなまぬけは、どんどん、どんどん、どんどん倒されていった。そうやって連中は群れを縮小していったわけだけれど、その裏返しで、頭がよくて強力な活動家たちを生き残らせた。そういう連中は内部の対抗諜報が得意だし、主要指導者へのアクセスも隠しおおせた。ISISの今日の見えにくさは、この工作の反映ではあるんだ」

増派と覚醒とはまったく別だが、同じく幸先がよかったのは、二〇〇七年にはAQIの先行きが、あまり明るくないとイラク人に思われ始めたということだった。これはポストサダム・フセイン時代の国民アイデンティティに似たものが生まれつつあるのと並行して起きたことだ。そのアイデンティティは宗派主義と同胞同士の流血沙汰を越えたものだった。二〇〇七年にイラク系モロッコ人歌手シャザ・ハッスーンが、中東版『アメリカン・アイドル』のような番組『スター・アカデミー』に出て、イラク国旗に身を包んで心をかき乱すようなバラード「バグダッド」を歌い上げて優勝した。同年、イラクはサッカーアジアカップに出場してサウジアラビアを破った。その間にＡＱＩの名声は、主要支持層であるスンナ派の若者の間で低下した。『アメリカ後のイラク』でジョエル・レイバーンは、当時アンバール県の都市ハッバニーヤで警察長官が語ってくれた小話を回想している。

二〇〇七年のクリスマスイブに自宅から出た長官は、近所の若者たちがガールフレンドと花火を打ち上げ、酒を飲んでいるのを見て驚愕した――どちらもアル＝カイダが禁止した、明らかに「キリスト教」的活動だ。興味を引かれた警官は若者たちをからかった。「きみたち、キリスト教徒みたいにお祝いしているが、去年はみんなアル＝カイダだったじゃないか！」すると若者たちは笑ったという。そしてこう答えたそうだ。「アル＝カイダ？　そんなの去年の話だよ！」

タクフィール主義者が、一時的な流行にまで貶められるというのは、アメリカ中央軍（ＣＥＮＴＣＯＭ）がイラクで学ぶべき有益な教訓だ。でもその流行が五年後に威力を増して復活したときに、それを忘れないようにするのは難しかった。

外向けのアル＝カイダの評判が衰えるにつれて、内部の意志決定もまた明らかに危機に陥った。ムラー・ナジム・アル＝ジブーリはもともと、バグダッドすぐ北のドゥルイヤの出身で、アル＝ザルカーウィのムジャヒディン・シューラ評議会にも参加した。それから、覚醒に参加してから一時的にヨルダンに移住した。そこは多くの部族のイスラム的支援が遠隔から行われる場所になっていたのだ。アル＝ジブーリはしばしばヨルダン国営放送に登場して、故国でのＡＱＩの蛮行を糾弾した。そして二〇一一年春、バグダッドに戻ってアル＝マリキ政府と融和の会談を行った。アル＝ジブーリはイラクのテレビ局のインタビューに応じた。翌日、首都の西部で近寄ってきた車からの銃撃により殺害された。

死の数ヶ月前、かれは米軍の人々とスカイプ通話を行った。この電話会議に参加した軍人の一人によると、アル＝ジブーリはアル＝マスリが宣言したグループであるＩＳＩ設立が実質的にＡＱＩのポーズでしかなく、自分たちの外国産ジハード主義に民族的な衣装を着せようとしただけだと断言した。でも他のスンナ派反乱軍は、そんなことはお見通しだった。ＩＳＩは戦死したわけではなく、ザルカーウィ派の首長国がグリーンゾーンに設置されるのを見ていた民族主義者たちの間に、反発をつくり出した。さらにこうした反乱軍は、ＡＱＩを受け入れる場合でも場当たり的な軍事に基づく受け入れしかしていなかった。「ＩＳＩは、イラク蜂起軍の政治チャンネルを乗っとろうというアル＝カイダの試みの現れだったのだ」とアル＝ジブーリは述べた。

あらゆる全体主義は、国境を越えたり消したりする神話に基づいて栄える。それは民族主義の表現として始まって、その後に自分たちが必然的に行う外国領土併合を遡及的に正当化することになる全体主義でも同じだ。アル＝カイダもこの点では変わらない。戦争初期の数年には、自分たちについて強力な二重の見方をつくり出した――まず、西側占領者たちに打撃を与えて追い出すための、イラク反乱軍の前衛としての、そして第二に、盗まれたスンナ派世襲資産の守護者としての見方だ。その黙示録的な極端さにより、ＡＱＩはどちらの見方も消し去ってしまった。ペトレイアスの軍は、反乱軍対抗戦争という強力な薬を処方し、それがイラク自身の抗体による、外国産の致死的な病原菌破壊を支援することとなったのだ。

でもこれは、イラクに米兵一七万人近くが駐在していた頃の話だ。今日の課題ははるかに難しい。部族はイラク政府を信用しておらず、まれな例外を除いては、シーア派民兵と手を組んでＩＳＩＳと戦うつもりもないからだ。「人々はもう覚醒という言葉を信じない。というのもイラク政府は部族を利用し終えたらイラクの息子たちに背を向けたからだ」と、元副首相ラフィ・アル＝イッサーウィの上級政治顧問ジャベル・アル＝ジャベーリが我々に語ってくれた。「権利も与えず、給料も払わず、多くを投獄した。部族たちが二度と覚醒をやるとは思えない。必要なのは県の防衛隊であり、イラク治安部隊の一部であってもいいが、部族民からみれば軍や警察のように動くのではなく民兵として動くような組織だ」

ＩＳＩＳは、この種のことが二度と起こらないように、ありとあらゆる予防措置を講じている。サフワの実践者を意味するサフワットはそのプロパガンダにおける罵倒語としてよく登場する。自分に反対する部族民の家を破壊したと誇示し、元覚醒の民兵たちに「改心」して再びＩＳＩＳに加わるのを認めている。「新覚醒とか市民軍組織とかについて私に語る人はいません」とシェイク・アフメド・アブ・リシャ（アル＝リシャーウィの兄）は『ガーディアン』紙に二〇一四年一〇月に語っている。その月、ラマディ近くの溝で、一五〇〇人の死体を詰め込んだ集団墓地が見つかった。その死体はすべてアルブ・ニムル部族に属する者たちだった。

6 米軍退却の影響

―ISIとアル＝マリキ、米軍撤退完了を待つ

覚醒《サフワ》と反乱軍対抗作戦の成功は、戦場で殺されるジハード主義者が増えるだけでなく、敵の戦闘員として捕まり、アメリカ運営のイラク収監施設に投獄されるジハード主義者も増えるということだった。現在のISIS指導者とその副官たちの多くは、かつてアメリカの囚人だった。釈放されたのは、アメリカがかれらを治安上の脅威としては無視できると思ったか、あるいはアル＝マリキ政府が軍の治安配慮以外の動機を持っていたからだ。多くのアメリカ人関係者が語ってくれたところでは、この先を見る目のなさは、そうした囚人たちがいったん収監されたときにどう同定されて分類されるかと関係しているという。元ブッシュ政権の担当者はこう語る。「やつらを同定して、何やらの組織のだれそれだと報告するわけですよ――それをやったのは、そのほうが理解しやすいからで。だから『えーと、こいつが司令官《エミル》です』なんて言うわけです。まったくクソ食らえだ、エミルが聞いて呆れる。重要だったのは、そいつの五人後ろのやつなんですよ」

キャンプカリフ国

ダグ・ストーン少将によれば、AQIとその上位組織と推定されるISIは、アメリカ運営の監獄を「ジハード主義大学」として使っていただけではない。むしろ自分からこうした監獄に入り込んで、新人リクルートを行おうとしていた。二〇〇七年にストーンはイラク全体の収監尋問プログラムすべての指揮を任された。その狙いは、こうした更生施設の改革を図ることだった。アブ・グレイブ刑務所での囚人拷問は世界的に公開され非難されて、多国籍軍の占領とアメリカのこの戦争における信頼に大きなミソをつけたが、戦域拘留施設もまた、ジハード主義者のための人脈構築休暇以上の働きはほとんどなかった。バスラの南部地域に設けられたキャンプ・ブッカがこの点で特に悪名高かった。

ある米軍の推計によると、ブッカには全体で囚人が一万五〇〇〇人いる中で、頑固なタクフィール主義テロリストは一三五〇人いたが、だれとだれが交流するかについてはほとんど何の監督も行われていなかった。増派に伴う軍事作戦激増のおかげで、収監者の数は二〇〇七年にストーンが指揮を任されたときには二万六〇〇〇人と倍近くになった。

「恫喝は毎週、殺害は隔月でしたよ。私が着任したときには、かなりひどい場所で手に負えなくなっていました。テントやマットレスを燃やすのにタバコやマッチを使っていて、テントを再建してもまた燃やされるだけです。連中があのろくでもない監獄を丸ごと燃やす気かと思いましたよ」

ストーンは脱過激化プログラムを導入した。これは穏健なイマームに、コーランやハディースを使った講義をさせて、過激派に対してイスラムを歪曲して解釈しているのだと納得させようとするものだ。まず手始めに、囚人たちをモジュラー収監収容ユニット（ＭＤＨＵ）と呼ばれるものに小さく分けて収監した。「それまで、連中は一〇〇〇人が一つのキャンプブロックに入れられてたんです。我々はＭＤＨＵを使い、脅されたり殴られたりした連中と、その脅したり殴ったりした連中とを分離しました」

一八ヶ月の任期中に、ストーンは八〇万件以上の囚人尋問を実施、監督、諮問し、ＡＱＩ人員の間にいくつか「トレンド」を見出した。その発見をまとめたＣＥＮＴＣＯＭ向けのパワーポイントのプレゼンテーションで、ストーンはムラー・ナジム・アル＝ジブーリがこの時期について軍関係者に告げた内容を裏付けることになった。つまり、外国人戦士たちは「指導的役割に舞い戻ろうとしているイラク人」として白い目で見られている、ということだ。バアス党員たちは「ＩＳＩの旗を使い一部地域の支配を復活させたがっている」。ジハード主義者たちは、世界テロだの地域テロだのよりは、自分のホームタウンのことを気にしていた。ＡＱＩが女子供を自爆テロに使うのは多くの囚人たちに「嫌悪を催させた」。ＡＱＩにかれらが参加したのは、イデオロギーではなく主にお金のためだった。最後に、ＡＱＩのエミルであるアブ・

アイユーブ・アル＝マスリは「ほとんどの者にとっては影響力ある人物ではなかった（中略）でも、若くてもっと影響されやすい囚人たち」は、ＩＳＩのエミルであるアブ・オマル・アル＝バグダーディ（現在のＩＳＩＳ指導者、アブ・バクル・アル＝バグダーディと混同しないこと）の姿に心酔した。

指揮についた初期の頃から、ストーンはタクフィール主義の囚人たちだけにあてはまる奇妙な現象に気がついていた——かれらはキャンプ・ブッカにくると、ＡＱＩのブロックに入れてくれと頼むのだ。そしてしばしば監獄の仕組みや囚人たちがどう収監されているかについて、事前に知っているのだ。「ときには、この連中はわざと捕まるんです。そして収監手続きの中で、アル＝カイダの連中がたくさんいる特定の区画に入れてくれと頼むんです。タクフィール主義者たちはブッカできわめて強い組織になっていました。人々が眠る場所や、金曜夜のお祈りに基づいてどこに動かされるかを仕切っていました。実は大部屋の一つはキャンプカリフ国とあだ名されていましたよ。その話を聞けば聞くほど、考えざるを得なかったんです。こいつら、本当にそれが実現できないにしても、まちがいなく自分たちとしてはそれが可能だと信じてるな、と」

イラクの監獄文化というのは、何も身分証を持たずに米軍に捕まった人物はすべて、名前を名乗ってからバイオメトリックデータを処理されるというものだった。虹彩スキャン、指紋、ＤＮＡ標本がすべての収監者から取られた。でもしばしば、収容時に挙がる名前は偽名だった。「中には、尋問ごとに名前がちがっているやつもいました。後で再犯率を追跡できたのは、バイオメトリックデータがあったからなんです」とストーン。

ストーンによれば、早い時期に書類上の姓がバグダーディという収監者を見つけたという。それは別に、それ自体として特に刮目《かつもく》すべきことではない——反乱軍はしばしば出身都市や出身国（または人々に出身地と思ってほしい都市や国）を変名として使う。でもこのバグダーディは他とは一線を画していた。ストーンいわく「こいつの名前は、私が持っていた人物リストに載っていたんです。アル＝カイダとのつながりがかなり深い人物としてリストに挙がっていました。心理学者たちは、かれがきわめて強力な野心家だと評価したんです——ソシオパス（反社会性パーソナリティ障害）的な分類ではなく、本気の計画を持つ本気の人物ということです。イマームを名乗って、自分をムハンマドの子孫ではなく——それでしたらブッカにも何人かいました——きわめて真剣な宗教的志向を持つ人物と位置づけていました。シャリーア法廷を開き、金曜の礼拝を壇上からイマームとして行っていました」。

このバグダーディは思索的で、ほとんど監獄でトラブルを起こしたりしなかった。ストーンは言う。「我々が『リーダーシップ分類』と呼んでいた中には、そういう人物は何百人もいました。結局、この人物は『修復不能』とされるようになりました。これは穏健派イマームによる説教がまったく効かない連中のことです。それで、この物静かで飾り気のない、強い宗教的視点を持つ人物がいて、そいつが何をしたと思います？　『将軍たち』と接触するんです。これはつまり、もともとイラク軍にいた犯罪者たちが監獄にはたくさんいて、そいつらは将軍を名乗るんですが、実際にはサダム・フセイン軍の下級兵なんです」。すべての元イラク軍高官や筋金入りのバアス党員は、サダム・フセイン自身も含めてキャンプ・クロッパーに収監されていた。これはバグダッド国際空港を拠点とした米軍運営施設で、ブッカ収監者のための処理センターでもあった。「将軍どもの一部はバグダーディの宗教的観点を共有し、タクフィール派に加わりました――思いっきり顎ひげをはやしてとかそういうことです」

ストーンによれば、この人物は実はＩＳＩが、とらえどころのないアブ・オマル・アル＝バグダーディのふりをするために送り込んだおとりで、ブッカに侵入してそこでの時間を使い新しい聖戦士たちを養成していたと思われるとのこと。「軍隊を作りたいと思ったら、それをやるのに監獄は絶好の場所ですよ。ヘルスケアも歯医者も与え、食事も与え、何よりも戦闘で死なないよう守ってやるんですから。バスラに米軍刑務所があるのに、アンバールにわざわざ安全な隠れ家を作る必要もないでしょう」

『ガーディアン』紙にインタビューされた元ＩＳＩＳメンバーは、ストーンの考えを裏付けた。アブ・アフメドは同紙にこう語っている。「バグダッドだろうと他のどこだろうと、こんなふうにみんなが一緒に集まるなんていうのは不可能でしたよ。とんでもなく危険だったはずです。この刑務所では、安全だっただけでなくアル＝カイダ指導層すべてからほんの数百「メートル」しか離れてなかったんです」

アブ・アフメドは、ジハード主義収監者たちがお互いの電話番号と故郷の町を下着のゴムに殴り書いて、釈放時にはすでにネットワークができあがっていたのだと回想している。「刑務所を出ると、電話をかけました。私にとって重要な人物はすべてゴムに書かれていました。電話番号も村も知っていました。二〇〇九年には、我々の多くは捕まったときにやっていたことを再びやるようになっていました。でも今回は、そのやり方がうまくなっていたんです」

このおとりのアル＝バグダーディが、旧イラク軍の中位・下位の兵員から新人を募っていたというのは、元ペンタゴン係官リチャードにはきわめて筋の通った話だ。「我々はイラク軍なんかまったく使えないと思いがちですが、本物の軍隊で、しかも大規模でした。低い階級とされるもの――大尉、少佐、准尉など――はイラクではあまり相手にされませんでした。でもアラブ軍では、かれらこそが真のプロなんです。少佐以上に昇進する人間――サダム・フセイン軍での真の将軍たちですが、かれらは部族的なつながりを持ち、家族も金持ちです。金で階級を買うんです。中級将校こそが重要人物なんです。この連中はやりたい放題でしたよ。他に金儲けの方法がありませんでしたから。家族が飢え死にしかけていて、稼ぐしかないんです。『コンボイの待ち伏せをまとめて、弾を何発かまとめてＩＥＤにすれば金がもらえるんだ』とね。やがてそいつらがかなり上手になり、そして様々な反乱軍に参加するようになるんです。アル＝カイダを含め」

二〇〇八年のブッカ収監者の七割ほどは、一年ほど収監されていた。ロードアイランド州ニューポートの海軍戦争学校教授クレイグ・ホワイトサイドは、ウェブサイト『ウォー・オン・ザ・ロックス』向け論説でこう書く。「これが現実に何を意味するかといえば、平均的なブッカの囚人は、多国籍軍やイラク政府に対するかなり深刻な暴力行為に関与しているのに、釈放されるまでに一年から二年ほど入っているだけだということです。反乱軍の中にはブッカに送られて釈放されるというサイクルを何度も繰り返す者もいました――路肩爆弾製造が専門だったにもかかわらず」

こうしたことすべては、当時上院議員で大統領候補だったバラク・オバマが二〇〇八年にイラク視察の際、デヴィッド・ペトレイアスに対して述べた、もしアル＝カイダが「マフィアのようなものに変わってしまったとしたら、建物を爆破したりはしないはずだ」という発言をかなり残念なものにしてしまっている。

アル＝マリキの恩赦

キャンプ・ブッカは、アメリカとイラクの間で調印された、地位協定（SOFA）に基づいて二〇〇九年に閉鎖された。この合意では、米軍が捕らえている囚人たちは、釈放されるかイラク管轄下に移転されるかで、米軍は二〇〇九年六月三〇日までにイラク都市から撤退し、あらゆる治安上の責任をイラクの組織に移管するよう義務づけていた。二〇〇八年一二月にブッシュ大統領とアル＝マリキ首相はバグダッドでＳＯＦＡに署名したが、このセレモニーは外交的なブレークスルーよりは、その暴力騒ぎで記憶されている――観衆の一人がブッシュに靴を投げつけたのだ。

実際には、二〇〇八年末には米兵はすでにおおむねイラク都市の外周部にいるだけで、その活動も、宗派抗争を止める役というのがほとんどだった。スンナ派や混成コミュニティを、国から完全に容認されているシーア派の殺戮部隊から守り、シーア派コミュニティを、スンナ派反乱軍の残党による同じく悪質な暴力から守るのだ。

ＳＯＦＡは確かに、双方が合意した終戦を記す協定というよりは、アル＝マリキのアメリカに対する大勝利として位置づけられていた。その施行日二〇〇九年六月三〇日は、「外国占領者追放」を記念する国民の祝日にされた。でもイラクにとって最も深刻な影響をもたらしたのは、首相が新しい権力を使って行った拘置に関する処置だった。「囚人たちの大半はあっさり釈放されました。狂ったのスンナ派ですら」とＳＯＦＡとそれがイラクの安全保障にもたらした影響について詳細な検討を行ったジョエル・レイバーンは述べる。「マリキは、二〇〇八年と二〇〇九年の時点では、米軍が単にたまたま地引き網方式で捕まえた無実な人々を収監しているだけだと思っていたんですね。大きな問題は、我々は諜報に基づいて――信号諜報だろうと人的諜報だろうと――捕まえた連中もいたんですが、その手法をイラク側と共有して、なぜ捕らえた連中が悪いのかを説明できなかったということなんです。その諜報というのが、情報源すべてを隠す必要があるようなものだったら、イラク側は『それってだれが言ったことなの？』と尋ねて、そしてあっさり無視してしまいます。イラクの法制度はすべて、目撃者の証言だけを根拠に動きます。証人二人に何か言わせたら、もうそれは動かぬ事実になるんです」

イラクの戦時刑罰システムに対するアメリカの監督が終わると、筋金入りのAQIジハード主義者たちが大量に出獄した。これについては二〇〇九年三月に、『ワシントンポスト』紙外国特派員の故アンソニー・シャディードが報じた。この月、釈放された囚人一〇六人は、まっすぐにバグダッドのウム・アル＝クラ・モスク（フセインがクウェートでの勝利を記念して建てた「すべての戦争の母（フセインによる湾岸戦争の呼び名）」なるモスクで、反乱軍の砦となった）に向かった――その中にはアル＝ザルカーウィの元運転手モハメッド・アリ・ムラードもいた。警察署に対する死傷者を出したVBIED攻撃二回への関与が疑われ、さらに仲間の囚人たちによる新しいジハード主義セル創設容疑まであったのに、ムラードはキャンプ・ブッカから釈放された。シャディードは、イラク内務省における上級情報担当官の談話を引用したが、それによると釈放された囚人の六割は、スンナ派だろうとシーア派だろうと、前の活動を再開して、現役の反乱軍や特別グループに再加入していたのだった。「アル＝カイダはアメリカ人撤収に向けて用意をしている。そして革命を引き起こしたいと思っているんだ」とその担当官は語った。

イラクがあっさり釈放しなかった人々については、ジハード主義者たちが自分で脱獄を手配した。しばしば内務省の職員に賄賂を贈ったり脅したりして手助けさせたのだ。

レイバーンは語る。「アル＝カイダの連中を捕まえるのは簡単でした。一山いくらで捕まえられましたが、でも連中はそいつらを脱獄させるシステムを丸ごと持っていたんですよ。その裁判が不起訴になるようにしたり、賄賂により早期釈放を確保したり、最終手段としては物理的な脱獄まで手配されました。二〇〇八年だか二〇〇九年だかのある時点では、『収監者エミル』がいたんですよ――豚箱からジハードを実施するのを任されているやつです。ちょうど、シリアからイラクへの外国人戦士の輸送ラインを確保していた『国境エミル』と同じです。『おい、アフマドの裁判がもうすぐだぜ、ここに主要目撃者の一覧がある。ちょっと出かけて、証言撤回させるかよそに行かせるか、いっそ殺しちまえ』というわけです。モースルはこの意味でイラクでも最悪の場所でした。あそこでは、法治だの刑務所システムだのを完全に機能できたことはありませんでした」

覚醒、眠りにつく

アル＝マリキは、アメリカが捕まえた多くの反乱勢が無罪だと信じていたかもしれない。でも、ポストアメリカ時代のイラクに対するかれの脅威の定義は、当人の政治的、宗派的な偏向からくるものだった。米軍と戦っただけの収監者たちは、真の犯罪者とは見なされず、それ以上の収監は不要とされた。でも覚醒のメンバーたちは、かつてイラク治安部隊やシーア派民兵と戦ったことがあったので、更生についての寛大なお目こぼしは得られなかった。「イラクの息子たち」に対する、ずっと凍結されてきた刑事事件は、被疑者たちが国の認める民兵として採用された後ですら審理が再開された。もはやアル＝マリキにとっては役立たずというだけで、そうした人々は自分たちが貢献した政府に嫌がらせを受け、いじめられたのだ。多くはまた、恣意的な「テロリズム」容疑で逮捕された。「スンナ派はいつも、違法または法を無視して有罪とされた囚人たちの釈放を求める。そういうテロ事件を不問にしろというのが、いまやかれらの主要な要求なんです」と元イラク政府官僚は語る。

ディヤラ県ではこの条件がことさらひどくなった。この県はそれまでの年月で多くの犠牲を払って平和が回復していたのに、増派が終わった後で再び混乱に陥ってしまった。二〇〇八年八月には、首相はイラク特殊部隊――イラク治安維持機構の中で、有効な対テロ活動のできる数少ない組織――の人員をディヤラ県知事の事務所に派遣し、地元の評議員とディヤラ大学学長（いずれもスンナ派）を逮捕させた。

二〇〇九年夏には、米軍第二歩兵師団の第三ストライカー旅団がディヤラ県に戻り、一年にわたりスンナ派政治権力に対する攻撃を監督することになる。ディヤラ県では、ＡＱＩが自分たちを追い出したスンナ派を狩り立てているだけではなかった。覚醒と少しでも関係のあった人物はすべて、いいかげんな証拠や、まったく証拠なしの逮捕の標的になりかねなかった。でもこうした歪んだ司法は、シーア派の囚人には適用されず、その多くは何もおとがめなしで社会に戻された――少なくともディヤラ県知事はそう主張した。かれは二〇一二年、報道秘書官の殺害に続く、アル＝マリキ任命の役人による系統的な恫喝キャンペーンの後で国を離れた。もっと恐ろしいこととして、ストライカー旅団は、中央政府がもはや覚醒メンバーの給料を支払っていないということを発見した。無給状態が一、二ヶ月続くと、そうしたメンバーはやめてしまうか、それまで否定していた反乱軍の腕に舞い戻ったりすることさえあった。

問題はアンバール県でも似たようなものだった。シャディードは、ファルージャ北東のアルカルマ警察長官サアド・アッバース・マフムード大佐にインタビューした。マフムードは、粗野な手法から高度な手法まで様々なやり方で、二五回も暗殺未遂にあっていたという。「本の間に爆薬を埋め込んだ緑の表紙のコーランが配達され、それから二週間もしないうちに、チキンとラムと脂肪と米を混ぜたデュライミーヤという料理に毒が盛られていて、一〇日間も入院することになりました。退院すると、ファルージャの自宅近くで爆弾が二つ炸裂しました」。マフムードは、月にたった一三〇ドルの給料しかもらっていない――あるいはもらうことになっていた――アルカルマの「イラクの息子たち」を指揮していた。かれらは三ヶ月にわたって給料をもらっていなかった。

もともと覚醒についての腹づもりは、こうした志願者たちをもっと公式な政府サービスに統合し、たとえば国の省庁で働くよう雇う、というものだった。かれらの移行を任されたイラク政府機関は、国民再融和実施追跡委員会（ＩＦＣＮＲ）と呼ばれており、確かに二〇一〇年までに志願者三万人近くが、志願警備員から承認済みの国家雇用候補者に移行した。それでも政府の仕事のために競合しなければならず、しかもその多くがきわめて低レベルの仕事だった。アル＝マリキはもともとアメリカが導入したようなプログラムの実施にほとんど興味はなかったのだ。

ムラー・ナジム・アル＝ジブーリは暗殺前に、二〇一〇年半ばの時点でAQIの少なくとも四割は、「イラクの息子たち」を離脱したり見捨てたりした人々で構成されていたと主張していた。この数字は誇張かもしれないが、部族と中央政府との間に再び現れつつある亀裂を深めた二つの重要な事件がその年に生じたことを考えると、決して荒唐無稽ではない。

その事件の一つは、イラク国民選挙だ。アル＝マリキは思ったほど簡単には勝てず、厳密に言えばそもそも勝てていない。もう一つは、アメリカのイラク撤退で、これはアメリカがスンナ派部族との関係を断ち切った後で生じた。こうした部族との関係は、きわめて構築が難しかったし、それが消えたことで最終的には、再活性化してずっと拡大した組織となったザルカーウィ主義者たちの復帰をもたらすこととなる。それがＩＳＩＳだ。

強権者の第二期

アメリカはアル＝マリキの独裁傾向がきわめて強いと考えていた。イラク国民選挙の開票以前から、現政権が敗北したらアル＝マリキはクーデターを起こしたり、民主主義を放棄したりして権力維持を図るのではとオディエルノ将軍は恐れていた。スンナ派の多くは、それがまさに起きたことだったと言う。

選挙前ですら、イラクアカウンタビリティ司法委員会――ＣＰＡ（連合国暫定当局）の脱バアス党委員会の後継官僚組織――はバアス党とのつながりのため、候補者五〇〇人の議会立候補を禁止した。当然ながら、その大半はスンナ派で、元臨時首相アヤド・アラウィー派閥率いるイラキーヤ連合の一部だった（アラウィーは、シーア派ではあったが、主流スンナ派有権者にとっては多数派を保つための最大の希望と見なされていた）。オディエルノは、この広範な立候補禁止キャンペーンの背後には、イランのゴドス軍の手が動いているとにらんでいたし、これは十分に理由のあることだった。

まず、アカウンタビリティ司法委員会を率いていた二人の過去自体が、かなり怪しげなものだったのだ。その一人がアフメド・チャラビで、イラク西部の難民の中で有力な地位にのし上がったシーア派の政治家だ。かれは一九九二年にヨルダン軍事法廷で、欠席裁判で横領と窃盗で有罪とされていたのに、実質的にワシントンでバグダッドの政権交代を吹き込む主要な人物となった。侵攻以来、米軍の多くはチャラビを人殺しの詐欺師とみるようになっていた。これはかれがイランのゴドス軍指揮官カッセム・スレイマニと異様に密接な関係にあるせいも大きい。ゴドス軍はアル＝カイダを除けば、イラクで最大の暴力と不安定の要因となっている組織なのだ。さらに事態を悪くすることとして、チャラビと共同でこの委員会の長となっているのは、その暴力と混乱を招いた本物の工作員ファイサル・アル＝ラミなのだった。かれは米軍により、米兵殺しを行ったシーア派暗殺部隊に関与していると糾弾されていた。実際、二〇〇七年にカルバラで米兵五人を殺した民兵団正義同盟による二〇〇八年のサドルシティ爆破に関与したことで、一年間収監されている。

イランの手先とされるイラク人二人が、スンナ派議員候補者の適性を判断する地位にあることについて、バグダッドのアメリカ大使館では警鐘が鳴らされた。当時大使館を仕切っていたのは新任大使クリストファー・ヒルだった。委員会が不適格とした候補者の中には、サレー・アル＝ムトラクもいた。これはスンナ派であり、すでにそのバアス党の過去なるものについてだれも指摘しないままですでに議員に選出されていた。でもいまやアル＝マリキはこの人物について、シリアの安全な場所からイラクへのテロ攻撃を計画していたサダム・フセイン主義者であるイザート・アル＝ドゥリとモハメッド・ユーニス・アル＝アフメドと秘密裏に共謀していたと糾弾しているのだ。結局、脱バアス化の暴走が実施前から選挙を台無しにするのを防いだのは、アメリカからの圧力だけだった。

選挙前の工作にもかかわらず、投票は二〇一〇年三月七日にスムーズに進み、投票率は六〇パーセントで全国的に暴力沙汰はほとんど報じられなかった。唯一、この選挙が思い通りに進まなかった人物はアル＝マリキだった。

アラウィー率いるイラキーヤ勢は、アル＝マリキの法治国家連合よりも二議席多い九一議席を獲得し、勝利となった。イラキーヤはシーア派主流の南部ですらかなり善戦し、二〇万票ほどを獲得した。新生議会は五〇議席増えて、二七五議席だったのが全三二五議席になっていたが、立法府議員が追加されても、この選挙が持つほとんど全面的な刷新という性格は変わらない。初当選の議員は二六二議席、つまり以前の議員のほぼ全員が落選したということだ。どう見ても、アル＝マリキの得票予想は大外れだった。組閣のためには他の主要勢力と手を組むしかない。敗北のおかげで、かれの被害妄想が大爆発した。

国連監視員はこの選挙が公正だったと宣言したが、アル＝マリキは国連がイラクの選挙管理委員会と共謀して自分を失脚させようとしたと糾弾した。これはすべてネオバアス党の陰謀でアメリカがそれを支援しているのだと主張し、票の数え直しを求めた。

アル＝マリキは手持ちのあらゆる手法を使い――憲法の法的な再解釈も含め――選挙を自政府に権力を集める方向へと押しやった。チャラビとアル＝ラミの委員会はイラクの司法を指図して、旧政権とつながりを持つと称して当選者八名を無効にさせた。

イラク憲法第七六条によれば、選挙で最大数の議席を獲得した派閥は、まっ先に組閣の機会が与えられる。この解釈を歪めようとして、アル＝マリキはいまやイラク最高裁主任判事となったメドハット・アル＝マフムード――そして米軍調査により、ジャドリヤ地下壕事件で共謀者と指摘された法学者の一人――に、すでに憲法起草者たちが答えを出している質問を蒸し返させた。その質問というのは、第七六条の「最大の派閥」というのが、最大の議席を獲得した派閥なのか、それとも選挙後に最大の派閥をまとめあげられた派閥なのか、というものだ。メドハット判事による評決は、この問題に司法判断を求めるにあたりアル＝マリキが求めていたものだった。至るところに陰謀を見出してしまう首相はいまや、自分自身の陰謀のために、イラクの法的基盤についての危ういお手盛りの再解釈を仕組んだと言われる立場となった。

五年強しかたっていない憲法の想像力豊かな再解釈において無視されているのは、憲法の有力な起草者、シーア派のシェイク・フマーム・ハモウディが、かつて全国放送に出て、「最大の派閥」というのが選挙結果を指すものであり、事後的なご都合主義の取引結果を指してはいないと明言しているということだった（そもそも派閥単位で投票する理由は、投票で最大の議席数をかき集めることなのだから）。この評決は選挙管理委員会がイラキーヤ勝利を承認したのと同じ日に下された。

翌日、イラク大統領ジャラル・タラバーニは、テヘランに飛んで法治国家連合とイラク国民同盟との交渉を開始した。イラキーヤは万難を排して阻止されるべきということになった。そのためには、競合するシーア派の政党同士が外国スポンサーであるイランの監督と承認下で協力することになっても仕方なかった。新生政府は最終的に、こうした交渉と、さらなる司法操作を通じて決定されることになる。アル＝マリキはやがて国民統合政府を形成し、そこにはクルド人やイラキーヤも含まれた――でも首相として返り咲いたのは既存与党だった。

オディエルノはと言えば、独立国家の選挙に対する露骨な操作やイランの介入が、イラクのスンナ派にどう見られるかを理解していた。また二〇〇三年にグリーンゾーンにやってきて、増派と覚醒の時期にライアン・クロッカーの副官を務めたアメリカの元外交官アリ・ケデリーもそれを理解した。ケデリーは今日でも、アメリカによる二〇〇九年選挙の処理が、イラクにおけるスンナ派の不満を増大させただけで、スンナ派は自分たちが意図的に権力から遠ざけられていると思い込んでしまったと考えている。選挙後の歴史も、この想定を消し去るにはまったく役にたたなかった。ヒル大使はイラキーヤを、南アフリカにおけるアフリカーナー復活になぞらえた。イラク政策統括としてオバマ大統領に任命されたジョセフ・バイデン副大統領は、「マリキはくそったれなスンナ派が大嫌いだ」と言ったとされているが、それでもこの宗派性の高い与党首相復活を認めたという。ケデリーはこう語ってくれた。「知り合いが一人いて、そいつは想像できる限り最も平和的で穏健なイラク人だったんですよ。バアス党の最下層で、サダム・フセインのエンジニアでした。そいつが言うんです。『ねえ、私はこれまで宗派的だったことはない。イランなんか好きじゃないどころか、昔戦争もした。イラクを愛してる。ナショナリストだ。でもいまや宗派主義になってしまったよ。穏健派や世俗派には他に居場所がないからなんだ。我々は負け犬だ。私はかつて大嫌いだった連中に負けず劣らず宗派的になってしまったんだ』」

外交面での関係断絶

増派の影響はアメリカ政策業界ではいろいろ議論されてきたが、二〇一一年のイラクからの完全な撤兵が賢明だったか（または愚かだったか）も議論されている。これがＩＳＩの再構築を簡単にしてしまったのだろうか？　オバマ政権のもっと迅速、あるいは活発な外交で避けられただろうか？　オバマ政権は、ＳＯＦＡの更新と拡張を意図していたのだが交渉の席についたのが遅すぎた上、かなり交渉が強引とされていたアル＝マリキ以上に、戦後のアメリカ部隊維持に興味がなさそうな様子だったのがいけないのだろうか？

実は、ＳＯＦＡ拡張の必要性については、アメリカ側でもイラク軍側でもほとんど議論はなかった。オバマ政権の統合参謀本部議長マイク・マレン大将は、最低でも一万六〇〇〇兵を残すべきだと主張した。この数字はホワイトハウスの国家安全保障チームにはあまりに多すぎると思われた。「マリキはＳＯＦＡを拡張する。私の副大統領の地位を賭けてもいい」とジョー・バイデンは言った。でもアル＝マリキは拡張しなかった。これはオバマが最終的に決めた残留兵員数があまりに小さかったせいだ――イラクに常駐するのは三五〇〇人で、イラク軍訓練と対テロ作戦実施のためにさらに一五〇〇人が交代で駐留するというのだ。アル＝マリキとしては、二国間合意すべてを承認しなければならない、きわめて分裂した議会にそんな議案をかけて、苦労するだけの価値はなかった。

だが軍事撤退の論争が覆い隠しているのは、アメリカがイラクから、政治的にはそのはるか以前に撤退したということで、それがひょっとするとイラクの将来的な不安定にもっと永続的な結果をもたらしたかもしれないということだ。

リック・ウェルチ大佐は、米軍のイラク部族リーダープログラムを覚醒の期間に指揮して、持続的なスンナ派とシーア派の部族への対処に関する責任を国務省に移管する手伝いをした。そこで発見したのは、「イラクの息子たち」を紛争の正しい側にとどまらせるには、アメリカの駐留軍があまりに不十分だということだった。ウェルチはこう回想している。

当時の大使館で流行のジョークは「大使館が何をやっているか知りたければ、「酒保に」でかけて、棚にどれだけ酒があるかを見て、それを土曜日の酒の量と比べることだ」というものだった。

まるでイラクがもはや紛争や戦争の最中ではないとでも言うようだった。イラクが選挙前と選挙直後の時期にそんな状態だったのは、マリキが最高裁に小手先の工作をしたせいだというのを理解している、最も切れる鋭い頭脳を必要としている時期だった。そして「イラクの息子たち」、部族の長たちは、マリキのやっていることに文句をつけ、それは「粛清」だと主張した。それなのに国務省の発言は「それはそれはご愁傷様。でもイラクは独立主権国なんです。だから我々は介入できないんです」というものだった。

穏健派の部族長が、信じられないという表情を浮かべてこう言ったのを覚えている。「介入できないですと？」「ええ介入できないんです」「ついこないだオバマ大統領がリビア爆撃を許可しませんでしたかな？　あれは独立主権国だったのでは？　それにオバマ大統領がエジプトに介入して、ムバラクは消えてもらうと言ったのを聞いたように思うのですが？　それに大統領はシリアに介入して、アサドには消えてもらうと言ったようですが？　これまた独立主権国であるイランに禁輸制裁してませんでしたかな？　うちの国に侵攻して、いまだにここにいるのではありませんか？　介入できないなんてことはない――そこら中で介入して昔からの独裁者を排除してきとる。ここであんたらがおっしゃっていることというのは、つまりいまここで台頭しつつある独裁者を排除し、もたらしてくれた民主主義の回復を行うための介入はしない、というふうに聞こえますぞ」

イラクが民主主義の成功例だという二〇一一年のオバマのバラ色の予測にもかかわらず、アル＝マリキの副首相サレー・アル＝ムトラクはCNNで、イラクが「独裁制」へと転落しつつあると述べた。「一党独裁、一人独裁ですよ。はい、アル＝マリキは我々が見たイラク史上最悪の独裁者です」。イラクに対して何か影響力を持っているとアメリカが思い込むのは、盲目的で愚かだ、とかれは攻撃した。「政府は丸ごとすべて、大統領から首相まで、イランが決めてるんです」とかれ。

自分の内閣からのこうした批判に対抗するため、アル＝マリキはアル＝ムトラクの自宅を戦車で包囲するように命じ、また当時財務相のラフィ・アル＝イッサーウィと副大統領タリーク・アル＝ハシミの自宅も包囲させた。タリーク・アル＝ハシミは、アメリカ人たちに対して、アメリカの民主主義構築実験がイラクでどの程度成功しているかについて、歯に衣着せない意見を述べるので有名だった。アル＝ハシミはバグダッドの国務省で働く数少ないアラビア語が使える外交官であるロバート・フォードの懇願にもかかわらず、二〇〇五年一月の選挙をボイコットしていた。またスンナ派の中の親ザルカーウィ派感情を動かす社会的要因を正しく説明した人物でもある。これは別に、イデオロギー的に親近感を抱いているからではない。アル＝ハシミは副大統領になるまでに、親族三人、兄弟二人と妹一人をアル＝カイダのテロ攻撃で失っている。それでもアル＝マリキはかれをテロリストとみなした。一二月一八日、アル＝ハシミはアル＝マリキの治安維持軍がかれの飛行機を離陸前にバグダッド国際空港の滑走路で離陸阻止させた後に、イラク領クルディスタンに逃亡した。アル＝ハシミは離陸を許されたが、そのボディガード三人が「テロ活動の容疑」で収監された（うち一人は収監中に死亡した）。翌日、アル＝ハシミ自身の逮捕状が出た。かれはそのままイラク領クルディスタンに亡命し、その後トルコに移った。二〇一二年には欠席裁判で絞首刑による死罪の宣告を受けた。その法廷は、ほとんどがアル＝マリキの個人的な指示で動いていると見られている。

これを含むスンナ派政治家への締め付けは、イラク全土のスンナ派地域でアラブの春のような抗議デモを引き起こした――そしてアル＝マリキによる反応は、かれらの怒りに油を注いだだけだった。

二〇一三年四月二三日、イラク地方選三日後、イラク治安維持軍がキルクーク近くにあるハウィージャの抗議現場を襲撃した。その場でのイラク兵殺害者を探しているというのが口実で、次に何が起こったかについての話は様々だが、その結果は衆目の一致するところだ。スンナ派二〇人が殺され、一〇〇人以上が負傷した。ハウィージャの暴力はイラク全土でスンナ派による暴力につながり、警察署や軍検問所が襲われた。この死傷者の山に対し、イラク議会議長オサマ・アル＝ヌジャイフィはアル＝マリキ辞職を要求した。衝突はモースルとバグダッドに飛び火して、スンナ派モスクが爆破され、イラク治安軍将校が車から引きずり出されて殺され、さらにはシーア派の都市にもそれが広がり、ＡＱＩ式のテロ攻撃が行われた。スンナ派は武装全国革命を呼びかけ、アル＝ドゥリのナクシュバンディ軍とサフワ民兵を扇動した。

壁を打破

アル＝カイダを追い払えばもっと立場が改善し、シーア派主導の政府から公平な扱いを受けられると思っていたイラクのスンナ派の安心感を、イラク政府は破壊してしまった。そこでアル＝カイダはその一味を刑務所から引っ張り出すことにした。ＡＱＩは二〇一二年から二〇一三年にかけて、「壁を打破」キャンペーンを実行した。これはイラク刑務所八ヶ所に対する大胆な攻撃で、すべてはかつての活動家を脱走させて組織の人員を再補充するのが狙いとなっていた。

戦争調査研究所のジェシカ・ルイス・マクフェイトは、ＩＳＩＳ戦役の成長を明確な四段階に分けている。最初が四回の刑務所攻撃で、その一つは二〇一二年九月のティクリートにあるタスフィラート刑務所に対するものだった。この攻撃で囚人一〇〇人が脱走し、その半数は死刑が確定していたアル＝カイダ活動家だったとされている。第二段階はグリーンライン――イラク本体とクルディスタン地方政府の準自治ゾーンとを分ける線――に沿った場所を標的にした。これはまちがいなく、エルビルとバグダッドの間で紛糾する政治経済的な緊張関係を利用しようとしたものだ。第三段階は、バグダッドとベルト地帯のＶＢＩＥＤ攻撃の復活で、イラク治安維持軍やシーア派民間地域を狙った。ここでジハード主義者たちは、イラク社会におけるもう一つの拡大する亀裂を活用しようとした。アル＝マリキ政府とスンナ派抗議者たちの亀裂だ。抗議者たちはアラブの春に触発されつつも、主に国内の争いを動機としてファルージャなど各地の街頭デモに繰り出したのだ。最終の第四段階は、二〇一三年五月半ばに開始され、シーア派を脅かそうとしており、明らかにさらなる宗派内戦を引き起こしてシーア派民兵復活を意図したものだった。壁の打破の間のＶＢＩＥＤ攻撃の半数は、この段階で起きたとルイス・マクフェイトは指摘する。これはスンナ派抗議運動と並行して行われ、これが作戦全体の中で最も成功した脱獄を引き起こした。二〇一三年七月にアブ・グレイブ刑務所から五〇〇人の囚人を脱出させたのだ。オバマ政権によると、イラクでの自爆テロは二〇一一年と二〇一二年には月に五件から一〇件が平均だったのに、壁の打破作戦の最後の三ヶ月を含む時期から、その数字が月三〇件にはねあがった。

夏の終わりには、イラク人は毎月七〇〇人が殺され、スンナ派排除主義がジハード主義過激運動に変わるための条件が以前よりさらに増加した。一二月末にはISISによる虐殺に対抗して、アル＝マリキは治安維持軍をラマディに派遣し、反政府デモを鎮圧しようとした。かれらは部族による抵抗を前に退却した。二〇一四年元日の最初のファルージャ制圧は、ISISだけでなく多くの役者が関係していた。そこにはナクシュバンディ軍もいたし、ムジャヒディン軍もいたし、一九二〇年革命旅団もいた。でもISISはシリアで前年にやったのと同じく、その月のうちにイスラム法廷を設置して、それまでの連帯勢力に嫌がらせをして暗殺した。ファルージャが完全にISISに征服されたのは、二〇一四年六月になった頃だった。八月末には、この組織はムジャヒディン軍をファルージャ市東にあるアル＝カルマに送り込み、そこを新しい「ファルージャ県」だと宣言した。リック・ウェルチは言う。「マリキはスンナ派をあまりに弾圧したので、かれらも蜂起せざるを得なくなったんです。改革を求めたが、得られなかった。部族の名誉がかかっていたし、復讐心もかかっている。マリキが危機を引き起こしたんです」

7 アサドの代理
シリアとアル＝カイダ

イラクでのＩＳＩＳ再台頭は、かれらがお隣シリアで大規模な領土を占拠したのと並行して起きた。この事実を利用して、バシャール・アル＝アサド政権は、自分たちが国際テロの犠牲者なのだと主張しようとした。このアサド政権の馬鹿げた主張は、米軍撤退前のイラクでシリアこそがＡＱＩを生かし続ける支援をしてきたという否定しがたい鑑識証拠が明らかになって、嘘であることがわかった。アンバール県の覚醒指導者アル＝リシャーウィは、ＡＱＩに殺害される前に『ニューヨークタイムズ』紙にこう語っている。「これはすべてシリアのやったことです。シリアは悪事を働いています」

その通りだった。アル＝アサドは各種の世界的な糾弾者――米軍、「イラクの息子たち」、自分自身の元外交官や治安維持官僚、無数のシリア反乱者、アル＝マリキ政府すら――に、一丸となってザルカーウィ派に対する国家資金提供を裏付けられ糾弾されるに至ったのだった。イラクとシリアにおけるＩＳＩＳの拡大は、アサド政権によるその旧組織との昔からの協力を検討せずには理解できない。

ハフェーズのイスラム主義

イラクの世俗バアス派が二〇世紀にはイスラム主義と野合し、その革命可能性を予防する傾向があった点についてはこれまで見た通り。シリア側もまったく同じだった。

シリアでのムスリム同胞団蜂起は一九七六年に始まり、一九八二年にはハフェーズ・アル＝アサドに忠実な勢力による暴力的な弾圧が行われた。このため、同政権が各種のスンナ派イスラム主義政党や民兵組織と戦略的提携を行ってきたという事実が見えにくくなりがちだった。こうした提携は、双方にとって有益な地政学ニーズに基づくものだった。主に、アメリカ、イスラエルとの対決が要因だ。学者エヤル・ジッサーが指摘するように、一九九〇年代半ばまでにハフェーズ・アル＝アサドはもはや、宗教と国家の一体化を求める者たちにとっての、唾棄すべき宿敵にはなっていなかった。というのも「アサド政権は、イスラム主義者たちが自らの地域的な地位を高め、近隣国への影響力を獲得し、シリア自体の国内安定を実現する唯一の手段かもしれないと思うようになっていた」。

父アル＝アサドが二〇〇〇年に死亡し、ロンドンで教育を受けた眼科医の息子が大統領に就任すると、この取り決めはさらに強化された。たとえばごく最近まで、シリア国内法でムスリム同胞団は党としても組織としても禁止されていたのに、アサド政権はハマスの政治局議長カリード・マシャルを平然とかくまっていたりした。今日では、同政権は大量の国内および外国支援による蜂起軍に対する陰惨な消耗戦を継続するのに、圧倒的にヒズボラとイランのイスラム革命防衛隊――どちらもアメリカの指定するテロ組織――の民兵たちに頼っている。こうした組織はもちろんイスラム主義とジハード主義の反乱者で構成され、その一部は同政権の元囚人だったり、イラクにおける同政権の手先だったりする。

アメリカがサダム・フセイン転覆を実施する前から、アル＝アサドはアメリカの占領を不安定にするため、イラクへの外国人戦士の流入を支援するという政策を始めていた。ダマスカスのアメリカ大使館向かいにある事務所は、反乱兵志願者たちがシリアとイラクの国境に向かうバスのチケットを取る手伝いまでしていた。二〇〇七年にCENTCOM（アメリカ中央軍）は、「イラク人・外国人戦士のための訓練キャンプをシリアに設置しようとしていたサダム・フェダイーン（サダム・フセインの長男ウダイ・フセインによってつくられた民兵組織）」を捕獲したと発表した。ただしその名前は明かされなかった。

同年、米軍はムタンナを殺した。かれはシリアとイラク国境地域シンジャール市におけるアル＝カイダの司令官《エミル》とされていた人物だった。多国籍軍スポークスマンのケヴィン・バージャー少将によると、ムタンナは国から国への「外国人テロリスト移動の主要な支援者」となっていた。他の価値の高い標的と同じく、ムタンナも有益な情報を持っており、これがシンジャール記録として知られるようになる。二〇〇八年にウェストポイントのテロ対抗センター（ＣＴＣ）が発表した研究はこの記録を分析し、イラクの外国人戦士三七六人の半数以上の職業が「自爆テロリスト」となっており、ここでもまた非イラクジハード主義者がＡＱＩにとっては使い捨てでしかないことを示した。そしてまた、こうした雑兵たちを外国で死ぬために送り込むのが、それほど自滅的な行動とアサド政権が考えなかった理由も一つ得られた。シンジャール記録はまた、外国人戦士たちはイラクに入る際に、シリアのデリゾール県を経由していることも裏付けた。通常はシリアの国境都市アルブ・カマルを使うが、この都市はイラクのカイム市――アル＝ザルカーウィが二〇〇四年にファルージャから逃亡して本部を設置したところであり、その翌年に覚醒の原型が生まれた場所でもある――に隣接していた。ＣＴＣの結論では、外国人戦士の流れは三つの別個の「波」としてやってきたという。

　最初の波はアメリカ侵攻直後に開始された。サダム・フセインが地域全域からアラブ人を集めて、来るべき蜂起軍に加われと呼びかけたときだ。これで多数のベドウィン部族民が、デリゾール県やハサカ県からやってきたし、またシリアのムフティ（イスラム法の解釈と適用に関して意見を述べる資格を認められた宗教指導者）であるシェイク・アフマド・クフタローにけしかけられてやってきたジハード主義者もいた。かれは即座に国内のモスクやマドラサ（イスラム世界の教育機関）に出回る扇動的説教に、国としての正当性を与えたのだった。ＣＴＣの調査によれば「国境の村や都市では、住宅が志願者たちの生活用に寄贈され、地元の有名人――宗教や部族の要人――はイラクでの交通手段や宿泊所を手配した。地元の情報筋によれば、何百人もの戦士がアルブ・カマル［とハサカ］をアメリカの侵攻直前に通過し、おかげで住宅、食糧、武器の価格は急騰した――これはどれも地元民を大いに潤した。シリア当局はこの流れを監視はしたが、止める努力は一切行わなかった」。

第二波は、ファルージャ第一の戦いと共にやってきた。アル＝アサド政権は、志願者の列を止めようとするふりを改めて行うはずだったが、これが激しい汚職で台無しになった。シリアの諜報機関《ムハバラート》担当者たちは賄賂をもらい、結局はシリア人たちに国境を越えさせたのだ。

第三波は二〇〇五年の杉の革命に続いて起こった。これはシリアによるレバノンの軍事占領の終止符を打ったもので、元レバノン首相ラフィーク・ハリーリ暗殺に対する国民の反発により生じた。この暗殺の下手人として国連戦争裁判所が有罪判決を下したのは、アル＝アサドのテロリスト仲間であるヒズボラのメンバーだった。

「電話して」

アル＝アサドはもちろん、自分がどんな形であれイラクにおけるジハード主義活動を仕組んだりまとめたりしたなどということは否定してきたし、対テロ戦争においてはアメリカとの協力と称するものを強調したりさえしている。それでも、アサド政権の元役人たちはいまや、AQIに対するアサド政権の支援は公然の秘密で、かなり露骨に二つの別個ながらも関係し合った動機に基づいたものだったと述べている。この独裁者は、それがイラク以後のブッシュ政権に対する厳しい警告になることを期待していた。そしてジェイソン・バーク『九・一一戦争』が示すように、かれはまたイスラム主義者たちの関心を隣国に集中させることで、自分の政権から目をそらそうとしていたのだった。

「アサドにとっての問題は、アメリカが政権交代を求めてアラブ諸国に侵攻しているなどということよりもずっと大きかったのです」と、在ワシントンのシリア大使館にいた元外交官バッサーム・バラバンディは語ってくれた。二〇一一年蜂起の後、バラバンディは何百人もの政権反対者や活動家たちが、戦争で荒れ果てた国から逃げ出そうとする親戚たちのためにパスポートを調達するのをこっそり手伝った。「アサドはイラクでのブッシュ戦略の一部が、少数派のスンナ派による多数派のシーア派に対する支配を終わらせようとするものだと理解していました。そして次の標的が自分になるのではと恐れたんです。その後、かれは聖戦士《ムジャヒディン》たちと一緒に活動を始めました。アメリカ人たちに『おれを捕らえようなんてするなよ、さもないともっとテロリストを隣国に送り込んで米兵を殺させるからな』と説得するために手を尽くしたんです」

五年ほどにわたり、この最後通牒に対するアメリカの回答は主に外交的なもので、アル＝アサドはときにアメリカの要求に譲歩し、自国のジハード主義者ネットワークを解体しつつあるような印象を醸し出した。バラバンディによればこれはすべて見せかけで、シリアによるテロ支援を交渉材料として使うための戦略の一環だった。この元外交官は、サダム・フセインの血の半分つながった兄であるサバウィ・イブラヒーム・アル＝ハサン・アル＝ティクリティがシリアに隠れていて、アメリカとイラクの両方からお尋ねものになっていたのが、最終的に引き渡されるに至ったいきさつを語ってくれた。「アメリカ人たちはサバウィはイラクとシリアの国境にいて、バアス党テロリストを指揮していたんです。もちろんバシャールがかくまっていました。実際に、アメリカ人とイラク人たちはかれの助けを求めていたんです。『代わりにあんたとの関係改善に努力するよ』というわけです。アサドは合意しました。イマード・ムスタファ〔当時の在米シリア大使〕はダマスカスで、アメリカの国務次官と会談中で、その席でこの件が議論されて決定されました。イマードがこの話をしてくれました。実はそこらじゅうに言いふらしていたんです。二日後、アッセフ・シャウカット〔アル＝アサドの義弟でシリア最高の諜報官〕がイマードに接触して、アメリカの友人たちにサバウィがイラクのどこそこにいると伝えるように言いました。アメリカ人にずばりサバウィの居場所を教えたんですよ。その通りの場所で捕まりました」

ワシントンを拠点とする民主主義防衛財団のシリア専門家トニー・バドランは、アル＝アサドによるアル＝カイダ支持は注目を集めるための活動なのだと述べる。「あれはアサド政権が、あの地域における自国の役割と位置づけについてどう見ているかという話なんです。政権が生きながらえるには、不可欠な地域の大権力と見なしてもらうしかないと思っており、だから西側に対する外交政策というのは『おれたちと交渉するしかないんだよ。電話をかけて話をしてくれよ。どんな議論をするかはどうでもいい。とにかく電話がほしいんだ』というものでした。アサドにとって、アメリカが話相手だというのは、権力投射の手法なんです。それにより、自分がアラブとイスラエルの和平における要人だとか、テロ対抗における実力者だと見せかけることができるわけです。問題をつくり出しては、それを何とも鷹揚に解決しようと申し出るんです」

バドランは例として、シェイク・マフムード・グル・アガシというイスラム主義のクルド人司祭の奇妙な事例を挙げた。この人物は、アブ・アル＝カカという通り名のほうが有名だ。米兵をイラクで「牛のように屠殺せよ」と呼びかけたアル＝カカは、九・一一直後に短期間だけ逮捕された後、アレッポで公然と説教を許された。かれはシリアを、イスラム法準拠《シャリーア》のイスラム国家に改変せよと声高に主張していたのに、それが許されたのだ。この司祭を二〇〇三年にインタビューしたジャーナリストのニコラス・ブランフォードの回想では、アル＝カカは「［アメリカと］ユダヤ人を糾弾するお祭りを開いた。こうしたお祭りの多くにはシリアの役人が出席し、アル＝カカの支持者の一部はかれを疑惑の目で見るようになった。アル＝カカがシリアのワッハーブ派の名簿を国家治安維持機関に提供したことが知られると、その疑念は確固たるものとなった。アル＝カカは二重スパイで、ジハードを説教しつつジハード主義者を当局に売っていたのだろうか」。

ブランフォードは、アル＝カカがテロリストを送り込む限り政権に容認されていたのだと論じる。自国での攻撃を唱えるのは、ジハード主義者輸出の見返りだった。だからこそ、アレッポのアル＝カカのモスク壁には「赤線を引かれた爆弾」の看板がかかっていたのだった。

このデマゴーグとムハバラートとの関係は、シリアではほとんど公然の秘密だった。元シリア国会議員で、二〇〇八年にはダマスカスのセドナヤ刑務所の脱過激化プログラムを指揮したムハンマド・ハバシュによれば「アブ・アル＝カカは不思議な出来事でした。かれはアレッポで最も過密な近隣の町の一つで、モスクの中でジハードについて説教していたんです。サコールモスクでは、ジハードについて説教するにとどまらず、イラクに向かう若者たちの軍事教練までやりました。そんな説教をしたイマームは、通常は終身刑ですよ。家族と親族とその説教の出席者とともにね」。

ハバシュがアル＝カカに初めて会ったのは二〇〇六年だったという。

イスラム研究センターで講義をしていたら、だれかが立ち上がってしゃべり始めました。実にカリスマ的な語り口だったので、後で事務所で会おうと言いました。「お近づきになりたい、お話に実に強い存在感がある」と言ったんです。その人物の発言に熱心に聞き入っている若者二人がついてきて、かれらも会話に参加するよう促されていました。

とても強いリーダーシップを持っていたようです。その年、アレッポがイスラム文化の新首都と発表されたので、アレッポでの私の計画について教えました。私はイスラム改革のプロジェクトをしており、アレッポでかれのような人物を手伝いたかった。どちらも、この政権下ではこうした活動の余地があると合意しました。かれが立ち去ると、だれかが出てきて、それがアブ・アル＝カカだと告げ、なぜあの人物と話をしていたのか尋ねました。私は信じられなかった。その人物はスーツとネクタイ姿で、ひげも調《ととの》っていました。その風貌からしても、悪名高い暴力的な側面など少しもありませんでした。

これを皮切りに、ハバシュはアル＝カカと定期的に会った、「アメリカ人たちがシリアに入るのを防ぐのに自分も貢献したと誇らしげに語りましたよ。政権の手駒でしかなく、最終的には射殺されました」。二〇〇七年九月に、この司祭のイマーム・モスクの外で殺し屋がアル＝カカを銃撃したのだった。ほとんどの人はこれが政権自体の仕業だと思ったが、アル＝カカの補佐だったシェイク・サミール・アブ・カシュベフは、暗殺後に捕獲された犯人が「あいつ［アル＝カカ］がアメリカ人どもの手先だから」やったのだと語ったと主張している。これは当時はかなり怪しげと思われた説で、シリア諜報部が自分たちの関わりを隠すためにでっち上げたお話だったのだろう。

もう一つ有名な例は、シャケル・アル＝アブシだ。これはアル＝カイダとつながりのある武闘派集団ファタ・アル＝イスラムのパレスチナ人指導者で、二〇〇二年にはUSAID（アメリカ合衆国国際開発庁）職員ローレンス・フォーリー殺害計画でアル＝ザルカーウィとも一緒に活動している。「シャケル・アル＝アブシはフォーリー暗殺の首謀者です。暗殺計画はダマスカスでまとめられました」と、デヴィッド・シェンカーは語る。シェンカーはペンタゴンのレヴァント関連のトップ政策補佐官で、いまはワシントン近東政策研究所のアラブ政治プログラムディレクターとなっている。「あれがシリアで計画され、アサドも関与、容認、許諾、支援したと一〇〇パーセント確信しています。それどころか、この点についてはもう議論の余地はないと思います。下手人はザルカーウィじゃない。アル＝アブシです。こいつはシリアにいましたが、暗殺を監督するためヨルダンに出かけたんです」

ヨルダンは、アル＝ザルカーウィとアル＝アブシの両方を欠席裁判で死刑にして、後者を引き渡すようシリアに要求した。アル＝アサドはこれを拒否し、アル＝アブシを刑務所に入れたと主張した。「アラブ新聞の報道によると、その後かれは釈放されて、シリア領からイラクへと向かうアル＝カイダ活動家のためのテロ教練所を運営するようになったとのことです」とシェンカー。シリアで何があったにせよ、二〇〇七年には平気で国外に移動できたわけだ。というのもかれは、ナフル・アル＝バレドのパレスチナ難民キャンプで、レバノン軍（LAF）に対するファタ・アル＝イスラム武装反乱の指揮を行ったからだ。レバノン軍はこの反乱を鎮圧したが、アル＝アブシは捕まらなかった。ファタ・アル＝イスラムは後にウェブサイトに、シリアに戻ったと投稿しており、そこで治安当局に殺されたのかもしれない。シェンカーによると、実は二〇〇七年にはレバノンに「輸出」され、ナフル・アル＝バレド制圧の間ずっとシリアの諜報当局と接触を続けていた。「なぜそれがわかるかって？　トリポリからきたレバノン人の［親アサド］司祭ファティ・ヤカンというのがいて、この人物が何度かキャンプに入り込み、アブシと接触する仲介役になったんです。一週間かそこらして、かれはダマスカスでアサドと一緒に写真に写っていました」

アブ・ガディヤ暗殺

イラク戦争以前から、アメリカはレヴァントにおける各種の国民治安上の脅威に関連して、人的諜報と信号諜報を獲得するための努力をさらに倍増させていた。なんといってもアル＝アサドは大量の化学兵器の備蓄を持っているのがわかっていたし、北朝鮮とイランの支援を受けて核兵器プログラムも実施中だったのだ。二〇〇二年に国際ジハード主義者の動きを追跡するのが国防総省の優先事項となったとき、国防長官ドナルド・ラムスフェルドは統合特殊作戦司令部（ＪＳＯＣ）に対し、アメリカが交戦中ではないレバノンやシリアのような国でも隠密作戦を実施する権限を与えた。このためにＪＳＯＣは独自のスパイ特殊部隊員たちのエリートチームを使う。かれらはタスクフォース・オレンジと呼ばれた。そしてアメリカは二〇〇五年までシリアとは正式な外交関係を持っていなかったので、オレンジはかなり慎重に活動しなければならなかった。著書『無慈悲な攻撃――統合特殊作戦司令部秘史』で、ショーン・ネイラーはシリアで「オレンジが送り込んだ人員は丸腰で、おおむね民間隠密工作員だった。つまりかれらは民間事業者のふりをして、特殊任務ユニットのOBが地域における『定着した存在』と呼ぶものになっていた。（中略）二〇〇〇年代半ばに、オレンジが民間の隠密の下で持っていた人員は一ダースに満たず、六人ほどがシリアでの作戦を実施していた」と書いている。

タスクフォース・オレンジは、イラク領に米兵が初めて到着した二〇〇三年以前からシリアに配備され、情報収集を行いイラク国境を調査していた。その任務は間もなく、サダム・フセイン自身の大量破壊兵器プログラムがアメリカの侵攻に先立ってシリアに密輸されたという証拠発見と、アメリカ占領軍に対する戦争のために隣国に集められている外国人ジハード主義者たちのネットワークを解明へとシフトした。ネイラーが書くように、オレンジ工作員はアメリカの信号諜報部門である国家安全保障局（NSA）と密接に活動していたので、個別にジハード主義者のIPアドレスを使って、シリアでの隠れ家がどこにあるかを突き止められた。そこからは地理的な居場所を把握して日課を追跡できる。どんなモスクに通うか、どんな人と会っているか、どんな交通経路を使っているか、といったことだ。もっと大胆な状況だと、オレンジ工作員たちはそうした隠れ家を急襲し、ジハード主義者たちが保有している印刷物やデジタル情報をすべてコピーしたり、独自の記録装置を設置して、そのジハード主義者の自宅で当人をスパイしたりする。イラク蜂起が始まったとき、こうした手法で獲得した情報は、イラク国内のＪＳＯＣ襲撃の成果だという装いのもと、アル＝アサドがシリアには絶対に存在していないと明言してきた外国人戦士ネットワークを、面目をつぶして引き上げるよう仕向けるのに使われた――そうした戦士ネットワークは、ほぼ必ず存在していたし、アル＝アサドのムハバラートがそこに共謀し支援してきたのだった。

それどころか、シリアがイラクに送り込んだ反乱兵のほとんどは、前述したシリアの諜報官で、アル＝アサドの義弟アッセフ・シャウカットが面倒を見ていた。この人物は二〇一二年にダマスカスでの驚異的な暗殺計画で殺されている。この暗殺は、同政権の「危機管理セル」を一掃してしまった。これはもともとシリア革命の破壊を任務とする限定的な治安委員会だ。当初、セルに潜入したシリア反乱軍の仕業と思われていたが、新しい証拠が出てきて、この暗殺は内部犯行かもしれないと思われている。反アル＝アサド派たちとの交渉を重視しようという、イラン支援による反シャウカット強硬派がやったのではないかというのだ。

シャウカットの過去を見ると、決して弱腰ではない。かれが面倒を見たジハード主義者の一人は、バドラン・トルキー・ヒシャン・アル＝マジーディ、別名アブ・ガディヤと呼ばれる人物だ。かれはイラクのモースル出身で、二〇〇八年二月にアメリカ財務省からテロリスト指定を受けている。アメリカ財務省によれば、二〇〇四年にアル＝ザルカーウィからＡＱＩ兵《へい》站《たん》指揮官に任命され、アル＝ザルカーウィ死後はアブ・アイユーブ・アル＝マスリから命令を受けていたとされる。「二〇〇七年春の時点で、アブ・ガディヤはＡＱＩ活動家たちがシリア国境からイラクへと流入するのを手助けしていた」とそのテロリスト指定書にあり、同時にアブ・ガディヤの他のシリア内ネットワークについても一覧に挙げて制裁措置を取っている。その後、ある国務省公電がウィキリークスにより公開されたが、それによると「バシャール・アル＝アサドはその義弟が（中略）ＡＱＩ支援者アブ・ガディヤの活動を熟知していると十分に認識していた」。

アブ・ガディヤは明らかに一族で商売をしていた。その「右腕」はいとこのガジー・フェッザー・ヒシャン、別名アブ・ファイサルで、シリアからレバノンへの武器密輸と輸送の要衝として知られる、ダマスカス北東のザバダニ市に住んでいた。二〇〇六年九月時点で、財務省によればアブ・ガディヤとアブ・ファイサルはどちらも「ロケットを使い複数の多国籍軍前哨基地やイラク警察署を攻撃し、ＡＱＩによるイラク西部の制圧を支援する計画をたてていた」。

ネットワークのメンバーとしては他に、アブ・ガディヤの兄弟アクラム・トルキー・ヒシャン・アル＝マジーディ、別名アブ・ジャラーもいる。この人物もザバダニが拠点で、武器の密輸を担当しており、アメリカ政府が述べたように「イラク政府や米軍と協力しているとされる人物すべての処刑を命じた」。

最後に、いとこがもう一人いた。サッダー・ジャルート・アル＝マルスミ、通称サッダーだ。かれはアル＝カイダへの資金提供者で、商売熱心な一族が自爆テロリストをシリアからイラクに運ぶ手伝いをした。

アブ・ガディヤの前任者、シリア人スレイマン・カリード・ダルウィシュ（ややこしいことに、この人物もアブ・ガディヤと呼ばれていた）は、二〇〇五年にカイムでＪＳＯＣに殺されていた。この都市の戦略的な価値は、それがシリアの国境都市アルブ・カマルの真向かいにあるということだ。だからその役目は、アメリカとメキシコの国境町フアレズにとってのエルパソと少し似ている。人やお金がいずれの方向にも流れる、国際都市なのだ。

二〇〇八年には、アブ・ガディヤの補給線を止めようとするアメリカの多数の外交的試みは失敗していた。イラク政府はアメリカから得た情報を利用して、ＡＱＩのシリア人事部長を捕らえるようアル＝アサドに圧力を加えたが、かれは拒否した。ペトレイアスは、ブッシュ政権に対してダマスカスでアル＝アサドと直接やりあう許可さえ求めていた。サバウィ式の取引がもう一度できるかもしれないと思ったのだ。ホワイトハウスはこれを却下した。アル＝アサドを国連安保理事会経由で動かそうという他の試みも失敗した。

二〇〇八年一〇月に、こうした交渉は止まった。スタンリー・マクリスタルのＪＳＯＣが、ＣＩＡの監督下で、アルブ・カマルに秘密裏に国境を越えて襲撃を実施する許諾を得たのだった。狙いはアブ・ガディヤ殺害で、二〇一一年アボッタバードでのオサマ・ビン・ラディン殺害にも似た特殊作戦の形で一〇月二六日にこれが実施された。オレンジ工作員がアブ・ガディヤの動きを追う中で、アルブ・カマル近くのスッカリーヤ村での事前地上作業を行っていたのだ。ネイラーによれば「かれの任務の中には、NSAがアブ・ガディヤの携帯電話がある建物の中でどこにあるかを厳密に同定できるような設備を持ち込み、設置することも含まれていた。JSOCはまた、アブ・ガディヤの内輪にいるスパイとつながっていた。このスパイはもともとシリア諜報筋が雇った人物だった」。この任務は完璧に遂行された。ブラックホークへリがスッカリーヤに着陸して一分半で、アブ・ガディヤとその仲間は全員死亡していた。標的現場から一時間にわたる情報収集が行われ、JSOCチーム全員がアンバール県のアル・アサド空軍基地への帰途についていた。

証拠が反論の余地もない確固たる形でそこにあったのに、アル＝アサドはイラクへのテロリスト送り込みに一切関与していないと述べ続けた。アメリカはアル＝アサドの高官に近々アブ＝ガディヤを罠にかけるか殺害すると警告した。襲撃の何週間も後、イギリス外務大臣デヴィッド・ミリバンドは再びダマスカスに向かい、対話による解決を試してみた。アル＝アサドに対し、悪質な活動はやめろと頼んだが、回答は自分は何も知らず無実だという訴えの繰り返しだった。ダマスカス駐在アメリカ大使館の代理大使マウラ・コネリーは、国務省の公電でこの会談について回想している。

バシャールは、一〇月二六日のアルブ・カマルにおける米軍の作戦について不満を述べたとされる。ミリバンドは、米軍が「外国人戦士の」支援者として知られるアブ・ガディヤを攻撃したのだと回答した。シリアとしてやるべきなのは、米軍と西欧と協力することである。ミリバンドは、なぜ米軍がアブ・ガディヤのシリア国内の居場所について大量の情報を提供したのに、何も行動を取らなかったのかと尋ねた。「アブ・ガディヤがそこ（アルブ・カマル）にいたとしても」この問題への対応として米軍による攻撃は望ましくない、と「アル＝アサドは」回答した。

たぶんこのエピソードを念頭に、コネリーは政権との対応について「あらゆる水準の役人が嘘をつく。それを覆す証拠を突きつけられてもその嘘にこだわる。嘘をついているのがバレても恥じることがない」という全体的な印象を記述したのだろう。

当時ほとんどメディアに注目されなかったが、アル＝アサドとジハード主義者の連携について最も激しい糾弾は、二〇〇八年に行われたアメリカ連邦法廷の民事判決という形でやってきた。この判決は、シリア政府がオリン・ユージーン・「ジャック」・アームストロングとジャック・ヘンズリーの誘拐と殺害について責任があるとしていた。この二人は、ＡＱＩエージェントにより斬首されたアメリカ人契約業者だった。

アームストロングとヘンズリーの家族はもともと、アサド政権に対してだけでなくその軍事諜報機関に対しても苦情を申し立て、またアル＝アサドとシャウカット個人も訴えた。でも法廷は、外国主権免除法（ＦＳＩＡ）――これはアメリカ国内で行われた外国国家に対する訴訟に制約を設けるものだ――と、アル＝アサドとシャウカットに証人出廷要請が出されたことがないという事実を上げて、シリアだけを被告とした。判決は、ローズマリー・コルヤー判事が書いたもので、すべてを挙げた――シャケル・アル＝アブシ、アブ・アル＝カカ、第一のアブ・ガディヤ、フォーリー暗殺――そして「シリアはザルカーウィとイラクのアル＝カイダに相当の支援を提供し、これがジャック・アームストロングとジャック・ヘンズリーの斬首による死をもたらした」「シリアによる物質的支援とリソース提供は、確実にアサド大統領とシャウカット将軍の公式業務範囲内における承認・監督を受けている」と述べた。政権は、この判決に対して二〇一一年五月に控訴したが、敗訴している。

撤収？

アメリカの対テロ分野で一般に信じられている説では、アル＝アサドとＡＱＩの提携は二〇〇八年にはおおむね終わり、その後アブ・ガディヤは殺されたという。同政権は東シリアのジハード主義者ネットワークを「撤収」させ、戻ってきた外国人戦士を逮捕したというのだ。でも新しい証拠を見ると、この評価はいささか単純すぎる。

二〇一四年一二月、『ガーディアン』紙のマーティン・チューロフはＩＳＩＳの詳細プロフィールを発表し、アル＝マリキ政府が昔から述べてきた糾弾を裏付けた——アル＝アサドが二〇〇九年八月一九日のイラク国家機関に対する一連の壮絶な攻撃に関与しているというのだ。イラク財務省や外務省と、バグダッドの警察護送団を標的に、連続VBIED攻撃が行われた。公務員やジャーナリストを含む一〇〇人以上が死亡、六〇〇人が負傷した。アル＝マリキは即座に、双方の計画の背後にバアス党員たちがいると糾弾した。二〇〇九年一一月に、政府は八月の爆破に関与したバアス党工作員三人から得た自白と称するものを放送した。

当初、イラクはアル＝アサド政権に何か直接の責めを負わせるのをためらい、その計画がシリアで練られたものだと主張するにとどめた。でもシリアが手配中のバアス党員二人を引き渡さなかったので、ダマスカスから大使を呼び戻した。アル＝アサドはイラクの外交官を解任することで応じた。シリアに引き渡しを拒絶された人物の一人がムハンマド・ヨウニス・アル＝アフメドだったが、アル＝アサドはこの人物がすでに国内から追放されていると述べた。一時的に、アル＝アサドはアル＝アフメドがシリア人に牛耳られたイラクバアス党反乱軍の指導者だと主張しようとした。もっと組織として確立して資金も自分で調達している集団、アル＝ドゥリ主導（こちらもシリア国内にかくまわれていた）のナクシュバンディ軍のライバルを作ろうとしていたというのだ。

二〇〇九年が過ぎると、イラク政府による隣国に対する糾弾はもっと深刻になった。イラクの外務相ホシュヤール・ゼバリはバーレーンのメディアにこう語った。「諜報の裏付けもあるが、サダム・フセイン派バアス党員たちがシリア国内から活動し、［シリアの］諜報当局の支援を受けている」。イラク内務省における情報長官フセイン・アリ＝カマル少将は、これが事実だと完全に確信していた。プロ意識の点でアメリカの外交官からも軍事関係者からも大いに尊敬されていたカマルは、二〇一四年六月にがんで死亡したが、シリアが二〇〇九年にアル＝カイダの工作員とイラクのバアス党員との「二回の秘密会議」を主催したという動かぬ証拠を手に入れたとチューロフに語っていた。どちらの会議もザバダニで開催された。チューロフは、カマルがその会議を再現して見せたと述べる。「かれは証拠を並べ、西イラク潜入ルートを示した地図を使い、その道中とシリアの軍事情報部隊の中級将校の具体的な人物とを結びつける証拠を示した」

カマルにはどうやら、ザバダニ会議のどちらかに盗聴器をつけて参加した内通者がいたようだ。かれの話ではこれはバアス党員主導だった。チューロフに語った話だと、「かれはきわめて用心深い情報源です。私たちの知る限り、これらの集団間で戦略レベルの会合が開かれたのはこれが初めてです。画期的なことです」とのことだ。

米軍はその時点ではまだイラクに駐留していたが、シリア諜報当局、バアス党、アル＝カイダが共有していた狙いは、むしろアル＝マリキ政府を不安定にすることだった。カマルはチューロフに、シリア国内の情報源の話では当初の標的の周辺でイラク側の警備が厳しくなったことがわかったので、標的を変えたと伝えた。イラクの将軍は何ヶ月にもわたり、新しい標的はどこかを突き止めようと無駄な努力を払ったが、八月の爆破によりそれが最悪の形で明らかになったのだった。

アリ・マムルークのテロ対抗ガイド

シリアとスンナ派ジハード主義との協力について、その動機と内容を説明できる人物として、アル＝アサドの総合情報局長官であるアリ・マムルーク以上の存在はない。二〇一〇年二月、マムルークは国務省テロ対抗調整官ダニエル・ベンジャミンと、シリアの外務副大臣ファイサル・アル＝ミクダッドとの会合に顔を出して、ダマスカスのアメリカ外交官たちを驚かせた。当人の説明だと、マムルークはアル＝アサドのすすめでやってきて、新しいアメリカ大統領の下でシリアとアメリカの関係を改善したいと言う。オバマは就任時に、アサド政権と新しい交渉政策を約束しており、マムルークは同政権の不安定化戦略が引き起こした機会を明らかに活用しようとして、その交渉政策なるものを通じた二国間関係の完全正常化に近いものが実現すればテロ締め付けを実施できるのではと説明した。この会合についての国務省公電によれば、マムルークとアル＝アサドはオバマ政権から三つの譲歩を引き出そうとした。そのどれも、トニー・バドランによる同政権の悪行の目的に関する注釈を裏付けるものとなっていた。

「(一) シリアは地域での行動のすべてについて主導権を握ることができねばならない。(二) 政治はテロと戦うにあたっての不可分な一部であり、米シリア二国間関係改善による『政治的な傘』はテロ対抗の協力に有用である。(三) シリア国民に対して米国との協力が有益だと納得させるため、大統領 [アサド] 専用機に対するものを含む航空機のスペアパーツなどの経済制裁問題で進歩が見られねばならない」

でもそこでマムルークは興味深い話を認めた。ジハード主義者への独自の変わった対応手法について「理論的ではなく実務的である。(中略) 原則的には、すぐに攻撃したり殺したりしない。むしろ、かれらの中に身を置いて、動くのは好機がある場合に限る」と説明したのだ。でもシリアにとっての「好機」は、必ずしもアメリカにとっての好機ではない。これは過去一〇年で嫌と言うほど実証されたことだった。

この国家によるジハード主義セルへの国家的潜入を認めたのは、単に事実を告げていたのか、それとも暗黙の脅しを含んでいるのか? この疑問への答えは、ダニエル・ベンジャミンに対するマムルークの追加論点に見られる。その中でマムルークは米外交官に対し、外国人戦士がいまでもシリア経由でイラクに忍び込んでいると指摘した——これはアブ・ガディヤ殺害の一六ヶ月ほど後で、最後の連続VBIED爆破攻撃がバグダッドを震撼させてから七ヶ月ほどのことだった。でも、現政権は取り締まりを行っており、「まちがいなくこれらすべてを続けはするが、アメリカとの協力を開始できれば、もっとよい結果も得られるし、我々も自分たちの利益をもっとよく守れる」とマムルークは続けた。

他のアメリカ外交官たちは、アサド政権をマフィア犯罪一家になぞらえた。マムルークは新生オバマ政権に対し、恫喝的な申し出を行ったというわけだ。

8 復活

アブ・バクル・アル＝バグダーディ配下でのISI

ＩＳＩＳの歴史は、『ダービク』での再構成によれば、一一年にわたるユートピア的な探索であり、苦難によってそれがなおさらすばらしいものとなり、カリフ国家樹立により二〇一四年に終わった、ということになる。アブ・オマル・アル＝バグダーディは「ムジャヒディン――ジハードの能動的参加者たち――だけにより設立された『現代』における最初の国家を構築し、それをムスリム世界のどまんなか」であるメッカ、メディナ、エルサレムの目と鼻の先に樹立したのだ、とされている。そして覚醒《サフワ》と増派、さらには指導陣たちの死亡にもかかわらず、この国家は「アル＝アンバールの砂漠地帯に主に退却して、兵員たちを再結集させ、計画と訓練を経て」持続し続けてきた、ということになる。ＪＳＯＣに指導者たちを殺害、捕獲され、後継者の指名も追いつかないほどとなって、ほとんど戦略的に敗北したので地下に潜った。アル＝ザルカーウィ以来最も重要な賞金首は、その二人の後継者であるアブ・アイユーブ・アル＝マスリとアブ・オマル・アル＝バグダーディとなる。

アル＝マスリとアル＝バグダーディの死

二〇〇八年六月、スタンリー・マクリスタルに代わりウィリアム・マクレイブン中将がJSOC指揮官となった。マクレイブンは海軍特殊部隊出身で、二〇一一年にビン・ラディンを殺したパキスタンのアボッタバード襲撃作戦「ネプチューンスピア」を後にまとめた人物だ。二〇一〇年にはほとんどのJSOC作戦はアフガニスタン・パキスタン戦域でのものになっていたが――これはオバマ政権による、イラク駐留を減らしてアフガニスタンのアル＝カイダとタリバン中核部に対する「よい戦争」の勝利に専念するという方針を受けたものだ――マクレイブンのチームはメソポタミアの組織に対しても、重要な勝利を多数収めている。

第一の勝利は、サアド・ウワイード・ウバヤド・ムジル・アル＝シャムリ、別名アブ・カラフの殺害だ。これはアブ・ガディィヤの親戚で、かれが二〇〇八年一〇月に殺されてから、シリア拠点の戦士移送を一時的に担当していた人物だ。アメリカの職員が後に語ったように「カラフはイラクで最も危険なアル＝カイダ支援者かもしれず」、その死は「アル＝カイダの階級に空白」を残した。

第二の勝利は、イラク軍によるマナフ・アブド・アル＝ラヒーム・アル＝ラーウィの逮捕後に起きた。かれはバグダッドにおけるアル＝カイダの司令官《エミル》で、部下たちには「独裁者」と呼ばれていた。アル＝ラーウィはバアス派とシリア情報当局と協力して、二〇〇九年のバグダッドにおける一連の悲惨な爆弾攻撃を実施した。これはすべて、米軍よりもアル＝マリキ政府を狙ったものだった。そしてイラク勢は当初、その逮捕を秘密にした。アメリカ人はその双子の弟を捕まえてからやっと、アル＝マリキに「独裁者」の尋問を無理矢理認めさせた。すると、「独裁者」は素直にネットワークに関する情報を吐いた。アル＝ラーウィは伝令役二人の名前を挙げ、ＪＳＯＣは二〇一〇年四月にその二人を尾行して、サラーフッディーン県とアンバール県との境界地域にあるタルタル地域へと追跡した。

この伝令役の隠れ家には、実は他ならぬアブ・アイユーブ・アル＝マスリがいることがわかった。台所の流しの下にあるドアからしか出入りできない、秘密の地下室に隠れていたのだ。一緒にいたのは、一部の人は存在すら疑っていた人物、アブ・オマル・アル＝バグダーディだった。

「この二人が死んだのは［ＩＳＩの］弱さの反映です」と対テロ専門家ライース・アルコウリは語った。「マスリはムスリムに対して作戦上の慎重さを説いていました。通信などを安全にしてアメリカ人に攻撃されないようにしろ、というんです。ＡＱＩの首脳としてかれが持っていた権力は、広報部門でのものが大きかった。支持者に対して、グローバルジハードのイメージをどうやって輝かしく見せるかについて、入念なガイドラインを公開したりするんです。新人たちにウェブサイトのハッキングを覚えさせ、科学の進歩とイスラム主義のイデオロギーを融合させたがった」

でも、タクフィール主義のこの用心深さへの専心は、ISIの人気と力のどん底と同時期に生じた。人気凋落は、戦争開始以来その司令官たちが行った最悪の戦術的な決定によるものだった。指導層の八割がまとめて死んだ。またアル＝バグダーディのエミル任命で生まれたはずの「イラク人としての顔」は、もはや実際には機能していなかった。当のアル＝バグダーディは、スンナ派反乱の親玉という名目的な役割以上のものを目指すような雰囲気を持っていた。少なくとも当人の自称、「信仰者たちのエミル」からはそれがうかがえた。この名称は通常、イスラム支配者の最高位の人物しか使わないものだった（逃亡中のタリバン指導者ムラー・オマルにはこの尊称が使われている）。ライース・アルコウリによると「この尊称の採用は、ISIの方向性に自信がないジハード主義者にとって、大きな疑問をつくり出したんです」。その疑問に答えるのは、知人のほとんどだれもが、世界で最も成功したテロ組織を率いるとは予想していなかったバグダーディの後継者だった。

新たなアル＝バグダーディ

アブ・バクル・アル＝バグダーディを名乗るようになったイブラヒーム・アッワード・アル＝バダリは、サラフィー主義的な傾向のためにサダム・フセイン政権の囚人になっていなければば、コーランとハディースに関する難解な注釈を書いているだけの、目立たないイスラム神学者にとどまっていたかもしれない。イラク戦争とそれに対する多くの不満分子たちが、かれをＩＳＩの指導層へと押し上げることとなった。

一九七一年にサマラ市の近くで生まれたアル＝バグダーディは、イスラム研究者となり、バグダッドの郊外アダミーヤにあるサダムイスラム研究大学で、一九九九年にその分野の修士号を取得している。慎ましく育ち、バグダッドの西側の、スンナ派住民とシーア派住民がかなり入り交じっているトブチ地区にある、地元モスクと関係があったという。大量殺人者の幼少期の知り合いによる回想の通例として、アル＝バグダーディの友人たちや知り合いたちも、かれが静かで引っ込み思案で、最近想像されるような危険な狂信者とは似ても似つかなかったと述べる。近視で眼鏡をかけており、このため、八年にわたるイラン・イラク戦争でサダム・フセイン軍に徴兵されずに済み、命拾いしたのかもしれない。実はかれの兄弟の一人がこの紛争で死んでいる。アル＝バグダーディはサッカーが得意なことで有名で、学者から専門ジハード主義者に移行する際でも、成人期にはずっと有名なアルゼンチン選手と比べられ続けていた。

ＩＳＩＳの専門家でイラク政府のコンサルタントも務めるヒシャム・アル＝ハシミ博士は、一九九〇年代末にアル＝バグダーディと会っている。「指導者としてのカリスマはありませんでしたよ。私が会ったときは、きわめて引っ込み思案で、あまりしゃべりませんでした。宗教研究に興味があり、関心の的はコーランでした。貧しい地方の一家出身で、他の多くの学生とちがって都会人を嫉んだりはしませんでした。その野心は、せいぜいイスラム遺産省で公職を得ることくらいでした」

ご近所の一人、アブ・アリは『デイリーテレグラフ』紙に答えて、アル＝バグダーディが一八歳のときにトブチにやってきたと述べている。「ここのモスクには専属イマームがいたんだ。イマームが留守のときには、神学生が代わりを務める。［アル＝バグダーディは］ときにはお祈りを主導したけど、説教はしなかったよ」。かれはコーラン暗唱が得意で、修士論文もそれが主題だった。時間がたつにつれて、だんだん反動的になっていったという。トブチのある婚礼で、男女が「同じ部屋で踊っていた」ときのアル＝バグダーディの反応をかれは語った。「かれは通りすがりにそれを見たんだ。そして叫んだ。『なぜ一緒に踊っているんだ？　教えに背いている』そう言って踊りをやめさせたよ」

イラクからの報道に豊富な経験を持つパレスチナ人ジャーナリストのワエル・エッサムは、イスラム研究大学でアル＝バグダーディと同窓だったスンナ派たちにいろいろ話を聞いている。かれらによると、アル＝バグダーディは入学したときにはムスリム同胞団の一員か、その関係者だった。サラフィー主義的傾向が現れたのはその後、講義がかなり進んでからだ。エッサムによると「アル＝バグダーディは同胞団指導者の一人、モハメッド・ハルダンと親しかった。ハルダンはアフガニスタンでムジャヒディンたちと共に戦うためにバグダッドを離れ、一九九〇年代に戻ってくると、明確なサラフィー主義イデオロギーに染まっていた。アル＝バグダーディはハルダンの集団に組織的にもイデオロギー的にも加わった」。また別のスンナ派武闘集団であるジャイシュ・アル＝ムジャヒディン（ムジャヒディンの軍隊）にも一時所属していた。

アブ・アリが『テレグラフ』紙に語ったところでは、二〇〇三年三月のアメリカによるイラク占領の頃には、アル＝バグダーディは米軍に対し特に明確な恨みを示したりはしなかった。「あいつは熱血タイプじゃなかった。たぶん静かな計画者だったんだろう」

だが静かなのはうわべだけで、二〇〇三年末には独自のイスラム主義反乱組織、ジャイシュ・アハル・アル＝スンナ・ワ・アル＝ジャマー（スンナ派コミュニティの人民軍）を創始した。でも戦場指揮官としての任期は実に短かった。一年後、ファルージャでの急襲――かれの友人が標的となっていたもの――で逮捕されたアル・バグダーディは、別種の大学であるキャンプ・ブッカに送られたのだった。

西側メディアでは、アル＝バグダーディは二〇〇九年のブッカ閉鎖時に釈放されたと示唆されることが実に多いが、実際にはこの抑留施設に収監されていたのは一回だけ、しかも二〇〇四年のたった一年だ。これは後に公開されたかれの囚人記録を見ても明らかだ。「ファルージャで、ネッサーイフ・ヌマン・ネッサーイフという友人を訪ねていたんです」とアル＝ハシミは語ってくれた。「アブドゥル・ワヘッド・アル＝セマイールという人物が一緒でした。米陸軍情報部はこの全員を逮捕したんです。バグダーディが標的ではありませんでした――お目当てはネッサーイフです。バグダーディは二〇〇四年一月三一日に逮捕されて、二〇〇四年一二月六日に釈放されました。その後は二度と逮捕されていません」

ＩＳＩＳの元高官で、ブッカ時代のアル＝バグダーディを知っているアブ・アフメドは『ガーディアン』紙に、刑務所の監督官たちは、最初はアル＝バグダーディが問題解決に役立つのではと思ったという。かれはアル＝ザルカーウィがスワカやアル＝ジャブルで持っていたようなボス猿的な雰囲気は持っていなかった。囚人としてはずっと大人しかった。だからアメリカ人たちは、アル＝バグダーディがブッカで、紛争解決と称して各種のキャンプ内派閥を行き来するのを許した。監獄内の各種派閥の紛争を調停するのだ。ギャングたちはかれの聖職者的な権威と宗教的な叡智に敬意を示したのだ。ところが実はアル＝バグダーディは、ブッカの運営当局の甘さを利用して、野心にあふれるジハード主義重鎮ならだれでもやることをやっていた。手下を勧誘していたのだった。アブ・アフメドによれば、やがてかれは監獄内で問題を引き起こすようになり「ほしいもの、つまり地位を手に入れるのに、分割して征服という方針を採用し始めました。そしてそれは成功しました」。

この出世は実に素早いものだった。アル＝バグダーディはこのアメリカが運営する収監施設で一〇ヶ月ほど勤め上げただけだった。二〇〇四年末には、多国籍軍やイラク機関に対してのリスクは低いというアメリカの評価のおかげで釈放された。でもこの評価とほぼ同時期に、エッサムによればかれはますます過激な方向に走っていた。このときまでにかれはアル＝カイダに少なくとも一人は親族がいて、イラクで動く主要なジハード主義者のネットワークとつながることができた。アル＝ザルカーウィがムジャヒディン・シューラ評議会を設置して反乱軍をイラク国民化しようとしたとき、アル＝バクダーディとかれの小さなセルも加わった。かれはイラクの地方のいくつかの「県」――当時県は名前だけのものだった――の宗教的な相談役を与えられた。でもアル＝バグダーディの純粋主義と気まぐれな同盟締結方針から見て、実はアル＝カイダが頭一つ抜きん出ていたとはいえイデオロギー的に多様な反乱集団コンソーシアムと共に活動する気は実はなかった。ファルージャからのAQI指揮官がエッサムに語ったところでは、アル＝バグダーディは参加したほぼあらゆる派閥に背を向けたという。「ムスリム同胞団を去り、その後同胞団を背教者でありカリルザッド［元イラク駐在アメリカ大使のザルマイ・カリルザッド］の手先だと糾弾した。またジャイシュ・アル＝ムジャヒディンも離れ、かれらに対する敵対行動を、特にアル＝カルマ［ファルージャ北東の町］で取っている。アル＝バグダーディは常に、同じスンナ派武闘派集団でも自分自身の組織の一部でない連中に対する立ち位置について、きわめて一貫していた。『連中と戦うほうが、アメリカ人と戦うよりも優先される』と語っていたものだ」

スンナ派同士や内部での仲間殺しの戦争（フィトナ）が必要だというかれのこだわりは、ISISがシリアとイラクに拡大した後もずっと、アル＝バグダーディの指導の特徴であり続ける。アル＝バグダーディは一般に思われているようにどこからともなく現れたわけではなく、実はイラク人にもアメリカ人にもよく知られていたとエッサムは主張する。「叔父はイスマイル・アル＝バドリで、これはイラクのムスリム・ウレマ協会の一員であり、この組織は甥っ子が背教者組織とみているものです。アル＝バグダーディの義理の妹も、イラク・イスラム党の指導者と結婚していますが、これは同胞団のイラクにおける手駒です。アメリカ人たちが退却する前に、かれはアブ・バクルとの親族関係のために何度も捕まっています」

二〇〇七年は、この過激派の生涯でとても重要な年となった。ブルッキングス研究所のアナリスト、ウィル・マカンツは、アル＝バグダーディがアル＝カイダのスポークスマンに説得されてダマスカスに移り、博士論文を落ち着いて仕上げようとしたと書いている。戦争と反乱軍活動で研究が中断していたのだ。同時にかれは、組織の任務も実行できる（二〇〇七年三月にバグダッドで博士論文の審査に合格し、正式に博士号を得た）。アル＝バグダーディの「イラクにおける部族的なつながりと、そこでの他のジハード主義集団とのつながりも役に立ったはずだ」とマカンツは書いている。「なぜなら何度かかれは、外国のジハード主義者たちがシリア国境を越えて自国に入り込むのを助けているからだ」。アル＝バグダーディ自身もまた、まちがいなくバシャール・アル＝アサドの国境開放政策の恩恵を受けている。この事実はＩＳＩＳが二〇一四年に正式かつ公然とアル＝カイダと袂をわかったとき、アル＝カイダがアル＝バグダーディ批判に使ったものだ。

アル＝ハシミによると、アブ・アイユーブ・アル＝マスリとアブ・オマル・アル＝バクダーディの死後アブ・バクル・アル＝バグダーディがＩＳＩとして知られる組織でエミルに台頭したとき、シューラ評議会員一一人のうち九人の賛成という圧倒的多数で承認されている。この選出の理由は三つある。まず、かれはクライシュ族連合に所属している。これは預言者ムハンマドとのつながりのおかげで、中東で最も高名な部族とされる（アブ・オマル・アル＝バグダーディもまた、イスラム教カリフを豊富に生み出したこの部族出身と言われている）。今日、ＩＳＩＳはかれを「使者」として崇拝している。『ダービク』はこう宣言している。「おまえの状況が一人の人物の背後でまとめあげられているときに、おまえの元にやってきて連帯を破ったり一体感を妨害したりしようとする者があれば、その者を殺せ」。そしてあらゆるムスリムがアル＝バグダーディに忠誠を誓うよう促しているのだ。第二に、アル＝バグダーディ自身もＩＳＩのシューラ評議会の一員であり、このためアブ・オマルと親しかった。最後に、かれは年齢のおかげで選出された。他の有望なエミル候補者に比べて一世代若く、米軍がイラクを諦めたら、ＩＳＩをこの低迷から導き出すだけの長い任期を維持できると思われた。

この三つの理由はすべて、一一人構成のシューラ評議会で重視されたのはまちがいない。この評議会は、バチカンの枢機卿会議のように、この機関すべての首長を選出するのだ。でも実は裏方として静かにアル＝バグダーディが選出されるよう根回しをしていた人物がいる。サミル・アブド・ムハンマド・アル＝クリファーウィという人物で、ハッジ・バクルという名前のほうが有名だ。当時はＩＳＩの参謀総長であり、後に軍事評議会の長となる。またサダム・フセイン時代のエリート組織である空軍諜報部隊に所属しており、おそらくは偶然ではなく、アル＝バグダーディに派遣されて北部シリアのＩＳＩＳネットワーク構築を任されている。かれはアメリカのイラク侵攻から間もなく、アル＝ザルカーウィのタウヒード・ワル＝ジハードに参加していたのだ。ハッジ・バクルはこの組織の一〇年選手で、イラクの工作員として獲得した能力は、ジハード主義の下でも無駄にはならなかった。これは『シュピーゲル』のクリストフ・ロイターが入手したＩＳＩＳ文書が明らかにしていることだ。かれはアレッポで、諜報と対抗諜報のための秘密警察のような組織を構築した。そこでは各種のセルが、古典的な諜報機関《ムハバラート》のやり方として、地元住民だけでなくお互いをスパイし合っているのだ。村や町の強力で指導的な一家は調査を受け、賄賂、脅し、暗殺の対象としてマークされた。ソ連式のコンプロマット――標的の個人生活における恥ずかしい、または後ろ暗い詳細情報――が、こうした部族の構成員についてまとめられ、ＩＳＩＳへの忠誠が確保された。ほぼ同じような手口が競合するシリアの反乱軍にも向けられ、そうした集団は後にアレッポから追い出される。

米軍は二〇〇六年にハッジ・バクルを逮捕し、二〇〇八年までキャンプ・ブッカに収監した。おかげでかれは、ＩＳＩＳの苦難の日々には安全な場所にいられた。そして二〇一四年一月に反ＩＳＩＳ系のシリア反乱軍が、北部シリアで自分たちを追い出したジハード主義者に攻撃をかけたときに殺されてしまう。

アル＝バグダーディが玉座にどうやって上り詰めたかという説明の一つが、アブ＝アフマドとして知られるISIS転向者によって明かされている。かれによるとハッジ・バクルは「邪悪なアイデアを使ったんです。［一一人構成のシューラ評議会の］それぞれの評議員と別々にやりとりをして、他の評議員と相談を済ませて［アル＝バグダーディの］エミル指名の合意を取り付けたと信じこませたんです」。

その話では、評議会でアル＝バグダーディは九対二の圧倒的多数で指名を受けたという。でもハッジ・バクルが継承者の選出を操作したという独自の証拠は見当たらない。かれの継承についていて確実にわかっているのは、オサマ・ビン・ラディンがそこにまったく関与していないということだ。アボッタバードで入手された手紙を見ると、このアル＝カイダ指導者は二〇一〇年七月六日に、かつてアンマンのホテル爆破についてアル＝ザルカーウィに説教をしたリビア参謀長アティヤ・アブド・アル＝ラフマーン宛てにこう書いているのだ。「我らが兄弟アブ・バクル・アル＝バグダーディについて詳細な情報を提供していただけるとありがたい。（中略）現地の兄弟たちの中で、きみが信頼する複数の情報源に尋ねるほうがいいだろう。そのほうが事態が我々にとってもはっきりする。またアンサール・アル＝イスラム組織の兄弟たちにも、この新しいエミルたちについての意見を尋ねていただきたい」

サダム・フセインの亡霊

アル＝バグダーディの台頭は、またもＩＳＩの変容をもたらすことになった。あるいはむしろ、スンナ派反乱史におけるもっと初期の段階への退行というべきだろうか。高い階級には目に見えて元バアス党員がずっと増えていた。これはまちがいなく組織のイラク化継続の成果だ。オディエルノ将軍が二〇一〇年六月の国防総省の記者会見で述べたように、ＡＱＩの指導層はきわめて短期間にほぼ完全に破壊されてしまった――トップ活動家四二人のうち、三四人がなんらかの形で戦場から排除されていた。そしてＡＱＩはパキスタンのアル＝カイダ本部と協調する能力を失っていた。トップにこうして真空ができたということは、アル＝ザワヒリとビン・ラディンが遠くから新エミルを任命する前に、ＩＳＩＳのイラク陣営がアブ・バクルという仲間の一人を任命してしまえるということだった。

アメリカの高官によると、これが数年後に不満を抱いて寝返ったアル＝カイダメンバー二人の語った内部事情だった。かれらが不満を抱いた理由は、アル＝バグダーディの台頭は、かれの教育水準がどうあれ、ハッジ・バクルのようなバアス党員といった強いサラフィー主義・ジハード主義の資格を持たない人々が、ＩＳＩ内部でサラフィー主義・ジハード主義運動を乗っ取ったに等しい、というものだった。

アル＝バグダーディの知人やアナリストは、かれが本気のタクフィール主義者だという点については合意している。でもすでに見た通り、どれほど断固たるテロリストだろうと、独自の親族や知人ネットワークからは利益を得られる。まさに破壊しようとする社会や政権が与えてくれた、生まれながらの権利を血族や部族のつながりが活用させてくれるのだ。アル＝バグダーディも打倒されたサダム・フセイン政権との結びつきから利益を得ただろうか。かれの生涯と教育についてわかっていることから判断して、その可能性は高い。アル＝バグダーディの叔父二人は、イラクのムハバラートの工作員だったと言われており、すでに述べた通り、兄弟の一人はイラン・イラク戦争で戦死している。

デレク・ハーヴェイによると「かれは明らかにザルカーウィとはちがう。でも組織の広がりや規模や金融事業や行政や八つの地域司令部運営や、ナクシュバンディ軍との戦術提携だの、部族的な連携作戦だの――このすべてにはバアス党的なスタイルがあるように見えます。そして、イスラム研究大学におけるバグダーディの指導者の一人が、イザート・アル＝ドゥリに近かったのも知っています。アル＝ドゥリはＩＳＩＳのシリアでの台頭初期に、継続的にラッカとシリア北東部から指揮を下していました」。

アル＝ハシミは、アル＝バグダーディが若い頃にサダム・フセインのイスラム遺産省でのキャリアを考えていたという点を指摘する。イラクの歴史と政治に詳しいある米軍職員はこのはっきりしない来歴についてこうつけ加えた。

サダム・フセイン政権とアル＝マリキ配下で政府高官だった、元イラク高官と話したことがあります。アル＝バグダーディについて具体的に尋ねてみました。「こいつが何者か知ってた？」個別には知らなかったけれど、その出身や背景にある広いネットワークについては知っていました。サダム・フセイン時代には、この人物の出身地や家族の出自は、サダム・フセイン派、バアス派の勢力地だったんです。サマラ出身の人々は、政権と非常に密接につながっていた。アル＝バグダーディがバグダッドのイスラム研究大学に通ったのはまさに、サダム・フセインの信仰キャンペーンのときでした――つまり、バアス党が大学の合格を左右していた時期です。当時、イスラム研究大学に入るには、党の審査と承認を得る以外に道はありませんでしたし、審査と承認を得るには、おじさんだのいとこだのといった広い家族ネットワークが政権の中にいて推薦してくれるしかありません。だから、ええ、アル＝バグダーディ自身はバアス党員ではなかったかもしれませんが、まちがいなくイスラム研究大学に入れてくれる大量のバアス党の家族がいたはずですよ。

＊＊＊

すでに見た通り、イラクの反米反乱はスンナ派報復政策から力を得ていた。歴史的にバアス主義を見る一つのやり方は、スンナ派政治力の様々な例の一つとして見るやり方だ。絶頂期にはエジプト大統領ガマル・アブデル・ナセルの主導した汎アラブ民族主義や、サイード・クトゥブのムスリム同胞団によるイスラム主義、ビン・ラディンのサラフィー主義＝ジハード主義とも競合している。実際、イスラム信仰キャンペーンはサラフィー主義によるバアス派の転覆を事前に抑止するためのものだった。今日、この世俗社会主義イデオロギーはＩＳＩＳのカリフ国構築を目指すタクフィール主義と微妙な共存と競争の関係に置かれている。現代イラクの研究家、アマツィア・バラムとペサチ・マロヴァニーは、この理論をさらに進めて、アル＝バグダーディはサダム・フセインの正当な後継者であるという興味深い主張を行っている。かれらに言わせると、まずもともとサマラ出身ではあっても、選んだ変名アル＝バグダーディは即座に、イラクの首都こそがＩＳＩＳの重心だとうかがわせる。そしてアッバース朝カリフ制の時代にはまさにその通りだった。カリフ制もまた、死んだイラク独裁者にとっては重要なイスラムの参照点だった。バラムとマロヴァニーはこう書く。「サダム・フセインは自らカリフを名乗ったことはない。しかしバグダッドに首都を置くアッバース朝カリフ制との概念的なつながりは深いものだった。サダム・フセインにつけられた別名の一つは『アル＝マンスール』であり、これは『神の恩寵による勝利』を意味するが、同時にこれは最も重要なアッバース朝カリフの名前でもある。（中略）サダム・フセインはまた、設立した大量の軍事部隊にアッバース朝の歴史から採った名前をつけている。（中略）だから、イラクとバグダッドの中心的な役割という点に関する限り、アブ＝バクル・アル＝バグダーディはサダム・フセインの弟子なのだ」

「残虐性、その手口、戦場内外でのＩＳＩＳの振る舞い――これは私から見れば、サダム・フセインの手勢と実はほぼ変わらないんです」とデレク・ハーヴェイは言う。かれならこれを熟知しているはずだ。

また、シーア派嫌いという点でもサダム・フセインとアル＝バグダーディには陰惨な類似点がある。サダム・フセインの三〇年間の支配下で、バアス党員はシーア派を一五万人虐殺した。最も悪名高いのが第一次湾岸戦争末期、一九九一年三月におけるシーア派とクルド人の反政権蜂起の弾圧のときだ。サダム・フセインの戦車が一九九一年にナジャフに乗り込んだときには、「ラ・シーア・バド・アル＝ヤウム（今日以降にシーア派は残さない）」というスローガンがその車体に書かれていた。

つまり、両者の殺戮的宗派主義のイデオロギーに何かちがいがあるとすれば、それは規模だけだ。いかに残虐とはいえ、サダム・フセインはシーア派の全面破壊を国家的な政策にはしなかったし、またそれは不可能だった――シーア派は一九九一年の虐殺以後ですら、イラク軍やバアス党上層部で容認されていた。でもアル＝バグダーディはこれまで、殲滅主義的な意図しか示しておらず、アル＝ザルカーウィの暗い病理的な伝統に従っている。ＩＳＩＳにとって、シーア派は宗教的に空虚で、詐術的であり、死を運命づけられているのだ。

エミル配下のバアス派たち

ＩＳＩＳの上層部が元サダム・フセイン派や復活サダム・フセイン派だらけだということを考えると、ハーヴェイの洞察はなおさら説得力を持つ。みんなイラク軍のエリートだったり諜報当局《ムハバラート》の高官だったりするのだ。学者のロメイン・カイレットが発見したようにＩＳＩＳ軍事評議会の議長は一人残らず、その創設から二〇一一年まで「旧政権分子」だった。これは偶然とは思えない。

アル＝ハシミはアル＝バグダーディがＩＳＩ内で台頭するのを、ハッジ・バクルにもまして支援した人物を二人挙げる。一人目はアブ・アブドゥル＝ラフマーン・アル＝ビラーウィで、二〇一四年六月のＩＳＩＳによるモースル制圧の二日前に殺された。かれはアンバール県のアル＝カリディーヤで、イラク最大の部族であるデュライム族として生まれた。ＩＳＩＳのスポークスマンであるアブ・ムハンマド・アル＝アドナニによると、アル＝ビラーウィはアメリカ侵攻の直後からアル＝ザルカーウィと親しかった。明らかにかれは、サダム・フセイン政権のイスラム化に影響を受けた一人だ。アル＝ビラーウィは二〇〇五年一月二七日に逮捕され、キャンプ・ブッカに送られている。イラク政府筋によると、かれは「壁を打破作戦」で二〇一三年七月にアブ・グレイブが解放されたとき、ＩＳＩＳが解放した人物の一人だ。二〇一四年一月にハッジ・バクルがシリア反乱軍に殺されると、アル＝ビラーウィはその後を継いでISIS軍事評議会の長となった。でもかれもその職に長くはとどまれなかった。二〇一四年五月末にかれの伝令がイラク政府に捕まり、二週間にわたる尋問の末についに口を割って、モースルでのアル＝ビラーウィの居場所を吐いた。ものの数時間後、二〇一四年六月四日にアル＝ビラーウィは死んだ。その襲撃後に回収された文書によれば、アル＝ビラーウィは必ずしもアル＝バグダーディが没した場合の後継者とは言えないにしても、権力面では軍事評議会の議長として非常に有力な副官だったことがわかる。アル＝ビラーウィは二〇一四年六月一〇日にモースルを陥落させた電撃攻撃を計画した人物だった。このおかげでISISは、シリアとイラクを行き来するための県都を制圧できた。この作戦はかれの死後に実施されたもので、実は「ビラーウィの復讐」と名付けられていたのだった。

イラクがアル＝ビラーウィの死を通じて押収した他の情報は、ISISの財務状況や、その構造、特にISISのシリア「知事」アブ・アリ・アル＝アンバリの権力について重要な詳細を明かしてくれた。このアブ・アリ・アル＝アンバリは、アル＝ハシミが挙げたアル＝バグダーディのISIS内部での台頭を支援したという二人目の人物となる。

アル＝アンバリはモースル出身であり、ISISではシリアでの作戦指揮官だ。元はサダム・フセイン軍の諜報将校で、イスラム信仰キャンペーンの卒業生でもある。諜報機関のどの部門にいたのかははっきりしないものの、アル＝アンバリは二〇〇三年までに少将の地位を得ている。また政権最後の日々までその職にとどまったことで、親アル＝カイダの先導者たちからは糾弾されている。『ウォールストリート・ジャーナル』によると、その間のどこかでアンサール・アル＝イスラム軍と関わっていたが、金銭汚職の糾弾を受けて追い出された。イラクとシリアの軍事関係者は、アル＝アンバリがレヴァントにおけるアル＝バグダーディの副官として選ばれたのは政治的なプラグマティズムのせいだろうと見ている。かれの「イスラム法《シャリーア》の知識は、他の上級指導者たちほど深くないと見なされている」と同紙は伝える。アル＝アンバリはシューラ評議会と軍事評議会の評議員であり、シューラ評議会には少なくとも二〇一〇年から所属していたらしい。ＩＳＩＳから寝返った「アブ＝アフマド」はアル＝アンバリがハッジ・バクルと親しかったと述べている。実際、ＩＳＩの対抗諜報システム再構築にあたり、かれはハッジ・バクルの主要な副官だったようだ。これはアル＝ザルカーウィとアブ・アイユーブ・アル＝マスリ、アブ・オマル・アル＝バグダーディが、組織内に裏切り者が跋扈《ばっこ》しているために全員死亡した後では必須の改革だった。当のシューラ評議会も、ＩＳＩの指導層の安全を確保する手段として、トップを他の水準から切り離すためのものだった。でもアル＝アンバリは現在、ＩＳＩＳ内部安全保障のもっと能動的な部分を主導している。それが安全保障諜報評議会であり、名前からもわかる通り、同組織のスパイ活動や隠密活動をすべて仕切っている部署だ。また「カリフ」の個人的な安全保障や、ＩＳＩＳの内部規律も担当しており、二重スパイや裏切り者と思える存在をすべて根絶やしにする。言い換えると、アル＝アンバリはアブ・バクル・アル＝バグダーディの居場所を常に知っている、存命中の数少ない人物なのだ。

シリアにおけるハッジ・バクルのもう一人の重要な副官は、これまたＩＳＩＳ軍事評議会の別のメンバーであるアブ・アイマン・アル＝イラーキだ。イラク軍が押収した大量の内部文書によれば、もともとサダム・フセインの空軍諜報部で中佐だった。かれもまた米軍によりキャンプ・ブッカに収監されており、バアス党時代の異名はアブ・ムハンナド・アル＝スウェイダーウィだった。二〇一〇年に釈放されたときには、シリアのアレッポ＝ラタキア地域に引っ越した。あまりに故国にどっぷり漬かっていたので、隣国に移住するときにすら手助けが必要だった。アナリストのライース・アルコウリは言う。「ＩＳＩＳがシリアに拡張したとたん、アル＝イラーキも向かいました。一人でシリアに行けたはずはありません。一人ではシリアで右も左もわかりませんから。アレッポとラタキアでＩＳＩＳを指揮したし、デリゾール県でもＩＳＩＳの治安トップのはずです。現在、他のシリア反乱派閥とＩＳＩＳの戦いの相当部分はかれが指揮してます」。アル＝イラーキは、そうした反乱派閥の間で、ＩＳＩＳの最も残虐な指揮官として有名かもしれない。かれは「特別な種類の残虐さ」を持つとして糾弾されている。重要な反乱軍指揮者の暗殺後、アル＝イラーキは「別のライバル指揮官の部下を拷問して処刑し、その死体を道の脇に放り出した。地元の聖職者が仲裁に派遣されると、アブ・アイマンはその聖職者も殺したという話だ」。

二〇一四年はじめ、シリア反乱勢力は、アル＝イラーキがＩＳＩＳで第三位の地位にあるのではとにらんでいた。これはおそらく正しい。かれはアブ・アブドゥル＝ラフマーン・アル＝ビラーウィ死後に軍事評議会議長に選出されている。アル＝ビラーウィは、アル＝イラーキの子供時代からの友人だったとＩＳＩＳ筋は述べる。

キャンプ・ブッカとバアス政権の双方の卒業生のしんがりとしては、他にファデル・アフメド・アブドゥラー・アル＝ヒヤリがいる（別名アブ・ムスリム・アル＝トルクマニまたはハッジ・ムタッズ）。タル・アファル出身で民族的にはトルクメニスタン人となる。イラク特殊部隊中佐だったかれは、個人的にフセインやイザート・アル＝ドゥリと親しく、どうやら二〇〇三年に、戦後イラクを管理したアメリカ公使ポール・ブレマーがイラク軍を解体したときの数多い被害者の一人らしい。アル＝トルクマニは別のスンナ派反乱軍を経てＡＱＩに参加した。二〇一〇年かそれ以前から、ハッジ・ムタッズはＩＳＩの軍事評議会とシューラ評議会の評議員だった。守備範囲は常にその故郷のイラクで、殺される直前にはイラクにおけるＩＳＩＳの「知事」であり、もちろんアル＝バグダーディの全面的な副官だった。その死は、アメリカとイラク政府がそれぞれ自分の手柄としているけれど、確かに二〇一五年八月にようやく多国籍軍の空爆にやられたものらしい。

ＩＳＩＳが多くの面でサダム・フセインの亡霊を抱えているのは、信仰キャンペーンや初期の反米蜂起勢力の人口構成、さらに国家が訓練した軍人や諜報工作員たちが、作戦上のセキュリティのことなど何もしらない素人聖戦士《ムジャヒディン》——たとえばお互いに暗号化されない携帯電話で通話するような戦士たち——より賢いという事実からすれば、まったく驚くべきことではない。

イラク軍の将校たちや特権階級たちが、黒ひげ連中やアラブ服の連中に取って代わられたというのは、イラクの他界した独裁者が自分の政権の行く末と復活について預言した内容を、まさに実現しているに過ぎない。ハーヴェイは語る。「バアス党員たちはもともと、自分たちの権力の座への回帰はイスラムに基づくものになると語っていました。サダム・フセインの手紙とその指導層はそう言っていたんです」

でもＩＳＩＳ指導層のこうしたバアス派としての過去は、調査報道や、アル゠カイダによる情報戦の一種としてだんだん表面化しつつある。アル゠カイダは「社会主義的異教徒ども」の非イスラム的な存続としてＩＳＩＳを貶めたいので、そうした情報を流している。ビン・ラディンは、一時的にはＩＳＩＳと提携を合意したけれど、中東での前衛ジハード集団を率いる存在になってほしいとは決して思っていなかったのだ。元米軍諜報職員で、クルド人ペシュメルガ（軍隊）をイラクで指導したマイケル・プレジェントは、トップ司令官たちの経歴を隠すか消そうとするＩＳＩＳの試みは、その戦争戦略の一部なのだと論じている。「古い所属先をリクルートの道具に使ったら、ＩＳＩＳに加わって戦うよう人々を説得はできません。バアス派への回帰はあまり売り物にはなりませんし、ましてシリアにおけるバアス派の打倒を誓ったと主張するならなおさらです。陸軍レンジャー部隊や特殊部隊の兵士がすべて、いきなり反政府武装カルト集団になったというようなものです」

トビリシからアレッポへ

いま述べた、元サダム・フセイン主義者だらけのＩＳＩＳ上層部に、一人だけ有力な例外がいる。かれがテロル軍の上層部で例外的な存在である理由はそれだけではない。かれはイラク出身ではないのだ。国際的には「赤ひげジハーディスト」として知られるアブ・オマル・アル＝シシャーニ、誕生名タルカン・バティラシュヴィリは、民族的にはチェチェン人で二〇代後半、グルジアのパンキス峡谷地域の出身であり、米軍が訓練したグルジア軍で、軍諜報職員として実際に従軍した経験がある。二〇〇八年のロシア・グルジア戦争でも戦ったが、父親テイムラズによると後に結核の診断を受け、除隊となった。今日かれがＩＳＩＳで果たしている主要な役割は、聖戦のパットン将軍的なものらしく、大いに称賛されている。一説では、アル＝シシャーニはＩＳＩＳのエリートであるジャイシュ・アル＝キラファ（カリフ軍）のトップでもあるらしい。これはＩＳＩＳの特殊部隊でもあり、その責任としてはラッカ市防衛と外国への工作員派遣が含まれる。

バティラシュヴィリ一家の人々はすべてキリスト教徒だったが、テイムラズの息子たちは過激派ムスリムとなった。アル＝シシャーニは、父親がまだイスラム教に改宗していないと聞かされたとたんに電話を切ったという。

かれは武器所持で逮捕され、グルジア刑務所で懲役となったが、そこで筋金入りサラフィー主義者になったのかもしれない。二〇一〇年にグルジアの大規模恩赦の一環で釈放されたアル＝シシャーニは、その後しばらくしてトルコに移り、そこからシリアに渡った。「いまではあいつは、信仰のために家を離れたなんて言ってますが、うちが貧乏だったから家を出ただけなのを私は知ってます」とテイムラズはBBCに語っている。

二〇一二年夏に、アレッポ＝ラタキア地域でカティバット・アル＝ムジャヒディン（外国戦士旅団）が組織され、ほとんどはリビア人だったが、それを率いているのはチェチェン人で、そのエミルがアル＝シシャーニだった。二〇一三年三月には別のサラフィー・ジハード主義集団二つと合併し、結果としてできた統合勢力は「ジャイシュ・アル＝ムジャヒリーン・ワル＝アンサール」（移民とゲリラ兵の軍）と名付けられた。その本拠地はアレッポ市北西の町フライタンだった（このとき合併した派閥の一つ、ジャイシュ・ムハンマド、つまりムハンマド軍は、後に独立して活動している）。

チェチェン人たちは一般に、他のISISジハード主義者たちからは非常に一目置くべき戦士と思われている。これはロシア軍に対して何十年にもわたり、血みどろの反乱を戦ってきた経験のおかげだ。戦争調査研究所のアナリストであるクリス・ハーマーによると「シシャーニは、ISISの指揮命令が相変わらずバグダーディと元バアス党員たちに仕切られているときでも、最も目立つ指揮官です。チェチェン人たちは他の外国人ジハード主義者とは一線を画します。私がISIS軍事評議会なら、ロシア人との戦闘経験を持つ人物に自爆テロをさせたりはしない。連隊指揮官にします」。

シリアの多くの派閥同様、「移民とゲリラ兵の軍」は内部分裂に苦しみ、二〇一三年一一月に完全に分裂した。これはアル＝シシャーニが、これまで自分に忠誠を誓ってきた手下の多くの戦士を転向させ、その転向先をアル＝バグダーディにしようとしたときに起こった。多くはこれを拒絶した。かれらはすでに、ロシアにおけるアル＝カイダ関連反乱軍であるコーカサス首長国に忠誠を誓っていたからだ。そこでアル＝シシャーニは、忠実な部下たちの集団とともに、自分の民兵軍を辞めた。その部下の一人は後に、さらに悪名を轟かせることになる。ロンドン生まれのモハメッド・エムワージ、国際メディアでは「ジハーディ・ジョン」とあだ名される人物だ。かれは二〇一四年にISISが初めて西洋に向けて発表した殺人ビデオで、ジェームズ・フォーリーの首を斬った人物だ（エムワージは二〇一五年末にアメリカのドローン攻撃で、ISISカリフ国の「首都」ラッカで殺された）。

アル＝シシャーニの軍事戦略家としての天才ぶりは、アレッポのメナガ空軍基地制圧に「移民とゲリラ兵の軍」が決定的な役割を果たしたことから、シリア紛争ウォッチャーの間では絶賛されて常識となっていた（この空軍基地は、ISISを含む各種の反乱軍に何ヶ月も包囲されていたのだった）。中には基地内部にかなりの侵入を実現した連中もいたが、シリア兵に押し戻された。メナガ基地は、アル＝シシャーニが外国人自爆テロリスト二人（一人はサウジアラビア人だったという）を送り出し、一人が基地の指揮センター真下にまで装甲車を運転してVBIEDを爆発させたことで陥落した。反アサドに寄与したというよりは主に士気を高めただけとはいえ、メナガ作戦は他の反乱軍からも、政権に対するISISの大勝利として大いに称賛された。というのもムジャヒディン軍が一一月に正式に分裂する以前から、アル＝シシャーニは実質的にISISの北部指揮官として活動していたからだ。

最近になって、この英雄としての姿はアル＝シシャーニの元同志たちから修正主義だと批判を受けるようになった。元同志たちはアル＝シシャーニと肩を並べて戦い、かれの伝説はゴシップ紙の誇張でしかないと言う。ラジオ・フリー・ヨーロッパ／ラジオリバティが二〇一四年一一月に報道したところでは、カリード・シシャーニという別のチェチェン人ジハード主義者は、自分と同名の人物が実はかなり劣悪な野戦指揮官だと思っているそうだ。カリードはロシアのジハード主義フォーラムに投稿した声明で書いている。「オマル・シシャーニは、軍事的な意味ではまったくもって役立たずだ。軍事戦術の知識がない――これでもなるべくましな言い方をしているつもりだ。オマル・シシャーニが軍事的天才だなんて書いているのは、異教徒（つまり西洋）マスメディアだけだというのを忘れるな。連中はオマル・シシャーニのアイデンティティを大幅にふくれあがらせて、天才的な軍事専門家として紹介しているけれど、実態とは真逆だ。この人物は、ムジャヒディンを大砲の餌食として送り出す方法しか知らない。

それ以外は何も」

これが単なるやっかみか、あるいは組織内抗争での凋落によるものだとしても、アル＝シシャーニの評判はサラフィー主義・ジハード主義の事情通の間よりは『デイリーメール』紙のほうで高かったことは指摘せざるを得ない。アルコウリによれば、かれはジハード主義者のオンラインフォーラムで無数の冗談の種にされているのだという。というのもイスラムについての知識は「クソ」であり、アラビア語の会話能力はそれ以下だからだ。そうはいっても、ISISが二〇一四年初頭にアレッポ北部をまとめるのにアル＝シシャーニが果たした役割は否定しようがない。これは漏洩されたISIS内部文書が明らかにしている。

その後何度も戦死したと報じられたが――クルド人民兵の手にかかったとされることが多い――いまやかれはウラジーミル・プーチンが手ずから選んだチェチェンの軍閥大統領ラムザン・カディロフからさえ特別に注目されている。二〇一四年一一月にカディロフは、お気に入りのソーシャルメディアであるインスタグラムで、「イスラムの敵」ことアル＝シシャーニの何度目かの死亡報告を発表したが、その後に発表を削除している。これにより、このチェチェン人が本当にシリアで死亡しており、カディロフによる死亡記事はその報道を裏付けるものなのだという憶測が生まれた。現時点では、アル＝シシャーニが死亡したという証拠はない。

二〇一四年のラマダーン説教で、アル＝バグダーディは「ユダヤ人、十字軍、その仲間と、それに伴う異教徒どもの国民や宗教」の国家的指導者として、アメリカの次にロシアを挙げた。これにより、カリフ国創設後は世界がきれいに二つの陣営に分かれるのだと強調したのだ。ISISと手を組む真のムスリムや聖戦士たちと、その他すべてだ。

この刷新された宣戦布告は、言い換えると、プーチンが直接シリアに介入してアル＝アサドを後押しするようになる一年前に行われている。ロシアの空爆作戦は、圧倒的にISISを避けて、他の（反ISIS的な）反乱軍、特にCIAの支援を受けて間接的に武器供与を受けている集団ばかり狙っている。シリアの多面的な代理戦争は、多くの点でソ連・アフガン戦争に対する答えでもある。この戦争は、アブ・ムサーブ・アル＝ザルカーウィをジハードの道に押しやったものでもあった。今回ちがっているのは、アメリカとロシアがどちらも、アル＝ザルカーウィの後継者たちに対する徹底した戦いだと主張するものの中で、別々の空中戦を「脱紛争化」しているということだ。

9 裏切られた革命

ジハードがシリアに到来

二〇一一年一月三一日、バシャール・アル＝アサドは『ウォールストリート・ジャーナル』のインタビューに応じた。チュニジア、エジプト、リビアに吹き荒れた革命を振り返りつつ、かれは自国で似たような蜂起が起こる可能性について、かなり自慢げな様子で、こう宣言した。「シリアは安定しています。なぜかって？ それは人々の信念ときわめて密接なつながりを持たねばならないからです。これが問題の核心です」。アル＝アサドは正しかった。確かにそれが核心だった。

そのインタビューのたった三日前、かれの政権の兵は、ダマスカスの旧市街キリスト教徒地区バブ・トウマで、エジプトのデモ隊と連帯して行われていたろうそく夜間警備を解散させた。そして二月一七日に、首都の近隣であるアル＝ハリーカの市場《スーク》で、警官が地元商人の息子を侮辱したことで突発的な抗議デモが起こった。このデモは、警官の振る舞いだけに向けられるよう慎重に運営されていたが、スローガンはそうした単独の犯罪を越えるものだった。「シリア国民は侮辱を許さない」
デモはシリア内務相が現場にやってきて怒った群集に対面し謝罪したことで終結した。だが手遅れだった。リビアではカダフィが行った残虐行為に抗議するデモが多発して広がっていった。そしてこのデモも暗黙のうちに、ちょうど自分の支配は打倒不可能だと述べたばかりの王朝のような独裁者にも向けられていた。

改革運動だったものが、デラー市での事件をきっかけに、全面的な革命になった。下は一〇歳に過ぎない学童一五人が、学校の壁に民主主義支持の落書きをしたという罪で、アル＝アサドのいとこアテフ・ナジーブ大将監督下の政権治安部隊により逮捕された。そのスローガンの一部は、他国についてのテレビ放送から持ってきたものだが、一つとりわけ創造的なフレーズがあって、アラビア語で韻まで踏んでいた。「今度はあなたの番だよ、お医者さん」(「お医者さん」は眼科医であるアル＝アサドのことだ)。この後、収監者の家族がナジーブに対し、その子たちが家族の一人っ子なのだと訴えたところ、ナジーブはこう答えたという。「おまえらの女房をここにつれてこい、おれたちが新しい子供を作ってやるから」

似たような抗議が間もなくダマスカス、ホムス、バニヤス、そしてシリア全土でわき起こった。それに対する対応は広範な国家暴力だった。多くの平和的なデモ参加者や活動家は兵士や暴徒鎮圧部隊、諜報機関《ムハバラート》、親アル＝アサド民兵に撃たれた。また他の人々は逮捕され、無数の治安刑務所に連行された。ヒューマン・ライツ・ウォッチが記録したように、秘密警察は囚人たちをパイプで殴る、鞭打ち、電気ショック、酸責め、爪を抜く、棍棒殴打、模擬死刑など各種の拷問を行った。囚人たちは年齢性別を問わず強姦された。

ダマスカスの軍事諜報部パレスティン支局（これはダマスカスで最も恐れられているムハバラート監獄の一つだ）に収監された女性は、同じ女性囚人に何が起きたかBBCに語っている。「その人は、彼女のヴァギナにラットを押し込みました。彼女は絶叫していました。床に血がしたたっていました。そいつは彼女に言ったんです。『どうだ。これがいいのか？』連中は彼女をバカにしていたんです。その姿から彼女が苦悶しているのは明らかでした。その後、彼女はもう動きませんでした」

ナジーブ大将の脅しは決してはったりではなかった。強姦は、蜂起のごく初期からアル＝アサド政権により系統的に行われていたからだ。ヴァージニア州を拠点とする人権活動家のファラー・バラジによると、多くの強姦は妊娠につながり、シリアの産婦人科医たちはわずか一一歳の被害者さえいたと報告している。二〇一二年四月にバラジは私たちに対し、ホムス市のババ・アムル出身の少女「サルマ」の物語を語ってくれた。彼女の家はアル＝アサドに忠実な雇われギャング「シャビーハ」に襲撃されたのだった。「彼女はそいつらに『お願いです、お願いです――あなたたちに妹はいないんですか？　母親はいないんですか？　触らないで下さい、お父さんの前では嫌です』と言いました」。シャビーハたちはサルマの父親を自宅で椅子に縛り付け、娘が三、四人の男に強姦されるところを見せた。「無理矢理目を開けさせて見せたんです。強姦されたせいで中絶が必要となった女性はいまのところ一一件記録されています。全員をババ・アムルやイドリブからアレッポに移さなければなりませんでした。中絶はこちらのほうが安全にできるからです。いまはみんな安全ですが、最初に彼女たちに呼びかけたときには、一部は半狂乱でした。全員が、この体験のせいですさまじい心理的トラウマに苦しんだんです」

バラジにインタビューしたのは三年近く前だが、こうした事例の記録はその後爆発的に増えた。シリアでは三〇万人近くが殺され、一五万人はいまだに政権の刑務所に収監されたままだ。これを報じたのは、シリアの軍事警察カメラマンで、その後寝返って囚人たちに対する恐ろしい残虐行為を写した写真一五万枚ほどを外国に持ち出した、「シーザー」というコードネームの人物だ。かれはフランスのジャーナリストであるガランス・ル＝カイスネに語っている。「蜂起前、政権が囚人を拷問したのは情報を得るためでした。いまでは殺すために拷問しています。燃えたろうそくによるやけどの跡も見ましたし、一度はある人物の顔と髪を焦がした、丸いストーブ――紅茶を温めるのに使うようなやつです――の跡も見たことがあります。深い切り傷の人、目玉をくりぬかれた人、歯を折られた人、車のバッテリーをつなぐ延長ケーブルで鞭打たれた跡も見ました。長いこと治療なしで放置されて、感染症になったような、膿だらけの傷も見ました。死体の一部は鮮血にまみれていました。ごく最近死んだ人なのは明らかでした」。国務省の戦争犯罪大使スティーブン・ラップは、シーザーの証言が「正直言ってナチス以来見たことがない、残酷な死の機械を示す確固たる証拠」だと述べた。

「アサドでなければ国を焦土に」

叙事詩『ヨーロッパの子供』は、全体主義の知的道徳的頽廃についての皮肉な二行連句の連続だが、その中でチェスワフ・ミウォシュは二〇世紀の落とし子に対する呼びかけを行った。「驚くほどの精度で火事を予測できるようになれ／それからその予測成就のために家を焼き払え」。アル＝アサドは自分の追放を訴える抗議が何ヶ月も続いたとき、おおむね同じ論理に頼った。

当初から、アル＝アサドは自分の反対者たち（慎ましい経済改革を訴えているだけの人々さえ）をアル＝カイダのテロリストだの、アメリカやサウジアラビアやカタールやイスラエルの走狗だのと呼んできた――もしそんな連合があるとしたら、まちがいなく現代史で最も異様な連合だろう。この一見馬鹿げて見えるが一貫したプロパガンダとデマの狙いは単純だった。すでに見た通り、アル＝アサドは常に西洋の注目と協力を勝ち取ろうと必死で、西洋に対するテロを支援しているときですらそうだった。革命に直面し、自分が長年実施してきた犯罪そのものを西洋のせいだとすることで、かれは自己成就的な預言を通じて自分の政治的長命を確保しようとしたのだった。アル＝アサド政権は、暴力的なイスラム主義を足下のシリアに持ってくるための手段をいくつか講じた。アル＝アサドに忠義立てする人々のお気に入りのスローガンが「アサドでなければ国を焦土に」だったのも偶然ではない。

クサイ・ザカリヤは、ダマスカス郊外のモアダミーエに住むパレスチナ難民で、アル＝アサド政権による二〇一三年八月の化学兵器攻撃と、一ヶ月にわたる兵糧攻め作戦に耐えてから、複雑な事情でシリアを離れることができた。かれは語る。「当初から、スンナ派で、特にパレスチナ人だったら、バシャールの軍勢には人間以下の存在として扱われます。シャビーハたちは『バシャール以外に神はない』と言いつつ抗議者を蹴飛ばしたり、頭やひげから毛をむしったりしました。これはきわめて意図的なものでした。また天才的でもありました」

ザカリヤが言っているのは、スンナ派に対して向けられた、言語的、心理的、肉体的ないじめは、かれらを焚きつけて過激行動に出るよう意図的に仕向けるものだった、ということだ。「アサドは主要地域での反対派弾圧に、大量のアラウィー派を使いました」と語るのはシラーズ・マヘルで、ロンドンのキングスカレッジにおける過激化の専門家だ（そしてかれ自身が元イスラム主義者だ）。「それは、肉体的な拷問と、スンナ派信仰の中核要素をバカにするキャンペーンとの混合です。それが世界中の注目と怒りを集めたのであり、シリアでの出来事についてアメリカ中西部の平均的な人物が示す以上の関心を集めたものなのです。アサドはスンナ派ムスリムの世界を炎上させました。だからこそ、外国人戦士の動きは湾岸諸国と北アフリカから始まったんです」。この導火線に火をつけるのは、何十年にもわたる独裁的な圧政の後では実に簡単だった。

シリアの宗派主義は、イラクと同じく内戦よりはるか以前から存在し、少数派宗派が頑固な多数派を支配することの副産物だったのと同じくらい、七世紀における預言者の系譜に関するムスリム内部での昔ながらの論争の副産物でもあった。この場合、シリア人口の八パーセントから一五パーセントを占めるアラウィー派（おおむねシーア派の文化的な派生宗派）が、七五パーセント近くを占めるスンナ派を支配していた。サダム・フセインのイラクと同様、多数派宗派は政府の各所でそれ相応の比率を占めていた。たとえば、アル＝アサドの妻アスマ・アル＝アサドはスンナ派だし、同政権の治安部隊や軍の高官も何人かはスンナ派だ。そして、少数派たちが初期の抗議運動には参加していたというのはまちがいないことだが、シリアの人口構成が革命を運命づけられたものにした。群れをなして政権に対し立ち上がっているのは、スンナ派とみられていたし、また実際にそうであることが多かった。こうした条件に基づく予想が、アサド派シリアに恐怖とパラノイアの共和国をつくり出させた。

二〇一〇年にニブラス・カジミは『ジハード主義者から見たシリア――完璧なる敵』という実に正鵠を得た研究を発表した。この研究は、数々の示唆的な小話を含んでおり、そのすべてが各種の宗教、民族、社会経済的な背景を持つシリア人たちのインタビューから得たものだった。たとえばカジミは「ダマスカス生まれの美容整形外科医」に会っている。その父はシリア・アラブ陸軍のアラウィー派高官で、ハフェーズ・アル＝アサドの個人的な友人でもあった。この外科医は、レバノンのヒズボラ指導者ハサン・ナスララーと一緒の写真に写っていた。アサド派の恩恵を受けている一人として、この人物はカジミによれば「懐柔された中上流階級のアラウィー派として、シリア社会内での自分の立ち位置に満足している人物の見本であるはずだった。でもそうではないのだ。最新のボルボを運転するとき、かれは助手席の手の届くところにサブマシンガンを置いている。かれは言う。『ご存じですかな、スンナ派にはこういう格言があるんですよ。マルーン・ババ・ハサン（『ババ・ハサンなど呪われてしまえ』）。ババ・ハサンが何者かご存じですか？　アリ・ビン・アビ・タレブ、ハサンの父親で、シーア派のイマーム一二人の最初の人物です。シーア派は我々が大嫌いです。連中はそういうやつらなんです。（中略）機会さえあれば、連中は我々を虐殺するでしょう』』。こんな社会的機能不全の中から、反革命戦略が生まれた。

「宗派主義は、最初の最初からアサドにより、抑圧の道具として慎重につくり出されたものだったんです。『これは平和的な蜂起じゃない、宗派的なものだ、スンナ派が蜂起して少数派を皆殺しにするぞ』というわけです。これがもともとの主張で、二つの狙いがありました。まず、反乱するスンナ派からその他のシリア人を引きはがして、アラウィー派やキリスト教徒の反対者たちが蜂起に加わらないようにすること。一部は加わりましたがね。第二に、起きていることについて国際コミュニティの関心を引き起こすこと——つまり少数派はみんなテロリストに虐殺されるぞ、というわけです」

シャビーハがこの狙いを進める主要な下手人となった。革命前の数年に、シリアの灰色市場経済に、タバコからドラッグ、食品、武器などあらゆるものを密輸するのに使った、メルセデスのシャハーブ車にちなんで「ゴースト」と呼ばれたこの筋肉隆々の暴漢たち（ほとんどアラウィー派）は、中央政府により人類に対する最悪の罪をいろいろ実施するように集められていた。二〇一二年に反乱軍に捕まった一人の話では、シャビーハ一人あたりの月給は四六〇ドルで、だれかを殺したり捕まえたりすることに一五〇ドルのボーナスも出た。そいつはこう豪語したという。「アサドは大好きだよ、だって政府はあらゆる権力を与えてくれたからね――何かを奪いたかったり、殺したかったり、強姦したければ、やっていいんだ」。ホムス市のホウラ地域で、シャビーハは二〇一二年五月にシリアの常備軍にまぎれて、長く続く爆撃の後でタルドゥの町を一戸ずつまわり、一〇〇人以上の首を掻き切った。そのほとんどは女子供だった（地元民の証言だと、シャビーハは白いスニーカーですぐに見分けがついた。シリア兵は黒ブーツだった）。アル＝アサドは虐殺をアル＝カイダによるものだとした。でも国連調査で「犯人たちは（中略）政府とつながっていたと信じるに足るだけの根拠」が見つかった。

後にアル＝アサドの主要な戦争戦略となるものについての早期警告として、アメリカ国務省弁務官ヴィクトリア・ヌーランドはイランが虐殺に加担したと非難を出した。「イランは明らかに、シリア軍に対して支援と教練と助言を提供していますが、このシャビーハ暴漢勢はイランたちが使う部隊と酷似しています。バシージ［イラン・イラク戦争を手伝うためにイラン革命防衛隊がもともと構築した志願民兵団」とシャビーハは似たようなものであり、イラン人たちが自国の市民権弾圧に使う戦術や技術と明らかに似ています」。ヌーランドは、ホウラ虐殺が実施されたのと同じ週末に、ゴドス軍副指揮官エスマイル・ガーニがシリアの戦争で「物理的、非物理的」役割を果たしたのは自分だと主張していることを指摘した。

スレイマニの戦争

その役割は、翌年には増すばかりだった。ゴドス軍とレバノンのヒズボラもまた、もっと専門的なバシージ風ゲリラ軍、通称国民防衛隊を訓練しており、しかもそれをシリアとイランの両方で行っているという証拠が出てきたのだ。近年ではシリア軍が、反乱軍を撃退して領土回復に失敗するケースが続いている中で、こうした非アラウィー派の正規部隊は一〇万人も集めているため、最近では政権の主要な防波堤となっている。ここでも、アサド派の遺産が現在の内戦に影響している。軍の一般兵はスンナ派であり、寝返ったり持ち場を放棄したり、あるいは裏切りや逃亡を恐れる指揮官によりバラックに収監されたりしているのだ。他の歩兵は三年にわたる消耗戦で反乱軍に殺されている。

「シリア軍はこの三年にわたる危機を乗り越えられません。どんな軍でも疲弊してしまいます」とイスラム革命防衛隊（ＩＲＧＣ）の隊員サイエド・ハサン・エンテザリは、国民防衛隊の創設と必要性を説明するときに述べている。「イランがやってきて、シリア国民の支持を形成し、国民に支援を頼めばいいじゃないかと言ったんです。（中略）うちの兵たちは、最大のアラウィー派地域に出かけました。そして大部族の首長に、若者たちに武器を取って政権を支援するよう呼びかけるように言ったんです」。国民防衛隊の旅団はすべて、ＩＲＧＣの将校に監督されており、イデオロギー的な規律を確保する常駐人民委員役を果たしている。

ロイター通信は、このＩＲＧＣプログラムの士官数名に対し、二〇一三年四月にインタビューを行った。全員がホムス市出身で、ほとんどがアラウィー派だが、他の少数宗派の出身者も何人かいた。その一人サメルはきわめて珍しいキリスト教徒で、イランで訓練を受けていた。かれはロイター通信にこう述べている。「イラン人たちは絶えず、この戦争はスンナ派に対するものではなくシリアのためなんだと言い続けました。でも訓練に出ていたアラウィー派たちはいつも、復讐としてスンナ派を殺してやつらの女を強姦したいんだと言い続けていました」

サメルが教練を受けたと思われるキャンプは、アミル・アル＝モメニン（信仰篤き者の指揮官）と呼ばれており、テヘラン郊外二四キロのところにある。ここにはゴドス軍の弾道ミサイルが置かれている。二〇一三年九月に『ウォールストリート・ジャーナル』に話をしたイラン軍人によると、教練の受講者たちは「シリアでの戦争はシーア派イスラムのための一大戦闘であり、死んだら最高位の殉教者になれると言われている」そうだ。

当然ながら、国民防衛隊はすでに反スンナ派大量虐殺の下手人とされている。その一つはアル＝バイダの町で行われ、沿岸部のタルトゥース県バニヤス市の近隣いくつかでも行われている。二〇一三年五月に、ヒューマン・ライツ・ウォッチがインタビューした目撃者たちは「政府と親政府勢が家に押し入り、男と女子供を引き離して、それぞれの近隣の男たちを一ヶ所に集め、かれらを至近距離から撃って処刑した。（中略）多くの場合、親政府勢は撃ち殺したばかりの死体を燃やした」。

アル＝バイダとバニヤスには少数派キリスト教徒も暮らしているが、ヒューマン・ライツ・ウォッチに語ったキリスト教徒の目撃者全員が、親政府勢は「スンナ派だけを殺し、スンナ派の家だけを燃やした」と述べている。一方、同政権は「テロリスト」を殺したのだと主張している。ムカワマ・スーリア（シリアレジスタンス）という親アサドで主にアラウィー派で構成された民兵は、こうした二〇一三年の虐殺では民族浄化の必要性について公然と語っていた。

また政権は人々を焼き殺してもいる。

二〇一五年一月に、ヨルダン人空軍パイロットが檻の中でＩＳＩＳに焼き殺されるのを見て恐怖におののく中、イギリスに拠点を持つシリア人権ネットワークと、ジュネーブに拠点を持つユーロミッド人権オブザーバーは、国民防衛隊が、親アサド派の外国人民兵や武装支持者たちに支援されて、二〇一一年三月から二〇一五年二月の間に「少なくとも八一人を焼き殺し、そのうち四六人は民間人だった。一八人は子供、七人は女性、三五人は武装した反体制派の戦士だった」という証拠を公開している。多くの場合、イランに支援された民兵たちは被害者たちがまだ屋内にいるうちに家屋に放火した——言うまでもなく、そうした映像は即座にSNSなどで拡散されるだろうと考え、イランは国営ニュースチャンネルで放送する必要があるとも、それが自分たちの利益にかなうとも考えなかった。

シリアにおけるイランの関与は、アメリカ占領下のイラクに対する関与と同じだが、一つだけ大きく皮肉なちがいがある。シリアではイランのほうが占領軍の様相を見せており、バラバラで規律のない地元軍を必死でまとめあげようとしているのだ。スレイマニの民兵たちは、アル＝アサドの従来軍が乱れ、死亡し、逃亡するにつれて、ますます軍事的な責任を背負い込むようになっている。おかげでイランの高官が死亡するようになっており、最も有名なのはゴドス軍上級指揮官ハサン・シャテルがダマスカスとベイルートを結ぶ路上で殺された事件だ。特筆すべき点として、イランはアル＝アサドの従来軍の「支援教練」でIRGC外国諜報部門の活動員たちに頼るだけでなく、IRGC地上部隊からの兵員たちにも頼るようになっている。これは、イランの西アゼルバイジャン州の人々など、民族主義的な動機を持つ反乱軍の弾圧経験がきわめて豊富な人員だ。シリア反乱軍に捕まって、二〇一三年に捕虜交換により釈放されたイラン人四八人の中には、旅団指揮官を含むIRGC地上部隊のメンバー数名がいた。

戦争調査研究所の発表した報告によれば、ある興味深い観点からすると、シリアにおけるイランの反乱対抗戦術は、意図的にイラクにおけるアメリカの戦術を真似しているようだという。「革命の生誕地」として知られ、シリア軍が二〇一二年に無慈悲な包囲攻撃を行ったホムス市では、反乱軍たちが追い出されたとたんに政権は高さ三メートルのコンクリートの壁を築いた。これは二〇〇八年に米軍がサドルシティのまわりに構築したものを思わせる。「当時、サドルシティで手先を通じて活動していたイラン人オブザーバーたちは、その作戦の有効性を直接目の当たりにしただろうし、アサド政権に類似のアプローチを採用するよう進言したことだろう」と報告は結論づけている。

「シリアはイラン政権に占領されている。この国を牛耳っているのはバシャール・アル＝アサドではなく、イラン政権ゴドス軍主任カッセム・スレイマニだ」と、元シリア首相リヤド・ヒジャーブは二〇一二年八月に寝返ってから宣言している。

すでに二〇一一年五月には、スレイマニとその副官モーゼン・チザーリ――二〇〇六年にイラク・イスラム革命最高評議会（ＳＣＩＲＩ）本部の会合に出席してＪＳＯＣに収監されたのと同じ活動員――は「シリア国民の人権侵害と弾圧（中略）への関与」の罪でアメリカに制裁を受けている。スレイマニは特に、シリアの総合情報理事会への「イランによる物質的支援提供ルート」と名指された。後で明らかになったように、こうした支援は武器弾薬やゴドス軍人員を、民間機や軍用機によりイラク空域を横切ってダマスカスに密輸したりする活動も含まれ、これによりアメリカからイラクへの外交的抗議が何度か申し立てられたが、アル＝マリキ政府からの返答はすべてそんな空の回廊は存在しないというものだった（二〇一二年にイラクがその否定をやめたときには、それが「人道的支援」であって、アメリカは武器が輸送されているという証拠を一切提示していないと主張した）。アメリカ情報筋によると、スレイマニによってシリアへイラク経由で人員や武器密輸を中継ぎしているのは、バドル軍長官のハディ・アル＝アミリだという。これはアル＝ザルカーウィが二〇〇四年のＡＱＩによるスンナ派募集の旗印とした人物だ。二〇一三年になると、アル＝アミリはイラクの運輸大臣になっていた。今日では、かれのバドル軍はイラクの内務省を牛耳り、同国の国家安全保障に対する広い支配権をもたらしている。これは特にＩＳＩＳに対する地上戦も含む。

ある国の戦争が隣国に「あふれ出る」のがスンナ派ジハード主義者の移動にとどまらなかったのはなぜか、これで説明がつくだろう。二〇一四年一月に、イスラエルのメイル・アミット諜報テロ情報センターは、アサドを助けている外国人シーア派戦士のほうが、実はアサド打倒を目指す外国人スンナ派戦士よりも多いと計算している。

二〇〇七年にアメリカ兵五人をカルバラで殺した集団、正義同盟の一員ジャーファル・アターブが二〇一二年にシリアで殺されたが、その死体はバグダッドに運ばれてイラク治安部隊の監督下、タフリール広場で葬送された。カタイブ・ヒズボラもまたシリアでシーア派民兵を失っている。イラク人、シリア人、アフガン人、アフリカのシーア派で構成されるシーア派・アラウィー派特別グループであるアブ・アル＝ファダル・アル＝アッバース旅団を形成していた、ムクタダ・アル＝サドルのマフディ軍も同様だ。特別グループの専門家フィリップ・スマイスは、二〇一三年八月にバドル軍自身のフェイスブックのページで、シリアに一五〇〇人強が配備されていて、イラクで殺された隊員には公開葬儀が行われると述べていたのを記録している。こうした戦士のほとんどは、アル＝アサドの戦争への参加をひたすら防衛的な言葉だけで説明している。かれら自身によると「聖なる寺院を守る」ために出撃するのだという。多くのシーア派・アラウィー派の戦士が宗教関連の場所に配備されたのは事実で、特にダマスカス郊外にあるサイイーダ・ゼイナブ・モスクが顕著ではあるが、聖なる建物の保護というのは、実質的にはシーア派イスラム主義者の聖戦――またはスレイマニ流の反乱軍弾圧――だったものの穏健表現ないしは隠語となっていた。

イランは、何千ものアフガン難民をアル＝アサド支援に送り出し、見返りに居住権と月に最大五〇〇ドルを提示した。他には元タリバン戦士とされる人々がイランの傭兵となり「シリアにいるアメリカ人たちの支援を受けている連中」と戦わされた。

これまでアサドの生存にとって最も重要だったイラン支援の下位部隊は、レバノンのヒズボラだ。かれらはシリアとレバノンを結ぶ重要な供給路にあるアル＝クサイールの町からシリア反乱軍をほぼ一手に追い出した。ある神の党民兵がレバノンのニュースサイトNOWに告白したところでは「ヒズボラこそがクサイールでの作戦を主導していて、シリア軍は単に二次的な役割しかしておらず、ある地域が完全に『きれいに』されて確保されてから展開するだけだ」。

もちろん地域を「きれいに」というのは、もっと正確には民族浄化というべきものだ。

二〇一三年七月にアブ・ラミというシリア人活動家が『ガーディアン』紙に語ったところでは、「ホムス市のいくつかの地域で、明らかな宗派浄化の例が見られました。それは（中略）大規模なイランシーア派の計画の一部です。これはヒズボラとイラン民兵の関与から明らかです。そしてこれは、アサドの私的なアラウィー派国家プロジェクトの一部でもあるんです」。

ここで言及されているプロジェクトとは、シリア沿岸地方にアラウィー派の残党国家を作ろうというものだ。一時、まだ領土を失いつつあった頃、アル＝アサド政権は、ダマスカスが陥落した場合にはこれがバックアップ計画になると示唆していた。これは西側諸国に対し、もともと反乱軍の動機だと一貫して描いてきたもの、つまりスンナ派至上主義者たちによる絶滅計画に抗して、か弱いアラウィー派少数民族を守るぞと伝えるものだった。

バシャール第二のインタビュー

二〇一一年の落ち着き払った『ウォールストリート・ジャーナル』インタビューとは打って変わって、西側の新聞による蜂起後初のアル＝アサドのインタビューは、ハルマゲドンの預言だった。かれは『サンデー・テレグラフ』紙にこう語った。「シリアはいまやこの地域の中心です。これは活断層で、地面を弄べば地震が起きます。（中略）アフガニスタンの再来が見たいんですか、あるいはアフガニスタンが何十ヶ所も起きてほしいのですか？　シリアで何か問題があれば、この地域すべてが燃え上がります」。またも火事のたとえだ。もちろんこの黙示録的な予想に登場しないのは、もともとの放火犯がだれだったかということだ。でも、そんなことはどうでもよかった。この手口は効いたからだ。

ＮＡＴＯとアメリカは、飛行禁止ゾーンの設置や国の一部に「安全地帯」を設けるといった、能動的な軍事介入を除外しただけでなく、アル＝アサドの敵も同じくらいつれなくあしらった。そのやり方はアル＝アサドをまちがいなく喜ばせたことだろう。ヒラリー・クリントンは政府を離れたとき、民族主義や世俗主義の反乱軍と早く協力しなかったといってオバマ大統領を非難した――この政策上の失敗があったからこそ、ＩＳＩＳが台頭したというのが彼女の言い分だった。でも二〇一二年二月に彼女がまだ国務大臣だった頃にはＣＢＳにこう語っている。「シリアの反対勢力を支援しているのがアル＝カイダ――ザワヒリなのはわかっています。シリアでアル＝カイダを支援すべきでしょうか？　ハマスがいま反対勢力を支援しています。シリアではハマスを支援すべきでしょうか？」その後何年にもわたり、反対勢力がだれか、何なのかを知らないというのがホワイトハウスの公式態度であり続けたが、その後この謎を解明して発見した内容に大いに不満だと告白したのだった。「要するに元医師や農民や薬剤師などで構成された反対勢力に対し、軽兵器やもっと高度な武器を供給すれば、かれらが十分に武装した国軍だけでなく、十分に武装して背後にロシアやイランや戦闘慣れしたヒズボラなどと互角に戦えるようになるなどと思ったことはなかった」とオバマ大統領は二〇一四年八月になっても『ニューヨークタイムズ』紙に語っていた。これはCIAが少数の反乱軍を武装させ、教練を開始した後のことだ。

この大統領の評価は二つの問題を抱えていた。まず、反乱軍の性格づけが不正確だ。シリアの反政府情報源ながらも実証主義の点で信用されている違反記録センターは、戦争による反乱勢力の死者について調査を行い、医師は統計的に無視できる程度のたった一パーセントでしかなく、教師や農民の死者数はそれすら下回ることを示した。戦死者の大半、六二パーセントは兵士だった。国務省におけるオバマ大統領のシリア特別顧問フレデリック・ホフ大使が大統領に告げたように、シリアは徴兵軍を持っているのでほとんどの成人男性は多少なりとも軍隊経験がある。トルコのアンタクヤからの私たちの報告に基づいて、一つの難民キャンプだけで、シリア軍からの下位、中位の寝返り兵を何千人も擁していると証言できる。

さらに、イランの代理人やロシアの物質的支援を受けているとはいえ、疲弊して枯渇したシリア軍を同国反乱軍が倒せないという予想は、オバマが最終的に採用した戦略がかれらを訓練してISISを倒させることだったことを考えると、奇妙なものだ。ISISは、地球で最も強力な軍をイラクで一〇年近くも疲弊させてきた蜂起軍の後継者なのだから。こうした反乱軍の存在意義はアル＝アサド政権と戦うことであり、ISISと戦うことではなかったことを考えると、アメリカの代理となった対反乱勢――基本はスンナ派版の海軍特殊部隊だ――はまちがいなく不満と恨みを引き起こす。「アメリカ人たちは嘘をついて［ジハード主義者についての」情報を得ようとしている」とある反乱兵が二〇一三年二月に『ニューズウィーク』に告げた。「いま、シリアのどんな反乱勢に聞いても、アメリカは敵だと答えるだろう」。これは誇張が過ぎるが、アル＝アサドによる二〇一三年八月のダマスカスの反乱軍と民間人に対するサリン攻撃の後ではさほどの誇張とは言えなくなった。アメリカがオバマ自身による「レッドライン（越えてはならない一線）」に沿って、軍事的に対応しなかった時点で、多くの反乱軍は失望や約束の不履行を感じた。オバマがウラジーミル・プーチンと手を組んでシリアの化学兵器廃棄プログラムを仲介してからほどなく、西側の支援を受けた反乱軍が大量に、戦場から手を引いたり寝返ったり、アメリカからの援助物資や資材でいっぱいの倉庫をＩＳＩＳに襲わせたりした。

ジハード主義者の大赦

アメリカとそのシリアにおける真の優先度に関する幻滅は、広まるまでに時間がかかった。でもアル＝アサドは過激派が蜂起軍を圧倒するように即座に手を打った。二〇一一年五月三一日、蜂起開始からほんの数ヶ月で、かれは大規模な大赦を行った。これは「改革」パッケージの一つで、抗議運動をなだめようとするほとんどポーズでしかない。実際には、この大赦は問題を解決するものというよりブービートラップだった。シリアの「政治犯」すべてを釈放することになってはいたが、その適用は選択的だった。最初の大赦で釈放された二六〇人中二四六人は、凶暴なイスラム主義者を収容する悪名高いセドナヤ刑務所にいた者たちだ。大量の抗議者や活動家は投獄されたままだが、サラフィー主義者・ジハード主義者は大量に釈放された。これらのうち、多くはしばらく前にイラクに向かう密入国ルートにいた者たちで、それがそのままシリアに連れ戻され、イラクに送り込んだ当のムハバラートにより鎖につながれて投獄されたのだ。

元シリア議員ムハンマド・ハバシュは、政府は釈放するイスラム主義者の少なくとも一部は再び国に刃向かって武器を取ると知っていたはずだと言う。そうしたイスラム主義者が少なくとも三人はいた。ザフラン・アロウシュ、ハサン・アッボウド、アフマド・イッサ・アル＝シェイクだ。かれらはシリアで最も組織化された反乱軍旅団の、現役またはかつてのサラフィー主義指導者たちだ。かれらがアル＝アサドに釈放されて間もなく、この三人が満面の笑みを浮かべて一列に並んでいる有名な写真がある。将来ＩＳＩＳに参加する人々もまた大赦を受けた。たとえばいまやラッカの地元エミルとなったアッワード・アル＝マフクラフ、アル＝カイダ加盟で二〇〇七年にセドナヤ刑務所に投獄されたアブ・アル＝アヒル・アブ＝アブシなどだ。

二〇一二年八月、トルコ国境近くで兄のフィラスが殺されてから、アル＝アブシはフィラスの創始したムジャヒディン・シューラ評議会の指揮権を握った。米国務省によると、二〇一四年七月半ば時点でアル＝アブシはＩＳＩＳのアレッポ地方ホムス市の地方指導者となった。

すでに述べたように、ハバシュはシリア国民治安維持局によるセドナヤ刑務所での脱過激化プログラムの責任者に立候補し、二〇〇八年にその職を得ている。かれは私たちにこう語った。「サラフィー主義の抑制や改革もできたはずなんです。アル＝アサド政権がサラフィー主義やスーフィーたちを暴力に走らせました。イデオロギーもその理由の一部ですが、これだけは言っておきたい。ガンジーだって、シリアで三ヶ月過ごしたらジハード主義過激派になってますよ」

そのシリアのムハバラートに一二年務めたある人物は、アブダビの新聞『ナショナル』に対し、アル＝アサドの二〇一一年の大赦はプロパガンダ上の理由でシリアにテロの種を蒔くために行われたと述べている。「この政権は、監獄のドアを開けてこうした過激派を釈放しただけじゃない、その活動も支援して武装旅団の創設を助けたんです」と、二〇一一年夏に北部シリアの自分の部隊から寝返ったアラウィー派の諜報官は同紙に語った。「これは私が噂を聞いたとかいう話じゃない。この耳でその命令を聞いて、それが実施されるのを見たんです。命令は政権の［軍事諜報］本部からきたものでした」。政権はまたイドリブやデラーで、こうした過激派に大量の兵器を提供した、とこの担当官は述べている。

昔からのシリア反体制派で、二〇〇一年九月一一日に（世界の関心が、無理もないことだが別のところに向いていた日だ）アル＝アサド政権に逮捕されたファワーズ・テッロが筆者たちに伝えてくれた示唆的な小話がある。かれはダマスカス宣言（改革支持の政治活動で、皇太子の「改革主義」的な大統領制初期に短期間だけ花開いたが、その後すぐに潰された）と関連した活動家だった。テッロはダマスカスの北東部にあるアドラ刑務所に送られ、そこでナディーム・バルーシュと知り合いになった。テッロの話だと「かれはラタキア出身の若者でした。トルコにいて、シリアに戻ったらトルコ情報部がうちの情報当局に連絡して逮捕されました。アドラ刑務所には一年以上入っていました」。バルーシュはテッロの隣の房に入っていて、収監中に二人は「ドア越しに怒鳴って」夜に議論を行った。「この人物とは相いれる部分が一切ないことに気がつきました。きわめて過激な思想の持ち主だったんです。でもかれは、他の房のイスラム主義者と話をしていて、自分のイデオロギーを広めていました。アル＝カイダのメンバーではなかったし、軍事教練キャンプにいたこともなかった。単なるサラフィー主義者で、しかも非暴力的でした。牢屋に入った人々の相当部分はそういう具合でした。刑務所に入っている間は、まるでジハード主義大学に通っているようなものです――バルーシュもね」

テッロがアドラ刑務所から釈放された後、バルーシュはセドナヤ刑務所に移送され、二〇〇八年にはそこで悪名高い刑務所暴動の首謀者六人の一人となった。この暴動の具体的な出来事や後日談はいささか曖昧だが、少なくとも二五人が殺され、九〇人が負傷している。「やつらが監獄を制圧した直後、囚人を何人か処刑しました。政権の密告者だというんです。バルーシュはこれら囚人の一人を自らの手で処刑しています。その犠牲者は密告者なんかじゃなく、単にバルーシュのイデオロギーに賛成しなかっただけなんです」

アル＝アサド政権がやっとセドナヤの支配を回復したとき、暴動の首謀者は処刑された――ただし例外がナディーム・バルーシュだった。「あいつは死刑にならず、刑期満了（刑期は二〇一五年まで続くはずでした）のはるか前の二〇一〇年に釈放されました。ラタキアに帰って店を開きましたよ」

シリア蜂起の初期にバルーシュはラタキアの平和的なデモに参加した。ラタキアはアル＝アサド一家が先祖の出身地と主張する沿岸の県だ。でもバルーシュはアラウィー派に反対する極度に宗派的なスローガンのおかげで他の活動家に蹴り出された――なんといってもそこはシリアのアラウィー派本拠地なのだ。「バルーシュを受け入れなかったのです。それから一年もしないうちに、九ヶ月後だったかもしれませんが、一部の反乱軍がラタキアで政権に対して武装蜂起しました。山に逃げて、部隊をつくり上げたんです。その一人がバルーシュでした。追随者はだれもいませんでしたが、でも山にこもって独自の部隊を作りました。その部隊がさらにジャブハット・アル＝ヌスラ（大シリア人民支援戦線）に加わったんです」。これはシリアにおけるアル＝カイダの一派だ。

バルーシュは抗議運動前にセドナヤ刑務所から釈放されているが、この話は同国でいまや無数にあるテロリストセルの構成について、外国やシリアの担当者がこれまで述べてきたこととおおむね一致している。たとえば二〇一四年一月には、ファイエズ・ドワイリ少将（元ヨルダン軍諜報担当者で、同国のシリア危機ポートフォリオ運営を支援した人物）がアブダビの新聞『ナショナル』紙に語ったところでは「ジャブハット・アル＝ヌスラを設立した人物たちの多くは二〇〇八年に政権に捕まり刑務所に入った。革命が始まると、かれらはシリア諜報担当者の助言により釈放された。担当者たちはアサドにこう語ったのだ。『連中は我々のためによい仕事をしてくれるでしょう。釈放にはかなりの欠点もありますが、でもそれ以上の利点がある。というのも世界に対し、我々がイスラム主義テロに直面していると説得できるからです』」

ナワーズ・ファレスは元は在イラクのシリア大使だ。イラクはこれまでの章で検討した通り、二〇〇九年末までアル＝アサドがテロを使って不安定化を図ってきた国だ。ファレスは二〇一二年七月に寝返り、報道に対してアサド政権が革命後かなりたっても相変わらずジハード主義の炎と戯れていると語った。ファレスはこの共同作業の仕組みを直接知る立場にいた。バグダッドのシリア大使館に移る前、そしてサダム・フセイン失脚後、かれはアル＝アサド政権治安維持主任と、シリアとイラク国境の近くの県知事を務めた。そして『サンデー・テレグラフ』紙に対し、「［イラクに］行きたい公僕はすべて旅費が支援され、その分の欠勤は記録されないという口頭での命令を受けた」という。また寝返る直前でも――二〇一二年夏――、アル＝カイダ活動家と調整している政権内の「連絡将校」を何人か知っていたという。もっと興味深いことに、ファレスによれば二〇一一年末以降にシリアで起こったすべての大規模テロ攻撃は「実行したのはアル＝カイダだが治安維持軍との協力のもとで行われていた」という。中でも、二〇一二年五月にダマスカス郊外の軍事諜報ビルを標的にした、ことさら悲惨なテロもその一つだ。

こうした糾弾は捏造や政治的な動機によるものだったりするのだろうか。可能性はあるが、アラウィー派諜報官の場合、かれが『ナショナル』紙に対し、それでも自分は過激化した反体制派の勝利よりはアル＝アサドの支配のほうがいいと語っていることは特筆に値する。真実はどうあれ、こうした糾弾はどれも過去に十分証明されたアサド政権とAQIとの野合（これは二〇一〇年近くまで続いていた）という、可能性の高い想定に基づいている。だから政権がバグダッド爆撃とデラー騒乱発生の間の一年もの期間に、ジハード主義との関係をまとめて断ったとすれば、それは現代史の中で最も劇的な反動の受け手となったということになってしまう。

かくしてザルカーウィ主義者たちがシリアに到来

最後のアメリカ兵がイラクを離れる数ヶ月前、アブ・バクル・アル＝バグダーディはシリアに一握りの活動家を送り込んだ。シリアでジハード主義者たちの中に潜入していたジャーナリストのラニア・アブゼイドによると、八人が二〇一一年八月のラマダーン期間中に同国の北東にあるハサカ県に国境を越えて侵入した。その一人はアブ・モハメッド・アル＝ジョラニだった。これはダマスカス出身のシリア人で、ISIに加わって戦い、かつては自分をおそらくイラクへと移送をした政権に反対する立場に切り替えたらしい。

大赦の一環として三〇代前半のアル＝ジョラニもセドナヤ刑務所から釈放されたと噂されてはいるが、これを裏付ける確実な証拠はない。ドワイリ少将は『ナショナル』紙に、ある時点でアル＝ジョラニは政権に捕まっていたと語っているが、その時期も刑務所も挙げていない。アブゼイドの報道によれば、アル＝ジョラニがハサカで最初に接触したのは元セドナヤ刑務所の受刑者でISI集団をまとめた人物だったという。このグループはシリアでの最初の晩に「シリア人数名、サウジ人一人、ヨルダン人一人」で構成されたという（確実にわかっていることは、アル＝ジョラニはキャンプ・ブッカの収監者だったことがあり、そこで米軍にモースル出身のイラク系クルド人とまちがえられていたということだ）。

アル＝ジョラニのセルは、二〇一一年末に治安維持部隊と軍を標的とした自動車爆弾攻撃をダマスカスで何件か実施したとされるが、二〇一二年一月二三日にジャブハット・アル＝ヌスラが組織としての結成を宣言するまで、そうした攻撃が自分たちによるものだと発表しなかった。

アル＝ジョラニはまた、自分の組織とISIとのつながりを隠すのに腐心し、おかげでそのセルのメンバーたちですら、ジャブハット・アル＝ヌスラが何を目指しているのか、どうやってその大胆な攻撃を実施したのかよくわかっていなかった。ドイツの週刊誌『シュピーゲル』

の記者クリストフ・ロイターは北部シリアでのＩＳＩＳのネットワーク構築用にハッジ・バクルが用いた文書を手に入れた人物だが、私たちにこう語ってくれた。「初めて本物のアル＝ヌスラ集団が登場したのは、二〇一二年七月アレッポでのことです。その一人と話をして『おや、するとあなたがアル＝ヌスラなんですね？』というと『そうそう、そうなんだ！』と言います。『じゃあどうやってダマスカスの治安部隊のビルを吹っ飛ばしたんだい？』『さっぱりわからんよ』としばらくやりとりした後でかれらも認めました。『おれたちは名前をいただいただけだよ、すごい名前だからね。そしてそれと一緒に湾岸諸国からお金ももらったよ』」

つまりアル＝ジョラニは六ヶ月近くを、シリアでの隠密ジハード主義者ネットワーク構築——または再構築——に費やしてから、それを厳密にシリア発の組織なのだと称してデビューさせたことになる。これはふたを開けてみると驚くほど巧妙なことだった。というのも、アル＝ヌスラは内戦における最も手強い反アサド反乱軍となっただけでなく、地元コミュニティに対しては相対的に「穏健」だったおかげで、非イスラム主義者からでさえ敬意と承認を得られたからだ。たとえばアル＝ヌスラは後のＩＳＩＳとはちがってシリアの少数派には宣戦しなかった。ときには教会を守って、キリスト教徒たちに自分がシリアの社会的宗教的モザイクの一部であって、外国タクフィール主義集団ではないことを示すことさえやった。アナリストによれば、この点でアル＝ジョラニはアル＝ザワヒリによる二〇一一年五月のビン・ラディン暗殺後の行動計画に従っていた。ライース・アルコウリはこう語る。「ザワヒリはシーア派、ヤズディ教徒、ヒンドゥ教徒、キリスト教徒、仏教徒といった、他の宗教集団や宗派に対する攻撃は、先にスンナ派が攻撃されたのでない限りは絶対に控えろという方針でした。これは、ザルカーウィとマスリとバグダーディ時代におけるイラクのアル＝カイダに対するすさまじい反発のせいでした。ザワヒリはまた、ジハード主義集団に対してムスリム国民に呼びかけるよう訴えたんです。ザワヒリによれば、そうした人々はシリア、レバノン、北アフリカで真のイスラムの教えを受けていないからというのです。狙いは、タウヒードつまり、一神教の概念を中心に人々を集結させることでした」

アル＝カイダによるタクフィール主義を統合のための社会契約とする方針は、アメリカと部族集団の努力のおかげでイラクでは失敗した。アル＝ヌスラは、アル＝ザワヒリがシリアにおいて、隣国イラクで自分の一味が引き起こした評価失墜を修復しようとするためのツールだった。後にアル＝ジョラニはアルジャジーラに対し、アル＝ヌスラの起源はアル＝カイダの古くからの野心を遅ればせながら実現させるためなのだと述べている。その野心とは、シリア人民を圧制的な政権から解放支援することだ。

かれはこう述べている。「だれもレヴァントの重要性は無視できない。ここは古代も現代も、紛争の地だ。（中略）［シリアの］蜂起が始まったとき、ＩＳＩＳ指導者の一人がどうすればいいか相談してきた。我々は、シリアで活動しようと答えた。（中略）政権はきわめて抑圧的だったし、人々はそれに対して武器を取るという考えにはほど遠く、我々の採る道を受け入れることさえせず、政権との対決の結果をまったく打破できずにいた。だからこの蜂起は多くの遅れを取り除き、我々がこの祝福された国に入るための道を整えてくれた。（中略）我々は［ジャブハット・アル＝ヌスラの創設許可を］求めたが、この発想はしばらく前からアル＝カイダ指導層の念頭にはあったのだ」

アル＝ヌスラ指揮官としてアル＝ジョラニは全国にまたがる自集団の活動を自ら監督し、ときには部下や手下たちのやる気を調べるため、本物のアル＝ジョラニが派遣した代理人のふりすらしている（キャンプ・ブッカの場合と同様に、AQIは敵をだますためだけでなく、自分自身の新兵たちをだますために防諜の見せかけを活用した）。

アル＝ザワヒリは二〇一二年初頭に二つの公式発表を出し、そこで一度も名は挙げないものの暗黙にアル＝ジョラニの活動を承認している。第二の公式発表は二月一一日に発表されたが、このエジプト人は「トルコ、イラク、ヨルダン、レバノンのあらゆるムスリムとあらゆる気高い自由人に、財産や意見や情報など手持ちのあらゆるものを使ってシリアの兄弟たちを支援するよう訴えた」。アル＝ザワヒリはアル＝アサド政権を痛罵し、「共同体《ウンマ》の輝ける若者たちを刑務所に閉じ込め、拷問し殺した。イスラエルとの国境を四〇年近く守り、アメリカと共にテロを口実としてイスラムに対する戦争に参加し、ハマ、ホムス、ジスル・アル＝シュグル、ダラーで何十年にもわたり恐ろしい虐殺によりムスリムの血を流し、政権内部に強奪的な盗人集団を擁して、鉄や炎を使いシリアの富や資源を略奪している」と述べた。

よい戦争を再び無駄にしてはならぬと、アル＝ザワヒリはまたもやサービス局時代と死んだ親分を復活させ、ムジャヒディンたちへの世界的な招集を呼びかけたのだった。

10 分離
アル＝カイダとＩＳＩＳ決裂

二〇一四年一二月末、ＩＳＩＳは『ダービク』六号を発刊した。表紙を見ると、アル＝カイダの作戦本拠地であるパキスタン北西部ワジリスタン地域「内部からの証言」が約束されている。アブ・ジャリール・アル＝シャマリという、アブ・ムサーブ・アル＝ザルカーウィの元仲間と称する人物により書かれたその記事は、かつては気高かったジハード主義組織の劣化について、怒りよりはむしろ悲しみが込められていた。アル＝シャマリは、二〇一〇年にイランの刑務所から釈放されてからワジリスタンに旅したと述べる。そこには立派なイスラム首長国があると思っていたのだ。「聖戦士《ムジャヒディン》たちがそこでの意志決定者で、イスラム法《シャリーア》が導入されていると思っていた。だが残念ながら悲しいことに、支配的な法律は部族の法だった」。子供たちは「世俗政府」の学校に通っていた。舗装された道路を見れば、パキスタン政府がいまだにその地域をしっかりコントロールしているのは明らかだった。そして女性が男性と入り交じり、「突然の軍事行動の際にムジャヒディンの兄弟たちが行動するのを難しくしている」。要するに、アル＝カイダの首長国はまったく体をなしていなかった。さらにアル＝シャマリによると、パキスタンのムジャヒディンたち、特にアイマン・アル＝ザワヒリと「ワジリスタン地域を離れて秘密の非公開メッセージを携えていった、アル＝ザワヒリの手先ども」の裏切りにより、ＩＳＩ内部に亀裂が生じてしまい、これがシリアで内戦の中の内戦を生み出してしまった。ジャブハット・アル＝ヌスラがいきなりＩＳＩＳと交戦を始めたのだ。

シリアで交戦するアル＝ヌスラ

二〇一二年八月にはアメリカ諜報筋は、アル＝カイダがシリアにざっと二〇〇人の活動家を送り込んでいると推定していた。これは同地域でアサド政権と戦っている反乱組織全体の構成からすればごく少数だ。だがＡＰ通信が報じたように、かれらの「部隊は都市から都市へと広がり、イラク蜂起の経験者たちがその爆弾製造技能を利用して、これまで二〇以上の攻撃を実施している」。そしてアル＝ザワヒリのお説教も実を結んだ。アメリカ国務省の対テロ担当トップであるダニエル・ベンジャミンが言ったように「シリアにいたりシリアに向かったりしている（中略）外国人戦士集団がずっと増えた」のだ。とはいえ、ベンジャミンによれば西側が支援する反乱集団は「正義感がしっかりしており、アル＝カイダや暴力的な過激派とはまったく関係を持ちたがっていないと保証してくれた」そうだが。

その正義感も、自由シリア軍（ＦＳＡ）の旅団や部隊がジハード主義者たちに比べて自分たちのリソースがあまりに少ないとこぼし続ける中で、かなりの試練を受けることになる。その時点で、アメリカは反体制派に「非殺傷的な援助」としてトランシーバーや暗視ゴーグル、調理済み携帯食（ＭＲＥ）などを送っていた。ＦＳＡ戦士たちは、シリア軍からの寝返り組がシリア軍から奪ってきた各種兵器や、政権側基地を襲撃して得た武器や、闇市場での武器購入に頼らざるを得なかった。ちなみにカラシニコフやロケット推進グレネードランチャーや弾薬などの軽火器の値段ですら、需要が高いために高騰している。反乱軍はまた、ますますサウジアラビアとカタールの買ってくれた武器に頼るようになっていた。この湾岸諸国二ヶ国は、対立する狙いを持っていたし、欧米がよく思わないイスラム主義戦士と共闘したがっていた。

　シリア内戦でほとんど検討されていないのは、もともと民族主義や世俗主義に自然に傾いていた戦士たちが、きわめて激しい武器価格競り上げ合戦のおかげで過激化されたか、少なくとも過激化したというポーズをとるようになっていったということだ。国際共和主義研究所（ＩＲＩ）とプリンストン大学のペクター・ポールスが二〇一二年六月に実施した反体制派調査を見ると、反乱軍たちはポストアサドのシリアに関する意図を明確に述べている。調査によれば、四〇パーセントはダマスカスに暫定政府を求め、それから選挙をすべきだと述べていた。三六パーセントは、革命後のチュニジアのように憲法評議会を設け、それから選挙すべきだとしていた。でもこれはだんだん変わったか、少なくともそう見えた。アンタクヤで——ここは二〇一一年夏には難民の中心地とトリアージセンターと、反乱軍のためのバラック街になっていた――弾薬の破片による怪我からの回復を待つ主流FSA戦士の一人と会った。かれは酒を飲み大麻を吸い、アサド派崩壊後には民主国家が生まれるのを見たいと言う。でも、戦場の写真を見せてもらうと、そこに写っていたかれは、ひげの長いイスラム主義武闘派戦士で、チェチェン分離主義軍閥シャミル・バサエフを彷彿とさせる人物だった。

その話によると、この反乱軍旅団はムスリム同胞団から資金提供を受けていたので、自分の兵員への補助を確保するため、かれは自分の宗教性を過大に演じるべきだと思ったのだそうだ。別の反乱軍指揮官は、数百名から成る自分の小さな新興部隊を維持するために、ハマに持っていた世襲の鉱山事業や妻の宝石などすべてを売らねばならなかったと苦情を述べた。それなのにジハード主義者の指導者たちは、シリア全域の隠れ家に、袋に詰め込んだ現金を持って登場し、それを仲間たちに気前よく分け与えて銃や弾薬や爆弾を買わせているのだという。シリア東部とイラク西部の、八年前からの武器とジハード主義者の輸送は、逆方向に動いていた。

二〇一二年一二月一一日、アメリカ財務省はアル＝ヌスラがアル＝カイダのシリア支部だとして禁輸対象とした。それによれば、アル＝カイダは「シリアの不安定性を自分たちの狙いのために利用し、そのために［イラクのアル＝カイダから］学んだ戦術を使い、そこから得たイデオロギーを掲げる。それはシリアの国民が総じて拒否しているものなのである」。

この糾弾にもかかわらず、アル＝ヌスラは周縁化しなかった。それどころかかえって反体制派をアル＝ヌスラの下に結集させる結果となった。それは必ずしもイデオロギー的な共感からではなく、戦時中の必要に迫られてのことだった。ワシントン在住のシリア反体制派で、元は反体制派初の政治的な組織であるシリア国民評議会に所属していたラドワン・ジアデ博士は、このアメリカの決断をまちがったものと指摘したが、その理由はまさにこの紛争をアル＝アサド政権が描いているとおりのもの――テロに対する戦争――なのだと認めてしまうように見えるからだ。シリア国内の反体制派もほぼ同じ意見だった。

一年の大半をかけて、飛行禁止区域やＦＳＡへの武器供与という形でのアメリカの軍事介入を要請してきた活動家たちは、自分たちの敵に対して最も決然と戦っている集団の一つをブラックリストに載せたアメリカの決断に唖然とした。二〇一二年一二月、シリア人たちは全国で金曜日のデモを再び開催したが、そのかけ声は「我々はみんなジャブハット・アル＝ヌスラだ」というものだった。

ＩＳＩがアル＝ヌスラを支配

実は、財務省の諜報を裏付ける最初のアル＝カイダのエージェントは、他ならぬアブ・バクル・アル＝バグダーディだった。アル＝ヌスラが前衛的な戦闘軍として確立されてから一年以上も後の二〇一三年四月八日のラジオ放送でのことだった。これはまた、アフラール・アル＝シャムとアル＝ヌスラ率いる多数の反乱軍派閥が、東部のラッカ市という初の（そしていまのところ唯一の）県都をシリア軍から奪取して一ヶ月後のことでもあった。ここは、国内で居場所を失った人々が集まってきたので人口が三倍になり、「革命のホテル」という異名をとった。

ラッカ市陥落は、現代中東史の別の重要な記念日とほとんど一致しそうになった。それはイラクの自由作戦で米軍がイラクに侵攻してからほぼ一〇年近くたった日だったのだ。この二つの出来事の間には、陰惨な対称性がある。アメリカ海兵隊は、イラク人たちがバグダッドのパラダイス広場でサダム・フセインの巨大な銅像を倒すのを手伝ったことで有名だ。その一人は、一瞬とはいえその銅像に米国旗をかぶせるという議論の分かれる行動すら取った。ところが今回はイスラム主義者たちが、ハフェーズ・アル＝アサドのブロンズ像を引きずり倒し、バアス党一派の支配する別のアラブ大都市の旗竿に、ムスリムのシャハーダをくりつけた。シャハーダとは黒い旗にアラビア語で「神以外に神なし、ムハンマドはその預言者である」と書かれたものだ。ものの数日で、ラッカ市の建物にもアル＝ヌスラによるとされる落書きが現れ、泥棒への処罰は片手の切断だと警告していた。女性たちには、服装がどのくらいつつましくあるべきかを教えるパンフレットが配られた。そして多くの住民たちはアル＝アサド政権追放に歓声を上げたが、新しい支配者たちや、かれらが持ち込んだ意見の分かれるイコノグラフィを全員が歓迎したわけではない。

『ニューヨーカー』誌で、ラニア・アブゼイドは、あらゆる世代のラッカ市民と、あるアル＝ヌスラ活動家との間で展開された激しい論争を再現して見せた。この人物は、自由シリアの旗――抗議運動の初期に反体制派が採用した、バアス党以前の三色旗――をイスラムの旗で置きかえるべきだというパンフレットを配っていたのだった。二〇代のアブ・ノールは、シャハーダなんかを掲げたらシリアにまちがった介入を仕掛けるようアメリカに呼びかけることになる、と恐れた。「我々はこの旗のせいでアメリカのドローン攻撃の的となってしまう。我々が過激派ムスリムだと思われてしまう！」。イラクから反乱軍に武器を密輸する手伝いをしていた年配のアブ・モアヤドは、その旗がこの革命の第一原理を否定するものだとアル＝ヌスラに告げた。「我々はイスラム首長国ではない。シリアの一部だ。これは宗教の旗であり、国の旗ではない」

ＩＳＩのラッカ奪取は、ひそかな攻撃によりほぼ一夜にして実現したように見えた。これはＩＳＩがアル＝ヌスラをシリア全土に配備したのと同じだ。アル＝バグダーディは二〇一三年四月八日にこう宣言した。「シリアの状況が流血と名誉侵害という点であの水準に達したとき、そしてシリア人民が助けを求めたのに万人が見捨てたとき、我々がかれらを助けるしかなかったので、兵の一人アル＝ジョラニと、息子たちの一団を指名し、イラクからシリアに派遣してシリアのセルに会わせた。かれらのために計画をたてて、方針を考案し、財政の半分を使って毎月支援した。外国人や地元民を含め、長い経験を持つ人々も提供した。（中略）安全保障上の理由もあり、また人々にメディアによる歪曲や誤報や捏造と離れたところで「ISIについての」真実を知ってほしかったので、発表は控えた」

アル＝バグダーディはこのメッセージで、すでに広まっていた噂を裏付けるにとどまらず、アル＝ヌスラとISIが統合して一つの地域横断的なジハード主義組織となったと宣言した。これがイラクとアル・シャムのイスラム国（ISIS）として知られるものであり、イラクとレヴァントのイスラム国（ISIL）とも呼ばれる。

二日後、そんなのご免だよ、というアル＝ジョラニの返答がきた。

イラクを拠点とする上官に対する敬意は、「栄誉あるシェイク」という呼び方からもうかがえたものの、アル＝ジョラニは自分はこの統合を認めないし、事前に何も聞いていないと述べた。ISIが厳しい財政状況の中でシリアの支部を助けてくれたことには感謝したし、アル＝バグダーディが自分を副官に任命してアル＝ヌスラの指揮にあたらせたことも認めた。でも、アル＝ジョラニは自分の真の忠誠対象について、まったく疑問の余地を残さなかった――忠誠を誓う相手はアイマン・アル＝ザワヒリ、「ジハードのシェイク」だ。かれは公然とアル＝ザワヒリに対する自分やアル＝ヌスラのバヤットを更新して見せた。

それに続いたのは、アル＝ヌスラからのメディア発表の一時的な休止であり、それに伴いISISからの談話の加速だった。アル＝ヌスラの公式メディアネットワークであるアル＝マナラ・アル＝バイダ（白い灯台）は発表を止め、ISISのメディア部門アル＝フルカンも、アル＝ザワヒリが決断を述べるまで沈黙を守った。でもだからといって、それぞれの組織の関係者や訪問者たちが、独自のアジプロを生み出すのは止められなかった。アル＝ヌスラの場合、「ウィラヤット・デラー」軍事評議会が二〇一三年五月と六月に独自に発表を行い、シリア南部でのアル＝ジョラニへの忠誠を明確にした一方で、北部と東部、アレッポとラッカで、アル＝ヌスラはＩＳＩＳへの転向者増大に苦しんだ。ある例では、アル＝ヌスラ関係者がＩＳＩＳに寝返ったのに、二〇一三年の五月末から六月初頭になってやっと、お行儀の悪い兄弟二人のケンカを止めさせようとする疲れ切った父親のような形で、アル＝ザワヒリが公的に発言したため、すぐに古巣に戻ってきたのだった。

アルジャジーラで公開された公式声明を通じて、アル＝ザワヒリはなんとか自分の評決を公平らしくしようと最善を尽くした。それによると、アル＝バグダーディは「我々の許可も得ず、助言も求めず、通告すらせずにイラクとレヴァントのイスラム国を発表したのはまちがっていた」。だがアル＝ジョラニもまた「我々の許可も得ず、助言も求めず、通告すらせずにイラクとレヴァントのイスラム国拒否を発表し、アル＝カイダとのつながりを明らかにしてしまったのはまちがっていた」。従ってアル＝ザワヒリはＩＳＩＳを「解体」させ、ＩＳＩとアル＝ヌスラの双方に対して元の地域に戻らせた。片方はイラクを支配し、もう片方はシリアで活動するというわけだ。

この宣言でも部下二人の口論再開は阻止できないとまちがいなく承知していたアル＝ザワヒ

リは、別の形で自分の決定に駄目押しした。アル＝カイダのシリアにおける「代表」であるアブ・ハリード・アル＝スリを、自分の宣言から生じかねない今後の口論すべての現地仲裁係として任命したのだ。また、アル＝ヌスラやＩＳＩが相手に攻撃を仕掛けた場合には、アル＝ザワヒリは「その事件についての決定を行うためのシャリーア法廷を設置」する力をアル＝スリに与えた。

アル＝スリは二〇一四年二月にアレッポで自爆テロにより殺された（ＩＳＩＳが下手人だった可能性がある）。かれはアル＝カイダ活動家としてはベテランだし、アル＝アサドによる二〇一一年の特赦の恩恵を受けた一人なのは言うまでもない。今日のシリアにおける最も強力な反乱グループの一つであるハラカット・アフラール・アル＝シャム・アル＝イスラミーヤ（レヴァントにおける自由人のためのイスラム運動）創設も手伝っている。アル＝スリは死ぬまでアル＝ヌスラとアフラール・アル＝シャムとの間の昔からの作戦連携における要となっていた。

サイクス＝ピコ体制を擁護するアル＝ザワヒリ

この現場指揮官二人の間の危機は、自分の父権的な介入後も続くだろうというアル＝ザワヒリの疑念はやはり正しかった。アル＝バグダーディはその布告に従おうとせず、それは、アル＝ザワヒリがシリアとイラクの領土のちがいにこだわっているのが、西洋帝国主義列強が第一次世界大戦末期に決めた人工的な国境、つまりサイクス＝ピコ協定への従属だといって正当化して見せた。これはジハードのシェイクに向ける批判として、生やさしいものではない。

サイクス＝ピコ協定は、マーク・サイクス卿の考案物であり、オスマン帝国の遺物を山分けするため、イギリスとフランス間で結ばれた二〇世紀の秘密協定だった。「アッコ（Acre）の『e』から、キルクーク（Kirkuk）の最後の『k』まで一本線を引きたいのです」とサイクスは一九一五年一二月にイギリス内閣に語っている。現実には、サイクス＝ピコ協定は当初構想されたような形では実現しなかった。たとえばモースルは、もともとフランスの勢力圏に入る予定だったのが、結局はイラクのイギリス支配地となった。でも一〇〇年以上前のオスマン帝国の国境沿いに引かれたにもかかわらず、この協定はバアス党員、共産主義者、汎アラブ民族主義者、イスラム主義者の幾世代にもわたり、強い不満のもととなり続けてきた。この協定はかつてもいまも、中東をめぐる西洋の狡猾で不誠実な計略の同義語となっており、おかげで実はISISが二〇一四年六月にモースルを襲ってイラクとシリアを分割する土塁をブルドーザーで潰したときには、サイクス＝ピコ協定を物理的にも象徴的にも反古にする行動なのだとうたったほどだ。そしてそれは暗黙のうちに、アル＝ザワヒリの聖戦に関する指示を拒絶するものだった。従ってアル＝バグダーディとエジプト人長老との決別は、将軍に反逆する部下という以上のものだった。ISISのエミルは、自分の上司を過去の遺物であり裏切り者だと呼んだに等しい。

アル＝ヌスラとＩＳＩＳの分裂で、世界的とまではいかなくても地域的なジハード主義参加者たちもさらに変身した。アル＝ヌスラの下位の外国人戦士たちの大半はＩＳＩＳに移り、おかげでアル＝ジョラニ配下の組織は圧倒的にシリア人中心となった。

イラク国内では、ＩＳＩＳの力学と性質が変わった。アル＝バグダーディはアル＝ザルカーウィが創始し、アル＝マスリと初代アル＝バグダーディが拡大したＰＲ装置を本気で引きつぎ、上層部を元サダム・フセイン派たちで埋めたことで、ＩＳＩをさらにイラク化させた。アル＝ヌスラの下位と中位の士官たちを取り込むことで、アル＝バグダーディの率いるテロ軍は、再びかなり国際化した。その勢力は、レヴァントとメソポタミアにまで広がっている。アル＝カイダを拒絶したことにより、アル＝バグダーディはＩＳＩＳを、イラクで最初期に誕生した頃に戻したのだ。

シリアのサフワ

ソウアド・ナウファルは、反アサド抗議がラッカ市で勢力を増したときのことを覚えている。それは二〇一二年三月一五日、シリア東部地域の住民として最初期に政権軍に殺された、アリ・バビンスキーの死の直後だった。かれは一七歳だった。「かれを埋葬して、かれのために葬式をして抗議しました。すると連中は発砲して一六人が殺されました」

彼女はまた自分がＩＳＩＳに対して抗議を始めたときのことも覚えている。「パオロ神父が連行されたので私はデモを始めました」。パオロ神父とは、イタリア人のイエズス会神父で、何十年にもわたりダマスカス北部に教区を持ち、当初からシリア革命を支援してきた人物だ。七月末にラッカ市での抗議に加わってから、神父はＩＳＩＳに誘拐され、その後消息を絶っている。ヒジャブ（イスラム圏の女性が頭にまとう布）をまとった小柄な四〇歳の元学校教師ナウファルは、二〇一三年一一月に筆者の一人によるインタビューでこう語っている。「パオロは私のお客でした。いつもラマダーンの断食を終えるときにうちに来ていました。かれはＩＳＩＳ反対の演説をするために来ました。殺戮と秘密主義、あの政権のやることすべてを終わらせたがっていた。ＩＳＩＳと話し合いに出かけたのに、戻ってこなかったんです」

ナウファルは、ＩＳＩＳをその圧制的な支配と宗教的な反啓蒙主義について糾弾した四分のビデオを製作したおかげで、シリアの穏健活動家にとって英雄になったたし、インターネットでもちょっとした有名人となった。このビデオは「パンツ姿の女性」と題されている。これは、ＩＳＩＳの決めた女性向けドレスコードに従うのを拒否したことを指すものだ。ナウファルは、過去二ヶ月にわたり彼女が暮らす県の新しいイデオローグたちに抗議してきたと語る。その連中はイスラムを汚しているだけでなく、そもそも彼女を含む活動家たちが排除しようとしてきた全体主義者たちの鏡像そのものなのだと彼女は見ている。「ひどいものです。アサド政権とそっくり。脅して従わせるんです」

抗議運動初期の諜報機関《ムハバラート》と似た形で、ＩＳＩＳも民間人がラッカで、挑発的な行動の写真を撮ったり録音をしたりするのを禁止している。「ＩＳＩＳは人々を街頭で革紐で殴りつけます。カメラで『違法な』写真を撮っている人がいれば、連行されます。本部前で私が抗議していた一ヶ月半の間も、みんな怖いから写真を撮る人はまったくいませんでした」

ジハード主義運動が成功したのは、貧困、文盲、この県の戦時窮乏を食い物にして人々に恩を売ったからだとナウファルは考えている。特に有効だった戦術は、ラッカ市の子供たちの洗脳だ。「貧しくて学がなく、子供たちの行いに注意していない家の子供が出かけるとＩＳＩＳが一家に食べ物とお金を約束してくれるんです。連中はそういう子供たちをおだてて、『シェイク』と呼び、武器と権力を与え、児童兵に仕立てます。でもそれは神学なんか学んだこともない一〇歳の子で、それがシェイクですよ！　私はこれが、ムスリムやイスラムの本質を本気で台無しにしているのが心配なんです」

ナウファルは、ＩＳＩＳの地元本部の前に毎日立ち、そこで呪詛を吐かれ、ツバをかけられ、虐待され、車でひかれたこともある。「そこに立っていたら、長い白いひげをはやしたＩＳＩＳの男がやってきて、そこに車を停めると言うんです。でもここは広いところです。私にどけと言うんですが、断りました。すると罵倒し始め、バカにしましたが、それでも動きませんでした。そこで、車を二回も私に当てたんです。そんなに強くではなく、むしろかれの意地のためという感じでした」

彼女はさらに続ける。「毎日、連中は私の頭にカラシニコフを向けて、撃つぞと脅します。だから言ってやるんです。『やりなさいよ。最初に私を殺したら、二発目の銃弾はバシャールの頭に向けるのよ』。するとやつらは苛立ちます」

彼女の機知は、タクフィール主義者たちを動揺はさせるかもしれないが、彼女が小柄な中年女性でたった一人の反抗者だったからこそ、おそらくはこれまで命と危うい自由を容認されてきたのだろう。それでも、ISIS独特の社会正義をギリギリのところで逃れた経験は一度ではないと彼女は主張する。最後に危ない目にあったのは、ラッカ市のキリスト教徒コミュニティの権利のために立ち上がったときだった。

二〇一三年九月末に、ISISは県内の教会二つを攻撃して焼き討ちにし、十字架を尖塔から外してグローバルジハードの黒旗に付け替えた。九月二五日にはこれをサイダート・アル＝ビシャラ・カトリック教会に対して行うと、二〇人強ほどの人々が抗議のために集まってきた。「私はみんなに言ったんです。『こんなところで何してるの？　本部に行きなさい』」。ナウファルは行進を先導し、抗議者の一部がそれに従ったが、本部に到着する頃には一人になっていたという。みんな怖がって脱落していったのだ。その翌日、別の教会が襲撃された。ナウファルはまたもや、人々が逮捕されたと聞いてデモに出かけた。今回は「許して下さい」と書いたプラカードを抱えていった。そのメッセージは家族に向けてのものだった。今度こそ殺されるか誘拐されると確信していたからだ。「最初は、私を脅して追い払おうと、近くで爆弾を爆発させました。一〇分そこにいましたが、ＩＳＩＳの一六歳のメンバーがやってきて私を異教徒と呼び、他のＩＳＩＳの男たちのほうを向いてこう言いました。『なんでこいつを生かしておくんです？』その子が私を殺そうとしたんですが、でもどうやらだれも私と話をするなという命令を受けたようでした。

五分後、銃と兵器を積んだ車がきました。だれかが飛びだして私の腕をつかみ、肩を殴りました。別の男がツバを吐きかけて罵倒しています。もうダメだと思いました。そしてまわりのシリア人たちに呼びかけ始め、こう叫んだんです。『シリア人のみなさん、これで満足？　こいつらが私にしていることを見て。自分たちの女が強姦されている様子を、暴力をふるわれている様子を見ても、じっとすわって見ているだけなのね』」

ナウファルは、外で抗議をするのは道行く人がだれも自分を見分けられない場合だけだという。ＩＳＩＳ武闘派に見られた瞬間に、そこを立ち去る。一ヶ所にとどまることもなく、家から家へと移動し、自分の町で逃亡者になっている。近い将来、現状が変わるとも思っていない。「人々が恐れていれば、ラッカはＩＳＩＳから解放されません。ＩＳＩＳがアサド政権の戦術を使い続ける限り、自由になったりはしません」

その後ナウファルはトルコに逃げた。

ラッカ市などでＩＳＩＳに地元で抵抗したナウファルのような人々は何千人もいる。アブ・

ジャリール・アル＝シャマリによるワジリスタンでのアル＝カイダの活動批判——その地域すべてが、ムジャヒディンよりはパシュトゥン部族の勢力下にあるというもの——は、ＩＳＩＳがイラクだろうとシリアだろうと覚醒《サフワ》支持者にこだわり続けていることを示すものだ。逆説めいているが、覚醒を阻止しようとした結果としてＩＳＩＳは覚醒を引き起こしてしまったのだ。

二〇一三年七月一一日、ＦＳＡ最高軍事評議会司令官カマル・ハマミが、ラタキアの検問所でＩＳＩＳの狙撃手に射殺された。この事件のあと緊張は高まったが——「連中を雑巾代わりにして床を拭いてやる」とあるＦＳＡ司令官はロイター通信に語っている——事件はすぐにもみ消され、ハマミの殺害はシャリーア法廷に「捜査」のためにまわされた。同様に、ＩＳＩＳが「まちがって」アフラール・アル＝シャムの司令官モハメッド・ファレスを斬首したとき（寝言でシーア派の祈りを唱えたとのことで、イラクのシーア派民兵だと思われたのだという）、ＩＳＩＳは残虐な戦争を防止すべく「理解と許し」を求めた。ＩＳＩＳも、主流反乱軍もイスラム主義反乱軍も、内戦の中の内戦を引き起こしたくはなかった。そして多くのＦＳＡ反乱軍はＩＳＩＳの強権的な支配がシリアにとって長期的な危険となるとは思っているものの、早すぎるサフワで利益を得るのはたった一人、バシャール・アル＝アサドだというのも理解している。サフワで反乱軍に内紛が起これば、アル＝アサドは静観してつぶし合いによる漁夫の利を得るか、ＩＳＩＳがＦＳＡを攻撃するのを助けてこのつぶし合いに油を注ぎさえするだろう。

とはいうものの、ＩＳＩＳは意図的に挑発して反発を引き起こそうとしているようだった。尊敬を集める反政府活動家を誘拐し、勢力地で民間人を脅かし、独占的な検問所を作って、アサド政権よりはむしろ競合派閥を取り締まろうとした。そしてシリア人反乱軍を攻撃する。たとえば二〇一三年八月一日には、ＩＳＩＳはラッカ市のアッファド・アル＝ラスール（預言者の孫たち）の拠点に自動車爆弾を送り込み、三〇人を殺した。その後ＩＳＩＳはこの派閥を同市から追い出した。

二〇一三年一二月末、シリアのイドリブ県にあるマーラト・アル＝ヌマン市が、アル＝アサド政権に対抗して反乱軍が手を組もうと訴えるデモを組織した。そのデモはさらに、数日前にＩＳＩＳが検問所で誘拐したＦＳＡ将校のアフマド・サウード中佐釈放を訴えた。実に興味深いこととして、シリア軍から寝返ったサウードは従者をつれてイドリブ県のタフタナズ空軍基地に向かうところで、ＩＳＩＳと会談してＩＳＩＳがＦＳＡ派閥フルサン・アル＝ハック（正義の騎士団）から盗んだ軍備——対空ミサイルを含む——を返してくれと交渉するところだった。サウードはまた、イドリブ県軍事評議会の代表でもあった——これは地域の全反乱勢力を代表する地域評議会だ。この評議会は、ＩＳＩＳが誘拐した民間人を全員釈放し、他の反乱軍に対して抱いている民事刑事問題をすべて、関連するシャリーア法廷に任せるよう要求していた。当のサウードが誘拐されたのは、まさにＩＳＩＳに妥協策を仲介しようとしていたときにた。

起きたというわけだった。マーラト・アル＝ヌマン市がかれのためにデモを行ったことで、意図した結果が出た。抗議活動からものの数時間でＩＳＩＳはサウードを釈放し、おかげでかれは、ＩＳＩＳに捕まって生還した初のＦＳＡ将校となった。

一二月二九日に、ＩＳＩＳはイドリブ県北西部のカフランベル市で、考えを異にする報道組織をいくつか襲撃した。この市は二年にわたるアル＝アサド政権の爆撃やジハード主義の広まりにもかかわらず、元のシリア蜂起に見られた民主主義的な原理をなんとか維持し続けていたのだ。標的となった建物の中には、四一歳のラエド・ファレスが運営するカフランベル・メディアセンターもあった。かれはアーティストで、その親革命派ポスターやスローガン――すべて英語の口語で書かれ、西洋のポピュラー文化への機知に富んだほのめかしも多い――のおかげでアラブ革命が世界中の非アラブ観衆にもわかるようになっていたのだ。ある有名なポスターでは、映画『タイタニック』の有名な船のへ先での「世界の王様」の場面が再現され、レオナルド・ディカプリオの代わりにウラジーミル・プーチン、ケイト・ウィンスレットの代わりにバシャール・アル＝アサドが配されている。最近のファレスは、ＩＳＩＳによる圧政をアル＝アサド政権の圧政と比べ、かれらをシリア国民の二重の敵だとして描いていた。

ＩＳＩＳ襲撃のほんの数時間前に、ファレスのメディアセンターは、シリア人女性が最近の自分の離婚を語るラジオ番組を放送していた。これはすべてタクフィール主義者たちには許せない内容であり、かれらはファレスの従業員六人を誘拐し（二時間後に釈放された）、センターのコンピュータや放送機材を盗んだり破壊したりした。

ファレスは筆者の一人に語ってくれた。「カフランベルが重要になったのは、それが一貫して常に革命のあらゆる側面を支持してきたからです――それが非暴力革命だろうと武装革命だろうと、人道主義活動や市民社会活動だろうと。アル＝アサド政権は、我々が何か反政府的なことを言うと、爆撃しました。ISISは、かれらに反対する絵を出すと――最初のものは今年の六月でした――攻撃したがり、メディアセンターを襲撃しました。結局のところ、両者は同じなんです。どっちも圧政者なんです」（ファレスがアメリカをまわっていたときに行われたこのインタビューからほどなくして、ISISはイドリブ県でかれを暗殺しようとした。何度か撃たれたがその後回復している）。

二〇一四年元日、ISISはついにシリアでやりすぎて、アフラール・アル＝シャムの司令官で尊敬される医師でもあったフセイン・アル＝スレイマン（アブ・ライヤン）を殺した。サウードと同様に、アブ・ライヤンはISISとの交渉会合に向かう途中で誘拐され、二〇日にわたり監禁されひどい拷問を受けてから射殺された。そのひどい状態の遺体写真がソーシャルメディアに出回り、それまではISISに対する忍耐と和解を説いてきたアフラール・アル＝シャム支持者たちですら激怒した。でもこの軍勢はISISが、アル＝アサドのムハバラートすら上回る残虐性を見せたことを非難し、「もしISISがこのように暴力活動をやめず、（中略）独自の司法手段を利用し、他人に対して行った不正の解決を遅らせ無視し続けるなら、革命とジハードは内紛となり、その中で最初の敗者となるのはシリア革命である」と発表した。

　翌日の一月二日にＩＳＩＳは別のＦＳＡ拠点を攻撃した。今度はアレッポのアタレブで、これによりイスラム主義戦士たちですらＦＳＡと共闘に乗り出した。イスラム主義者とサラフィー主義者とサラフィー主義者の反乱グループの集まりであるイスラム戦線は、イドリブ県のアトメフ村にあるＦＳＡの武器備品倉庫を襲撃して一月もたっていなかったが、ジハード主義の狂信者たちから共に被害を受けたＦＳＡとの連帯を表明した。イスラム戦線はプレスリリースでこう述べている。「我々はここに、イスラム国に対してアル＝アタレブ市からの即時撤退を要求する。そして誤った口実に基づく戦士殺害をやめ、不正に強奪した武器や拠点などの財産を正当な持ち主に返すよう求める。また自分たちと他の派閥との間に生じる紛争解決で独立の宗教法廷の判断に合意し、神の支配を受け入れねばならない。我々はＩＳＩＳに対し、もともとアル＝アタレブ市とアレッポ郊外を解放した者たちは、おまえたちがいま戦っている相手なのだということを指摘するものである」

　この頃にはアフマド・サウード中佐はシリア革命戦線という新しい反乱組織に参加していた。これはイドリブ県軍事評議会に所属する二〇もの独立派閥を集めたと称する組織だ。この新しい主流戦線創設の目的は一つ。「ＩＳＩＳと戦うことだ」とサウードは語る。

　この拡大するサフワ運動に参加した最後の集団はムジャヒディン軍だ。これはアレッポを拠点とする反乱軍勢八つの連合体だ。「我らムジャヒディン軍は、自分自身とその栄誉、富、土

SISに厳しい選択を突きつけた。主流反乱軍へと寝返るか、軍備を放棄してシリアを去るか地を守り、神の法を破った［ISISと］戦って解体を宣言させる」。ムジャヒディン軍はIだ。

つまり局所的な紛争として始まったものが、イスラム戦線とシリア革命戦線、ムジャヒディン軍の率いる巨大な反ISIS武装作戦となり、これがISISをシリア北部大半の占領拠点から一掃した。この作戦はイドリブ県やアレッポでの人民による反ISIS抗議運動台頭と同時期に起こった。ISISはこうした抗議運動を、デモ隊への銃撃で弾圧しようとした。

FSAが恐れたように、アル＝アサド政権はこの残虐な戦いで中立の立場を保つつもりはなく、客観的に見てISISに味方する形で介入した。地上戦闘が続く中、シリア空軍はISISが追い出されたばかりの地域を爆撃し、FSAやイスラム戦線を標的にし、ついでに一般市民も爆撃した。おかげで活動家たちの間では、ISISはアル＝アサド政権の手先とかわらないという批判が再燃した。

一月四日、FSAによるISISに対する降伏とシリア撤退の二四時間期限が終わった直後に、ジハード主義者二〇〇人が逮捕された。ISISは民間人や反乱軍を処刑し、自動車爆弾や反乱軍制圧地域の爆撃を行っていたのだ。どうやら和平を求めているらしい必死の声明で、ISISは三つの要求を出した。都市と村落の道路封鎖をすべて解除すること。ISIS戦士の連行、侮辱、危害は一切行わないこと。あらゆるISISの捕虜や他のあらゆる集団からの外国人戦士たちは即座に釈放すること。こうした要求をのまなければ、ＩＳＩＳはアル＝アサド政権に対するあらゆる前線ポジションからの全面撤退を行う――つまりこれは、支配地をアル＝アサドに戻すという明らかな通告だ。

一月五日、イスラム戦線はかつての同志に対して攻撃を行う以外の選択はなくなったと発表した。同戦線は戦闘へと「押しやられ」、もともとはアル＝アサド政権との紛争を支援してくれる外国人戦士を歓迎していたものの、今後は「国家を自称するどんな集団も受け入れることはない」。アタレブ反乱軍に奪還され、ＩＳＩＳの黒旗は、自由シリアの三色旗に代わった。ラッカ市のシャーム・ニュースネットワークの活動家によれば、反乱軍は「イドリブ地方部の八〇パーセントと、アレッポおよびその地方部の六五パーセントを解放した」という。別の活動家は「バグダーディの国家はおしまいだ」と宣言したが、これはあまりに楽観的な予測だったことがわかる。

一月第一週末まで、アル＝ヌスラはＩＳＩＳに対する攻撃を、ラッカ市の地域本拠地で先導しており、そこにアフラール・アル＝シャムも加わっていた。ＩＳＩＳによるシリア人捕虜五〇人ほどが、ラッカ版の車両管理事務所――即席刑務所として使われていた――から釈放された。それ以外にＩＳＩＳが捕らえていた多くの外国人ジャーナリストも釈放された。その一人は前の月に誘拐されたトルコ人写真家ブンヤミン・アイグンだった。ＩＳＩＳが焼き討ちしたり収容したりした教会二つもアル＝ヌスラに「解放」された。アル＝ヌスラはそれを再建してキリスト教徒に使ってもらうのだと宣言した。

ＩＳＩＳと、アル＝ヌスラ／アフラール・アル＝シャムとの不安定な停戦が行われ、アレッポ郊外は少し落ち着いたようだった。さらにＩＳＩＳが、アトメフやアル＝ダナなどトルコ国境近くの戦略的な地域から撤退したのも貢献した。

アル＝ジョラニはシリア北部を震撼させた騒乱《フィトナ》の一週間がＩＳＩＳのせいだと糾弾したが、停戦に伴う紛争の解決用に独立司法評議会を組織するよう促した。また、「あらゆる勢力の間で捕虜が交換される（中略）そして道は万人に開放される」と宣言した。

このシリアの短命に終わったサフワ――アル＝カイダの公式下位組織が、いきなりサフワット側についた覚醒運動――の間ずっと、ＩＳＩＳ参加者たちへのインタビューは決然としたスローガンを掲げていた。「バキーヤ・ワ・タタマッダド（とどまって拡大）」。つまり、このＩＳＩＳに反対する国民的な展開を打倒し、アラビア半島に到達するぞと約束したわけだ。ＩＳＩＳはさらに、デリゾール県マヤディーンのイラク国境近くにあるアフラール・アル＝シャムの拠点を爆撃し、そのスポークスマンであるアル＝アドナニは反乱軍に宣戦布告して、シリア人に対する自爆テロや自動車爆弾を仕掛けると脅した。

この一〇日間で終わったシリアのサフワで、ＩＳＩＳとやりあっている各種集団の内部に亀裂が生じ始めた。一部は、同じイスラムと戦うことにイデオロギー的に反対した。また一部は、そんなことをしたらアル＝アサドとその手下の思うツボだと正しく理解していた。仲間割れをしていたら、アル＝アサド勢は革命勢力が内紛で潰し合うのを待てばいいだけだからだ。また戦士たちが実に気楽に、その時点で支配的で規律があると思われている組織にあっさり乗り換えるので、ISISへの大量の寝返りの波が生じて、ISIS対抗活動の進展が一気に消えてしまいかねない。だから当時アレッポでISIS司令官だったアブ・オマル・アル＝シシャーニは、シリアにおけるアル＝ザワヒリの代理人アブ・ハリード・アル＝スリと停戦に調印した。アル＝スリはアフラール・アル＝シャムとアル＝ヌスラを代表して行動していたのだった。その時点ではジハード主義者たちの間の完全な潰し合いは回避された。

アル＝ヌスラとＩＳＩＳの分裂

だがアル＝ヌスラとＩＳＩＳの関係に生じた損傷は修復しようがないものだった。二〇一四年二月二日、グローバルなアル＝カイダは正式にＩＳＩＳとの関係を絶ち、以下の公式声明を出した。「ＩＳＩＳはカイダット・アル＝ジハード［アル＝カイダの正式名称］グループの一部ではなく、我々はＩＳＩＳと組織的な関係を持たず、本グループはＩＳＩＳの行動に責任を持たない」

アル＝ジョラニと共に二〇一一年のラマダーン中にイラク・シリア国境をこっそり越えたジハード主義者の一人が、アブ・マリア・アル＝カタニだ。本名マイサラ・アル＝ジュブリで、アル＝ヌスラの世界観、特にＩＳＩＳと継続中の内紛について、ツイッターでの主導的な発言者となっている。このアル＝カタニ自身も、最高指揮官を務めた後でＩＳＩＳから寝返っている。「噂では、かれはデリゾール県でアル＝ヌスラの軍事活動家になる前は交通警官だったそうです。イラクとシリアでジハードをダメにしたといってＩＳＩＳを糾弾しています。そしてＩＳＩＳの参加者を『逸脱者ども』と呼んでいます」とライース・アルコウリは語る。

この分離につながる両者の溝は、当初からあった。一九九九年のカンダハールにおけるビン・ラディンとアル＝ザルカーウィのぎくしゃくした出会いの時点で萌芽はあったし、またＡＱＩの波乱に満ちた一一年の歴史を見てもそれはうかがえる。そしてアル＝ヌスラとＩＳＩＳは分裂以後も戦術的には協力することもあり、シリアでの両組織に対する多国籍軍空爆を受けてなんらかの和解すら考慮しているとも言われるが、大きな歩み寄りが起こる可能性はまずない。『ダービク』を見れば、ＩＳＩＳがアル＝カイダをジハードにおける過去の存在と考え、自分たちこそビン・ラディンの衣鉢を継ぐ者と思っていることがはっきりわかる。アルコウリによれば、両者のちがいはあまりに根深く多岐にわたりすぎている。「ＩＳＩＳは超右翼的なウルトラ保守派の道を採っています。敵対行動をやめさせられない相手は殺しても構わないという立場です。ジョラニはそうした連中の一人なんです。バグダーディは、ジョラニを殺すと宣言したとさえ噂されています。ＩＳＩＳは、自分が何かに違反したということを知らないムスリムでさえ、背教者と見なします。だから聖なる存在を何か俗語で侮辱したら、聖なるものを侮辱したということを知らなくても、斬首されるんです」

もう一つ大きなちがいは、イスラム国家建設をめぐる、ニワトリか卵かの論争だ。ISISにとって、神学支配の正当性は、領土の掌握と統治に続くものだ。まず人々を「解放」し、それから政府を樹立する。アル＝カイダにしてみれば順序は逆だ。まずイスラム法《シャリーア》が実践され、その後に聖戦が圧政的政権《タグハット》を転覆するのだ。

ISISはさらに、アル＝ザルカーウィがカリフ国樹立のために五段階プロセスを持っていたと主張する。そしてアル＝バグダーディが登場するまでの、そのうち三段階は達成していたという。ジハードの地への外国人戦士たちの移住《ヒジュラ》、軍事的な階級にかれらを加えること（ジャマーア）、かれらによる偶像崇拝者とタグハット（ザルカーウィ支持者とその仲間以外のほぼあらゆる人々）の打倒だ。残りの二段階は、権力の統合（タムキン）と、それに続く最後のカリフ国樹立（カリーファ）だ。

ジハード主義的応酬

この分裂の偶発症状としてちょっとおもしろいのが、ジョラニ派に忠実な人々がバグダーディは利敵活動をしていると糾弾している点だ。多くのアル＝ヌスラ支持者たちは、シリア空軍が二〇一三年から一四年の相当部分にわたり、ラッカ市のかなり目立つISIS施設に空爆を加えなかったことを指摘する。アル＝ヌスラの主張にも一理ある。

カーターセンターが最近実施した調査によると、ＩＳＩＳが二〇一四年の七月から八月にシリアとイラクで軍事的な侵攻を実施するまで、アル＝アサド政権は「直接脅かされない限りＩＳＩＳとの交戦をおおむね避けてきた。（中略）このＩＳＩＳ攻勢以前は、シリア政府は空爆の九割以上を反政府拠点に向けてきた」。

当のアル＝アサド政権も、二〇一三年と二〇一四年の大半はＩＳＩＳを放置して、空爆作戦はＦＳＡなどの反乱グループに向けるよう専念してきたと認めている――理由は簡単で、黒装束のテロリストが県都をうろついて人々をはりつけにしたり斬首したりしている様子は、プロパガンダとしてきわめて有効だからだ。政権顧問の一人は『ニューヨークタイムズ』紙に対し、ＩＳＩＳの標的を放置するのは「あらゆる蜂起軍を過激派として描き出す」のに有用だったと語っている。

また、アル＝アサド政権がテロへの対応に組織潜入を使いたがるのもこれまで見た通りだ。ＩＳＩＳから早い時期に寝返った人物が、二〇一二年二月にＣＮＮのアルワ・デーモンに語ったところでは、自爆テロ実行犯候補たちが戦場のエミルたちに、アサド政権の施設を攻撃するのだと言われているのを見たそうだ。でも実際には、かれらが送られたのは他の反乱勢の拠点だった。その寝返ったアブ・アンマラはこう語る。「こっちの戦士の死傷なしに制圧できたアサド政権の拠点はたくさんあったんだ。すると、退却しろという命令がくる」

この一部は、ISISが大きく依存している資金源が、シリアの石油をアル＝アサド政権に売り戻すことだったせいかもしれない。西側の諜報筋が二〇一四年一月、アル＝カイダとISISとの正式な決裂のわずか一ヶ月前に『デイリーテレグラフ』紙に語ったところでは、「アル＝アサド政権はアル＝ヌスラに金を払って、シリア北部と東部のアル＝ヌスラ支配地にある石油ガスパイプライン保護を頼んでいるし、石油を政権の支配する地域に輸送するのも認めている。我々はまた、ISISが支配する石油ガス施設の証拠も目にするようになってきた」

元国務省のシリア関連顧問だったフレデリック・ホフは語る。「バシャール・アル＝アサドとアブ・バクル・アル＝バグダーディがお互いのことをどう思っているにしても、両者のシリアにおける最優先戦術はまったく同じです。アサド政権に対するシリア民族主義的な反対運動を破壊せよということです」

アルコウリによれば、ISISがアル＝アサド政権と野合したり陰謀をたくらんだりしているという糾弾は、アル＝カイダ近辺ではかなり広まっているという。「五、六週間前、ある文書に出くわしまして——それを公開した人物は、空軍情報部からのものだと言ってました——、シリア情報筋がISISの兵卒レベルに二五〇人の内通者を抱えているというんです。私はまるで驚きませんでした。さかのぼって調べてみたいと思いました。ノイズを除去してこの説を証明するにはどうしたらいいだろう？　考えられるのは次のようなことです。何ヶ月にもわたり、ISISはアサド政権の兵を十分に攻撃できたのに、それを控えて、まさに何百人もの戦士たちをFSAやヌスラなどのイスラム主義勢が解放した地域に送り込んでいる。なぜISISはそんなことを? ヌスラによれば、ISISは権力拡大を図っているという。『政権の打倒や追放は他の戦士たちに任せとけ、おれたちはその重労働が終わった後で乗り込んで、この国を支配するんだ』」

ツイッターでは、@WikiBaghdadyという人気アカウントが、ISISに関する内部情報と称するもの――そしてそのエミルについての背景――を吐き出し続けている。アカウント運営者の正体はだれも知らないが、アル=カイダの工作員か、その仲間か、あるいはISISからの転向者で、その裏事情を公開することでかつての同志たちに恥をかかせようとしている可能性は高い。このアカウントが描き出すアル=バグダーディ像は、二〇〇六年から二〇一〇年にかけてはISIの中位メンバーだった人物が、自宅を戦士と指揮官との秘密通信の集配所に使うようにしてから、出世を遂げたというものだ。アルコウリによれば「バグダーディの仕事はどうやら中継役だったようですね。もしこれが事実なら、かれはまちがいなく秘密通信に精通するようになる――作戦の日時、責任者の所在、ISIのシューラ評議会トップの構造、だれが権力を持ちだれが持たないか、といった情報です。そしてバグダーディはシリアの軍事情報がイラクにだだ漏れだというのも知っていたはずです。ヌスラはこうやってバグダーディのスキャンダルを引き起こそうとしてるんです。『バグダーディがザワヒリを、裏切り者とか、サイクス=ピコ協定支持者と呼んでいるって? ほう、そうかい、どの口でそんなことを言ってるのかねえ』というわけです」。

11 転向者たちと「五つ星ジハード主義者」たち

ISIS戦士の肖像

外国人戦士を現代のサラディンに変身させるのは、実はアル＝ザルカーウィ時代にまでさかのぼるジハード主義リクルートの大きな柱だ。なんといっても、当のAQIのヨルダン人創設者ですら、技術部門が画像編集でどこから見ても司令官《エミル》らしい姿に仕立て上げるまでは、アサルトライフルを持ったそこらの兄ちゃんでしかなかったのだ。国防総省の元テロ対抗専門家のリチャードは語る。「そもそも、あの外国人戦士たちが何者かを見ましょう。ほとんどの場合は、ベルギーだろうとマンチェスターだろうと、アルジェリア、イエメン、あるいはそうだな、グルジアだろうと、故郷には居場所がかけらもない連中です」。チェチェンの南、パンキシ渓谷出身でISISの写真映えする指揮官アブ・オマル・アル＝シシャーニを指してかれは言う。「ソーシャルメディアやモスクの外での改宗でひっかかって、ジハードに出かけたんです。これは世界中の軍隊が、ずっと歩兵候補として当てにしてきたやつらなんです。何も考えてない一九歳が、故郷ベルギーではクソほどもやることがないので、何かやろうと探してるんですよ」

西洋のセンセーショナリズムは、それが不満を抱く若者に対して持つ恐ろしい魅力と同じくらい、ＩＳＩＳの誘惑や華やかさにも逆説的に貢献してしまっている。中流階級ティーンのオーストリア人美少女が戦いに出かけ、タクフィール主義者と結婚するというニュース――そしてシリアに出かける途中で止められる、そのまねっこたちのニュース――は、相変わらず見出しを飾る。人々は、ＩＳＩＳの精神異常的なスペクタクルに魅了されるし、特に「自分たちと同じ」と思えるのに、ＩＳＩＳにあまりに惹かれて西洋の快適そうな生活を捨ててまでジハード主義に走る人々に魅了される。

フランスの国立科学研究センターの人類学者スコット・アトランは、ジハード主義の背後にある心理と社会的動機を詳しく研究し、ＩＳＩＳは実は歴史上常に殺戮にふけった革命ロマン主義運動とまったく同じだと論じている。「他人を殺したり傷つけたりさせようと思ったら、道徳的な美徳を掲げないと無理です。フランス革命と似たようなものですね。ロベスピエールが民主主義の道具としてテロを導入したとき――かれらはそれを誇示したんです」。世界の歴史的運動により引き起こされた熱に浮かされたもっと最近の夢の例として、アトランは一九四〇年にジョージ・オーウェルが書いた文章を示してくれた。オーウェルは「基本的には若者を戦争のために訓練し、大砲の餌食となる新鮮な雑兵を果てしなく培養し続けるだけの、とんでもなく脳がない帝国」とかれがまとめたものを提唱した本について、似たような疑問を述べたエッセイを書いている。自由な民主主義がこんな蛮行に終止符を打つはずなのに、どうしてこんな「化け物じみたビジョン」が提示されたりするのだろうか？　そして他の統治形態が「よい時代」を提供しているというのに、なぜある国民全体は「苦闘、危険、死」を提供しようという人物の足下にひれ伏しているのだろうか？　オーウェルが書いていたのは、『我が闘争』の書評だった。

こうした陰惨な前例を理解した上で、私たちはカリフ国に引き寄せられる各種の人々のプロファイリングを行った。

知識人たち

二〇一四年一〇月、ＩＳＩＳ治安部隊は自由シリア軍で働く評判の高い一九歳のメディア活動家モタンナ・アブドルサッターを逮捕した。かれの居住地であるシリア東部を制圧してから二ヶ月ほど後のことだ。何度も殺害予告を受けたあげくに近くのジハード主義者基地に連行されて尋問を受けたのだ。そしてその命は、職業的にどちらにつくかで決まるらしい、とかれは知った。シリアの反乱軍やサウジのメディア部門のために働けば死だ。アブドルサッターは『オリエント』や『アル＝アラビーヤ』のために働いたら首をちょん切ってやる」と言われた。アブドルサッターとＩＳＩＳメンバーとの会話によれば、カタールのアルジャジーラの仕事をするのは、どうやらそれほど問題ではなかったらしい。アブドルサッターが話してくれたところでは、笑顔で丁寧な高齢のジハード主義者が割り込んで、ＩＳＩＳコミッサールの尋問から助けてくれたのでほっとしたそうだ。

「アブ・ハムザは物静かで丁寧でした」とアブドルサッターが回想しているのはアブ・ハムザ・アル＝シャミという、アレッポ東部の町マンビジュ出身の高齢ＩＳＩＳ宗教司祭だ。「顔を見ただけでホッとします。まずは、ＦＳＡ（自由シリア軍）の話をして、なぜＩＳＩＳがかれらと戦っているかを教えてくれました。その理由は、かれらが神を無視した法を受け入れてアメリカからの資金を受け入れているからです。神はこうおっしゃっています。『その連中と手を組むものはその連中の一味である』。それからかれは、アル＝ダウラ（国家）の話をしました。『なぜ忠誠を誓っていないのかね？　預言者は、だれかにバヤットせずに死ぬ者は――かれらの死はジャヒリーヤ［非イスラム的］な死だと言っているよ』と尋ねました。正直言って、それを耳にしたとき身体の芯までショックを受けました。初めて、ハディースが本当だということに気がついたのです」

でもアブドルサッターはまだアブ・バクル・アル＝バグダーディに忠誠を誓う用意はできていなかった。アブ・ハムザはにっこりして、慌てなくていいと述べた。一週間ほどたって、アブドルサッターは忠誠を誓うことにした。

ＩＳＩＳにたどりつくまでの旅について熱心に語り、囚人となっていた八時間については、生死に関わる尋問というよりは通過儀礼であるかのように、軽く触れるだけだった。アブドルサッターは自分が最終的にはＩＳＩＳの「知性主義とその布教の仕方や不正義との戦い方」に説得されたのだと語った。

本書のためにインタビューした多くのＩＳＩＳメンバーたちは、似たような気持ち――そして大仰な称賛――をテロル軍に対して表明している。どうやらＩＳＩＳは、リクルートしたいと思った人々の心をつかむための手法をマスターし、そしてその後は自分の好きなように相手の心を作り替えるようだ。アブドルサッターの「知性主義」への言及は、西洋の傍観者からすれば異様かグロテスクとさえ思えるかもしれないが、これはＩＳＩＳによって周到に整えられたイデオロギー的な談話を指しており、イスラム解釈、歴史、政治の強力なブレンドなのだ。

アブドルサッターは語る。「アル＝ダウラの司祭たちの話を聞くと、いまのイスラム社会の大半が真の教えを逸脱してしまったことに衝撃を受けます。かれらが従っているのは、二〇年前かそれより最近に発明された宗教です。ムスリムだと主張するほとんどの社会では、その宗教は不純物まみれです。その九割は宗教的《ビダーア》な発明物なんです。たとえばシルク（アッラー以外のものを神格化すること）はどうでしょう。私たちは崇拝の中で神以外のものを関連づけているのに、それに気づきさえしない。たとえば前兆などです。モスクの中で他の人の前で姿勢を正したりすれば、それはリーヤ［見栄］です」。ＩＳＩＳはアブドルサッターに、アサド派や自由シリア軍の下では見つからないものを与えた。それが「純化された」イスラムだ。

かれは続けた。「ＩＳＩＳの司祭や外国人に会い、かれらと二時間腰を据えて話をすると、まちがいなく説得されますよ。なんだか知らないけど、他人を説得する不思議な力があるんです。ある地域を制圧したら、宗教を力ずくで強制し、否応なくお祈りしなくてはなりません。私たちはみんな、イスラムで最も重要な義務が見えなくなっている——それがジハードです。かれらはジハードに光を当てる。ＩＳＩＳのビデオを見るたびに、不思議な感覚を得て、それが見る者をジハードに導くんです」

ＩＳＩＳに被害を受けた人や迫害された人々ですら、この集団の「説得力」は認める。アブ・ビラル・アル＝ライリは自分の故郷の町、デリゾール県アルブ・ライルで自由シリア軍の資金を集める責任者だった。ＩＳＩＳがやってきたとき、かれはトルコへと逃げた。ジハード主義者たちはかれの家を焼き討ちにして、指名手配の一覧にかれを載せた。かれに言わせればＩＳＩＳは文盲の暴漢集団で、宗教の理解もねじ曲がっているが、それでも老いも若きも、特に宗教的な素養がほとんどない人々を説得できるＩＳＩＳの能力には感嘆している。「ＩＳＩＳはお金を使って、泥棒に対する正義と戦争について語ることで人々を誘惑している。一部の人々にはそれが効くが、我々の地区だと、人々はイスラムにあこがれて、泥棒《ハラミーヤ》と戦ってくれる人を求めている。そういう人々は、ジハード主義者たちが正直だと思って『イスラム国』の発想を鵜呑みにしてしまう。ダーイシュ（ＩＳＩＳのアラビア語での略語で蔑称）に参加した人々のほとんどは、コーランをほんの数節も暗記していない。宗教的な基盤がない。単に説得力によりおびき寄せられてしまったのだ」

新参者

ハムザ・マフムードはシリア北部カミシリの豊かな一家出身の一五歳の少年だ。ハムザの両親たちは、二〇一四年夏に長期にわたり息子が家から姿を消し始めたとき、ＩＳＩＳに参加したのを知った。かれがＩＳＩＳに戻るのを阻止しようという試みに何度も失敗してから、ハムザの父親はわざと息子の脚を片方折ったとその兄弟の一人は語る。脚が治ると、ハムザはまた実家を飛びだして、両親との連絡を断った。兄オマルによると、ハムザが家族と口をきかないのは、母親が泣いたり父親が叱責したりすることで、ＩＳＩＳにとどまる決意が揺らぐからだという。だから国外にいる兄弟としか連絡を取らない。

筆者たちのために手配されたスカイプ通話で、オマルはなんとかハムザを説得してＩＳＩＳをやめさせて家に帰らせようとした。「ハムザ、こんなのまちがってる、おまえはまだ若い、その集団ははきちがえているんだ。イスラムに虐殺と暴力を求めている部分はない」とオマルは語った。ハムザは、機械的ながら古典的なアラビア語で、自分の新しい主人たちの行いを正当化するハディースとコーランの記述を引用して答えた。また、ＩＳＩＳの一般的な描かれ方は歪曲されてまちがったものだという。「メディアで耳にすることをなんでも信じてはいけない。この兄弟たちこそが真のムスリムだ。かれらは正しいことしかしていない。ぼくの見ているものを見て、耳にしているものを耳にすれば、あなたにもわかる」

オマルはさらにハムザに向かい、シリアは各種の宗派や宗教の人々が何世紀も共存してきたのだと告げた。兄が、同じ住宅に住む友人たちの中にはアラウィー派やヤズディ教徒もいるのだと聞いて、ハムザは大いにショックを受けたようだった。「ヤズディ教徒どもが隣にいるって？　そいつらを殺して神に近づきなさい」とハムザは答えた。

クルド人たち

クルド人がＩＳＩＳに参加するという発想は直感に反するものだ。なんといってもＩＳＩＳ上層部は、バアス党政権からのサダム・フセイン派だらけで、みんなクルド人に対するジェノサイド的な作戦を実施してきたのだから。もっと最近だと、ＩＳＩＳはシリアとトルコの国境地帯のコバネなどクルド人の村や町を標的にしており、二〇一四年八月の米軍による空爆で侵攻が止まる前にはイラクにあるクルディスタン地域政府の首都エルビルも制圧しているのだ。シリアとイラクのクルド人民兵は、イラクのペシュメルガと人民防衛隊（ＹＰＧ）を含め、シリアでは世俗主義で、イラクではマルクス主義と見なされており、従って殺害対象となっている。そしてバアス派の割合がかなりを占める他のスンナ派反乱軍——特にアル＝ドゥリのナクシュバンディ軍――がクルド人たちをリクルートしようと試みてほとんど失敗してきたのに対し、ISISは成功しただけでなく、サダム・フセインがジェノサイドを行ったほかならぬイラクのハラブジャ市で驚くほどの成功を収めている。

ISISのスポークスマン、アブ・ムハンマド・アル＝アドナニは、中東で国家を持たない最大の民族に対する攻撃を以下の用語で正当化している。「我々のクルド人との戦争は宗教戦争である。民族主義的な戦争ではない――我々はアッラーの保護を求める。クルド人と戦うのはかれらがクルド人だからではない。むしろ、かれらの中にいる不信仰者たち、ムスリムに対する戦争を行うユダヤ人や十字軍の仲間たちと戦っているのだ。（中略）イスラム国の中にはムスリムのクルド人がたくさんいる。かれらはクルド人の不信仰者に対する最もタフな戦士たちなのだ」。この点を強調し、またクルド人の間の溝をさらに深めるものとして、二〇一四年一〇月にはISISの「ムスリムのクルド人」であるアブ・ハッターブ・アル＝クルディが、コバネのYPGに対するジハード主義者たちの戦いを先導したという。そしてハサカ、アレッポ、北部ラッカの他のクルド人たちもそれに加わっていた。

なぜクルド人はISISに加わるのか？　ドバイを拠点とする『アルバヤン』紙の政治面編集者フサイン・ジュンモは、クルド政治の有力なアナリストでもあるが、かれの説明が最も納得できる。サダム・フセインのハラブジャ大虐殺の後、町の多くの家族は貧困のまま取り残され、他の一家は新しい家を建てて昔どおりの生活を続けていた。化学兵器による攻撃の被害者の面倒を見るために開始された慈善活動は、主にサラフィー主義者によるものであり、それをまとめて資金を提供していたのは湾岸諸国のスポンサーたちだった。そこにはクウェートのイスラム遺産復興協会も含まれるが、これはアメリカがアル＝カイダの資金源として非難していた組織だ。だから何十年にもわたる中東クルド人地域での布教の結果、ハラブジャはクルド人イスラム主義の震源地となったのだった。

シリアでは、ＩＳＩＳに入るクルド人はそんなに多くはないが、皆無というわけでもない。シリアのクルド人たちは、主に世俗主義か、ハズナーウィ派（創始者一家にちなんだ名前）のスーフィー教徒だ。でも、アレッポとハサカ出身のクルド人二人と話をしたところ、かれらがＩＳＩＳに惹かれたのは、この組織が汎アラブ主義ではなく、汎スンナ派主義だったからだという。ハサカ出身のクルド人ＩＳＩＳメンバーは、ＩＳＩＳ参加直前にリクルーターと交わした会話を教えてくれた。リクルーターは、すでにＩＳＩＳから分離していたジャブハット・アル＝ヌスラが、基本的には「アラブ」組織であり、イスラム組織ではないと語ったそうだ。ＩＳＩＳは実は民族はまったく考慮せず、真の信仰だけに注目するのだ、とリクルーターは語った。これはかれらのプロパガンダに頻出する。

まったく同じ形で、ＩＳＩＳは排外的なアラブ政権の下で大いに差別と弾圧に苦しんできた少数民族のトルクメニスタン人たちも大量に引きつけている。トルクメニスタン人のＩＳＩＳメンバーたちは、モースルとその周辺地域でのＩＳＩＳ台頭に重要な役割を果たしてきた。

二〇一四年一二月に殺されたとされるアル＝バグダーディの副官アブ・ムスリム・アル＝トルクマニも、トルクメニスタン人だ。

囚人たち

ＩＳＩＳの中上位で圧倒的に多いのが、ジハード主義者の中でも特定の種類の人々だ。かれらは、さっき述べたような、拡張的で人々を受け入れるようなイデオロギーとは正反対の、きわめて狭い教義上の信条を奉じている。もともとセドナヤ刑務所の囚人だったがアル＝アサドの大赦で釈放されたアル＝アティル・アル＝アブシは、この分類の事例として完璧だ。

アル＝アブシは、釈放直後にアレッポの郊外でウスド・アル＝スンナ（「スンナ派の獅子」）を結成した。そしてＩＳＩＳが二〇一三年にヌスラから分離すると、ＩＳＩＳの支持を集めるのに大きな役割を果たした。アル＝アブシはＩＳＩＳ形成の何ヶ月も前から、他のイスラム主義やジハード主義者に対して厳しい立場を採っていた――多くの人はその立場が、セドナヤ刑務所でのイデオロギー的な対立の延長だと見ていた（ただしこれはまたアル＝アブシが、弟フィラスの死は多くの集団に責任があると思っているという事実とも関連しているかもしれない）。

シリア蜂起開始後にアル＝アブシと会ったジャーナリストのワエル・エッサムによると、このジハード主義者はセドナヤ刑務所における元囚人仲間たちの多くを不信仰者《カーフィル》だと見なした。これは、いまやシリアで競合するイスラム主義旅団や部隊を率いる者たちも含む。なぜか？それはかれらが中東の圧政的《タグハット》ムスリム支配者たちと、同地域にいるムスリムたちの大半を、不信仰者として糾弾するのを拒否したからだ。またアル＝アブシの説明だと、こうしたイスラム主義者たちは血みどろの二〇〇八年暴動の後で、セドナヤ刑務所をシリア当局に譲り渡した。

アル＝アブシとその仲間は、セドナヤのサラフィー主義者たちの中では例外的な存在だった。かれらの過激主義的なイデオロギーを共有したり、当局が外部から第四機甲師団の兵員を集めてきた後でもいっしょに政権に刃向かい続ける囚人はほとんどいなかったのだ。

シリア内戦において、ＩＳＩＳと他のジハード主義者やイスラム主義者との緊張関係は、それに先立つ数年に監獄内で行われた議論の再演と見なせる。ＩＳＩＳの安全保障担当者アブ・アドナンの話では、反乱軍のイスラム主義旅団や大隊のほとんどは、各種刑務所における反乱軍の再結集として結成されたものだそうだ。「単純に集まったわけじゃありませんよ。あの連中はみんな知り合いで、後につくられた派閥は、すでに人員とイデオロギー面のインフラがあらかじめできていたんです。人格上の対立や政治的なちがいもそのまま続きました」

アブ・バクル・アル＝バグダーディが二〇一三年三月にシリアを訪れたとき、まっ先に会ったアル＝ヌスラの指揮官はアル＝アブシだった。そしてアル＝アブシはＩＳＩＳが形成される以前から、そちらにこっそり寝返っていたのだった。アル＝アブシはアル＝バグダーディのために、当時はシリアで競合する反乱軍に所属していた、各種アル＝ヌスラ戦士たちなどジハード主義者や武闘派たちの忠誠を確保するのに貢献した。そして後にはアル＝バグダーディを最も熱烈に擁護し、イスラムカリフ国の樹立宣言を最も強く支持する人物となった。

どっちつかずの傍観者たち

ＩＳＩＳ参加者のもう一つのカテゴリーは、すでにイスラム主義やジハード主義的な見方をしていたが、それまではタクフィール主義イデオロギーを遠巻きにするだけで済ましてきた人々だ。最終的にＩＳＩＳへの参加を促した引力とでも言うべきものは、状況次第でちがう。ＩＳＩＳが自分の地域を制圧して、参加できるイスラム主義勢力が他になくなってしまったという単純な理由で参加した人もいる。競合反乱軍派閥に対するＩＳＩＳの軍事作戦力に単純に感心したという人もいる。また、元の反乱軍に見切りをつけ、ＩＳＩＳのほうがもっと組織化され、規律もあり、有能だと思った人もいる。

こうした「あと一歩の過激派」とも言うべき連中にとって、回心はアブドルサッターのような人々にとってのものほど全面的でも圧倒的でもなかった。かれらは、イスラム戦線や、イラクとシリアにおけるイスラム主義系集団の組織下位から、指導層の争いや二〇一三年一二月末に勃発したが失敗したシリアのサフワなどの結果としてＩＳＩＳに流れ込んできたのだった。

ＩＳＩＳへ寝返る流れが最も目立ったのは、二〇一三年九月だった。この月に、アル＝ヌスラを含む一〇以上ものイスラム主義派閥が、西洋支援のシリア国民連合軍（反乱軍の政治的な部隊）を拒絶する共同声明を出して「イスラム的枠組み」の下での連合を呼びかけたのだった。一〇月には、イスラム主義集団七団体が、イスラム戦線を組織し、民主主義を廃してイスラムの協議《シューラ》に基づくシステムを採用するという宣言を出した。

この期間に、ＩＳＩＳはイデオロギー面で大きな進歩を遂げた。多くのイスラム主義者たちは、同じサラフィー主義集団と戦うのをどう正当化するか苦労していた。多くの一般シリア人が共有する立場として、アル＝アサド政権やそのイラン傀儡との主要な戦いから少しでも逸脱するような行動は裏切りに等しいと考えていたのだ。イスラム戦線の若手メンバーたちは特に、もっと超保守的な宗教信念を持ち、イスラム国家樹立というジハード主義の言説をもっと熱烈に信奉していた。それどころか一部のイスラム戦線司令官たちは、ＩＳＩＳの軍勢を保護するか、かれらに銃を向けるのをあっさり拒否した。こうした不協和は、ＩＳＩＳにとっては有利なものとなった。

イスラム戦線の部隊の中で、かつては最も強力な下位派閥で、スコール・アル＝シャム（レヴァントの鷹たち）の異名を持つリワ・ダウードでは、二〇一四年七月に構成員の一〇〇〇人近くがＩＳＩＳに乗り換えた。ＩＳＩＳがシリアとイランにますます拡大するにつれて、イスラム戦線とアル＝ヌスラからの戦士たちは次々にＩＳＩＳに乗り換えるようになった。

シリアは戦争で荒廃し、二〇一四年八月までに二〇万人近くが死亡していたが、こうした暴力の拡大についていけるだけの「シリア式」ジハード主義言説がなかったこともＩＳＩＳには好都合だった。シリアの既存イスラム主義者たち、特にムスリム同胞団たちは、反乱イスラム主義派閥に金銭的政治的支援を与えつつも、そうした言説の採用を避け、むしろ主流の親民主主義運動の一部として自分たちを位置づけようとした。アル＝ヌスラですら、ある程度までは自分たちを、国際的野心など持たない「民族主義的」な台頭なのだと位置づけようとした。こうした偽善のおかげで、ＩＳＩＳはグローバルなサラフィー主義ジハード主義的言説と、世界征服という蠱惑的なビジョンをほぼ独占できた。

政治的策謀家たち

予想されることながら、ＩＳＩＳが領土的な野心の実現に近づくにつれて、人々が組織に加わるにあたり宗教が果たす役割も小さくなってきた。純粋に政治的なプロジェクトとしてのＩＳＩＳ支持者だと自称する人々が、その下位参加者と支持層の相当部分を占めるようになってきたのだ。

この分類に入る人々から見れば、過去一〇年でひどいめにあってきた――まずはイラク支配を失い、いまやシリアでは多くの人が虐殺だとさえ呼ぶ全国的な残虐行為にさらされてきた

——スンナ派ムスリムにとって、提供されている選択肢はＩＳＩＳしかない。かれらは中東での闘争を、スンナ派とイラン主導の連合軍との間で展開されているものと見なし、極度の暴力もシーア派の覇権とつり合いを取ったり抑止したりするためには必要な道具なのだと正当化している。この分類には高等教育を受けた人々も多い。

一例がサレー・アル＝アワドだ。かれはハサカ県ジャラブルスの世俗派弁護士で、もともとはＩＳＩＳの厳しい批判者だったが、自分の地域でのクルド人拡張主義に対して身を守る手段としてはＩＳＩＳしかないと判断して意見を変えた。サレーはアル＝アサドに対する平和的な抗議運動に参加し、シリアの民主改革の支持者だった。「いいかげんうんざりです、毎日「ＩＳＩＳが」うちの町で四、五人ずつ斬首してるんです」というのが、ＩＳＩＳへの転向前にかれが我々に語ってくれたことだった。この談話の数ヶ月後——ちょうどＩＳＩＳがコバネ制圧を始めた頃——サレーは斬首組織に加わったと語った。

ハサカのアラブ人の相当数は、かれと似た見方をしている。この地域のある有力な住民は、ＩＳＩＳがハサカ県の州都を侵略したら、クルド人支配の下で自分たちに何が起こるかわからないので、「何千人も」が即座にＩＳＩＳに加わるだろうと述べた。

バグダッド近くでも、バクバのような混合コミュニティや、宗派的な緊張関係が人々の政治的志向を形成するホムスやハマのようなコミュニティでは似たような力学が存在する。この政治分類に帰属する、ＩＳＩＳ関係のアラブ人たち十数人ほどは、世俗的とか無神論的とすら呼べるかもしれない（多くはお祈りもしないしモスクにも行かないと言う）。そしてＩＳＩＳが行っている残虐行為については激しく異議を唱えていた。それでも、かれらはＩＳＩＳがシリア、イラク、その他の「反スンナ派」政権や民兵たちを打倒できる唯一の武装集団だと思っている。なんとかそれを正当化しようとして、サレーは暴力が常にイスラム史の一部だったのであり、ウマイヤ朝、アッバース朝、現代スペインの第二ウマイヤ王国など強いイスラム帝国の樹立にはいつも暴力が先立つのだ、と語っていた。

この失意または不正の感覚は、いまや追い立てられ戦いに疲れたコミュニティとして自らを捉えるスンナ派の多くが感じているものだが、アラビア語ではマドロウミヤとして知られる。この概念は歴史的にはシーア派と関連づけられてきたものだ。シーア派にとって、苦しみは宗教的言説の不可分な一部だからだ。同じく逆説的なのは、スンナ派が多数派の地域ですら、かれらは脅かされた少数派として振る舞いたがるのだ。これに対してそうした地域のシーア派は、もっと決然として自信を持ち、組織もしっかりしている。これはイランの支援と、カッセム・スレイマニによるゴドス軍によるコミュニティ軍事化のせいなのはまちがいない。シーア派武闘派は、すでに見た通り、スンナ派の人々と同じくらい国境を越えて、聖戦に参加していた。

スンナ派たちは攻撃されているように感じた――アル＝アサド、ハメネイ、そしてごく最近まではアル＝マリキによって――そして熱意のある、あるいは信用できる政治的な支援者はまったくいない状態だった。一方でその宗教的、政治的な力の源であるはずの勢力は、敵と共謀していたり、政治的に去勢されていたり、信頼がなかったり、沈黙したりする存在と見なされていた。その勢力とは湾岸アラブ諸国であり、スンナ派が多勢だったりスンナ派率いる政府を持ったりしているのに、アメリカに介入を懇願するだけの存在になり果てていた。

ＩＳＩＳはこの宗派的な嘆きと弱さを狡猾かつ冷静に利用していった。アル＝ザルカーウィが二〇〇四年にバドル軍を引き合いに出したのと同じく、アル＝バグダーディはいまや国民防衛軍やアサイブ・アフル・アル＝ハクやレバノンのヒズボラ、カタイブ・ヒズボラ、あるいはまさにシリアやイラクのバドル軍による残虐行為を引き合いに出して、スンナ派にはカリフ国しか希望はないのだという証拠にできるのだった。

現実主義者たち

ＩＳＩＳが完全に支配した地域で、現実主義者たちがＩＳＩＳを支持するのは、それが統治と下水道や食品配給という基本的なサービス提供の面で有効だからだ。ＩＳＩＳはこうした「統治」地域で秩序らしきものを確立し、人々はそれに代わるもの――アル＝アサド、イラク政府や他の民兵――がはるかにひどいと思っている。長年の内戦にうんざりした人々にとって、犯罪や無法状態なしに暮らせるというのは、ＩＳＩＳが強いた支配がいかに強権的だろうと実にありがたい。この分類に属する人々は、ときにＩＳＩＳからは距離を置いてもめごとを避けようとすることもあるが、中にはＩＳＩＳが残虐行為を働いていないと言われる地域を自ら探し求める人もいる。

アブ・ジャシムは、ＩＳＩＳが二〇一四年夏にシリア東部の故郷の町を制圧してからＩＳＩＳに参加した宗教家だが、ＩＳＩＳのやったこと、やらないことの詳細はあえて聞かないようにしているという。「もめごとを起こさなければ放っておいてくれる連中だと思います。私がやるのは単に人々にかれらの宗教を教えることで、その行いのために神様から報いを得られると期待しているんです」とかれは語った。

日和見主義者たち

また主に個人的な野心からＩＳＩＳに惹かれる人々もいる。日和見主義者たちは、一般兵卒レベルで参加する人々もいれば、下位の指揮官になる人々もいる。競合集団を潰したり、支配的な軍事政治力で出世したり、単にかつてＩＳＩＳに対して行った攻撃や犯罪に対する残虐な復讐を受けないよう先回りするために参加する人々もいる。

たとえばサダム・アル＝ジャマルはシリア東部で最も強力なＦＳＡ指揮官の一人だった。以前の反乱軍組織アッラーフ・アクバル旅団はアル＝ヌスラに敗れて兄弟二人が殺されたので、アル＝ジャマルはＩＳＩＳに忠誠を誓った。かれがドラッグの売人として有名だったのは、明らかにどうでもよかったらしい。

アーメル・アル＝ラフダンは、アル＝ヌスラから分離したＩＳＩＳに参加した。それはかれがアル＝ヌスラとの間で石油収入をめぐり争っていたからだ――また、デリゾール県で自分の部族とアル＝ヌスラ主流の部族との間でライバル関係が続いていたからでもある。アル＝ラフダンは後にアル＝ジョラニの組織により、五〇〇万ドル相当の綿を盗んだと糾弾された。

外国人戦士たち

もちろんイラクとシリアの外ではＩＳＩＳ参加の動機は劇的に変わるが、いずれの場合もこの両国で起こっていることに対する深刻な誤解がほぼ常に大きな役割を果たしている。

過激化の専門家であるシラーズ・マヘルは、ツイッター、フェイスブック、あるいは旧ソ連地域ではVKontakte（ロシア版フェイスブック）といったメディア・プラットフォームがジハード主義者のアジテーション戦術を激変させたと語っている。西洋生まれのＩＳＩＳ参加者がオンラインで行うチャットの大半は、ＩＳＩＳへの真剣なコミットというよりは、ＩＳＩＳをめぐる皮肉に聞こえる。「イスラム国はラッカでヘアジェルやヌテラ（チョコ風味のペースト。パンに塗って食べる）を売ってる？」「カリフ国に無事ついたとパパやママに知らせるのにiPadを持ってきたほうがいい?」「グランド・セフト・オート5（アメリカのゲームソフト）があるって聞いたぜ」

『ニューステイツマン』誌への記事で、マヘルはこう述べている。「イラク戦争の間、アル＝カイダ支持者たちはパスワードで保護されたフォーラムへのアクセスが必要だった。そこへ行けば地上での出来事がわかるのだが、こうしたフォーラムはなかなか見つけにくく、アクセス権をもらうのはさらに難しい。決定的なこととして、会話の大半はアラビア語で、これはイギリスのムスリムの大半には無縁な言語だった」。いまやシリアやイラクに戦いに出かけるあらゆるイギリスのムスリムは、自分の同類をもっとリクルートするためのバーチャル招集係や採用担当官となっている。その一例が、メフディ・ハサンだ。かれはポーツマス出身の二〇歳で、ＩＳＩＳに参加しに出かけて二〇一四年一一月のコバネの戦いで戦死している。ハサンは本当にポーツマスの友人たち数名をＩＳＩＳに招き入れたが、その全員がＩＳＩＳの軍事勝利のすばらしいイメージや、タクフィール主義支配下の生活に関するいいことばかりの描写に惹かれてやってきた。かれらは「ポンペイ小僧たち」として知られており、マヘルが書いているように「同行した人々のうち、まだ戦い続けている人物は一人しかいない。三人は戦死し、一人はイギリスで刑務所入りだ」。

二〇一三年一二月にマヘルの過激化国際研究センター（ＩＣＳＲ）が計算したところでは、シリア反体制派軍に参加した外国人戦士の数は「七四ヶ国からの（中略）最大一万一〇〇〇人」とのことだった。ほとんどはＩＳＩＳなどのジハード主義集団に参加しており、主流のＦ

SA派閥に加わった者はほとんどいない。その研究では、一八パーセントは西ヨーロッパの出身で、中でもフランスがジハード主義者輩出国筆頭となっており、僅差でイギリスが二位だ。この数字は増える一方で、特にアメリカ多国籍軍がISISに対する戦争を仕掛けてから急増した。二〇一四年九月には、CIAの計算だとシリアには外国人戦士が一万五〇〇〇人いて、そのうち二〇〇〇人が西洋出身だ。二〇一五年九月にはこの数字は倍増していた。移住者の圧倒的多数は、常に中東や北アフリカからの人々で、サウジアラビア、リビア、チュニジアが外国スンナ派武闘派の主要供給国となっている。

民間人の苦しみに動かされた伝道師的ジハード主義者たちが、ISISに参加したイギリス人の中に何人かいる、とマヘルは分析している。かれらはジハードこそが、シリアでいつまでも続く戦争から女子供を守るための義務なのだと見ているという。

シリア国内でも、似たような傾向——過激派集団へと戦士たちが流れる傾向——は二〇一二年半ばから見られた。これは民間人たちが親アサド派民兵に虐殺されているのが国際的に報道されたときだ。

こうした虐殺がシリアの反体制派の心理に与えた影響も莫大なものだった。自分自身の過激化を意識している人々は通常、自分たちがイスラム主義やジハード主義反乱派閥へと転向した理由として、二〇一二年末近くのホウラやアル＝バイダなどの虐殺を挙げる。でもシリアの国内出身者たちは、外国人に優しいISISよりは、自国産の過激派派閥に加わることが多い。

それでも、ＩＳＩＳはアサド派による虐殺から別の形で恩恵を受けている。一つには、残虐な殺害手法のおかげでＩＳＩＳの斬首もある程度は大目に見られるようになったということだ。多くのシリア人たちはそれが政権やイランが育てた民兵たちに対する仕返しだとして受け入れているのだ。

政権による最も悪名高い虐殺は、通常はアラウィー派、スンナ派、イスマイリー派（これもシーア派分派の一つ）の村落や集落が隣接し合っている地域で行われた。これは宗派に基づく復讐の流血を促しやすいからだ。またかれらはある襲撃パターンに従う。ある村が一夜にしてシリア・アラブ軍に爆撃を受け、翌朝には近くの民兵たちがそこを襲撃する。ナイフや軽火器で武装した民兵たちは殺戮を繰り広げ、男も女も子供も構わずに殺す。その殺戮は、系統的であり、宗派的な自警主義によるものとして描かれる。拷問のビデオでは、シャビーハ――これは国民防衛軍のさきがけだ――の様子を映し出す。かれらはスンナ派のシンボルをひけらかし、被害者たちにアル＝アサドが神だとか他の冒瀆的な発言を無理強いするのだ。

マヘルは外国人戦士の第二のカテゴリーを指摘する。殉教志願者たちだ。自爆作戦を実施して、ジハード主義の記録で英雄視されたいだけの存在だ。湾岸諸国の多くの外国人戦士にとって、自爆テロによる栄光は、ＡＱＩ開始以来ずっと、ジハード主義チャットルームやウェブサイトで一貫して語られてきた。サウジ国民はしばしば、多くのサウジ人たちがこうした自殺行為を行う点を指摘して、ＩＳＩＳの指導者たちは指導的地位をすべてイラク人で占め、サウジの同胞たちを殺すことでかれらを差別しているのだと主張する。

ＩＳＩＳに外国人戦士をもたらす最後の要因は、マヘルによれば純粋な冒険精神だ。アドレナリンジャンキーたちは、しばしば信仰を実践していないムスリムであり、故郷ではドラッグ使用者や中毒者や、犯罪者や暴力団の参加者だったりするという――ヨルダンでアル＝ザルカーウィが宗教に走る前にそうだったように。シリアで戦いに出かけるというのは、こうした連中には興奮を得るための一手段でしかない。

12 ツイッターから『ダービク』まで

新ムジャヒディンのリクルート

他のアラブ諸国からきた人々の多くは、ＩＳＩＳ支持に走るまでイラクやシリアでの出来事をあまりまじめに追ってこなかったとインタビューで認めている。これがモースル陥落で一変した。たとえばあるエジプト人イスラム主義者は、シリアやイラクのどの派閥がいいのか悪いのかよくわからなかったと述べたが、ＩＳＩＳがニナワ県全域を襲撃してから「研究」をして、カリフ国設立が預言者ムハンマドの預言した物語と「整合する」ことを知ったのだ、と語ってくれた。人類学者スコット・アトランは似たような逸話を教えてくれた。「スペインであるイマームと話をしていたんですが、その人は『我々はずっと暴力を否定してきたが、アブ・バクル・アル＝バグダーディが我々を目立つ存在にしてくれた。カリフ国は別に暴力的である必要はない。欧州連合と同じようなものにだってなれるのだ！』と語ったんです」

ＩＳＩＳの平凡な現実から目を背けることで、多くのアラブ人たちは、初期イスラム史や原理主義にヒントを得た、神の祝福を受けたスンナ派レジスタンス運動という誇大妄想的な自己描写を鵜呑みにしてしまっている。この自己描写をコントロールするために、ＩＳＩＳはアル・ザルカーウィの粒子の粗いラフカットを、プロ級に製作されたプロパガンダと情報歪曲の映像に変えた。そのメディア活動はきわめて重視されているので、メディア関連の各部局を仕切る人々は司令官《エミル》の称号を与えられ、戦場のＩＳＩＳ司令官たちと同じ地位となっている。また、ジハード主義ジャーナリズムは儲かる。『ワシントンポスト』紙は捕まったＩＳＩＳのメディア工作員にヒアリングを行っている。それによるとＩＳＩＳ映像の脚本、撮影、編集、頒布を行ったり、月刊『ダービク』のレイアウトを行ったりする「何百人ものビデオカメラマンやプロデューサーや編集者は、特権的な専門階級を構成し、その地位や給与、生活環境は一般戦士にうらやましがられている」とのことだ。

　ＩＳＩＳメンバーとの話によく登場するのは、先行するジハード主義者たちが外国メディアの反対勢力により一般的なイメージをつくり上げられてしまったという過ちをＩＳＩＳは学んで、それを繰り返さないようにしたということだ。「我々についての話を聞くより、我々の話を聞こう」というのは、ＩＳＩＳ参加者たちのインタビューの中で何度も登場した一節だった。つまり西側は嘘や陰謀ばかりを流通させるけれど、カリフ国だけは真実と力を語る唯一の存在なのだ。

　テロル軍の台頭におけるソーシャルメディアの力をいささか誇大に扱ったのは、イラクの元国家安全保障顧問モワッファク・アル＝ルバイエだった。イラク治安維持軍三万人が武器を捨てて制服を脱ぎ、モースルをジハード主義者に明け渡してしまったのは、おおむねツイッターとフェイスブックのせいだとアルジャジーラに語ったのだった。

これは言い過ぎではあったものの、アル＝ルバイエの発言にも一理あった。モースル陥落二週間前、ＩＳＩＳはこれまで最も有名なビデオの一つを公開している。「サリール・アル＝サワリム（剣戟《けんげき》の音）」と題されたこのビデオは「ジハード主義ポルノ」の典型例で、ＩＳＩＳの一時間に及ぶかっこいいプロパガンダとリクルート映画の比類なき製作能力を実証するものだ。その中身はまさに、西洋の政治家や外交官たちがＩＳＩＳに対する反発をもたらすと思っていた血みどろの内容そのものなのだった。

山刀を携えた祈禱師がイスラム国を宣言し、不信仰者《カーフィル》やエルサレムのユダヤ人どもに対し、ジハード主義者たちがおまえたちを殺しにやってくると告げる。そしてかれはパスポートを次々に破り捨てる。

ある場面では通称ラフィーダ・ハンター（反シーア派の暗殺者）たちが道で他の車の横を通り、「サファヴィー派」イラク軍部隊に合流しようとするシーア派兵士だと称する連中に銃をぶっ放す。穴だらけの車両の中には、民間人の服装をした少年たちの血まみれの死体。ちょっとでも身動きする者がいたら、蜂の巣にされる。別の場面で、ＩＳＩＳは逃げようとする男を射殺する。かれは怪我をしているがまだ生きていて「おれは運転手なんだ」と語る。映像は、その後、公式イラク軍の写真と共にその人物が地面に横たわっている場面にカットする。男は殺される。

アンバールのモスクで、何やら参加申請書らしきものを丸腰の民間人から受け取っているISISの様子が映される。ナレーターの説明では、かつてアンバールの覚醒委員会や、イラク政府とつながりのあるスンナ派政治家だったりした人物は、「改悛して聖戦士《ムジャヒディン》に対する戦争を仕掛けるのをやめる」機会が与えられるのだという。改悛すれば「恩赦」を与えられて、ISISに対するこれまでの犯罪は忘れられる――だがこれはISISが「おまえを捕まえる」前でなければならない。同様に、スンナ派兵士や警官や諜報機関《ムハバラート》の諜報員はすべて、辞めて武器を差し出せと言われる。マスクをしたISIS戦士が、モスク内に集まった会衆にこう語りかける。「おまえたちは武器を携え、あのラフィーダどもと並んで自分の息子たちと戦った。我々がおまえたちの息子であり、我々がおまえたちの兄弟だ。我々はおまえの宗教と名誉を守ることができる」

「剣戟の音」はまた、ISISが至るところにいて、敵に到達するにあたって巧妙な隠密活動を行う様子も示している。

そのエージェントたちはイラク治安維持軍の制服を着て、覚醒《サフワ》司令官の自宅を襲う。かれらは「サフワット・ハンター」たちなのだ。司令官は捕まると、軍に電話してこの男たちの身元を確認しなければと言う。かれらが実はISISの者たちではと恐れているからだ。

その次の場面では、サフワ司令官の息子二人が、土に巨大な穴を掘っている。父親が、イラク政府に協力して穴を掘れと言ったのだと説明する。そして今度は、父親が穴を掘る。よろめくと、ムジャヒディンがそれを嘲笑する。「サフワの司令官になろうとして検問所で働いていたときには疲れなかったのにな」。司令官はカメラに向かって語りかけ、サフワの参加者みんなに悔い改めよと訴える。「私はいまや自分の墓穴を掘っているのだ」。

サマラからの対テロ係官が、自宅の居間で尋問を受ける。そして寝室につれていかれると、これまたイラク兵の格好をしたＩＳＩＳ戦士が、たんすから治安維持軍の制服を引っ張り出す。男はスカーフで目隠しされる。そして斬首される。

セルゲイ・エイゼンシュテインやレニ・リーフェンシュタールの水準にはとても及ばないが、「剣戟の音」はその対象となる視聴者に対してメッセージを十分すぎるくらいに伝えている。このビデオは、シリア東部とアレッポの反乱軍――もっと近年のサフワットたち――がＩＳＩＳと戦いつつあるまさにそのときに公開された。そうした派閥のどれ一つとして、自分たちの戦闘員たちや外部に対し、同じくらいの実力や統一的な目的を示唆するようなものは提示できなかった。ＩＳＩＳが侵入した地域にいるシーア派のイラク人ならまちがいなく震え上がる。スンナ派なら、単純に忠誠を誓いさえすれば当分の間は自分の首が無事だというのに、わざわざ兵士や警官や評議員としての仕事に出かけることもあるまい？　ＩＳＩＳは、だれにも止められずだれにも負けないと主張していた。多くの人はそれを信じた。

カリフ国をツイート

「剣戟の音」は、何度かユーチューブに投稿された（毎回すぐに消されたが）。そしてarchive.orgやjustpaste.itなどのファイル共有サイトにも登場し、ツイッターやフェイスブックではISISメンバーや「ファンボーイ」（追っかけや無関係なファン）がしきりに宣伝した。これはクラウドソーシングを通じて視聴者を最大化しただけでなく、反対者や批判者たちの声をかき消すのにも貢献した。アレッポのISISメディア活動家は、お決まりの台詞を私たちに語ってくれた。「みんな、我々が連中の思ってるようなものじゃないというのを知るべきだ。我々にはエンジニアもいるし、医者もいるし、優秀なメディア活動家もいる。我々はタンジーム（組織）じゃない。我々は国家なんだ」

こうして勝ち誇る一方で、ISISのプロパガンダは、あらゆるカルトや救世主義的なメッセージに共通の生まれつきの欠点を抱えている。過大な期待をつくり出すということだ。これはどうしても、失望と幻滅につながる。これほど狂信的でない状況下での一般的な戦争状態を語るシラーズ・マヘルが言うように「多くの外国人ジハード主義者たちはシリアにやってきて、数日か数週間で、暇で退屈だと愚痴を言い始めます。ビデオはかれらにとっての体験を華々しく描きすぎているんです」

ISISが使うソーシャルメディアツールの中で、あまり検討されていないのがスマホやコンピュータ用の暗号化アプリZelloだ。このアプリでは、利用者は音声メッセージを共有するチャンネルを作れる。しばしば中東で民主化活動家が独裁政府の捜査から隠れるために使われるものだが、最近ではこのZelloは有力な親ＩＳＩＳユーザー、アンサール・アル＝ダウラ・アル＝イスラミーヤのおかげで、アル＝バグダーディにバヤットを行う簡単なハウツーガイドとして利用されるようになってしまった。このアプリは要するに携帯電話をトランシーバーにしてしまい、ＩＳＩＳについて知りたい人や参加したい人々がＩＳＩＳの司祭による説教に耳を傾けられるようにする。復活キリスト教徒によるサイマルキャストでの利用と同じだ。

きわめてユーザーフレンドリーなZelloは、ＩＳＩＳの若手聴衆の間では大人気だ。ハマ県サハル・アル＝ガブ出身のシリア人ジャーナリストであるアフメド・アフメドによると、この村出身の若者二人がZello経由で説教を聞いてＩＳＩＳに加わったという。トルコ南部で働いていた一四歳のモハメッドは、二〇一四年一〇月に国境のバブ・アル＝ハワで姿を消した。モハメッドの父親から助けを求められたアフメドは、フェイスブックに投稿して友人やフォロワーたちに、少年に関する情報を求めた。アフメドの話だと一時間後、モハメッドがイラク国境から両親に電話して「ぼくは兄弟たちと一緒だ」と言ったそうだ。

モハメッドの父親はこの知らせを聞いてショックを受け、後日アフメドに対して、息子がZelloを通じてＩＳＩＳの説教をしょっちゅう聞いていたと語った。「その父親はＩＳＩＳについて息子に警告し、連中は嘘つきどもだと教えたんです。でも少年は、単に連中が何を言ってるか聞きたいだけだと答えました。若者の大半は、かれらの説教を聞いてからＩＳＩＳに入るんです」

ＩＳＩＳはまた、若者洗脳オフ会も開く。二〇一四年五月、ＩＳＩＳはアレッポで試験を受けてから故郷コバネに帰ろうとする一三歳から一四歳の学童一五三人ほどを、マンビジュの町で誘拐した。ＩＳＩＳは子供たちをシャリーア訓練キャンプに入れて何ヶ月も捕虜にし、翌九月に釈放した。誘拐された子供たち数人の家族と親しかった、ハマのジャーナリスト二人によると、子供たちの一部は家族の元に帰る機会を与えられても自発的にそのキャンプに残り、ＩＳＩＳメンバーになったという。

そうした子供の親戚の一人は、地元ＩＳＩＳのエミルが母親の元に戻るよう助言したにもかかわらず、いとこが家に帰るのを拒否した話をしてくれた。母親はエミルに対し、その少年アフメド・ヘマクはたった一人の息子であり夫は死亡していると語った。イスラムの教えでは、少年はこうした場合、母親の元に残るべきだ。でもその子は頑固な転向者となっており、運動を放棄したがらなかったのだ。

末法の時代

公開された言説の相当部分で、ＩＳＩＳはイスラム終末論を活用して自分たちの正当性を訴え、人々を動員する。アレッポ郊外の町ダービクにおける、ムスリムとキリスト教との末法の戦いについての、預言者ムハンマドのものとされるハディースが、しばしば引き合いに出される――それがあまりに多いので、ＩＳＩＳのプロパガンダ誌も『ダービク』という名称だ。各種ビデオでは、ＩＳＩＳジハード主義者たちが黒旗を掲げてスローモーションで行進する中、アル＝ザルカーウィがこのハディースを唱える。「火花はここイラクで着火され、その熱は強まり続ける――アッラーのお許しによって――それが十字軍を焼き尽くすまで」。第二章でも述べたが、これは『ダービク』のあらゆる号の冒頭に書かれている。

バアス党系の先例と似たり寄ったりで、ＩＳＩＳもまた部外者や敵の意見を、その世界に対する歴史的闘争の一部に仕立てている。たとえば二〇一四年八月に、シリアでＩＳＩＳと戦うための有志国連合軍が発表されると、それはイスラム預言の時が満ちたという徴とされた。特にそれが、これまた預言者の預言した出来事であるカリフ国の宣言に続いたものだったからだ。ある有名なハディースによると、ムハンマドは追従者たちに対して、預言者支配に倣ったカリフ国が自分の死後に樹立されると説いたのだった。そしてその後には、強権的な王国と圧政がやってくる。最後に、預言者支配に基づく別のカリフ国が樹立される。イスラム主義組織やジハード主義組織は、このハディースを使い、カリフ国がアラブ世界における圧政的な政権に取って代わるのだと主張した。

ＩＳＩＳは、戦士たちを活気づけて自分たちの勢力圏外にいるムスリムたちの共感を集めるため、イスラム教のシンボリズムを活用する。アル＝バグダーディは預言者の孫であるフセインの子孫だと主張している。これは多くのイスラム学者が、ムスリムたちに対する正当な支配権を得るための前提条件としているものだ。他のジハード主義者との論争において、ISISによる血筋の利用は特に重要だ。というのもジハード主義者にとってこうした血筋はきわめて感動的なものであり、目先のプロジェクトにムスリムの若者たちを動員するのに役立つからだ。たとえばムスリム同胞団などが支持する、イスラム国家建設に向けたもっと段階的なアプローチに対するフラストレーションのため、イスラム主義者たちはそれに代わるものとしてISISを支持することもある。ISISがすでにカリフ国を発表したということは、最も面倒な作業がすでに終わったということだ。ムスリムたちはそれに加わり、生き残りと拡大のために戦えばいいし、そのためにイラクやシリアに渡る必要もない。

さらに、そのカリフ国なるものが樹立されたまさにその土地がある。アル＝シャムは、ダマスカスと大シリア（これは現代の北レヴァントほぼ全域を含む古代の地域で、トルコの都市アンタキヤも含む）の両方を指す。ここは預言者ムハンマドによって「祝福され」「復活の土地」とされたところだ。イラクとシリアは、最初のムスリム帝国のゆりかごであり、神の預言者の多くが生まれた地でもあり、預言者ムハンマドの仲間の多くが埋葬されている土地でもある。そこはまた、ムハンマドが預言した末法の時代の現場だ。こうしたシンボルは、ISISがイデオロギーを広め、保守派ムスリムの間で正当性を獲得するための武器として使われ、ISI

S支配の日々の現実とは切り離されたところにいる聴衆に対して有効に活用されている。

ラッカ虐殺

完全な支配と心の捕獲には抑止が必要となる。つまりあえて口を開こうとする人間には何が起こるかを実地に見せる必要がある。この分野でISISはその残虐なメディアを使い、国内向けの心理戦争手段にしている。二〇一五年七月に登場した別のISISビデオでは、いまや一八番となったオレンジのジャンプスーツ姿の二人組が登場する。バシール・アブドゥルドヒム・アル＝サードとファイサル・フセイン・アル＝ハビーブで、それぞれ二〇歳と二一歳だ。どちらも占領下のラッカでジハード主義者の活動をスパイしていたと告白させられる。マスク姿の男が、アル＝サードとアル＝ハビーブがくすねて持ち出したと称する書類コピーの束をめくって見せる。被害者二人は、ご近所のハムード・アル＝ムーサがそれをコピーしろと頼んだと主張する。アル＝ムーサはどうやら、写真を撮れるカメラ入り腕時計と眼鏡を渡したらしい。

「ルマイラ、タル・アブヤド、アル＝ワジ、街路、主要道や裏道、パノラマ、ISISメンバー――カメラの前に来る人の写真はだれでも撮った。ISIS基地のある通りはどこでも」とアル＝サードは言い、かつてまたは現在ISISが制圧しているシリアの町の名前を挙げる。「またデリゾールに出かけて、油井や石油の採掘と車両への積載の写真も撮れと頼まれました」。そしてアル＝ムーサがＩＳＩＳの写真に四〇〇ドル支払って、それを暗号化して別の活動家に渡してトルコに運ばせ、安全にインターネットにアップロードさせて世界中で閲覧してもらうのだという。アル＝サードは、ラッカにある自宅でＩＳＩＳに捕まったそうだ。アル＝ハビーブは、最新の情報を暗号化しているところへＩＳＩＳ治安部隊が踏み込んできたのだという。

そしてアル＝サードとアル＝ハビーブは木の杭に縛り付けられ、ＩＳＩＳのガンマン二人に至近距離から頭をピストルで撃たれた。カメラはその死体を写し続け、頭の傷からジャンプスーツにしたたる血の音まで捉えている。ビデオは不気味な終わり方をする。第三の男が「私の名前はモハメッド・アル＝ムーサだ」というところで終わる。これは来るべき殺人の「予告編」だ。語っている男はハムード・アル＝ムーサの父親だ。ハムード・アル＝ムーサは三ヶ月前に捕まっており、父親のモハメッドも、後のビデオで殺される。

アル＝サードとアル＝ハビーブは、「ラッカは静かに虐殺されている（Raqqa is Being Slaughtered Silently）」またはその頭文字でＲＢＳＳと呼ばれる隠密メディア活動家団体で働いていた。この団体は二〇一四年四月以来、テロル軍に制圧された中東初の県都の中の様子を、あらゆる危険を冒して世界に知らしめようとしてきた。スターリン主義下の地下出版ライターや印刷会社と同じく、かれらは上からの指示通りではなく、実際に起こった通りの歴史を記録したいだけだ。「やつらは敵だ、やつらに気をつけろ」というのがアル＝サードとアル＝ハビーブ殺害の残虐ビデオにISISがつけたタイトルだった。二〇一五年にはRBSSの成果は国際ジャーナリストたちにやたらに活用されるようになっていた。こうしたジャーナリストたちは、珍しい例外を除けば、自分の目で確認するためにラッカに赴こうとはしないのだ。おかげで、RBSSは組織として、ジャーナリスト保護委員会の国際報道の自由賞を受賞している。

反ISISメディア組織デリゾール24を運営するオマル・アブ・ライラはこう語る。「メディア活動家は手持ちのあらゆる機器やツールを使い、あの集団が行った侵犯をできる限り記録します。ISISの監視――検問での携帯電話チェック、インターネットカフェの抜き打ち捜査、恣意的な逮捕――にもかかわらず、侵犯を記録するために働くメディア活動家は安全についてずっと知識があり、おかげで安全でいられます」

ジハード主義者たちが北部のシリアとトルコの国境地帯の重要な町や村を失ってから、地元住民に対する締め付けは強化された。何十人もの若者が、ISIS支配下の生活に関する「違法な」情報を頒布したと糾弾され、逮捕された。ISISが領土を失えば、それだけこの殺人組織のポルノ映像は増えた。

もともと一七人いたRBSS参加者は、創設者の一人モタズがISISに捕まって、広場で高い建物から投げ落とされて処刑されると一二人に減った。この団体の創設者の一人で、英語がが話せるアブ・ワルド・アル＝ラッカーウィ（仮名）は、アル＝サードとアル＝ハビーブ処刑の何週間も前にこう語った。「想像もつかない。［ＩＳＩＳは］これを人の多い場所でやり、みんなに何が起こるか見に来いと言ったんだ。処刑を見ているのは子供たちだ——子供たちが将来テロリストになるようにしてるんだ。子供たちは殺人者になる。ＩＳＩＳは子供たちを洗脳しようとしてる」。アブ・ワルドの話ではまた、ジハード主義者たちはラッカを車で流して「通りで喫煙するとか、少しでもまちがったことをしてる人がいないか探し回った。ときにはあちこちに検問を設けて、民間人の携帯電話をチェックし、ビデオや写真を録画してないか確かめる。電話に音楽が入っていたら逮捕される。町の写真が一つでもあればＩＳＩＳは処刑する。我々の友人もそうなった」。

またＩＳＩＳは、シリア内でＲＢＳＳを殺すだけでは飽き足らなかった。トルコの首都アンカラで現代トルコ史上最悪のテロ攻撃を工作員が実施した数日後の二〇一五年一〇月三〇日にガンマンを送り出して、ＲＢＳＳメンバーの二人ファレス・ハッマーディとイブラヒーム・アブド・アル＝カデルをトルコ南部のシャンルウルファ市（アラビア語で通称ウルファ市で）殺した。

「明け方に、だれか——はっきりだれかはわからないけれどＩＳＩＳの人間だ——が二人のアパートに入って頭を撃ったんだ」。ラッカにいる別の匿名ＲＢＳＳ創設者アブ・イブラヒーム・アル＝ラッカーウィはスカイプでこう語ってくれた。その声はときに震えて割れている。

「それから首を斬った。そのアパートにきた三人目の友人がいた。そいつが二人の死体を見つけ、茫然としていた」。イブラヒームとファレスのアパートからは何も奪われていなかった。コンピュータも機器もまったく手つかずだ。「殺しただけで立ち去ったんだ」とアブ・イブラヒーム。

「かれらは実に勇敢だ。これまで会った中で最も勇敢だった。非常に機密性の高い場所も撮影し、戦闘中のISISを撮影し、ドラム缶爆弾も撮影する。都市に空爆があれば、まっ先に出かけて撮影するのはかれらだった」

ISISは暗殺を自分たちの仕業と公表するだけではない。その支持者たちは、そうした犯罪をソーシャルメディアで褒めそやす。ツイッターのISISメディアアカウントは、イブラヒームとファレスが古い携帯写真で一緒にポーズをつけて映っているスクリーンショットを公開した。写真はこの二人が撮影時に自分で公開したものだ。写真についた、バカにしたようなツイートにはこうある。「静かに虐殺される前の自撮り」。二〇一五年クリスマスの二日前、ISISはRBSSの映像監督ナジ・ジェルフを殺害した。かれは子供二人の父親で、シリアの抵抗運動筋では、アル＝アサドとタクフィール主義者たちの両方に対する抵抗により尊敬を集めていた。ジェルフはハッマーディやアル＝カデルと同じように、トルコのガジアンテップにあった自宅で、消音器つきのピストルで射殺された。

RBSSメンバーに対するISISの人狩りにもかかわらず、アブ・イブラヒームはラッカの生活の真実をこれからも暴き続けるという。

「私たちはたくさんいる。止まることはない。ここは私たちの都市だ。やつらを倒す」

ラッカのネット切断

絶対服従を要求するISISの手法は、二〇一五年夏に新たな段階に達した。支配下にある者たちが外部の情報を吸収する唯一の手法を止めようとしたのだ。その手法とはインターネットだ。七月にISISは、絶対命令の布告の中で、ラッカでのWi-Fiを「禁止」した。これは同軸ケーブル回線の切断は必要とされず、アブ・イブラヒームが「空中インターネット」と呼んだものを排除するものだ。「空中インターネット」とはブロードバンド・グローバル・エリア・ネットワーク（BGAN）を指す。本くらいのサイズの高価なモバイル装置によりアクセスするネットワークで、利用者は地元インターネットカフェでデータパッケージ代を払うと、人工衛星経由でログオンできるのだ。

ラッカで人気あるBGANはヒューズ社モデルで、アブ・イブラヒームによれば一台二〇〇〇ドルほどだという。これほど高価でも、ラッカではログオンできるカフェが大量にある――というか、あった。アブ・イブラヒームの計算では五〇〇〇軒ほどとのことだ。ただしこうしたカフェは、西側の都市で見かけるようなものとはまったくちがう。

「九五パーセントにはコンピュータがありません。小さな店みたいなところで、ほんの二、三人しかすわれないんです。そこに自前の携帯やラップトップを持って出かけ、『アカウントを開きたい』と言います。するとインターネットカフェのオーナーが、パスワードとアカウントのユーザー名、そして使えるメガバイト数をくれます。一〇〇メガバイトごとに三ドルです。この装置は五〇ギガバイトの通信ができる。それぞれの装置について、六ヶ月ごとにデータパッケージを追加するには一〇〇〇ドル、一二〇〇ドルとかかかるんです。少しでもインターネットを使うのは実に難しい」

一つには、データ割り当てを補充するのに、BGAN所有者たちはトルコに出かける必要がある。これはWi-Fi禁止前から危険なことだった。そしてBGANは各カフェでWi-Fiリピーターにつなぐ必要がある。こうすることでネットワーク信号が店内をはるかに超える範囲で使えるようになり、利用者は自宅や徒歩圏からアクセス可能となる。「ISISはいつも人々のオンライン活動をモニタしようとしてきました。だからとてもリスクが高い。インターネットカフェの所有者はISISのスパイだったりする」。残る数軒のカフェは、利用者がその店に来て、みんなに見えるところでインターネットを利用しなければならない。ISISは定期的にそうした店にやってきて、利用者に携帯電話と手をテーブルの上に出すよう求める。もしそうした電話にカリフ国についての無許可の情報を示すような画像やビデオが見つかったら、ISISは店主を逮捕する。「多国籍軍やアサド政権のスパイだと糾弾され、即座に殺されます」。アブ・イブラヒームはそう言って、さらにRBSSが独自のBGAN装置を持っていると付け加えた。だからこそスカイプ経由で自分はジャーナリストと話ができるのだ、と（ただしいつそれが断ち切られないとも限らない）。

単に定点チェックだけでは飽き足らず、ISISはまたラッカを監視車両で運転してまわり、Wi－Fi信号を監視する。信号を出しているのを見つかったら、違法カフェ経営者と同じ扱いを受ける。アブ・イブラヒームは語っている。「ほとんどの人は激怒しています。住民はみんな外部の家族と話がしたいので、市を離れました。みんなWhatsAppやViber（LINEに似たアプリ）で話をするんです」

ヒューマンライツ財団の主任戦略官アレックス・グラッドスタインは、抑圧的な政権下で暮らす活動家向けのインターネット接続の次善策はなかなかないと言う。「この手で実際に触れた中でいちばんましなのは、BRCKというもので、ケニアの企業が作った低価格で頑丈な代物です。数百ドルで買えます」

でもこれでも安上がりとはいえない。特に世帯がISISから電力をもらうのに月三〇ドルもかかり、さらにザカット（国家に支払うイスラムの喜捨）や日用品やサービスへの各種の手数料（これによりジハード主義者たちは懐を肥やす）を支払わねばならない飢餓経済ではなおさらだ。さらに事態を悪化させるものとして、ISISに対する反感を育成しようとするもっと前世紀的な手法が逆効果となっている。アメリカ主導の多国籍軍は、これまでラッカの人々

を黒衣の主人たちから引き離そうとするプロパガンダのビラを三種類投下した。でもこうした
ビラは、意図せざる嘲笑や苛立ちを引き起こしただけだった。

アブ・イブラヒームはこう述べた。「一枚目は『ラッカの人々のほとんどはISISだから、
ISISに参加するのは用心しろ、我々がISISを殺す』と書いてありました。これで皆カ
ンカンになりました。ISISに肩入れしている人なんかほとんどいないし、なぜ多国籍軍は
逆のことを思ってるんだ、というわけです。二枚目のビラは本当に爆笑ものでした。ひどいア
ラビア語で、一語たりとも理解できない代物です。何を言おうとしていたのかさえお話しでき
ないくらい」

三枚目は、ISISがクルド人とアラブとの連合軍に対して最近になって戦場で敗北を喫し
ているというものだった。戦士が四人登場し、三人はクルド人防衛部隊（うち一人は女性戦
士）、一人は自由シリア軍だ。かれらは殺されたテロリストたちの死体が転がる、晴れた街路
を歩いている。「でもISISの旗が逆さになっています。ラッカの人々は［クルド人民兵が］
好きではないし、そいつらに来てほしいと思っていない。そしてこの旗はISISだけでな
く、イスラムと全ムスリムの旗なんです。だからそれが逆さまなのも気に入らない」

とはいえISISは、このできの悪い反宗教改革キャンペーンの皮肉を理解できないわけで
はない。多国籍軍のビラが撒かれると、道路清掃人を送り出すのだ。「そんなビラを持ってい
るのが見つかったら、えらく困ったことになりますよ」とアブ・イブラヒームは語る。

飾り立てたジハード

『ダービク』は本書のあちこちで引用したが、その内容を見ると、ＩＳＩＳの中核的な使命とその行動が終末論的なプリズムを通して説明されている。たとえば性奴隷の導入は、編集者たちによって「時」、つまりは最後の審判の日の徴《しるし》として正当化されていた。あるハディースによると、終末は「奴隷が彼女の主人の子を産む」ときにやってくるという。

すると、奴隷制を廃止したらこの預言の実現が不可能になってしまう。だから『ダービク』はこう結論づける。「これを理解すれば、［ＩＳＩＳスポークスマンの］アル＝アドナニが以下のように語るときにどこからひらめきを得ているかがわかるであろう。『だからこうして我々はおまえたち［おお十字軍どもよ］に対し、アッラーのお許しを得て、この戦争がおまえたちの最後の戦役となることを約束するのである。これまでのおまえたちのあらゆる戦役がそうであったように、今回もおまえたちは破られ敗北を喫するであろう。ただし今回は我々はその後におまえたちを襲い、そしておまえたちは二度と我々を襲うことはない。我々は至高なるアッラーのお許しを得ておまえたちのローマを制圧し、十字架を破壊し、おまえの女たちを奴隷とする。神はこれを我々に約束したもうたのである』」

ＩＳＩＳが復活させた多くの慣行は、イスラムの預言に登場する警鐘だ。たとえば神殿の爆破や屋根からの同性愛者の投げ落としなどだ。二〇一四年にイラク治安維持軍に捕まったＩＳＩＳ知事フッサム・ナジ・アッラーミは、あるハディースが命じていると主張してモースルの神殿破壊を命じるファトワを出した。イラクの新聞『アル＝サッバー』のインタビューで、アッラーミはそのファトワを出したのが、アル＝カイダからの批判に応えてのことだと述べた。その批判はＩＳＩＳの正当性を批判するもので、ＩＳＩＳが「預言者の手法に基づいたカリフ国」として預言されたものではないというのだった。

どんな倒錯であれ蛮行であれ、ＩＳＩＳは出来合いの正当化手段を持っている。その暗いビジョンの売り込み能力を見くびってはいけない。最近では、アメリカ国務省は「考え直して背を向けよう（Think Again Turn Away）」というツイッターアカウントを作った。これはＩＳＩＳの蛮行や死傷者の写真をツイートし、それを説明するニュースへのリンクを示すものだ。また親ＩＳＩＳアカウントにも呼びかけ、実質的につきまとう。だから、ジハード主義者の主題歌を引用して「この世で我々は殉教以外に達成するものはない、山に我々は埋葬され雪が我々の死に装束となる」とだれに言うともなくツイートした@OperationJihad への反論として、国務省はこうツイートした。「シリアの子供に一足のブーツを与えるほうが、きみが死を求めるためにその子を家から追い出して雪の中に放り出すよりも名誉ある行為だよ」

@OperationJihad は答えようとはしなかった。

その三日前、世界がパリの『シャルリ・エブド』のジャーナリスト虐殺から立ち直りつつあったとき、ＩＳＩＳかその支持者がアメリカ中央軍のツイッターとユーチューブアカウントをハッキングして、軍事文書やジハード主義的な脅しを投稿した。そこには「アメリカ兵ども、いま殺しにいくぞ、背後に注意しろ」という脅迫ツイートもあった。ホワイトハウスはこの一件を「サイバー落書き」と軽く扱ったものの、「サイバーカリフ国」のハッカーたちが公開した文書の一つはそれほど無害なものではなかった。それは「退役陸軍将校一覧」なるスプレッドシートで、米将軍たちの名前、退役日、メールアドレスが一覧になっていたのだ。

ＩＳＩＳの「外国作戦」が増えるにつれて、『ダービク』は事後的な自慢にも使われている。同誌はいまや独自の追悼欄を持っており、ＩＳＩＳが外国テロで最も成功した年である二〇一五年に、フランス、エジプトなどで攻撃を行った「殉教者」たちを褒めそやしている。一月第一週、反ＩＳＩＳ多国籍軍結成からわずか一ヶ月強で、これまたアル＝バグダーディに忠誠を誓ったフランス人アメディ・クリバリが、フランスで二日間に一六人を銃撃し、モンルージュの丸腰婦人警官一人と、たまたまパリのポルト・ド・ヴァンセンヌにあるユダヤ教徒向けスーパーのイペールカシェで運悪く買い物をしていたユダヤ人買い物客すべてを含む五人が死亡した。この攻撃に先立ちクリバリは妻ウム・バシル・アル＝ムハジラーをシリアに送り出すのに成功した。そしてクリバリとその犠牲者たちが死亡してほどなく、ウム・バシルは『ダービク』にこう語っている。「かれの目は、イスラム国のビデオを見るたびに輝きました。あの人は『これを見せないでくれ』と言ったものです。ビデオを見たら即座に移住《ヒジュラ》したくなり、フランスでの作戦遂行の妨げとなったからです」。パリ六ヶ所の同時自爆テロや銃撃のずっと前に、その首謀者アブデルハミド・アバウドは『ダービク』に自ら登場し――実はクリバリの妻のインタビューと同じ号だ――不信心者どもの国の中を移動するのがいかに簡単か自慢して見せた。シリアにいる間にISISに参加したベルギー人二人と一緒に写真に写ったかれは、写真がヨーロッパのメディアで広く出回った後ですら、自分がヨーロッパの治安警備網を何度もかいくぐれたと語っている。「職員に止められて、写真と私を見比べられたことさえあった！　でも似ていると思われずに釈放された！　これはアッラーの恩寵以外の何物でもない」

スコット・アトランは、最もISISに引き込まれやすい層がISISの何に惹かれているのかをアメリカ政府はきちんと把握できていないと考える多くのアナリストの一人だ。「ISISへの対抗策は、穏健なイスラムを説くことだとしょっちゅう聞かされるんですがね。私は国家安全保障理事会の人々に言うんですよ。『みなさん、お子さんはいらっしゃらないんですか？　お子さんたちが穏やかなものなんかに少しでも興味を示しますか？』」

13 シェイクたちへの揺さぶり
――ISIS、部族を手玉に

二〇〇三年にサダム・フセイン捕獲を支援した米陸軍大佐ジム・ヒッキーによれば「地勢は地上戦での運命を決める。イラクは部族社会であり、部族内の家族は特定の土地に縛られている。これがこの戦いを大きく左右する。イギリスが第一次大戦や第二次大戦でイラクにいたときも、地勢が戦いを左右した。我々がいたときにも地勢が戦いを決めた」。

ほぼ同じことがジャジーラについても言える。ここはイラク北西からシリア北東にわたる平野で、過去二年間ISISの戦略的な中心地だった。こうした部族連合体はISISにとって実に重要なので、ディワン・アル＝アシャイールという部族連絡部局がISIS内に設けられているほどだ。なんといってもここは、アブ・ガディヤが隠れ家を持ち、無数の他の密輸員や「国境司令官《エミル》」たちがAQI用の前線作戦拠点を置いていた場所なのだ。

シリアとイラクのバアス党政権は、部族への対応がちがっていた。戦争前のイラク国営テレビ放送は、部族の伝統や伝承を大きく採り上げ、サダム・フセイン自身もスンナ派やシーア派の首長《シェイク》たちとつきあい、各種のインセンティブ——たとえば密輸や灰色市場の権利——を与えて継続的な忠誠を得ていた。AQIが二〇〇〇年代半ばにひっくり返そうとしたのは、この確立したパトロン制度であり、そのためにイラクでは覚醒運動が起きた。

これに対してシリアでは、アサド政権はハフェーズ・アサドもバジャール・アサドも一般に部族に対してどっちつかずで、かれらを引き込む戦略的な能力もなかった。確かに、政権内の日和見派は必要に応じて社会的な動乱を作るために部族を活用した。たとえば、シリア北部のクルド人中心地域をアラブ化して、不穏なクルド民族主義を抑え込んだ。それでもアル＝アサド派は、砂漠の後背地にいる古代からの血縁連合を、サダム・フセインほどは大きな存在だとも重要だとも思わなかった。

一九六〇年代の出現以来、バアス党のシリア分家は部族主義が二重の脅威だと見ていた。まず、シリア東部とイラク北西部の氏族同士の部族的な絆は、競合するイラク分家のほうに潜在的な利益をもたらすものと見られていた。第二に、特に権力の座にのぼった初期のバアス党は、「退行的」な部族主義など党の「進歩的」イデオロギーに相反するものだと見ていた。

シリア政府が部族との関係を悪化させたことで、シリア蜂起が始まったときに政府は痛手を受けることになる。たとえばデラーにおける多くの初期のデモのは部族的なつながりによるもので、部族的レトリックを活用していた。デモ参加者たちは「ファザート・ホウラン」、つまりデラーのあるホウラン峡谷の人々の集合的な支援を訴えた。シリア治安維持軍が暴力でこうしたデモを鎮圧すると、デラー住民たちは湾岸諸国の「いとこたち」に助けてくれと呼びかけた。

部族ネットワークは、二〇一二年初頭に反乱が軍事化するとますます大きな役割を果たすようになった。資金調達担当者たちは、特にサウジアラビアやクウェート、バーレーンをはじめとする外国の親戚たちに訴えかけることで、シリア国内各地の反乱グループの武装を支援した。たとえばホムス県のウガイダット部族の人々は、シリア東部出身のウガイダット族の仲間で湾岸諸国に住み、資金調達をしやすい立場にいる人々に声をかけた。ある汎シリア反乱連合が形成されたのも、一部は部族的なつながりのおかげだった。アッファド・アル＝ラスール旅団を率いたのは、ホムス県出身のマヘル・アル＝ヌアイミとデリゾール県出身のサダム・アル＝ジャマルだ。どちらも同じ部族出身だった。「ホムス県のアル＝ワアール・アル＝カディームとアル＝ダル・アル＝カベーラ出身者や、ハマとダマスカスの田舎からきた人々が我々とつながりました。部族のつながりを通じて知り合い同士だったんです」とFSAへの出資者が伝えてくれた。こうしたシリア人ネットワークは、しばしば組織力は高いが遠隔地にいる移民がやるような形で運営されたが、逆説的に唯一ちがっているのは、その全員が相変わらず同じ国に暮らしているということだった。残念ながら、革命にとっての資産として始まったものは、やがてそのジハード主義的な歪曲にとっても資産となってしまった。

アル＝カイダとＩＳＩＳがシリアの部族地域で勢力を広めた要因はいくつか指摘できる。まず、人口密度と地理の関係だ。部族が最も密集しているのはデリゾール、ハサカ、ラッカ、デラーで、つまりシリアの最東端と最南端の地域だ。この四県のそれぞれで、かれらは人口の九割以上を構成している。またアレッポの地方地区にも二〇〇万人ほどいる。全体として、部族はシリアの総人口の三割ほどを占めるが、居住地域はシリア国土の六割に及ぶ。言い換えると、部族は地方部に縛られており、蜂起軍にとってはそうした地方部のほうが、行き来や駐留がずっと容易だった。イラクの場合と同じで、ザルカーウィ派たちが都市地域から蹴り出されたり、競合集団に対する大規模攻撃を計画したりするときには、こうした地方部に集まりがちなのだった。これこそがまさに本当の意味でかれらの拠点なのだ。

アル＝ラフダンの復讐

シリアで部族たちは、後にアル＝ザルカーウィが作り出したアル＝カイダ分裂の原因に利用されてしまう。実はシリア初のアル＝ヌスラのセルの一つは、デリゾール県のアル＝ガリバという小さな町に作られた。ここではほとんどの住民が同じ一族だ。デリゾール県はシリアとイラクを結ぶ場所にあるので、アル＝ガリバの住民の多くは二〇〇三年と二〇〇四年にイラクの蜂起軍に加わり、ザルカーウィ派のプロパガンダを容易に吸収した。

アル＝アサド政権がアル＝ガリバにあるアル＝ヌスラのセルを見つけたのは二〇一二年一月

のことで、即座にそれをほぼ完全に排除し、メンバーを何十人も殺した。するとアル＝ヌスラは近くのアル＝シュハイルという町に引っ越した。ここは昔からイラクとシリアの武器密輸の中心地だったのだ。その地域によくあるように町の名前はそこに住む部族のもので、居住住民のほとんどはサラフィー主義と根深いつながりを持っていた。たとえばハジル一家の人々は、戦闘前衛団に加わった。これは一九七〇年代と一九八〇年代のムスリム同胞団蜂起の一部としてハマで政権と戦った集団だ。イラクの米軍侵攻の後で、多くのハジル一族はスンナ派蜂起勢に加わった。そしてシリア蜂起でアル＝ヌスラがやってくると、何十人ものハジル族の男たちが、生まれたてのAQIに参加した。二〇一二年夏には、この町は実質的にアル＝ヌスラに牛耳られていたので、「シュハイリスタン」というあだ名がついた。

占領者の身元は、しばしば占領される側の身元と分かちがたいものとなることが多かった。デリゾール県の有力な部族出身でFSAのオルグ要員であるアミル・アル＝ダンダルによれば「ジャブハット・アル＝ヌスラについて否定的なことを言ったら、実質的にシュハイルを侮辱していることになります」。アル＝ヌスラとISISの泥沼戦争ですら、部族的なひねりが加わった。二〇一三年四月、アル＝ヌスラとシュハイルの別の反乱軍であるジャイシュ・ムタが、デリゾール県第三の部族であるアルブ・サラヤ族に属するアル＝ブ・アッサーフの氏族と戦った。アル＝ブ・アッサーフ族は後に、紛争の中でISISに味方した。

同様に、アル＝ヌスラの上級メンバーであるアーメル・アル＝ラフダンが分裂後にISIS

に寝返ったときも、イデオロギー的な志向でそれをやったわけではなく、むしろ父系の血筋に対する連帯感からだった。アル＝ラフダンはイラク国境に近いデリゾール県東部の田舎町であるジェディド・ウガイダットを拠点とするアル＝ベカイイール部族の出身で、この部族はシュハイルと何十年にもわたり反目し合っていたのだった。アル＝ラフダンの寝返りで、ISISはデリゾール県マヤディーンにあるコノコ・ガスプラントを制圧できた。おかげでバグダーディ派は価値の高い資源という戦利品を獲たが、これはまたアル＝ベカイイール族とシュハイル族との昔から続く領土紛争を悪化させることにもなった。「この戦いはすべて部族をめぐるものでジハード主義政治とは関係なく、解決も部族に基づいて行われました。緊張関係がやっと終わったのは、アル＝ベカイイール部族とシュハイル族の双方が、ここで少しでも争えば将来にもっと大きな禍根を残すと気がついたからです。問題は、ISISやアル＝ヌスラの介入なしで解決されました」とアル＝ダンダル。でもこの和平は短命だった。シュハイル族はアル＝ラフダンとISISをジェディド・ウガイダットから追放した。すると二〇一四年七月にISISはシュハイル族を制圧した。この出来事はデリゾール県全域を震撼させた。一連の町や村が、すかさずジハード主義者たちの急襲を受けた。二〇一三年一二月にISISに加わった元アル＝ヌスラのメンバーであるファイヤド・アル＝タイーフはこう語ってくれた。「当初から、おれたちはアル＝シュハイルが本当の問題だと思っていた。連中さえ潰せば、他のみんなは降伏する」。かれは正しかった。

勝ち誇ったアル＝ラフダンは復讐に乗り出した。シュハイル族に厳しい条件を課し、一部のメンバーを三ヶ月にわたり追放した（これですら部族的な処罰形態だ）。シュハイル族とその町の陥落は、シリア東部におけるアル＝ヌスラの勢力にとどめを刺し、ＩＳＩＳはデリゾール県全域をほぼ完全に支配するようになった。

ＩＳＩＳがまともな存在感を発揮できていたのが、それまではジェディド・ウガイダットだけだったことを考えると、デリゾール県の制圧は驚異的だ。しかもそのジェディド・ウガイダットですら、ＩＳＩＳは地元の住民をあまりに疎外しすぎて一時的には追放されていたのだから。

ＩＳＩＳの分割統治戦略

『残虐性マネジメント』で、アブ・バクル・ナジは部族の政治力学を操作するのが重要だと強調し、この問題について独自の人類学的な知見を提供している。かれは、ジハード主義者にとっては、部族の連合が団結しがちだというのは必ずしも悪いことではないと指摘している。それどころかこの現実は、段階的な贈賄・洗脳・引き込みなどによってジハード主義者の利益になるよう活用できるという。「連帯性を持つ部族に対応するときには、かれらにその連帯を放棄するよう訴えたりしてはいけない。むしろかれらを先鋭化させ、連帯性を持つ称賛すべき部族に変化させるべきだ。（中略）そのためには、まずその中の指導者たちをお金などで（中略）まとめあげることができる。それから、その追随者たちが我々の支持者たちと入り交じり、その心が信仰で満たされたら、かれらの心はシャリーアに反するものをまったく受け入れなくなっていることがわかるだろう。もちろん連帯は残るけれど、それはかつて連中の持っていた罪深い連帯ではなく称賛に値する連帯に変化しているのだ」

ＩＳＩＳ狂信者たちの間でこの宣言の人気が高いことを考えれば、ＩＳＩＳが同じ部族の人々をお互いに戦わせるのに成功した、歴史上で唯一無二のジハード主義者集団となったのも、さほど衝撃ではないだろう。この分割統治戦術は二〇一四年八月に、デリゾール県のシャイタット族の人々が、ＩＳＩＳの要請に応えて同じ部族の人々を何百人も殺したときに、陰惨な形で示された。同族殺しの同じ手の強要は、イラクの町ヒットでも起こった。アルブ・ニムル族の人々が、二〇一四年一〇月に血族を何十人も処刑したのだ。支配される側を支配者の犯罪の共犯者とし、個人を自分の血や肉よりも国家に対して忠誠を示す存在とするのは、全体主義の典型だ。

ナジも指摘するように、部族を引き裂くのに賄賂も大いに使われている。二〇一三年四月、アル＝ヌスラとの決裂後、ＩＳＩＳはこっそり若手部族リーダーたちに、石油や密輸の収入の分け前と、現在長老たちが持っている権力の座を約束して籠絡しようとした。若手部族メンバーのほうが、反アサド反乱への参加のために信用できると思われて人気もあったが、高齢者たちは主に政権に肩入れしたか中立を保っただけだったのだ。

シリアの国境町アルブ・カマルからの部族メンバーの一人は、ＩＳＩＳが当該地域でわずかでも足場を確立し始める何ヶ月も前から、ある有力な一族に対してこの世代間の政治的な分裂を熱心に活用してきたのだと説明する。その人物はＩＳＩＳに参加した若い部族についてこう語った。「連中［ＩＳＩＳ］は地域の油田の一部をそいつに渡しているんだ。ＩＳＩＳがうちの地域で排除された場合、人々を結集させられるのはだれかってのを連中は知ってるんだ。うちの地域の他の部族は、まともなリーダーがいない。うちの部族はリーダーシップも影響力もある。だからそいつにお金も渡し、保護して、何でも相談する。もう一つの選択肢は、そいつを暗殺しちまうというものだ」

若者への贈賄を活用し、ＩＳＩＳは二〇一四年夏にそれまで手出しできなかったデリゾール県の町をいくつも制圧した。たとえばモー・ハッサンでは、ＩＳＩＳによる掌握は地元反乱勢のほとんどにとって衝撃だった。この町はタクフィール主義者たちに敵対していると思われていたからだ。この町の人々は世俗的なことで知られ、シリア・アラブ軍の兵や将校を多数輩出している。でもイデオロギーはまったく何の役目も果たさなかった。ＩＳＩＳは、戦闘で入り込む前に、賄賂で町に入り込んだ。二〇一四年六月にモースルのイラク治安維持軍から押収した、大量のアメリカやサウジ製兵器のストックを袖の下に使ったのだった。

仲裁者としてのＩＳＩＳ

アブ・バクル・アル＝バグダーディはキャンプ・ブッカで、いがみあうジハード主義者派閥の仲裁役だとアメリカ人たちに思われてきた。同じように、かれが率いる運動は、シリアの部族地域での問題解決と仲裁で評判が高い。アルブ・カマルでは、二〇一四年一一月に戦い続けてきた二部族に歴史的な和解をもたらした。アル＝ハッスーン族とアル＝レハビーン族との、薔薇戦争にも似た三〇年にわたる反目を終わらせたのだ。

支配地域の行政の一環として、ＩＳＩＳは「部族問題」担当エミルを指名した。アルブ・カマルからは国境をはさんで向かいのイラク側にある、カイムを拠点とするサウジアラビア人ダイガム・アブ・アブドラだ。かれは使節たちと面会して、地元の紛争や苦情を話し合う。多くの場合、シリア東部で新たにＩＳＩＳ配下となった町の住民たちは、存在しないも同然の国境を越えて、連邦裁判所の裁判官に会うような形でアブ・アブドラと面会にくる。こうした仲裁を求める使節団に付き添ってアンバールまでやってきた、デリゾール県出身のＩＳＩＳメンバーはこう語る。「人々は国家の信頼を得ようと我先にやってくる。我々の地域では、「ＩＳＩＳが」新たな当局であり、人々は自分たちの私利私欲のために、自分こそが指導者なのだと我先に誇示しようとする。そしてこうした人々にとって、部族主義こそが何よりも優先される。我々の指導者はこれを知っている。我々もバカではないのでね」

同じ部族民による殺戮が行われたり、隣町の部族が殺戮を行ったりした地域では、ISISは平和維持のために外国のジハード主義者や他県の指導者をつれてくる。ここでは、非現地人の導入は好意的に受け取られているらしい。故郷のアルブ・カマルで地元民七〇人を殺害したサダム・アル＝ジャマルは、ISISがこの地域に復帰したときに指導的な役職を与えられず、むしろイラク近くの難民キャンプ管理を任された。シュハイル族の復讐者アル＝ラフダンは、ラッカ県に配置換えとなった。

ハイブリッド化した部族へのアウトリーチ——一部はサダム・フセインで一部はナジ——がISISの統治戦略の重要な一部だ。これは覚醒《サフワ》運動の再興を絶対に不可能にするのが大きな狙いだ。覚醒運動のようなものは、一〇年前と同じく、ユーフラテス川峡谷でのジハード主義者たちの優位性に対する最大の内部的な脅威なのだ。部族たちを「改悛」といったプロパガンダで脅して従属させられない地域では——『残虐性マネジメント』の別の主題は、信仰の薄いまたは「背教」部族長たちに対する「赦し」だった——争う氏族の間の緩衝役として自らを位置づけている。二〇一三年四月にISISの樹立を発表したアル＝バグダーディが、ムスリムとシリアの部族という二種類の人々を明言したのは、それなりの考えあってのことなのだ。

カーネギー国際平和財団所属のフレデリック・ウェーリーが書くように、ISISは「二〇〇〇年代半ばの先人たちに比べて、適応力も高く現地に根付いた敵であることが示されている。極端な暴力とソフトパワーの強力なミックスを活用し、部族を恫喝すると同時に懐柔しているのだ。このすべての根底にあるのは、部族を過信しすぎる人々がしばしば見すごしている、ある当然の事実だ。部族の権威は気まぐれであり、きわめて局地化されており、しばしば人工的に構築されたもので、従って完全に活用するのは難しいということだ」

ＩＳＩＳの部族活用には限界もある。その最大の制約は、それがいまだに一時的な統治勢力と思われており、同盟するにしても、一時的な方便や他に仕方ないからやっているだけとされていることだ。部族は短期的な形ではＩＳＩＳの存在を容認するが、それは自分の故郷が戦場になってほしくないからというだけだ。ＩＳＩＳに参加する小さな部族は、カリフ国に対する本当の共感よりはむしろパワーポリティクスのせいで参加している。一般的には、こうした部族はＩＳＩＳのイデオロギーを認めていないし、一斉に参加したりもしない。ＩＳＩＳの支配が永遠に続くとは思っていないのだ。

イラクのスンナ派地域における急変ぶりも、ノウリ・アル＝マリキの政策の産物でもある――そしてもっと直接的には、二〇一四年初期のアンバールにおける軍事作戦の産物だ。米軍撤退に続くこの県での反政府デモにより、主流のスンナ派宗教部族長老たちが、政治的には抗議運動側につき、軍事的にはアンバールの砂漠にいることが示された――ＩＳＩＳがその背後にいたのだが。こうした長老たちの懸念をまじめに受け取る代わりに、アル＝マリキはアンバールにおける自分の軍事作戦に、露骨な宗派性を持たせた。二〇一三年クリスマスに行った演説で、かれはそれが七世紀に行われた、預言者の孫フセイン支持者と初のウマイヤ朝支配者ヤズディとの古い戦争の再演なのだと述べた。

この悲惨なほどの計算ミスのおかげで、アル＝マリキは最高位から転落したのだとすら言える。少なくとも、アンバールにＩＳＩＳが戻ってくる下地を作ったのはまちがいない。アブ・オマル・アル＝バグダーディが殺される直前の数ヶ月に、ＩＳＩは「イラクのイスラム国の政治的立場を強化するための戦略計画」を発表した。これは多くの点で『残虐性マネジメント』に似た内部報告書だ。アメリカが部族を味方につけたのが「賢い大胆なアイデアだった」と認めたこの報告は、それを真似るよう提言している。アメリカ人たちに代わって安全と持続的な所得を提供する存在になるのだ。そうすれば地元覚醒評議会はまちがいなく転向するし、どうせ言うことをきくなら同じイスラム教徒のほうがいいはずだ。ジハード主義者たちは、それを断る覚醒指導者がいればいつでも排除すればいいし、またすでにその作戦を開始していた。二〇〇九年から二〇一四年にかけて、ＩＳＩＳは一三〇〇人以上の覚醒民兵を暗殺してきた。でも政府に代わるような非ＩＳＩＳ組織の排除にあたってアル＝アサドが協力的だったシリアの場合と同じく、イラクではアル＝マリキが、意図的な活動と単なる無視により、ＩＳＩＳにとって最も危険な覚醒指導者たちを排除してくれた。宗派主義の環境を育成し、治安上の真空地帯をつくり出してくれたので、そこをＩＳＩＳが埋めたのだった。ＩＳＩＳの仲裁担当者は筆者の一人にこう語ってくれた。「いったん話が落ち着くと、部族は［アル＝アサドとアル＝マリキの］政権が自分たちを排除したということに気がついて、正気に返るだろう。かれらは我々の国民だが、自分の思い通りにはならないということを悟る必要がある。かれらを助けられ、保護できるのは我々だけだと理解しなければならないのだ」

14 アル＝ダウラ

イスラム「国」のスリーパーセル

私たちは、トルコ南部でシリア国境近くのシャンルウルファ（ウルファとも呼ばれる）にある五つ星ホテルでアブ・アドナンに会った。三〇代後半で、ＩＳＩＳの内部情報を持つ人物として紹介された人物だった。ＩＳＩＳ支配地域の仮設病院で働く医者だと自己紹介する。当初、自分が医療サービスを提供している「国家」についてどう思うか、そして中東や全世界がその「国家《アル＝ダウラ》」に対して取っている態度をどう思うか知りたがった。そしてこちらの説明に熱心に耳を傾けた。隣にすわった若き同伴者も同じだった。

するとアブ・アドナンは正体を明かした。自分は単なる医師ではなく、アムニ、つまりＩＳＩＳの治安維持将校なのだと言う。仕事についての具体的な質問には、答えないかあるいははぐらかしたが、シリア国外で自分のようにＩＳＩＳのために働く人は何十人もいるのだと誇らしげに説明した。「信仰者は同じ穴から二度刺されたりはしないのだ」とアブ・アドナンは語った。これは預言者ムハンマドのものとされる発言への言及で、「一回だまされたら相手が悪い、二回だまされるのは自分が悪い」という成句のイスラム版だ。

「他の連中が我々をスパイするのを、手をこまねいて待っているわけにはいかないんです。情報はあらゆるものの基盤であり支柱です。国境外で、将来我々に影響しそうな活動があるかどうか知る必要がある。領土外にプレゼンスが必要だ。それをすべてやりつつ、国を犠牲にしてはいけない。だから当てになる有能で信頼できる人々にそれをやってもらうのが重要なんです」

治安部隊《アムニヤット》は、ＩＳＩＳの諜報と対抗諜報の重要な機関で、その開発は組織内の元イラク諜報機関《ムハバラート》係員たちの手で行われた。それどころか実は、アムニヤットを率いているのは、サダム・フセイン政権の諜報担当官だったアブ・アリ・アル＝アンバリなのだ。ＩＳＩＳの領土でこうした部隊は、治安維持関連の事件を調べるために襲撃を行って手配中の個人を捕獲する。地元ＩＳＩＳ組織の中ですら、かれらは宗教権威や軍、キドマット・アル＝ムスリミーン（「ムスリムサービス」）とは別個に活動しなくてはならないのだ。

別のＩＳＩＳメンバー、アブ・モアウィーヤ・アル＝シャリー（かれは組織にシャリー、つまり聖職者として奉仕している）は、各地のＩＳＩＳ連携組織同士やそれぞれの中に壁があるということを認めている。「それぞれに強みがあるんです。私は軍事司令官たちの知識や活動については知らないし、向こうもアムニが何を知っているか知らない」

こうした権力分離は、ＩＳＩＳが国らしい体裁を保つのに役立つ。各種政府に見られる、縦割りの官僚や省庁を思わせるものだからだ。でもそれはまた、敵の潜入やスパイへの防止策としても有効だ――これはＩＳＩＳ上層部がきわめて気にしていることだし、またバアス党の出自から受け継いだものでもあるのはまちがいない。ＩＳＩＳは、アル＝ヌスラよりはリクルート面やメンバー受け入れについて柔軟だが、それでも中核リーダーたちと地方係官たちとを相互に隔離するための、入念で何層にもわたる安全保障装置を確立している。アブ・アドナンは語る。「敵どもは狡猾で意志が固い。我々としては、国家の体力を強化して、敵にどこまでやられても回復できるようにするんです。だからある地域で我々を破壊しても、まちがいなく残る。我々は表に出て目に見える存在でなくてもいい」

シャンルウルファのホテルで、アブ・アドナンはひげ面の黒衣の武闘派で有名なタクフィール主義組織に所属しているなどという外見上のヒントは一切見せていなかった。ひげはきれいに剃り、現代的な服装をしている。アブ・バクル・アル＝バグダーディというよりは、モハメッド・アタだ。でもインタビューの途中でかれは携帯電話を親指で操り、自分がラッカ、ハサカ北部、アレッポなどでＩＳＩＳ指導者たちとつるみ、ポーズを取っている写真を見せてくれた。治安維持担当者は、地位の高さにもよるが、様々な技能を学ばねばならず、そこには軍事訓練から政治的な指向や、コミュニケーション技能や隠密活動も含まれるという。アブ・アドナンは、シリアとトルコの国境に密輸業者のネットワークを持っていて、戦士候補者がシリアに入ってＩＳＩＳに加わる手伝いをするのだと語った。かれらの活動はトルコ当局の目の前で行われており、アブ・アドナン自身のように、どの西洋の都市に行ってもことさら場違いな感じはしないという。

戦争調査研究所のアナリスト、クリス・ハーマーは、テロル軍が軍を動員するだけでなく、それまではっきりした活動のなかった場所にいきなり浮上する理由を説明しようとしてこう語った。「ＩＳＩＳはすさまじい速度で動きます。各地に潜伏させた、幾重ものスリーパーセルを持っていて、それが人々を個別に殺していくんです。モースルで六月にも同様のことがありました。明らかに、連中は都市を掌握して七二時間以内に殺す人物の一覧を持ってたんです」

マイセル・フセインは、ハマ県サフル・アル＝ガオブからの医療補助員で、そこでＩＳＩＳがどうやってＦＳＡを出し抜いたかを説明してくれた。「サフル・アル＝ガブとシャフシャブ山からの戦士が五八〇人いる。その多くはこっそりＩＳＩＳに忠誠を誓って、スリーパーセルになっている。すぐにも戦える。かれらは公然とは活動できない。その地域のＦＳＡ集団スコール・アル＝ガブ旅団が優勢だからね。スコール・アル＝ガブ旅団には戦士が四〇〇〇人ほどいるからそれとは戦えない」

フセインによれば、ＩＳＩＳに忠誠を誓った集団は、以前はアル＝ファルークと呼ばれていたそうだ。いまではジャブハット・シャムと呼ばれる。「アル＝ファルークだった頃の連中と一緒に働いたよ。最近、医療補助員として参加しないかと誘われた。なぜ声をかけられたかというと、ＩＳＩＳを公然とオンラインでも擁護してきたし、顎ひげをはやして口ひげを切ったからだ。（中略）『用意はできてるし、地域全体を制圧する準備をしてるんだ』と言われたよ」

　フセインによれば、ＩＳＩＳはＦＳＡ士官のリクルート経験も持ち、主流反乱軍がＩＳＩＳに加わるインセンティブも提供する。現在の方針では、ＦＳＡやアフラール・アル＝シャムやアル＝ヌスラに加わってＩＳＩＳと戦った経験があり、その後アル＝バグダーディ軍に寝返った人物は、ＩＳＩＳ内で出世しやすい。ＩＳＩＳに家を焼かれたＦＳＡ財務担当アブ・ビラルは、三ヶ月から六ヶ月にわたり、こっそりＩＳＩＳのために働いていた元ＦＳＡ戦士の話をしてくれた。その人物、オベイダ・アル＝ヒンダーウィは地元の伝手《つて》から資金を得ており、すべては外部のＦＳＡ出資者につながるものだった。デリゾール県にある母方の一家の出身地アル＝ムハッサン（これまでの章で述べたように、ＩＳＩＳが部族をリクルートしたところだ）にいるチュニジア人司令官《エミル》と絶えず接触していた。

「秘密の活動期間中、オベイダはＩＳＩＳに対する戦いに参加しようという我々の計画に反対し、そういう活動からは距離を置くべきだと言いました。かれは一人でＦＳＡメンバーをリクルートし、元の仲間たちにＩＳＩＳ参加を説得したんです。その町で旅団を率いていた兄弟二人が死亡しました。そこでかれが旅団の指揮官になったんです。するといきなり戦いをやめて、もうお金がないとか、車がみんな故障したとか言うんです。みんなごまかしでした。その時点ですでに、ＩＳＩＳに参加してたんです」

アル＝ヒンダーウィの正体を知っていた唯一の集団はアル＝ヌスラだった。アブ・ビラルによれば、アル＝ヌスラの情報網は地域の他のだれよりも優れていた。「四月か五月にヌスラがオベイダの家を襲撃しました。みんなその理由を尋ねたんです。ヌスラは、オベイダがＩＳＩＳメンバーで、人々に金を払って寝返らせていたと言いました。オベイダは逃亡してラッカに向かいました。そして六月にラッカからアル＝ムハッサンに戻ったとき、自分の帰属を明かしたんです。そのときにはＩＳＩＳがデリゾール県のブサイラを制圧し、その二日前にはシュハイルにあるヌスラの拠点に進軍していました。かれはＩＳＩＳの旗を掲げ、検問所を作ってスリーパーセルを一斉に活動させたんです」。アル＝ヒンダーウィは後に、近くの村落でシャイタット部族の処刑に参加した。

ハサカ出身のジャーナリスト、ザカリア・ザカリアは、ＩＳＩＳによるアル＝ヌスラ潜入も同じくらい見事だったと語る。多くのアル＝ヌスラのジハード主義者たちが二〇一二年初頭にＩＳＩＳに寝返ろうとしたとき、ＩＳＩＳはかれらに対してしばらく大人しくしていろと告げた。「後にＩＳＩＳがそれを発表した頃には、メンバーの半分はすでにＩＳＩＳで、残りはトルコに逃げ出すか、ＩＳＩＳに参加しました」

FSAを制圧

アレッポのたった四二キロ北にあるアル＝バブは、一年前の夏にFSAに制圧され、アレッポを包囲している大隊の予備基地となっていた。これにより、アレッポの市街が少しずつ、アル＝アサド政権の支配下からはぎ取られつつあった。

筆者の一人は、二〇一二年七月末のラマダーンの真っ最中、アル＝バブとアレッポのバブ・アル＝ハディド地区からの報道中に、バリー・アブドゥル・ラティーフと出会った。初期からの革命支持メディア活動家だったラティーフは、外国人記者たちの間で、カリスマ的ではあるが、怖いほど無謀なアドレナリンジャンキーだという評判を得ていた。かれはアサド政権のスホーイ戦闘機や攻撃ヘリを追跡したり、縮み上がった西洋のジャーナリストたち（筆者たちなど）をシリアのきわめて恐ろしい戦場に連れて行くのが好きだったのだ。私たちが訪れる前日、かれはちょっと怪我をしていた。なんでも、サラヘディンの地面で跳ね返った狙撃手の銃弾で負傷したとか。サラヘディンは当時、アレッポにおける激しい争奪戦が展開されるスターリングラードのような場所であり、アレッポは空爆と絶え間ない砲撃のおかげで廃墟と化していた。

二〇一二年のラマダーンの最中、アル＝バブは、反アサド革命で最も有望そうだった。町を守るFSAの存在は、ほとんどが地元商人の資金によるもので、外国の援助ではなかったし、守っているコミュニティから給料を得ていたこともあったのか、後に大規模な反乱軍キャンプにつきものとなった腐敗や汚職などはまったく見られなかった。アル＝カティブ旅団（二〇一一年にアル＝アサド軍に殺された、一三歳の少年ハムザ・アル＝カティブにちなんだ名をつけた多くの部隊の一つ）の都心兵舎に駐留する戦士たちは、ピースサインを出したり、カメラマンのために熱心にポーズを取ってくれたりした。

だが、きわめて有望そうに見えたのはアル＝バブの市民社会のほうだった。アサド政権は、アル＝バブの市立病院などをほとんど破壊し尽くしたので、負傷者の手当のために地元ボランティアと専門医師たちが仮設野戦病院をモスクの地下室に作った。治療を受けた人々については詳細な記録が取られた。そこには民間人、ＦＳＡ戦士だけでなくアル＝アサドの兵士たちや、親政府民兵組織であるシャビーハの者さえ何人かいた。夜になると、のどかなレヴァントの村落の街路は、デモと地域活動の華々しい光景に一変した。アル＝バブが反対派の手に落ちてからあらゆる政府サービスが停止したので、町の人々は自分でどうにかするしかなかった。そこでＦＳＡ戦士たちはカラシニコフを置いてほうきやゴミ袋を手に取り、巨大なヘアドライヤーのように見えるバイクにまたがった、白手袋のボランティアとともに活動したのだった。「ここにテロリストがいるそうだけれど、どこ？」とラティーフはその夏に尋ねた。アル＝アサド政権が、自分たちに刃向かって立ち上がる者はだれでもすべてアル＝カイダだというプロパガンダを流しているのを嘲笑したのだ。

一年後にテロリストたちがやってきた。

いまではトルコに住み、シリアの研究人道支援組織RMチームで働くラティーフは、ISISがアル＝バブに侵攻して最終的に町全体を掌握した様子を語った。「『国』を宣言してアル＝カイダと分裂してから、解放地域の活動家を逮捕し始めたんだ。私も初めて連中を見た――二〇一三年八月で、アル＝バブにやってきて、悪いFSA大隊を捕まえたんだ」

「悪い」大隊とは？「泥棒どもだったんだよ。民間人を誘拐して、解放して欲しいならカネをよこせというんだ。だからダーイシュはその大隊を逮捕した。最初のうち、民間人たちはダーイシュが気に入っていた。連中がアル＝バブに対して独自のもくろみや計画を持っているなんて知らなかったんだ」

アル＝アサド政権はアル＝バブの爆撃を止めていなかった。ラティーフによると、部分的に授業ができるまでに再建されていた、病院の隣の学校も爆撃された。医療関係者十二人がその攻撃で死んだ。タクフィール主義者たちがいれば、町への処罰をさらに招くことになると思った人々は、ISISに対して抗議を始めた。「それが三、四日続いた。その後、FSA旅団の一部がダーイシュと交渉して、町を出てくれと頼んだ。そこで連中はアル＝バブ周辺の農地に引き上げた。でも、そこにとどまったまま、町のすぐ近くにいて、ギリギリのところをうろついていた。そして毎日人々を次々に捕まえた。悪い大隊からのFSA戦士をどんどん捕まえるんだ。まだ活動家は捕まえず、単に警告を発しただけだった――特にこの私に対してね。町のほとんど全員が、フェイスブックで毎日、まだ捕まってないか尋ねた。私が危険にさらされていて、ダーイシュに狙われていると警告してくれたんだ」

ラティーフによれば、ISISが大軍勢でアル＝バブに戻ってきたのは、ラッカをほぼ完全に制圧してからだったという。ISISはアル＝バブのまわりに「包囲線」を敷いた。FSA大隊とも、アフラール・アル＝シャムやアル＝ヌスラの戦士とも衝突するようになった。「この時点でアル＝バブにはこの二団体からの人員はそんなにいなかった」とラティーフは語る。反乱軍の主体はまだFSAで、アル＝バブには一五〇〇人ほどの戦士がいた（その多くはマンビジュやアレッポなどの近隣地域から輸入されていた）。ずっと少ない第二位がアフラール・アル＝シャムで、続いてアル＝ヌスラだ。

アル＝バブを降伏に追い込むため、ISISはアル＝アサド政権お気に入りの手法を採用した。兵糧攻めだ。町のすぐ外にあるサイロからどんどん小麦を盗んだので、すでに苦しんでいる住民たちがパンを奪われないよう、FSAが収奪を止めるのに派遣された。ISISはアレッポ最大の旅団リワ・アル＝タウヒードのアル＝バブにおける主要拠点を襲撃して、二一人ほどを殺したとラティーフは語る。そして「アル＝アサド政権はヘリコプターで町を爆撃した。市の中心部にいる民間人だけを標的にしたんだ。だからダーイシュはその攻撃を利用して、町の中に入ってきた。政権が作ってくれた機会を見て取ったわけだ」

アル＝アサドは実に巧妙だった、とラティーフは強く主張した。「あいつは民間人に対し、ダーイシュと政権が一体だという印象を与えようとしたんだ。目的はＦＳＡとの内戦を始めることだった」

二〇一四年一月——シリアの小規模な覚醒《サフワ》が始まった月——ＩＳＩＳはアル＝バブ全域の戦略的な場所に狙撃手を配置した。狙撃手は民間人も反乱勢も標的にした。「だれでも撃った。私がアル＝バブのメディア事務所にいたとき、ダーイシュが市の南部四分の一ほどを占拠した。いきなりすべてが静まりかえった。何の音もしない。戦闘がすべて止まったんだ。

事務所を閉めてみんな家に戻ったよ。夜一一時頃、私は市内の見回りに出かけて何が起きているかを見ようとした。リワ・アル＝タウヒードが撤退しているところだった。アル＝バブには武装戦士が一人も残っていなかった。どこへ行ったのかは知らない」

アフラール・アル＝シャムは市の周辺には居続けたが、市内にはいなかったという。「私は朝までかれらと一緒にいた。金曜の夜だった。多くのアフラール・アル＝シャム戦士が、車と機関銃を持って朝四時頃に市に入ってきた。それから一時間半ほどして、アフラール・アル＝シャムの武器弾薬やロケットを満載したトラック三台が、アル＝バブから出ていった。アフラール・アル＝シャムのエミルがこちらにやってきて、私と一緒だった戦士たちに検問所を立ち去るようにと告げた。そこが町で最後の検問所だったんだ。みんなアレッポに向かうんだと言われたよ」

その朝、ＩＳＩＳはアル＝バブを単独制圧した。

筆者の一人が滞在した隠れ家は、アブ・アリという反乱勢戦士のものだった。かれはラティーフの友人だった。「あいつは妻子をうちの家族に託した。ＩＳＩＳはあいつの家を占領した。アブ・アリの家族は、四ヶ月ほど滞在したよ。五ヶ月かな。いまではあいつと一緒にアレッポにいる」。だがラティーフの家族は、いまもアル＝バブにいる。

ＩＳＩＳが支配すると

ラティーフによれば、当初ＩＳＩＳは民間人には「優しかった」し、それまでボランティアとＦＳＡが実施していた市民行政業務の一部を肩代わりしてくれさえした。壊れた道を直し、街路に花を植え、庭を耕し、地元の学校をきれいにした。でもほどなくして、ＩＳＩＳはイスラム法《シャリーア》を導入し、女性たちに「ダーイシュ服」とラティーフが呼ぶもの――ニカブという顔と頭をすべて隠す覆い――を強制し始めたという。「髪を結うのを禁止した。ひげを剃るのも禁止。女性はいまや男性の付き添いなしには家を出てはいけない。喫煙もシーシャ［水タバコ］もトランプもなし。いまや民間人にとってあらゆるものが悪化した。人々にモスクでお祈りするよう強制し、その間は店を閉めさせる。お祈り時間にはだれも通りを歩けない。救援センターで働いている人をほぼ全員誘拐した。一ヶ月ほど前［二〇一四年一一月］、学校も閉鎖させた。いまや勉強したければモスク内のダーイシュ学校しかない」

拷問もしょっちゅうだ。ＩＳＩＳはＦＳＡメンバーを逮捕し始め、外国の諜報機関の手先だと糾弾している。またアル＝バブの町の広場では、ＩＳＩＳが指定した各種の犯罪に対する公開処刑が行われている。手足切断から斬首など、処罰は刑によって様々だ。「広場で首や手を切り落とすんだ。あのシーシャの店を覚えてるか？」。ラティーフが言っているのは、アル＝バブ中心部の人気カフェのことで、二〇一二年にかれはそこで自由で民主的なシリアに向けたビジョンを語ってくれたのだ。「斬首はいまや、あの店の前で行われている。もちろんＩＳＩＳはシーシャの店を潰したよ」

ＩＳＩＳがアル＝バブを制圧して最初の数ヶ月、アル＝アサド政権はこの町の爆撃を控えた。でも二〇一四年一一月、シリア空軍はまた爆撃を開始し、樽爆弾――「空飛ぶＩＥＤ」で、この戦争でアサド政権が使った最も殺傷力の高い兵器の一つだ――を落とし始めて、一回の爆撃で民間人六二人が死んだ。ラティーフによると、空軍はアル＝バブの主要街路に樽爆弾を落としたが、ＩＳＩＳ拠点の近くにはまったく落とさなかった。

これに続いてＩＳＩＳの東部攻勢が始まった。ここではアサド政権の軍事施設多数が攻撃された。たとえばデリゾールのタブカ空軍基地、ラッカの第一七大隊基地、ハサカの第一二一小隊基地などだ――ＩＳＩＳの反アサド政権活動が目に見えて強まったことになる。これはイラクの中央と北部の急襲直後のことだった。ラティーフは言う。「政権はアル＝バブをダーイシュ支配下にとどめておきたいんだ。アサドはアル＝バブの一五キロ西に兵を配置しているけれど、市を奪還しようとしたことは一度もない。いまでは、政権がアレッポ北部に軍を送るたびに、ＩＳＩＳも北部のどこかを攻撃する。政権とＩＳＩＳはどっちもＦＳＡを同時に攻撃しているけれど、別個に攻撃するんだ。政権は、アル＝バブとラッカをＩＳＩＳが支配してくれるといろいろ得なんだ――かれらがいなければ、多国籍軍はシリアを攻撃しない。政権は革命初期に権威を失った。それを回復するために、シリアにテロリストが必要なんだ。いまや西洋ではいろんな連中が、中東でテロリストに対抗しているのはアル＝アサドだけだと言い始めている。いまやシリアの主要なプレーヤーはテロリストだけだ。ダーイシュ、ジャブハット・アル＝ヌスラ、アル＝アサド政権」

ＩＳＩＳ vs. アサド

ラティーフの話は、シリアの反対勢力が何年も言い続けてきたこと――アル＝アサドとＩＳＩＳは、最低でもＦＳＡとイスラム主義反乱勢に対する共通の戦争を戦う暗黙の同志なのだということ――と一致するだけではない。最近では、アサド政権に忠実な人々ですら同じことを言い始めている。タブカ空軍基地、第一七大隊、第一二一小隊を潰すとき、ＩＳＩＳはニナワとアンバールで陥落したイラク治安維持軍から奪った武器を使っている。すでに見た通り、モースルがＩＳＩＳに制圧された二〇一四年六月以前には、アル＝アサド軍はシリアでタクフィール主義者との戦闘をおおむね控えてきた（プロパガンダでは、ひたすらタクフィール主義者とだけ戦い続けてきたと主張しているが）。でもモースル陥落後に、政権は対テロ活動のエージェントとして西洋と手を組む機会が新たに開けたのに気がついた。そこでシリアの戦闘機は、ラッカの何十ものＩＳＩＳを標的に爆撃を行い始めた――少なくともそうしているポーズを取った。二〇一四年八月末に、イラクのクルディスタン地域情報主任マスルール・バルザーニが『ガーディアン』紙に語ったところによれば、「六月までは［ＩＳＩＳの］本部は爆撃しなかったし、その後もＩＳＩＳが撤収して空になったところしか爆撃していない。我々みんな、いまやその代償を支払っているわけだ」。

第一七大隊制圧後、ＩＳＩＳはシリア兵五〇人以上を処刑し、一部の首をはね、その生首をラッカで写真に撮った。そう語るのは、ロンドンを拠点とするシリア人権監視団のラミ・アブデル・ラフマーンだ。かれはＡＦＰ通信にこう語っている。「ＩＳＩＳの戦略は明確に変化しています。掌握した地域に完全な支配を集中させる手法から、いまや支配を拡大させる方針へと変わっているんです。ＩＳＩＳにとって、政権と戦うのはアサドを失脚させるためではない。自分の支配を広げるためなんです」

これは忠実なアサド派たちの多くにとって、あんまりだった。二〇一四年夏には、東部攻勢でＩＳＩＳがほとんど抵抗に遭っていないのを見て、多くの親政権活動家たちは政権を糾弾し始めた。オンライン上に投稿したビデオで、かれらは政権がタブカ空軍基地で反逆罪そのものを犯したと糾弾し、自分たちの批判を正当化するために、かつてハフェーズ・アル＝アサドが行った発言を引用した。「私はまちがいについてみんなに黙っていてほしくはないのだ」。そのビデオは、シリアの将校たちがＩＳＩＳに対する戦いについて自信たっぷりに語る様子を示していた。ナレーターはかれらが、五〇トンの武器弾薬を積んだヘリが向かっているところだという嘘にだまされていたのだと説明する。実際には、到着したヘリはタブカ基地になんら荷物を運ばず、大物を運び去ったのだった。具体的には、空軍基地長官アデル・イッサと、将軍三人を連れ出した。これはこの基地がＩＳＩＳ武闘派に襲撃される一八時間前だ。このビデオはまた、シリアの情報大臣オムラン・アル＝ゾウビについても、この裏切りを隠して血なまぐさい結果について嘘をついたとして糾弾している。アサドの実のいとこであるドウライド・アル＝アサドの発言が引用されている。「私は国防大臣、参謀長、空軍長官、情報大臣、その他タブカ軍事基地の陥落とその後の結果に関与した全員の追放を提案する」。最後に、ビデオは次のような声明で終わる。「我々の銃弾――九発は裏切り者に向けられ、一発は敵に向けられる」

シリア国民和解省の高官エリア・サマーンは、二〇一四年六月にアル＝バグダーディ配下がイラクからシリアへと勢いを取り戻し、大量の盗難軍備を伴って流れ込んだとき、ＩＳＩＳとの戦いでシリア空軍がなぜ活躍しないのかと公然と尋ねた。政権がいかなる形であれＩＳＩＳと共謀・協力したという非難については否定しつつも、サマーンは『ニューヨークタイムズ』

紙のアン・バーナードに対し、あのテロ集団との戦いがアサド政権にとっては「最優先事項」ではないということは認めた。むしろ、アル＝アサドは「ＩＳＩＳが殺しているのが自軍の兵員ではなく」ＦＳＡやイスラム戦線だというのを大いに喜んでいる。シリア空軍がやっとＩＳＩＳに対する空爆を強化したときには、武闘派よりは無実の一般人を大量に殺したとラティーフは語る。ＩＳＩＳ戦闘員カレはバーナードにこう語った。「ほとんどの空爆は民間人を狙い、ＩＳＩＳの拠点は狙わなかった。神に感謝しよう」

ＩＳＩＳ vs.「悪い」反乱勢

ＩＳＩＳは、アサド政権による悪意ある黙認のおかげで栄えた面もあるが、ラティーフが「悪いＦＳＡ大隊」と呼んだものに対する巧妙な政治工作の恩恵も受けている。

アイマン・アル＝ザワヒリは、ＡＱＩの初期にはアル＝ザルカーウィに対し、イラクのシーア派を虐殺するのは愚かだと説教しただけでなく、イラクのアル＝カイダが支配する地域に実効性あるイスラム統治が必要なのだと諭した。「武力に加え、ムスリムたちの慰撫とかれらとの統治共有が不可欠だ」とアル＝ザワヒリは二〇〇五年に野戦司令官に書いている。かれが主張していたのは、ジハード主義ソフトパワーの着実な適用とでも言うべきものだ。シーア派についてのアル＝ザワヒリの命令は明確に無視しつつも、ＩＳＩＳはおおむね、イスラム統治の一般向けインセンティブづくりについてはかれの助言を採り入れている。その好例がマンビジュだ。

アレッポ、ラッカ、トルコ国境の中間という戦略的な位置にある、人口およそ二〇万の都市マンビジュは、二〇一二年一一月にシリア政権軍に放棄され、その後住民たちは自治地方政府を設立した。間もなく、同市はシリア革命の重要ながら一時的なシンボルとなった。ポストアサド国家がホッブズの悪夢になるとは限らないことを示すものとされたのだ。この平和な光景は一年ほど続いた。

民族主義的、世俗主義的な反乱勢が、山賊やギャングまがいの振る舞いをしているという非難は、シリア全土で聞かれていた。それに比べれば、もっと謹厳なイスラム主義派閥は、アル＝ヌスラですら規律と公平性の鑑に見えるほどだった。アル＝ヌスラの外国人戦士たちをほぼ全員味方につけたＩＳＩＳは、二〇一三年四月にマンビジュに拠点を作り、他のいくつかの武装派閥と協力して、五〇人ほどの小規模ながらも恐れられる憲兵隊として活動を続けていた。

ＩＳＩＳはその拠点を使い、静かに地元住民に働きかけ、人々を自分たちの集会場《マドハファ》に招いて仲良くなったり、アル＝バグダーディがこの地域について考えている広範なイスラムプロジェクトを教えたりした。ＩＳＩＳは紛争を仲裁して地元民からの苦情に応え、国家権威がまったく存在しない都市で、実質的なムクタール（首長）として行動した。マンビジュでのＩＳＩＳ

の存在感は着実に高まった。借家が秘密の兵器や弾薬の倉庫として使われ、このジハード主義者たちの存在感の実態が公然とわかるようになった。また、その仲裁方針はますます透明性を失い、厳しいものとなっていった。ISISは反乱勢が確立したシャリーア評議会に諮《はか》ることなく、FSAの戦士たちを逮捕した。世俗活動家たちを脅し、手当たり次第の資源を使って、他の人々を社会サービス提供を通じて買収しようとした。自分の戦士たちは前線から遠ざけ、代わりにFSAや他のイスラム主義集団と戦術的な取引をした。政権の検問所でVBIEDを爆発させたり、余剰軍備で軍事施設を吹っ飛ばしたりする自爆テロ実行犯を出してあげるかわりに、アル＝アサド軍と戦っている反乱勢は戦利品をISISと分かち合う、というものだ。二〇一三年九月には、ISISの強面ぶりと市民サービス提供の独占支配を目指すやり口のおかげで、競合グループとの正面対決にまで反目が高まったのだった。

またISISはマンビジュのクルド人たちに宣戦布告し、この地域からクルド労働者党（PKK）を「浄化」すると宣言した。このPKKのシリア支部、クルド民主統一党（PYD）は、シリアのクルド人少数派の中で最も強力な武装派閥だったのだ。

一〇月にはマンビジュの反乱勢はISISから小麦製粉所を奪い、ジハード主義者たちに対して公的紛争解決にあたって市の軍やシャリーア評議会を無視するのをやめるよう命じた。アレッポとイドリブの反乱勢が二〇一四年一月にISISに宣戦布告すると、マンビジュの地元勢はISIS拠点を襲撃して、その戦士たちを全員殺すか捕獲した。

でも筆者たちと話をしたマンビジュ住民数名によると、地元民たちはＩＳＩＳに同情し、その排除を嘆いた。住人シャディ・アル＝ハサンはこう語った。「人々はＩＳＩＳからはよいこと以外何も目にしていなかったんです。宗教的な考えは気に入りませんでしたがね。それにＩＳＩＳと戦った連中は、この地域で最悪のやつらだったのも知っていました」。ＩＳＩＳはイドリブやアレッポ北部から撤退したため、マンビジュに大挙して戻ってくることになった。ラッカとアレッポ北東部から援軍を送り、市の支配権を握った。やがて完全な統治システムを確立し、住民たちも流れてきた難民たちも大いに感心した。ＩＳＩＳの残虐行為の生々しさを見れば信じがたいかもしれないが、シリア人たちはこのジハード主義集団に加わったり、地元レベルで協力したりしようと大挙して群がったのだった。ＩＳＩＳのメンバーたちはそれぞれちがった役回りを持っていた。ある者は戦闘専門だ。ある者は治安維持、医療サービス提供、パン屋経営、シャリーア法廷運営などを行う。地元コミュニティにしてみれば、ちがいはすぐにわかった。ＩＳＩＳは安全と治安をもたらした。その正義の実施は素早く、だれも処罰を逃れたりはしない。ＩＳＩＳの敷いた厳しい道徳律を逸脱すればＩＳＩＳの戦士たちも例外ではなかった。結果として、誘拐、強盗、強請《ゆすり》などはほぼ消え去った。

マンビジュ住民で、二〇一三年一一月以来マンビジュ内で立ち退きにあったアイマン・アル＝ミトイブの話では「ＩＳＩＳの行動に対する絶対的な支持はありませんでしたが、絶対的な反対もありませんでした。人々がイスラム国を支持する理由は、ほとんどのＦＳＡ集団の汚職ぶりに比べたときの、その正直さと実践です。一部のＦＳＡ集団もＩＳＩＳに加わりました」。

ＩＳＩＳがマンビジュで成長した物語は、他の支配地域でも成り立つものだ。ＦＳＡ派閥が汚職や人権侵害を抑えられなかった地域では特にそれが顕著だ。たとえばシリア陸軍からの転向者は二〇一三年一一月に『ガーディアン』紙に対し、ＩＳＩＳは他の戦闘部隊を乗っ取りその支配地域を吸収することで、シリアでウィルスのように広がっていると語っている。「連中がやるのは、司令官が盗賊か強盗だという口実を使って弱い部隊を攻撃することです――一度に一つの勢力としか戦いません」とかれは、ＩＳＩＳがいったんある都市で存在を確立したら、その都市の中心地を取り巻く町や村を掌握して外に広がると述べる。

実際、ＩＳＩＳが初めて公開処刑した反乱勢指導者の一人は、グルバ・アル＝シャム戦線のハサン・ジャズラだった。ジャズラは革命前はスイカ商人で、その後アル＝アサドに反対する平和デモ参加者となり、最後に反乱勢となって、自分の軍事活動の資金のために泥棒を働いた。ジャズラの死亡記事の中で、ジャーナリストのオルワ・モクダッドはこう書いている。「アレッポの知るハサン・ジャズラは泥棒だった。だがかれは一貫した軍の攻撃に直面しても、前線の持ち場を一年半も離れようとはしなかった。かれは抗議運動から生まれ、状況が悪化する中で軍事指導者になったのだった。（中略）これは戦争が進む中でますますよく見られる現象となっている」。ＩＳＩＳはかれを、部下の戦士六人とともに、二〇一三年一一月に処刑した。ＩＳＩＳはこの処刑を利用し、ある点を明確に訴えようとした。戦争で私腹を肥やそうとする者、純粋な革命の道から外れる者は、アサド政権に負けず劣らず悪い、ということだ。死亡時のジャズラの評判は、人によってちがっていたが、ＩＳＩＳにとってこの処刑はかれらの正義を示すものとして必要なものだった。だからＩＳＩＳの人気はそれに応じて上がった。その後、ＩＳＩＳはますます反乱勢支配地域で活動を広げた。

ＩＳＩＳにとっての勝利戦略は強い統治能力だった。その統治モデルのおかげで多くの人がＩＳＩＳに参加し、協力し、少なくとも支配地での存在に反対しないようにした。この側面はＩＳＩＳの存在と持続性にとっての鍵なので、その病理的な残虐性にもかかわらずＩＳＩＳがどうやって人心を掌握していったか理解することが必要だ。

シリアの反乱勢が全国の各種地域を支配し始めた頃には、アサド政権の排除の代償として多少の無法性は地元コミュニティに容認されていた。また後に暴露されたことだが、一部のＦＳＡ関連グループは、強盗や泥棒を働きながら、それがアサド軍によるものだと主張していたのだった。でも次第に無法ぶりがますますひどくなり、地元コミュニティの大きな不満の種となった。一部のＦＳＡ派閥は前線を離れ、支配地域での金儲けにいそしんだ。派閥抗争や、私利私欲と無能ぶりのおかげで人心は離れていった。

二〇一二年末にかけて、独立イスラム主義派閥が勢力を増し始めた。ＦＳＡの寄せ集め民兵たちよりは、イスラム主義者たちのほうが統治面でも戦闘面でも有能だったからだ。全国でイスラム主義勢力が、反乱勢占領地域で勢いを増した。かれらはシャリーア評議会を確立し、資源を管理し、政府施設を運営した。一部の地域では、アル＝ヌスラはイスラム主義者と協力してシャリーア法廷の執行メカニズムを強化した。でもこのモデルは持続性に乏しかった。理由はいくつかある。

ほとんどのイスラム主義蜂起勢は、各種の支援者から金銭的な支援を受けていたが、その支援者たちはお金の使い道について口だししたがったから、分裂は避けられなかった。イデオロギー的なちがいもまた、強い法廷や治安維持軍を確立しにくくした。イスラム主義者は地元コミュニティとのつながりがずっと強く、シャリーアを執行する場合も仲裁と世間的な合意に頼るしかなかった。これは特に、問題が別の武装集団や強力な一族の絡んだものである場合にはなおさらだった。ＩＳＩＳ台頭までは、他の勢力に比べてはるかに強力で規律に厳しかったアル＝ヌスラでさえ、地元の一族との衝突を避けるために決定のいくつかを取り下げざるを得なかった。アル＝ヌスラや他のイスラム主義者たちはまた、人々の反発を引き起こしたくなかったので、ルールの執行を手控えがちだった。

ＩＳＩＳのモデルは高リスクだった。ルールの執行については一貫性があり決然としていたが、おかげでしばしば強力な地元勢力と敵対した。ＩＳＩＳがシリアではほとんど未来がないのは明らかだと思えた時期——たとえば二〇一四年二月頃など——ですら、ＩＳＩＳは自分のやり方にこだわった。競合は容認しなかったし、自分たち以外のシャリーア評議会は認めなかった。どんな代償があっても一貫性を要求した。トルコのアンタクヤに住むイドリブ出身の元反乱軍指揮官ハサン・アル＝サロウムは、ISISがまだシリアで周縁的なプレーヤーだった頃を回想して語る。「FSA司令官で親戚の民間人がいたら、［FSAなどの反乱勢は］仲裁を受け入れる。でもISISの場合、FSAメンバーについて文句を言ったら、そいつを連行してきて尋問する。仲裁なんか受け入れない。人々はかれらのところへ苦情を訴えるようになり、ISISに介入してもらうようになった。ある人がISISのところに出かけて助けを求める。FSAならば断る。ISISは求めるとおりのものを与えてくれるので、みんなクチコミでそれを広める。私が兵のだれかを殴ったら、そいつはISISのところに行く。連中はそいつに武器も給料も小遣いも与えてくれる」

ISISがいったんある地域を掌握すると、秩序らしきものを確立するし、競合や武器の誇示は一切許容しない。すぐに地元コミュニティを武装解除させ、特に重火器を放棄させる。FSA民兵の支配下で暮らしたシリア人からすれば、この変化は大歓迎だった。デリゾールのある住民は語る。「アレッポからラッカを通ってデリゾールを抜けてイラクに入っても、だれもちょっかいを出さないんだ。昔は、いいかげんな検問所で止められて、あっちに賄賂を渡してこっちは我慢し、なんて具合だったんだよ」

無法性は、交通や貿易の分野で働く人々や、油田のある地域に暮らす人々にとってはなおさら苛立たしいものだ。油田地帯を支配するためだけに武装集団が丸ごと形成され、通行税を取り立てたり石油交易人を誘導したり、密輸を行ったり、手当たり次第のやり方で私腹を肥やす。絶え間ない銃撃、無差別殺人、誘拐、強請がほとんどの場所では一般的だった。重武装の親戚を持つ人物が別の人を殺したら、シャリーア評議会を通じた正義を頼めるような民兵の仲間がいない限り、被害者の家族は正義の裁きなど諦めるしかなかった。それがＩＳＩＳの到来で一八〇度変わった。人々は最初、驚愕して喜び、ときにはその安堵感を誇張しすぎるほどだった。「これほど安心できるのは二〇年ぶりだよ」とデリゾール県の高齢住民は語った。「もう銃撃もない。もう誰それが誰それを殺したという話もない。問題なしに旅行もできる」。後に、そうした人々は現状について満足だと言いつつも、ＩＳＩＳ支配についてはあまり熱心に称賛したがらなくなっていた。

ＩＳＩＳが支配地で最も広く称賛されているのは、なにはともあれ仕事はやりとげる、ということだった。ＦＳＡやイスラム主義集団とはちがい、ＩＳＩＳはだれかについて苦情が出れば、警備員を派遣してその者を連行する。その苦情が蜂起前にさかのぼるものであっても、ＩＳＩＳは訴える側が適切な文書を持っていれば、状況を解決してくれる、とそうしたケースに関与したある住民は語っていた。アルブ・カマル出身のリファット・アル＝ハサンは、蜂起の何年も前に、地元ビジネスマンの詐欺商売で何十万シリアポンドも失った叔父がいたという。ＩＳＩＳがアルブ・カマル市を支配すると、詐欺を働いた人物は逮捕され、不法に奪ったお金を全額返すようＩＳＩＳに命じられた。

もっと重要な点として、法はＩＳＩＳのメンバーや指揮官にも適用される。ＩＳＩＳは、不法に私腹を肥やしたり権力を濫用したりしたメンバーや司令官をたくさん処刑している。二〇一四年一一月にＩＳＩＳはデリゾール県の指導者の一人を、横領と強盗で糾弾して処刑した。グループによると、その司令官は住民たちを背教者だと主張して強盗したという。似たような話がＩＳＩＳ支配下のコミュニティ住民からはよく聞かれる。イラクの国境町カイム出身のイマド・アル＝ラーウィは、二〇一四年八月にＩＳＩＳに忠誠を誓ったが、密輸人から押収したタバコを売って処刑されたＩＳＩＳメンバー一〇人の話をしている。「タバコを売る店を襲撃すると、タバコを燃やさない。家を襲うと、同時に強奪するんだ。それがバレて国はそいつらを処刑した。その連中はだれもタバコを吸わない。単に転売したんだ」

ハサカ出身のガッサン・アル＝ジュマは言う。「アサド政権は過ちを犯して、それを繰り返した。ＦＳＡも同じだったが、だれもそれを止められなかった。でもＩＳＩＳはまちがいを犯しても、それを繰り返さない。連中のところへ出かけて文句を言う。だれも文句に応えなければ、その下手人のリーダーのところに行けば、もし訴えが正しければ必ず求めるものが得られる」

イラクでＩＳＩＳは、覚醒評議会に先立つ数年で犯した過ちを避けようとした。モースル制圧後、ＩＳＩＳメンバーたちはあまり街路に大挙して出歩かないようにした。イラク治安維持軍が市を離れて最初の数週間は、通りをうろつく戦士たちのほとんどはご近所の出身だったとモースル住民たちは語る。

モースルをはじめとする地域で、ＩＳＩＳは地元の勢力が地域を自分でコントロールするのを容認した。特に比較的安定したり、人材が不足したりしている地域ではその傾向が強かった。ＩＳＩＳがあまり表に出ないようにすることで、特にイラクの都市では新秩序に対する安心感を確立しやすくなった。シリア地域では、支配を確立する以前からＩＳＩＳに敵対的な反乱勢が有力だったため、あまり住民自治に任せる余裕がなかった。代わりに、スリーパーセルやそうしたコミュニティ内部のＩＳＩＳ忠誠者たちが、だんだん発言力を高めるのを待ったのだった。ＩＳＩＳの悪名高い暴力性は、人々に手を差し伸べ出す前の最初の時期に安定感をつくり出すのに貢献した。

カイム出身のアル＝ラーウィは語る。「人々は、評判が先行していたのでＩＳＩＳに震え上がっていました。当初、みんなかれらを避けましたが、いったんモスクで会ってつきあいが始まると、人々はＩＳＩＳにあまりに安心しきってしまったんです。かれらの熱意が気に入って、やつらが一緒にいないときですら、協力を始めるようになったんです。ＩＳＩＳは、必要がなければ介入しませんでした。地元の人々はいつもいたんです」

いまでも特にＩＳＩＳが人手不足の地域ではこれがあてはまる。モースルの制圧後、ＩＳＩＳはまだ信用できない既存地元勢のための新しいメンバー制度を考案した。それはムナシール（「サポーター」）と呼ばれている――これはアンサールとはちがう意味だ。アンサールは、ジハード主義者たちが同じ組織内の地元メンバーを指すのに使われる言葉で、ムハジリーン（外国人戦士）と対比されるものだ。ムナシールは、ＩＳＩＳに忠誠を誓わねばならないが、その組織に直接はアクセスはできない。この二番手のメンバーたちは給料をもらい、ほとんどは自分の地域の下位行政や警察作業を埋めるために働く。ＩＳＩＳがしばしばキドマット・アル＝ムスリミーンと呼ぶ仕事だ。これがあるおかげで、ＩＳＩＳは目立たずに済むし、従って責任を回避しやすくなり、統治をめぐって地元コミュニティ内部の競争も高まることになる。ＩＳＩＳはこうした勢力を、前線での兵の補強としても使える。コバネでもそうだったとラッカ住民たちは述べる。地元勢にかなりの自由を与えるとはいえ、ＩＳＩＳが相変わらず強力な軍事、宗教、政治的な支配力を持っているのだ。

どこにでもいて、どこにもいない

軍事力はなるべく目立たないようにしているＩＳＩＳは、町の管理行政にもあまり口だししない。地元勢とその親戚が通常は日常的な行政を運営している。ＩＳＩＳが新しい町を制圧すると、通常はまっ先に、通称フダッド広場というものをつくる。そこはシャリーアの処罰を実施する場所だ。はりつけ、斬首、鞭打ち、手の切り落としなどが行われる。それからシャリーア法廷、警察、治安維持駐在所を確立する。ヒスバと呼ばれるシャリーア警察の仕事は、シャリーアの執行だけでなく、市場の規制にも及び、こうした警察は都心部のほうが活発だ。ISISは地域をウィラヤット（県、イラクとシリアにはざっと一六個ある）と、もっと小さいカワティィ（市町村）に分割する。軍事指揮官一人、治安司令官一人以上、一般エミルがそれぞれの市町村に指名される。かれらはワリ（知事）の下に置かれる。

トップの指導者たちは、自分たちが支配する県には住まない。たとえばマンビジュ、アル＝バブなどデリゾール県でISISがウィラヤット・アル＝カイール（デリゾール市からアルブ・カマルとの境界まで）として指定した地域の知事たちはハサカ県のラッカやシャッダーディに住むことが多い。ウィラヤット・アル・フラート（アルブ・カマルとカイム）の知事はイラクに住んでいて、滅多にシリアにはやってこない。イラクの各県知事も同様だ。

ラッカとモースルはISISの実質的首都となっており、その支配地からの使節団がしばしばISISの占拠した宮殿で会合を開く。ISISメンバーたちは公共の場ではなるべく武器を見せるなと指示されている。マンビジュの場合と同様、武器は押収された家屋に隠されている。検問所もまた少数の戦士が配備されていて、場合によっては最近ISISに参加したばかりでまだ基礎訓練を受けている最中の戦士たちもいる。

ISIS治安部隊が作戦を実行するときには、その町と近所の町からの外国人戦士や地元戦士が補強に集まる。治安作戦の場合に過大なまでに力を誇示するのは、ISISの抑止戦略の要だ。この、どこにでもいるがどこにもいないという戦略は、ISISにとって少なくとも二つの目的を果たす。まず、地元勢の反乱が抑止される。制限はあるものの、地元住民が自治を行うだけの柔軟性はあるからだ。第二に、ＩＳＩＳが紛争解決者の頂点となれる。住民たちは、組織としてのＩＳＩＳに文句を言うよりも、お互いについて怒りの声を上げる場合がはるかに多くて、中には外国人戦士たちのほうが、その町で生まれた住民たちよりも規律正しく行動がきちんとしていると主張する人さえいる。

ＩＳＩＳは、ある地域を制圧した後でも他のグループからの戦士に武器保有を認める——そうした戦士が前線でだけ戦い続ける限りにおいてだが。ＩＳＩＳから武器、弾薬、食料を受け取った人物はすべてＩＳＩＳのエミルに報告して、週に決まった時間数だけ奉仕しなくてはならない。戦場からの離脱は武器の返納を必要とする。他のグループのメンバーたちも、自分の地域で統治したければ似たような手順に従わねばならない。ファルージャやシリアで新しく制圧された地域では、ＩＳＩＳは厳しい選択を迫る。忠誠を誓うか立ち去るかだ。「最初、ＩＳＩＳは圧力をかけるために厳しい条件を強いる。［デリゾールの］空港に定期的にこなければ、武器を引き渡せと言うんだ」と、デリゾール県出身のＦＳＡ戦士はＩＳＩＳの地域管理について、二〇一三年夏に語っている。

地元コミュニティの強制武装解除——ＩＳＩＳ版の銃器統制——も、ＩＳＩＳを住民が受け入れる上で鍵となる。ＦＳＡ支配下では、激しい無法状態と泥棒のおかげで、あちこちへ移動するためには武器の購入と携帯が不可欠な護身手段となった。ハサカ出身のある住民が述べたように「子供を含めみんな武器を携帯した。銃を持っていないと、市場に入っても怯えてしまう。ちょっとしたケンカになっただけで、もうどうしようもない」。ISISは、自分自身が社会崩壊に代わる唯一の存在となることで、一般人の法と秩序不在に関する恐怖に応える。あらゆる政府同様、ISISも暴力を独占しようとするのだ。

タクフィルノミクス

ISISは、専制主義的な統治を驚くほど成功した戦時経済と組み合わせている。たとえばシリア東部で油田を支配したFSAやイスラム主義集団は、その歳入の一部を学校運営や電力供給、電気通信、水、食料などのサービスに向けた。一部の村や町は、ISISが石油収入をシリアやイラクにある他の支配下の町に分配したため、そうしたサービスの低下に直面した。そのようにして、ISISは独自の汎領土的なパトロン制を確立しているのだ。結果として石油の豊かな地域では、軍閥主義——きわめて局地化した反乱軍による統治の副作用——は着実に低下した。

ISISはまた、地方政府職員に働くよう強制している。それまでの集団は、シリアの公務員たちが、家にいて何もしておらず、さらに地位に伴うキックバックもまちがいなく受けているのに、給料だけ（主にアサド政権から）受け取り続けるのを容認してきた。「いまや街路も前よりきれいです。公務員の七割は、給料は受け取り続けながら働いていなかった。ＩＳＩＳは、習慣となっていた土曜の休日を廃止した。代わりに木曜が休日とされている」とデリゾール出身の元ＦＳＡ従軍メディア活動家は語った。

ＩＳＩＳの統治が成功した別の分野は規制と価格統制だ。漁師たちが魚を捕るのに、ダイナマイトや電気を使うのを禁止した。ジャジーラの住人たちが、戦争の混乱に乗じて新しい土地の所有権を設定するのも禁止した。そうした住民は特にシリアの砂漠で新しい家を建てたり新規事業を興したりしていて、それがご近所の不興を買っていたのだ。また石油の副産物や、氷、小麦などの基本商品についての利ざやを制限した。ＩＳＩＳがシリア東部を支配するまで、油井一つは日量三万バレルを生産し、一バレルが二〇〇〇シリアポンド――現在の為替レートで一一ドル――で売れた。石油精製工場で働く地元家族は、粗雑な精製の石油一バレルごとに二〇〇リラ（一ドルよりちょっと多いくらい）を手にした。ＩＳＩＳの支配下になってからは、石油一バレルの値段は下がった。石油一リットルの値段を五〇ポンド（三〇セント）に固定したからだ。

ＩＳＩＳはまた、押収される危険のある住居近くに一族が精製所を設置するのを禁止した。おかげで一部の一族は石油稼業そのものをやめた。全体として見ると、価格統制と規制により、資源とサービスの低下が相殺された印象だ。ＩＳＩＳの支配地域に住む人々の多くが出稼ぎをしている湾岸諸国からの仕送りも、一部の家族が発電エンジンや石油副産物を買う手助けとなった。FSAのあるメディア活動家は語る。「昔は月一で仕送りしていた人々も、状況がわかっているのでいまや月二回で仕送りしています。それと、価値に大きなちがいは生じていません。二〇一〇年に鶏肉一キロは一九〇ポンド（一ドル）で、いまは四七〇ポンド（二・六ドル）です」

ISISの主要な収入源は石油だったが、二〇一五年春になってそれが断たれた。多国籍軍が新規に獲得した諜報に基づいてISISの石油産業の場所を正確に把握し、手ひどい空爆にもかかわらず油井をうまく運営し続けてきたジハード主義者たちの手法を理解したのだ。業界紙『イラク石油レポート』によると、二〇一五年一〇月に始まった津波《タイダルウェーブ》作戦2（これは多国籍軍によるジハード主義者石油産業に対する新たな攻撃のコードネームだ）のおかげでISISは「イラクでの石油事業をほぼ閉鎖し、シリアでの儲かる事業は大打撃を受けた」。という。数ヶ月前にデリゾール県のアブ・サヤフという拠点に対するアメリカ特殊部隊による急襲で入手されたISIS内部文書によれば、ISISの石油担当副エミルが「原油販売により最大月額四〇〇〇万ドルを得ていた」と断言していたという。ISISは国営石油会社とそっくりな形で運営され、石油生産と運輸ビジネスは外注していた。工作員を派遣して、地域のエンジニアや専門家を雇う。かれらはカリフ国を石油で儲けさせるためにものすごい高給を要求する。ISISの原油取引は、ピーク時には日量七万バレルというとんでもない量だったといまでは推計されている。その最大の買い手の一人がバシャール・アル＝アサドだったと言われても、だれも驚かないはずだ。

二〇一五年一一月に、アメリカ財務省はEUに追随して、シリアの石油をジハード主義者たちから買い戻しているアル＝アサドの仲介役がジョージ・ハスワーニだと名指しした。ハスワーニはまた自前の会社、ヘスコエンジニアリング＆コンストラクション社を使い、ISIS運営の油田から仕事を受託している。ギリシャ系カトリックの産業人であるかれは、別のところではシリアの独裁者やムハバラート工作員たちと「強いつながり」を持つと言われている。ヘスコ社はまたモスクワでも一時的に仕事をしていた。ロシアのエンジニアリング会社ストロイトランスガズ社の下請けとして、パルミラでガス精製工場を建設している途中だったが、二〇一五年五月にISISがこの古代都市を制圧した（ストロイトランスガズ社は、もともとロシア国有巨大ガス企業ガズプロム社の子会社だった。いまではウラジーミル・プーチンの旧友である有力者ゲンナディ・ティムチェンコ所有の民間企業だ。ロシア政府の内輪の一人という地位のおかげでティムチェンコは、ロシアが二〇一四年にクリミアに侵攻し併合した後で、アメリカの制裁対象となった）。シリア反政府ウェブサイトによると、ハスワーニはかつてロシアに留学していたことがあって、その間に最初の細君だけでなく、どうやらロシアの国家諜報機関で有力な地位につく人々とも知り合いになったようだ。民主主義擁護財団のシリア専門家トニー・バドランは、この石油関係者がアル＝アサドとISISを仲介していたことは当然ロシアも気がついているし、ロシア政府が表向きはISIS破壊をうたっているのに、この人物の活動は容認されているのだという。

さらにワシントンのコンサルティング会社フォーリン・リポーツ社副社長マシュー・リードが書いたように、ISISはシリア政府に天然ガスも売っている。「こうした取引が長続きするのは、ISISはその天然ガスを使ったり他のだれかに売ったりはできないからです。ガスは発生源で押さえて、パイプラインで輸送するしかない。ガス田につながっている利用者は、発電所、精製所、工場などだけで、これはアサドの掌握地域に集中しているんです」。テロリスト殲滅を目指しているはずのこの政権は、ISISの運営地域での電力を絶やさないようにしており、文字通り電力と権力を共有して取引をしている。あらゆる場面で、シリアの天然ガス産業がなぜ延命できているのかについて、ISISとの関係をうわべだけでも否定できるような主張は存在しない。リードはこう書いている。「パルミラ周辺にあるような天然ガス田では、天然ガスに加えて軽い液体炭化水素が取れるが、ISISはそれをなんでも燃料にする。天然ガスは西のアサドへと送られるのだ」

トルコやヨルダンなど近隣国や、シリアとイラク内の他地域への石油密輸は、いまでもISISのかなりの収入源だ。石油価格の急落は、ISISへの影響よりは民間人への影響が大きい。ISISは他の収入源があるからだ。でも重要な点として、ISISが地元コミュニティ向けに物資サービスを提供する能力は阻害された。特に、ガスシリンダーなどみんながほしがる材料は入手困難になった。タイダルウェーブ作戦2に先立ち、いまでもデリゾールに住むメディア活動家は語る。「空爆の影響は五パーセントだと推計しています。主に影響を受けたのは石油です。食料はたくさんあり、ほとんどはトルコやイラクからきています。国境は開いています。ここでの物価が気に入らなければアンバールに行けばいい。状況はほぼ平常だと見ています」

ＩＳＩＳが石油市場を見事に使いこなしている様子は、多くのウォッチャーに感銘や衝撃を与えてきたが、デレク・ハーヴェイは当然だと思っている。「国連禁輸措置を迂回するために九〇年代に石油を密輸していたサダム・フセイン派たちが、いまやＩＳＩＳのために同じことをしているのを事実として知ってますからね」。最近の分析の結論では、ＩＳＩＳは一時はバレル一〇ドルから二〇ドルで原油を売っていたとされるが、ハーヴェイによればこうした価格は誤解を招きかねないという。「売ってるのは仲買人たちで、ＩＳＩＳの上層部にキックバックが入るんです。（中略）ピラミッドの頂点の出資者の共同口座に戻っているんです。デリゾールのＩＳＩＳ戦士たちはそんなことは知りませんがね」

シリア東部の地元民たちは、蜂起以前から湾岸諸国からの送金と地元経済で生き延びることを学んできた。原油価格高騰で、農業製品への依存度は下がった。チグリス・ユーフラテス川から何キロも離れた農地にまで水をポンプでくみ上げるには、エネルギーが必要だからだ。戦争開始後、石油価格低下でシリアの農業ビジネスが復活した――密輸や家畜取引が再び活況を見せた。ＩＳＩＳがジャジーラを占拠したとき、人々はすでに灌漑や電気のために自前で石油を買っており、補助金つきサービスに頼るまでもなかった。

ドイツの外国諜報機関、連邦情報局（BND）は、ISISの高い石油収入に関する「過大な」憶測について警告している。というのも、支配地内のすさまじい諸経費や支出をあまり考慮しない傾向があるからだ。でも、ハーヴェイも言うように、ISISはこうした収入の大半を懐に入れている。というのもときには住民たちに、政権が供給する電力や電気通信などのサービスについて課税するからだ。地元コミュニティのためにアサド政権が設立した施設を無料で運営するイスラム主義集団とはちがい、ISISは自分の財布を補うための料金経済を発達させている。

ISISはまた、ザカット（国に対して支払うイスラム教の各種献金）で何百万も得ている。ザカットは様々なものに課される。年間貯蓄や資本資産（二・五パーセント）、黄金（四五〇〇ドル以上のものに対して）、家畜（農民が保有する一〇〇頭のうち二頭）、ナツメヤシや作物（雨水や近くの流水で灌漑されている場合は一〇パーセント、灌漑に費用がかかるなら五パーセント）、利潤（二・五パーセント）などだ。

ISISはさらに、支配地内に住む非ムスリムにも課税する。特にキリスト教徒が対象だ（金持ちは年に黄金四・二五グラム、慎ましい所得の個人ならその半分）。民法上の刑罰という口実で強盗を働くことでも稼いでいる。転出したり指名手配されたりしている人の財産を押収したり、ISISと戦った罰として押収したりするのだ。これにはもちろん、コミュニティ武装解除方針の中で得られた大量の兵器や弾薬備蓄も含まれている。二〇一五年一〇月、アナリストのアイメン・ジャワード・アル=タミーミは、デリゾールのISIS財務省が作成した文書を入手した。石油とガスの売り上げがISIS歳入の二七・七パーセントを占めていたが、密輸タバコやアルコールや、敵と宣告された者たちの住居資産押収が四四・七パーセントにのぼり、税収は二三・七パーセントでしかない。ある県全体のISISの歳入の七割近くは、それが「統治」する人々からのものだ。

もっと重要なのがガニマ（戦利品で、ISISの定義では強盗や泥棒によるものも含む）が最大かつ最も価値の高い収入源となっている。ISISは二〇一四年にイラク軍三大隊を敗走させたとき、何百万ドルものアメリカや外国軍の軍備を押収したし、シリアのアサド政権や反乱グループから大量の武器や装備、設備、現金を手に入れている。

シリアやイラクから盗んだ考古学的な遺物もISISにとっては収入源だ。ただしこれはISISが始めたというよりは、受け継いだというべきだろう（サダム・フセインの政権もアル=アサド政権もこの商売には手を染めている。また他のシリアの反乱軍やクルド蜂起軍もこの商売を続けている）。でもトルコでインタビューしたある人物は、ISIS支配下で遺物取引が拡大し、いとこの一人はアルブ・カマルから一一キロ離れたところで、マリの古代遺跡で見つかった黄金像や金貨をトルコに密輸しているのだと語った。石像、ランプ、陶磁器などといった他の遺物も、ロンドンで売りに出されたと言われており、窃盗美術品の国際貿易の中で、実証的に確認されたのはほんの一部だと示唆される。すでに他界したＩＳＩＳ工作員アブ・サヤフは、「アル＝シャム・ウィラヤにおける骨董品部門」の責任者だった。機密解除された国務省文書によれば、アブ・サヤフは二〇一五年五月にアメリカ特殊部隊に殺されたときにも、数点の骨董品を持っていたという。そしてこの稼業は厳しく制限されている。採掘者は地面から遺物を掘る「ライセンス」が必要だ。ＩＳＩＳの許可なしに骨董品を密輸しているのが見つかったら、拘束されて処罰を受ける。他のすべてと同じく、このライセンスも課税される――シリア考古学者アムル・アル＝アズムによれば税率二〇パーセントとのこと。二〇一四年半ばには、ＩＳＩＳは何十年もの歴史を持つ闇市場の収奪と墓泥棒稼業をかなり組織化して、アル＝アズムが『ガーディアン』紙に語ったところでは、「独自の考古学者や発掘チームや機械を使い始めました――そしてそれが、強奪活動のピークの頃でした」。闇市場の買い手は、オークションサイトのイーベイやスカイプ、ソーシャルメディアを使い、ＩＳＩＳの売り手と簡単に接触できた。

二〇一五年二月、モースル中央博物館をＩＳＩＳの暴漢たちが大ハンマーを持って襲い、何千年も前の石碑や石像――アッシリア帝国やアッカド帝国にまでさかのぼるもの――を破壊する様子を、世界は恐れおののきながら見守った。ＩＳＩＳが売らない骨董品にどんな扱いをするか実証するものだった。一ヶ月後、モースル南部にあるアッシリア時代の都市ニムルードがブルドーザーで破壊され、その一ヶ月後には二〇〇〇年前にアレクサンダー大王の元歩兵将軍が創設したセレウコス王朝のハトラ市が同じ憂き目にあった。二〇一五年四月、ＩＳＩＳはユネスコの世界遺産であるハトラの遺跡を、大ハンマーやブルドーザーやアサルトライフルで破壊するビデオを公開した。「異教徒どもの組織の一部は、こうした遺物と称するものの破壊は戦争犯罪だと言う。おれたちは、イスラム国がおまえたちの土地を支配するあらゆる場所で、おまえたちの遺物だの偶像だのを破壊してやる」と画面の武装員は語る。ちなみにハトラに行ったことのない人でも、『エクソシスト』の印象的なオープニングに出てきた場所として、通俗的な文化シンボルになった場所といえば思い当たるかもしれない。いまや文明のゆりかごにおける文化的遺産は、別の形の悪魔憑きの手に落ちてしまったわけだ。

15 忠誠と不忠

―ISISイデオロギーの理論と実践

ハミド・ガンナムの訓練キャンプ初日は厳しいものだった。二〇一四年八月一三日の早朝に、荷造りした服を手にして、シリアの村の主要道路へ素早く歩いていといとこ三人と落ち合った。「はじめに」で紹介したバーレーンの戦士アブデルアジーズの場合と同じく、そしてカリフ国を夢見る多くの若者と同じく、ガンナムは親に告げることなく家を出てISISに加わった。

いとこたちは白いミニバスを運転して、デリゾール県マヤディーン砂漠のオマル油田にあるISIS運営キャンプに向かった。そのリクルーターは、遠い親戚であり、村の治安責任者に任命されて以来、他に八人をISISに勧誘していた。かれはいとこたちに付き添って新しい宿舎へと案内した。ここで若者たちは今後何週間かを過ごすのだ。

「立派に育てよ」とリクルーターは、車で去りながらいとこたちに述べた。別のジハード主義者がこの新人三人を歓迎し、シャリーアの講義の予習をするよう告げた。ガンナムによると「これは楽じゃありません。かなり辛抱がいります。最初に試験されるんです。しばらく話をします。宗教に関する知識をチェックされます。なんでも議論します。ヌサイリ政権について話をします」。ヌサイリというのは、ISISがアラウィー派を指すときに使う侮蔑語だ。

つまりヌサイリ政権はアル＝アサドに忠実な一派ということになる。「それから自由シリア軍（FSA）とか、道を誤った集団の話をします。最初はくたくたになります」

ISISのイデオロギーは一般に、アル＝カイダと同じかサウジアラビア版サラフィー主義と同じ、つまり原理的イスラム教義への準拠だというのが、部外者の一般的な見方だ。議論は通常、ここで止まる。でも致命的なことだが部外者たちがかれらのイデオロギーを理解する能力は、本や文献にばかり頼っていてそうしたテクストが組織内部でどう解釈され、吸収されているかを検討しないため、さらに混乱したものとなっている。

ISISのイデオロギー的な魅力についての理解は、なぜ何万人も男女（その多くは敬虔なムスリムどころか、まともにこの宗教を実践したことさえない）が死のカルトに進んで入りたがるのか、なぜその実に多くの人々が、収穫逓減段階をはるかに超えてもISISへの忠誠を維持し続けるのか、という理由を理解する鍵だというだけではない。これはテロル軍打倒の鍵でもある。ジョン・アレンは、もともとISISに対する主要な国際多国籍軍を指揮する立場にいた海兵隊の元大将だが、ロンドンに拠点を持つサウジの新聞『アシャルク・アル＝アウサット』に対して二〇一五年一〇月にこう語っている。「ISISの能力や作戦上の柔軟性と裁量を低下させるために歳入を断つ以外に我々が対処すべき長期的な方向性は、そのブランドと思想だ」

ＩＳＩＳのイデオロギーは戦場を核としたもので、それがまったく別の、名目上は敵対する反乱組織にも影響をもたらす。シリアの野戦指揮官たちは、それがＩＳＩＳに対して軍を動かすにあたって大きな障害だという。というのも多くの戦士たちは、同じムスリムと戦うのを拒否するからだ。特に自分たちの活動が、非ムスリム勢力の支援を受けている場合はなおさらだ。ウスド・アル＝シャルキーヤ、すなわち東のライオン（ＩＳＩＳと熾烈な戦いを繰り広げてきたデリゾールの武装集団）の指揮官は、反乱軍の兵たちの間にある「タクフィール文化」を指摘し、それが草の根の対抗蜂起軍の試みをすべてダメにしてしまうという。ＩＳＩＳに最も効果的に抵抗してきたイスラム民兵――特にダマスカス近郊のジャイシュ・アル＝イスラム（イスラム軍）――はＩＳＩＳの教義に対して免疫をつけさせるため、兵たちに対して宗教教育を提供しているが、これも決して無駄なことではないのだ。

ＩＳＩＳの教義

シャリーアの訓練は、ＩＳＩＳがその人物にどの程度の価値や忠誠心を見出しているかによって、それぞれちがっている。新人たちはまず入団の手ほどきを受ける。これは二週間から四五日、場合によっては一年も続く。キャンプの中で、生徒たちは軍事、政治、シャリーアのオリエンテーションを受ける。これは通常、教官五人ほどが行う。訓練期間中、新兵たちは軍事的な規律を実地に見るため検問には派遣されるが、前線には派遣されない。卒業後も監督下に置かれ、服従しない場合には退学または処罰される――命令に従わなかったり集団の行動を疑問視したりすれば、鞭打ちだ。ＩＳＩＳのシャリーア司法が残虐すぎて苦しむ新人たちの多くは、送り戻されて信仰「強化」の訓練をもっと受けることになる。

ＩＳＩＳと関連した宗教司祭で、もともとアレッポ出身で現在はシリア東部で活動するアブ・ムーサはこう語っている。「最初は宗教の基本を教わります。宗教的な革新やバアス党思想をぬぐい去るんです。ファトワを出すのは司祭だけで、だれも戦場以外の場所ではファトワなしに殺してはいけない。またアラビア語を知らない者はそれを教わり、標準アラビア語を話せるようにする」

宗教訓練を担当する司祭は、シャリー（シャリーア専門家）と呼ばれ、ほとんどは学問的に資格を持っていたり、組織内部で長い経験を積んだりした人々だ。ＩＳＩＳは、イマーム不足を補うために、ＩＳＩＳに入って間もない若い司祭を使いたがる。ＩＳＩＳが支配する町にはそれぞれだいたいモスクが二〇ヶ所あり、そのどこも、信徒たちに奉仕するため十分な人員を必要とする。金曜の祈禱といった宗教活動は厳しく実施される。また、若手で影響を受けやすい聖職者のほうが、洗脳しやすいので便利だ。だから神学経験の限られたイマームが、シリア東部やイラク北西部の説教壇で話すだけに限られる。こうした地域のモスクはそれまでナクシュバンディ団やそのカズナーウィー派からきたスーフィー教徒が運営していたことが多いのだ。

アブ・ムーサはＩＳＩＳがムスリムを破門するという噂を否定した。「そんなことはしない。我々のメッセージに逆らう者たちには確かに一切容赦しない。なぜ自由シリア軍と我々が戦っていると思うかね？　我々は布教と剣により教えを広めるのだ」。アブ・ムーサは一四世紀のイスラム神学者イブン・タイミーヤを引き合いに出した。この人物は「この宗教の基盤は人々を導く本と勝利をもたらす剣だ」と述べている。「我々は導き、剣が勝利をもたらす。預言者の教えに逆らう者がいれば、その者は剣に直面するだけだ。預言者が地上に教えを広めたように、我々も同じことをしているのだ」

別のＩＳＩＳメンバーも同じことを言っていた。かれは筆者の一人にこう語った。「預言者は『私は恐怖を手段にして勝利を与えられた』と言っている。虐殺、斬首、はりつけはといえば、これはコーランとスンナにも出てくる」とかれは、預言者ムハンマドのものとされる口承を引き合いに出す。「我々が製作するビデオには、『その背後にいる者たちに恐怖をたたき込むような形でかれらに対処せよ』という文がある。この一節がすべてを物語っている」

ＩＳＩＳは一般に、新人にシャリーアの文献から出てきていない教えを触れさせないようにする。新人たちはほとんど宗教書だけを与えられるが、すでに確立した人々や軍事司令官は、アブ・バクル・ナジの『残虐性マネジメント』などのマニュアルの勉強も認められる。宗教的な入門を純粋に神学的な文献だけに限るというのは、自分たちは競合するイスラム解釈派閥の一つなどではなく、正統イスラムの延長なのだというＩＳＩＳの主張と一貫したものだ。

ＩＳＩＳはビジョンの純粋性をあまりに重視しているので、今日のムスリムが実践している「主流」イスラムなど過去数十年で「発明」されたものだと本当に主張している。この発明品を解体すべく、ＩＳＩＳはイスラムのシャリーアと歴史を見て、最も難解な教えを探し出して、それこそが標準であるかのように拡大解釈し、自分たちこそ解釈における標準を担うものだとして売り込む。このように新人たちは、ほんの数年の歴史しかない捏造されたイスラムを教えられているのに、自分たちが何世紀にもわたる伝統を受け継いでいると信じこむ。たとえば同性愛に対するカリフ国の処罰を見よう。同性愛者を屋根上から投げ落とすのだ。この殺人形態を地上からはやし立てる連中は、これこそが逸脱したセクシュアリティに対する完全に正当な処罰だと信じこまされている。でも実は、高所から人を投げ落として殺すなどというのは、無情なシャリーア司法が公然と実施されているサウジアラビアのような国ですらお目にかかったことがないものだ。

かつての処刑方式——投石やはりつけなど、肯定論も反対論もイスラムの中で無数のコメントが生まれてきたもの——とはちがい、中東の人々の多くは屋根から投げ落とすなどということが、そもそもシャリーアの刑罰だということさえ認識していない。そしてそれこそがまさに狙いだ。この慣行がまったく知られていないということこそ、それをＩＳＩＳにとって有益なものとしているのだ。ほとんどの人は、この慣行を正当化または糾弾するための適切な秘教文書を見つけようと苦労する一方、ＩＳＩＳは出来合いの答えを持っている。ＩＳＩＳは、七世紀の迷える者たちのガイドという形で二一世紀のエートスをでっちあげてしまった。そして選ばれた者だけがそれを理解できると主張する。本書のためにインタビューした多くのＩＳＩＳメンバーたちは、こうした深遠な教えに感動している——自分たちが司祭階級や秘教集団に入ったような気分になるのだ——そしてＩＳＩＳがイスラムを絶対的な明瞭さで提示するのに惹かれている。

またやり方が非イスラム的だといってＩＳＩＳと議論したところで役にはたたない。ＩＳＩＳ内で流通するありがちな話は、預言者ムハンマドの最高司令官カレド・ビン・アル＝ワリドが、七世紀イラクのウライスの戦いで何百人もの捕虜を殺した話だ。ビン・アル＝ワリドの行動は信仰に逆らうように見えるが、かれはもし神が勝利を与えてくれたら、ペルシャ軍の「血の川」を作ると神に誓っていた。全能の神に対する約束を守るほうが、捕虜殺しに対するイスラムの禁令よりも優先されるのだ。それでもビン・アル＝ワリドは、川を作れるほどの犠牲者を流血させられずに苦労している。そして問題の解決手段として、出血する死体の山に向かってダムから水を放出させて、少なくとも流れる水が赤っぽく着色されるようにしたのだった。ＩＳＩＳはこの物語を換骨奪胎して捕虜たちの殺害を正当化する。なんといっても、預言者自らが「解き放たれた神の剣」と呼び、イスラムの初のカリフであるアブ・バクルがその軍事能力を称賛した軍事司令官が、異端者であるはずがないではないか、というわけだ。

サラフィー派の「覚醒」

ＩＳＩＳはまた、主流イスラム神学者たちが無視したがるお話や文献に注目することで栄えている。そうしたお話はあまりに周縁的だったり、現代的な道徳と整合性を持たせるのがあまりに難しかったり、恥ずかしかったりするような代物だ。ＩＳＩＳは、こうした聖なる教訓に取り組む際に、そうした居心地の悪さやためらいを一切感じない。そして血気にはやる処刑人たちは、自分たちがイスラムの完全無欠なメッセージを見つけ出したのだと感じて新人教練キャンプを卒業する。それ以上に、かれらは主流ムスリムたちがこのメッセージを信仰篤き者たちから隠そうと陰謀をめぐらしたのだと信じるようになる。ガンナムとそのいとこたちはオマル訓練キャンプを卒業したとき、カラシニコフの撃ち方だけでなく、かれらに言わせれば一種のまちがったイスラム意識により盲目となった者たちに対し、神学論争を行う方法も学んでいる。

イスラムの他の過激宗派は、ＩＳＩＳに批判されている。一八世紀にモハメッド・ビン・アブドゥル・アル＝ワッハーブが創設したサラフィー主義一派であるワッハーブ主義は、今日のサウジアラビアで公式に認められていて、多くの評論家はこれがＩＳＩＳのイデオロギー的な基礎の全体を説明するものだという浅はかな説明をしている。ＩＳＩＳに対するワッハーブ主義の影響は確かに否定できないが、それがすべてでは決してあり得ない。たとえば、ＩＳＩＳもタリバンも、シャリーアの施行にあたって驚くほど似た行動を示している。どちらも同じイスラム司法の学派、ハナフィー学派が主流の国から生まれている。でもワッハーブ主義は、ハンバリ学派を採用しているのだ。しかしＩＳＩＳが単にシリアとイラクに移ったタリバンだとも言えない。また、湾岸諸国から北アフリカに流入するワッハーブ主義的な潮流を歴史的にずっと排除してきた有名な世俗国であるチュニジアなどが、なぜ一人あたりではサウジアラビアよりも多くのジハード主義者をＩＳＩＳに送り込んでいるのだろうか？　ワッハーブ主義はまた、自爆テロ、モスク破壊、シーア派市民の攻撃、既存支配者に対する反逆など、ＩＳＩＳが実践する多くの行動を禁止しているのだ。

ＩＳＩＳのイデオロギーは、各種地域的な影響の寄せ集めと思ったほうがいい。シリア、エジプト、パレスチナなどのイスラム主義が、一般にイスラム覚醒と呼ばれる時期に、伝統的なサラフィー主義に刻印されたものだ。このイスラム覚醒の時期には、様々な国のアラブ人が湾岸諸国、特にサウジアラビアとクウェートに流入した。これが今日のジハード主義イデオローグや理論家の大半を生み出した。ここには現在のアル＝カイダ指導者たちも含まれる。これまで見たように、一九二〇年代にエジプトの学校教師ハサン・アル＝バンナが創設したムスリム同胞団と、もっと反動的なサラフィー主義の競合宗派は、アブドゥラー・アッザームやアイマン・アル゠ザワヒリなどビン・ラディンの第一と第二の精神的指導者の輩出に大きな役割を果たした。またアル゠ザルカーウィを教え育てた導師にしてヨルダンでの犯罪の片棒を担いだアル゠マクディシもそうだ。ビン・ラディンはサウジアラビアでムスリム同胞団に参加していたし、アブ・バクル・アル゠バグダーディはイラクのムスリム同胞団に、少なくとも接近していた。またジャブハット・アル゠ヌスラやシリアのアフラール・アル゠シャムなどの上層部にいるジハード主義者の多くも同じだ。

同胞団が、既存の制度（民主的なものだろうとそうでなかろうと）を通じてアラブの政治を徐々に変えていこうと考えたのは、サラフィー主義者がいまの支配秩序をあっさり拒絶したのとは、真っ向から対立することになった。サウジアラビアとエジプトでは、この二つのイスラム主義潮流の間で、ぎこちない融合が生じつつあった。結果として同胞団的な政治はますます保守化し、サラフィー主義がますます政治化した。サラフィー主義者たちは、カリフ制再興の旗印のもと、政治的タクフィール主義を掲げるようになった。ジハードと反抗がかれらのキャンペーン戦略となった。

ムスリム同胞団の主任哲学者サイード・クトゥブは、サラフィー主義の主張する、全部破り捨てて一からやり直すような過激主義を一部活用した。ムスリムが多数派を占める社会は、ジャヒリーヤ状態、つまりイスラム以前の茫漠とした状態にあると論じた。あらゆる世俗イデオロギーは、資本主義も共産主義も汎アラブ国民主義も失敗した。それを受け継げる唯一の仕組みはイスラムだ——これはムスリムが多数派を占める諸国だけでなく、すべての場所でそうなのだ、と。クトゥブはウスタディヤート・アル＝アラム、つまり世界に対する優越性を主張したのだった。

こうした世界を一変させる目標を達成するには、ムスリムの若者たちの前衛が自分の社会を拒絶し、完全な切断すなわちムファサラを通じて変化を主導し、イスラムだけを唯一の社会的基準として受け入れねばならない。これはハキミーヤと呼ばれる概念だ。クトゥブの弟ムハンマドは、ときに「イスラム覚醒の父」とサウジアラビアで呼ばれているが、サラフィー主義とイスラム主義思想のイデオロギー的な融合に決定的な貢献をした。イブン・タイミーヤがタウヒードの三つの基準としたもの、神への信仰、神だけへの信仰、正しい教義への準拠に、ハキミーヤも追加したのだ。イスラムの優越性はこうして、一神教信仰の決定要因となったのだった。

サラフィー主義ジハード主義者たちは、クトゥブの分析におおむね同意している。ただしかれらにとって、クトゥブはまだあまりに口先だけで、イスラム司法を日常生活に向けて革命化しようとはまるで考えていなかった。クトゥブはこうしたジハード主義者たちに対し、イデオロギーの方向性を与えた。つまりイスラム優越主義のプリズムを通して世界を読む方法を与えたのだ。実際にユートピアに到達する手法については、意見が一致しなかったのではあるが。

同胞団からカリフ国に至る、イスラム主義革命思考の連鎖の進行を見るには、イエメンのジャーナリストのアブドレラ・ハイデル・シェイエの説明がいちばんいい。かれによれば「イスラム国はサイード・クトゥブが起草し、アブドゥラー・アッザームが教え、オサマ・ビン・ラディンが世界に広め、アブ・ムサーブ・アル＝ザルカーウィが現実に移植し、二人のアル＝バグダーディ、アブ・オマルとアブ・バクルが実装したんだ」

ハキミーヤ、ジャヒリーヤ、ムファサラというクトゥブ主義概念は、ＩＳＩＳが支配する多様な宗教民族コミュニティへの対応方法となっている。地元住民はイスラムに「再改宗」されねばならない。ムスリムを背教者として糾弾するのは、伝統的な司祭のガイドラインに従う必要はない。というのもタクフィールは世界を変えるための徹底した手法であり、クトゥブに言わせればムスリムたちは、信仰の真の意味から根本的に逸脱してしまったからだ。かれらを救うには、完全で強制的な革命以外にないのだ。

あるＩＳＩＳメンバーはこう語る。「人々がイスラムプロジェクトを「自発的に」受け入れると思うなら、それは大間違いだ。人々は最初は強制されねばならない。他の集団は、人々を説得して味方につけられると思っているが、大間違いだ。こちらにはしっかりしたプロジェクトがあるのだから、それを社会に対して歯冠のようにはめこみ、それを確実に維持させねばならない」

タクフィールの聖職者

支配地でＩＳＩＳは、自分の立場に合ったイデオローグたちによるジハード主義文献に頼っている。こうした聖職者四人、ナシル・ビン・ハマド・アル＝ファハド、スレイマン・ビン・ナシル・アル＝アルワン、アリ・ビン・キドル・アル＝クダイル、ハムード・ビン・ウクラ・アル＝シュアイビは、二〇〇〇年代初期にサウジアラビアのアル＝カイダに大きな影響を与えたネットワークの一部であり、また国際的ジハード運動にも影響している。驚くことにこの聖職者四人は、保守的な伝統と革命思想とをブレンドさせたイスラム覚醒の活発なメンバーである。アメリカの中東地域介入（特に第一次湾岸戦争のとき）を支援したサウジアラビアの背教について多くの論説を書いている。欧米の軍隊がサダム・フセインをクウェートから追い出すための拠点としてサウジアラビアに入り込んだ事実を理由に、過激派聖職者たちはリヤドを背教政権と呼んだ。アル＝シュアイビは、異教徒どもの助けを求めるのがいかに許しがたいことかについて、ＩＳＩＳのために重要で影響力ある本を書いている。その題名は『異教徒どもからの助けを求めることに関するルールをめぐる選ばれた言葉』という。アル＝ファハドもまた、ＩＳＩＳに忠誠を誓ったと言われている。

また、この四人の聖職者が神学教育を受けているという事実――ジハードのイデオローグたちは、公式の宗教教育を受けていないことが多い――と、かれらがサウジアラビアの宗教エスタブリッシュメントと大きく意見が食い違っていたという事実によって、かれらはＩＳＩＳにとって大きな資産になっている。

アル＝クダイルとカレド・ムハメッド・アル＝ラシェドは、どちらもサウジの司祭だが、ＩＳＩＳに大いに参照されている。アル＝クダイルは現代立法制度と、そこになんらかの形で関わりを持つすべてのムスリムについて、まったく妥協なしの立場を採っている。自発的に議会に参加する者は、かれによればすべて異教徒だ。憲法に忠誠を誓うものは、それが強制された場合ですら、背教者だ。そして民主的な手段で憲法に反対する者はすべて罪人だ。アル＝クダイルの著作はＩＳＩＳにとって、基本的になんでもそろう便利なものだ。かれは非イスラム制度やその支持者たちは不正であり、一般人がそれに従っているのは許しがたいと主張しているのだ。

この聖職者たちは四人とも、シーア派に対するＩＳＩＳの殲滅主義プロジェクトを正当化している。かれらは、この宗派に属する者たちはとにかく、そんな信仰を維持するなんて言語道断であると説教している。たとえばアル＝ラシェドは、「邪悪なシーア派に対する刃の鋭い剣」と題する、シーア派攻撃だけを扱った一連の説教を行っていて、そこではきわめて露骨な表現、たとえば「連中に流れる血液を凍らせる」「がんが連中を一掃する」などが使われている。アル＝ファハドは「ラフィーダ（シーア派に対する蔑称）に対する過剰がなぜ容認されるか」という論説を書いた。これまたシーア派に対するひどい侮蔑的な表現まみれだ。

ISISイデオロギーに大きな影響を与えたもう一人の人物は、アブ・ムハンマド・アル＝マクディシだ。かれはアル＝ザルカーウィのジハードにおける父親的な存在だ。ただしかれは、ISISがシリアで拡大を始めて以来、この組織に猛烈に反対しており、同じジハード主義者たちに対してかれらが戦争を仕掛けているのを批判している。アル＝マクディシがISISのイデオロギー全体に与えた貢献は実に大きなものだ。エピゴーネンたるISISの手法にはまったく同意しなくても「自分こそはあの連中にタウヒードの概念を教えてやったシェイクなのだ」とかれは最近になって豪語している。ISISは、公式にはかれの本を推薦してはいない。自分たちを糾弾した人物に頼るのはいささか問題だからだ。でも逆説的ながら、ISISはアル＝マクディシの思想を使ってISIS批判者たちの議論に反論している。またシリアの多くのジハード主義者たちによれば、かれの著書はISIS支配地域で大量に出回っているという。

特に重要な著書は『ミラット・イブラヒーム』（『アブラハムの道』）で、これは『ダービク』創刊号でも引用され、アル＝ヌスラやアフラール・アル＝シャムなど他のシリアサラフィー主義派閥にも使われている。その一方で、これはそうした組織のメンバーたちにより、諸悪の根源としてかなり批判もされている。非ISIS集団内部でのISIS式タクフィール潮流の起源だとされているのだ。シリアのイスラム主義者やジハード主義者を詳細に研究しているアフメド・アバザイドは、アル＝マクディシの著作を「タクフィール主義のがんの原因であり、人々や聖戦士《ムジャヒディン》の血が安易に流される原因だ」と述べる。

『ミラット・イブラヒーム』はワラとバラーの概念――イスラムへの忠誠と非イスラム的なすべてに対する不忠――をイスラム教の根本的な教義だとして、他のムスリムは、たとえ家族であっても背教者だというレッテルを貼る。アル＝マクディシの描き方だと、本物のムスリムと偽物のムスリムを決める基準は実に狭いので、シリアのジハード主義者たちはISISやアル＝ヌスラ、アフラール・アル＝シャムなどと道を同じくする者たちを指すのに、イクワット・アル＝マナージ（手法の兄弟）という表現を使うほどだ。これはジハード主義人民戦線とも言うべきものであり、イデオロギー的には似ているが政治的には別個の派閥の寄せ集めだ。これはその他全員――こうした思想に準拠しないスンナ派すべて、あらゆるシーア派や他のイスラム教宗派――を排除するためのものとなっている。

この宗派的な偏見は、ISISにとって唯一最大の影響力を持つ聖職者トゥルキー・アル＝ビナーリにも全面的に見られるものだ。二〇〇七年にかれは留学中のドバイから追放され、後にクウェート、エジプト、カタールと、故国バーレーンからも入国禁止となる。これはかれのタクフィール主義と、シーア派に対する病的な憎悪のせいだ。アル＝ビナーリは、この宗派とその「歪んだイデオロギー」と呼ぶものの有力な批判者だ。二〇一五年七月、ISISがクウェートとサウジアラビアのシーア派モスクに連続自爆テロを仕掛けたとき、かれはバーレーンのシーア派の標的にも似たような攻撃を仕掛けると脅した。でもかれがISISにとって役立つのは、かれがもっと正規のジハード主義的な地位を持っているからだ。二〇一三年にシリアに渡ってＩＳＩＳに加わる以前に、かれは中東で有名な聖職者一四人との密接なつながりにより、宗教指導者《ムフティ》としての信用を獲得した。二〇〇九年にアル＝ビナーリはアル＝マクディシにより、ファトワを教え発する資格を与えられ、変名アブ・フマーム・アル＝アタリを使って有力なジハード主義フォーラムで長年にわたりファトワを出した。ＩＳＩＳメンバーたちは、アル＝マクディシのような聖職者が、アル＝ビナーリの宗教権威を貶めようとするのに対抗するため、このキャリアを強調したがる。

あるＩＳＩＳ聖職者が述べるように、アル＝ビナーリのＩＳＩＳ創設以前からの活動は、その正真性を裏付けるだけでなく、多くのアル＝カイダ批判者たちの偽善を示すものでもある。というのもそうした批判者たちはすべて、以前はアル＝ビナーリを認めていたからだ。かれはまた、ＩＳＩＳに対するありがちな批判に反論するための存在だ。それは、ＩＳＩＳより古い聖職者による支持がまったくないという批判だ。神学面では比較的小者とはいえ、アル＝ビナーリがＩＳＩＳ以前からキャリアを積んできたという事実は、同組織がかれをジハード主義法学者の長い連鎖の中に位置づけるのに役立っている。

こうした理由から、アル＝ビナーリはＩＳＩＳの信用を高める最前線にいると同時に、アル＝バグダーディの個人崇拝構築にも貢献している。元アル＝カイダの一員として、かれは一部の者がアル＝カイダやタリバンに対して誓った忠誠を破るという問題について、発言できる立場にあると思われている。アル＝ビナーリはまた新カリフや、かれが歴史的にも神学的にもカリフたるべき存在だという点について、小冊子「アル＝バグダーディに忠誠を誓う手を差し伸べよ」を書いている。バグダーディは二〇一三年三月と二〇一四年に、リビアのシルテ市に布教のため派遣されたとされている。その手法は、主にラバトモスクでお気に入りの主題である、シーア派の邪悪について説教を行うことだった。

これらすべてが示すのは、ISISが過激派の中でもさらに極端な存在だということだ。長期的な事業の一部として、ISISはフランケンシュタイン的な神学を自ら構築している。そこにはお手盛りの刑法もあり、生涯にわたる学者や聖職者たちもまったく対処しようがないイスラム概念を使い、何十年も古い哲学的な伝統からつまみ食いして拝借することで構築されているのだ。新人たちがISISの訓練キャンプを出て、自分の親戚を殺すよう言われ、ときには喜んでそれを実行するとき、かれらは宗教だけに動かされているのではない。かれらはかなり新しくつくり上げられた、排外主義的、純粋主義的、エリート主義的な政治イデオロギーに動かされているのだ。

16 イラクへの帰還

―ＩＳＩＳの里帰り

どんなものであれ「国家」誕生は面倒で暴力的な出来事だが、このカリフ国の創設ほど悪夢めいた出生はいまだかつてなかった。二〇一四年半ば、ＩＳＩＳがシリアとイラクの何千平方キロにもわたってその領土を電撃的に拡大したとき、その新しい神権国家の自発的または強制的な臣民として、何百万もの人々を人質に取り、無数の人々を刃にかけ、長きにわたり放棄されていた、宗教的に定めた奴隷制を脆弱な民族的少数派に押しつけるという手法を復活させた。このジハード主義者たちは、キャンプ・スペイサーで何百人ものシーア派イラク兵を虐殺した。同じスンナ派アラブ人を檻に入れて焼き殺した。何千人ものヤズディ教徒の娘たち――その多くはまだ生理もきていない――を誘拐して競売にかけ、昼夜問わず強姦した。新たに人道的な怒りがわき起こるたびに、世界は慌ててテロル軍に対する軍事作戦を実施するが、ＩＳＩＳはニュースが一巡するごとに、その邪悪さの水準を高めるかのようだ。どう考えても、現代世界はこんなものを見たことがない。

歴史がモースル陥落で始まったと思っている人々や、過去一一年間がなかったと思っている人々の間には文化的な記憶喪失が生じている。そしてこの病状が最も顕著に出たのは、まさに記憶を失ってはならない場所、つまりアメリカの政策筋でのことだった。ザルカーウィ主義者たちの、分割して征服の長く血みどろの歴史は忘れられた。これはかつて、一面トップの見出しを飾り、アル＝カイダの支持者たちですら衝撃を受けていたというのに。オバマ大統領下のアメリカは、イラクからさっさと手を引きたくてたまらず、戦争の一年目には、占領時代に苦労して獲得した教訓をすべて忘れたかのように振る舞った。残念ながらＩＳＩＳのほうは、そうした教訓を実にしっかり学んだかのように振る舞い、「生来の決意作戦」の最初の数ヶ月を、この戦略に内在する矛盾や弱点をえぐり出してそれを破壊するのに嬉々として費やしたのだった。二〇一四年は、タクフィール主義の第一原理への復帰を示すものとなる。ＩＳＩＳは身内の「多神教徒」や「背教者たち」を排除したり、それを捕虜にして聖戦士たちの慰みものにしたりした。イラクのシーア派に対して大量虐殺作戦を仕掛け、かれらを過激化させて独自の宗派戦争に駆り立て、さらにイランが仕切る民兵に仕方なく頼るように仕向けた。これでもちろん不安なスンナ派少数派は怯えきって、アブ・バクル・アル＝バグダーディの腕の中にやってくる。ＩＳＩＳはまた、大量追放や虐殺を通じて別の重要な集団――イラクのクルド人――の内部分裂を利用し、当初の「近い敵」であるヨルダンに対し、非道で道徳にもとる攻撃を仕掛けた。

こうした残虐行為は明らかに、スンナ派復興という根底の政治的野心を進めるためのものだ。実に広大な領土――おおむねイギリスほどの大きさだ――を掌握したＩＳＩＳは、アル＝ザルカーウィの暗いビジョンである、レヴァントとメソポタミアでのスンナ派イスラム王朝再興という目標実現に大いに近づいた。そしてＩＳＩＳは戦闘秩序はないにしても、その分を諜報能力や社会学的な奸計により補ってきた。敵が過ちを犯しているときには決して邪魔しないというナポレオン主義的な原理に従って、ＩＳＩＳは多くの敵に多くの過ちを犯させてきた。その結果として、無用な流血と財宝の喪失が起きた。そしてＩＳＩＳが戦術的に敗北した場所ですら、「解放」はジハード主義者たちの軛《くびき》に苦しんできた人々から見れば、単に別種の圧政到来でしかないことが多かった。

ヤズディ教徒の殲滅《せんめつ》

二〇一四年八月にＩＳＩＳは、何万人ものヤズディ教徒を山のてっぺんに追い詰め、そのふもとにあるかれらの歴史的コミュニティを破壊し尽くした。この人道的な危機は、ＩＳＩＳがクルディスタン地方政府の首都で中東の重要なアメリカ領事館のあるエルビルを制圧しかねないという見通しと相まって、二軍テロ組織と呼んだばかりの集団に対してオバマ大統領は戦争をせざるを得ないことになった。反戦的な総司令官は、一年前にもアル＝アサド政権がシリアのダマスカスにおける民族的多数派をガス兵器攻撃するというとんでもない蛮行により、自分の「レッドライン」が越えられるのを目にしたばかりだった。そのオバマ大統領にとって、これは決して小さな退歩ではない。いまやオバマは、イラクの民族少数派を救い、ちがう色のラインを引くと確約することになった。これは通称グリーンラインであり、サダム・フセイン政権崩壊まで、アメリカの実施する飛行禁止地域によりサダム・フセインのジェット機やヘリを、イラクのクルディスタン上空から排除してきた線だ。

まだ「生来の決意作戦」を実行する多国籍軍の一部ではなかったが、アメリカ空軍は二つのちがう作戦実施を任された。一つは、シンジャール地域とその周辺でＩＳＩＳに限定的な空襲を行うこと。シンジャールはイラク北西部の国境コミュニティだ。それによりＩＳＩＳがエルビルに前進するのを止め、同市のアメリカ領事館を守ることが求められた。もう一つはシンジャール山に孤立させられたヤズディ教徒四万人のために、何千ガロンもの飲料水と、それ以上の食事を空から落とすことだ。この山はノアの箱船が流れ着いたとされる、ごつごつした岩の塊だ。岩から降りてこの荒廃から逃れようとした者はＩＳＩＳに殺され、残った者何十人も、主に高齢者と少なくとも子供四〇人が、すでに脱水症状で死亡していた。死者たちは、最低限の埋葬が施された。浅い墓で「その遺体は石で覆われただけだった」と『ワシントンポスト』のラブデイ・モリスは書いている。シンジャール山では何も育たない。岩から降りてきて荒廃を逃れようとする者を待っているのは死だけだ。「水もない。植生もない。完全に孤立させられて、ＩＳＩＳに包囲されている。大惨事だ。まったくの大惨事だ」と国連児童基金（ＵＮＩＣＥＦ）のイラク代表マルツィオ・バビーレはモリスに語った。その惨事は、法的に大量虐殺の定義にあてはまるものだが、その全容がわかるのは一年後のことだ。

なぜＩＳＩＳはヤズディ教徒を標的にしたのか？　ヤズディ教徒はイラク最小の宗教マイノリティで、総人口のたった一・五パーセントでしかなく、イラク議会にもヴィアン・ダキル一人しかいない。彼女は議会で、ヤズディ教徒を絶滅から救うべく世界に介入を要求したことで国際的に有名になった。クルド人たちはヤズディ人を民族的な親戚と見なしている。その信仰は独特で、イスラム、キリスト教、ゾロアスター教の自由な混合物だ。だからかれらは別個のアイデンティティ感覚を保っている。宗教的な信仰対象は、孔雀天使のマラク・ターウースだ。ＩＳＩＳはこれがルシファーだと考えており、このためヤズディ教徒は「悪魔崇拝者」となる。そして悪魔崇拝者への対処は一つしかない。殺すか奴隷にするかだ。

イラク戦争の経験者から見れば、シンジャール包囲には既視感があり、その後の殺戮の予兆も感じられたはずだ。二〇〇〇年代半ばを通じ、この町は「モースルからチグリス峡谷に向けてシリアからジャジーラを渡ってくる外国人戦士の経由地」となっていた、と元軍事諜報官ジョエル・レイバーンは語り、それがあの戦争で最も死傷者の多いテロ攻撃の震源地だったことも付け加えた。二〇〇七年八月、シンジャールのすぐ南で、巨大なトラック爆弾四台がＡＱＩジハード主義者たちによって起爆され、ヤズディ教徒のアパートを吹き飛ばし、八〇〇人ほどを殺し、一五〇〇人ほどを負傷させた。当時イラクに駐留していた元ＣＩＡ工作員は、この残虐行為がまったく何の理由もないものだったと記憶している。「あそこには、戦略的にも軍事的にも、何も価値あるものなんかない。連中は単に『くそ食らえ』と言うためにやっただけなんだ」

二〇一四年になると、シンジャールはＩＳＩＳの二つの主要県都、ラッカとモースルを結ぶ重要な回廊になりつつあった。いまや米軍がいないので、惨事の再来を避けるためにヤズディ教徒が持つ唯一の防壁は、クルド人ペシュメルガだけだ。これはエルビルのマスード・バルザーニ大統領率いるクルディスタン地方政府（ＫＲＧ）が指揮する強力な民兵組織だ。長いことイラクの数少ない成功物語とされてきたＫＲＧは――ここはコスモポリタン的で、おおむね世俗的で、親米的な地域となっている――独自の領土と地政学面での野心を持っている。たとえばＩＳＩＳが二〇一四年六月にイラク北部を侵略したとき、ＫＲＧはペシュメルガに、キルクークを全面軍事制圧するよう命じた。キルクークはその名前を冠した地域のグリーンラインの南にある、原油の豊富な都市だ。ＫＲＧはこの掌握が、基本的に防衛的なものだとして正当化した。ＫＲＧは多少の裏付けをして、イラク政府はジハード主義者の攻撃にまったく準備ができておらず、従って、クルド人たちは標的になりそうな弱い地域を強化しなければならないのだ、と主張した。実際には、キルクーク掌握は日和見的であり狡猾なものだった。キルクークはサダム・フセインのバアス政権により一九八〇年代に「アラブ化」されたことで悪名高く、イラクのクルド人たちはその「エルサレム」を放棄する気など毛頭なかった。原油の産地であるこの都市はKRGにとっては巨大な商業的獲物でもある。KRGはイラク中央政府と、深刻な予算紛争を定期的に繰り返してきたのだ。キルクークの制圧は共同作戦だった。シンジャールを失ったのは、そうではなかった。

ペシュメルガは二つあり、それぞれがKRG内部のちがう主要政党に指揮されている。一方はバルザーニのクルディスタン民主党（KDP）に従い、もう一方はクルディスタン愛国同盟（PUK）配下なのだ。PUKを指揮しているのはイラク初の民主大統領ジャラル・タラバーニだ。KDPのペシュメルガは、ISISが乗り込んだときにシンジャールを守護する役目を負っていた。でも地元の政治的部族主義のおかげで、町の中でヤズディ教徒住民でも最もKDPに忠実な部隊だけがバルザーニの民兵たちにより守られていた。残りは自分で身を守るしかない。そのためには、退却するイラク兵から奪った兵器を使うか――そうした兵器の弾薬補給は期待できない――それ以外に個人的に所有していた狩猟ライフルなどの武器を手当たり次第に使うしかなかった。またペシュメルガがヤズディ教徒の共同防衛民兵たちを武装解除させたという報告もあり、一部の例では市民たちがシンジャールを離れるのを妨害したとも言われる。でもISISが町に迫ったときにペシュメルガ指揮官たちがいかに不名誉な振る舞いをしたかについては、まったく議論の余地がない。逃げ出したのだ。そしてKDP政治局は援軍を派遣するといったのに、だれもやってこなかった。

ＩＳＩＳはある場所を物理的に征服するだけではない。その陰気な支配の中で生き延びる者たちの文化的記憶を奪ってしまおうとする。ジハード主義者たちが村や町や県都から追い出された後でもコミュニティが真実を知って和解する能力を奪うというのが、ＩＳＩＳによる心理戦争の特徴だ。敵対する部族や宗派や民族間の既存の溝が拡大するだけではない。むしろそうした溝がつくり上げられる――特にそうした親族関係の絆が危うかったり空想上のものだったりする場合には。アブ・バクル・ナジの、部族の連帯を取り込むことで残虐性マネジメントを進めよという指示は、ＩＳＩＳの残虐性実施の中で受け入れられ、拡大されている。ヤズディ教徒たちの先祖代々の家を破壊したのも、単に破壊者に対する恐怖と反発を引き起こしただけではない。手を抜いた防衛者たちに対する怒りと糾弾の波にもつながったのだ。

ある元ＫＲＧ高官は筆者たちに対し、あの町の陥落はＫＲＧとしても非常に不面目なものだったと認めている。「恥だし、あのペシュメルガ指揮官たちは戦って死ぬべきだった。でもかれらが相手にしていたのはイラク軍の重火器をモースルで奪っていたＩＳＩＳで、うちの兵たちはジハード主義者どもにとてもかなわなかっただろう」という。確かにイラク政府は、石油からの収入の分け前と領土支配をめぐってＫＲＧと対立しており、イラクがサダム・フセインから独立して以来、クルド族の同盟軍に対して適切に武器を与えていなかった。でもバルザーニたちはいまや、ヤズディ教徒たちが殲滅される寸前にまで至った責任を逃れるため、最近の歴史を書き換える手に出ている。逃亡したペシュメルガ指揮官たちは、持ち場放棄で処罰されることはなかった。むしろいまのＫＲＧは、その主要なライバルたちであるクルド労働者党（クルド語の略称だとＰＫＫ）およびＰＫＫのシリア支部であるクルド民主統一党（ＰＹＤ）のせいだと主張している。どちらもシンジャールに民兵を派遣しており、どちらも戦術的な誤ちを犯したため、この町をもっと早く奪還できなくなってしまったとバルザーニは述べる。でも多くのヤズディ教徒たちは逆に、ＰＫＫとＰＹＤのゲリラこそが自分たちの真の救い主だと考えている。

ＩＳＩＳによるイラク内部の政治抗争活用のツケを払ったのは、いつものことながら、罪もない老若男女だった。ＩＳＩＳは包囲によりヤズディ教徒五〇〇〇人を誘拐し、そのうち三〇〇〇人はいまだに捕らわれている。シンジャール陥落で、三万六〇〇〇人がイラククルディスタンに逃げ出して、大規模な難民危機をつくり出した。二〇一四年一二月には、国内で住みかを失ったイラク人（キリスト教徒、トルクメン人などの少数派）がＫＲＧ地域四つのうち一つに流れ込んで——全部で八九万人ほどだ——すでにシリアからのクルド難民を吸収し続けていたバルザーニの地域政府をパンクさせた。

二〇一四年八月にＩＳＩＳは、モースル県のグウェルとマクモール町にあるペシュメルガ拠点に対する攻撃を、ＫＲＧとイラク政府の間の和解進行に対する反発だとして正当化した。「イラン配下のシーア派どもと多神教徒どもと［クルドが］連合し、スンナ派ムスリムを攻撃してイスラム国家建設の『プロジェクト』を阻止しようとしたために、聖戦士《ムジャヒディン》たちは立ち上がって反撃しているのだ」とかれらは声明で述べた。

エルビル拠点のジャーナリストでクルド人専門家のウラジーミル・ファン・ウィレンブルグによると、難民流入はKRG弱体化を狙った意図的なものだという。国内避難民（IDP）の波は、イラクのクルド人に対するISISの武器なのだそうだ。「スンナ派アラブはすでにアル＝マリキ政府の締め付けと、モースル陥落で逃げ出していました。だからISISがクルド地域を八月に攻撃したら、街路はIDPだらけです。エルビルのキリスト教地区アインカワは、ISIS進軍から逃げ出した各地からのキリスト教IDPたちでいっぱいでした」

戦争計画と諜報部門に元イラクスパイと元軍人たちが配備されているジハード主義シンジケートたるISISは、クルド人とヤズディ教徒のコミュニティ内部に潜む緊張関係を利用する方法を知っていたし、KRGとイラク中央政府との間の目に見える緊張関係をもっと悪化させる方法もわかっている。虐殺と大量難民は、サダム・フセインによる社会エンジニアリングの手引きで大きな部分を占めていた。でもISISが捕虜にしたヤズディ教徒の中で女性たちに起きたことは、人権団体やジャーナリストたちですらまったく信じられないことだった。

強姦マネジメント

「F」としか知られていない一五歳の少女は、『ニューヨークタイムズ』紙のルクミニ・カリマチに対し、一家の車がオーバーヒートしてシンジャールの路側で足止めされたときに、ISISに捕まったと語っている。「その場で、ママと離ればなれにされました。若い未婚の女の子たちは無理矢理バスに乗せられたんです」とF。若い少女だらけでお互いの膝にすわらなければならなかったそのバスは、モースルのギャラクシー婚礼場へと向かった。ここはISISが獲物たちをまず隔離しておくところだ。その後、現代の奴隷競売で売りさばく。これは実に官僚的で時間のかかるプロセスだった。Fはヤズディ教徒の少女たち一三〇〇人とともに捕らえられていた。ISIS戦士三人が現れ、カリマチの記事によると「名簿を持っていた。かれらは少女たちに立ち上がれと命じた。そしてそれぞれ、名前、ミドルネーム、姓、年齢、故郷の町、結婚しているか、子供がいるかを述べるよう言われた。二ヶ月にわたり、Fはギャラクシー婚礼場に閉じ込められていた。するとある日、かれらがやってきて若い女性を連れ出し始めた。拒絶した少女は髪をつかんで引きずり出された」

別の少女、一六歳のランダは、シンジャール山の南の村からISISに拉致された。彼女がアムネスティ・インターナショナルに語ったところによると、モースルに来るまで連れて行かれ、本部《マカール》に他の少女一五〇人と女性五人とともにそこに捕らわれていた。

サルワンという男がそこからあたしを廃屋に連れて行きました。一三歳のいとこも一緒につれていきました。抵抗したけれど、殴られました。力ずくで奥さんにされました。嫌だといって抵抗しようとしたら、殴られました。鼻血が出ました。何をやってもやめさせられませんでした。隙を見てすぐに逃げ出しました。運のいいことに、いとこには何もせず、無理矢理結婚させたりもせず、彼女もあたしと一緒に逃げました。ここでお医者さんに診てもらったら、妊娠もしていないし病気ももらってないと言われましたが、自分に起きたことは忘れられません。あいつらがあたしと家族にやったことは、本当にすごくつらかった。ダーイシュは（中略）あたしたちの生活をめちゃめちゃにしました。ママはタル・アファルでダーイシュに捕まっている間に出産しました。いまはモースルで、妹と赤ちゃんと一緒に捕まってます。一〇歳の弟はママと離ればなれにされて、タル・アファルで叔母さんと一緒に捕まってます。みんなどうなっちゃうんでしょう。二度と会えるかもわかりません。

他のアムネスティ・インターナショナルの証人によれば、ＩＳＩＳの同行者や支援者たちの多く（「地元ビジネスマン」も含まれる）もまた、イラクとシリアで開催される様々な奴隷市場でヤズディ女性を熱心に買いあさっていたという。ＩＳＩＳが収奪した各種天然資源の中で、いまだにいちばん価値の高いものが人間なのだ。

おもしろいことに、強姦に関するジハード主義者たちの誤情報は、対外的にだけでなく内部に向けても拡散された。ＩＳＩＳの広範なオンライン支持者たちは、聖戦士たちがシンジャール制圧に際して五〇〇〇人のヤズディ教徒男性や少年を殺したという国連の結論にはほとんど反論しなかったが、ＩＳＩＳが快楽のために女性や少女を保有したという糾弾については、かなりの人数が完全に否定して、これはＩＳＩＳの黒旗を貶めるための新たな西側の嘘でしかないと主張した。そこでいにしえのイスラム慣習復活を正当化するため、ＩＳＩＳ御用達の聖職者たちが、その得意技を繰り出した。この蛮行についての神学的な根拠を編み出したのだ。

一〇月一二日、『ダービク』四号が出て、そこに「終末大決戦に先立つ奴隷制の復活」と題された論説が掲載されていた。記録は訂正され、聖なるものとされた。「シンジャール制圧に先立ち、イスラム国のシャリーア学徒たちはヤズディ教徒たちを研究し、かれらがもともとムシュリク［多神教］集団だったのか、それとももともとはムスリムだったが後に背教化した存在として扱うべきかを判断するよう指示された。（中略）この集団はイスラム以前のジャヒリーヤ［無知の状態］以来存在していたが、周囲のムスリム、言語、文化を通じ『イスラム化』されたもので、それでもイスラムを受け入れたことはなく、それを採用したと主張することもなかった」。ヤズディ教徒たちは非ムスリムに対する税金《ジズヤ》には不適切であり、よってシャリーアに準拠して奴隷にできる。もっと一般的に言えば、これはあらゆる「元からの異教徒」

や生まれながらの「不信仰者」であり教えに背くような信仰を当初から持っていない者たちすべてに適用できる区分である、とISISは宣言した。ここでの「元からの異教徒」というのはあらゆるシーア派や、イスラム支配下における二級市民であるズィンミテュードの座に従属しないユダヤ人やキリスト教徒すべてが含まれる。実際には、ISISがこれまで奴隷として捕らえたのはヤズディ教徒たちだけだ。

コーランで繰り返される「おまえの右手が所有する者たち」という一節は、注釈者たちによれば預言者とその仲間が様々なときに保有していた奴隷を指すものだとされる。これを武器としてISISは、強姦の教義問答をつくり上げた。ここでもまた主流ムスリム聖職者たちは不意を突かれた。というのもこの慣行は現代世界の奴隷廃止に基づき、とっくの昔に放棄されていたからだ。でもISISは現代世界の考えを丸ごと否定するので、奴隷制を堂々と復活させられるし、それが哀れな奴隷たちに啓蒙の光をもたらしたとさえ主張している。同じ『ダービク』の論説にはこうある。「ムシュリクの女性や子供の多くは進んでイスラムを受け入れ、「多神教の」暗闇から脱出してから先を争い、明らかな敬虔さをもってイスラムを実践しようとしている」。従って強姦は被害者にとって啓発的な経験となったというわけだ。カリマチがインタビューした一二歳の少女は、自分をいたぶる男が、この講義に基づいて自分の侵犯を正当化し続けていたと回想している。「あたしは痛いからやめてと言い続けました。男は、イスラムによれば不信仰者を強姦していいんだと言いました。あたしを強姦することで、自分は神に近づいているんだって」。このジハード主義者は、自分の残虐な行いについて、被害者よりも自分を納得させようとしているかのようだ。

ＩＳＩＳが兵員たちに配布した別のパンフレットで、このテロル軍は実に具体的で恐ろしい説明を提示している。二七の質疑応答という形で書かれており、各種年齢の奴隷を保有し強姦することについて説明しているのだ。そのうち三つを以下に示そう。

「もし彼女が処女なら、［その主人は］彼女を所有して即座に性交を行って構いません。でも処女でない場合には、その子宮を［まず］清めなくてはいけません」

「もし［主人が］女性虜囚を独占所有していない場合、性交を行うことは禁じられています。他の者と共同で［虜囚を］所有する者は、他［の所有者たち］が［持ち分を］かれに売るか与えるまでは性交を行ってはいけません」

「性交できるようであれば生理を迎えていない女性奴隷と性交するのは認められます。でも性交できないのであれば、性交なしで彼女を享受するだけで十分です」

アル＝バグダーディの「獲物」

一時的な誘惑や個人的な嗜好が、ＩＳＩＳの強姦神学に当然ながら独自の例外をもたらす。

オーストリアの反ユダヤ主義者カール・ルーガーが、どうして多数のユダヤ人の友人がいるのか尋ねられたときの有名な答え――「だれがユダ公かはおれが決める」と答えたそうだ――のように、ＩＳＩＳは必要に応じて「啓典の民」や「元来の異教徒」に関する自分の定義を曲げたり破ったりしている。これにより二〇一三年にシリアでＩＳＩＳに拉致された二六歳のアメリカ人援助職員カイラ・ミュラーが、アブ・バクル・アル＝バグダーディにより繰り返し強姦されることとなった。

ミュラーはアリゾナ州プレスコット出身のキリスト教徒で、中東とインド全域で慈善活動をしようとしていた。でも元ヤズディ教徒虜囚だったダラル（一五歳）とスーザン（一三歳）によると、シリアのアル＝シャダディーヤの町でミュラーと一緒に収監されていたとき、彼女はカリフの第四「夫人」になるか首を斬られるかだと言われていたそうだ。これは実に限られた選択肢だし、この妻という区分をアル＝バグダーディが持ち出したのは、その気の進まない妾を奴隷以外のものとして分類したかったからなのはまちがいない。でも、このときのミュラーは奴隷以外の何者でもなかった。

彼女は年下の少女たちにとっての優しいお姉さん役を務め、少女たちが上級ＩＳＩＳ司令官たちに獲物として連れ去られるときにも慰めた。アムシェという一七歳の少女は、アル＝バグダーディの副官ハッジ・ムタッズの「妻」にされたが、ＢＢＣのポール・ウッドに対してミュラーがシューラ評議会議員たちの間で最も渇望された女性だったと語っている。それは「彼女の肌が白く、アメリカ人だったから」だという。

　ウム・サッヤーフは、ISISのチュニジア人エネルギーと骨董品担当エミルのアブ・サッヤーフの妻だが、ISISのセックス人身売買ネットワークの陰気な収容所保母さん役を果たしていた。ミュラーが地上で指名手配ナンバーワンのテロリストにより継続的に強姦されたという話が、デリゾールのアブ・サッヤーフの敷地に特殊部隊を派遣して急襲するという二〇一五年五月のホワイトハウスの決断をもたらした。アブ・サッヤーフは殺されたが、ウム・サッヤーフは捕まってクルド人の保護下に置かれ、西側諜報筋に協力しているとされる。シリアでの米軍特殊部隊による襲撃としてこれに先立つものは、二〇一四年七月のもので、こちらは二人のジャーナリスト、ジェームズ・フォーリーとスティーブン・ソトロフを救出できるかもしれないという希望があったが、この襲撃ではミュラー救出はあり得なかった。同年二月に彼女を殺したとISISが発表しており、四日後にISISが彼女の遺体写真を発表し、それをアメリカ諜報筋が本物と認定して、遺族もそれを確認していたのだ。彼女がどういう状況で死んだのかは、今日に至るまではっきりしていない。アムシェによれば、ハッジ・ムタッズはISISがミュラーを殺したのは、アメリカの「バカな政府」の行動に対する報復だったと豪語していたとか。この説明は十分あり得るものだと、アメリカの高官たちは述べている。

　ミュラーの死の悲劇性をさらに強化したのは、ISISがそれを公然と、イラクとシリア以外で弱体化と不安定化に最も注力してきた国に対する便利なプロパガンダの材料として転用したということだった。その国とはヨルダン・ハシミテ王国だ。ヨルダンは、アブ・ムサーブ・アル＝ザルカーウィがカンダハールでオサマ・ビン・ラディンに出会ったり、自分やそのアル＝カイダ出資によるヘラート訓練キャンプ卒業生たちを、イラクのクルディスタン地域のふもとにひそかに送り込んだりする以前に、聖戦を宣言した最初の「近い敵」だった。ＩＳＩＳは、ヨルダン王国に対するジハード継続の中で、ミュラーを見世物として使ったのだった。

火あぶり

二〇一五年一月三日、二六歳のムアズ・アル＝カサスベは、所在不明の砂漠で金属の檻に入るよう強要されてから、火をつけられた。その死体は、全身が黒焦げの灰になるまで燃やし尽くされ、それからＩＳＩＳのブルドーザーが檻と原形をとどめない遺骸をぺちゃんこにした。かれの殺害はリアルタイムでは確認されなかった。死が確認されたのは一ヶ月後で、しかもＩＳＩＳのこれまで最もサディスティックな殺人ビデオという形で示されたのだった。全部で二三分三四秒も続くビデオで、ゴールデンタイムのテレビ番組と同じくらいの長さだ。ホラー映画のようなアラブ人パイロットの火あぶりは、この「信仰者の胸を癒やす」というビデオの最後の三分の一だけだ。この短縮版ビデオは、世界中で共有されたり論じられたりした。でもビデオの最初の三分の二は、アル＝カサスベとその国に対するＩＳＩＳの断罪であり、こんな形での殺害を正当化する、「目には目を」の理屈が述べられているのだった。

目のまわりを黒くしてテーブルにつかされ、世界で最も不運な囚人たちのオレンジのジャンプスーツを着たアル＝カサスベは、シリアでヨルダンが展開した空戦の作戦を白状させられ、さらに多国籍軍の他のアラブ諸国の作戦も述べた。戦闘機の機種や構成が画面上に、入念でハイテクな装いでチカチカ表示される——マイケル・ベイ監督のアクション映画で見るような代物だ。アル＝カサスベの自白はまた、灰燼に帰す建物の映像や、赤ん坊や幼児や大人の黒焦げの死体ががれきの中から引っ張り出される映像と重ねられる——ＩＳＩＳによれば、これはシリアにおける多国籍軍の爆撃の後で、そこにアル＝カサスベの飛行機は機械的な故障のために墜落し、パラシュートでジハード主義者たちの占領地の真ん中に降下するはめになったのだった。アル＝カサスベはそれから、ＩＳＩＳ戦士たちの列の前を歩かされる。戦士たちはベージュ色の目出し帽《バラクラバ》と、デジタル砂漠柄のカモフラージュ衣装を着て、みんなアサルトライフルを持っている。複数のカメラアングルで、破壊されたコンクリートと鉄筋の中、半壊した建物の至るところに他の武装人員たちが映される。次に、かれは檻に案内されるが、いまやそのジャンプスーツはガソリンを浴びせられ、濡れている……ビデオの終わりは、檻をブルドーザーで潰すところではない。他にシリアでの飛行作戦に参加していることがわかっているヨルダンのパイロットたちの、名前と写真とヨルダンの住所が羅列されるのだ。メッセージは明らかだ。次はこの連中だ、というわけだ。

扇動プロパガンダとして、このビデオには様々な評価ができる。不気味で、怒りを引き起こし、嫌悪を催す――そして有効だ。確かにＩＳＩＳは、その戦争犯罪に対するすさまじい反発をヨルダンで引き起こした。アル＝カサスベは、有力なバラルシェ部族の所属であり、きわめて尊敬されているその一族は、悲しみをはっきりと述べ、同情と連帯を喚起した。でも一方でムアズの釈放を確保できなかった政府に対する批判も明言した。おそらく、ヨルダン政府が釈放を勝ち取れた可能性はゼロだったはずだ。タクフィール主義者たちは意図的に、近年の歴史を逆転させていたからだ――ヨルダンの諜報機関《ムハバラート》がお気に入りの情報戦手法を使い、ＩＳＩＳ創設の父が嫌悪していた王家を攻撃していたのだ。

ＩＳＩＳは、アル＝カサスベがとっくに死んだ後でも、その命運をめぐりヨルダンと交渉を続けるだけではなかった（また日本人捕虜二人の命も交渉材料だった）。他ならぬアブ・ムハンマド・アル＝マクディシとも直接交渉を行ったのだった。アル＝マクディシはヨルダンの総合情報局に利用され、信用できる仲介役を務めていたのだ。ＩＳＩＳ側の要求リストの筆頭は、「妹」であるサジダ・アル＝リシャーウィの釈放だった。彼女は二〇〇五年のアンマンのホテル爆破で唯一生き残った犯人だ。この爆破を計画したのはアル＝ザルカーウィだが、かれの手下がスンナ派の婚礼出席者や無実のムスリムを殺したことをムハバラートが示すと、アル＝ザルカーウィは白々しく犯行を否定して見せたのだった。ヨルダンがそもそもＩＳＩＳと交渉しているということ自体が、多国籍軍にとっては悲惨な結果をもたらしかねない。

アメリカは一貫してISISが「国家」だという主張を認めようとはせず、自国の捕虜の命運をめぐっての交渉をすべて拒否してきた。そしてフォーリーやソトロフの場合、ISISと取引しようとしたら家族を訴追すると脅した。ISISは「テロリストとは交渉しない」というアメリカが一見するとダブルスタンダードを使っているという点をバカにしてきた。オバマ政権はちょうど、グアンタナモに捕らわれていたタリバンの囚人五人をボウ・バーグダルと交換したばかりだったのだ。バーグダルはアフガニスタンで持ち場を放棄し、タリバンとつながったハッカニネットワークに捕まって、五年も捕虜になっていたのだった(米国政府はタリバンを、ISISとはちがって外国テロ組織ではなく武装反乱軍と分類している――オーウェル的なダブルスピークであり、多くの評論家だけでなく、もちろんジハード主義者たちも、バーグダルの交換でこの点を指摘した)。ところがいまや、有力なスンナ派アラブ同盟国がテロリストと交渉し、さらにそれをやるのにテロリストたちにとって最も影響力ある理論家を使っているのだ。

アル゠カサスベが無事にアンマンに戻っていれば、この秘密交渉はすべて、まちがいなく容認されただろうし、アル゠マクディシはかつての弟子をその陰惨な残虐性のために非難したことで有名だったこともあり、建設的な仲介役として行動したことで、ヨルダンや西側ですら称賛されたかもしれない。でも実際には、アブドゥラー王と、アル゠ザルカーウィの精神的導師は詐術的なタクフィール主義者たちにより、体面丸つぶれとなった。ISISは二〇一五年二月三日にアル＝カサスベを殺したビデオを公開した（アル＝マクディシは、パスワードつきコンピュータファイルをＩＳＩＳから送られて、自分が手玉に取られたのを悟った。そのファイルはかれを「ポン引き」と呼んでいたのだ）。三日後、ＩＳＩＳはヨルダンが知らず知らずのうちにカイラ・ミュラーを殺したと公式に糾弾し、彼女が捕らえられていたと称するラッカの建物を示して、それをヨルダンの爆撃機がちょうど破壊したと写真を公開した。この主張を裏付ける証拠はまったく示されず、これが嘘なのはほぼ確実だ。

でもヨルダンからの反発は素早く猛然たるものだった。「すると無実の#US#UKと日本の人質を斬首して、勇敢な#ヨルダンのパイロットを焼き殺し、今度は空爆で人質が死んだって？　そうかい！　イカレてる！」とヨルダン外相ナセル・ジュデはツイートした。人間の盾を使い、副次的被害が出たらテロ対抗軍のせいにするのは「古くさいイカレた手口」だと述べることで、かれはＩＳＩＳの糾弾を多少裏付けてしまったことにはなる。

これはまた、ヨルダンの治安機関が一〇年前にアル＝ザルカーウィにやったことに対する仕返しでもあった。アル＝ザルカーウィは、手下たちがアンマン都心で化学兵器を使用しかけたという証拠を示し（この証拠はまちがいなくはるかに説得力あるものだった）、さらに二〇〇五年に同市でホテル三軒を爆破したとき、自国政府を嘘つきと呼んだが、それを逆手に取って見せたわけだ。

アル＝カサスベ殺害ビデオの後で、ヨルダンがシリアに地上軍を派遣してＩＳＩＳを攻撃するという話が真剣に取りざたされた。こうした話題のほとんどはセンセーショナリズムだけの大風呂敷で、アブドゥラー王自らがいまや戦闘機でラッカの爆撃作戦を指揮しているといった主張まで登場した。でもハシミテ王家のこわもてぶりも、短命に終わった。ヨルダン国内でＩＳＩＳが何をしでかすか恐れて（たとえば約束通り他の戦闘機パイロットを襲うなど）、さらにヨルダンが多国籍軍の空爆作戦に参加していることを、スンナ派アラブ国がスンナ派の女子供を爆撃しているという証拠に使われるのを恐れて、ヨルダン政府はこっそりと振り上げた拳を下ろした。二〇一五年八月になると、ＩＳＩＳへの爆撃をすべてやめてしまった。

アヤトラの復讐

アラブの戦闘機パイロットを一人処刑するだけで、ＩＳＩＳがオバマ大統領の多国籍軍を震撼させられるのであれば、その当初の戦場であるイラクで機械化された大騒乱を引き起こしたら何が実現できるだろうか？　世界的に消費されるべく記録された殺人、つまり二〇一四年八月一九日のアメリカ人ジャーナリスト、ジェームズ・フォーリー斬首のユーチューブビデオの何日も前、イラクの専制主義的首相ノウリ・アル＝マリキはアメリカとイランの圧力に屈して、権力の座にとどまろうとするのをやめた。表面上は、ＩＳＩＳの台頭をもたらしたという政治的なにらみ合いを解決するためとなっていた。その後継者は同じダワ党の人物、六二歳のハイデル・アル＝アバディで、ロンドンで長年亡命生活を送っていた人物だった。私たちが当時話をした多くのスンナ派イラク人たちは、アル＝アバディはアル＝マリキよりはましだと称賛したけれど、イラク統治についてかれが本質的なちがいをもたらすとも、もたらせるとも思った人は一人もいなかった。だれもが口をそろえたのは、これがイラクの政治における慢性的な宗派的側面と、イラン政府がイラク政府に与えている圧倒的な影響力のせいだということだった。

初の記者会見の一つで、ＩＳＩＳと戦うためにアメリカとイランが戦略的提携を行うべきだと主張したのも、新首相の統治にとって幸先のよいものではなかった。多くのスンナ派は、そうした提携がすでに二〇〇三年から始まっていると思っていた。元イラク国会議員で、アル＝マリキの上級顧問だったサミ・アル＝アスカリはロイター通信にこう語っている。「アメリカ人のアプローチは、イラクをイラク人に任せるというものだ。イラン人たちは、イラクをイラク人に任せろとは言わない。イラクはおれたちに任せろと言うんだ」。世界トップ級のテロ支援国家が、いまやテロに対する最後の防衛線を名乗ることになったわけだ。

イランに恩恵を受けているシーア派民兵は、二〇一三年一二月末のアンバール攻撃に際してアル＝マリキに最初に動員された。これはイラク内戦を再燃させ、ＩＳＩＳがものの数日でファルージャに黒旗を翻す事態を招いた。イラク戦線が悪化するにつれて、イランがアル＝アサド政権強化のためにシリアに送り込んだシーア派民兵たちがイラクに戻ってきた。そして二〇一四年四月には、イラクで用済みとなったイランの手下たちにより大規模なリクルート活動が始まり、志願兵たちがヒズボラ旅団といった古い旗印だけでなく、新しい戦線集団の下にも結集するようになった――イランの関与を隠し、見かけ上ＩＳＩＳに対する民衆反乱とするためだ。二〇一四年六月のＩＳＩＳによるモースル制圧でイラク治安維持軍が崩壊し、それに対するイラク政府の対応のおかげで、イランはイラクでの権力強化の機会をさらに得ることとなった。

モースル陥落三日後、イラク最高のシーア派聖職者大アヤトラのアリ・アル＝シスタニはファトワを発し、「武器を取って国を守るためにテロリストと戦える」者たちに、そうするよう呼びかけた。アル＝シスタニは志願者に対し「この聖なる目標実現のため治安維持軍に加われ」と具体的に指定した。反応は即座に起こった。あるイラク官僚によると、その日のうちに三万人が志願したという。アル＝シスタニのファトワは、一九一四年のメソポタミア侵略イギリス軍に対するジハード宣言以来、こうしたものとしては久々のものだった。そして聖職者は、その拡大を制御するのは難しいのを知っていたはずだ。でもこれは必死の行動だった。二〇一四年夏、多くのイラク人や、もちろん一握りのアメリカ諜報担当官たちは、ジハード主義者たちがそのままバグダッドに侵攻し、下手をすると世界最大で最も高価なアメリカ大使館のある、要塞化されたグリーンゾーンすら蹂躙しかねないと恐れていたのだった。

イラクにおけるイランの影響力を鈍らせようと何年も頑張ってきたアル＝シスタニにとって

残念なことに、イランはこのファトワで引き起こされた、シーア派イラク人志願兵の大量動員をすぐに利用して、かれらをイラク政府の正規命令系統を迂回する民兵組織へと転換させた。ゴドス軍指揮官カッセム・スレイマニは、多面的な宗派軍創設を監督できたのだった。フィリップ・スマイスによると、「イラクにはシーア派民兵組織が少なくとも二〇〇はあります。そうした集団を横断してみると、相当部分がイランに操られています——イランの過激イデオロギーに従い、反米的で、宗派的目標を病的なまでに追究するんです」。集合的にかれらは、アル＝ハシュド・アル＝シャービ（人民動員隊）という総括ブランドを構成している。これは複数の指揮系統で動き、その中で最も重要なのが「ハシュド・シャービ委員会」を形成していて、これは名目上は首相府直轄ながら、現実にはイラン政府にコントロールされている。実際、人民動員隊内で最も強力な民兵団——バドル軍、ヒズボラ旅団、正義同盟——は、イラクで米兵や無数のスンナ派民間人を殺してきた特別グループとまったく同じというだけでなく、シリアの殺人政権を支援し、ＩＳＩＳと戦うスンナ派反乱軍に戦いを仕掛けようとしている集団なのだ。イランが支配するシーア派民兵たちはまた、アメリカの装備を盗んでいる。ヒズボラ旅団はエイブラムス戦車、ハンビー（軍用車両の一種）、装甲兵員輸送車、ＭＲＡＰ（耐地雷・伏撃防護車両）を乗り回し、Ｍ４やＭ16ライフルを持ち歩いているのを目撃されている——すべてアメリカ納税者の予想外の大盤振る舞いだ。バグダッドに一〇億ドルの軍事装備を送りながら、最終的にだれ（国内、外国問わず）がそれを受け取り、どう使うのかについては一切監督できないのだ。アメリカ人の命を脅かそうとして、盗んだアメリカ装備を使って手を下したテロ組織はＩＳＩＳだけではないのだ。

二〇一五年三月に、当時まだアメリカ統合参謀本部議長だったマーティン・デンプシー大将は、バグダッドをヘリコプターで視察して「無数の旗が見られたが、イラクの旗は一つだけだった」と気がついた。記者たちに語ったところでは、残りは明らかに残念ながら、シーア派民兵団のものだった。ついでに、アヤトラ・ルホラ・ホメイニとアヤトラ・アリ・ハメネイのポスターがいまやイラク首都の至るところに見られるという事実も付け加えておくべきだったかもしれない。デンプシーはもともとバグダッドの第一機甲師団長で、ＩＳＩＳについてと同じくらいイラクの民兵のことも知っている。それでも、そしておそらくは行政上の圧力から、イランがこの国で果たせるかもしれない「プラスの」役割についても言及している。残念ながら、この見方はかれの元同僚たちの多くは共有していなかった。かれらは、民族浄化と家族失踪の古き悪しき日々への避けがたい回帰を目撃していたのだ。不倫事件と、ＣＩＡ長官時代に諜報機密指定を破ったことでいまや政府を追われたデヴィッド・ペトレイアスと、長きにわたりイラククルド人諜報長官を務めたマスルール・バルザーニは、ＩＳＩＳよりシーア派民兵たちのほうが、イラク安定にとっては長期的脅威として深刻だと同意している。深い国家が建設されたら、それを壊すのはほぼ不可能なのだ。レバノンに聞いてみるといい。

イラクの民兵狂騒曲の筋書きは、アル＝ザルカーウィですらこれほど見事に書けなかったはずだ。これは二〇〇四年にかれが、AQIの宿敵はバドル軍だと看破したときに予見した、宗派的全面戦争の必要前提条件だった。シーア派を攻撃するにあたり、アル＝ザルカーウィはこう書いている。「連中の宗教的、政治的、軍事的構造の核心を攻撃することで、我々はスンナ派に対するかれらの怒りを引き起こす（中略）連中が牙をむき、かれらを心の奥底から突き動かす狡猾な像をあらわにさせるのだ。派閥戦争の領域にやつらを引き出せれば、スンナ派たちをその迷妄状態から引き離すことができる。というのも、かれらも目前に迫った危険の大きさと、こうした異教の輩どもが携える恐るべき死の脅しを感じるはずだからだ」

二〇〇四年には、この終末的な熱に浮かされた夢の実現を邪魔するのは米軍だけだったし、それもかろうじてのことでしかなかった。アル＝ザルカーウィはその成果を見る前に死んでしまったが、いまやその計画が中東の二つのちがった国で実現しつつあり、しかもかれの戦略とはまったく関係ない要因で、地域の地政がかれの設計図とほぼ完全に一致しつつあった。シリア危機が四年続き、多くのスンナ派アラブ人たちは、アル＝ザルカーウィがやはりずっと正しかったのではと信じるようになった。強いて言えばかれの分析は不徹底だったとさえ言える。かれはジョージ・W・ブッシュがまちがってイラクに突入し、サダム・フセインを更迭することで、「うっかり」イラクをイランに差し出してしまったと考えていた。でもモースルがISISの手中に落ちた頃には、スンナ派はそれが実はうっかりではなかったかも、と思うようになっていた。そうでなければ、どうしてアメリカの戦闘機やドローンはスンナ派の過激派ばかり爆撃し、アラウィー派やシーア派の過激派には手を出さないのか？　なんといってもアル＝アサドに忠実な勢力は、市民を焼き殺し、村を丸ごと民族浄化し、何万人もの抗議者や活動家を穴蔵に放り込んで行方不明にして、何百万人も国内外で難民化させ、生物兵器と核兵器を除くあらゆる現代国家兵器を使って何十万人も系統的に殺してきた。ブッシュはイラクでアル＝カイダともゴドス軍とも戦ってきた。いまやオバマ大統領は、ゴドス軍の軍事作戦に従うだけでなく、それが支配地を拡大する手伝いさえしている。オバマは大統領第二期の最初の二年を、「レガシーとなる」成果を求めて過ごした。その一つはイランとの核協議で、その代償がシリアのスンナ派の全面破壊だ。いまやかれは、イランが「きわめて成功した地域勢力として」台頭する可能性が、中東にとって「よいこと」であり「アメリカにとってよいこと」だと述べている。二〇一五年秋になると、このアメリカ最高指導者はロシアがシリア西部と中央部に独自の飛行禁止地域を設定するのを認めている。これはウラジーミル・プーチンが口先だけで主張したようにＩＳＩＳを爆撃するためではなく、アル＝アサドを支援して、政権に対してまともに挑戦できるスンナ派反乱軍をすべて一掃するためなのだ。

アル＝ザルカーウィは、ビン・ラディンへの忠誠を誓った年に、このすべてについての大まかな見取り図を概説していた。かれにとって話は単純だった。アメリカはシーア派に肩入れし、そのシーア派はイラク国家を乗っ取って、真のイスラムの唯一の守護者たちを排除しようとしているのだ。かれが一見すると実に簡潔に述べた通り「連中は多くのムジャヒディンの兄弟を殺すところから始め、それから科学者、思想家、医師、エンジニアなどの粛清に乗り出した。何が起きるかは神のみぞ知るが、私としては、米軍がしっかり後方を固めて秘密シーア派軍とその軍事旅団が肩を並べて戦っている限り、最悪の事態はまだこれからだと考える」

民兵支配

アル＝アバディが国民統合を呼びかけても、宗派的な流血は続いた。ヒューマン・ライツ・ウォッチによると、イラク治安維持軍とシーア派民兵団は、二〇一四年六月九日――モースル陥落の前日――から七月一一日までに、六つの町や村で囚人二五五人を処刑している。被害者のうち八人は一八歳に満たない少年だ。二〇一四年八月二二日、イラク兵と正義同盟民兵が私服姿でディヤラのムサブ・ビン・オマイル・モスクを襲撃した――これはＩＳＩＳが最も熾烈な戦いを予想し、二〇一五年の最初の数ヶ月にスンナ派への暴力が急増した地域だ。襲撃で何十人もが虐殺された。二〇一五年三月一〇日、国連人権高等弁務官事務所は、ＩＳＩＳと親イラク勢力の両方が行った人権侵害の包括調査を発表した。その報告によれば「二〇一四年夏を通じて、人民動員隊や、他の志願兵やシーア派民兵たちは、拠点の南部地域から、イラク中央と北部の［ＩＳＩＳ］支配地域へと移動した。ＩＳＩＳに対する軍事作戦は奏功したものの、この民兵たちはまったくの無節操ぶりを発揮し、後に大量の死者と破壊を行っている」（強調引用者）。さらに懸念されるのは、ＡＢＣニュースによる六ヶ月にわたる調査で、アメリカが訓練したイラク治安維持軍の兵員もまたスンナ派を大量に殺害しており、あるビデオではイラク特殊部隊が丸腰の一〇代の若者を狙撃手だと糾弾して（その少年はちがうと言っている）一斉に銃撃している。

もしＡＢＣのまとめた証拠が正しいなら、アメリカがイラクの武装を続けるのは明らかにリーヒー法違反だ。これは国務省や国防総省が、過度の人権侵害を行う外国に軍事支援を行うのを禁じる法律だ。裁判なしの殺害や拷問の指摘が出るたびに、イラク政府はそれを「調査する」と約束するが、同国の司法や警察はしばしば、解明すべき犯罪そのものの共犯だったりするのだ。

また米国政府は、多国籍軍の活動が進んだらどんな結果が生じるか知らなかったわけではない。二〇一一年にオバマは、当時ワシントンを国事で訪れていたノウリ・アル＝マリキに対し、こう告げている。「一部の人は、我々が撤退することでイランの影響力が強まると考えるだろう。私はあなたの独立指導力を信頼しているし、イラクがイランと通常の関係を持つ必要があるのも受け入れる。でもパートナーとして我々は、イランで最大の問題はその核の野心だと言わざるを得ない。我々はイラクをイラン攻撃の場としては使わないと述べたけれど、イラクにはイラン支援の集団がいて、アメリカ人を標的にしている。これは大きな懸念だ。イランは我々のアプローチに応えていない。この民兵たちの問題は外交手段を通じて解決するのが望ましいと考える」

皮肉なことに、外交手段はむしろ民兵に力を与えるものとなる。ハディ・アル＝アミリはアメリカの撤退戦略で力を得た民兵指導者の典型だ。アル＝アミリはイランがイラクに持つ最古の傀儡であるバドル軍の指導者だ。バドル軍は他の多くの傀儡軍の温床で、アル＝ザルカーウィがシーア派支配に怯えるスンナ派を集めたときの、主な仮想敵だった。アル＝アミリはオバマが先の発言を行ったとき、アル＝マリキと共にワシントンにいて、二〇一五年一月末には駐イラクのアメリカ大使スチュアート・ジョーンズが、いまや人民動員隊（アル＝アミリはこれを正式に指揮している）に対してアメリカの空軍支援を提供しようと言っているのだと自慢している。今日にいたるまで、反ＩＳＩＳ多国籍軍のアメリカ代表ブレット・マガークは、民兵たちがこれみよがしに戦場で前進するたびにお祝いのツイートをしている。そしてはっきり証拠が示されていないところでも、イラク国家治安組織への民兵浸透は、二〇〇〇年代半ばの古き悪しき日々からいっこうに減っていない。たとえば現在の内務大臣は、モハメッド・アル＝ガッバンで、バドル軍の上級将校であり、かれが大臣に指名されたことで、イラク連邦警察に対して電気ドリルを手にした死刑執行部隊に監督権を与えることとなってしまった。ヒューマン・ライツ・ウォッチのイラク研究者エリン・エヴァースによれば、バドル軍は最近になって「人々を誘拐してすぐに処刑しスンナ派を家から追い立て、その家を強奪して放火し、ときには村を丸ごと焼き払っている」と糾弾されている。アメリカは

「基本的にこの連中が、いますでに支配しているよりはるかに支配を拡大するための先棒担ぎをしている」と彼女は追加した。

「生来の決意作戦」初年度におけるISISに対するイラク軍の地上攻撃はほぼすべて、スレイマニの痕跡が見られるものだった。しばしばこのゴドス軍司令官は、ソーシャルメディアに出回るよくできた戦争プロパガンダ写真に写っていて、この戦争のアイゼンハワー役を強調しており、もちろんかれがそんな存在にはほど遠いと主張したアメリカ人に恥をかかせようとしている。二〇一四年一〇月末、ISISがジュルフ・アル＝サケール（ユーフラテス川峡谷に沿ってバグダッドから五〇キロほど南東にある町）から追い出されるとゴドス軍とレバノンのヒズボラの工作員が、七〇〇〇人ほどのイラク治安維持兵や民兵たちの中にまぎれこみ、訓練を提供して武器を配っていた。この作戦すべてでは、スレイマニが計画し、バドル軍が先導していたのだ。

いまやアメリカ戦闘機の支援を受けた正義同盟とヒズボラ旅団（アメリカのテロ組織認定を受けている）は、ISISの何ヶ月にもわたるアメルリ（人口一万五〇〇〇ほどのトルクメン系の町）包囲を二〇一四年八月に終えるにあたり戦闘で主導的な役割を果たした。スレイマニは奪還直後のアメルリでにっこり笑って写真に写っていたし、またにっこりするだけの理由が十分にあった。ヒズボラ旅団の指揮官はいまでも、アブ・マフディ・アル＝ムハンディスで、この人物は一九八〇年代の在クウェート仏大使館と米大使館爆破計画を立てたと広く信じられている（この国際テロ行為はアル＝ムハンディスによるものだと糾弾するクウェートの新聞を掲げるアル＝ムハンディスの写真さえある）。

アメルリが「解放」されたといっても、そこに住むスンナ派の村人にはまったくそうは思えなかった。ＩＳＩＳがいったん支配した地元住民はすべて、必然的にＩＳＩＳ信奉者や「協力者」だというもっともらしい想定のもとで活動する民兵たちにより、家屋は強奪されたり破壊されたりした。ヒューマン・ライツ・ウォッチによれば、この報復の勢いは民族浄化にも匹敵する水準までに高まったという。「スンナ派主体の四七の村では、建物の破壊は徹底したものので、動機は復讐であり、元来多様なサラーフッディーン県とキルクーク県の人口構成を変えようと狙ったものだった」と同団体は宣言している。ヒズボラ旅団の戦士たちもまた、アップロードされたユーチューブを見ると、斬った人の首で「ボンゴ」を演奏しているのが見られる（リクルートと士気のために残虐行為を誇示したがる反乱軍はＩＳＩＳだけではないのだ）。あるビデオでは、高名なシーア派民兵、たくましいひげ面で頭を剃ったアブ・アズラエル――この名前は「死の天使」を意味する――が、逆さに吊された死体から、焦げた人肉をドネル・ケバブのように薄切りにしている様子が映っている。これが殺されたジハード主義者の死体による病的な記念碑かどうか、というのは国際人道法では問題にならないし、ＩＳＩＳからいったん逃れても自分たちを何が待っているかというスンナ派の認識にとっても問題にならない。

民族的または盲目的愛国主義の自認から生じる内戦は、侵攻するにつれて新しい内部の法をつくり出す。スンナ派は、人民動員隊による大規模な処罰にさらされた唯一の集団というわけではまったくない。イェンギジャ村の二一歳のシーア派トルクメン人は、スレイマニのこれまた傀儡組織サラヤ・タラー・アル＝コラサニによって「タバコで焼かれ、天井の扇風機に縛り付けられた。連中は『おまえはＩＳＩＳだ』と言い張り、ぼくはずっとちがうと言い続けたんだ。連中は顔、頭、肩を排水管や兵器の柄で手当たり次第に殴りつけた。（中略）昼飯に出かけて、戻ってきてから一時間半にわたって殴り続けた。その夜遅くに、シーア派かスンナ派かと尋ねられたので、ぼくはシーア派のトルクメン人だと言ったら、シーア派のやり方でお祈りをして証明して見せろと命じた。（中略）やつらはぼくを九日も収監した」

ペシュメルガ顧問だった元アメリカ軍事諜報官マイケル・プレジェントは二〇一四年にバグダッドに渡り、ゴドス軍がお手盛りの諜報を指揮系統に上げて、アメリカ空軍の標的一覧選定にも入れているのを目撃した。「我々はＩＳＩＳを爆撃したいのか、それともイランがイラクで権力を集めるお先棒を担ぎたいのか？」とプレジェントは尋ねた。かれの説明だと、ゴドス軍は標的をイラク軍指揮官たちに与える。そうした指揮官たちの多くは実はバドル軍の工作員だ。その指揮官たちはそれを、共同作戦センター（バグダッドにある多国籍軍の戦闘指令室）のイラク国防省連絡係に伝える。ここでアメリカの顧問たちは標的の連絡を受け、国防総省に送り、それが来るアメリカ空爆でしっかり使われるというわけだ。

プレジェントは、イランとの実に密接な関係に驚愕した。ゴドス軍の利己的な諜報がバグダッドから流れ込んでこないようにするというのは、イラク占領中にアメリカ関係者が直面した安全保障上の最大の課題の一つだった。でも当時はいまとちがって、国防総省はアル＝カイダの影響と同じくらい、イランの影響も抑えようと尽力していた。「今日では、ゴドス軍こそがイラクにおけるアメリカの目と耳です。しかもアメリカ政府がそれに合意しているのです」とプレジェント。

もう一つのちがいは、国境を越えた視野だ。イランの影響を抑えるというのは、かつては地理的にイラク内部だけの話だった。いまやそれがシリアに広がっている。『ポリティコ』誌によれば、アメリカの戦争計画者たちはシリアでアル＝アサド政権と交戦またはかれらを孤立させようとする決定はすべて、ゴドス軍やその傀儡軍が、現在イラクに駐留している米国軍事教練員三〇〇〇人強を攻撃するよう仕向けてしまうのではと恐れている。かれらはそうでなくても、イラクの米軍を攻撃するぞと脅しているのだ。

イランからの報復に対する正当な恐れがどこまで拡大すると、反ＩＳＩＳ地上戦をイラン工作員たちに外注するのを合理化することになるか、というのは確かになかなか判断が難しい。でも最終結果は同じだ。アメリカ政府は、自分でＩＳＩＳとの戦いを遂行するとき、イランの明示的なお許しが必要であるかのように振る舞う。結果としてスンナ派は（よくても）無視されたように感じ、（最悪だと）ＩＳＩＳのおれたちかあいつらかという二元論に流れてしまいかねない。

「シーア派民兵が侵略してきたら、モースル住民の多くはＩＳＩＳの側につきます」とナジム・アル＝ジャブーリ将軍は述べた。かれはタル・アファルの元市長で警察長官だ。タル・アファルはいまはＩＳＩＳ配下ながら、一〇年前にスンナ派の覚醒運動が初めて胎動した場所だ。「人口の八割はＩＳＩＳなんか嫌いですが、民兵たちが出てくるなら――八割はしっかりＩＳＩＳの味方につきます。アメリカ人には以前、いまは二〇〇三年とは様子がちがうのだと説明したんです。スンナ派の人々は米軍を求めています。いまや花を撒いて歓迎しますよ。現在の戦いはかれらとアメリカとＩＳＩＳの間ではなく、スンナ派とイランの間で行われているんですから」

ティクリートを救うために破壊

サラーフッディーン県にあるサダム・フセインのふるさとティクリートを奪還する作戦は、もともとＩＳＩＳがシーア派兵一七〇〇人を殺したと称する六月のキャンプ・スペイサーにおける虐殺に対する「復讐」だとされていた。この作戦はアル＝アバディには何の相談もなく実施された。アル＝アバディはこの作戦について後から知って、この作戦すべてが首相の指揮下にあったと主張できるように、イラク治安維持軍を形ばかり追加してくれとスレイマニに弱々しく頼んだ。ふたを開けてみると、イラク政府の抱えた問題はそんなものでは済まなかった。

イラクでの戦闘秩序を決めるのは、計算よりは錬金術のようなものだ。戦争のあらゆる参加者が自分たちの人数を誇張する傾向があるからだ。それでも、ほとんどのアナリストはティクリート作戦が実施されたとき、人民動員隊がイラク治安維持軍の兵員をはるかに上回り、二倍もいたかもしれないと合意している。イラクとアメリカ当局によれば、イラク治安維持軍はモースルからの逃走後に四万八〇〇〇人ほどが残っており、人民動員隊の兵員数推計は最少でも一〇万人だった。この偏りは今日まで続いている。

それでも、民兵頼みは緊急だったからと正当化できる。戦闘は月末までにすべて片付くはずだった。アメリカ政府関係者は、この作戦のために二万三〇〇〇人だか三万人だかの「親政府」軍が動員され、そのうち実際のイラク兵はごくわずかな少数派でしかないと推定している。大半は少なくとも二対一の比率で人民動員隊だった。でもこの数万人もの民兵と正規軍の兵士に対し、たった四〇〇人から一〇〇〇人のISIS戦士たちは何週間も持ちこたえ、イラク政府を惨めなにらみ合いに持ち込んだのだった。

なぜこれほどのISISが少数が、多数の民兵と正規軍に対してここまで善戦できたのだろう？

ISISは、はるかに専門的で装備も優れていた米軍に対してその前身組織がマスターした、罠の設置手法を活用したのだった。何百平方キロもの土地を使えたISISは、一種の地下軍産複合体のようなものをつくり上げ、無数の爆弾製造工場で車両搭載または家屋設置型の

ＩＥＤを作っているのだ。イラクの主要な交通動脈が、いまやコンクリートの地雷原にされてしまった。そしてＩＳＩＳの最も殺傷力ある兵器は、ますます高度になってきた。地面に転がっているものすべて、シーア派のお祈りの数珠ですら、偽装爆弾かもしれないのだ。ウェブメディアの「バズフィード」の報告によれば、二〇一四年八月以来、クルド人ペシュメルガ戦士だけでも「ＩＳＩＳとの一〇〇〇キロにわたる前線に沿って、六〇〇〇発以上のＩＥＤを解除したか爆発させた」。

こうしたＩＥＤがイラク軍に与えた被害は過少申告されているし、まちがいなくイラク政府が隠蔽している。シーア派イスラムの最も聖なる都市の一つであるナジャフの墓掘人たちは『ワシントンポスト』に対し、死体が一日六〇体届いていると告げている。デレク・ハーヴェイは、二〇一五年三月半ばにイラクから戻って、イラクのシーア派情報筋の話では、ティクリート攻撃の民兵死者数は、その時点で六〇〇〇人にも達していたと語った（もしそうなら、ＩＳＩＳは戦闘の最盛期には殺傷率六対一というすさまじい水準を実現していたことになる）。民兵たちの意気揚々ぶりは完全に逆転した。「それまでに受けた死傷者数を見て、かれらはそれ以上戦いを進めようという意欲も決意もなくなってしまったんです」と、現在はワシントン近東政策研究所にいる元国防諜報局のジェフリー・ホワイトは語っている。

結局イラク政府は、最後の最後になってＦ－16で助けてくれと要請するしかなかった。これは進軍に先立って、揺さぶりをかけるためにアメリカの空爆など必要ないと民兵たちが断ってからかなりたってのことだった。でも二〇一五年四月初頭にＩＳＩＳがやっと掃討されると、人民動員隊は自分たちの手柄だと主張し、さらにはもちろん予想通り、人権とアメリカの信頼を損ねた。

ティクリートのロイター通信特派員たち（名前はかれらの安全を考慮して明かさない）は民兵たちがトヨタのピックアップトラックで、死体をひきずりまわす様子を見た。あるＩＳＩＳ戦士と疑われたエジプト人は、イラクの制服警官二人に無数の国際ジャーナリストたちの目の前でリンチされ、それをイラク諜報員と少なくとも警官一人が止めようとしたが、無駄だった。警官は、イラクの対外イメージのためにもやめてくれと訴えた。「何十というメディアが来てる。いまやるのはまずいぞ。おれたちに恥をかかせたいのか？」。でも地元民と民兵たちは、このエジプト人が同僚の連邦警官をナイフで殺したと称し、それに対する復讐をしろとはやし立てた。「殺し屋たちは、首を斬り始めたが、遅々として進まなかった。かれは刃をまた振り上げて、エジプト人の首にさらに四回突き立てた。それから前後にのこぎり状に動かした」とロイター通信の記事は述べる。

ティクリートのスンナ派の家屋も放火され、民兵や政府職員がそれを強奪し、自分たちの車に盗んだ「冷蔵庫、エアコン、プリンタ、家具」を山積みにした。ロイター通信のバグダッド支局長ネッド・パーカーは、この話で唯一目新しいこととして、ソーシャルメディアでは民兵たちに、そして正義同盟のイラクテレビ局で、殺すと脅された。その後間もなく、ベテランジャーナリストのパーカーはイラクを去った。

匿名アメリカ職員はアルジャジーラに、正義同盟のメンバーたちはティクリート近くの村アルブ・アジルで家屋を放火したと述べている。これはキャンプ・スペイサー虐殺に参加したISISと、その村と同名の部族による殺戮に対する報復だったという。正義同盟はまた最近になって、覚醒で米軍と協力したスンナ派部族指導者の一人シェイク・カッセム・スウェイダン・アル＝ジャナビの拉致と殺害に関わっているとされた。

ローマ法王が神の存在を疑問視するというのは、バートランド・ラッセルによる「利益に反する証拠」という概念を満足する方法の一つだ。別の方法としては、元御用聖職者で軍閥になったムクタダ・アル＝サドルが、アル＝ジャナビ殺害を糾弾するだけでなく――その舌鋒はアメリカ国務省のどんな声明よりも鋭かった――人民動員隊全体を非難するというものがある。「こういう厚かましい民兵どもでイラクが苦労すると言っただろうが！　軍が手綱を握れと言っただろう」と、最も悪名高いシーア派民兵団の創設者は述べた。そしてアル＝サドルは、自分の宗派内部で斬首を行った人物に対して公正な司法を下すよう要求し、自分自身のアル＝サラム（「平和」）旅団（二〇一五年に改名したマフディ軍）はティクリート最後の攻勢への参加を一時的に中断するとすら述べた。

タル・アファルの元市長で警察長官アル＝ジャブーリ将軍は、イラク国防相カレド・アル＝オバイディが、自分が掌握しつつあるはずの都市に入るのを禁じられたという衝撃的な事実を筆者たちに伝えてくれた。その理由は、人民動員隊の許可が出なかったからだ。「かれはサマラに居残らされた」とかれは語る。

同じく驚くのは、国防総省が米軍の空爆開始にあたり、こうした民兵が戦場からすべて消え去ったというふりをしたことだった――空爆開始にあたり米政府が出した前提条件がそういうことだったらしい。アメリカ中央軍司令部の司令官ロイド・オースティン将軍は、二〇一五年三月一九日に、その時点で実施中の作戦が何かについて説明を行った。「現在、［シーア派］民兵はおらず、本日のイラク人からの報告によれば、その地域には［人民動員隊も］一人もいないとのことです」。これは明らかに事実とちがっている。これは『ガーディアン』紙特派員マーティン・チューロフが、オースティンの説明から間もなくティクリートから戻ってきて筆者たちに確認してくれたことだ。チューロフ自身が、三月二六日に同市の中心部にアル＝アミリとその副官アル＝ムハンディスを目撃している。実はアメリカは、扱いやすいと思った民兵団のいくつかにかなり好意的な態度を示している。たとえばカタイブ・ジュンド・アル＝イマーム（イマームの兵士旅団）などだ。この集団は都市の奪還に主導的役割を果たしたけれど、イランのホメイニ主義者たちとのつながりは、イラクではほとんど公然の秘密だ。

ヒューマン・ライツ・ウォッチはさらに、人工衛星写真と地元の証言に基づいて、ティクリートからISISが追放されてからの数週間で、何百軒もの家屋が市北部のアル＝カディシーヤ近隣で破壊されたと述べている。「ティクリートの役人や住民たちは、広範な強奪や裁判なしの殺人に民兵たちが参加していたと証言しています」。人民動員隊にはスンナ派の志願兵が何人か入っていて、かれらも同じような報復を行った。「アル＝ドゥルを焼いて破壊したのは、連中がＩＳＩＳとバアス党員だったからだ」とあるティクリート人民動員隊のスンナ派メンバーが、同市のすぐ外の町をさしてヒューマン・ライツ・ウォッチに語った。

アナリストのアイメン・ジャワード・アル＝タミーミによると、民兵へのスンナ派参加は限定的で、おおむね部族間の政治力学で決まっていたという。「一部の部族員はティクリート作戦に参加しましたが、少数派だったたし、かれらは伝統的に親政府だったんです。一部はＩＳＩＳ戦士の斬首に大喜びでした」

よい知らせとしては、大規模な復讐による虐殺は記録されておらず、ティクリート住民の七割から九割は戻ってきたということだ。一年たって、ほとんど奇跡のような、ポジティブな外国人報道が同市から出てきているが、いまだに主に支配しているのは民兵たちだし、アル＝タミーミによると「誘拐が日常的な問題になっています。加えて、広域で見るとアル＝ドゥル地区から多くの人が誘拐され、行方不明のままです」。視野を広げてサラーフッディーン県全体を眺めると、状況はもっと悲惨だ。追い立てられたスンナ派一二万人が、いまだにシーア派地域の故郷に戻ることを許されていない。

ＩＳＩＳ、ラマディを制圧

二〇〇四年一一月ファルージャ第二の戦いは、ザルカーウィ主義者たちがおとりを使ったゲリラ戦術を、陰惨なほど有効に使った例だった。一ヶ所で最小限またはそこそこの戦いを展開し、敵の注目を過大にそこに集めさせ、その機に乗じて別の場所にピンポイント攻撃や、場合によっては全面攻撃を計画実施するのだ。それでもイラクの軍事意志決定は、この十分予想できる行動を滅多に考慮しなかった。というか、その治安維持組織の内部抗争のおかげで、複数のホットゾーンに同時に注力できなかったと言うべきか。

イラク政府はティクリート中心部の掃討を終えるよりはるか以前、愚かにも二〇一五年四月一四日に別の攻撃を、アンバール県のファルージャに近いアル＝カルマフに対して仕掛けた。ここはＩＳＩＳが制圧していて、アブ・バクル・アル＝バグダーディが二〇〇六年にＩＳＩＳでの初仕事として任された町だった。ジハード主義者たちはこの攻撃に対して、すぐ翌日に県都ラマディ周辺で独自の攻撃を仕掛けた。最初の二四時間で村を三つ制圧した――スジャリーヤ、アルブ＝ガニム、ソウフィヤだ。いずれも市の東端にある。ＩＳＩＳは政府の建物から一マイルも離れないところでイラク治安維持軍と戦ったのだった。

ＩＳＩＳは、二〇一四年一月以来ずっとラマディを制圧しようとしてきた。ラマディの人々がアル＝マリキの強権的な政策に不満を抱いているので、それを利用しようとしたのだ。アル＝マリキ政権は同市の抗議キャンプを二〇一三年一二月三〇日に潰し、スンナ派蜂起を再燃させて、ＩＳＩＳにつけいる隙を与えた。二〇一四年一月三日には、ＩＳＩＳはファルージャに旗を掲げていた。ただし全面的な支配は、六ヶ月後のモースル制圧後となる。

ラマディが降伏するまでには、さらに一年近くにわたる陽動戦争が必要だった。二〇一五年四月に、アル＝バグダーディはシリアからのジハード主義者たちを動員してアンバール県とサラーフッディーン県にある戦闘地帯の強化を行った。これはアル＝タミーミの発見したＩＳＩＳ内部文書が実証している。「この文脈だと、かれがアンバール県では主にラマディ、サラーフッディーン県ではバイジを主に狙っていたのは明らかです。バイジはＩＳＩＳにより、政府軍やシーア派民兵を足止めするためのおとりとして使われており、だからこそラマディでの作戦がひどい進め方となって、最終的には陥落をもたらしたんです」とこのアナリストは語る。

最終的なＩＳＩＳの攻勢は、同市の東部地区にあるアルブ＝アルワン近辺で、五月一四日朝九時頃に始まった。しっかりした装備のジハード主義者戦士たちが、一人乗りのボートでユーフラテス川を下ってきて、ラマディの政府当局に不意打ちをかけた。地元警察司令官ハミド・シャンドウク大佐が水路からくる武装員たちに銃で反撃し、地元警察と部族民兵の治安維持軍を招集したが、気がつくと背後からも砲火を浴びていた。「背後の地域は守られていると思っていた」とシャンドウクは語った。でもＩＳＩＳはラマディのスリーパーセルを動員したのだった。こうした侵入者の一部は北部のアルブ＝アルワンから侵入し、ユーフラテス川を徒歩で渡っていた。川の一部は実は干上がっていたからだ。そしてＶＢＩＥＤを城壁破りに使い、ラマディの防御を突破した。全体でVBIED三〇発が最終的な三日にわたる包囲戦で使われた。そのうち一〇台は、一九九五年にオクラホマシティのアルフレッド・P・ムラー連邦ビルを破壊した爆弾と同じくらいの威力だったとされる。これに相当するISIS側の爆弾は、「市の街区を丸ごと吹っ飛ばした」と国務省高官は語る。自爆自動車の下首人たちは、盗んだ制服を着て政府系に見えるハンビーを運転し、イラク治安維持軍のふりをすることで政府建物に接近できた。ファディル・ジャリル・アル＝バルワーリ少将率いるアメリカで訓練を受けたエリート特殊部隊であるゴールデン部隊は、五月一五日にバルワーリ少将が「戦略的撤退」と呼んだものを実施して、ラマディ市南部の「スタジアム」近郊に後退した。かれの部下たちは、その後戦いに再び参加することはなかった。

ベテランのイラクウォッチャーであるジョエル・ウィングは、ラマディ陥落を詳細に調べた。ゴールデン部隊が退却したその日、地方政府の庁舎の一角全体に黒旗が掲げられたという。「イラクは、市を解放するために三大隊を送って対応した。でもかれらは結局やってこなかった。むしろナバニヤやカリドヤといった周辺都市に向かい、ラマディにはまったく足を踏み入れなかった。五月一七日に「ISISは」アンバール作戦司令部に対し、自爆テロ自動車爆弾三台により最終的な攻撃を開始し、「イラク治安維持軍と」何千人もの難民たちは西に逃げ出さざるを得なくなった。市の制圧で、「ISIS」メンバーたちは市街を車で流し、公務員や覚醒《サフワ》の参加者を探して処刑したという。最初の二日間で、警官とサフワ参加者と市民五〇〇人が処刑された。五月一六日に、さらに二〇人殺し、翌日には三三人殺した。この勝利は何ヶ月にもわたる「ISISの」戦いの積み重ねによる。かれらはラマディ南部からゆっくりと中央部に進んだ。この年、「ISISは」何回にもわたり市政府の庁舎地区を征服しようとしてきたが、押し戻されていた。今回はやっとそれを突破し、結果として市を制圧したのだった」

イラク軍の指揮系統は完全に崩壊した。スンナ派部族戦士は、闇市場で弾薬を買おうとしたほどだった。多国籍軍はジハード主義者の侵攻への対応が遅れ、五月一五日と一六日に空爆をたった四回、さらに五月一六日から一七日の二四時間でさらに七回やっただけだった。連邦警察が援軍を送ろうとしたが、三〇台の車両集団が都心のアル＝ダウラ・アル＝カビル・モスクから攻撃を受けて失敗した。警官たちはさらに、ラマディ南部の通りに撤収した。そこにゴールデン部隊がいると思っていたのだ。ところが、イラク最先端のテロ対抗部隊がすでに戦闘をやめてしまったことをそこで知った。さらにかれらは、周辺を砂嵐が取り巻いてパイロットが視界を確保できないため、アメリカが空爆できないと（誤って）伝えられた。イラク治安維持軍のわずかに残った士気も、これで完全に消えた。ラマディはISISの手に落ちた。

アメリカ国防長官アシュトン・カーターは後に、CNNのバーバラ・スターにこう告げている。「どうやら起こったのは、イラク軍がとにかくまったく戦闘意欲を見せなかったということなんです。人数では負けていなかった。それどころか、敵勢力より大幅に上回っていた。それなのに戦わず、現場から撤退した。そして私だけでなく我々のほとんどがそう思うはずですが、イラク人たちが「ＩＳＩＳと」戦って自衛しようという意志の面で問題があるということなんです」。でも、これは必ずしも話の全貌とは言えない。

　公正のために言っておくと、ラマディのイラク治安維持軍は、何ヶ月にもわたって補給を受けておらず、車両の多くは壊れていて、多くの兵は下手をすると六ヶ月も給料をもらっていなかった。かれらから見れば、装備も給与もたくさんもらっている蜂起軍と対決しろというのは、すでに自分たちを見捨てた政府を手弁当で防衛しろと言われていたに等しいのだ。

　ありがちなこととして、殺戮はラマディが完全に陥落する前に始まっていた。五月一六日、あるスンナ派部族員がマクラッチー（米国の新聞社）にこう語った。「連中は道ばたで人々を処刑してます。この目で少なくとも二〇件は見たし、市の主要部分にはもう政府軍はいません。我々は見捨てられてしまったんだ」。二日後、ＩＳＩＳは家を一軒ずつまわって、ラマディに残ったイラク警官や政府関連民兵を大量に殺し、その死体をユーフラテス川に投げ込んだ。最も被害が大きかったコミュニティの一つはアルブ・アルワン族で、少なくとも三〇人がＩＳＩＳに「逮捕」された。そして三日にわたる攻勢の果てに、国連によれば民間人五〇〇人が死亡し、二万五〇〇〇人が難民となったという。

アル＝アバディ VS. 民兵団

一年のうちにカリフ国の支配下に落ちた三つ目の県都のおかげで、ジハード主義者たちはバグダッドを攻撃圏内に収める新たな拠点が手に入った。そのバグダッドでもすでに、自爆テロや自動車爆弾が増加しつつあった。ラマディ陥落はまた、暴漢じみた賄賂次第の前任者よりましだというアル＝アバディの評判を傷つけ、前の月にティクリートで実現したと思われている進歩を台無しにしかねない状況だった。ティクリート市がアメリカ空爆の直接的な結果として取り戻されたという事実はどうでもよかった。イランと民兵のプロパガンダはこれを、あらゆるシーア派イスラム主義者たちだけの成果だと宣伝し、これがイラン・イラク戦争の象徴的な報復だと述べていた（というのも同市はサダム・フセイン誕生の地として悪名高いからだ）。そしていまや、騒ぐときがやってきた。スレイマニの傀儡たちは、ラマディでの恥ずべき敗北を、人民動員隊こそがイラクの最初にして唯一の防衛線であり、当初からかれらを戦闘に含めるべきだったという証拠だと述べた。アル＝アバディは人民動員隊の参加を認めなかったが、これはいまやISIS制圧地を民兵たちが「掃討した」やり方について（何も言わないにしても）不快に思い始めたアメリカ人たちに従ったからだ。イランが指揮した扇動プロパガンダはもっと話を大きくした。それによると、アメリカはテロ集団に兵器や支援物資を投下してISISを助けていいるというのだ。だからタクフィール主義者どもからイラクを救えるのは、イランだけだというわけだ。

アル＝アミリは、首相がなんと言おうと自分の配下の兵をアンバールに送ると断言した。そして人民動員隊をファルージャ奪還に向けようと計画した。これはイラクの独立政府指導者が、同国の最も強力な治安組織を牛耳っているという表面的な取り決めを完全に無視するものだった。

ラマディ反撃は、五月二六日に人民動員隊のスポークスマンが、作戦名を「ラベイク・ヤ・フセイン」にすると発表したことで、かなり幸先の悪い出発となった。このスローガンはいわば「フセインに仕えます」と翻訳できるもので、これはシーア派の中心的な宗教的偉人に敬意を表したものだ。それが持つ意味合いは宗派的な聖戦を思わせるものであり、国民的な反テロ作戦ではなかった。その翌日、アメリカ高官からの申し入れとイラク指導者たち――ここには驚嘆することにアル＝サドルも入っていた――の抗議を受けて、モットーはもっと一般性ある「ラベイク・ヤ・イラク」に変わった。でもこうした広報のやり直しは、相変わらず根底にあるスンナ派の不安をぬぐい去るものではなかった。

イラク副大統領の一人で元議会議長のオサマ・アル＝ヌジャイフィは、政治的な手違いが、民兵の残虐行為と相まって、スンナ派がイラク政府と融和する可能性を永遠に台無しにしていると指摘した。五月二七日、議会の審議中に、ディヤラ県のスンナ派知事がクビになってシーア派とすげ替えられた。ヌジャイフィはこう語ってくれた。「これは本当の脅威だし、イラク人へのとてもよくないメッセージです。これはルール違反と思われるし、合意されたことにも違反しています。ディヤラ県はスンナ派が多数なんです」。ディヤラ県はまた、これまで見た通り、ISISがあらゆる宗派戦争の親玉を計画している場所でもある。

ラマディ奪還

そして二〇一五年七月一三日、アル＝アバディ政府は正式に、アンバール県の県都を四方向から奪還する攻勢を開始した。同時に、人民動員隊はファルージャとアル＝カルマに対する作戦を別個に開始した。ここでもISISは自分に向けられた勢力の分裂を突いて、どちらの地上軍に対しても持ちこたえた。ジハード主義者たちを郊外や村から追い出せそうな場合でも、イラク治安維持軍と民兵はあまりに広く薄く配備されていて、そうした地域を守りきれなかった。このちりぢりの戦場に加えて、イラクの政治体制の中で信頼の危機が生じていた。その危機は全国で基本的なサービスがなく、政府が慢性的に腐敗しているという抗議が生じたことで、七月三一日に頂点を迎えた。民兵、特に正義同盟は、こうしたデモに乗じて首相に怒りの矛先を向けようとした。これはイラク政府に対するイラン支援のクーデターを引き起こしかねなかったが、アヤトラ・アル＝シスタニがいいタイミングで介入し、八月七日にアル＝アバディが改革を発表したことでなんとか収まった。でも「改革」はたった一一週間しか続かなかった。イラク議会がアル＝アバディに対し、約束したような行政機構の整理改革を行う権限すべてを奪う決議を行ったのだった。改革には不要な大臣職の廃止も含まれていた。その多くはアル＝マリキが在職中に、反対勢力を抱き込む手段として設けたものだった（この元首相当人がいまや、イラクの何人かいる副大統領職に就いていた。この役職も廃止される予定だった）。

アル＝アバディは、この無益な待つだけの期間を通じ、重要ながら静かな仲間を擁していた。アメリカはラマディ作戦の計画に大きく関与していた。イラクのテロ対抗部隊、連邦警察、軍人だけが地上部隊となり、アメリカの空軍力がその後ろ盾となることになった。七月初頭に『ニューヨークタイムズ』は、全体で六〇〇〇兵ほどが戦うと報じていた。「この情報源はイラクの戦争計画であり、ラマディ東部の基地アル＝タカダムに派遣されたアメリカの顧問団がその立案に大きく関わった。イスラム国からの奪還後には、部族戦士最大五〇〇〇人と、イラクの地方警官から成る守備軍が指名され、市やアンバール県周辺地域の維持を行う」。最も重要な点として『ニューヨークタイムズ』が挙げていたのは、人民動員隊は前線戦闘任務を一切与えられない。「イスラム国戦士の逃走を防ぐため、市の南部と西部の要所をブロックする」役割にまわされるのだ。

二〇一五年七月になると、アメリカ顧問団はイラク五ヶ所でイラク兵八三〇〇人を訓練した。加えて、当時アメリカの訓練キャンプを通じて追加で二〇〇〇人のイラク兵が活動していた――つまりあと追加で二〇〇〇人が入る余地がある。スンナ派部族員五〇〇人ほどが六月末にアル＝タカダムの教練に加わり、アメリカは各種部族とイラク治安維持軍、具体的にはイラク第八部隊とアンバール作戦センターの調整を直接行っていた。アメリカはまた、ＩＳＩＳから苦労して勝ち取った勝利がすぐに人員不足で奪還されないように、潜在的な「守備」軍として地方警官三〇〇人も訓練していた。

アメリカの圧力で、人民動員隊一五〇〇人ほどが、アンバールでアメリカ人教官たちの駐在している基地を離れた。一〇月には、シーア派民兵の基本的に全員がラマディ戦域から外に出され、サラーフッディーン県のファルージャかバイジに配置換えとなった。志願部隊として残ったのは、一握りのスンナ派部族戦士たちだけで、かれらは正式にいえばイラク国家機関には一切所属していないので、この業務について政府の給与を受け取れるようにするためには、巧みな工作が必要だった。直感に反することながら、この部族戦士たちはアメリカの要求に従って人民動員隊の一部とされた（もっと永続的な手段として、イラク守備隊を創設してイラク人一〇〇万人ごとに五〇〇〇人のスンナ派兵を義務づけようという案が二〇一五年に議会で承認されたが、まだ法律としては定まっていない）。

結局、七月から一二月にかけてアメリカの空爆が六三〇回ほど行われてラマディのＩＳＩＳ掌握は破れた。「これは消耗戦でした」と多国籍軍の防衛顧問が『デイリービースト』に語り、イラク治安維持軍はＩＳＩＳ戦士が崩壊しても、ほとんど実際の地上戦を行わなかったと付け加えた。「かれらはほとんどが調整を行い、テロ対抗部門の警備と周辺守備を行っていました。これはかなりの手間です。実際にやったのは、空爆を行うためのISISの位置を正確に伝えたり、ブービートラップを一掃して動員の回廊を開いたりすることでした」

イラク紙のいくつかは、アメリカ特殊部隊やヘリコプターも、一二月第二週に起こった同市への決戦攻勢に参加したと述べている。国防総省は頑固にそうした噂を否定している。でも一〇人ほどのクルド人戦士たちは『ガーディアン』紙に、アメリカ特殊部隊が確かに六ヶ月にわたって肩を並べて戦っていたと語り、キルクーク市内と周辺の具体的な戦闘を挙げ、作戦上の細部も明かしている（たとえばアメリカ人たちが撃った迫撃砲弾の数など）。また、この戦争で最初の――そしていまのところ唯一の――戦死者は、ジョシュア・L・ホイーラー曹長だったことも指摘しておこう。かれはデルタフォース（アメリカ陸軍特殊部隊員。対テロ作戦を遂行する）の一員で、ペシュメルガの顧問だった。かれはキルクーク地域でISISの捕虜何十人もを解放しようとするクルド人救援部隊の支援にきて殺されたのだった（クルドテロ対抗軍に参加しているアメリカ特殊部隊は二つあり、クルドのテレビで放映された最近の映像では、少なくとも三人の特殊部隊員たちが前線でペシュメルガと肩を並べ、活発にキルクーク地域でのISIS攻撃に反撃している。アメリカの戦闘上の役割が本当はどのくらいのものかは、まちがいなくずっと後まで明らかにはならないだろう）。

ラマディでの困難な作業は、イラク自身の特殊部隊、特にゴールデン部隊が主にこなした。

二〇一五年一二月に戦場で撮られた悲惨なドキュメンタリーの中で、ニュースサイトの『ヴァイス』はこうした特殊部隊員たち――五月にはＩＳＩＳ縦隊の前進を前に「戦術的」撤退をした部隊だ――について、かれらが爆弾を仕掛けられた家屋を調べ、腰をおろしてラマディの将来について話し合う様子を映した。ゴールデン部隊はイラク軍全体の中で、数少ない複数宗派と複数民族で構成される部隊の一つだ。スンナ派、シーア派、キリスト教徒が肩を並べて、なんら敵対も上下関係もない。実は『ヴァイス』がインタビューしたこの特殊部隊員たちの一人「アフメド」はシーア派であり、誘拐され、拷問され、射殺されかけたという――それを実行したのはＩＳＩＳではなく、名前が明言されないシーア派民兵団だったという。

ティクリートの場合と同様、ラマディを守るジハード主義者の数は驚くほど少なかった。六〇〇人から一〇〇〇人ほどで、市が占拠されていた六ヶ月の間にＩＳＩＳが総勢二〇〇〇人を超えたことはなかった。アメリカ当局によれば、こうした武闘派たちは空爆で死んだか、その場を放棄した。一二月二二日、イラク治安維持軍が二方向から都心部に突入し、五日後、政府の庁舎にイラク国旗を掲げて勝利宣言をした。

ラマディ作戦は、アメリカが首相の地位を後押しするためだけに計画したもので、その通りの成果を上げた。でもイラン側からのちょっかいは止まらなかった。一二月一六日、ラマディ戦の分岐点で、人民動員隊が一方的に二ヶ月間は休眠していたファルージャへの攻勢を再開し、アル＝アバディは不意をつかれた。この攻勢はひたすら、かれのリーダーシップを貶めるために考案されたものだった。この計画は、民兵たち自身の攻勢がさんざんな出来だったために失敗した。二〇一五年末のアメリカ軍高官の話だと「シーア派民兵たちは、すでに打撃と疲労が大きすぎてISISと長期にわたって戦えない。戦うだけの士気と能力を持っているのはクルド人だけだ」。

アル＝アバディ政府から出てきた全面勝利の歓声も、現地の実情とはマッチしないものだった。政府はラマディのISISを「完全に掃討した」と主張したが、これはそれが実際に達成される何週間も前のことだった。二〇一五年末には、ISISはまだ県都の二〇から二五パーセント、特に東部地区を掌握していた。二〇一六年一月三日、ISISは自爆テロによりアル＝タラフのイラク軍基地を占拠したほどだが、その後追い出された。

さらなる懸念は、解放されたラマディの地区を守備する警察力を構築しようというイラク政府の努力は、本書執筆時点で未完成だということだ。『デイリービースト』に、これほど美化されていない作戦評価を述べたアメリカ国防顧問は次のように語っている。「ラマディで大変なのはまだこれからだ。いままでは楽だった。政治、経済、人道問題に取り組まないと、どうやってここを守備する？　信頼できる軍事構造がなくて、守備のしようもない。ラマディ、ティクリート、チグリス峡谷周辺地域を守備しつつ、同時にモースルを奪還するのは無理だ」。これは誇張でもなんでもない。

ISISにとって、最もお手軽な復帰招待状はまさにイラク治安当局のヒズボラ化継続だ。

これはイランの粗暴な傀儡たちが野放図に増えるというだけでなく、かれらが国家機関に浸透するという話でもある。実はイラン特別グループに忠誠を誓っているイラク制服軍人が、もしスンナ派部族員を拿捕、逮捕、拷問、追放しようとしたら、ラマディ解放は無駄だったことになる。そしてこの陰惨な事態が避けられたとしても、荒廃した県都再建の仕事がある。市の六割から八割はいまや、六ヶ月にわたる空爆と砲撃――そしてＩＳＩＳが去り際に爆弾を仕掛けていったこと――によりがれき状態だ。何もかもが吹っ飛ばされるか、これから爆発するようになっている。『ニューヨークタイムズ』のマイケル・ゴードンはイラクの対テロ担当のアリ・ジャミール将軍と、戦闘後のラマディをまわった。ゴードンの記事によると「ある近隣で、将軍は破壊の光景を目の前にしたが、あまりにひどい状況で、元の建物がどこにあったかもはっきりしない。住民たちにどうやって自分の家に帰るのかと尋ねると、かれは目をむいた。『家、ですって？　家なんかありません』」。

ゴードンによると、アンバール県評議会議長はラマディ再建に一二〇億ドルかかると見積もっているそうだ。アメリカとそのパートナーたちは、再建費用としてこの金額の〇・五パーセントしか確保していない。

もっと不安なのは、後の戦争資金を捻出するにはイラクの予算が実に危なっかしい状態だということだ。中央政府とＫＲＧはどちらも、原油価格の低迷で破産寸前だ。ジョエル・レイバーンは語る。「どちらの政府も、政治支援を金で買おうとして雇った不在兵士や不在公務員の給料を払いきれません。だからかれらはますます深い墓穴を掘っていて、早晩破綻します。どこかの時点で、公務員や兵員をクビにするしかなく、そうなれば政治的支持も揺らぎます」。そしてこの即物的な施策と、イランが構築した深い国家といういまや避けがたい現実が組み合わさって、イラクの政治風景を根本的に変えてしまいかねないものとなっている。

県の選挙が二〇一七年初頭に予定されている。政府と南部の県の支配をめぐって争うはずの、ゆるいシーア派連合体が二つある。片方には、アル＝アバディ、アル＝サドル、アンマール・ハキーム（アル＝ザルカーウィが二〇〇三年に暗殺したシーア派聖職者アヤトラ・モハメッド・バキル・アル＝ハキームの甥だ）がいる。この連合はシスタニ公認だ。それに対するのは、アル＝マリキ（いまだにイラク政治の主要プレーヤーだ）、アル＝アミリ、正義同盟、ヒズボラ旅団だ。この連合はイランが後押ししている。レイバーンによると「前者のほうが人々の支持は高いでしょうね。でも後者のほうが金と政治的影響力を持っている」。

つまり「生来の決意作戦」の主要な戦域は、原油が一バレル六〇ドル以下にならず、役所や軍の官職をばらまくことで支援を買い取る汚職政治がいつまでも続けられるという想定に大きく依存していることになる。イラククルディスタンの副首相クバド・タラバーニは率直に述べている。二〇一六年一月にかれが記者に話したところでは、経済的「津波」があればＩＳＩＳに対して戦場で得た勝利はすべて無駄になってしまう。

最後に、デヴィッド・ペトレイアス、マスルール・バルザーニなど多くのアナリストたちが、将来登場するＩＳＩＳ後のイラクについて行った予測は、ますます状況が悪化しているのに楽観的な顔をしてきたアメリカ当局者たちの個人的な不安材料になっている。治療が病気よりひどいことはないかもしれないが、それでも患者は死んでしまうかもしれない。

二〇一六年一月末に、バグダッドのアメリカ課報官が語ってくれたところでは「シーア派民兵の成長と強さをめぐり、軍事司令官たちの間にはパニックが生じていますよ。これがあまりに強すぎて、みんな『シーア派民兵』という用語を悪い意味ではほとんど口に出せないほどです。我々にとって、次の大きなクソの大嵐はこうした集団からくるはずの波ですよ。悲しいかな、ホワイトハウスは、自分が何をしてるのかわかってないように見られるのを恐れて、この点を認めようとしません。自分たちがまちがいを犯したと認めるのも恐れているんですよ」

17 シリアで交戦中

継続、いや拡大中

二〇一四年になると、ISISの成功によりアメリカ政府は、イラクにいるイラン支援の民兵団と、不承不承ながら手を組むよう仕向けられた。これは世界唯一の超大国が、スンナ派の抹殺と追放を目指す世界戦を主導しているのだという、アル＝ザルカーウィの陰謀理論を裏付けるようにさえ見えてしまう。こんな評価が裏付けられるような印象ができてしまえば、第二の覚醒《サフワ》の可能性はひどく下がってしまうのだが、アメリカの政策は偶然にもまさにそれを後押しししているのだ。

シリアでは、テロ軍は宗派的な断層を活用しようと相変わらず陰謀をめぐらしていたが、人口構成のおかげでその成功見通しははるかに不確実なものだった。ここではスンナ派アラブが人口の多数派――六割ほど――だし、この人々が反発すれば、ISISは大衆により包囲され、倒されてしまう。ただしそのためには、それに代わるまともな代替案が大衆に提示されていなければならない。それはアル＝アサド政権ではあり得ず、ゴドス軍が監督するかれのシーア派とアラウィー派の民兵連合でもあり得ない。そうした民兵連合は、スンナ派に対して本当に熾烈な宗派戦争を仕掛けていたのだ。二〇一四年の最初の数週間には、短期的にサフワが七つの県で本当に起こり、ISISはそのうち二つの県から完全に追放され、二度と戻っていない。でも通称シリアの友の諸国（シリア問題について、国連の枠組外で検討する国々の集まり）はこれをまったく利用しようとしなかった。だからこの蜂起で主に利益を得たのはアル＝カイダ、つまりかつてザルカーウィ主義者たちの守護者だったが、同族嫌悪的な敵に代わった組織だった。

「生来の決意作戦」最初の一八ヶ月で、シリアのスンナ派アラブ人、特にジャジーラのISIS拠点地域にいる人々は、スンナ派ジハード主義者打倒のための不可欠な存在どころか、アメリカ人による後付けとして扱われているのを認識することになる。二〇一五年になると、アメリカ中央軍は唯一本物の傀儡軍がクルド人少数民族にしかいないのを知る。具体的には人民防衛隊だ。これはクルド民主統一党（ＰＹＤ）が運営している民兵団で、自他共に認めるクルド労働者党（ＰＫＫ）のシリア関係組織だ。そしてＰＫＫはアメリカとトルコのどちらでもブラックリスト入りしている。この両国に対してＰＫＫは、四〇年にわたり断続的に蜂起を仕掛けてきたのだ。オバマ政権の反ＩＳＩＳ戦略のライトモチーフが、このようにレヴァントとメソポタミア一帯で浮上しつつあった。テロ対抗の名の下に、きわめて専制主義でカルト的なテロ組織が、別の同じようなテロ組織を打倒するために支援を受けるわけだ。このアプローチの皮肉と予想外の副作用は、その実にルイス・キャロルめいた倒錯した論理と相まって、ＩＳＩ

Sもすぐに気がついた。このジハード主義者たちによるシリアのクルド人たちに対する無慈悲な攻撃は、いつもながらイスラム原理主義的な信条に基づいて実施された。それはクルド人そのものに対する戦争ではなかった――なんといっても多くのクルド人はISISに参加したし、敬虔なムスリムなのだ。それはむしろ神を持たない共産ゲリラ運動とイスラムの敵に対する戦争だった。相変わらず、救世的な熱狂の背後には、見事に構築された地政的な動機があった。

二〇一一年以来、シリアのクルド人たちはアル＝アサド政権転覆よりも、革命によって自分たちがじわじわと独立を実現するための道筋をつけることに興味があった。PYDは「様子見」政策を採用していたけれど、二〇一三年のゴウタでのサリンガス攻撃後などの場合には、アサド政権側についた。PYD共同議長サリフ・ムスリム・ムハンマドは、アル＝アサドがそんな戦争犯罪をやる人間ではないと語ったのだ。アル＝アサド側はといえば、トルコの力を弱めようとして、シリアのクルド人地域から軍事と治安維持の兵員を撤退させていた。トルコはあまりに熱心にアル＝アサド政権打倒を目指す兵舎兼司令部になっていたからだ。最もよく組織化された最大のクルド人組織であるPYDがシリア撤退の穴を埋めて、トルコ政府もそれに気がつくだろうとアル＝アサドは十分に承知していたのだ。多くのスンナ派アラブ人はクルド人を嫌っており、バアス主義独裁者に立ち向かう戦友というよりは、分離主義的な邪魔者と見ていた。だからISISに立ち向かう、クルド人率いるアメリカ支援の軍事作戦は、すべてシリアにおける別種の国家建設作業に変わってしまう——クルド人国家だ。具体的には、アレッポの東部地域からハサカ県一帯を含み、シリアとトルコの国境の九〇〇キロほとんどを含む、夢のロジャヴァ、つまり「西クルディスタン」建設を実現するものとなる。そしてこうした結果は自動的にNATOを分裂させてしまう。というのもトルコは決して、自国の南玄関に最大の国家安全保障への最大の脅威の姉妹組織が率いる、クルド自治領土の台頭を容認しないだろうからだ。これはイスラエルが、ハマス主導のパレスチナ国家を決して容認しないのと同じだ。アメリカがPYDに武器を提供したり提携したりして、トルコがそれを抑えようとすれば、多国籍軍はめちゃめちゃになり、ISISが得をする。アメリカがトルコの懸念を尊重してクルド人を見捨てたらISISはシリア北部の残りを一掃して、重要な新しい国境横断地点や、カリフ国のために人員物資を補給する供給ラインを手に入れることになる。追加のボーナスとして、PYDが少しでも公然とアメリカと手を組めば、PYDはジャジーラの部族地域中心にいるスンナ派アラブ人をさらに遠ざけてしまう。かれらはISISを嫌い憎んではいても、人民防衛隊に対して、イラクの同盟者たちが人民動員隊を見ていたのと同じ目を向けるだろう——解放者ではなく征服者だと考えるのだ。

コバネ包囲戦

二〇一四年一〇月の一週間ほどの間に、一ヶ月にわたりISISに占拠されていたトルコ南部の縁にあるシリア系クルド都市コバネは、「戦略的には不可欠ではない」から「象徴的に重要」な場所へと変化した。これは、この問題についてのアメリカ政府公式見解を『ウォール・ストリート・ジャーナル』が初めてシリアで言い換えたものだ。ジハード主義者軍によるコバネ占領を防ぐ空爆は、「生来の決意作戦」が初めてシリアで実施されたものであり、そこでの多国籍軍勢力は、二〇一四年の間はシリアだろうとイラクだろうと他のあらゆる標的での人数をはるかに上回るものとなっていた。

一〇月の初旬、アメリカ中央軍とトルコ政府の双方は、コバネ陥落は目前だと発表した。「コバネで起こっていることをリアルタイムで目の当たりにするのは恐ろしいことではあるが、一歩下がって戦略的な狙いを理解する必要があるのだ」とアメリカ国務長官ジョン・ケリーは一〇月八日に語った。コバネはかれらの基準を満たさなかったのだ——少なくともその後一二日間は。だがそのケリーが一〇月二〇日にこう発表した。「ここで我々が得られるものから目をそらすわけにはいかない。いまこの瞬間に「ISISと」あれほど頑張って戦っているコミュニティに背を向けるのは、我々としても無責任だし、道徳的にもきわめて難しい」

コバネ（アラビア語ではアイン・アル＝アラブ）に対するISISの攻撃は、ジハード主義者たちがクルド人民防衛隊（YPG）を出し抜いた九月半ばに始まった。こうした戦闘経験豊富なクルド民兵たちは、シリア北部でISISに立ち向かった最も有能な軍勢だった。自由シリア軍（ＦＳＡ）の旗印の下で活動する反乱軍でＩＳＩＳとの戦争に狩り出された人々は、農民出身者だった――ただし国民皆兵の徴兵制度の下にあったが――そして自分自身と家族をアル＝アサド政権から防衛するために銃を取ろうという気概のある人々だ。だからかれらは近隣警備民兵的な性格を持っていた。ＰＫＫに従属してそこにいる何百人、何千人もの戦士に率いられた人民防衛隊は、何十年にもわたるゲリラ戦争経験を活用できたのだった。かれらはＦＳＡより政治的なセンスもあった――かれらがそもそも存在するということがそれを証明している。これはアメリカにとって、指定テロ組織への武器供与を否定できる口実を与えてくれる。またＩＳＩＳと戦うという決意については、曖昧さも優柔不断さもなかった。ＹＰＧは、他のどんなシリア反乱派閥よりもＩＳＩＳとの戦闘経験が長い。それどころか多くのＦＳＡ旅団や小隊はもともと、みんなクルドナショナリズムに敵意を持っていたので（共有された盲目的アラブ愛国主義の感覚があったせいかもしれないが、これは同じことだ）、ＩＳＩＳと組んで人民防衛隊を倒すための作戦に加わったりしている。二〇一四年八月にペシュメルガの弾薬が尽きたとき、イラク系クルド人支援のため決定的な援軍をシンジャールに派遣したのも、これらクルド人民兵だ。

ＰＹＤとＰＫＫはちがうという国務省の法的なフィクションはあまり説得力あるものではなかったけれど、ロイド・オースティンがオバマ大統領に告げたように、他にコバネを救う方法はなかった。そこでものの数日で、ＡＫ－47などソ連時代の兵器がアメリカによってアルバニアで調達され、ペシュメルガに補給するためエルビルからクウェートへと渡り、C－130貨物飛行機に積まれてコバネに空輸された。こうした武器は、待っていた人民防衛隊へと投下された。ただしそれた武器が一つISISの手に渡ったらしい。そこには手榴弾と迫撃砲弾が大量に含まれていて、それがすぐにジハード主義者のメディアで紹介された。

九月二一日にISISのスポークスマンであるアブ・ムハンマド・アル＝アドナニが、ISISは民族集団としてのクルド人と戦っているという噂を打ち消そうとして声明を発表した。これはまちがいなく、ISISに参加した多くのクルド人を意識してのことだ。自分たちは実際には西洋とユダヤ人どもと野合している不信仰者たちと戦っているのだ、と述べた――YPGは世俗軍であり、そのイデオロギーの起源はマルクス＝レーニン主義にある。ISISは慎重に、コバネにおける作戦でメディアの表に出る顔がクルド人（しかもハラブジャ出身者）になるよう配慮した。それがアブ・カッターブ・アル＝クルディだ。ただしISISの攻勢をアル＝クルディがどこまで指揮していたかは、かなり疑問の余地がある。この声明は、別の理由からも重要だった。アル＝アドナニは外国へのテロリスト攻撃としか呼べないものを呼びかけていた。つまりイラクのアル＝カイダ時代初期の二方向攻撃、地元では領土を制圧しつつ、世界的に爆破を行うという戦略に立ち戻っていたのだ。カリフ国の土地に移住するより、聖戦士《ムジャヒディン》たちはいまや土着の土地にとどまって、必要なあらゆる手段を講じて異教徒どもを殺すように言われた。「連中の警察、治安維持、諜報員、その他裏切り者工作員たちを攻撃せよ。信仰なきアメリカ人やヨーロッパ人――特に意地の悪く薄汚いフランス人――やオーストラリア人やカナダ人や、その他戦争を仕掛けている不信仰国からの不信仰者を、イスラム国に敵対する連合に参加した諸国の市民を含め、だれであれ殺せるなら、アッラーを頼みに、その者を手段も方策も構わずに殺すがよい。だれの助言も求めるな、だれにその良し悪しを判断してもらおうとも思うな。不信仰者を民間人だろうと軍人だろうと構わず殺せ、連中への裁きはどのみち同じなのだ」。そして手持ちのどんな道具でも使え、相手の頭を叩き潰す石だろうと、刺し殺すナイフだろうと、ひき殺す車だろうと、投げ落とす高所だろうと。最低でも、信仰篤きムスリムたちは、そいつらの顔にツバを吐くくらいは義務だ。「兄弟たちが爆撃され殺されているのにおまえたちがそれを拒絶し、かれらの血や財産が至るところで敵によって合法とされているのを容認するなら、自分の宗教を見直すべきだ」とアドナニは警告した。

アメリカによるクルド人に対しての素早い疑問の余地のない軍事支援は、スンナ派アラブ主体の自由シリア軍も見逃すはずがなかった。オックスフォード大学で教育を受けたダマスカスの活動家ジャド・バンタは、一〇月二〇日に一連の見解と苦情をツイートした。「オバマは一トンの医療品と大量の軍備をＰＹＤクルド人だけに送り、ＩＳＩＳと戦ってきた何千人ものシリア人を黙殺した。（中略）オバマとその政権はもう何度も我々に嘘をついてきた。オバマとそのふざけた手下よりＩＳＩＳのほうが信頼できるほどだ！　米政権はまたも敵だと証明された」

バンタの幻滅は、シリアでのISISによるスンナ派アラブ殺戮がさらに暴露されたのと同時期だった。『ワシントンポスト』紙によれば八月初頭、ジハード主義者たちは三日にわたりデリゾール県のアブ・ハマム村で「自分たちにこともあろうに刃向かったシャイタット族の人々何百人もを、爆撃、斬首、はりつけ、射殺した。殺戮が終わったときには七〇〇人が死亡し、活動家や生存者によれば、一八ヶ月前に設立を宣言してからシリアでイスラム国が行った最大の流血蛮行だったという」。アブ・ハマム村をISISが制圧すると、一五歳以上の男性はすべて即座に殺された。この虐殺を生き延びた部族員アブ・サレムはトルコのレイハンル村で新聞にこう語った。「アメリカ人がヤズディ教徒やクルド人を支援したのは見た。でもイスラム国に立ち向かうスンナ派に対する支援はまったくない」

ISISはやがて、二〇一五年一月二七日に、一一二日の占拠を終えてコバネから排除された。二月二日には、人民防衛隊は市の周辺に八キロの防衛線を敷き、一夜にしてISISを三キロも押し戻した。この時点では、ジハード主義者たちの前線はほぼ完全に崩壊していた。ティクリートと同じく、アメリカの空軍力が決定的な要因となった。多国籍軍はこの市の防衛のため七〇〇回以上の空爆を行った――シリアでの総出撃回数の七五パーセントだ。コバネ戦での死傷者数推計の一つでは、一六〇〇人が死亡した。うち一〇〇〇人がISIS戦士で、残りの大半はクルド人民兵だ。またジハード主義者たちへの抵抗で少なくとも七〇人の自由シリア軍反乱兵も死亡した。でもジャド・バンタが正しく指摘したように、かれらはアメリカの物資を直接は受けられなかった。ラッカ革命派旅団の野戦指揮官アブ・サイフは二〇一四年一〇月初頭に筆者の一人に対し、自分と部下たちは人民防衛隊を相手に戦っていたのだけれど、ISISが旅団をラッカの拠点から追い出したのだと述べた。「『自由シリア軍と』YPGとの間には、一種の停戦または休戦があったんです」とのことで、そのため自由シリア軍は、コバネでYPGを助けにくることになった。当初、ラッカ革命派旅団は一二五〇人ほどの兵がいたそうだが、その数字は戦時中の急場でたった三〇〇にまで減ってしまった――お金も食料も弾薬も不足したので、そんなに多くの兵を前線に配備できなかったのだ。またC－130輸送機からは、補給がなかなかこなかった。当時アブ・サイフはこう語っている。「支援を求めたんですが、だれも何もくれなかった。対戦車兵器もなかった。ダーイシュが防衛線を突破して市に突入したとき、戦闘は市街戦になった。うちの軍勢の半分を引き上げさせないと殺されてしまうと決断したんです」。コバネを防衛しているクルド人もスンナ派アラブ人も、ISISが制圧面積を増やさないよう、焦土作戦的な反乱戦術を独自に使うしかなかった、とかれはつけ加えている。独自の自動車爆弾を設置し、家や建物に爆薬を仕掛けてジハード主義者たちを抑止したのだ。

ISISが物理的に同市を制圧したのは、情報戦の活動の盛り上がりと同時期だった。それは西側にそれ以上の軍事的エスカレーションをさせないよう抑えると同時に、敵が着実に敗北を喫しているという西側の主張が嘘だと明らかにするためのものだった。新たな斬首ビデオがリリースされた。今度はイギリスの援助関係者アラン・ヘニングだ。これは市の内外で最も熾烈な戦いが行われていた一〇月三日のことだった。ISISの宣言によると、ヘニングの処刑は、イギリス議会が九月二六日にイラクでの空爆を容認すると決議したことに対する仕返しなのだった――道徳的にそれでおあいこと言いたいらしいが、なぜその前のイギリスの人質デヴィッド・ヘインズが処刑されたのが、その議会決定の二週間前だったかというのはこれでは説明がつかない。そして一〇月二七日に、ISISは「アイン・アル＝イスラム（ISISはコバネをこう呼ぶ）の内部」なるビデオを公開したが、これは静かな都市風景を、ISISの操作するドローンによって空撮したなかなか見事な映像が使われている。その映像にナレーションをつけているのは、同じくイギリス人の人質であるジョン・キャントリーだ。かれはいまや――まちがいなく脅されてのことだが――自分を誘拐した連中に対する西洋人の提灯持ちとしてフルタイムで使われていた。キャントリーが、実に楽々とコバネ市内を歩き回っているところが示され、銃声は背後で散発的に遠くから聞こえてくるだけだ。メッセージは単純で、国際メディアは嘘をついているというわけだ。ISISは市の大半を完全に支配している。

しばらくの間は「我々についての話を聞くのではなく、我々の話を聞け」という方針は物質的な利益につながった。二〇一四年初頭にアル＝カイダともISISとも独立の組織として設立された、イスラム主義反乱軍ジャイシュ・アル＝シャム（大シリア軍）の元指揮官ラシド・タクは、一〇月一七日にISISに寝返った。アブ・オマル・アル＝シシャーニの「移民とゲリラ兵の軍」にいたサウジのシャリーア担当官、アブ・アッザーム・アル＝ナジディも、四日後にＩＳＩＳへの転身を発表した。タクフィール主義者たちがコバネこそは、異教徒、十字軍、背教者たちに対する戦争において分水嶺的な「象徴的」意味合いを持つものと描き出したことで、外国人戦士の流入も増えつつあった。二〇一四年一〇月末には、一ヶ月一〇〇〇人以上の外国人がシリアに殺到して、テロ軍に参加しようとしていると推計されていた。

多くの点で、これはこの戦争におけるＩＳＩＳのツキの頂点だった。空爆と、人民防衛隊や自由シリア軍による頑固な抵抗、イラクからやってくるクルド人ペシュメルガ部隊が組み合わさって、二〇一五年一月には包囲の勢いが逆転した。大量のジハード主義者が市に流入したが、砲撃の餌食になるだけで、すぐに多国籍軍の戦闘機の標的として爆撃された。二月にはＩＳＩＳはコバネを明け渡したが、市はがれきの山だった。クルド難民三〇万人が国境を越えてトルコに流入した。トルコは半年にわたり、クルド人による抵抗をほとんど支援していなかった。トルコ政府としては、国境のすぐ南での親ＰＫＫ的な政治力台頭――そしてクルド人「国家もどき」とまでいかなくても、まとまったクルド人県の創設――のほうがカリフ国より恐ろしかったのだ。

トルコ大統領レジェップ・タイイップ・エルドアンは、その前の一〇月時点で政府の立場を明確にしていた。オバマ大統領から、アメリカは人民防衛隊に肩入れするという電話がくる直前に、かれは記者にこう語っている。「ＰＹＤに武器を供与することで「ＩＳＩＳに対する」

前線を構築するという話がある。だがＰＹＤは我々にとって、ＰＫＫと同じだ。テロ組織だ」。
そしてトルコはその後、イラク領クルディスタンからコバネに向けてペシュメルガの部隊が移動するときに自国を通過するのを容認はしたけれど、人民防衛隊に対して一切の直接的な軍事支援や物資提供は拒んだ。またこの時期に国際的な広報宣伝面でまずかったのは、トルコ憲兵隊がコバネからやってくる難民たちにポンプで放水をしている一方、国境のトルコ側にいるＩＳＩＳジハード主義者たちが、難民たちの中で武器を持ったままニコニコしている様子がジャーナリストに撮られてしまったということだった。トルコの戦闘機はまた二〇一四年一〇月、コバネ包囲戦の頂点の時期にＰＫＫの拠点を爆撃し、トルコとその最も古くからの国内反乱軍との間の気まぐれで段階的な和平交渉を、完全に決裂させた。地政学的な条件や、トルコの無理もない国家安全保障上の懸念がどうあれ、世界的な世論はこれで決まってしまった。シリアでの戦争となったら、ＮＡＴＯ第二の規模を持つこの加盟国はＩＳＩＳを破るよりクルド人の邪魔をするほうを選ぶんだな、ということだ。この論点はときどき、ジョー・バイデン副大統領を含むアメリカ高官も指摘するものだ。

　残念ながら、コバネから追い出されてもＩＳＩＳはそれで終わりというわけではなかった。二〇一五年六月の最終週、やっと帰還しつつある家族たちを迎え始め、ゆっくりと殲滅寸前の状態から回復を始めつつあったコバネに、ジハード主義者戦士三〇人ほどがこっそり侵入したのだった。かれらは「国家」創設以来、最悪の市民殺戮をやってのけた。自動車爆弾を爆破させ、熾烈な砲火攻撃を行ったのだ。ＩＳＩＳが市から追い出された月末までに、老若男女問わず非戦闘員二二〇人が殺された。

ほんの一瞬とはいえＩＳＩＳがコバネに戻ってきたという事実が持つ意味は、きわめて士気を衰えさせるものだった。それはクルド人が、武装軍がすでに制圧していないところですら日和見的な攻撃を抑えられないことを示していたからだ。ＩＳＩＳを破ることはできても、まちがいなく追い払えるのか？　自己目的化した殺戮には、陰湿な軍事的動機、つまり分割して征服せよ、という狙いがある。ＩＳＩＳはアラブとクルドが引きずっている宗派的緊張関係を悪化させようとしていたのだ。この両者は、二〇一五年の初夏までにシリア北部の何百平方キロにもわたり、復讐の業火のようにタクフィール主義者たちを次から次へと敗走させていたのだった。ラッカ革命派旅団の軍事指揮官アブ・サイフが筆者の一人に語ったように、ジハード主義者たちはコバネに侵入するときに、不均質な市の防衛団の一部だというふりをしたのだった。

ＩＳＩＳが攻撃したのは六月二五日朝で、かれらは自由シリア軍と人民防衛隊の制服を着ていた。アブ・サイフは語る。「最初は空に発砲して、みんなそれが友軍だと思って喜んでいました。でも歓迎にみんなが出ていくと、武装団は攻撃を始めたんです。私が［自分の建物の］屋上に上がると、連中がＹＰＧの制服を着ているのがわかりました。そしてやつらが、人々を殺し始めたんです」

かれらは都心深くに侵入し、ミシュタ・ヌール病院を制圧して五〇人の民間人を人質に取り、中学校と他の建物もいくつか押さえた。この武装員たちの念頭にあった唯一の軍事的な標的は、ラッカ革命派旅団の最高指揮官アブ・イッサ・アル＝ラッカーウィの家だったらしい。アブ・サイフによれば一同はかれの家を襲い、アブ・イッサの妻と子供二人に致命傷を負わせたという。『ワシントンポスト』ですら、侵入者は全員クルド人で多くはイラク出身だったと伝えている。かれらはまず、戻ってくる難民のふりをしてこっそり市内に侵入した。すると明らかに、コバネのアラブ少数派は多数派を占めるクルド人の味方が、自分たちを抹殺しようとして裏切ったのだと思うように仕組まれていたわけだ。

心理戦の戦術としてこの小技は見事に成功した。自由シリア軍の戦士たちが、人民防衛隊と比べて、多国籍軍の戦争が実に非対称的だったことに大いに不満を抱いていたこともある。両者とも同じ領土をめぐって戦死したのに、アメリカはかれらに軍備も情報も提供しなかった。かれらは使い捨ての支援者でしかなく、目に見えない兵士だった。アブ・サイフは自分たちの反乱軍が、ＩＳＩＳに対する米軍の空爆を求めるとき、クルド人の仲間を代理人として呼ばねばならなかったと述べている。「我々はクルド人に座標を与え、クルド人がそれをアメリカ人たちに伝えたんです。我々の車両隊の最後尾に、かれらの運営する車両があって、我々がＩＳＩＳの位置を探り出し、クルド人に座標を伝え、かれらがそれを多国籍軍に伝えます」。怒りを込めてアブ・サイフが付け加えたところでは、アメリカの中央軍はかれの旅団や他のアラブ同盟軍と直接連携を取ろうとせず、おかげでクルド人たちが有利な地位となり、クルド人たちは仲間を雇うのに、通常の仲間意識でやるのではなく、単にやむを得ない場合だけ集めるようになった。そこにはアレッポ、ラッカ、ハサカのキリスト教アッシリア軍も含まれる。かれらは間接的な国際支援でも熱心にほしがった。ISISは多国籍軍が指名する傀儡に対するこうした偏りを十分に承知していた。というのもこれが実に広く報じられていたからだ。そこで人民防衛隊のふりをすることで、隠れた(さほど隠れていないが)感情を逆なでしようとしたのだった。

さらにコバネ攻撃は、クルド人側にいかに有利とはいえ、アラブとクルド共同の見事な勝利がいくつか続いた直後にやってきた。六月半ば、ISISから重要な国境町タル・アブヤドを奪還するのにはたった四八時間しかかからなかった。ここはISISにとって、それまで物資、兵器、外国人戦士を密輸するための最も重要な玄関口とされていたのだった。どういうわけか、ISISはまじめに戦うのを避けて戦術的撤退を選んだ。アブ・サイフは、タル・アブヤドとラッカにいるISIS上層部との通信を傍受したと語る。「指揮官たちは援軍を求めていたんですが、まったく実現しませんでした。我々がタル・アブヤドに進軍すると、一部の戦士は退却し、一部は残って戦いました。でもごく少数でしかなかった」。ISIS戦士一〇〇人が殺され、一部は北に逃げてトルコ南部アッカカレに向かったが人数は不明だ。逃げた一部は後にトルコ兵に捕縛され、残りはアメリカ筋によればひげをそって、北に行進する何千人もの民間難民の脱出にまぎれこんだという。

タル・アブヤド陥落に続いて、人民防衛隊はさらに二つの勝利を収めた。まずはＩＳＩＳ支配下に置かれていたシリア政権の拠点である旅団九三を奪還した。このときもタル・アブヤドと同じく実にわずかな抵抗しかなかった。その数時間後、ラッカ市のたった五〇キロ北にあるアイン・イッサという町も掌握した。これはこの三年で、反ＩＳＩＳ地上軍がジハード主義者たちの「首都」に最接近した記録となる。コバネ攻撃により、かれらは一時的にタル・アブヤドとアイン・イッサを一時的に奪還できたのだった。

でも士気への悪影響は尾を引いた。人民防衛隊が民族浄化をしていて、その地域のアラブ家屋に放火しているという報告がすぐに出てきた――トルコはシリアのクルド人に対する警戒を正当化したいと思っていたので、喜んでこれを喧伝し強調しようとした。クルド人たちはその仕返しとしてすぐに、ＩＳＩＳテロの背後にトルコとその手先たる自由シリア軍がいると糾弾した。民主統一党の党員シェルアン・ハサンは『デイリービースト』に対し「地域の国による支援がなければＩＳＩＳは［コバネに侵入できなかった］」と述べ、ＩＳＩＳの攻撃者たちがコバネ市にトルコ領から入ってきたことを指摘した――これはトルコ政府の同意があったというわけだ。同党の共同議長サリフ・ムスリムは、コバネ市内のシリア人反乱軍がＩＳＩＳの作戦に協力した「かもしれない」と示唆した。

戦争調査研究所クリス・ハーマーはこう語る。「自由シリア軍と人民防衛隊はどちらもＩＳ

ＩＳと戦っているとは言えますが、どちらも利害が同じとは言えません。ＩＳＩＳは地理的に戦闘の中心にいるので、かれらは敵のこうしたちがいをすぐに感知して利用します」

二〇一五年六月末、ＩＳＩＳはスンナ派アラブ人部族の中心地ラッカに結集して大勢を立て直し、県都の周辺に地雷を敷設して防弾壁を建設していた。シリア人権監視団団長ラミ・アブドゥルラフマーンはＣＮＮに対し、ＩＳＩＳはすでに兵員や武器弾薬を満載した軍用車両を一〇〇台ほど、ラッカ東部から市内へ移動させたと述べている。

ジハード主義者たちは、自分自身の拠点で長い血みどろの戦いを始めるべく潜伏していたのだろうか？　二〇一五年秋に、雑多な兵員で構成される対抗反乱軍を再活性化させようというアメリカの試みに、新しい作戦名がつけられた。シリア民主軍というものだ。キリスト教徒、トルクメン人、アラブ部族民、好意的な自由シリア軍部隊が、理屈の上では人民防衛隊と共通の戦いのために合併したというわけだ。ただしこの地上連合軍でクルド人が不釣り合いに多く、影響力も強かった点についてはだれも否定はしなかった。一〇月にアメリカ機がシリア民主軍に対し、五〇トンの弾薬を与えた。でもその貨物を使えるだけの物流的な能力を持つのは人民防衛隊だけだったという。これを報じたのはティム・リスターだ。かれはシリア側とイラク側の前線の双方から「生来の決意作戦」について報道し、クルド人主導の民兵に混じって取材してきたジャーナリストだ。アメリカ陸軍士官学校のテロ対策センターにおける内部誌『ＣＴＣセンティネル』に二〇一五年一二月に掲載された論説で、リスターは「非クルド構成員は、最高でも数千人規模の野戦戦闘員になれるだけで、多くの場合にはまともな訓練もない。むしろご近所民兵自衛団に近い存在だ」と述べている。こんな烏合の衆が大音響を上げる米軍F－18戦闘機の下、東シリアのISIS本拠地へと行進する可能性は、実にわずかなものだ。人民防衛隊の指揮官たちは「デリゾール県に接近したときに主導的な役割を果たすつもりはない。かれらはそれがアラブ人の都市だと思っており、クルド人戦士は歓迎されないし、損失もおそらく大きいと考えるのだ」。

戦争調査研究所のクリス・ハーマーは次のように語る。「アメリカの空軍力が、コバネと同じ形でラッカで活用される可能性はまったくない。あらゆる実務的な観点から見て、コバネは戦闘開始前に人がほとんどいなかった。ISIS戦士を何人かやっつけるために、ラッカで大量の死傷者を出すなんてあり得ませんよ」

そして、まさにその具体的な努力は、惨憺たる失敗に終わった。二〇一五年一〇月、スンナ派部族民二〇〇〇人ほどが、ジャブハット・テュワール・ア＝ラッカの旗印の下に結集し、ジャイシュ・アル＝アシャイル（部族軍）を組織した。タル・アブヤドを拠点とする部族軍は、人民防衛隊のスンナ派アラブ人部隊になるはずだ。つまりこれは、シリアの北部と東部におけるアラブ人が住むISIS占拠地への進軍にあたっては、重要な人口構成となるはずだった。「クルド人は我々の兄弟であり、アル＝ラッカ県をISの圧政から解放するという共通の目的を持っている」とある指揮官は、部族軍組織をうたうビデオの中で宣言している。でも仲間意識による連帯はすぐに、クルド人による司法外の殺人や、村や町からのアラブ人強制退去の糾弾に埋もれてしまった——そしてその糾弾はアムネスティ・インターナショナルも認めるものだった。

部族軍は人民防衛隊に、これらの地域に一切入らないでくれと指示していた。ところがクルド軍はタル・アブヤドを封鎖して部族軍を立ち入らせなかった。一二月二九日、「ラッカは静かに虐殺されている」グループはフェイスブックのページで、内紛の報道について触れている。「YPGとその同盟軍は、ジャブハット・テュワール・ア＝ラッカと部族軍に対し、もう一五日にわたり厳しい包囲戦を仕掛けている——かれらが負傷者を連れてタル・アブヤドに戻るのを妨害し、［内部の人々に］食料など重要な物資が届かないようにしている」。一方、ウェブサイトの『シリア・ダイレクト』はこうした糾弾を否定するクルド人ジャーナリストを引用している。かれは部族軍が「あまりに広い地域に展開している」のでそれを封鎖などできないし、そこにはそもそもクルド人軍は駐留していないと反論している。敵の中の分裂を利用する機会を見逃さないＩＳＩＳは、二〇一六年一月二日にアイン・イッサに対するＶＢＩＥＤ攻撃と銃撃を展開し、ラッカ革命派旅団を完全に圧倒した。人民防衛隊は六ヶ月前に取り戻したこの町の防衛で、戦士九人を失った。数日後、部族軍は完全に解散した。

パルミラ陥落

「象徴的」なコバネにおける勝利が驚くほど高くついたにしても、これはまちがいなく多国籍軍の成功だとは言える。でもＩＳＩＳはシリアですっかり劣勢にまわったわけではなかった。二〇一五年五月のラマディ崩壊からものの数日で、ＩＳＩＳは予想外の劇的な勝利をまたもや収めた。東シリアの砂漠高原を横切って、パルミラを征服したのだ。これは世界で最も高名な古代考古学上の驚異的な遺物のある場所であると同時に、アル＝アサド政権で最も恐れられている収監拷問施設タドモア刑務所の所在地だという二重の意義を持っている都市だ。結局、このどちらも同じ運命を迎える――破壊だ。片方は世界中から非難を集め、もう一つはＩＳＩＳの敵を自認する人々ですら、後ろめたいながらも大喜びするものとなった。

かつて東と西を結ぶ重要な交易路だったこのオアシス都市の喪失は、さらなる世界遺産に対する明白な危機となった。ここには、二〇〇〇年も昔の神殿、墓石、回廊の遺跡がいまだに残っており、それを建てたのはギリシャ人、ローマ人、ペルシャ人、アッシリア人と様々だ。「戦闘は中東で最も重要な遺跡の一つを危険にさらしています」とユネスコ事務局長イリナ・ボコヴァは声明を出し、シリアの遺跡長官マームーン・アブドゥルカリームはフランス通信社（ＡＦＰ）に対し、パルミラ博物館の多くの彫像や遺物はすでに移してあるが、動かせない遺物はいまや絶望的だと語った。

ジハード主義者たちの侵略に対する政権の抵抗が実際になくなってしまえば、遺跡はすぐに消滅する。アル＝アサド軍は実に必死だったので、市の囚人たちを釈放し、脅してパルミラの防衛にあたらせ、なんとかそこを守備しようというやけっぱちの試みを展開したが悲惨なほど失敗した、とある住民は筆者の一人に語ってくれた。パルミラの親反乱軍調整委員会のメンバーであるカレド・オムランは、政権は崩壊しつつある前線をタドモア刑務所の収監者で強化しようとしたと語る。でもほとんどは、とどまって自分たちを投獄した人々のために戦うよりは、迫り来るＩＳＩＳの車両隊から逃げ出した。オムランはパルミラ制圧直後のスカイプインタビューで語った。「バス一〇台ほど満員の囚人たちが前線に運ばれるのを見ました。一〇〇〇人くらいはいたでしょうか」。かれらは、政権の「何千人」もの兵たちと、無理矢理徴兵された部族民兵に加えて動員されたものだが、そうした部族民や囚人たちは、オムランの言うところの「砲弾の餌食」として使われただけだった。アル＝アサド軍は、市の一帯とその周辺地区に駐留していた。この地区は、安全保障上の重要な拠点がいくつかあるからだ。たとえばある重要な空軍基地は、イランの革命防衛隊がかつて、あまりに広く展開して消耗した同盟軍に対して補給物資を配るのに使ったところだし、シリア空軍も、非ＩＳＩＳの標的（ほとんどが文民）に対する攻撃をここから行っていた。「政権軍は、主に軍の治安維持部隊と拠点に対し援軍要請を行いましたが、かれらの空軍力に大きく頼っていました。ＩＳＩＳの戦士はかなり少数で、数百人規模です。装備もそんなに多くはなかったし、市のまわりの六ヶ所にトラックに積まれた対空砲を設置していただけです」。こんなありあわせの対空防衛ですら、戦闘機や攻撃ヘリを追い払うには十分だったのだ。「戦闘機を撃墜したりするのは見ませんでしたが、その銃でほとんどの空からの攻撃を抑止するには十分だったんです」

シリア人権監視団によれば、政権は水曜日に軍を撤退させたというが、オムランは多くの兵が、ISISの侵入にまちがいなく伴うはずの残虐行為、たとえばソーシャルメディアに流通するような斬首などを恐れて逃亡したと強く主張する。「政権の部隊は右往左往して逃げ出していました。地域にいるアラウィー派の将校たちはもっと早く逃亡して兵――スンナ派――を置き去りにしました」。アサド軍はまた、M3高速道路の隣にあるリン鉱山からも逃亡し、理論的にはISISにホムスとダマスカスに直結するルートを与えたことになる。

オムランの描写は、タブカ空軍基地で二〇一四年八月に行われた不名誉な政権敗北の不気味な再演のようだ。どちらも重要な戦略的拠点に対する、吹けば飛ぶようなやる気のない防衛だ。ワシントンDCを拠点とする反アサド組織、シリアアメリカ評議会の政府関係部長モハメッド・ガネムは、なぜ差し迫ったISISの進軍が政権か多国籍軍の航空機で阻止されなかったのか理解できないと語った。「どうして何百人もの戦士を擁するISISの縦隊が、シリアの砂漠を横切ってパルミラに到達するまでに、一回も空襲を受けなかったのか、我々にはさっぱりわかりません。ISISの支配都市とパルミラの間はほとんど人がおらず、大きな軍事車両隊は実に簡単に見つかったはずです。それなのにアサドも多国籍軍もISISに空襲をしていない」

政権軍は、退却するときに手当たり次第にインフラを破壊した。オムランによると退却するシリア軍は電気のトランスを破壊して古代都市を暗闇にしてしまった。二〇一五年五月の時点で、コンピュータの電源には電池が使われていたが、インターネットのアクセスは非常に悪い。別の懸念材料は、退却後のシリアのプロパガンダだった。シリア国営テレビは、軍が退却する前にパルミラの市民を全員避難させたという嘘をついた。「我々はこれが、ダーイシュと我々をまったく区別しない空襲攻撃の準備なのではと心配したんです。もう完全に諦めている人々もいました。ほとんどの主要サービスは停止していたんです。パン屋には小麦粉がない。政権が電気を止めた。みなは怖がっていました。明日はどうなるのかだれにもわからない」。このインタビューからほどなく、オムランはトルコに逃げた。

パルミラの遺跡破壊に対する国際的な恐怖にもかかわらず、ISISがまっ先にやったのは二〇一五年五月三〇日のタドモア刑務所の破壊だった。ここはイスラム主義者――ハフェーズ・アル＝アサドの暗殺未遂者も含む――だけでなく、世俗的な意見の相違を持つ人々や、政権に昔から反対してきたレバノンの活動家や政治家たちにとっても悪名高い収監施設だ。レバノンの活動家や政治家たちは、シリアがレバノンを占領していた一九七〇年代と八〇年代に、逮捕されるというより誘拐され、この砂漠の刑務所に送られたのだった。この施設の看守たちが監獄の戸を開けて、進軍するジハード主義者の縦隊に対決させようとしたときには、別種の「恩赦」が発せられたのだった。

ＩＳＩＳは五月二七日に「古代都市タドモア」（タドモアはパルミラのアラビア語名）という声明を発表した。これはこの地域が完全に無事だという様子を示す写真十枚が添付されていた。実はＩＳＩＳは、何千年にもわたる考古学的な壮観を破壊するといった悪意はないのだと、世界に本気で信じてほしいらしかった。九〇秒のビデオクリップが、ＩＳＩＳの「付属」ニュース機関アマクで公開されたが、そこではパルミラ遺跡が無傷で残っている。同市のＩＳ指揮官アブ・レイスはシリアの地元反対勢力ラジオに対して談話を発表した。「歴史的都市について言うと、［神のご意志で］我々はこれを保存し、なんら被害は加えないが、異教徒どもが祈っていた彫像は粉々にする。歴史的なモニュメントのほうは、一部の連中が信じているのとはちがい、我々はブルドーザーで触れることはない」。ここで言及されている彫像は、「異教」や「偶像崇拝」芸術すべてを指すもので、そこから類推してイスラム以前の神の姿が彫られていない列柱はすべて見逃してもらえるということだ。アブ・レイスはまたタドモア刑務所がほとんど空っぽだったと述べるが、残っていた囚人たちの中で、「シリア人以外のキリスト教徒でイスラムに改宗する者がいた」と不気味に付け加えた。

六月二三日、ＩＳＩＳはモハメッド・ビン・アリーの墓を爆破した。これはムハンマドのいとこの子孫であり、シーア派は聖人だと考えている。同時にＩＳＩＳは、五〇〇〇年の歴史を持つアブ・ベヘッディン神殿のまわりに地雷を埋めて爆発させた。アブ・ベヘッディンはスーフィー宗教学者だが、おかげでこの神殿は完全に破壊された。他の「邪教」崇拝対象はといえば、この点でＩＳＩＳはアブ・レイスの宣言通りにした。八月二四日にＩＳＩＳはバールシャメン神殿とベル神殿を破壊した。どちらも二〇〇〇年前のものだ。そして子供たちが政権の兵士たち二五人の後頭部を、都心のローマ式円形劇場で撃つビデオを公開した。

当時八〇代の考古学者カリド・アル＝アサドは、二〇〇三年に引退したときには、パルミラの遺跡長官を四〇年以上も務めていた。かれは人々だけでなくパルミラの高名な博物館の遺物を運び出すことにも尽力した。一部の報道では、ＩＳＩＳが最初に同市を制圧したときに逮捕されたと言われているが、これが事実かはわからない。でも七月時点では、ジハード主義者たちに捕獲されていたことが確認されている。こうした古代の宝のありかについて、ＩＳＩＳは一ヶ月にわたり尋問を続けた――どうやらアル＝アサドは口を割らなかったようだ。そこで八月に仮面をつけたＩＳＩＳの処刑人たちが公開広場にかれを引きずり出し、剣でこの八〇代の老人の首を斬った。そしてアル＝アサドの死体を交通信号機につり下げ、そこに看板を掲げて「背教者」と断じた。カリフ国に対する各種の犯罪も一覧になっていた。「偶像崇拝の識者」であり「異教徒の会議」でシリアの代表を務め、イランを訪問し、政権の治安部隊にいる兄弟と連絡を取っていた、と。

パルミラを完全に制圧して間もなく、ＩＳＩＳは周辺にある砂漠の無数の天然ガス施設を接収した。これらの施設はシリアの電力のほとんどを生産していた。全体としてＩＳＩＳはシリアの発電インフラの四五パーセントを押さえ、これにより同国のエネルギー部門が実質的にＩ

SISとアル＝アサドの共同事業になる傾向はさらに強化された。ノウハウを持っていないかれらは、政権の技術者をそのまま残留させ、追加の資金や物資による支払いを引き替えに、シリアへの電力供給を続けることにしたのだった。

二〇一五年一〇月になると、ISISは水力発電所を三ヶ所、シリア最大の天然ガス発電所、その他少なくとも四ヶ所の発電施設を押さえた。これでアル＝アサド政権は、ISISの石油産出のおよそ四割を買っていることになったという推計もある。ISISと政権が戦っている数少ない地域は、逆説的ながら、こうした発電所の周辺地域だった。シリアのあるエネルギー関連重役はこう説明する。「これは一九二〇年代マフィア式の交渉だ。取引を左右するために殺したり戦ったりはするけれど、それで取引が決裂したりはしない」

ダマスカスのISIS

パルミラ制圧でテロル軍はまた、シリア中央部の小さいとはいえ重要な別の拠点への足がかりを獲得した。その拠点とはホムス県のアル＝カリャテンの町で、パルミラとダマスカスのほぼ中間地点にある。推定人口四万人で、その多くはシリアの他の地域からの難民だ。二〇一五年八月初頭にジハード主義者たちがやってくるまでに、そうした難民の多くは逃げ出していた。アッシリアのキリスト教徒を含む二三〇人はそれほど幸運ではなかった。かれらは人質に取られた。そしてその他何百世帯ものアッシリア人たちは、近隣のサダド町に逃げた。

ラマディはＩＳＩＳに、バグダッドへの攻撃を行うための拠点を与えた。アル＝カリャテンはシリアの首都に対して似たような役割を果たした。その陥落はまた、それまでシリア南部に大きな拠点を築けなかった組織にとって、ある種の転回点とも言うべき瞬間となった。それまでは、主に他の反乱組織がＩＳＩＳやアル＝ヌスラに対する予防的な措置となったおかげで、なかなかこの地域で勢力を伸ばせなかったのだ。

ＩＳＩＳの諜報と潜入活動は、シリア北部に比べると南部ではあまりうまくいかなかった。理由はいろいろある。主な理由として、競合する武装集団はデラー県とクネイトラ県東部（西部は一九六七年の六日戦争（第三次中東戦争のこと）でイスラエル占領下となった）ではもっと賢く地元住民に溶け込んでいたし、イドリブやアレッポなどの類似集団よりはるかに評判がよかったことがある。第二の理由として、シリア南部の国境の向こう側は、イスラエルとヨルダンで、この両国はトルコとちがい、イスラム主義者は自国の安全保障にとって直接的な脅威と見なしていることがある。イスラエルは、シリア南部の反乱軍にとって医療部隊兼トリアージセンターの役割を果たしてきたし、戦場での諜報と引き替えに、一部の派閥には軽火器（カラシニコフとグレネードランチャー）を提供さえしたと言われている。当然のことながら、この関係については陰謀を勘ぐる人が大量にいて、その多くはシリア政府発だった。でも現実はとてもストレートなものだ。イスラエル人たちは自由シリア軍を、アル＝アサド軍、イラン革命防衛隊、ヒズボラ（いまやこうした軍勢の活動を監督し、シリア南部におけるシーア派とアラウィー派の傀儡軍にまぎれこんでいる）、スンナ派ジハード主義者たちに対する低コストの防壁だと見ているのだ。イスラエル人たちはまた、ゴラン高原の土着で影響力の高いドルーズ教徒コミュニティを保護しようとしている。ヨルダンの場合、その防衛はもっと協調的でややこしい。共同秘密タスクフォースにより実施されているからだ。アメリカ、ヨーロッパ、現地の諜報機関《ムハバラート》が、通称軍事作戦司令部（アンマンにあるシリア専用戦争司令室）でヨルダンの諜報機関と肩を並べて活動しているのだ。

この多国籍による代理紛争の結果は南部戦線と呼ばれている。これは五四の国民主義反乱民兵の集合体で、総勢三万五〇〇〇人の戦士を擁し、その作戦範囲はまさにその作戦名通り（デラー県とダマスカス南部で戦う）。その兵は、国際人道法に則った現代戦争の規範とルールに従うこととされ、代わりに弾薬を受け取る。でも軍事作戦司令部は、アフガンサービス局とはちがうし、物資の流れも大盤振る舞いにはほど遠い細々としたものだ。そしてそれが存在し続けているのは、代理戦争にしてはいささか変わった原則のためだ。勝ってはいけない、とされているのだ。同集団のスポークスマン、イッサム・エル・レイエスは、ＩＳＩＳがアル＝カリャテンを制圧したばかりの八月に、筆者たちの一人に対して、支援はわずかなものだがおおむね安定していると語った。「兵器はもらっていない。弾薬だけだ。そして何かをもらい続けるための条件は、ダマスカスに進軍しようとしないことだ」。この理由は二つある。アメリカ政府は、アル＝アサド政権崩壊を望んでいない。そうなれば、混乱が発生し、その恩恵を大きく受けるのはＩＳＩＳだからだ。またヨルダンの国家安全保障の観点からすれば、シリア反乱軍がジハード主義者たちをなるべく国境から遠ざけるほうがいい。全国に展開すると兵員が薄手になってしまうので都合が悪いのだ。こうした不利な点があっても、南部戦線は二〇一五年春に政権に対して驚くほどの成功を収めてきた。でもアル＝ヌスラを含むイスラム主義集団と一緒に県都デラー市を制圧しようという、大いに喧伝された計画は六月に灰燼に帰した。すると南部戦線は、シリアにとっての「政治的解決」交渉（ただしアル＝アサドは同国統治の移行に一切参加しない）というアメリカの主張を繰り返すようになった。「我々は地上戦では強いが、それと同じくらい論争の席でも有利な結果を達成できるのだ」とフェイエズ・ムジャリーシュ旅団将軍は二〇一五年九月に親反政府派メディア、オール・フォー・シリアに語った。二〇一六年一月現在、南部戦線は明らかに軍事作戦司令部から命令を受けて、アル＝アサドではなく、アル＝ヌスラ対抗を重視するようになっている。アル＝ヌスラは中断したデラー市制圧での仲間だったが、アメリカはシリアにおいて弱体化と破壊を必要としているジハード主義組織がＩＳＩＳだけでないのにだんだん気がつき始めたのだ。

この政策的な変化の困難に加えて、ＩＳＩＳがダマスカスに入れないのはアメリカが関わり合いになりたくない反乱軍集団のおかげだという事実がある。そうした集団としては、たとえばジャイシュ・アル＝イスラム（イスラム軍）とアル＝ヌスラなどがある。どちらもじわじわとタクフィール主義者たちに共感を示すようになった集団すべてを系統的に攻撃してきた。二〇一四年にアル＝バグダーディがアル＝ザワヒリと決別したことで、シリアの首都における領土拡張とイデオロギー上の優位性確保を目指すＩＳＩＳの計画は一時的とはいえダメになってしまったのだ。

二〇一三年にＩＳＩＳは、アル＝アサド政権が同年サリンガス攻撃を行ったゴウタに、アル＝ザルカーウィの名前を冠した軍事教練キャンプを創設できた。また、児童兵向けに第二のキャンプも作っている。でもシリアの一時的なサフワの後で、ＩＳＩＳはダマスカス周辺地域から撤退した。ラッカの本拠地とデリゾールで確立した拠点の防衛を固めることにしたのだ。首都地域にＩＳＩＳが戻ってきたのは二〇一四年になってからで、しかもＩＳＩＳの十八番のスタイルだった。スリーパー工作員が反乱軍に潜入してそれを吸収し、その反乱軍がやがてアル＝バグダーディに忠誠を誓ったのだった。アナリストのアーロン・ゼリンとオウラ・リファイが指摘したように、ＩＳＩＳの「この時期での最も重要な成果」は二〇一五年四月にアル＝ヤルムーク難民キャンプを制圧したことだった。ここにはパレスチナ難民が一万八〇〇〇人ほどいた。ＩＳＩＳ武装員たち一〇〇〇人ほどが、二つの大きな集団を敗走させたとされている。片方はアル＝アサド政権が主導して一部のパレスチナ傀儡軍が支援していた集団、もう一つはイスラム軍主導で自由シリア軍が支援しているものだ。アル＝ヌスラもこのキャンプで活動はしていたが、「中立」の立場を採った。でも客観的にはＩＳＩＳの一部として動いた。この両ジハード主義組織を合わせると、一時はアル＝ヤルムークの八割を支配するにまで至った。その後ＩＳＩＳは、自分たちはパレスチナの大義を支持する存在であり、腐敗したハマスやその手下どもよりもずっと正直で信頼できるのだと述べたビデオを公開している。難民たちみんながビデオの内容に確実に同意するように、ＩＳＩＳはその得意技を使った。あるキャンプ住民がＣＮＮに語ったところでは、キャンプ内での競合民兵はすべて「道ばたで（中略）虐殺されたのだ」。

ＩＳＩＳ侵略までの二年間、アル＝アサド政権による悲惨な支配を受けていたアル＝ヤルムークが、ジハード主義者たちにとっては価値の高い標的だったというのは、決して偶然ではない。ゼリンとリファイの指摘では、ジハード主義者たちは「ダマスカスを孤立させようと狙っていた」のだから。この作戦に不可欠だったのは、アル＝アサド政権によるシリア中央部の軍への補給路と、反乱軍が戦利品を狙って政権基地を攻撃するルートの両方として使われている戦略的な道路網に対する介入だった。ＩＳＩＳはこれを試みた。アル＝カリヤテン制圧に続いて、ずっと重要な拠点Ｔ４空軍基地を制圧しようとして一連の自爆攻撃を展開した――そして失敗した。この基地は政権の巨大な兵器庫なのだ。ＩＳＩＳがじりじりとアル＝アサドの政権本拠地に接近するにつれて、アル＝アサド政権のほうも、それまでジハード主義者たちと維持してきた危うい緊張緩和を反古にしてがっちり戦おうとするようになった。ＩＳＩＳがちょっと僻地の軍事施設を攻撃するたびに、アル＝アサド政権はテロ対抗勢力として実に惨めな敗走を繰り返してきた。これはすでに見たように、アサドに忠実なアラウィー主義者たちですら述べていたことだった。でもアル＝カリャテン制圧はお膝元に近すぎた。ＩＳＩＳがそこを制圧して間もなく、シリアのヘリコプターがこの町に樽爆弾を投下するようになった。この殺傷力のきわめて高い爆弾は、いつもは自由シリア軍やイスラム主義反乱軍や、人権監視集団が指摘したように、シリア民間人に対してしか使われないものなのだ。

「訓練して装備」の崩壊

二〇一四年五月に陸軍士官学校で演説したオバマ大統領は、シリアにおけるＩＳＩＳを抑えるための、地上戦略の主要な柱となるものを発表した。ＣＩＡを通じてシリアの反乱軍を武装させるという、多少は成功した秘密プログラムに代わり、国防総省は今後、新シリア軍（ＮＳＦ）の創設を主導する。これはＩＳＩＳと戦う（そしてそれ以外とは戦わない）専門の小規模なテロ対抗代理軍だ。防衛筋では通称「訓練して装備」と呼ばれるこのプログラムは、お値段五億ドルで、その後三年にわたり毎年ＩＳＩＳ抹殺人を最大五〇〇〇人ずつ生み出すのを目標としていた。訓練はトルコとヨルダンで、米軍の監督下で行われることになっていた。当初の着想から最終章となる二〇一五年一〇月まで、「訓練して装備」は文句なしの大失敗であり、アメリカの納税者に三・八四億ドルもの負担となったのだった。

新シリア軍初代卒業生たちは五四人で、二〇一五年七月半ばからトルコ経由でシリア北部に配備された。二週間後、拠点に対するアメリカ空爆への明らかな報復として、アル＝ヌスラはその戦士たちのうち一〇人を誘拐し、このプログラム全体が止まってしまった。何週間もたって、アメリカ中央軍の司令官ロイド・オースティン大将はアメリカ議会に対し、残った卒業生のうちまだ戦場に残っているのは「四、五人でしかない」と弱々しく伝えている。国防総省の愚行に関する実にしっかり調査された分析で、マクラッチーのロイ・ガットマンは、反アサド武装員を反ＩＳＩＳに切り替えるという哲学そのものがさかだちしていると指摘した。ガットマンは、ＮＳＦ第一期卒業生の指揮官イブラヒームを引用している。かれは、何度もＮＳＦを辞職しようと思ったそうだ。というのもアメリカのスポンサーたちは、リクルートしている応募者たちの存在理由をまったく理解していないように思えたからだ。「毎日、私は［アメリカ人の教官たちと］会合を持った。私はそもそもの発想がまちがっていると述べた。『我々はシリア人だ。我々の問題は政権だ。政権打倒を手伝ってくれ』と私たちは述べた。すると答えは『政権に対しては一発たりとも撃ってはいけない』というものだった」

それどころか新シリア軍にリクルートされた者たちは、新しく学んだ戦闘能力やアメリカが提供した装備を、アル＝アサド政権の標的に対して一切使おうと思ってはいけないとあらかじめ宣誓させられた。ＩＳＩＳとの戦闘だけが認められていた。でも、たとえばシリア軍やヒズボラやイランによる民兵団から攻撃を受けたらどうすればいいのか？　その場合、アメリカは

ＮＳＦを保護してくれるのか？

「訓練して装備」をめぐり我々自身が二〇一五年に行った広範な報道は、アメリカの軍人やこの計画をよく知っている反乱軍へのインタビューに基づいたものだが、それを通じて我々は、この疑問への答えが圧倒的に「ノー」だという答えに達した。でもこれでは、なぜこの計画全体が悲惨なまでに崩壊したのかを部分的にしか説明できない。

二〇一五年九月二二日に『デイリービースト』は、アナイス・イブラヒーム・オバイド少佐（アブ・ザイードという呼び名のほうが有名だ）が第三〇部隊からアル＝ヌスラに寝返ったと噂されていることを伝えた。第三〇部隊は、国防総省が新シリア軍卒業生を配備した自由シリア軍反乱部隊の一つだ。この最新の愚行は、新シリア軍の第二期卒業生を、またもトルコ経由で北部シリアに配備してからものの数時間以内に起きたと言われる。公正を期すなら、この伝聞情報をきちんと裏付ける証明はほとんどなかった。アル＝ヌスラはこの話を積極的に触れ回り、アメリカの装備を示すと称する写真をツイッターで流した（実はこの写真は第三〇部隊の基地で撮られたものだった）。さらに国防総省は、その代理軍と装備はすべて所在がはっきりしていると断言し、九月二三日には「ＮＦＳ戦士がアル＝ヌスラ戦線に寝返ったという証拠はまったくない」「多国籍軍が提供した兵器や装備はすべてＮＳＦの戦士たちがしっかり保有している」という全面否定の新聞発表を行った。そして国防総省は、アブ・ザイードは新シリア軍計画で訓練を受けていないと追加している。

ではこの話はすべて、アル＝ヌスラがアメリカに恥をかかせようとでっち上げたものなのか？

実はそうとも言えない。国防総省の主張は半ば正しい。アブ・ザイードはアル＝ヌスラに寝返りはしなかった。単に何百万ドル分ものアメリカの装備（機銃装備の四駆のピックアップトラック、防弾ジャケット、M16ライフルなど）をアル＝ヌスラに譲り渡しただけだ。これは当人がフェイスブックで発表したように、アレッポの一部への安全な移動を保証する代償だった。アブ・ザイードはそこで、アメリカ人たちの指揮も支援も受けない新しい反乱軍組織を創設しようと考えていたのだ。この事実は、アブ・ザイードが新シリア軍卒業生たちに囲まれているビデオを筆者の一人が見つけたことで裏付けられた。このビデオは明らかに、アブ・ザイードが数日前に姿を消したアレッポ郊外のアタレブで撮影されていた。そしてそのビデオでアブ・ザイードは、明らかに権威ある人物として敬われていた。

でも、もしアブ・ザイードが新シリア軍計画に参加していなかったのなら、どうやってその卒業生集団を指揮するようになったのだろうか？「訓練して装備」で働いていたアメリカ軍人によると、これは異様ながら、標準的な作戦手順なのだった。ペンタゴンは、すでに確立して活動している自由シリア軍集団からテロ対抗要員を集めていたので、その生徒たちは自分の旅団や大隊の指揮官にすでに忠誠心を持っていたのだ。軍はそうした指揮官を調査はしたが訓練はせず、かれらが部下を戦闘で率いるのを許していた——その部下は、アメリカが訓練を行い装備も与えた兵だ。「我々は上級指導者は訓練せず、戦術レベルの兵だけを訓練したんです。でも指導者たちも調査は受けたし協力は得ていたので、これは別にことさらあげつらうようなちがいではなかった。指揮官たちは、訓練プログラムの実際の卒業生ではなくてもまちがいなく『こっちの味方』だったんです」と米軍筋は筆者の一人に語った。

アブ・ザイードのビデオが『デイリービースト』で公開されて二四時間もしないうちに、アメリカ中央軍は自分たちのまちがいを認める声明を出した。スポークスマンの空軍大佐パトリック・ライダーはこう述べている。「この事例に限って言えば、［アメリカに訓練を受けた］卒業生たちを率いる、［調査を受けた］指揮官は多国籍軍に対し、アル＝ヌスラに脅されて、通行上の安全を確保するためにアル＝ヌスラ戦線仲介者にトラック六台と弾薬少量を提供したと自己申告した。我々は将来的にこうした状況を避けるための方法について検討するが、戦場の複雑さから見て、あらゆるリスクを排除するのは不可能である。我々は使えるあらゆる手段を講じて、ずばり何が起きたかを調べており、適切な対応を見極めようとしている」

「訓練して装備」はその後間もなく棚上げとなった。マクラッチーのロイ・ガットマンは、ペンタゴンの別のスポークスマンであるロジャー・キャビネスを引用し、この計画を卒業したシリア人は一八〇人いたとしている。そのうち一四五人はまだ従軍しているが、シリアでいま戦っているのは九五人だけだという。他の三五人の卒業生がどうなったかはだれも知らない。

ロシアの介入

二〇一五年二月、ロシア連邦保安庁（ＦＳＢ）長官アレクサンドル・ボルトニコフはワシントンを訪れ、「暴力的過激活動への対処」と題されたホワイトハウスでの二日間の会議に参加した。ＥＵとカナダは、その前年にロシアが行った違法な侵略と併合（ウクライナ領のクリミアとセヴァストポリのロシアへの編入を指す）で大きな役割を果たしたボルトニコフへの制裁措置を取っていたのに、米国政府はなぜか、かれを自国の制裁対象から外し、おかげでロシア政府は、いわば自国のＦＢＩ長官に相当する人物を、国際テロに関する会合の使節団長として送り出せたのだった。ボルトニコフはプレゼンテーションの中で、イラクでは最大一七〇〇人のロシア市民がＩＳＩＳと戦っているし、旧ソ連諸国からの戦士はもっと多いと主張した。かれらがロシアからイラクに出発するだけでなく、ロシアへの帰還を防ぐためにもっと強い活動が必要だと主張し、アメリカが穏健シリア反乱軍を支援しているといって批判した。ボルトニコフのコメントで皮肉なのは、かれがアメリカに対してシリア内戦を煽っていると糾弾している一方で、かれのＦＳＢは黙ってＩＳＩＳ人事部のコンサルタント役を果たしているということだった。プーチン支配下のロシアで残っている数少ない独立系メディア『ノヴァヤ・ガゼタ』の記者エレナ・ミラシナは、北コーカサスのある村における徹底したフィールドワークをもとに、シリアに入るジハード主義者の流れを「ロシアの特殊機関がコントロールしている」ことを発見した。そうしたジハード主義者たちは、ISISだけでなく他の過激イスラム主義派閥にも参加しているのだ。

これは逆説めいて聞こえるかもしれない——自分の庇護者の仇敵を支援するのだから。でも実はこれはかなりストレートな理屈に基づいているのだ。テロリストは、外国に行ってシリアで戦ってくれたほうが、ロシア国内であれこれ爆破されるよりましだということだ。テロリズムに入り込んで利用するという手法は、一九世紀以来ロシア諜報部門の歴史の中で古く重要な役割を果たし続けているし、近年でもいくつか重要な瞬間に再登場している。たとえば一九九九年にモスクワで何百人も殺した、未解決のアパート爆破から、その三年前におけるアイマン・アル＝ザワヒリの六ヶ月にわたるダゲスタン収監などだ。こんなに重要な囚人でありながら、FSBはそれがアル＝カイダのナンバーツーだとは気がつかなかったと主張している。

ミラシナは、ダゲスタンのカサヴユルト地区のノヴォサシティリ村を事例調査対象として選び、その議論を構築した。彼女の報道だと二〇一一年以来、ノヴォサシティリの総人口の一パーセント近くがシリアに向かった——総人口二五〇〇人中の二二人だ。そのうち、五人は殺され、五人は帰郷した。でも、ロシアは出入国が難しい国だから、ロシアを離れるにあたっても外部の手助けがあった。FSBはかれらをまずトルコに行かせ、それからシリアに入らせる「グリーン回廊」を設立した（ロシア人は、北コーカサスの住民を含め、毎日飛んでいるイスタンブール直行便にどれでも乗って、査証なしでトルコを訪問できるのだ）。

村長アクヤド・アブドラエフがミラシナに語った話では「一五年間、戦争で戦い続けた人を知っています。チェチェン、アフガニスタン、イラク、そしていまはシリアで戦っています。まちがいなく平和には暮らせないんです。そういう人が戦争に行っても、損失ではありません。うちの村には、交渉人がいます。その人が、FSBと一緒になって、指導者何人かを地下から引っ張り出し、外国のジハードに送り出しました。地下抵抗組織は弱体化し、私たちにとっては結構なことです。連中は戦いたがっている――だったら戦わせればいい。でもここではやらんでくれ」。

ミラシナは続いて、アブドラエフが述べた「交渉人」にインタビューした。かれは、自分がFSBと地域武闘派の仲介をして、武闘派たちがレヴァントに出発するための手配をするのだと役割を説明した。たとえば二〇一二年には、かれは「北部セクターの司令官《エミル》」と呼ばれる人物――「とても危険な人物」で、FSBは爆破攻撃何件かの背後にいると考えている――と交渉して、ダゲスタンでのジハード主義をやめると合意すればトルコに送り出すよう手配する支援をした。FSBはエミルにパスポートを与え、旅行代理店役を果たした。条件としては、FSBだけと交渉して、仲間のだれにも真のスポンサーを明かさないことだった。その後エミルはシリアで殺されたが、「交渉人」は自分がさらに武闘派五人をFSBに引き合わせて同じ交換条件で話をまとめたと言う。かれはミラシナに語った。「これは二〇一二年の話だ。ちょうどシリア行きのルートが開いたばかりでね。もっと厳密に言えば、「FSBが」それを開かせたんだ」

いまのところ、ヒジュラつまり、ジハード主義者の移住を後押しする戦術は、ロシア政府が北部コーカサスでの何十年にもわたる反乱を抑えるのに役立っているようだ。どう見ても、結果はテロ対抗の担当者たちにとっては実にありがたいもので、地域のテロはシリア危機が始まってから半減した。ヒューマン・ライツ・ウォッチのロシアプログラム主任で上級研究員のタニヤ・ロクシナによれば、『ノヴァヤ・ガゼタ』の主張は確認も否定もできないものの「ロシアの法執行機関や治安当局が、反乱軍と治安部隊との武装衝突による死傷者が、半減という大幅な低下を見せたことを誇っているのは明らかです。当局はこれを、政府が反乱軍との戦いに成功しているからだと述べます。現実には、どうもこの低下をもたらしたのは、攻撃的で有能な戦士たちがいまやダゲスタンでは戦っておらず、シリアでＩＳＩＳに参加しているという事実のようです」。

元ＫＧＢ将校で、かつてモスクワの対抗諜報組織である第一総局の局長だったオレグ・カルーギンは、『ノヴァヤ・ガゼタ』の記事が不自然ではないにとどまらず、かなり真実に近いだろうと述べる。「その記事の話は、たぶん本当に起きたんじゃないでしょうかね」とのことだ。というのもロシアの諜報部門は、「過激分子を押し出して、その能力を使ってどこかの地域の人々に最大の被害を与えるようにする」という長い不名誉な歴史を持っているから、とかれは指摘する。中央アジアでＦＳＢと協力していた元ＣＩＡ工作員も、暴力的な宗教的狂信者を外国に送り出すというのは、スパイたちの間では昔からの手口だと合意する。「ＦＳＢが最も暴力的な連中を捕まえて『へえ、カリフ国がほしいって？　ラッカに作ればいいじゃないか』と言うのは十分考えられます。サウジ人たちは、アフガン人に対して八〇年代にこれをやりました。いわば実証済みの当てになる手口です。我々だって同じことができる。もちろん、そんなことはしてませんよ」

結局のところ、これは九〇年代初頭の戦略ではあった。当時、シャミル・バサエフのようなジハード主義軍閥がロシアの軍事諜報機関に籠絡され、世俗民主チェチェン運動の評判を貶めるのに使われたのもその一環だ。バサエフはロシアにとって便利な道具だった――少なくとも二〇〇六年にＦＳＢがかれを（おそらく）暗殺するまでは。本当はロシア連邦からの分離独立なんかに興味はなかったからだ。かれはコーカサスに「首長国」を作りたがっていた。かれが殺戮を繰り返したことで、一石二鳥となった。まず、正当な分離主義運動の評判に泥を塗ったこと、そしてそこから、国家安全保障上の針小棒大な正当化を通じて、ロシアによる反乱対抗の焦土作戦が実施できるようになったことだ。おかげでチェチェンの首都グロズヌイはまさに焦土と化した。

ＩＳＩＳのリクルート活動を直接支援するだけでなく、ロシア政府は嫌がらせと恫喝を通じてジハード主義者たちにイスラム武装勢力への参加を促す傾向がある。北部コーカサスでジハード主義の嫌疑をかけられた人々は、サラフィー主義のウォッチリストに載り、何度も尋問され、写真を撮られ、指紋を採られる。一部はDNAサンプルの提出も求められる。ロクシナによれば「私が話をした人はみんな、いったんウォッチリストに載ったら、もう普通の生活は送れないと言ってます。まるで警察と治安担当者がかれらを森に押し込もうとしているかのようなんです」。彼女が記憶している例として、ある四〇代の男性は、暴力を支持していないのにダゲスタンで呼び止められて拘束されたそうだ。その役人はこう尋ねたという。「おい。どうしてまだ森に入ってないんだよ。おまえのいとこはもう反乱軍にいるぞ、知り合いもみんな加わってるのに、どうしておまえは入らないんだ?」

ジハード主義者たちをISISに押し込もうといういやらしいFSBの陰謀が本当にあるとしても、ロクシナはそれが国レベルでのものではなく、地域レベルで起こっていると考えている。北部コーカサスの現場担当者たちが、モスクワの上層部に対して治安向上ノルマ達成を印象づけようとしているのだという。「これは警察の職員がオフレコで語ってくれたことです。今月一〇人をウォッチリストに入れたら、来月は一二人を追加しろというノルマがくるんです。すべて数字なんですよ」。ロシア治安局を専門とするジャーナリスト、アンドレイ・ソルダトフも同意する。「私に言わせれば、FSBがなんとか状況を落ち着かせようとして、過激派イスラム主義者たちを支援するために手を尽くしたダゲスタンでの、必死の試みのように思えますね。北部コーカサスからシリアに問題を移そうという、きちんと考え抜かれた作戦のようではありません」

いずれにしても、問題は都合よくロシアから追い出された――シリア危機開始以来、テロリストによる事件は半減した――そして中東に移った。おかげで多くのアナリストは、二四時間の監視下にいるはずの有名な聖職者ですら、ＫＧＢの後継機関の見張りをすり抜けられてしまうというのはどういうことなのだろうと不思議に思うことになる。ラジオ・フリーヨーロッパ／ラジオリバティ所属のジャーナリストであるジョアンナ・パラシュズークは、ＩＳＩＳ戦士のロシア出身者を調査しており、ビデオやソーシャルメディアの利用を含む証拠の検討から、その人数は何千人のレベルではなく「数百人」だと推計している。「多くはロシアやダゲスタンでリクルートされて、イスタンブールに向かう若めの男性ですね。それからＩＳＩＳの領土、通常はラッカに連れて行かれるんです。この連中はウォッチリストに載ってるんでしょうか？　どうやってパスポートを手に入れて国を出られたんでしょう？　そして不気味な話があります。ダゲスタンの過激な聖職者たちまでが『カリフ国』に現れているんです」。パラシュズークによると、その一人はナディール・アブ・カリドだ。かれはダゲスタンで在宅逮捕されていたはずなのに、いきなりイラクに「浮上」したそうだ。一緒にいたのはアブ・ジハードという別の反乱戦士で、これはアレッポのＩＳＩＳの、チェチェン人野戦司令官アブ・オマル・アル＝シシャーニの親友だ。「いま起きているのは、ダゲスタンの聖職者たちが急増して、イラクにおけるリクルーターたちの中核グループになりつつあるということです」

二〇一五年六月、ロシアの代表的なジハード主義反乱集団コーカサス首長国のメンバーたちがＩＳＩＳに忠誠を誓い、アル＝バグダーディの軍に、ユーラシアの大国内に名目上の「県」を与えることになった。いつもながら、ＩＳＩＳは何十年も前からあるロシアの反乱勢力の中に亀裂が走っているのではと懸念し、ロシアイスラム評議会議長ゲイダル・ゼマルによれば「ここで問題にしているのは、ＩＳＩＳの特殊な『フランチャイズ』となった主導的グループだ。こうした連中はＩＳＩＳの支持者を名乗り、アラスカでもフロリダでも出現する。でもそうした連中の行動は、ラッカやアル＝バグダーディのせいにされるべきではない。（中略）連中はＩＳＩＳの支持者を名乗るが、それはいまの流行だからだ。そして何か行動をとる。でもその行動をＩＳＩＳと結びつけるのはまったくまちがっている」。

それでも、親ＩＳＩＳ領土がロシア国土に出現して、ロシア政府は震え上がっているはずだ。しかし、実際にはまったく震え上がっていない。「ロシアはこれを大喜びしています。というのもこれで、地元の反乱をコーカサスの地元問題のせいではなく、ＩＳＩＳ――『西側のつくり出した国際集団』――のせいにできるからです」とパラシュズークは語った。

ロシア政府がＩＳＩＳを、誤情報拡大の機会と見ているのだという裏付けが二〇一五年六月に得られた。ここでチェチェン軍閥「大統領」ラムザン・カディロフがインスタグラムで、ＩＳＩＳは実は「西側諜報機関の発明品だ。（中略）アブ・バクル・アル＝バグダーディがアメリカのＣＩＡに支援され、アル＝バグダーディがイラクのキャンプ・ブッカに収監されていたときに、デヴィッド・ペトレイアス将軍にリクルートされたのは周知の事実だ」と述べたのだ。カディロフは多くの点でロシア政府の潜在意識のような存在であり、クレムリンでかれを嫌う人は多いものの、プーチンは平気だし、かれをグロズヌイにおける自分の全権大使として、何度も勲章を授与している。こうした陰謀論は言うまでもなく、イラクにおけるスレイマニのゴドス軍やその手下のシーア派民兵集団の思うつぼだ。かれらはすでにＩＳＩＳが、中東の不安定化を狙うアメリカの邪悪な陰謀だと信じていて、アメリカ政府と交渉するよりはロシア政府と交渉したがっているのだ。人民動員隊は、イラク治安維持軍の米軍指導員たちに銃を向けるぞと繰り返し脅しをかけているし、プーチンは英雄的な指導者であり、ＩＳＩＳに対する戦争でも信頼できるとして親イランメディアで称賛されている。

またカディロフとロシア課報機関との敵対が噂されているが、これはソルダトフによると誇大に喧伝されすぎているという。かれによれば、ＦＳＢはコーカサスのジハード主義者の所在と活動についての、使いものになる情報をチェチェン大統領から得ているのだという。これは、シリアに渡ってしまったジハード主義者についての情報も含む。「ＦＳＢや内務省内部のコンタクトは全員、武闘集団に入り込むのがきわめて難しいと述べています。二〇〇〇年代半ば、かれらはチェチェンに巨大収監センターを建設して、なるべく多くのチェチェン人を処理し、監獄内でリクルートして、情報提供者として釈放することにしました。それでも成功した潜入のまともな事例はほんの数件しかありません」。ソルダトフによれば、後にバサエフが殺されたのはＦＳＢが雇った工作員の手になるものだ。ＦＳＢは五年以上もかけて、外国のロシアムスリム育成を図ってきたのだった。「チェルケス人難民がいたんですよ。その連中がザルカーウィと接触しようとしてました。で、そのための出発点としてまず必要なのは、イスラムを外国で学び訓練を受けてきた連中の一覧です。でもFSBはそんな一覧は持っていない。だからこれでカディロフの評価は上がりました。かれはチェチェン内部や難民内部のコネを使い、モスクワにとって手放せない存在となれたのです」

他のアナリストにとっては、中央ロシア政府が地域の役人とロシアに対する最も過激な反対者たちとの薄汚い野合について知らないなどという話は、とても信じられないものだ。「ロシア政府はいくつか狙いを持っていて、それがごちゃ混ぜになっているので、何か個別の場合にどれが適用されているのかを見極めるのはとても難しい」と語るのは、ロシアの少数民族専門家で、アメリカ国務省とCIA双方の顧問だったポール・ゴーブルだ。「まず、ロシア人はバカじゃない。北部コーカサスの武闘派集団にはしっかり入り込んでいる。こうした集団はロシア政府に『コントロール』はされていなくても、完全に入り込まれている。諜報を得る最も簡単な方法は、こういう武闘派をシリアに行かせて、自由のために戦う戦士のふりをさせることだ。第二に、ロシアは北部コーカサスを買収する資金がなくなりつつあるので、そこでの反対勢力を弾圧する新しい方法を必要としている。そういう反乱軍を弾圧する最高の方法は、かれらを国外追放することだ。ダゲスタンやイングーシでロシア政府と戦われるよりは、シリアやイラクでアメリカ率いる多国籍軍と戦ってくれたほうがまし、というわけだ。ヴィクトル・セルジュ『同志テュラエフ』のようなもんだ」ゴーブルが言及したのは、スターリン主義の役人セルゲイ・キーロフ暗殺と、その後ソ連に広がった、被害妄想めいた粛清の大波を題材にした一九四八年の小説だ。「モスクワはおおざっぱな処方箋を思いついて、するといろんな連中が、それを実施する独自の方法を思いつくってわけだ」

二〇一五年六月二一日、人権とテロ攻撃を扱う地域ニュースサイト『コーカシアンノット』は、チェチェン、イングーシ、カバルダ＝バルカル、カラチャイ（これはコーカサス首長国を構成する地域だ）を含む四つの地域区分からの武闘派が、アル＝バグダーディに忠誠を誓っているところを示すビデオがユーチューブに上がったと述べた。『コーカシアンノット』は、この忠誠が本物かどうかを疑問視したが、地域の専門家はアル＝シシャーニの移民とゲリラ兵の軍の場合と同様に、コーカサス首長国の中でも分裂が生じていて、一部の戦士はＩＳＩＳに参加したがって、他は独立組織を維持したがっているのではと示唆している。

いずれにしてもＩＳＩＳはダゲスタンでの二つの攻撃が直接自分たちの下したものだと認めた。最初のものは二〇一五年九月二日のマガラムケント、もう一つは国境警備兵が殺されたデルベントでのものだ。地元住民はマガラムケントで攻撃があったことをまったく認めておらず、地域専門家は現在のＩＳＩＳが、北部コーカサスにおいて一回でも攻撃する能力を持つかどうかについて激論を交わしている。ロシア科学アカデミーの民族学人類学研究所所属アフメット・ヤリカポフは『コーカシアンノット』にこう語っている。「今日の北部コーカサスでは、最も戦闘能力が高いのはＩＳＩＳのメンバーだ。一方、コーカサス首長国はあまりに弱体化して、もはや一体的な組織としては存在していない」

一ヶ月もたたないうちにプーチンはシリアに参戦した。かれは、二〇一五年九月二七日放映のインタビューで、ニューヨークでの国連総会開催にあわせてチャーリー・ローズにこう語った。「シリアの国土の六割は、ＩＳＩＳか他の（中略）アル＝ヌスラなどのテロ組織に支配されている」。そしてそれらの団体は「アメリカや他の国々や国連に」テロ組織認定されているのだ、と。ただし三日後に爆撃を開始したロシアの爆撃機は、その爆弾の大半をＩＳＩＳやアル＝ヌスラなどアメリカの指定テロ組織には落とさず、自由シリア軍のアメリカ支援部隊や、無数のシリア民間人の上に落としているのだった。

参戦から最初の四八時間で、ロシア空軍はハマ県北部のアル＝ラタミナーを三度も攻撃し、自由シリア軍に属するタジャンムー・アル＝アーザ（尊厳のための連合）を爆撃している。これはＣＩＡ支援の反乱軍であり、アメリカの提供したＴＯＷ対戦車ミサイルを受け取っている珍しい組織だ。かつてシリアアラブ軍から寝返り、いまや反乱軍旅団の指揮官であるジャミル・アル＝サレーは、爆撃が収まった直後にこう語ってくれた。「［九月三〇日の］攻撃は、タジャンムー・アル＝アーザの総本部を狙っていました。昨日は空襲が二回あり、昨晩も二回、今朝も二回です。いまのところ、負傷した戦士は一四人いますが死者はいません」。アル＝サレーは、ロシア機四機が編隊を組んで飛行し、ハマ県北部の上空を五回グルグルと偵察してから爆撃を行ったと付け加えた。「最初はそれがドローンかと思いました。この地域は一週間前からドローンがうろついていたからです。実は、ジェット機より前にドローンが一機きました。それがロシアのものなのはわかりました。白くて、アル＝アサド政権の飛行機よりも高度が高かったからです」

かれは述べた。「ハマ県北部では四年戦っていますが、ダーイシュとかISISと呼べるものはこのあたりにまったくいません。ここからいちばん近いISIS拠点は一〇〇キロ離れています」

こうした反乱軍の主張は、どうやら米軍にも裏付けられているようだ。「[ロシアがISISの標的を]爆撃したとは思いません。これは問題です」と多国籍軍のペンタゴンスポークスマンであるスティーブ・ウォーレン大佐は一〇月一日に語った。

またこの傾向はいっこうに消える気配はなかった。一週間後の二〇一五年一〇月七日に、ロシアのジェット機は弾薬倉庫にロケット弾を撃ちこみ、リワ・スコール・アル＝ジャバル（山ワシ団）の弾薬、装甲人員輸送車、それに戦車まで破壊した。これはCIAが武器を提供している反乱軍旅団だ。ユーチューブにアップロードされたビデオを見ると、アレッポ西郊外のマンスーラで、ロシア空爆により炎上するがれきが映っている。そして山ワシ団の地元司令官、通称アブ・モハメッドが、この五年にわたる紛争における新しい露骨な敵を罵っている。「神様のおかげでみんな無事だ。我々はロシアも、ロシアを手伝っている連中も恐れはしない。バシャールよ、我々は弾薬や銃弾なしでもおまえと戦い続けて抵抗する。ナイフでおまえと戦う、弾薬などいらないのだ、アッラーフ・アクバル」。カメラマンはさらに、昨日旅団を攻撃していたのはロシア人だけではないと追加した。「ロシアの航空機は、アレッポのスコール・アル＝ジャバルの武器庫を狙い、ISISは同時に爆薬で基地を攻撃した」

山ワシ団を率いるのはハサン・ハガリ、シリアアラブ軍の元大尉だ。かれはスカイプ経由で我々に、旅団の主要武器庫であるマンスーラの基地の一つが、連続した二度のロシア空襲にやられたと語った。「そのまったく同じ時間――午後五時三〇分――ISISはデルジャマルで我々を、我々の基地を攻撃してきた。これはマンスーラから一三〇キロ離れたところにある」。それ以前にISISは、山ワシ団の前線拠点を攻撃したとハガリは付け加えた。これはやはりアレッポ西部のエフレスで、三時頃に起きた。でもまちがいなく同じくらい空から見えたはずの同地域にあるISIS拠点は、同じ爆撃機に一切攻撃を受けずに残ったのだった。

シリアでのプーチンの戦争第一週で、ロシアのミサイルのうちISISやアル＝カイダと関連した標的にあたったのは一〇パーセント以下だとアメリカ国務省は述べている。文句なしの事実として、ロシアの空爆は客観的にみて、ISISの宿敵――自由シリア軍を潰すことで、ISISを助けていたのだった。これは各種の報道機関に対しアメリカの諜報担当者がその後語っていたことだ。この主張はすぐに裏付けられた。ISISは反乱軍が押さえていたアレッポ郊外の村を六つ襲ったのだ。反乱軍は一年以上、これらの村にジハード主義者が近づけないようにしてきたけれど、一日中ロシアが爆撃している状況では、それがもうできなくなってしまったのだ。つまりプーチンの積極参戦は、まるでテロリスト対抗を狙ったものではなかったわけだ――ボロボロの手下の政権を強化し、その失地回復を助け、何よりもその正当性や延命に対して考えられる脅威をすべて排除することを狙っていたのだ。ＩＳＩＳはそうした脅威にはならないが、アル＝アサドの他の反対者たちは脅威となるのだった。

またこれは、ロシアのハードパワーと覇権が中東に戻ってきたと伝えるものでもあった。ロシア政府が二〇一五年に国家予算五二〇億ドルを軍事費に充て、シリアの化学兵器解除計画を成立させる（が完全には実施されなかった）支援をして以来ずっと、プーチンは騒乱に満ちた流血のアラブの春以後の外交危機を解決するにあたり、自分こそが頼りになる話し相手だと喧伝してきたのだった。やっとここに、気まぐれで無謀なアメリカ――何十年もの仲間、たとえば元エジプト大統領ホスニ・ムバラクなどを、「民主主義」などという幻の概念のために投げ捨ててしまう連中だ――に対して、信頼できて頼りになる仲間が登場したというわけだ。アメリカの外交政策など、イラクからリビアに至るまで、混乱とテロ以外の何をもたらしたというのか、とプーチンは介入に先立って尋ねるのだ。オバマ政権のアジア「転回」なるもの――つまりは騒乱の中東から離れるという暗黙の主張だ――は、別の超大国が安定性を保証する存在としてはせ参じる魅力的な機会を提供するものだった。それによりロシア政府は、この近隣での国際仲介ビジネスすべてについて、最も有力な存在ではないにしても、不可欠な共同署名者となるわけだ。シリアで参戦することで、すでにプーチンはラタキア空軍基地という新しい前線作戦基地を手に入れたことになる。これはロシアの昔からの不凍港（実際にはむしろ空軍整備施設だが）タルトゥース港を補うものだ。またシリア国内には最大で四〇〇〇人のロシア軍人や支援人員が駐在している。そこには二〇一四年にクリミアを制圧した、エリート海兵隊員や空挺部隊も含まれているのだ。

中東地域における役割の復活を劇的に示すものとして、ロシアはカスピ海の海軍船から長距離巡航ミサイルを発射した。これはイラン、イラク、シリアの領空を通り、ISISのいる東ラッカのはっきりしない標的を爆撃した。同時に、ISISのいないアレッポ西部とイドリブも爆撃した。こうした爆撃の映像は、その航路の華々しいCG映像を伴って、ロシアの国家プロパガンダ機関（英語の『ロシア・トゥデイ』など）を通じてほぼリアルタイムで配信されたのだった。未知の標的に対するミサイル攻撃は、「強さと力」を投射するのが狙いだった、とブルッキングス研究所の非常任フェローでロシア専門家リリア・シェフツォヴァは語る。「ロシアの進撃は心理的な面とシステミックな面の両方を持っています。一方では、これは西側に対する脅迫行為です――アメリカ人に対してロシアのやり方を受け入れざるを得なくしようというプーチンなりのやり方です。また他方では、それはロシア政府の軍事愛国的正当性を再現しようという必死の試みでもあります。しかし、テロリスト撃破、ですか？　あり得ませんねえ」

ワシントン近東政策研究所の軍事専門家ジェフリー・ホワイトは、ロシア人たちがいずれはISISを狙うのはまちがいないと考える一方で、いまのところロシアとしては、間接的にISISにアメリカの武器供与を受けた反乱軍を潰させ、この対立構造を既成事実化させるほうが得なのだと語っている。「一九四四年のポーランド軍破壊という古典的な事例がありました。ソ連軍はワルシャワに近づくと、進軍を止めてドイツ人にポーランドの反乱軍を潰させたんです。赤軍はポーランド人を一切助けようとしませんでした。そしてその後に、ドイツ人をポーランドから追い払ったんです。シリアでも似たような計画が進行中だというのも考えられます」

ロイター通信のある独立調査によると、シリアで参戦した最初の月である一〇月の末までに、ロシア空軍は八割の確率で非ISIS標的を爆撃している。事態が進行するにつれて、ロシアの機銃つきヘリや砲弾は、ジハード主義者たちがアル＝アサドの拠点を脅かすと、必ずISISを標的にした。たとえば、ダマスカス北部や、アレッポ県のクウェリス空軍基地などだ。この空軍基地は、一年にわたりISISに制圧されており、それが破れたのはロシアの空軍力と、イラン兵やイランに後押しされた兵員が投入されてからのことだ。その攻撃を考案して率いたのはカッセム・スレイマニだった（それどころか、モスクワへの秘密旅行でロシアに言うことをきかせ、アル＝アサドのために参戦させたのは、このゴドス軍指揮官のほうだった――これはすべて、国連によるスレイマニの渡航禁止に違反するものだ）。それでも、ISI

Ｓとの交戦がある場合ですら、それよりはるかに大量の攻撃がＩＳＩＳのまったくいない地域や、きわめてわずかしかいない地域の主流武装反乱軍に対して集中的に行われている。そうした地域としては、イドリブ、デラー、ハマ、ホムスなどがある。戦争調査研究所のヒューゴ・スポールディングによれば、一〇月にはっきりしてきた出撃傾向は、今日まで続いている。その標的の比率は「ごくわずか」しか変わっていない。一部の例では、スポールディングが指摘するように、ロシアは実在しないジハード主義者集団を捏造までして、その反乱軍に対する無慈悲な攻撃を正当化している。たとえば「シャム・タリバン」などというすごい名前の集団が、シリアの湾岸地域にいたことになっているのだ。二〇一六年一月現在で、シナイ半島でのロシア航空機爆破とパリでのテロ攻撃からずっとたって、ロシア政府のＩＳＩＳに対する血みどろ攻撃が最高潮とされていたとき、アメリカの役人はロイター通信に対し、ロシアは三割しかＩＳＩＳの標的を爆撃していないと述べている。『ダービク』でＩＳＩＳは、メトロジェット九二六八便を機上にこっそり持ち込んだ即席爆破装置で墜落させたと自慢していたが、その同じ号でかれらはロシア政府が、他のあらゆる標的は爆撃するのに自分たちだけは爆撃しないことについてバカにしている。「飲んだくれの茶色いクマ――ロシア――は残虐ながらまぬけにあちこちを爆撃していて、そのやり方はアメリカのアナリストやシンクタンク、諜報、政策担当者すら混乱させるものだ。そしてウクライナで西側の競合国と戦争しているのに、シャムでアメリカのサフワ同盟者を狙うことで、ロシアはまたもや西側と紛争を起こそうとしているのだ」

シリアでのロシアの介入を最も密接に見ているのが、『ベリングキャット』というウェブサイトだ。オープンソース情報を使って現代戦争の分析を行う市民やジャーナリストで構成されるこのサイトは、NGOや政府や人権監視団などに、その客観性と手法上の厳格さのために絶賛されている。その創設者エリオット・ヒギンスは、二〇一三年にシリア反乱軍がクロアチアから供給された兵器を見つけて同定した最初のアナリストの一人だった。かれは、ロシア政府がレヴァントでの作戦の狙いと規模について、明らかに嘘をついていると断言する。「ロシア国防省がユーチューブの自らのチャンネルに投稿した空爆ビデオを検討すれば、大半のビデオの説明は偽物だとわかりました。いずれのビデオも場所がまちがっていたり、ISISなんかいない場所でISISを爆撃したと主張したり、その両方であることもあります。少なくとも一つの例では、二本のビデオが同じ場所の爆撃を示しているのに、まったくちがった場所の爆撃だという説明になっていました」。やがて国防省も、この偽情報がすぐに見破られているのに気がついたので、アプローチを変えた。「たとえばビデオがある町の近くだと説明する代わりに、それがシリアのある県だという説明になりました。いまやビデオは標的がISISではなく、武闘派やテロリストだと述べています。それでも、ビデオの大半はISIS支配地以外の場所なのは明らかです。これは国防省自身が、シリアでのISIS支配地を示すものとして公開している地図と比べても明らかです」。記録されたロシアの空爆のうち、ISIS支配地とされる場所のものはたった七・五パーセント、というのが「ベリングキャット」の見立てだ。ロシア政府はうっかり、自分の戦争犯罪の証拠を提供していた。ＩＳＩＳの石油設備が爆撃されているビデオと称するものを細かく見ると、穀物サイロや水処理プラントが爆撃されているのだ。病院や市場もしょっちゅう狙われる。これは特に、ＩＳＩＳの足跡がほとんどないアレッポ市で顕著となっている。

第二の都市、第一の標的

「ここにすわって飛行機の音が聞こえると――最近はやたらに多いんだ――その音で聞き分けられる。その飛行機が頭上なら――頭上かどうかは、音が最大になるからわかる――そしてロシアの飛行機なら、私たちのいるここは攻撃しない。二、三キロ離れたところを攻撃するんだ」

ラミ・ジャラーは、いまシリアのアレッポ市で民間人を爆撃しているのがどの政府かを識別する方法を説明してくれていた。かつて、その答えはすぐにわかった――でも現在では、シリア、ロシア、多国籍軍の航空機が飛んでいるのでこの方法が使えない。シリアのジェットは、あるときなど実に低空飛行をしたので、コクピットのパイロットさえも見分けられたとかれは言う。ロシアの固定翼航空機はずっと高いところを飛んで、雲の中の十字架かプラス記号に見えた。みんな遠くから撃つ。これはソ連時代の対空機関銃ダーシュカ（ロシア語で「可愛い子ちゃん」という意味）を回避するためだ。反アサド反乱軍がヘリコプターを追い払い、ジェット機を（たまには成功裏に）抑止する唯一の手段であることが多い。

ジャラーはシリアの工業県の、戦争で荒れ果てた県都に暮らし、自分のオープンソースニュース収集サービスＡＮＡプレスのために、多面的内戦の陰惨さを記録している。キプロス生まれでロンドンで教育を受けたかれは、二〇一一年に西側のテレビで、バアス派独裁に対する当時はまだ平和的な抗議運動だったものについて、英語を話す目撃者として名をあげた。かれは昔はアレクサンダー・ペイジを名乗っていた。でもこんな偽名はもはや必要ない。プーチンのジェット戦闘機相手に、偽名など何の役にも立たないからだ。

過去五年、かれはシリアを出たり入ったりしている。かつて同国最大の都市だった場所に戻り、親アサド軍と反アサド反乱軍との前線にとても近いアパートで暮らしている。「いまぼくがいるところから二〇〇メートル離れたところには、アサド政権の兵がいる」。このため、アレッポの子供たちはいまや前線にあるアパートで授業を受けている。開放型の学校がロシアに爆撃されたからだ。こうした即席学校で、最大の心配事は「ゾウ爆弾」という、政権の「現地生産」地対地ミサイルだ（呼び名は、発射時の音がゾウの鼻を鳴らす音に似ていることでついた）。これは一日に六〇発から七〇発も落とされる。

ジャラーは二ヶ月前にアレッポに戻った。ロシアの介入がどんなものか、自分の目で見たかったからだ。シリア人たちは、いまや降り注ぐ惨劇の規模について嘘をついているのではないだろうか、民間人の死者数が政権の死者数を上回っているというのは本当だろうか？　ロシアは、自分たちがＩＳＩＳなどの「テロリスト」を狙っていると主張し続けている――果物売りのカートやパン屋や病院などは狙っていないという。ロシア国防省はいまだに、民間人の死傷者について一切責任を認めず、証拠から見て明らかに爆撃している民間人の多い地域の爆撃そのものも否定することが多い。でもロシアの爆撃による副次被害の主張は、ジャラーによれば「まったくの事実です、ロシアは民間人を殺して情報戦を行っているんです。ぼくは地球上の一人残らずにこれを知ってほしい。連中［ロシア人たち］がそれを認めようと認めまいと」

紛争の他のウォッチャーも同意している。シリア人権ネットワークによれば、ロシア空爆の始まった二〇一五年九月三〇日から一二月一日までに、ロシア空爆で民間人五七〇人が死亡したとのことだ。ヒューマン・ライツ・ウォッチはロシアによるクラスター爆弾の使用を記録した。これは国連安全保障理事会決議二一三九「人口密集地での無差別兵器使用の終結を訴える決議」違反であり、しかもこれはロシアが可決を後押ししたものだ。そして二〇一五年一二月に公開された二八ページの報告書で、アムネスティ・インターナショナルはロシアによる六つの空爆を検討し、非戦闘員一三二人が死亡したと述べている。「一部のロシア空爆はどうやら、明らかな軍事目標がなく、医療施設さえある住宅地域を攻撃することで、直接民間人や民間標的を攻撃している。これにより民間人の死傷者が発生している」とアムネスティ・インターナショナルの中東北アフリカプログラム主任フィリップ・ルーサーは語る。これに対し、ロシアの国防省は、このNGOが地上で持っている情報源の身元を明かせと要求している。さもないと、同省が自分でそれを暴露すると脅している。

一二月一五日、ロシア戦闘機はサイフ・アル＝ダウラという地区のマシュハド市場を爆撃した。これはアレッポの中央市場だ。「一〇メートル右にずれていたら、ミサイルは市場の中に落ちて、二、三〇〇人が死んでいたでしょう。この攻撃はそんなに精度が高くないんです」とジャジャラー。当初、なぜロシア人たちがそんなにたくさんの人を殺す危険を冒すのか、とジャラーは不思議に思った。そして、革命初期のアサド政権による殺害の論理を思い出した。

「抗議デモで一人を撃てば、そいつは逃げます。そして翌日にはもっとたくさん湧いてくる。すると同じ目的を達するのに五人撃たねばならない。ロシア人たちは一度にたくさん殺しておけば、後からそれ以上殺さずに済むと考えているんです。市場は都市の血管みたいなものです。血管を開けば都市の血が流れる」

一ヶ月のうちに、アレッポに対するロシアの空爆で直接家を失った人が三万五〇〇〇人、間接的には他の県での政権による攻撃に空爆支援を行うことで、一〇万人以上を難民化させている。でもいまのところ、アレッポ市からは目立った住民たちの流出は起きていない。ジャラーによれば、住民たちは市を離れたがらないのだという。これは別に、かれらが愛国者だとか、残虐な殺戮に直面しても決然としているからではない。そのほとんどはすでに、シリアの他の市町村からやってきた、国内で家を失っている難民たちだからだ。かれらは遺棄されたアパートに入り、それまで決して提供されなかったリソースを使って屋台を出したりしているのだ。ジャラーによれば、アレッポの歴史的旧市街には昔からの住民がまだ残っているが、「新」市街では現在の市民のうち土着の人々はたった二割しかいないそうだ。「残りはシリアの最貧層です。ここを離れたら、他にどこにも行き場がない」

18 「おまえたちのローマを征服する」

―ISISテロの一年

二〇一五年一月六日、ニカブ姿の女がイスタンブールの人通りの多い、スルタンアフメット広場の観光警察所に入ってきた。ここは有名なブルーモスクやハギア・ソフィア博物館のある地域だ。「訛りの強い」英語を話すこの女は、当直の警官たちに財布をなくしたと述べた。この手口で時間を稼いで、彼女は持っていた爆弾を破裂させた。この爆破で、警官一人は重傷を負って死亡し、もう一人も負傷した。テロ犯のダイアナ・ラマゾフは、手榴弾を二つ持っていたが、自爆した。

ロシア市民権を持つ一八歳のラマゾフは、当時妊娠二ヶ月で、最近トルコに亡命してきたのだった。後でわかったことだが、トルコには二〇一四年五月に入国し、その直後にアブ・アルエヴィチ・エデルビジェフという人物と結婚している。チェチェン出身のノルウェー市民で、彼女とはオンラインフォーラムで出会っている。エデルビジェフのトルコ入国記録はないので、おそらく密入国したはずだ。イスタンブールで三ヶ月の「ハネムーン期間」を過ごしてから、カップルはシリアに移動してＩＳＩＳに加わった。二人がイスタンブールで結婚したのかカリフ国で結婚したのかははっきりしないが、ラマゾフの急な変身は、彼女の知人たちに衝撃を与えた。ミニスカートをはく普通のロシア人ティーンエージャーだったのが、ヘッドスカーフ姿の保守的ムスリムにいきなり変身した、と友人や親戚たちは回想する。エデルビジェフはすでにノルウェー警察治安部隊に知られており、二〇一四年一〇月にはかれの活動をめぐる刑事捜査が始まった。二〇一四年七月には秘密逮捕状がインターポールのレッドノーティス（インターポールが発行する指名手配犯を記した通知）として出ていたからだ。二〇一四年一二月にかれが死んだことで、捜査と国際指名手配は無意味になった。エデルビジェフはシリアでＩＳＩＳのために戦って死んだのだ。かれがラマゾフの背中を押して「ブラックウィドー」（ロシアの女性自爆テロリストはそう呼ばれる）にさせたのか、それとも彼女が自分でその決断を下したのかははっきりしない。

二〇一五年は、ＩＳＩＳが「国家を運営するテロ組織から（中略）テロに出資する国家」に変身した年となる。これはイギリスの元外交官で諜報担当だったリチャード・バレットの発言だ。かれはパリの街路で一一月一三日に演出された九人がかりの虐殺（これは世間的なイメージを一変させた出来事だった）の一ヶ月後にこれを書いていた。オバマ大統領が述べた「二軍」とはほど遠い存在になり、いまやレヴァントとメソポタミアに自分たちの「国家」を重ねるだけを狙ったゲリラ反乱軍にとどまらない存在となったＩＳＩＳは、対テロ戦争を西洋の地元に送り返すという約束を守った。二〇一五年一月七日、ラマゾフがイスタンブールで自爆した翌日、アメディ・クリバリはパリ南西部のフォントネー・オー・ローズ地区でジョギング中の人物を撃って負傷させ、パリ郊外のヴィルジュイフに自動車爆弾を仕掛けた（不発だった）。一月八日、クリバリはモンルージュで婦人警官を射殺し、それから同市ユダヤ人向けスーパーのイペールカシェの客五人を虐殺した。ISISはクリバリが、自分たちが育て上げた殉教者の一人だと主張する。これはかれの未亡人ウム・バシル・アル＝ムハジラーがすでにシリアに戻り、他の不信仰者たちの地に暮らす聖戦士《ムジャヒディン》志願者たちすべてのお手本として、亡き夫の伝説を『ダービク』に書いた後のことだった。

その何ヶ月も前、コバネ包囲の人民防衛隊支援でアメリカによる空爆がシリアで開始される以前、ISISのスポークスマンであるアブ・ムハンマド・アル＝アドナニは目に見えないムジャヒディン集団たちへの徴兵通知のようなものを発表し、住む町を離れず、カリフ国への危険な旅というリスクを冒すことなく、不信仰者たちを攻撃するよう指示したのだった。「IEDや銃弾が見つからなければ、信仰なきアメリカ人、フランス人やその仲間をだれでも見つけ出せ。その頭を石で叩き潰し、ナイフで切り刻み、車でひき殺し、高いところから投げ落とし、絞め殺し、毒殺せよ」とかれは二〇一四年九月二一日発の声明で述べている。

アル＝アドナニは異教徒たちにディヤラを、DIY方式でもたらすというわけだ。もちろんISIS高等司令部は、相変わらず複雑で多面的な作戦を計画し支援するけれど、敵に最大級の苦痛を与えるには、もはや訓練された工作員を使う必要はない。インターネットに接続されていればだれでも、ＩＳＩＳプロパガンダを母語で吸収し、自分の職場を銃撃したり、海軍新兵募集所を銃撃したり、赤信号で停車中の警官を撃ったりできる。そしてそれを指示した親組織は、その人物の名前すら知る必要はないのだ。ＩＳＩＳは万人に対する全面戦争を行うために、目に見えないジハード主義者の大軍を動員しているのだ。世界を終わらせるに先立ち、それを通じて最終的には世界を征服しようとしているのだ。

いつもながら、この黙示録的な終末ゲームには世俗的な奸計があった。アル＝アドナニならまちがいなく知っていたように、ムスリムにリベラル民主主義――特にシリアが解き放った難民危機によって、ムスリム移民が国内政治を左右しつつあるヨーロッパ――の市民を殺せ、とけしかけることで、ＩＳＩＳは今後のヨーロッパの選挙すべてで抗議の票を与えられることになり、おかげで何千キロも彼方からＩＳＩＳと交戦している各国の政府を直接不安定化させられるかもしれないのだ。たとえばテロ組織の自分か相手かという世界観は、ヨーロッパ大陸すべてに漂う、かつては泡沫だったのに、いまやますます主流となりつつある人種差別的でデマゴーグ的な発言基盤と見事に整合しているのだ。フランスでは、ネオファシストの国民戦線が、ムスリム移民をすべて終わらせろと主張している。ハンガリーのヨッビク（ハンガリーの極右政党）は、いまや文明に対する最大の脅威がユダヤ人なのかムスリムなのか決めかねている。もっと裏表のある政策を使いつつも、イギリスの国境を封鎖してイギリスにＥＵから離脱してほしいと思っているイギリス独立党もある。ドイツの反イスラム運動ペギダは、狙いをまったく隠していない。その名前自体が、「西洋イスラム化に反対する愛国的ヨーロッパ人」の略だからだ。こうした集団のどれか、あるいはすべてがＩＳＩＳの操る、またはＩＳＩＳに「インスパイア」された攻撃のおかげで党員数を増やしたり、得票数を増やしたりすれば、スンナ派は自分たちの唯一の救いはアブ・バクル・アル＝バグダーディの軍隊なのだと納得するだろう。

ＩＳＩＳの反クルド戦略

二〇一五年一月のラマゾフによる自爆テロは、その年にトルコ全土で行われた一連のＩＳＩＳテロ攻撃の皮切りだったとはいえ、標的という面では逸脱していた。トルコはその後、二〇一五年に四回のテロ爆破に遭い、そのすべては南部国境のすぐ向こう側にいる拡大したテロシンジケートに結びついている。ＩＳＩＳはこのシンジケートをふるいとして使っているのだ。その四県はすべて、なんらかの形でトルコのクルド人コミュニティを標的にしており、政権与党である公正発展党（ＡＫＰ）の反対者からは、実は政府がこうしたなりすまし攻撃を仕組んだのではないか、少なくともその実行を黙認したのではないかという糾弾が出た。ＡＫＰは結局のところ、シリアでアル＝アサド政権と戦う多数のイスラム主義反乱集団に、武器弾薬を流してきたのだから。アル＝アサド打倒は、レジェップ・タイイップ・エルドアン大統領の代表的な外交政策目標となっていたのだ。さらに政府はいまや、四〇年来の国内ゲリラ反乱軍、クルド労働者党（ＰＫＫ）との平和交渉崩壊に揺れているところだった。このＰＫＫの国境を越えた関係組織こそが、シリア北部において群を抜いて成功した反ＩＳＩＳ地上作戦を仕切っている。そしてその過程で実質的な国家もどきをＰＫＫのために確保しつつあり、アンカラのトルコ政府はこれを苦々しく思っているのだ。

ＩＳＩＳの指導層は、トルコ政治の広く知れ渡っている力学と対立構造を十分に知っており、シリア北部に独立国を創設したいというクルド人の野心も承知していた。またコバネを失ってから、戦略的にあらゆる面で、国境の両側の親ＰＫＫ勢力を攻撃して流血させたいと思ってもいた。無数のＩＳＩＳスリーパー工作員たちが、国境地帯のガジアンテップやアンタキヤといったコミュニティに潜入していて、ときにはラッカのＩＳＩＳ支配に反対するシリア亡命者を暗殺したりするが、そうした工作員はアンカラやイスタンブールといった国際都市にもいた。ダイアナ・ラマゾフは、シリア国境からイスタンブールまでの二〇〇〇キロを、タクシーを使って移動したほどだ。オバマ政権ですら公的な発言の中で匂わせるだけでは済ませなかった点として、エルドアン政府はＰＫＫとＰＹＤ（いまや「生来の決意作戦」におけるアメリカの不可侵な手駒と言っていい）こそがＩＳＩＳよりも大きな脅威だと考えている。おかげでこのＮＡＴＯ加盟国二つの間には分裂が生じつつあるのだ。ＩＳＩＳは、シリア北部の何百平方キロもの範囲における、屈辱的な敗北の連続に対する復讐を求めていた。そしてトルコ政治を不安定化させるいちばん簡単な方法は、ＩＳＩＳが神なきマルクス主義者だと見なしたクルド人たちを殺すことだと知っていた。アル＝アドナニは九月二一日のメッセージでこう宣言している。「我々のクルド人との戦いは宗教戦争だ。国民主義的な戦争ではない――我々は神の庇護を求める。クルド人と戦うのは、やつらがクルド人だからではない。むしろ我々が戦うのはかれらの中の不信仰者たち、十字軍とユダヤ人とがムスリムに対して仕掛けている戦争の同盟者たちなのだ」。アル＝アドナニ的な理解では、そうした「不信仰者たち」は不満を内側の自分の国に対しても向けるだろうし、それがかなり厳しいトルコ側の反応を引き起こすはずなのだ。

二〇一五年五月一八日、双子の爆弾が、ＰＫＫと関連する最大の左翼クルド人政党である人民民主党（ＨＤＰ）の二つの地域本部を襲った。それぞれトルコ南部にあるアドナンとメルシンの地方拠点だった。死者は出なかったが、六人が負傷した、警察は後に爆撃犯人がサヴァス・イルディズだと発表した。三二歳のトルコ人で、二〇一四年初頭にシリアのジハード主義集団に参加していたという。イルディズはその前はマルクス主義武闘派集団に関係していたので、トルコ首相アフメト・ダウトオールは当初、攻撃は左翼の陰謀ではないかと匂わせたほどだった。ただしイルディズは後に、トルコでいまだに捕まっていないＩＳＩＳ爆撃犯四人の一人とされ、いまではシリアに戻ったと考えられている。

六月五日、ジハード主義者たちはまた攻撃を繰り出した。今回はトルコ総選挙のわずか二日前に行われたＨＤＰの集会が狙われた。この選挙でＨＤＰはかなり票を集められるはずだった。二発の爆弾が、ＨＤＰのカリスマ共同議長セラハッティン・デミルタスが演壇に立つものの数分前に爆発したのだ。デミルタスはその支持者たちからはエルドアンに対抗する存在と見なされている。五分と間を置かずに爆発したその二発で、二人が即死、一〇〇人以上が負傷、うち二人は近くの病院で息を引き取った。集会は中止となったが、ＨＤＰの若い支持者の多くはその場に残り、ＡＫＰ政府に抗議した。ほとんどだれもが、直感的にこの惨劇をＩＳＩＳによるものとしたが、政権与党に対しても同じくらいの非難が集まった。多くの人は、政府がこっそりテロリストと内通していると思っていたのだ。群集はトルコ警察に投石し、警察のほうは放水車で投石に対抗した。爆発は当初、近くの電力トランスに関連していると思われた——実際、当局はまっ先にその爆発が電力障害によるものだと述べたほどだ——しかし、やがて爆破装置はガスボンベ二つにビー玉を詰めて、ゴミ箱に隠したものだったことが明らかとなった。

さらなる攻撃が、またも一ヶ月後に起きた。七月二〇日、シャンルウルファ県スルク町のアマラ文化センターで、異なるクルド人政党二つの招集した群集の中で、テロリストが自爆攻撃を行った。弾圧された者たちのマルクス＝レーニン主義社会党と、それほど過激ではない社会主義青年協会連合だ。後者はかつて、デミルタスとＨＤＰの共同議長を務めているフィゲン・ユクセクダグが率いていた。連合は共産主義シンパのトルコ人をシリアに送り込んで、人民防衛隊と共に戦わせることが知られていた。活動家たちは主に大学生たちで、シリアに旅してコバネ再建を手伝うつもりだという記者発表を行っていた。コバネはその時点でＩＳＩＳから解放されてちょうど六ヶ月だったのだ。そこへ二〇歳のトルコ系クルド人セイフ・アブドゥッラフマン・アラゴズが部屋の真ん中にやってきて自爆し、三二人を殺戮した。その家族によるとアラゴズは、コバネ奪還の頃にシリアでＩＳＩＳに参加したという。その兄も間もなく後に続いた。アル＝アドナニが述べたように「ムスリムのクルド人」は「どこにいようともＩＳＩＳの一員であり兄弟である。我々は自分の血を流してかれらの血を救う。ムスリムのクルド人はイスラム国の中にも多数いる。かれらは、その同朋者の中の不信仰者たちに対する最もタフな戦士たちなのだ」。

事態をさらに悪化させることとして、エルドアンの怒りはアル＝アドナニがいま宣戦布告したのとまったく同じ人々に向けられたのだった。きわめて接戦のトルコ総選挙が六月七日に行われたが、その何ヶ月も前に大統領はレトリックを使ってクルド人、特にＨＤＰを侮辱してみせた。というのもデミルタスの掲げる目標は、立法府の一〇パーセントの壁を突破して、エルドアン自身が抱いている、トルコを議会民主制から大統領制に変える（そして当然、自分自身にもっと権力を集中させる）ために合法的な改憲を行うという強い野心を阻止することだったからだ。つまり、トルコの国家元首と隣のテロ国家の両方から、扇動的な反クルド的気運がつくり出されたことになる。この紛争の当事者である三団体のどれかがマッチを擦れば、事態は炎上する。

アマラ爆破に対するクルド人の回答はそのすぐ翌日の七月二一日に起こった。ＰＫＫ武闘派が、「復讐作戦」でトルコ警官二人を射殺し、かれら――そして政府全体――が「ダーイシュと野合している」と糾弾したのだ。警官たちはトルコ南東部の都市ディヤルバキル（ここはクルド人の実質的な首都でもある）の交通事故のために呼ばれ、銃撃手に待ち伏せされていたのだった。二日後、ＰＫＫ工作員はディヤルバキルで第三の警官の頭を撃って殺し、もう一人を負傷させた。すると次にトルコが、ＩＳＩＳとＰＫＫの両方に対する攻撃をエスカレートさせた。七月二三日には、トルコ軍はシリアとトルコの国境でＩＳＩＳと銃撃戦を行い、トルコ兵一人が死んだ（当時のトルコでの未確認報道によれば、別の兵士一人が捕獲されたかもしれないという）。七月二四日早朝、ものの数時間前に、エルドアンとオバマ大統領が激論の末にまとめて締結した合意の下、トルコ空軍はシリア国内で初の空爆を行い、ダウトオール首相によればＩＳＩＳ戦士九人を殺し、ＩＳＩＳ拠点三ヶ所を「完全に破壊」した。

シリアの空爆に伴い、トルコ国内では逮捕の波が生じた。表向きは、国内各地の多数のＩＳＩＳネットワークやセルを摘発することだった。このすさまじい捜査網は、フェイントとまでは言わないものの、別の動機を持っていた。というのもジハード主義者たちはその唯一の標的、いや主要な標的ですらなかったからだ。イスタンブールの警官五〇〇〇人以上が一四〇ヶ所に立ち入り捜査を行ったが、その大半はＰＫＫと、革命的人民解放党・戦線と呼ばれる過激派左翼集団のものだった。どちらもトルコ、ＥＵ、アメリカのすべてでテロ組織として登録されている。そして七月二五日の三回目の空爆は、イラク北部のＰＫＫ拠点を爆撃し、アンカラと商業的にも政治的にも密接な関係を持つ、エルビルのクルディスタン地域政府から外交ルートで抗議が入った。

世界で最も嫌われ恐れられているイスラム原理主義集団よりも、世俗的な反乱集団を重視するように見えたことで、クルド人たちはスルクへの攻撃でも、トルコが確かに暗躍していたにちがいないと考えた。つまりトルコ政府は、本当にやりたい戦争――ＰＫＫに対する戦争――を再開するための口実をつくり出そうとした、というわけだ。政府がアマラ文化センター攻撃の写真やビデオ公開を禁止し、攻撃直後に一時的にツイッターをブロックさえしたというのも、この見方を強めるばかりだった。

ワシントンＤＣを拠点とする大西洋評議会のラフィーク・ハリーリ中東センター常任上級フェローであるアーロン・スタインは、我々にこう語ってくれた。「トルコのクルド人の多くにとって、公正発展党はＩＳＩＳと同義になっています。かれらがＩＳＩＳを支援しているという信念はかなり広まっていて、ＨＤＰ共同議長のデミルタスとユクセクダグの両方がしょっちゅう、政府はＩＳＩＳと一緒になって北部シリアでＰＹＤを攻撃していると糾弾しています。ＩＳＩＳは、意識的かどうかはさておき、トルコ南東部でＰＫＫによる反乱を刺激するのに一役買っていて、この紛争で何百人もが命を落とし、トルコのクルド系大都市の相当部分が破壊され、一〇万人以上が家を失いました」

だからＩＳＩＳは何もせずに、トルコ社会が自壊するのを悠然と眺めていればよかったのかもしれない。そしてムスリムが多数派を占めるアメリカの同盟国に、アメリカお気に入りの反ＩＳＩＳ協力組織と戦争を繰り広げさせておけばよかったかもしれない。でもジハード主義者たちはその程度で済ませるつもりなどなかった。

二〇一五年一〇月一〇日、午前一〇時ちょっと過ぎに、アンカラ中央鉄道駅の外の集会で、自爆テロリスト二人が数秒も間を置かずに自爆した。これはトルコ国立諜報組織ＭＩＴ本部の目の前だ。この組織は、トルコのシリア作戦を仕切っているところで、反乱軍に対する隠密支援ネットワークも担当している。一〇二人が即死して、さらに三〇〇人以上が重傷を負った。トルコの現代史で最悪のテロだ。標的の選択もこれ以上はないほど見事だった。

この集会は労働平和民主主義集会と呼ばれていたが、トルコの有力な労働組合四つとＨＤＰが開催したもので、ＨＤＰがデモの指揮を務めた。イベント全体は、国外でのＰＫＫに対する戦争継続に対する反対として企画されていた。またトルコ政府に対し、ＰＫＫを認知して和解しろと呼びかけるものでもあった。この惨劇の後、多くのクルド人たちは再びその恨みと怒りを政府に向けた。デミルタスは「野蛮な攻撃」を糾弾すると同時に「連続殺人犯のように機能する国家精神」を批判した。これは明らかに、ＩＳＩＳの行為と自国政府の行為の間の、かなり露骨な相関を指摘するものだ。

アンカラの自爆テロリスト二人は、オメル・デニズ・ダンダルとユヌス・エムレ・アラゴズだとされた。後者は七月にスルクでの虐殺を行ったセイフの兄だった。アラゴズ兄弟はアディヤマン市でイスラムティーハウスを経営していた。これはトルコのマスコミが二年にわたり、過激主義とテロ勧誘の中心地だと報道し続けていた地域の、露骨なＩＳＩＳフロント商売だった。ダンダルはこのティーハウスの常連だったし、また六月に親クルド集会で使われた爆発物の起爆装置を配線したと言われているオルハン・ゴンデルも同様だ。ダンダルは自爆テロリストの嫌疑がかけられているＭＩＴの一覧二一人に載っていた。かれの実の両親が、息子がイスラム主義派閥に参加した二〇一三年に、息子を逮捕してくれと警察に懇願している。だがダンダルはシリアに渡り、二〇一四年に父親が説得するまで滞在した。「警察には何度も足を運んで、息子をシリアから連れ戻そうとしました。警察には、お願いだからあいつを捕まえて投獄して下さいといったんです。警察は尋問して調書を取ったら釈放してしまいました」。ダンダルの両親がイスラムティーハウスを閉鎖させるのに成功すると、その息子とアラゴズ兄弟はシリアに戻った。かれらの過激化は、コバネを失ったことで明らかに加速した。

一週間以内に、トルコはアンカラ爆破に関連する人物四人を逮捕した。二〇一五年一二月一八日には、自国でのＩＳＩＳ活動に関するこれまでで最大の捜査を公式に完了し、三一五ページの起訴状を作成したが、そこには容疑者六七人がブラックリストに挙がっていた。この起訴状に名前の挙がったトルコでの主要ＩＳＩＳ工作員三人のうち、二人はすでに捕獲されていた。ハリス・バヤンクク、別名アブ・ハンザラは、イスタンブールを拠点とする若き説教師で少なくともトルコにおけるＩＳＩＳの「精神的リーダー」だった。もう一人はアサド・ケリファルカドル、別名アブ・スハイフで、主要な物流業者であり、特に偽の身分証明書や各種物資をＩＳＩＳの外国人戦士たちがトルコに到着した時点で提供し、秘密の国境越えに備えさせるのだ（ケリファルカドルが捕まった罪状は、テロではなくパスポート偽造に関するものだった）。まだ逃走中の一人、イリヤス・アイディンは、トルコにおけるＩＳＩＳネットワーク全体のリーダーと見なされている。

トルコの新聞『クムフリエト・デイリー』のワシントンＤＣ特派員イルハン・タニールは語る。「トルコのＩＳＩＳソーシャルメディアをずっと見ていたら、こうした何百、いや何千ものアカウント――どれも若き急進的ムスリムのトルコ人やクルド人が持っているもののようです――はこの国の政治を実によく理解していることに気がつくでしょう。ＩＳＩＳのメンバーたちはトルコの政治指導者たちや治安維持軍が、クルドやＰＫＫに対して手ぬるいと絶えず、鋭く批判し、ＩＳＩＳメンバー逮捕に対しては怒ります。エルドアンとＰＫＫの間に戦争を再燃させようというかれらの試み――この両者はそうでなくても二〇一四年夏以来、戦争したくてたまらないようですが――は途方もない結論などではまったくないんです」

ヨーロッパの九・一一

二〇一五年一一月一三日金曜日の午後九時二〇分、ヨーロッパの多くの人々は、テレビにくぎづけだった。ちょうど、フランス対ドイツの待望のサッカー試合が始まって二〇分のところだ。そこへパリのサンドニ地区スタッド・ド・フランスの外で、一発の大きな音、トラクタートレーラーがバックファイアを起こしたような音がした。試合はそのまま七〇分かそこら続き、そんなに遠くないところでさらに二回破裂音がしたけれど、群集の大半をスタジアム内に残して試合は終了した。この時点でスタンドに伝わるつぶやきはますます大きなものとなっていった。家で試合を見ていた人々にも聞こえた三回の音が、実は爆発音だったというニュースが伝わったのだ。最初の自爆テロはかなり早く行われた。その後、三〇分以内に、さらに二人のＩＳＩＳ工作員がスタジアム入り口と、数百メートル離れた側道で自爆したのだった。

スタジアムの観衆八万人をなるべくたくさん――そしてもし可能ならば、そこにいたフランスのオランド大統領とドイツ外相ヴァルター・シュタインマイアー も――殺そうとした攻撃は、工作員がだれもスタジアムに入れなかったためにおおむね失敗した。そこで、かれらはスタジアムの外で自爆したのだった。テロリスト三人以外では、通行人が一人死んだだけだった。そしてこれが唯一の場所で、ＩＳＩＳがフランス国土に与えた最大の被害だったなら、ここでわざわざ採り上げるまでもなかったかもしれない。でもこの最初の爆発と最後の爆発との間に、五つのちがうテロ（一部は同じ犯人が行ったものだ）がフランスの首都のあちこちで実行されていたのだった。後に、フランスの検察当局により出来事が時系列でまとめられるが、それはテロリストたちが世界都市に地獄をもたらした速さと規模を如実に示すものだった。

午後九時二五分に、第一〇地区のル・カリヨン・カフェ&バーと、カンボジアレストランのプチ・カンボージュのテラス席で、銃を持った男たちが一五人を射殺し、一〇人に重傷を負わせた。

午後九時三二分に、第一一地区のア・ラ・ボンヌ・ビールバー正面で銃撃。五人死亡、八人負傷。

午後九時三六分に、同じ近隣にあるシャロン通りの別のレストラン――ラ・ベル・エキップ――のテラスに銃弾が浴びせられた。死者はないが九人が負傷。

午後九時四〇分に、同じ地域にある別のレストラン、ル・コンプトワール・ヴォルテールの店内で自爆テロリストが自爆。一人が重傷。

同時に、ル・コンプトワール・ヴォルテールにほど近いバタクラン・コンサートホールの前に車が乗りつけていた。そこではアメリカのロックバンド、イーグルス・オブ・デスメタルの満員コンサートが進行中だった。黒いフォルクスワーゲン・ポロのレンタカーから銃を持った男三人が飛びだした。この車はしばらく前からバタクランにほど近いところでアイドリングを続け、作戦を進める好機をうかがっていたのだった。カラシニコフ突撃銃を取りだした三人は、まずコンサートホール正面で三人を射殺した。この最初の攻撃で生き延びた人々は、安全を求めてバタクランの中に飛び込んでしまった。それこそまさにテロリストたちが向かっている先だと気がつかなかったのだ。

フランスの日刊紙『ル・モンド』は、後に次に起こったことについて正確な説明を行っている。犯人二人はピットオーケストラに行き、聴衆を射殺し始めた。三人目は非常口の外で待ち構えていた。それが開いて人々がなだれ出てくると、かれはそこに銃撃した。

いまやピットオーケストラのあたりで身動きできなくなった聴衆は、床に転がって死んだふりをしていた。「動いたやつは片っ端から撃つぞ、見てろよ」とテロリストの一人は、群集めがけて正確に銃を撃った後で言った。「動くなと言っただろう！」人質を取った数名は、人質を相手に遊び始めた。「おい、出ていきたいやつはさっさと出ていけ！」と一人が言う。もちろん、立ち上がった人々はみんな撃たれた。

生存者の一人が言う。「テロリストたちはまた同じことをして、他の人質が立ち上がった。またも撃たれた。連中はおもしろがっていた。それを見て笑っていたよ」

テロリストたちは、その晩にだれが演奏しているか熟知していたし、またバタクランをすでに偵察もしていたはずだ。そこのセキュリティには金属探知機は使われていなかったのだ。テロリストたちは被害者に「ヤンキーども」がどこに行ったかと尋ねた。これはイーグルズ・オブ・デスメタルのことだ。「あいつらはアメリカのグループだ。おまえたちはアメリカ人と一緒になって爆撃してるから、いまやおれたちはおまえらとアメリカ人たちを狙うんだ」とかれらは述べたという。「これでイラクの爆撃がどんなものかわかるだろう。おれたちは、おまえらがシリアでやってきたことをやってるんだ、人々の叫びを聞くんだ。シリアの人々はこの中で生きてるんだ。おまえらはおれたちの妻、兄弟、子供を殺してる。おれたちも同じことをする、おまえらをやっつけにくる。おれたちはシリアにはいないがここで活動する。おまえらがおれたちにやったことを、おまえらにやり返してやる！」

聴衆の一部は、流血をまぬがれた。八九人はそれほど運がよくなかった。その晩で最も死傷者の多い事件で殺されたのだ。劇場の小部屋に隠れたある目撃者は、やっと警察に保護されて出てきたとき、現場を見ないように言われたけれど、もちろん見てしまったという。そのデニス・プロードは語る。「あたり一面、血の海でした。生存者も血まみれでした。特に一階には大量の死体と血があって、一部の人は生きているのに何時間も死体と一緒で、外に出ても血まみれでした」。別の目撃者、ラジオジャーナリストのジュリアン・ピアスはＣＮＮに対し、攻撃者たちは黒ずくめだが顔は隠していなかったと語った。「みんなコンサート室の後ろに立って撃っていた。我々が鳥でもあるかのように」。多くは「非常に落ち着いて決然とした」銃撃手により、処刑スタイルで射殺された。

一〇時直後、警察がバタクランに突入し、テロリストの一人サミー・アミムールを射殺した。かれは倒れると、頭を少し上げてから自爆ベルトを起爆させた。頭と片脚がステージ上で吹っ飛び、その肉のかけらが聴衆一人の髪の毛に飛び込んだ。その共犯者たち、イスマイル・モステファァイとフエド・モハメッド・アッガドは、おかしくて仕方なかった。その聴衆が『ル・モンド』に語ったところでは「連中はそれを見て笑いましたよ。こいつら頭がおかしいにちがいないと思いました」。

アミムール、モステファァイ、アッガドが死んでもバタクランから人々が出てこられなかった理由は、フランス国家警察捜査介入部隊BRIのSWATチームが劇場内の生存者を一人一人チェックして爆発物を仕掛けられていないか確認する必要があったからだ。また、このミニ戦場で三時間も過ごして辛くも生き残った、幸運ながらも怯えきった人々の隠れ場所を探し出した。そしてモステファァイとアッガドは人質を盾にしてドアの陰に隠れていた。一時間にわたり人質事件が展開していたのだった。テロリストの片方が要求を出した。「おまえらの軍隊を引き上げさせろ。それを証明する紙と署名入り書類を寄越せ、いまは『一一時三二分』だ。五分で何もなければ、『一一時三七分』に人質を殺して窓から放り出す」。フランスの交渉人たちはそれからしばらくしてモステファァイとアッガドの気をそらして、その隙にSWATチームがかれらと人間の盾のいる廊下に突入した。人質は全員無事だったが、アッガドは二度撃たれ、自爆ベルトを起爆させたので、かれとモステファァイは死んだ。

この八つの事件をまとめると、民間人一三〇人が死亡したフランス史上最悪のテロ攻撃となった。この犯人たち一〇人――うち一人は最後の最後になって臆病風に吹かれて逃げ出したようだ――について後にわかることは、腹立たしいものであると同時に有益なものでもある。そのほぼ全員が、いまやヨーロッパのテロリストたちの典型とも言うべきプロフィールにあてはまる。長年にわたり、友人や家族や同僚たちは過激化の兆候に気がついてはいたものの、必ずしもそれを報告はしていなかった。既存テロ組織に対する熱烈な称賛が、ソーシャルメディアに投稿されていた。ダイアナ・ラマゾフの夫だったチェチェン系ノルウェー人アブ・アルエヴィチ・エデルビジェフの場合と同じように、容疑者のほとんどは各種の国家監視リストに載っていたり、身上書を取られたりしていた。一一月二〇日、フランス内務省はパリ事件の結果として、七九三ヶ所を捜索し、九〇人を尋問のため連行、一六四人を自宅逮捕、突撃銃を含む武器一七四点を押収したと発表した。

フランスでの大規模テロ攻撃は、避けられないものだった、この国はヨーロッパ諸国の中で、シリアやイラクに送り込まれた外国人戦士の最大の供給元であり、二〇〇〇人以上の市民がなんらかのジハード主義運動――ISISだけとは限らない――に参加するため移住している。フランス国民二五〇人が中東に出かけてからフランスに戻ってきたとされる。パリ事件の犯人たちの大半はフランス国民だが、多くはブリュッセルのモレンベーク地区に暮らしたことがあった。この地区は昔から、イスラム主義の宣教とリクルートの温床なのだった。任務を実行しなかった（そしていまでも世界のどこかに潜んでいる）一人を除く全員が、最近になってシリアでのＩＳＩＳの戦闘から戻ってきたばかりで、ほとんどは帰国がテロの三ヶ月以内だった。

たとえばビラル・ハドフィ（二〇歳の「ベビーフェイスのジハード戦士」）とスタッド・ド・フランスの自爆テロリストの一人は、フランス国籍を持ち、ベルギーのモレンベークに近いネーダー＝オバー＝ヘームベークに暮らしていたし、フェイスブックのページを見ると、かつてはサッカーに夢中だった。でも二〇一四年に何かが変わった。ネットでの行動は過激派の傾向を示し始めた。電気工事士見習いだったハドフィは、明らかにベルギーのイマームによって過激化されていた。そしてフェイスブック経由で、アブ・イスレイム・アル＝ベルギキという有名なＩＳＩＳジハード主義者と接触していた。この人物もベルギー人で、ＩＳＩＳのエリート特殊部隊アル＝バッタール大隊の一員だった。この特殊部隊は主にリビア人戦士で構成されていたが、後に不忠を疑われて解体させられている。ハドフィの教師の一人は、ナイジェリアでボコ・ハラムが領土を征服したことについて、かれが称賛するように語っていたのを記憶している。ボコ・ハラムはジハード主義組織で、いまはＩＳＩＳに加わっている。すでに削除されているが、ハドフィはフェイスブックに次のようなビデオを投稿している。「異教徒どもの国に住む兄弟たちへ、そのイヌどもはそこらじゅうにいる我々の市民なのだ。ブタたちを自分のコミュニティ内で攻撃し、夢の中ですら安全に思えなくしてやれ」。ブリュッセルでかれが学び、二〇一五年二月に脱落したアネーセンス＝ファンク校の教職員は、かれが変わったのに気がついていた。二ヶ月後、同校はブリュッセル教育委員会に、ハドフィがシリアに渡ったと報告している。ベルギー紙二紙によると、同国の警察監督組織、通称「P委員会」は、なぜハドフィがジハード国に赴いたのを当局が知らされていなかったのか突き止めようとしているそうだ。

ハドフィはクンヤ（ジハード主義の変名）を名乗った――それも一つではなく二つも、かれはいまやアブ・ムジャヒード・アル＝ベルギキ（アル＝バルジキとも書く）であり、あるいはビラル・アル＝ムハジールなのだった。ベルギーに戻ったときには、登録したアパートにベルギー諜報部門が盗聴器を仕掛けたが、かれはそこに一度もやってこなかった。ベルギー当局はその行方を見失った。

その自爆仲間の一人、M・アル＝マフモドなる人物は、第三のスタッド・ド・フランス爆破者と一緒にヨーロッパに渡ってきた。かれは「アフマド・アル＝モハマド」という名前のシリアの偽造パスポートを使っていた。この偽造パスポート保持者は一〇月三日にギリシャのレロス島からヨーロッパに入り、一〇月七日にはマケドニアでセルビア国境警備隊によりチェックされ、翌日クロアチアの難民センターに入り、その後オーストリアに移動して、そこで足跡が途絶えている。どうやってフランスに入ったかはいまだに謎だ。

バタクランの銃撃手三人も似たような経歴だ。二九歳のオマル・イスマイル・モステファイは、パリ郊外クルクロンヌ出身で、自爆後に指先が現場で見つかったために、最初に身元がわかった容疑者となった。アルジェリア移民の息子として八回にわたり逮捕されたが一度も投獄はされていない。その犯罪はかなりつまらないもので、いちばん軽いのが無免許運転らしい。幼なじみが『ガーディアン』紙に語ったところでは「問題児ではありませんでした。何かあれば自分で立ち向かう人間でした。反撃されるので挑発したくはない相手です。でも自分からトラブルを起こすような人物でもなかった。落ち着いていました。目立たない人物で、突出したところもなかった」。二〇一〇年にモステファイが過激派活動に転身したので、フランス警察も目をとめて「Sファイル」——国家治安になんらかの形で脅威となりそうだと思われた人物一万人以上のデータベース——に登録されたけれど、ジハード主義組織とつながりがあるとは知られていなかった。二〇一三年末にシリアに入り、ISISの下で訓練を受けた。イギリスの『デイリーテレグラフ』紙によれば「トルコの高官は同国がオマル・イスマイル・モステファイを二〇一四年一〇月に『テロ容疑者』の可能性があると認定し、二〇一四年一二月と二〇一五年六月にフランスにそれを報告していると述べた」とのこと。でも何の返事も戻ってこなかった。

最初にバタクランで射殺されたテロリスト、二八歳のサミー・アミムールはバス運転手で、これまたインターネット上で見つかる説教や文献を通じてイスラム過激主義に傾倒するようになった。かれは二〇一二年一〇月にテロ関連の罪状で逮捕され、二〇一五年一二月二四日にイラクで殺されるＩＳＩＳ戦士のシャラフェ・アル＝モウアダンと、パリ同時テロの戦術司令官アブデルハミド・アバウドと一緒にイエメンに旅しようとしたため、監視下に置かれた。それなのにアミムールはなんらかの手口でうまくフランスを離れ、翌年にはシリアにたどりついている。かれがＩＳＩＳにいるのをその両親は知っていた。父モハメッドは数ヶ月後に自分もラッカに赴いて、アブ・ハジ（「戦争の父」）という名前で戦場で負傷した息子を家に帰らせようとさえしている。アミムールはモハメッドが差し出したお金を拒絶した。かれはＩＳＩＳと共にとどまり、カヒナという妻をもらった。ジハード主義者クリバリの妻ウム・バシルと同じく、彼女は未亡人となって実に威張っていた。攻撃の三日後にフランスの捜査官たちが明らかにした電子メールを見ると、カヒナはアミムールの殉教は自分のおかげだと主張している。「私は夫に、大量の血で手を染めているフランスの人々にテロを行うために向かえとすすめました。（中略）夫を本当に誇りに思い、その美徳を自慢できるのがうれしい、もう本当に幸せ」とそこには書かれていた。

二三歳のフエド・モハメッド・アッガドはストラスブール出身で、その歪んだユーモアのセンスのために「頭がおかしい」と見なされた二人の片方だったが、バタクランの攻撃者の中で身元が最後に判明した人物だ――それを確認したのは母親だった。彼女は一一月一三日に、ＩＳＩＳからショートメールを受け取り、彼女の息子が「殉教者」になったと知らされた。そして彼女がアッガドのＤＮＡをフランス当局に提供したのだった。

首謀者か黒幕か

その晩のすべてをまちがいなく仕切っていた人物は、標的となる三ヶ所で銃撃手も務めていた。モロッコ系の二八歳ベルギー人であるアブデルハミド・アバウドは、翌日の二〇一五年一一月一八日に、フランス治安部隊との銃撃戦により、スタッド・ド・フランスにほど近いサンドニのアパートで射殺された。テロ後にパリが封鎖されてから、金曜の夜に三ヶ所で「ソフト」な標的――バーやレストランの客――に対する銃撃虐殺を行ったアバウドは、別の銃撃手チャクブ・アクロウフと四日にわたり橋の下に潜んで過ごした。そして二人とも、アバウドのいとこであるハスナ・アイトブーラフセンが使っているアパートに侵入したが、そこは警察に監視されていた。最後にアバウドと共犯者二人が殺された。アバウドの死体はあまりにずたずたになっていたので、鑑識捜査官たちがきちんとその身元を突き止めるまでに丸一日かかったほどだった。突入はちょうど、この三人のテロリストがテロ攻撃の続編を開始しようとしていたときに行われた。その日か翌日に、ラ・デファンスのビジネス街にある警察と小売店を標的とした自爆テロを行う予定だったのだ。アバウドはアイトブーラフセンに、自分とアクロウフがラ・デファンスの群集に溶け込めるよう、五〇〇〇ユーロのスーツを二着買っておいてくれと頼んでいたほどだった。

アバウドは、モレンベークの移民第三世代で、一二歳にしてベルギーのハイカラなイクレ地区にあるエリート校、サン・ピエールカソリック校に入学しているから、テロリスト化は決してお決まりのルートというわけではない。それでもアバウドが、ブルジョワの第一世代ヨーロッパ人からジハード主義者へと変身した経路は、確かにあまりにおなじみの筋書きに従ったものだ。かれは成績不良で落ちこぼれ、アル＝ザルカーウィと同じくちょっとしたギャングになった。そしてそのテロ組織創設者同様、盗み、暴行、家屋破壊侵入、逮捕への抵抗、刑務所というルートをたどった。ベルギーのジャーナリスト、ガウ・ファン・ブリアデンは、いまのところアバウドに関する最も充実した経歴記事をまとめている。二〇一〇年にアバウドとその友人サラー・アブデスラム――パリのテロリストの中で唯一まだ捕まっておらず、あの同時多発攻撃の中でどうやら自分の受け持ち作業を実行しなかったらしい人物――がブリュッセル南東の町でガレージに押し入った。二人は警察の捕縛から逃げ、アバウドは「川に飛び込んで、低体温症に苦しんでいるところを見つかった。この事件について二人の昔からの弁護士アレクサンッドル・シャトーは『二人ともちょっと飲み過ぎていたんでしょう』と述べている」そうだ。二〇一二年にまた暴行で起訴され、アバウドは監獄に戻ったが、そこでケチなチンピラからイスラム主義者へ変身した。ファン・ブリアデンによれば、アバウドがサラフィー主義の流儀に沿ってひげを長く伸ばし、古い友人と縁を切り（でもどうやらアブデスラムとの縁は続いたらしい）、ベルギーの悪名高いジハード主義者たちと接触し始めたのは、出獄後のことだった。その中には、ソ連アフガン戦争の従軍者もいた。

　アバウドは二〇一三年三月にシリアに入ろうとしたが、直後にベルギーに舞い戻っている。二〇一四年一月に再び試し、このときには一三歳の弟ユネスをブリュッセルの男子校から連れ出し、ドイツのケルン・ボン空港に出かけ、イスタンブールに飛ぼうとした。二人はギリギリで搭乗できないところだった。ドイツ警察は後に、ベルギーで名前に警告が出ていたので、一月二〇日に空港でアバウドを取り調べたと述べている。でも結局行かせた。

　いったんシリアに入ると、アバウドはアブ・オマル・アル＝シシャーニの外国人戦士旅団に参加し、サディストという評判を得た。かれが自由シリア軍兵の死体をたくさんピックアップトラックの後ろに引きずっている携帯電話のビデオは、反ＩＳＩＳ反乱軍に奪われてネット上にアップロードされた。その後アバウドは、カリフ国がオスマン時代の親衛隊に相当するものとして創設した、リビア人だらけのアル＝バッタール旅団に参加した。かれはどうやらアル＝バッタールの死亡ジハード主義者一覧のツイートに自分の名前を含めるよう説得することで、自分の死を偽装したらしい。これはヨーロッパの治安機関の目を欺くためだった。どの国でもこの頃にはかれに目をつけていたのだ。かれは、殺されたベルギー人ＩＳＩＳジハード主義者の母親が『ニューヨークタイムズ』紙に語ったように「あらゆるヨーロッパ諸国のデータベースに入っていたのに、クラブメッド（世界各地でリゾート施設を運営している企業）で休暇に出かけるくらい簡単にヨーロッパに舞い戻った」。実はアバウドは、自分がヨーロッパの諜報機関を出し抜いて、ヨーロッパに自由に出入りしているのが実におもしろいと思っていた。パリの同時多発テロにおけるモハメッド・アタ的存在として悪名を高める以前に、かれは『ダービク』に自らカメオ出演した――クリバリの未亡人インタビューが載ったのと同じ号だ――そして異教徒どもの地を出入りするのが自分にとっていかに簡単かを自慢してみせている。シリアにいる間にＩＳＩＳに参加した、ベルギー国民二人と写真に収まったアバウドは、同誌にこう語っている。「職員に止められて、おれを眺め回して写真と比べられたのに、釈放されたんだ。写真と同じなのがわからなかったんだ！　これぞアッラーの贈り物以外の何物でもない」。この『ダービク』は二〇一五年二月に公開された。

アバウドはその一ヶ月前にヨーロッパにいたばかりだった。二〇一五年一月一五日、ベルギー警察はベルビエの隠れ家をガサ入れして、ベルギー人ＩＳＩＳ工作員二人を殺し、三人目を逮捕した。アバウドはその場にはいなかったが、ベルギーの対抗テロ職員は、かれがベルギーの標的に対する今後の計画を、ギリシャから携帯電話経由で監督していたのだと語る。ベルビエのガサ入れは劇的で、第二次大戦以来、同国で行われた捜査としては最大のものだった。家の中で、警察は武器庫を見つけた。カラシニコフや、過酸化アセトン（ＴＡＴＰ。パリのテロリストたちの自爆チョッキで使われたのと同じ化学物質）の材料などが押収された。また、大量の現金、偽造パスポート、ＧｏＰｒｏカメラ（ウェアラブルカメラのブランド）も見つかった。これはつまり、計画されていた作戦（これはベルギー警官の斬首も含むはずだったようだ）はリアルタイムで撮影され、後にＩＳＩＳメディアで拡散させる予定だったということだ（クリバリもまたテロをビデオ撮影するのにＧｏＰｒｏを使った）。携帯電話の通話――そのすべてはファン・ブリアデンによればアテネ付近から発信されていた――を元にアバウドを見つけようという複数の国（アメリカを含む）の努力は無駄に終わり、かれはシリアに戻った。

アバウドが関与しているとされる他の計画の中には、国際的に大ニュースとなったものも二つあった。一つは二〇一四年五月のベルギーユダヤ博物館の銃撃だ。これは四人が死亡し、下手人のフランス国籍メフディ・ネムーシュはアバウドが「導いた」かもしれないとされる。フランスのジャーナリスト、ニコラス・エニンはシリアでＩＳＩＳに捕まったが釈放されている。かれによると、ネムーシュは自分を捕まえた一人で、本当のサイコパスだったという。シリアで「赤ん坊の首を切り落とすのは本当に楽しいぜ」とネムーシュが言っていたのをエニンは聞いている。もう一つの計画は、未遂に終わった二〇一五年八月の、パリからアムステルダムに向かう高速鉄道内での虐殺だった。二五歳のモロッコ人アユーブ・エル＝カッザーニは、カラシニコフと拳銃、銃弾二七〇発、ガソリン一びんを持って洗面所から現れた。でもだれも殺さないうちに乗客数名に止められた。その一部はアメリカ人で、中にはアメリカ空軍と、アフガニスタンから戻ったばかりの州兵もいたのだ。フランスの諜報職員によると「二〇一五年晩夏から、何かでかい計画があるのはわかっていました」。「アバウドは関与していましたが、いつ、どこで、どんなことをやるのかは知りませんでした」。二〇一五年九月までフランスの主任テロ対抗判事を務めたマルク・トレヴィディクによると、アバウドは「こうした小さな計画で治安機関を忙しくさせて注意をそらし、本物の攻撃を準備していたのだった」。

でもヨーロッパのテロ対抗捜査が進んでいるどんな場所にでも姿を現せるというカメレオンマンじみた能力は、必ずしもISIS外国人工作員としてランクが高いということではなかった。西側の諜報筋はCNNのポール・クルイクシャンクに対し、パリ同時テロの背後にいる「頭脳の一人と思われている」のは「ISISの対外作戦ユニットで最高位に位置する」あるチュニジア人ISISメンバーだと語っている。このジハード主義者は現在、ラッカ周辺でフランス人と一緒に活動していると思われている。さらに、パリ同時テロすべての黒幕とも言うべきヨーロッパ市民を挙げるとするなら、おそらくはファビアン・クラインだろう。かれは昔からのジハード主義者で、「パリ攻撃の頭脳の嫌疑」をかけられ、外国人戦士をイラクに送ったため二〇〇五年にフランスで有罪となっている。クラインは二〇一四年にISISに加入している。そしてパリ同時テロの翌日に公開された音声テープを通じ、それが自分の仕業だと名乗った人物の一人だった。フランス当局はテープで語っている人物とかれの声が一致することを突き止めた。そのテープによると、標的はすべて慎重に選ばれたとか。クルイクシャンクによると、クラインとアバウドは「この一年にわたり、フランスに対する一連の攻撃のために工作員をリクルートしようと、一緒に活動していた」という。

クラインはまた、未遂に終わった別のテロにも言及している。これは第一八区でのテロで、おそらくはアバウドの幼なじみであるサラー・アブデスラムが実行する予定だったのだろう。かれは攻撃の夜の運転手役を務めたが、その後、姿を消した（その兄弟のブラヒムは、一一区のル・コンプトワール・ヴォルテールで自爆した人物だ）。アブデスラムは、ブリュッセルの華やかなホモセクシュアル街である「ジャック街」の監視カメラに、二〇一五年一〇月に何度か捉えられているという。ベルギー当局によると、かれがそこにいたのは標的を見極めたり、身分証明書を盗んだりするためだろうとされる。でもこの地域のあるバーテンは、そんなことはまったくなくて、このジハード主義者はこのあたりの常連客で、地域のゲイ社会に精通していたという。そのバーテンはイギリスの『サンデータイムズ』紙にこう語った。「我々はあいつが男娼だと思ってましたよ。いつもその手の連中とつるんでましたから」。またかれがアル中でドラッグ使用者だったという人もいる。共謀者九人すべてとはちがい、アブデスラムがシリアに出かけて現地のＩＳＩＳと接触しようとした証拠はない。もしアブデスラムのナイトライフについてのこうした主張が正しいなら、いや正しくない場合ですら、これはヨーロッパの筆頭指名手配者が姿を隠すのに十分な理由だろう。

アバウドが、黒幕より首謀者としての役目だったという話は、フランスのテロ専門家ジャン＝シャルル・ブリサールにより多少は確認されている。かれは、目撃者がアバウドをバタクラン近くで見ているという。「住宅の戸口にしゃがんで、一時間ほどそのままだった。目撃者はかれが非常に興奮して、マイク付きイヤホンを使って電話に怒鳴っていたという。「目撃者はそこを離れて何度か車にいったのに、そのたびにアバウドはまだそこにいて、電話に怒鳴っていた」。劇場の封鎖が解かれた後も、その目撃者によれば、アバウドはまだ戸口にいたとのことだ。

「カリーファのライオン」九人

二〇一六年一月二四日、ISISは一一月一三日の事件、少なくともその概略については、ISIS総司令部によりラッカで事前に計画されていたのだとまちがいなく伝える、一七分のビデオを公開した。このテロはいまや、九人の工作員を真似るようムスリムたちを啓発する目的だとされている。というのもこのビデオの題名はアル＝アドナニの一節「見つけ次第連中を殺せ」になっているからだ。撮影も編集もISIS特有のスタイルのこのビデオは、テロのニュース映像を示し、多くのテロリストがシリアにいた当時、迷彩服を着て人々の首を斬っている様子を示す一覧となっている。背景ではナシード、つまりリズミカルなイスラムの詠唱が流れている。それがフランス語で、アラビア語ではない。「住まいから動員されて、ある国――フランス――を丸ごと屈服させたカリーファのライオンたち」を言祝《ことほ》ぐ声明が、テロリスト九人のモザイクの下に浮かび上がる。この映像がおなじみなのは、それがごく最近のものだからだ。これは、五日前に出た『ダービク』一三号で、一種の映画予告編ポスター――いわば

ISIS版『エクスペンダブルズ』――として使われていたからだ。ポスターとビデオの両方に出ていないパリ工作員は、サラー・アブデスラムだけだ。

アブデルハミド・アバウドは、ペルシャ湾のフランス空母や戦闘機のモンタージュ映像――すべてISISのCG名人たちにより標的マークがつけられている――と虐殺の夜の映像に重ねる形で、ゆっくりフランス語でこう語る。

ムスリムたちと戦う不信仰者たちと、多国籍軍に参加しているすべての国にメッセージがある。おまえたちのほうから我々のところにやってきたのだ。おまえたちがわざわざやってきたのだ。おまえたちはアッラー（輝かしく至高の存在）の空を飛ぶ。（中略）開始前から負けが決まっていた戦争を布告したのだ！　アッラーのお力により我々はおまえたちに恐怖を味わわせ、しかもそれをおまえたちの拠点で味わわせてやる。（中略）アッラーのお力により、我々がおまえたちのところに出かけよう。それどころか、我々はすでにおまえたちの国内にいる。おまえたちの家の中で虐殺してやる。これはすべておまえたちの政策の結果だ――戦争支持の方針の結果だ――いやむしろ、おまえたちの支配者たちの政策のせいだ。おまえたちはそうした支配者たちに投票し、これがその結果なのだ。

フランソワ・オランド大統領などのフランス政治家が話している場面――照準がかれらの顔にも合わせられている――がパリの街頭風景や、フランスの戦闘機にミサイルが積載される映像に混じって表示される。

次に、バタクランの銃撃手サミー・アミムール（ここでは変名のアブ・クタル・アル＝ファランシとして紹介されている）が砂漠地域で、ＩＳＩＳ歩兵のしばしば着ているデジタル迷彩服姿で紹介される。かれは自分がアブ・バクル・アル＝バグダーディにより「だれであろうとどこにいようと不信仰者を地上から浄化する」ために派遣されたのだと主張する。カメラが下にパンすると、アミムールの足下にオレンジのジャンプスーツ姿の人物がひざまずいているのが見える。かれはムルタド、つまり背教者だとされる。「そしてアッラーのお力で、我々はおまえたちと戦う（中略）パリの都心、エッフェル塔の片隅で」とアミムールは宣言する。それから「フランスにとどまりムスリムだと自称する」者たちに呼びかけ、そこで何をしているのかと尋ねる。「我々は毎日殺されているのに、おまえは手をこまねいてすわったままで、「不信仰者たちの」中で暮らしている（中略）でも多少の誇りを示して連中の顔にツバを吐きかけることは十分にできるのだ――あるいは連中の頭を石でたたき割り、車でひき殺して脅すことができるのだ」。アブ・ムハンマド・アル＝アドナニの発言に対する参照はあまりに露骨なので、あえて出所を挙げる必要もないほどだ。

次に語るのはフエド・モハメッド・アッガド、現在アブ・フアド・アル＝ファランシと名前を変えており、不信仰者に対してほぼ同じような糾弾を発する。いまやアミムールの囚人はアッガドの足下にひざまずいている。レンズの前で明らかにあまり自信のないアッガドは（まるでカンニングペーパーをつっかえながら音読しているかのようだ）、その主張を終えて囚人の首をナイフで切ろうとする。アミムールは切断された血まみれの頭をカメラに向かって掲げ、にやりとする。「じきにこれをシャンゼリゼで」とのこと。

残り四人のパリのテロリストたちが紹介され、また斬首が映る。「見つけ次第連中を殺せ」は、イギリス首相デヴィッド・キャメロンがフランスとの連帯を表明する映像で終わる。かれの顔にはまたもや照準マークが重ねられる。「異教徒どもの中に混じる者はすべて、我々の剣の標的となり、恥辱にまみれて倒れることだろう」

アメリカのISIS

パリ以前ですら、アメリカではISISとのつながりを疑われた三六人が連邦監視下に置かれていた、と一一月半ばに『ニューヨークタイムズ』紙は報じている。FBI長官ジェームズ・コミーによると、ISIS関連で継続中の捜査は九〇〇件あった。二〇一五年二月には全米司法長官協会に対し、FBIが五〇州すべてで過激化案件を調べていると述べている。この年のほとんどにわたりISISに触発された暴力は、実現する以前の野心にとどまるものが大半だった。計画段階で、積極的な警察組織により阻止されたか――特にＦＢＩは、隠密潜入捜査が得意で、ジハード主義者候補たちに取り入って仲間だと思わせていた――テキサス州ガーランドでの銃撃手二人の場合は、犯行中にそれを中断させている。ティーンの若者、負け犬、精神病者たちが、オンラインのＩＳＩＳリクルーターたちにとっては見返りの大きい候補者群となった――ただしそうしたリクルーターたちが本物であって、ＦＢＩではなければの話だが。一部のアメリカの犯罪者の不平は、多くのムジャヒディン志願者たちの途方もない発言と、それに見合わない技能欠如や頭の悪さを考えると、なかなかおもしろい読み物となる。

二〇一五年夏、ミシシッピー州スタークヴィルの一九歳のジェイリン・デルシュアン・ヤングと二二歳のムハンマド・オダ・ダカラッラは、オンラインで多数の潜入ＦＢＩ捜査官とチャットを行った。ＩＳＩＳの聖戦士支援担当者のふりをした捜査官に対し、かれらはシリアにヒジュラをしたいと相談したのだった。この南部の二人は六月に結婚するつもりだとヤングは語った。そうすればミシシッピー州から地中海に旅行する「新婚旅行」というもっともらしい口実ができる。しかも旅行先は、真の旅程についての疑念を隠すためにトルコではなくギリシャにするという。ダカラッラは、ＩＳＩＳのメディアで働いて「ここらで聞かれる嘘をただしたい。ＩＳは厚い嘘の雲に包まれていて、ダウラ（国家）についての真実はほとんど表に出ず、出たとしてもリンクは通常は切れてるんだ（ユーチューブとかみたいに）」。かれはまた、明らかにＩＳＩＳの統治構造について大して知識がなかった。「インシャー・アッラー（アッラーが望むなら）おれは訓練とシャリアをまず習うんだよな？　おれ、シャリアにはあまり詳しくないけど、アーミナー［ヤング］と一緒に研究したところでは、ダウラはシャリアに正しく従ってるんだよな、ちがうか、アキ［姉妹］？」FBI職員の一人は、まさにその通りだと告げた。ヤングはその後、アメリカのメディアがISIS性奴隷取引について報じていることについて怒りを述べている。「こういう連中はすごい有毒、そんなバカなこと信じるなんてすっごい腹立つ」と彼女は書いている。八月にこの若いカップルはトルコ行きの査証とパスポートを手にした。ヤングは覆面捜査官に、イスタンブールについたとたんに逮捕されるのでは、というダカラッラの怯えをなだめようとしていると語っている。「わざわざトルコであたしたちを逮捕したりするような手間はかけないと思うんです。情報をアメリカに流して出発前に逮捕したほうがずっと楽なんだし」。彼女の言う通りだった。二人は八月八日に、ミシシッピー州コロンバスのゴールデントライアングル地方空港でFBIに捕まった。

アイルランド共和国軍は、マーガレット・サッチャーの暗殺に失敗した後で、政府は常に運がよくなければいけないと語った。でもテロリストは一回ツイていればよいのだ、と。パリ以後のアメリカでは、ISISがいずれツキを手にするというはっきりした意識があった。それがどういう形で起きるかははっきりしなかった。カリフ国からのしっかりした訓練を受けた帰還者たちにより、またも一連の連続攻撃が行われるかもしれない。あるいは質の悪いお手製作戦、だれにも監視されていない「一匹狼」が、単にISISがネット上で喧伝している話を気に入り、バーチャルな形でその一員になるために異教徒どもをたくさん殺そうとして、何か自前でテロを行うかもしれない。

はっきりしたパターンが浮上してきた。自国産過激化の専門家ロビン・シムコックスは、二〇一四年七月から二〇一五年八月までの西洋における既知のISIS計画をすべて研究した。一〇ヶ国に広がる一三回の攻撃があり、実行者の国籍も一四ヶ国にわたることがわかった。「大半の計画（総数二四事例すなわち七五パーセント）では、IS戦士や指導者との接触を証明するものはない。でもISISのイデオロギーやプロパガンダは、それぞれの手口のインスピレーションに不可欠なものとなっている」とシムコックスは書いている。「IS戦士たちは五事例（総計画数の一六パーセント）で、西側で接触した個人たちに故国で攻撃を仕掛けるよう奨励はしているものの、作戦上の指導は提供していない」

ISISとの「既知のコネクション」を持つ人々が関与しているのは二事例──六パーセント──だけだった。パリ同時多発テロ以前に発表されたシムコックスの報告では、ラッカの上級指揮官から少しでも指示を受けたものはたった一つ──アブデルハミド・アバウドが監督したベルビエでのものしかないとされている。

対テロ戦争の実施に関する記録を擁護しようとして、オバマ大統領はパリ事件の後の数週間をやきもきして過ごした。その事件は相変わらず国際ニュースの見出しを飾っていたのだ。オバマ大統領は、ISISがアメリカやアメリカ人一般にもたらす脅威をなるべく小さく見せようとしていた。一一月二二日にマレーシア訪問中、かれは再びISIS撲滅を誓い、いささか不適切だがISISはアメリカに対して「壊滅的な一撃を加えることはできない」と述べた（実際問題として、誇大なレトリックはさておき、当のアル＝バグダーディですら自分にそんなことができるとは思っていない）。そして一一月二五日、感謝祭の前日に、オバマは再び不安がる有権者たちをなだめようとした。かれと国家安全保障チームは、ワシントンで会談したばかりだったが、「故国での計画を示唆する具体的で明確な課報はまったくないし、これは私がちょうどシチュエーションルームで受け取った情報に基づいたものだ。私はアメリカ国民が、年末の休日シーズンに入るにあたり、我が軍課報と我が国土安全保障機関のリソースが組み合わさってこの問題に取り組んでいることを知ってほしい。かれらは積極的で、たゆまず、有効なのだ」。

サン・バーナディーノ

クリスマスパーティとしてはかなりつまらないものになるはずだった。「退屈する覚悟はできてるか？」とパトリック・バッカリは同僚サイエド・ファルークに話しかけ、ファルークのテーブルにすわった。「覚悟はある」とファルークは答えてにっこりした。これはお互いの内輪ジョークだった。

サン・バーナディーノ郡公衆衛生局は、一二月二日に隔年総職員会合と研修セッションを、インランド地域センター本部の会議場で開催していた。でもそれに伴う昼食会は年末に向けたお祭りに変わっていた。九一人が招待されたが、顔を出したのは八〇人ほどだった。そのうち一四人は、九・一一以来アメリカで発生した唯一最大のテロ攻撃で死亡することになる。

二八歳のファルークは、午前九時五分に会合にやってきて、発表が始まって一時間もしないうちに、書類をテーブルに残し、上着を椅子の背にかけたままそこを離れた。一〇時三七分に自分の黒のSUVに乗り込むと、家に帰って妻タシュフィーン・マリクを一〇キロ離れたレッドランズの賃貸アパートから拾った。六ヶ月の女児をファルークの母親に預けると、一〇時五八分にはインランド地域センターに戻り、ファルークの同僚たちを射殺し始める。『ワシントンポスト』紙によると、「ものの一分ほどで六五発から七五発が発射された。スミス&ウェッソン拳銃と、AR－15二丁から発射されたのだ。（中略）何十人もが撃たれ、一人は五回も撃たれている」。虐殺は四分もかからずに終わった。一一時一四分にタシュフィーンは携帯電話を使い、フェイスブックにメッセージを投稿している。「私たちはカリファ・ブー・ブクル・アル＝バグダーディ・アル＝クライシュに忠誠を誓う」というメッセージだ。

ファルークとマリクは四時間にわたり逃亡していたが、警察はレッドランズのアパートのすぐ外で二人を発見した。実はかれらは犯行現場に車で戻り、三キロ先のサン・バーナディーノ通りで止められた。そこで警官二三人が二人のSUVに銃弾三八〇発を浴びせ、お返しに二人からは七六発を食らった。ファルークとマリクは死んだ。

　かれらの被害者はもっと多かった可能性もあったが、イスラムテロ版のボニー&クライドの爆弾作りが下手だったおかげでそれは避けられた。かれらは即席爆発装置――「メッキ鉄パイプ爆弾三本をリモコンおもちゃの車につなぎ」、起爆装置はクリスマスツリー用の灯りから取っている――を作ってそれを会議室に残していったのだ。これは不発だった。後にそのコントローラーが、弾痕だらけのSUVから発見された。また二人は突撃銃の一つを半自動から全自動に切り替え損ねたとも言われている。もし成功していたら、四分の間にもっとたくさんの銃弾を浴びせることもできただろう。通信セキュリティはといえば、この点でもファルークとマリクは素人ぶりをあらわにした。攻撃後に二人は携帯電話二台をたたき壊そうとしたが、結局まだ鑑識が十分に情報を引き出せる形でそれをアパート近くのゴミ箱に捨てている。後にFBIはサン・バーナディーノ湖にダイバーを潜らせ、二人の捨てたコンピュータのハードディスクを探させた。何かが見つかったかどうかはまだ公式には明らかになっていない。

　レッドランズのアパートと二人のガレージで、捜査官たちはベルギーの特殊部隊員《コマンドー》たちがベルビエで見つけたのと似た武器庫を見つけることになる。おおむね自家製の爆発物在庫で、サン・バーナディーノ警察署長ジャロッド・ブルグアンによるとパイプ爆弾さらに一二本、IED製造に使う無数の道具、九ミリ銃弾二〇〇〇発、〇・二二三銃弾二五〇〇発以上、何百もの五・七ミリ二二ロングライフル銃弾が出てきた。パイプ爆弾は、アラビア半島のアル＝カイダ（ＡＱＡＰ）によるオンライン誌で公式にはデジタルメディアとして『ダービク』に先立つ存在となる『インスパイア』に書かれているような、ありがちな代物だった。『インスパイア』で最も有名な記事は二〇一〇年の創刊号の記事で「ママの台所で爆弾を作る」と題されていた。これは軍用兵器には手が届かないけれど、それでも異教徒どもを殺したいと思っている一匹狼たちのハウツー記事だった。ファルークとマリクはこの記事の手順をできるだけ真似たけれど、それがどうやらあまり上手ではなかったようだ（『インスパイア』のもっと最近の号は、クリスマスツリー用の照明を使って、時限式手榴弾の点火装置を作る方法を説明している――これまた二人が活用したＤＩＹイノベーションだ）。

マリクはパキスタン国籍でサウジアラビア育ちだった。二〇〇七年には出身国に戻り、パンジャブ地方のムルタン市にあるバフディン・ザキール大学に入学した。このムルタン市はイスラム過激主義の中心地で、特に亜大陸ジハード主義者集団ラシュカール＝エ＝タイバのイデオロギーが盛んだった。彼女の元教授によればマリクは「とても熱心で従順な生徒」だったという。二〇一三年四月にマリクは、同市にあるアル＝フダ学院に入学してコーランの勉強を始めた。ここは女性専用の宗教学校の一派だ。アル＝フダは何か既知のジハード主義集団との結びつきは確認されていないけれど、その生徒たちに対し、イスラムの保守的な教えをたたき込むという評判が高い。たとえば女性は、顔をニカブで覆うように言われる。彼女は一八ヶ月にわたり通うはずだったのに、二〇一四年五月に早期退学してファルークと結婚した。アル＝フダのムルタン市におけるコーディネーターは『ニューヨークタイムズ』紙に対し、「ここでの受講を完了していたら、絶対にこんなことにはならなかったと思います」と語っている。

マリクがファルークとつながったのは、オンライン出会い系サービスを通じてで、実際に直接会ったのは、二〇一三年秋のサウジアラビアへの帰国のときだろう。二〇一四年夏、K1「婚約者」査証でアメリカに移住し、翌年には永住権を得ている。必要な身元調査と官僚的なハードルをすべて突破したのだ。サウジの諜報筋は後に、彼女は完全にノーマークだったと主張する。ワッハーブ派の国での彼女の生活はまったく何もなかったという。

二〇一五年一二月五日、ISISはアル＝バヤンラジオでの放送で、サン・バーナディーノの攻撃を自分たちの仕業だとして、ファルークとマリクを「殉教者」と呼んだ。でもISISがこの二人と持っていたつながりは、マリクが虐殺の途中でフェイスブック上でアル＝バグダーディに忠誠を誓ったというだけだった。いまのところ、マリクやファルークがアメリカでも外国でも、ISIS工作員と本当に接触したという証拠はまったくない。むしろ二人がアル＝アドナニの目に見えぬ兵士になったのは、マリクが携帯電話で「投稿」ボタンを押し、その忠誠の誓いがネット上にアップロードされたときだ。一二月一七日に、第三の男であるエンリケ・マルケズ・ジュニアが、ファルークとマリクの攻撃で使われたライフルのうち二丁を提供したことで起訴されたため、この殺人者たちの動機とつながりの捜査はややこしくなった。

マルケズは一〇年前からファルークのご近所だった。ファルークにせっつかれたこともあって、二〇〇七年にイスラム教に改宗している。ファルークは、アンワル・アル＝アウラキに心酔していた。これは二〇一一年にイエメンで、アメリカのドローン攻撃により死んだ、米国生まれのアル＝カイダ聖職者だ。そのファルークはマルケズに、自己過激化の中心カリキュラムを提供した。その中にはアブドゥラー・アッザームの「ムスリムの土地の防衛」という論考や、アル＝アウラキの講義、『インスパイア』のバックナンバー、ソマリアのアル＝カイダ組織アル＝シャバーブによるビデオなどが含まれている。ファルークは、マルケズの刑事告訴状によるとAQAPに参加したいと思っており、二人は共同で南カリフォルニアにテロ行為を計画している。その標的には、二人の母校リバーサイド・コミュニティカレッジ（死傷者を最大化するため図書館かカフェテリアを狙っていた）とラッシュアワーの州道九一号線が含まれていた。二人は二〇一二年に射撃場を訪れている。その後マルケズは、ファルークから距離を置くようになったと述べている。ただしファルークの弟は、「MC」としか判明していない女性とマルケズが結婚するときに証人を務めている。このMCはロシア市民で、移民目的で偽装結婚をしたら月に二〇〇ドルくれることになっていた、とマルケズは述べている。かれが警察の目にとまったのはテロの翌日だった。警察に電話して、自殺してしまいそうだと述べたのだ。なぜか？　サン・バーナディーノの銃撃手が自分のご近所のファルークで、使われたライフルのうち二丁は自分のものだったからという。ライフルをファルークに渡したのは「安全に保管してもらうため」だったとマルケズは述べた。

サン・バーナディーノのテロ事件は、九・一一同時多発テロ以来アメリカの国内で発生した最悪のテロ攻撃だった。その後何日も、メディアやアメリカの政府当局はなんとか筋の通った原因を探し出そうとした。これは「ＩＳＩＳの計画」なのか「ＩＳＩＳに触発された」ものなのか、それともアル＝カイダなど別のジハード主義一派によるものなのか？　ロサンゼルスの現地事務所を仕切るＦＢＩの副長官デヴィッド・ボウディッチは、一二月七日に記者たちにこう述べている。「どちらの容疑者もかなり前から過激化していたという情報を得ており、それが正しいと考えています」。でも何によって、だれの手で過激化したのか？

ファルークが持っていたアル＝アウラキやアル＝シャバーブの文献や資料の多さと、マルケズがＦＢＩに話した回想から見て、マリクが銃身の熱いうちにアル＝バグダーディに対してフェイスブックでバヤットを行ったとはいえ、これはＩＳＩＳとはまるで関係ないと示唆する人もいた。それ以前の仮説として、マリクがファルークを洗脳してジハード主義者に仕立てたというものがあったが、これはマルケズの証言で、ファルークが昔からアメリカの国内で何か活動をしようと固執していたことから棄却された。でもこの第三の男が起訴され、その告訴状が公開される頃には、別のヒントが浮上していた。ファルークに代わり武器購入を行うというマルケズの役割を捜査していたＦＢＩ捜査官ジョエル・Ｔ・アンダーソンによると、一二月二日の早朝八時四三分から八時四七分、つまりファルークがインランド地域センターでパトリック・バッカリの隣にすわる二〇分ほど前、マリクはソーシャルメディアをあれこれ検索してＩ

SISに関係する資料を探していたという。これはつまり、二人は生涯最後の数時間になるまで、まともに触発されたり、ジハードのお気に入りの「ブランド」を持ったりはしていなかったということだろうか?

ロビン・シムコックスは、こう語ってくれた。「ファルークとマリクの事件で最も興味深いのは、かれらがたまたまジハード主義にたどりついたというわけではないということです」。ファルークは、アル＝カイダのジハード主義者へと成長する人物の兆候をすべて備えていた。アッザームを崇拝し、アル＝シャバーブの活動を追い、アル＝アウラキの教えや『インスパイア』の記事に没頭していたのだ。「シャバーブ、AQAP、アウラキは、もうずっと前から西洋で攻撃をしろと呼びかけ続けて来ました。でもファルークがその呼びかけに応えるには、ISISの台頭が必要だったんです。これはつまり、ISISブランドには何か独特なものがあって、それがファルークのような人物には響くということで、それはアル＝カイダのブランドにはないものだということです。それはISISが地上戦で成功しているということかもしれない。ISISに忠誠を誓えば、勝ち組に参加したことになるわけです」

ローマにさらに接近

二〇一五年一一月、国連の制裁監視チームは、イスラム国の拠点としてリビアが台頭しつつあり、イラクとシリアで負ければここが「予備」の基地になりかねないと警告した。ISISの拠点がヨーロッパ沿岸に集結するのはまちがいないと思われていた。アメリカ国防情報局のテロ対抗アナリストの筆頭であるパトリック・プライアーは、リビアにいるISISは「北アフリカすべてに対して投射するための拠点」なのだと述べている。

ISISがリビアを固めているという事実を、肥沃な三日月地帯からの撤退準備として読むのは、当の国連による報告書の細部を検討するといささか不可解なものとなる。ISISはイラクとシリアでますます圧力を受けるようになり、そのリビア系兵士の多くは帰国して、ISISを故国で立ち上げようとしているのだと言われる。ISISは二〇一四年にウィラヤット（県）を三つ発表している。ウィラヤット・トリポリタニア（トリポリとスルトを含む）、ウィラヤット・バルカ（キレナイカ県、デルナとベンガジを含む）、南部のウィラヤット・フェッザーンだ。報告によると、シリアとイラクではリビア人三五〇〇人ほどがジハード主義集団に参加し、八〇〇人がリビアに帰国して地元ISIS関連組織に参加した。そうした組織の総数は、ある国連推計によると二〇〇〇人から三〇〇〇人となる。特に目立つのは、リビアに帰国したISISメンバーたちの構成だった。

その国連報告によると、二〇一四年初頭に帰国したISISのリビア人メンバーのほとんどはアル＝バッタール旅団の出身で、多くはデルナからきている。ここは武力イスラム主義の温床で、アメリカのイラク占領期には、ISISの前身組織に参加した外国人戦士の数が人口比で最大の地域だ。ムアマル・カダフィと戦った武装集団の一つにちなんで名付けられたアル＝バッタール旅団は、紛争の初期にシリアで戦っている。これはアル＝バグダーディが、ジャブハット・アル＝ヌスラとの合併を一方的に発表してＩＳＩＳを創設する一年ほど前のことだ。

シリアとイラクで、リビア人ジハード主義者たちはＩＳＩＳの主要作戦で大いに活躍しているとされる。たとえばデリゾールの部族反乱の弾圧や、二〇一四年夏のイラク中央部におけるＩＳＩＳの電撃攻撃の際、キルクークの地域制圧でも大きな役割を果たしている。アル＝バッタール旅団はしつこい自爆攻撃と、地域制圧後の無慈悲な大殺戮で悪名高かった。そのほとんどの兵員はリビア出身だが、この派閥はヨーロッパからの戦士もいて、主にベルギーやフランス、そしてチュニジア出身者が多い。他の派閥のチェチェン人やウズベク人戦士と合わせると、数百人を擁するアル＝バッタール旅団はＩＳＩＳにとっての「特殊部隊《コマンドー》」役を果たしてきた。ＩＳＩＳの中でこの強さに匹敵する組織はほとんどない。たとえばジャイシュ・アル＝キラファ（カリフ国軍）や、ジャイシュ・アル＝バディヤ（砂漠軍）などだ。ＩＳＩＳがこれほどの軍勢を温存できるというのは、どう見てもＩＳＩＳが弱体化したからではない。

アル＝カイダとの戦争はリビアでも行われた。アル＝バッタール旅団はリビアに戻ると、イスラム青年シューラ評議会から発展してきたＩＳＩＳの新生支部に参加を強めた。ＩＳＩＳは、サラーフッディーン県の元知事ウィッサム・アル＝ズバイディを派遣することでリビア支部創設を仕切った。アル＝ズバイディはアブ・ナビル・アル＝アンバリやアブ・ムギラ・アルカフタニなど様々な変名を使っており、バイジとティクリートの制圧で知られている。かれはサダム・フセイン政権の元警官で、六人ほどのセルを率いているとされ、その六人はすべてサダム・フセインの軍事諜報部門のメンバーだったという。二〇一四年末から二〇一五年初頭にかけて、アル＝ズバイディは儲かる犯罪ネットワークを併合してＩＳＩＳが自給自足できるようにして、地元ジハード主義集団、特にアル＝カイダから新人を横取りすることでＩＳＩＳのインフラを構築した。ＩＳＩＳはまたその最上位の聖職者トルキー・アル＝ビナーリをリビアに送っている。

ＮＡＴＯはカダフィ後の安定化を本気で試みようとさえしなかったので、リビアはアフリカのソマリア、マリ、ナイジェリア、アルジェリア、エジプトなどのジハード主義者にとって遊び場となった。アル＝カイダはまちがいなくリビアの利点を理解している。リビアの利点を理解した他の人物としては、タバコ密輸人から聖戦士に転身し、リビアで刑務所に入ったこともある片目のモクタール・ベルモクタールがいる。ベルモクタールはイスラムマグレブ諸国のアル＝カイダの元指揮官で、いまやアル＝カイダに忠誠を誓っている独自の分裂派閥を率いている。有名になったのは二〇一三年一月に、アルジェリアのイナメナス天然ガスプラントを攻撃したときだった。

ＩＳＩＳにとってのリビアの重要性を強調したのもアル＝ズバイディだ。かれは『ダービク』のインタビューで次のように語っている。「リビアはアフリカにあってヨーロッパの南だから、とても重要だ。また尽きることのない多くの資源を持っている。（中略）また多くのアフリカ諸国に続く砂漠の入り口でもある」

でもリビアで相対的には成功しているものの、絶対的に見ればＩＳＩＳは苦労している。状況はＩＳＩＳ有利らしい。アル＝カイダ工作員や元工作員たちは、アル＝カダフィ政権に対する戦いで大きな役割を果たした。革命後のリビアにおける無法状態は、ＩＳＩＳにとって完璧な環境を生み出した。何百人、いや何千人ものリビア人やチュニジア人ジハード主義者たちが、シリアで訓練を受けたか、シリアを通過してやってきているのだ。リビアはまた圧倒的に部族中心であり、リビア南部の穴だらけの国境や後背地はＩＳＩＳにとっての育成地になり得る。でもアル＝カイダはアフリカやイエメンで勢力を確立できたのに、ＩＳＩＳはそんなにうまくいっていないようだ。またリビア部族の一体性のため、他のところでやったように、社会的宗教的な分断を活用するＩＳＩＳの能力は鈍っている。

そこでの作戦は、アブ・バクル・ナジ『残虐性マネジメント』に従った「じらしと疲弊」の戦略だ。リビアの治安維持のための検問や、観光市場（それが残っていればだが）、石油インフラへの攻撃が、ＩＳＩＳによるマグレブ地方での有力な拠点として地域を支配しようとする手口の特徴となる。ここに拠点を持てば、ＩＳＩＳはシチリア沿岸から八〇〇キロ以内の地点までやってくる。パリとサン・バーナディーノの後で、アル＝バグダーディは西洋を脅かすのにローマを征服する必要はない。かれの目に見える大隊はすでにヨーロッパの岸辺に十分近づいている。そして目に見えない軍隊はさらに近づいているのだ。

湾岸諸国とISIS

リビアがISISにとって持つ作戦上の重要性と並ぶのが、湾岸諸国、特にサウジアラビアの持つ戦略上の重要性だ。これらの諸国——西洋の同盟国で、地域の最も炎上しやすい産物、つまり石油、天然ガス、宗教、宗派主義の拠点——はISISにとって理想的な標的となる。カリフ国創設以来のあらゆる演説で、アブ・バクル・アル＝バグダーディは湾岸諸国王家に触れ、特にサウジアラビアに注目している。モースルの大モスク説教壇に初めて登場したとき、かれは支持者たちに対し、湾岸王家が与えるような生活は与えられないかもしれないが、古来の約束であるカリフ国の傘下で尊厳と栄誉をもたらそうと述べている。二〇一五年五月一四日、かれはイエメンにおけるサウジアラビア主導の決然たる嵐作戦（これは旧政権支持者とイラン支援のフーシ反乱勢を攻撃するものだ）について、「幻の嵐」であり「人々がイスラム国に背を向けるよう仕向けようという必死の動き」と嘲笑した。二〇一五年一二月二六日のかれの音声メッセージは、テロ組織との戦いを明示的な目的として、三四ヶ国からの兵を集めてリヤドで結成された「イスラム連合軍」も攻撃している。

サウジアラビアなどの湾岸諸国は二〇一四年夏にISISに対するアメリカの空爆に加わ

り、主にラッカとデリゾールとコバネ上空で活動している。でもイエメン作戦が始まってから、その参加を大きく減らした。だから宗派的なこだわりを持つISISが反フーシ作戦を攻撃するというのは不思議なことだ。フーシはシーア派のザイド派から発した派閥なので（とはいえウィラヤット・アル＝ファキフ、つまり聖職者の守護でありイランイスラム共和国の公式イデオロギーの教義に大きく影響を受けている）、他のシリアのイスラム主義組織はフーシに対する戦いに手を貸そうと言っているのだ。

湾岸諸国はしっかりISISと戦わないといって批判されることが多いが、この両サイドの間には絶えず綱引きが行われている。湾岸諸国が珍しくイエメンで軍事介入したことで、ISとその地域のスンナ派守護者というレトリックは危ういものとなった。イランへの反対や、二〇一三年夏の湾岸諸国のエジプトにおける反同胞団クーデター支持など、様々な理由でISISに進撃を続けてほしいと少なくとも内心は思っていた多くの人々は、だんだんISISから目を背けるようになってきた。

湾岸諸国が西洋諸国の提供した派手な兵器をISISに対して積極的に使うことで、ISISの勢いは失われた。そしてイエメン攻撃と同時にシリア人反乱軍が二〇一五年初頭にシリア北部で見事な進撃を見せたことで、ISISの勢いと人気は西側諸国の何ヶ月もの空爆でも実現できなかったほど弱体化した。

有力なサウジ作家のジャマル・カショギは、当時ロンドンを拠点とする『アル＝ハヤット』

紙に状況をこう説明している。「勝利は支持者を生み出し、力は政権を嫌う弱い個人を引きつける。こうした［個人は］、特にシリアの崩壊期には、自分の同胞たちと愛するものたちを弾圧する不公正なシステムに対する復讐を行う手段として、ＩＳＩＳを捉えていた。だから別の連合勢力が、武力と権力と穏健性をもって台頭してきたら、ＩＳＩＳは足下をすくわれることになったんだ」

　ＩＳＩＳはイラクやシリアでの本拠地における戦士として、あるいは各国での自爆攻撃者として（これは二〇一五年にサウジとクウェートのモスク爆撃で起こった）、湾岸諸国の国民をリクルートしているが、それとは別にＩＳＩＳが湾岸諸国で強力な動員勢力として自らを確立できないというのは、ひどい大失敗だ——ここでもまた、ＩＳＩＳ最悪の敵は、ＩＳＩＳによる独占と正統性主張を台無しにしてしまえる、同じスンナ派ムスリムなのだという点があらわになる。湾岸諸国市民でＩＳＩＳに参加した人々の数は、他の国からきた戦士たちよりも少ないままだ。ソウファングループ（米国の調査会社）によると、ＩＳＩＳで戦っているサウジ国民は二二七五人いる。チュニジア出身者は五〇〇〇人だ。

　こうした数字は、ＩＳＩＳがこれほど戦略的に重要な地区への侵入でろくな成果を上げられていないことを示している。特に、ＩＳＩＳがこうした諸国で持っている潜在的な機会を考えればなおさらだ。二〇一一年以来、シリアのイスラム主義者を支援するために大量の資金がここから出ているし、宗派的な対立が強い地域だし、他の地域に比べると殉教文化がかなり広まっている地域なのだ。

でもＩＳＩＳによる湾岸諸国への浸透は、まだ現在進行形だ。湾岸諸国にＩＳＩＳが入り込んだのは、二〇一四年一一月のサウジアラビアが最初だ。アフサ市の神殿でのシーア派集会が銃撃されたのだ。六ヶ月後、ＩＳＩＳはシーア派が圧倒的多数の東部県で、カティフ市とダンマム市のシーア派のモスクに対して金曜日に二回続けて攻撃を行った。二〇一五年六月には、クウェートで似たような攻撃をしている。

ＩＳＩＳの攻撃はサウジ王国内外の聖職者をジレンマに陥れた。かれらはこの攻撃を糾弾し、スンナ派を攻撃するシーア派に肩入れするか（これは住民たちの最も保守的な一派と公式の聖職者たちの反発を招く）、攻撃を糾弾せずに、サウジはＩＳＩＳと一蓮托生だという外国からの糾弾を増やすかのどちらかだ。でも実際には、こうしたモスクへの攻撃のせいで故アブドゥラー王が王国の最高位聖職者たちに対し、「怠ける」のはやめてＩＳＩＳのイデオロギーと戦うためにもっと頑張れという珍しい叱責を招くことになった。

地域の宗教的、宗派的な分断を活用するだけでなく、ＩＳＩＳはまた現役またはかつてのジハード主義者たちやその支持者たちに訴えかけようとしている。その多くはアフガン戦争やイラク戦争と、ほぼ同時の二〇〇三年から二〇〇五年にかけて行われたサウジでのアル＝カイダ蜂起鎮圧により、収監されたり逃亡したりしていた。ＩＳＩＳは湾岸地域のジハード主義の新しい波に乗ろうとしている。サウジ政府に刃向かって、ジハード主義者とともに戦ったり、それを支持するような発言をした人々の多くはいまだに牢屋にいて、その金銭的、社会的ネットワークはアラブ蜂起に先立つ一〇年の間に崩壊している。ＩＳＩＳは、アル＝カイダがやり残したことの続きをやるつもりなのだ。

アル＝カイダにとって代わろうというこの試みは、もっと広い戦略の一部だ。湾岸諸国などの確立したジハード主義者に訴えかけることで、ＩＳＩＳは九・一一の後でちりぢりになったジハード主義ネットワークをまとめ直すつもりなのだ。湾岸諸国に浸透しようとする努力、ナイジェリアのボコ・ハラムからの忠誠受け入れ、マリ北部とサヘル一帯のトゥアレグ人や、アル＝シャバーブを引きつけようという試みも同じ野心から発したものだ。こうした層への訴えかけは、ＩＳＩＳにもっと大きな正統性をもたらすだけでなく、何十年にもわたり蓄積された経験、戦闘で鍛えられた熱心な戦士や、貴重なネットワークをもたらしてくれる。これにより、ＩＳＩＳのグローバル「ブランド」は一層強まるのだ。

こうした人々を説得するには、人数をたくさんつぎ込めばいいというものではない。ＩＳＩＳが引き入れようとしている人々の多くは、一九六〇年代から一九九〇年代にかけて、主にサウジアラビアでだが周辺国でも展開された、通称イスラム復興に参加していた人々だった。この時代は、この地域における現代のジハード主義の思想と言説の相当部分を形成した時期だった。現代ジハードの指導者やイデオローグの多く、たとえばオサマ・ビン・ラディンやアブドゥラー・アッザーム、アブ・ムハンマド・アル＝マクディシなどは、この運動に影響を与えるか、与えられているのだ。

イスラムの聖地であるメッカとメディナを擁する国というサウジアラビアの宗教的な重要性も、自称カリフ国たるＩＳＩＳの正統性にとっては鍵になる。特に、かつてのイスラム帝国のウマイヤ王朝やアッバース王朝があったところを考えればなおさらだ。ＩＳＩＳが湾岸地域で力と武力をうまく投射できないのは、その発言における大きな欠点となっているが、いずれはそれも克服するつもりらしい。特に地域の宗派的な対立がだんだん手に負えなくなってきている現在では、その実現性は高まっている。

西側からすれば、湾岸諸国でＩＳＩＳが躍進すれば、もっと大きな影響がでかねない。それはこうした国々がはっきりと西側の同盟国だからというだけでなく、九・一一攻撃以来大きく抑えられてきた古い金融ネットワークがゆっくり復活してきているために、ＩＳＩＳの力が国際的に強まりかねないからだ。こうしたネットワークの復活が本格的に始まったのは、二〇一一年末のシリア蜂起が武装紛争になってからだ。この地域各地の民間寄付者たちが救援や資金をまとめ、まずは同国で劣化する人道状況に対応し、後にはバシャール・アル＝アサド政権と戦う武装勢力に資金提供するようになったのだ。

こうしたネットワークはしばしば怪しげなものだ。シリア、リビア、イエメンなどで見られるように、イスラム主義集団が戦場でジハード主義組織と協力するようになると、なかなか監視も統制もできない、ゆるい資金ネットワークができあがってしまう。湾岸諸国のほとんどは場当たり的な民間寄付を禁止し、救援作業を国営やＮＧＯ組織だけに限るようにはしたものの、クウェートのような国は比較的ゆるい金融法制しかないので、シリアなどの不穏な国に送金するための金融拠点となった。ＩＳＩＳの経済モデルは主に恐喝と収奪、課税、支配地域での貿易に依存しているが、古い金融ネットワーク復活は、ＩＳＩＳの広がりつつある国際ネットワークを補完し、外国攻撃能力を強化することになりかねない。

19 ＩＳＩＳスパイの告白

イスタンブールでの会合

かなり説得が必要だったが、アブ・カレドを名乗る人物はやっと身の上話をしてくれた。シリア革命初期のもっと希望に満ちた日々から、かれはイスラム国に加わり、その「国家治安」部隊であるアムン・アル＝ダウラで働き、ジハード主義者の歩兵部隊や外国人工作員たちを訓練してきた。それがいまや、離反者としてＩＳＩＳを離れたのだという――だから狙われているのだ。

アブ・カレドは、自分の故郷であるシリアの相当部分を占領するＩＳＩＳ指導層での、イラク人などの外国人エリートたちが示す、植民者的な傲慢さとも言うべきものを目の当たりにしたのだ、という。もしかれの語る内容が本当なら、ＩＳＩＳの仕組みについて、実に驚異的なほど詳しい情報を持っているはずだ。だれが本当に指揮をしているのか、どうやって移動するのか、戦士や国民はどんなふうに分類できるのか。かれは国家になろうとしているＩＳＩＳの官僚組織に見られる凡庸さを説明し、ＩＳＩＳが人々の監視――そして相互監視――のためにつくり出した複数の公安機関に見られるすさまじい残虐性も説明できるのだ。またなぜこんなに多くの人々が、全体主義カルトに引きつけられるのかも説明できるだろう。ＩＳＩＳは、その残虐行為やすさまじい暴力行為を隠そうとするどころか、それを自慢して見せているのだ。アブ・カレドはＩＳＩＳの旗印の下に集まった何百人もの外国人と活動してきた。その一部は、敵の中に隠密工作員を送り込もうというＩＳＩＳの試みの一環で、すでに故国に戻っている。

でもアブ・カレドは戦闘の続くアレッポ郊外で入手したばかりのアパートにいる妻を後に残したくなかった。イスタンブールへの長旅という危険を冒したくはなかった。ＩＳＩＳから足を洗って以来、かつてのジハード主義仲間と戦うために、頑張って独自の七八人構成の大隊《カティバ》をつくり上げているのだという。

現代トルコ史最悪の爆弾テロが、アンカラの街路でＩＳＩＳ工作員により実行されたばかりだった。これでＮＡＴＯ加盟国の一〇〇人以上が死亡、名目上のカリフ国が唱える中核的なイデオロギー的自負心はまたもや強化された。いまや国境は時代遅れであり、ＩＳＩＳはどこにいてもおまえを襲えるのだ、と万人に知らせたいのだ。アブ・カレドがいまでもＩＳＩＳのスパイで、これが新たに人質を捕まえる作戦の一部なのだという可能性も少しはあった。

アブ・カレドの話が本当なら、かれにとってのリスクはずっと大きい。ＩＳＩＳはかれを「不信心の地」まで追跡して、そこで始末するかもしれない。実際、ラッカからのシリア人活動家二人に対してまさにそれをやり、シャンルウルファで斬首しているのだ。そしてアブ・カレドが自分で訓練した工作員もいる。かれらもシリアやイラクを離れて「敵の戦線の後ろで」活動しているのだ。

「秘密警察にいると、すべてが統制されます。あっさりイスラム国領土を離れるわけにはいきません」。かれの場合はなおさら難しい。国境すべてが、かれの所属していた国家公安組織に支配されているからだ。「みんな私が訓練したんです！　ほとんどの連中は私を知ってる」

かれは一度ならずこう語った。「行けません。いまの私は不信仰者《カーフィル》ですから」つまりカリフ国の立場からすれば異教徒だ。「かつてはムスリムだったのにいまはカーフィルだ。ムスリムからカーフィルになって、それからムスリムに戻るというわけにはいきません」。その代償は死だ。

この状況を考えると、かれがシリアを完全に捨てて、妻をイスタンブールにつれてきて、やがてはヨーロッパに向かう可能性もある。そのほうが望ましいかもしれない。でもかれは、そんなことは考えたくもないという。アブ・カレドは、シリアで死ぬ覚悟があるというのだ。「いずれどこかでは死ぬんです。戦争で死ぬ人よりベッドの中で死ぬ人のほうが多い。あなたの国でこんなことが起きたらどうします？　国や次世代のために死ぬ気がありますか、それとも逃げ出しますか？」

アブ・カレドはやがて折れて、二〇一五年一〇月末に対面インタビューに同意した。

一〇〇〇ドルほどの借金をして、アレッポからイスタンブールまで車とバスで一二〇〇キロを旅し、そして同じ道を戻ることにした。丸三日間にわたり、ヨーロッパと中東の断層線上にある国際都市のカフェやレストランや大通りで、紫煙の霞越しに、かれは次々にタバコに火をつけると、苦いトルココーヒーをすすった。そしてアブ・カレドは歌った。

かなり早い段階で、かれはこう言った。「そうですね、生涯にわたってムスリムだけど、シャリーアはそんなに好きじゃないし、さほど宗教的でもないんです。ある日、鏡で自分の顔を見ました。長いひげがありました。自分で自分がわからなかった。ピンク・フロイドみたいですよ。『だれかがぼくの頭にいるけど、それはぼくじゃない』」

ジハード主義者からの復帰組で、「狂人は心に」（ピンク・フロイドの曲）を正確に暗唱できる者はなかなかいない。でもアブ・カレドは殉教者になりたくてうずうずしている、新鮮な若い狂信者ではない。高い教育を受けて何ヶ国語もしゃべれる、中年のシリア国民であり、ISIS指導層がその軍事的な訓練も含め、能力を高く評価した人物なのだ。

同国人の多くと同じく、アブ・カレドは五年も続く戦争の相当部分をトルコ南部で過ごしている。ISISに入ったのは二〇一四年一〇月一九日、「生来の決意作戦」が空爆範囲をラッカまで拡大してから一ヶ月ほど後のことだった。ラッカは東部県にあり、ISISが「首都」を置いているところだ。

アブ・カレドがISISに加入しなければと思ったのは、アメリカが圧政者バシャール・アル＝アサドの政権を延命させる世界的陰謀に加担していると思ったからだ。これを率いているのはイランとロシアだ。そうでなければ、アメリカがスンナ派だけに戦争攻撃を行い、あらゆる手段で大量殺人を行っているアラウィー派の政権や、イラン系シーア派軍には手出ししないという状況は説明がつかない。

アブ・カレドは好奇心もあった。「そこに出かけたのは実際問題として、冒険のためでした。そこにどんな連中がいるのか見たかった。本当に、それは後悔していません。かれらを知りたかった。いまやかれらは私の敵です――しかもとてもよく知っている人たちなのに」

ＩＳＩＳに加入するための手続きは実にしっかりしたものだった。トルコとシリアの国境町タル・アブヤドがＩＳＩＳに占領されたときに、検問所に出かけたのだ。「『どこに行くんだ』と聞かれ、『ラッカ』と答えました。理由を聞かれて、ＩＳＩＳに参加したいと言った。すると荷物を調べられられたんです」

ラッカについたら「ホムス大使館」に行かされた。これはＩＳＩＳの管理棟で、シリア人は全員そこで志願する。かれは二日そこで過ごし、その後「入境局」と呼ばれるところに移送された。すべては自分自身の国内でのことだが、ＩＳＩＳに言わせればもうその国はないという。

「そこでは私は移民扱いでした。カリフ国の外で暮らしてきたからです」。だからアブ・カレドはまず「帰化」しなければならず、アブ・ジャベルというイラク人による、市民権を得るための面接に合格しなければならなかった。

「どうして聖戦士になりたいんだ？」と尋ねられた。記憶では、十字軍異教徒どもと戦うとか、おざなりな回答をした。でもそれでアブ・ジャベルの試験には合格したようだ。

次の段階は教化だ。「二週間、シャリーア法廷に出かけましたよ。そこで講義を受けるんです。人をどうやって憎むか教えてくれます」とアブ・カレドは笑った。そこではＩＳＩＳ版のイスラムを教わった——非ムスリムはイスラムコミュニティの敵だから殺さなければいけないというものだ。「洗脳ですね」とかれは言う。

この教化を担当する聖職者たちは、外国からきた何も知らない若造だった。「一人覚えているのはリビアからきたやつで、二〇代半ばくらいかな」。こんな若いやつに、どんなイスラム的権威があるんだろうか、とアブ・カレドは疑問に思った。それにシリア人たちはみんな、どこにいるんだ？

＊＊＊

ＩＳＩＳでの最初の数週間で、アブ・カレドはドイツ人、オランダ人、フランス人、ベネズエラ人、トリニダード人、アメリカ人、ロシア人にお目にかかった——みんなきたばかりで、ＩＳＩＳのお題目に言う「とどまって拡大」を実践し、唯一の真の信仰の守護者となるためのの人々だった。

想像がつくように、こうしたジハード主義者の国際メンバーへの新参者たちは会話レベルのアラビア語さえできない。だからアブ・カレドのように多国語がしゃべれるボランティアは大いに重宝された。かれはアラビア語、英語、フランス語を流暢に話すので、すぐに通訳として採用された。「二つの集団を任されました。左にはフランス人たちがいて、アラビア語からフランス語への通訳をしました。右手にはアメリカ人がいたのでアラビア語を英語に通訳しましたね」

扇動プロパガンダの一環としてＩＳＩＳはしばしばムハジリーン（外国人戦士）たちが、自分のパスポートを燃やすところを見せる。これはもはや帰れないのだと誇示するための儀式だ。ブルージュ出身だろうとアメリカのバトンルージュ出身だろうと、みんなダル・アル＝ハルブ（戦争と窮乏と神なき土地）における国籍を捨て去り、ダル・アル＝イスラーム（信仰と平和、少なくとも戦争を戦い終えたら訪れるはず）の住民になるというわけだ。でもこれはほぼお芝居でしかない。これまでは、ほとんどの新参者はパスポートを自分で持つか、それを「渡していた」。だれに渡したのか？「人事部門ですよ」とアブ・カレド。

でもこうした比較的ゆるい人員方針は、最近になって変わった。ＩＳＩＳは戦闘に負け始め、ものによってはすさまじい損害を出しているため、ますます締め付けが厳しくなっているという。

クルド人の町コバネをめぐる二〇一四年の戦い以前は、カリフ国は無敗のオーラを漂わせていて、世界中からの人々が救世主的勝利の黒旗に身を包もうと我先に集まっていた。でもコバネ戦では、アメリカの空爆に支援されたクルド民兵たちが善戦し、ＩＳＩＳは――少なくともアブ・カレドの言い方では――戦略的計画はおろか戦術的な計画もまともにないままで、無用に何千人も、みすみす殺されに送り出してしまった。ジハード主義者の軍隊は四〇〇〇人から五〇〇〇人も戦士を失い、そのほとんどがシリア人ではなかった。

「この数字の倍は負傷して、もう戦えなくなっていますよ。手や脚を失ってるんです」とアブ・カレド。つまり移民たちは砲弾の盾に徴発されているということなのか？　かれはうなずいた。二〇一四年九月、ＩＳＩＳの外国人リクルートが頂点に達したときには外国人が殺到して、迎える側ですら驚愕したという。「毎日ＩＳＩＳに入りたいという外国人戦士が三〇〇〇人とかやってきましたからね。それがいまや五、六〇人もいない」

こうして突然人手が不足するようになったことで、シリアとイラク以外の居住者が大義に奉仕する最良の方法について、ＩＳＩＳ最高司令部は慎重に見直すようになった。アブ・カレドによれば「最も重要なのは、かれらが世界中にスリーパーセルを作ろうとしていることなんです」。ＩＳＩＳ指導層は「人々に自国にとどまってそこで戦うよう頼んでいます。市民を殺し、建物を爆破し、できることならなんでもやれと言っています。わざわざここにこなくていいんだ、とね」

アブ・カレドの教えを受けたジハード主義者の数名はすでに、かれの言うアル＝ダウラ、つまりイスラム国を離れ、出身国に戻った。三〇代前半のフランス人二人をかれは挙げた。その本名は？ アブ・カレドは知らないという。「そういうたぐいの質問はしないんです。みんな『アブ・ナントカ』だ。個人的な過去をほじくり返すのは、究極のレッドカードです」

トルコで最初に顔を合わせたほぼ一ヶ月後の二〇一五年一一月一三日、パリ同時多発テロ攻撃が起きた後で、筆者の一人はアブ・カレドに連絡した。いまやアレッポに戻ったかれは、そのフランス出身者一人か両方が、このテロになんらかの形で関与しているとかなり確信しているそうだ。第二次大戦以来、フランスで起こった最悪の残虐行為で、少なくとも一三二人が死亡し、そのほぼ同数が重傷を負っている。かれらの写真が国際メディアに公開されるのを待っている、とアブ・カレドは語った。

一人は北アフリカ出身でアルジェリアやモロッコからきたのかもしれず、頭を剃って、中肉中背。もう一人は背が低い金髪碧眼のフランス人であり、妻と七歳の息子がいて、おそらくイスラム教に改宗したのはまちがいない。

これは、ISISを倒そうとしている人々に有益な情報に見える。この二人についてだれかに警告したのだろうか？ 「した」とかれは言ったが、それ以上は型らなかった。

＊＊＊

「自爆テロの道は自分で選びます」とアブ・カレドは、マルボロ・レッドをもみ消しつつ新しい一本に火をつけた。「ISISに参加すると、聖職者の講義でこう尋ねられます。『殉教者になるのはだれだ?』そしてそこで手を挙げた人は別グループに移されるんです」

新規加入の数は減っているが、少なくともこうした教化講義では、天国への早旅を探す若者はまだまだ多い。「志願者が続々います」とアブ・カレド。

アル゠ダウラ・アル゠イスラミーヤ、つまりイスラム国の外の広い世界でも、こうした熱しやすい若き狂信者たちはたまにうかがえる。たとえばジェイク・ビラルディは、不満だらけのオーストラリアの一八歳だったが、メルボルンにいた頃に残していたブログから判断するとかなりスムーズにチョムスキー主義からタクフィール主義へと移行し、イラクの検問所で自爆してみせた。

アブ・アブドゥラー・アル゠オーストラリはラマディで死に向かうとき、自分が自己犠牲の高貴な行動をとっていると確信していた。カリフ国のカミカゼ役になるのだ。かれにとって、ジハードは故郷から始まった。そのブログによると「ぼくのイデオロギー的発達の転回点、オーストラリアや世界の大半が基づく制度すべてに対する完全な憎悪と反対の始まり」と時を同じくして始まったという。「それはまた、この統治システムを排除するには暴力的な世界革命が必要であり、自分がおそらくはこの闘争の中で殺されると認識したのもその瞬間だった」。

最後の部分については、かれの言う通りだった。でも仲間の革命家たちが、かれの利用価値をどう判断するかについては、必ずしも思い通りではなかったかもしれない。

実務的な理由から、ＩＳＩＳは大隊《カティバ》たちの間では均質性を求めようとする。ちょうどスペイン内戦で共和国派が国際志願兵について求めたのと同じだ。最も訓練がしっかりして装備も優れたカティバは、二〇一一年にイエメンでアメリカのドローン攻撃により殺された、アメリカ生まれのアル＝カイダ聖職者アンワル・アル＝アウラキにちなんで名付けられている。「このカティバではすべてが英語なんだ。そしてアメリカ人の多い別のカティバもあって、アブ・モハメッド・アル＝アミリキという名前だ。ニュージャージー出身のやつの名前にちなんでる。コバネで戦死した。このカティバにも外国人がたくさんいる」

でも最近では、民族的、言語的に限定されたカティバは解体され、混成部隊へと再構成されている。これは、同じ出身地の人々や同じ言語の人々をあまりにたくさんまとめて集めておくと、予想外の影響が生じかねないからだ。ＩＳＩＳ軍で最強の大隊であるアル＝バッタールは、リビア人七五〇人で構成されていた。ＩＳＩＳは、その兵たちがＩＳＩＳに対するよりも自分たちの司令官《エミル》に対する忠誠心のほうが強いことに気づいた。おかげでアル＝バッタールは解体された。

ＩＳＩＳに参加してほどなく、アブ・カレドはアラビア語をまったくしゃべれない戦士七〇人から八〇人を集めた、フランス人カティバを創設しようとした。候補者たちが請願書を書いて署名し、アブ・カレドはそれをラッカのＩＳＩＳ本部に持っていった。でも誓願は却下された。なぜか？「連中の話だと『リビア人で前に問題が起きた。フランス人たちを一つのカティバに集めたくはない』とのことでした」

ロシア語話者たちも、アル＝ダウラでは扱いにくいトラブルメーカーと思われている。コーカサスや旧ソ連圏からの戦士はすべて、「チェチェン人」と実に雑にくくられてしまう。そしてＩＳＩＳで最も認知され（そして評判倒れの）戦場指揮官であるアブ・オマル・アル＝シシャーニはいるが、「チェチェン人」たちは独自の部隊を運営して、ラッカからの監督や指揮統制はほとんど受けていない。このため、アラブ系やこの地域からのジハード主義者たちは、かなり警戒するようになっている。「あるときラッカにいたら、チェチェン人たちが五、六人いたんですよ。なんか腹を立てていました。それでラッカのエミルに会いに来たというんです。エミルは震え上がって、ＩＳＩＳに頼んで周辺建物の屋根に狙撃手を配置させました。チェチェン人たちが攻撃すると思ったんですね。狙撃手たちは二時間もそこにとどまりました」

ヨーロッパ帝国主義列強が押しつけた不自然な国境の終わりという主張は、ジハード主義帝国主義という予想外の結果をもたらした。なんといってもＩＳＩＳ指導層は主にイラク人で、ＩＳＩＳの活動すべての根底にある、宗教的ではない政治的な狙いがあるとすれば、それはバグダッドにスンナ派の力を復活させることなのだ。実際、メソポタミア地方のＩＳＩＳはレヴァントのＩＳＩＳよりも指向が「ナショナリスト」だと言えるほどだ。そこでは「サイクス

＝ピコ体制の終わり」に酔いしれたムハジリーンたちが、自分たちがサダム・フセインのかつての手先たちに利用されているというのを、認識できずにいるようなのだ。

＊＊＊

ＩＳＩＳの秘密警察組織《アムニヤット》は、四つのちがう局または支部で構成され、それぞれ独自の役割を持っている。その構造はＩＳＩＳが倒したがっているはずの伝統的アラブ独裁者たちの作る、地域課報機関《ムハバラート》にかなり似ている。

一つはアムン・アル＝ダキリで、これはＩＳＩＳ内務省に相当する。各都市の安全保障維持が仕事だ。

次がアムン・アル＝アスカリ、ＩＳＩＳ軍事諜報部だ。その情報収集担当者や敵の位置と戦闘能力の分析を行う。

アムン・アル＝カルジはＩＳＩＳ外国諜報部門で、その工作員は「敵戦線」の背後に送られ、スパイ活動をしたり、テロ作戦の計画と実施を行う。でも「敵戦線」は、西洋の諸国や都市だけを指すものではない。シリアでも、自由シリア軍やアサド政権が握っている地域、つまり公式にはカリフ国の境界内でない地域は、すべて入り込むのに外国人工作員を必要とする。

これはシリアとイラクでＩＳＩＳが「拡大」するにあたってきわめて重要だ――スリーパー

を派遣し、工作員や密告者をリクルートしたり、競合集団（他の民兵だろうと国の軍隊だろうと）についての情報を集めたりする。ISISが領土を掌握して維持する能力の高さは、軍事的な力よりは取引能力のおかげなのだ、とアブ・カレドは繰り返し強調した。

他の人々もこれに同意している。二〇一五年四月、『シュピーゲル』紙のクリストフ・ロイターは押収されたISIS内部文書に基づき、アムニヤットの慎重な機能分化を示す暴露記事を発表した。

「工作員たちは、地震計のような機能を果たすことになっています。送り出されて、小さな割れ目や、社会の奥深くにあるはるか昔の断層まで突き止めることになっているんです――つまり地元人口を分断し従属させるのに使えるような、あらゆる情報ということですね」。エリート一族はどれ？　どうやって儲けている？　密かに同性愛の息子などはいないか？　従属させたり言うことをきかせたりする恐喝に使えるような材料はないか？

この仕組みすべては、半自律的な領土区分に細かく分かれており、それぞれがしばしば、他の区分のやっていることを追跡する役割を担っていたりする。「ある一般諜報部門は、その地域の『公安エミル』に報告を行う。このエミルは個別地区の副エミルたちを仕切っているんだ。秘密スパイセルの主任とその地区の『諜報機関情報マネージャー』が、そうした副エミルのそれぞれに報告します。地元レベルのスパイセルは、地区エミルの副官たちに報告します。狙いは、万人が他のみんなに目を光らせるようにすることです」

これでみんな、ＫＧＢやシュタージ（東ドイツに存在した秘密警察）のような心構えになってしまう――ＩＳＩＳ最高位の高官たちの多くが、サダム・フセインのムハバラートの元職員であり、従ってワルシャワ条約機構の公安組織の生徒でもあったことを考えれば、これは偶然などではない。実はシリアでのＩＳＩＳ組織を構築した人物、故ハッジ・バクルは、かつてサダム・フセインの航空防衛諜報機関の大佐だったのだ。

アブ・カレドによればハッジ・バクルの構築した恐怖省は、その後ひたすら発展してきたという。

「私が寝返る一週間前、アムン・アル＝カルジの主任アブ・アブド・ラフマーン・アル＝チュニジと一緒にいました。かれらはＦＳＡの弱点を知っています。アル＝チュニジはこう言いました。『自分たちの知っている連中を訓練するんだ。リクルーター、シリア人たちなどをな。（中略）連れてきて、訓練して、元のところに送り返す。二〇万ドルから三〇万ドル渡すんだ。お金があるから、ＦＳＡトップの地位につける』

ＩＳＩＳはこうやってシリアを乗っ取ったんです。ＦＳＡが仕切る村や地域にはスパイがいて、ＦＳＡ内部にも工作員がいるんです」とアブ・カレド。

要するに、シリアにおけるアメリカの仲間と思われる組織すべてが、見た目通りというわけではない。一部は、アブ・カレドによれば、ＩＳＩＳの秘密の手先に操られているのだ。

アブ・カレドはアムン・アル＝ダウラの一員となった。これは対抗諜報作戦（ＦＳＡやアサド政権、西洋、地域などの外部スパイを根絶やしにする)、内部の通信傍受(電話の通話や無許可のインターネット接続)、組織の収監プログラム維持などを行う組織で、イスラエルの情報機関シンベトやFBIに相当する。イギリス生まれのモハメッド・エムワージ、西側人質の斬首映像によりメディアで「ジハーディ・ジョン」の異名を取り、二〇一五年一一月一三日のアメリカのドローン攻撃で死亡した人物――だが二〇一六年一月の『ダービク』は、シリアでの戦闘で背中を打たれて死んだと述べている――もまたアムン・アル＝ダウラの一員だった。

アブ・カレドによれば、「この四部門の人間は活動時にはマスクをしています」。でもときにはISISのメディア好きのおかげで、その注意が台無しになることもある。アブ・カレドによれば、エムワージの正体が明らかになったのも、地方政府の密告者が、マスクなしでラッカを走り回るこのイギリス人の未編集映像を手に入れて、イギリス政府に届けたからだ。

それぞれの部門の工作員たちは主にシリア人だが、その主任はちがう。理由はアブ・カレドにはわからないのだが、治安部隊《アムニエーン》の主任はガザ出身のパレスチナ人が多かった。

各種の国家官僚機関と同じく、縄張り区分は派閥主義と内部抗争をもたらす。アブ・カレドは語る。「軍隊とアムニエーンがあって、仲が悪いんです。アムニエーンの訓練をしていた頃は、軍の友人たちは『おまえ、いまはクファールどものところで働いてるって?』と言うんですよ」とかれはにやりとした。クファール、つまり異教徒どもだ。

アブ・カレドの主な役割は、アル＝バブの地元安全保障の前線となる人々を訓練することだった。これは市の五キロ北のキャンプで行われ、日々の訓練は厳しいものだった。起床ラッパは朝五時半だ。ジハード主義者たちはみんな、一時間半の運動を行う。アブ＝カレドは七時にやってきて、昼間に授業を行う。戦場での戦術や作戦上の注意点を教えるのだ。ある地域を確保するための手法や出撃を実施するための手法などだ。

それから戦士たちは二時間の休憩を与えられ、訓練は再開される。夕方五時半に解散だが、宿営キャンプには戻らない。「連中は自分なりの寝場所に戻るんです。キャンプにとどまるのは危険でしたからね」

＊＊＊

かれらはアレッポ生まれのアブ・ムハンマド・アル＝アドナニの住居に滞在していた。このテロ軍のスポークスマンで、二番目の実力者だ。アドナニは、ＩＳＩＳのシューラ評議会——主要意志決定機関——の上級委員で、四つのウィラヤット（県）のそれぞれのワリ（知事）を指名する役割を持っていた。アドナニはまた公安機関四部局すべての主任を指名するし、またＩＳＩＳ軍事機構の参謀長も指名する。しかも非常に気まぐれだ。「人の入れ替えや更迭について、カリーファ（カリフ）と相談もしてないんじゃないかとさえ思います」とアブ・カレド（これは誇張だろう。アブ・バクル・アル＝バグダーディを議長とするシューラ評議会は、ワりの選任や罷免について承認は行う——少なくとも形だけの承認くらいは)。「来るたびに、かれは人々を投獄したり、首にしたりするんです。私がアル＝バブに来る前に、アドナニはイラクからの新任ワリ、イラクからの新しい公安主任を指名しました。いまやシリアには、シリア人のワリがいません。サウジアラビア、チュニジア、イラクからの外国人はいますが、シリア人はいません。チュニジアは大使館をダマスカスではなくラッカに開くべきですよ。そっちのほうがチュニジア人が多いんですから」

アドナニは、ラッカとアル＝バブを行き来している。アブ・カレドは、アル＝バブでのアドナニの居場所はすべて知っているという。アブ＝カレドが訓練した兵士の滞在先もわかるそうだ。アドナニは人目につかないようにしていて、いつも「古い車」で移動し、その身辺警護も目立たない。

アブ・カレドによると、ISIS指導者たちは「国」がうまく機能しているかどうかチェックするため、ほとんどお忍びでカリフ国を定期的に巡回しているという。もし不適切な部分があったら、首が飛ぶ。比喩的な意味でも、文字通りの意味でも。

アブ・カレドは、バグダーディその人と前線に立ったことがあるという。「あるとき、クウェリス空港あたりにいました」とかれは言う。ここは孤立し、アレッポ近くのISIS制圧地内部にある、アサド政権の拠点だった。「するとアル＝バグダーディがやってきました。我々もそれを知らず、かれの出発後に知らされただけでした。姿を見た人も何人かいましたが、気がつきませんでした。イスラム国の指導者が旅をするときには、目立つボディガードは連れ歩きません。かれらが来たこともわからないんです」

いまの話は本当かもしれないし、慎重に構築された個人崇拝の一環なのかもしれない。それがなければ、どんな絶対主義も存続拡大は不可能だ。

こうしたお忍びの訪問物語は、八世紀のアッバース朝最盛期における第五代カリフ、ハルーン・アル＝ラシッドをめぐるお忍び旅行の物語を思わせる。アル＝ラシッドは実在の人物だが、その後世での描かれ方は『千夜一夜物語』でかれが何度も創作の中で与えられた役割に基づいている。

ときにアブ・カレドは意識せずにシェラザード役を果たし、自分自身の本当の目撃話よりも、噂やゴシップ——カリフ国の与太話——を伝えているように思えた。でもそうしたお話ですら、ＩＳＩＳが自分の伝説を内部に売り込む際の計算高さを示すという意味では参考になる。

たとえばバグダーディに関する別の小話は、ジハード主義者の口承を通じて意図的に広まるよう考えられた、賢い政治テクノロジストたちの捏造なのはほぼまちがいない。

その話によると、バグダーディはアレッポ県でＩＳＩＳが制圧しているもう一つの都市、マンビジュに旅したが、そこで自動車事故を起こしたという。追突されたほうの男は激怒して、カリフを怒鳴りつけた。それがカリフとは知らず、街路のその場で、通行人の目の前でそれをやったのだ。

「裁判所に突き出してやる！」とその男はバグダーディにわめきたてた。「行こう」とバグダーディは答えた。そこで二人は、マンビジュのシャリーア法廷に出かけた。原告は知らなくても、聖職者裁判官たちは被告の正体を知ってたが、その面前でバグダーディは追突が確かに自分の落ち度だと認めた。裁判官はカリフに罰金支払いを命じた。

「みんな他のだれもと同じく、責任を負うんですよ。この種のことについては、連中はとても上手なんです。疑うなかれ」とアブ・カレド。

アブ・カレドはこの「法の前での平等」がＩＳＩＳのポピュリスト的な政治計画の主要な柱の一つなのだと述べる。そして、自分もまさにそれを体験したという。

なんでも、あるときアムン・アル＝ダウラがかれのパソコンを押収した。不忠や裏切りの証拠がないかチェックするためだ。でもジハード主義国の官僚制のおかげで、マシンは消えしまった。「そこで私は連中を法廷に引っ張り出しました。神に誓ってもいいですが、裁判官はその場で電話をかけたんです。『おいきみたち、二四時間やろう。この人のコンピュータを持ってこい。そうでなければ、補償金を払うんだ。さもないと、広場に引きずり出してみんなの前で鞭打ちにしてやる』。まったく無名の人物であっても正義を求めることができるんです。だからこそ、ＩＳＩＳを嫌う人々ですら敬意は払っているんです」

でももちろん、ＩＳＩＳは意志を通すのに敬意だけに頼っているわけではない、とかれは付け加えた。その方法では不足なら、ＩＳＩＳは人々を統制する補助的な手法に頼る。脅しだ。そしてアブ・カレドは檻の話をした。

＊＊＊

「広場に檻があるんですよ」とかれは、ＩＳＩＳがアル＝バブで裁きを下す場所について説明した。これはときどき斬首が行われる場所でもある。でも檻は常にそこにあって、大抵だれかが中にいる。

「人を三日間入れておくんです。その理由も示して。あるとき、目撃者として出廷した人間が偽証しました。檻に三日間入れられましたよ。女の子たちと遊んでいたやつがいました。親戚でもなく、結婚もしていなかったんです。檻に三日間ですよ。タバコだと一日、二日、三日とか。場合によります」

アブ・カレドは、二〇一二年のラマダーンに筆者たちの一人がアル＝バブで訪れた場所の話をしていた。アサド政権に対する反対運動のかなり初期のことで、この町も地元反乱勢力が支配していて、戦闘機を追っているバリー・アブドゥル・ラティーフが訪れるジャーナリストのためにツアーを組んでくれていた。当時、夜は活動家や反乱軍や地元民間人たちが、即席清掃員となった――自由シリア道路掃除軍だ――そして政権による砲撃で生じた残骸やがれきを拾ったり、地元モスクの地下にある野戦病院で働いたりしていた。アル＝バブの本物の病院はシリア軍の標的となり、大きな被害を受けていたのだ。

当時は、国際ニュースを見てスムージーを飲み、シーシャを吸って、果てしなくあらゆることについて語り合えるオールナイトのカフェもあった。アサドのムハバラートが聞き耳を立てているのではという心配はなかった。「そんなものはすべて消えましたよ」とアブ・カレドは断言した。カフェは閉鎖された。夜にはだれも出歩かない。ＩＳＩＳの実施する夜間外出禁止令が施行されているのだ。そして地元住民はいまや、だれに何を話すかについて、いちいち心配しなくてはならない。

バシャール・アル＝アサドやサダム・フセインと同じことが、アブ・バクル・アル＝バグダーディの場合にも起こる。ＩＳＩＳは潜入されるのを偏執狂的に恐れており、裏切り者や外国スパイを捕らえるための荒っぽい捜査網は、実際の摘発よりは予防を重視してるようだ。反旗を翻すなど考えもしないようにするためには、恐怖を維持しなくてはならない。そしてその熱気の中で、ＩＳＩＳはどうしても身内を一部は犠牲にしてしまう。「あるとき、ＭＩ６の手先だというクウェート人を斬首しました。その死体にはイギリスのスパイだと書かれましたーーそいつはアル＝バブのアムニヤット主任だったんです」

アブ・カレドは無表情に、マルボロを深々と吸い込み、お茶を少しすすった。

この偏執狂ぶりは十分に根拠がある、とかれは言う。ＩＳＩＳは、まちがいなくありとあらゆる方面からのスパイや密告者だらけだ、とかれは信じているのだ。ラッカのロシア人は、ウラジーミル・プーチンの手先だとわかったそうだ。「ビデオがあって、そこで自白していました。強要されたかどうかはわかりませんが、自白したんです」。別のパレスチナ人は、モサドの手先とされた。どちらも処刑された。

アブ・カレドは大逆罪とされるものを挙げた。「FSAとの内通は、死刑です。ムハバラート、CIA、外国人との内通――死刑です」

かれがことさら明瞭に記憶している一例があった。「あるとき処刑されたやつがいたんですが、そいつはISISが行政サービスをやってるような場所でSIMカードをばらまいてたんです」。アブ・カレドはSIMカードと言い続けていたが、やがてかれが言っているのが追跡装置だというのが明らかになった――GPSを使ったものなのか、RFIDの一種で多国籍軍のドローンやジェット機が拾えるような信号を出していたのかもしれない。「多国籍軍の飛行機が標的の捕捉に使うやつです。そいつは逮捕されましたよ。首を斬られて、頭と死体は三日にわたり広場で腐るに任されたんです。首は杭に刺してあった」

＊＊＊

地元レストランのピタパンが気に入らない？　ISIS道徳警察ヒスバを呼ぼう。ある店が不衛生だったりネズミだらけだったりする？　ヒスバを呼ぼう。「やつらは厳しいですよ。レストランが不衛生と思われたら、一五日間閉店させて要求に従わせるんです」

カリフ国で消費するものはもちろん厳しく規制されている。アルコールはハラム（イスラム教で禁じられているものや行為）で、飲酒が見つかったらアル＝バブの中央広場で、罰としておそらく鞭打ち八〇回になる。

ヒスバは「車を乗り回してみんなのやっていることを監視しているんです。アル＝バブには、一五人から二〇人くらいいるかな。多くはありませんが、そこらじゅうで見かけます。スピーカーつきの箱バンに乗っていて、こう叫ぶんです。『お祈りの時間だ！　モスクに行け！　急げ！　店を閉めろ。おい、そこの女、顔を覆え！』」。

「アル＝バブでは女性はびくびくしています。通りを歩いてる女性を見かけると、ときには夜にはニカブ（顔を完全に覆っているヴェール）のせいでまわりが見えません。昼間でもニカブ越しにものを見るのは大変なのに、暗い中だとなおさらだ。すると『頭を覆え！　家に帰れ！』というのが聞こえてくるんです」

でもＩＳＩＳは、統治を恐怖だけに頼るわけにはかないし、いつも新規加入者をつれてこなければならないから、教化がそのプログラムの大きな部分となる。自由シリア軍、各種のイスラム主義民兵、ジャブハット・アル＝ヌスラなどから志願者を受け入れる。でも加入の条件はとても厳しくて、配属の選択肢も限定的にする。競合集団に参加した後で加わる人物は、毛沢東主義じみた再教育キャンプに三ヶ月送られて「改悛」しなければならない。そしてその後もやっていいこと、行っていい場所には生涯にわたり制約がかかる。

「故郷の都市には滞在も戻れません。私がアル＝バブ出身でＦＳＡに所属していたとしましょう。それが今度はＩＳＩＳに参加したいと言ったとします。すると三ヶ月キャンプに行って、その三ヶ月が終わったらどこか別のところに一年送られて、アル＝バブに戻る権利はありません」

そしてカリフ国は熱心な次世代の死刑執行人をつくり出したいので、若者教育にも細心の注意を払う。シリアの元教師たちは、ＩＳＩＳ制圧都市の生徒を教えるために呼び戻されている。でもそのためには三ヶ月にわたる講義を受けて、アサド政権のために働いたのを悔い改めねばならない。家庭教育はハラムだ。カリキュラムを統制できないからだ。アブ・カレドは自宅で生徒に教えていた英語教師が逮捕されたのを知っている。

またアル＝ダウラでちょっと権力を持つと、はっきりした余禄と実入りがある。アブ・カレドは他のＩＳＩＳメンバーと同じく月一〇〇ドルを米ドルでもらっていた。シリアリラではない。でもアル＝バブ地域で流通する通貨はシリアリラなのだ。両替所が町にあって、ＩＳＩＳ従業員たちは給料を両替できる。ただし、ＩＳＩＳに雇われると与えられる余禄のせいでほとんど両替の必要はない。

「家を借りたんですが、ＩＳＩＳが支払いました。月額五〇ドルです。家賃と電気代を払ってくれました。それと結婚してたから妻の分が追加で月五〇ドルもらえました。子供がいれば一人三五ドルもらえます。親がいれば一人あたり五〇ドル払う。福祉国家ですね。だからこんなに多くの人が参加してるんです。建設現場で働いていた煉瓦職人がいましたよ。その頃は一日一〇〇〇リラ。ゴミみたいなもんです。それがISISに参加したら三万五〇〇〇リラもらえる――自分が一〇〇ドル、妻が五〇ドル、子供が三五ドル。月額六〇〇ドルか七〇〇ドル。煉瓦職人なんかやめましたよ。平の戦士でしかない。でも参加したのは収入のせいです」

ISISはきれいな国が好きなので、ディワン・アル＝カドマット（サービス庁）によりそれを維持している。ここはアブ・カレドによれば市役所みたいなところだ。ここでも官僚組織は見事なものだ。ディワン・アル＝カドマットには衛生部、公園部、建築許可部、電力公社がある。また農業部があり、ISISが購入したり、こちらのほうが多いが国の敵から押収した農地を耕作している。

ISISに指名手配されて逃亡したら、不動産や資産はすべて接収される。「土地、建物、店舗、すべてです。アル＝バブで私が住んでいた家は、政権の手先と糾弾された人物のものでした。だからISISは建物をすべて接収しました。そこに住む全員の立ち退き通知を持ってやってきましたよ。『二四時間以内に退去せよ』と」

あらゆる事業は納税しなければならない――ISIS版税務署のジバヤにより、毎月徴税が行われる。それを逃れようとしたり脱税しようとしたりするのは愚かなことだ。ヒスバもまた、暴力団の取り立て人のように地元の事業所すべてを検査して、財やサービスに適正な価格をつけているか、きちんと帳簿をつけているか確認する。「歩合を払わないといけません。総売り上げの二・五パーセントとかをＩＳＩＳに支払うんです」。ヒスバはピンハネするのか？「しますI」とアブ・カレド。ＩＳＩＳは、希少な電力に対しては好きな料金を課す。「それと水道料金も支払わなければなりません。市税も支払うんです。清掃とゴミ収集についても。さらにイスラム国外から何か持ち込んだら、税金がかかります。野菜や果物――トルコやＦＳＡ地域から何か持ち込めば、やはり税金がかかります」

ＩＳＩＳはまた、各種の市民による違反行為について罰金を科す。特に喫煙や密輸に対しては厳しい。これは絶望的なチェーンスモーカーであるアブ・カレドにとっては頭の痛い問題だが、それがカリフ国にとって一大収入源なのも知っている。タバコが禁じられているのは、アルコールと同じく身体に悪いからだ。でもほぼあらゆるシリア人は喫煙したがるので、ＩＳＩＳはこの確実に出回る禁制品により濡れ手に粟で大儲けできると知っているのだ。「サウジアラビア人がうちの隣人を訪ねてきました。そいつは隣人のドアをノックしてから、うちのドアをノックしました。我が家にはタバコ用に空気清浄機があるんです。そいつは『隣のやつはどこだ』と尋ねたので「知らない」と答えました。すると『おたくはなんだかいい匂いがするなあ。おい、タバコを持ってるのはわかってるんだ――頼むから、中に入れて吸わせてくれよ』と言ったんです」

ISISの行政では、コーラン的な反啓蒙主義と経済的実務主義が融合している。たとえばシリアとイラクでは骨董品の多くは聖書の預言者の時代にまでさかのぼっている。これについてISISは、かつて「崇拝」対象だったイスラム以前の美術は破壊されるべきだが、それ以外のすべて——バビロニアやローマ時代の硬貨など——は国際闇市場で好きに販売できるという。熱心な買い手はいくらでもいる。小さな遺物は偶像崇拝の対象ではなく、トルコやイラク領クルディスタンにこっそり運び出せないような、巨大な像や石碑のほうが実務的には破壊対象となるというのは、ISISの考古学的論理には好都合だ。

アル＝ダウラ（国家）を栄えさせるためには、多くの妥協やお目こぼしは必須となる。アブ・カレドはISISがその仇敵と取引し恐喝した重要な例を二つ挙げた。

当然ながら石油は大きな収入源だ。ISISはシリア東部の油田すべてを支配し、同国の主要エネルギー供給者となり、燃料の胴元にもなっている。いまではISISが北部シリアに入る唯一の入り口となっているバブ・アル＝サラメフは、アレッポからファルージャまでカリフ国すべてを食わせる責任を負っているのだ。「だから毎日すさまじい数のトラックがここを出入りするんです」とアブ・カレド。でも、バブ・アル＝サラメフをシリア側で仕切っているのは非ISIS反乱軍で、もちろんトルコ側はアンカラの政府が仕切っている。どうしてシリア人かトルコ人はあっさりこの通過点を閉鎖して、ISISの収入を断ち切ってしまわないのか？

「選択の余地がないからです。ＩＳＩＳはディーゼル燃料や石油を持っています。以前、ラマダーンの少し前に、反乱軍がＩＳＩＳの通過点を閉鎖しました」。これに対してＩＳＩＳは石油供給を止めた。「シリアの石油価格が上がりましたよ。ディーゼル燃料がないからパン屋も閉鎖です。自動車、病院、すべてが止まりました」

ＩＳＩＳのエネルギー恫喝には連鎖反応的な影響が存在する。アブ・カレドによれば、シリアではいまやすべてが自家発電装置で動いているという。「うちには巨大な発電機があって、小さな地域なら電力をまかなえるので、みんな私に電気料金を払うんです」。そしてかれはＩＳＩＳの一員だから、ディーゼル燃料を格安で手に入れられる――民間人の六分の一の価格だ。だからかれ自身がちょっとした電力御大尽となっている。

ＩＳＩＳはまた、よく知られているように、アサドの石油をアサドに売り戻している。「アレッポだと、電力は一日三、四時間しかありません。発電所はアスフィレフにあって、ここはクウェリス空港近くのＩＳＩＳの制圧地です。だからアサド政権は発電所を動かす燃料代を支払っています。労働者の給料も払います。かれらは専門家で代わりが利かないからです。そしてＩＳＩＳは電力の五二パーセントを自分で使い、アサド政権は四八パーセントです。アサド政権とはそういう取り決めになっているんです」

私腹を肥やす手段はいろいろあるが、それでもＩＳＩＳは一般市民のことも忘れてはいない。そのイスラム福祉国家では、被支配者たちのための社会的セーフティーネットを構築している。その中心となるのが、アル＝バグダーディ版のオバマケアともいうべき低額医療政策だ。

ＩＳＩＳメンバーたちは、無料の医療と医薬品を得られ、カリフ国に住む者はだれでも、無料の医療を求めて申請できる。ただしそれが絶対に必要だということを証明できなくてはならない。「お金がなくても医者にかかったり病院に行ったりはできます。イスラム国領内で医者や病院にかかれず、外国に行く必要があるなら、ＩＳＩＳが払ってくれます。金額に制限はありません。がんになってトルコで薬物療法が必要なら、ホテル代も含め全額払ってくれます。何万ドルになっても」

そしてアル＝バブの医師たちは赤字だなどと文句を言うことはほとんどない。というのも医師はアル＝ダウラで最も儲かる職業の一つだからだ。医師はトルコに逃げ出さないように、月額四〇〇〇ドルから五〇〇〇ドル支払われている。

こうした理由で、シリアは少なくともイラクに比べれば「五つ星ジハード」なのだとアブ・カレドは語る。「イラクには何もありませんが、アル＝バブにきたらコーヒーショップや、素敵なものがあります。まともな生活が送れるんです」

だったら、かれを含め、なぜそこを離れたがる人なんかがいるんだろうか？「それは農場で私が見たもののせいです」とアブ・カレドは答えた。

＊＊＊

「ある知り合いが、農場を持っています。毎日、毎週末ごとに農場に出かけると、地中に死体があるんです。殺された連中の死体で、ＩＳＩＳは死体をかれの農場に投げ込むんです」。農夫が耕すと、そこは第二次大戦での激戦地のアレッポ版で、次々に死体が出てくる。「農夫が掘れば手や足が出てくるんです」

アブ・カレドはその農夫に頼まれて、アル＝バブのエミルのところに出かけて死体投棄問題について苦情を述べた。エミルは、調査していずれアブ・カレドに連絡すると言った。「数日後、町中でそのエミルに会ったので『どうなりました？』と尋ねました。すると『あれは我々じゃない。あの死体を捨ててるのがだれだかわからない』と言うんです」。アブ・カレドはそのエミルの言うことを信じたのか？　まさか。「でもエミルを嘘つき呼ばわりはできません」

そこでアブ・カレドはエミルにまた会いに出かけ、是非とも自分の目で見てほしいと頼んだ。エミルは同意した。そしてアブ・カレドに、自分の車に乗れと言う――正確にはＢＭＷ・Ｘ５だ――そして二人はその農場埋葬地に出かけた。

アブ・カレドは言った。「私はかれに『なんと、実によい車を持ってますね』と言いました。すると返事はこうでした。『アルハムドリッラー（おかげさまで）、イスラム国はとても金持ちなんだ！』」

アブ・カレドはすぐに死体を見つけた。でもエミルは頑固だった。ＩＳＩＳはこの死体とは関係ない、という。でもこの頃には、これが嘘だという証拠をアブ・カレドは手に入れていた。アル＝バブの戦略的な要所に「ＳＩＭカード」をまいて、多国籍軍に見つかるようにしていたとされて、捕まって斬首されたその人物が、死体に混ざっていたのだ。「そいつだと見分けられたのは、白と黒のアディダスのジャージを着ていたからです。そこで私はエミルに言ったんです。『ちょっと待って下さいよ、これはあなた方の仕業でしょうに』」

二四時間後に、エミルはアブ・カレドに電話してこう述べた。「あの農場を買い取ろう。農夫に、いくらで売るか聞いてくれ」

＊＊＊

筆者がアブ・カレドと面会する前の週にＩＳＩＳのテロがトルコ国内で発生したが、それでもイスタンブールからだと、イスラム国ははるか彼方に思える。アブ・カレドによれば、ＩＳＩＳを運営する人々は本当に、その被支配者たちに自分たちの国で暮らしてほしいと思っている。閉鎖社会の中で、自分たちの言いなりであってほしいと思っている。でも実際の世界は小さな場所だし、このＩＳＩＳ諜報機関からの離反者は、落ち着かなくなってきたのは自分だけではないという。

「人々は、やたらに嘘ばかりつくのが後ろめたくなってきたんです。ニュースを読むと……テレビはなくて、ＩＳＩＳの新聞『アクバル・ダウリ・イスラミーヤ』があるだけです。そこには、ＩＳＩＳがいまでもコバネを制圧していると書いてあるんです」。そこはクルド人の都市で、昨年にアメリカ主導の空爆のおかげもあってＩＳＩＳから奪還されている。

カリフ国での絶え間ない嘘と同じくらい強いのが、果てしない糾弾と非難の気運だ。毎日、あらゆる人に対して二分間の憎悪が向けられる。そして普通、糾弾者たちはシリア人ではなく、外国人戦士《ムハジリーン》たちで、かれらはアル＝バブのほとんどの住民に比べ、シリアで過ごした時間は一パーセントにも満たない。かれらは傲慢で放埒なギャングであり、アブ・カレドによればますます植民地主義的な占領者とみられるようになってきている。

かれらは自分たちのほうが優れていると思っている——本当に、自分のほうが聖なる存在だと思っているのだ。「まず何より、ほとんどのＩＳＩＳ戦士にとって——特に外国人戦士にとっては——アル＝バブの全員、シリアの全員がカーフィルです。例外はありません。だから人々の扱いもそれに応じたものになります。これはまちがっている。ＩＳＩＳの基準からしても、これは明らかにまちがっています。かれらはムスリムだから、ムスリムとして扱われるべきです。

外国人たちがシリア人に対し、その服装、生き方、食べ方、働き方、髪型まで指図しています。床屋がない場所は、世界広しといえどもアル＝バブだけかもしれません。みんな閉店したんです。だって髪を切れないから。長髪にするか、あるいは全部同じ長さに切りそろえるしかありません。ひげを切ってもいけない、整えてもいけない。伸ばさないといけないんです」。アブ・カレドによれば、ひげが短すぎる男性は三日間投獄される。

そしてちょうどシリアの独裁者バシャール・アル＝アサドの場合と同じく、ＩＳＩＳの支配下でも相互不信の雰囲気が漂い、冗談や批判的な見方が一歩まちがえれば、檻に放り込まれたり、もっとひどい目に遭ったりしかねない。アブ・カレドはしゃべりすぎるので、なんとか逃げ出す前に殺されなかったのは驚くべきことだ。「あるとき、こう言われました。『ＦＳＡに対するこの勝利を見たか？（中略）神が我々と共に戦っているからだ！』とね。そこで私はそいつに言ってやりました。『じゃあコバネでクルド人相手に戦っていたときには、なぜ神や天使たちは一緒に戦ってくれなかったんだい？』」

そんな口の利き方をしていると、首が飛ぶぞ、とアブ・カレドは言われた。

＊＊＊

またかれの皮肉精神は、ムハジリーンの大風呂敷に向けられるだけではなかった。かれはコバネ争奪戦に参戦していた。アブ・カレドはＩＳＩＳ兵の戦いぶりがいかに貧相かを直接見ていた。デルタフォースよりは、ドタバタ兵部隊とでも言うべき戦い方だった。

「ＩＳＩＳ戦士がまともな訓練を受けていないと気づいたのは、今年［二〇一五年］のラマダーン最終日でした」。アブ・カレドはコバネに対する攻撃を率いていて、かれとその部下たちはアレッポ地方部でＩＳＩＳが支配している近郊の町のサリンに野営していた。かれは、クルド人軍が押さえているいくつかの村を攻撃することにした。

アブ・カレドはＩＳＩＳ部隊三つを指揮していた。その一つがカラット・ハディードに派遣された。別の部隊がヌール・アル＝アリ村に、第三の部隊がラス・アル＝アインという小さな村に派遣された。攻撃は朝一時に始まり、ミサイル、迫撃砲、戦車が使われた。

「カラット・ハディードは四五分以内に制圧した。すると私の兵たちは逃げ出したんです」。逃げ出した？　そう、逃げ出したのだという。「『村は解放されたから』というんです」。つまり、かれらは村が陥落したのと、それを永続的に掌握したのとを混同していたのだ。一方、他の二つの部隊は指定された村に入ろうとしなかった。「『ああ、もう手遅れですよ……』と言うんです」とアブ・カレドは吐き捨てるように回想した。そこで一行は、敗北してというより何も戦果なしにサリンに戻った。そこで多国籍軍が朝四時にＩＳＩＳ拠点を爆撃し始めた。戦闘機がものの数分で、アブ・カレドの部下たち二三人を殺した。

アブ・カレドは部下の兵たちを尋問し、なぜその晩戦わなかったのか突き止めようとした。「どうして出撃しなかった？」と敵前逃亡した連中の一部に尋ねた。「だって三部隊いたのに、一つは攻撃して、他は攻撃しなかっただろう」

かれらはみすみす死にに送り出されるのは、もうたくさんなのだという。

「こちらにはピックアップトラックと機関銃がありました。アメリカ人たちは頭上至るところを飛び回っています。町を離れたときには爆撃されました。でも町に戻ったら無事でした。町は標的にされなかったんです。するとそこをクルド人が制圧しました。そこで我々は逃げ、車、車両、兵器すべてを破壊しました。私も自分の車を破壊しました」

アブ・カレドの見立てだと、ＩＳＩＳはコバネを掌握しようという無駄な試みで、最大五〇〇〇人を失った。かれらは崖から身を投げるレミングのように、世界最強の空軍とシリアで最も実績ある民兵と戦う最善の方法を事前に戦略的に考えることもなしに猪突猛進しただけだった。

「当時の知り合いはみんな死にましたよ。私はトルコ人の大隊を訓練したんです。一一〇人ほどいた。でも二週間で訓練中止です。そいつらをコバネに送るからというんです。そいつらほぼ全員死んで、生き残ったのは三人だけです。そしてその三人も、もう戦ってはいません。離反する数日前にその一人に会いました。『二度と戻らない』と言ってました」

アブ・カレドは、ＩＳＩＳの歩兵部隊がいかに無能だったかを話してくれた。かれは食器を使ってそれを示した。「ここがコバネとしましょう。ここはずっと開けた土地で、それが五キロ続いて最初のＩＳＩＳ拠点になります。コバネに戦士を送り出したとき、一人ずつ徒歩で行かせました。かれらの兵站《へいたん》——武器や食料——はバイクで送りました。ほとんどの場合、バイクはたどりつけませんでした。空爆でやられたんです。だからたどりついた連中は家屋に入りました」

かれらは、家の中に入ったら何もするなと指示された。そこで、一日か二日はそうしていた。でもいずれ、絶対にだれか一人が窓から顔を出す。「するとその家が爆撃されて全員殺される！」。アブ・カレドは乾いた笑い声を挙げた。「みんな、全員を殺そうというＩＳＩＳの陰謀でもあるのかと思うようになりましたよ」

また何ヶ月にもわたるコバネ包囲の間ずっと、ＩＳＩＳ戦士がシリアとトルコの国境を好き勝手に行き来できたのも驚異だとアブ・カレドは考えていた。ＮＡＴＯで二番目に大きな軍隊が、兵や戦車や装甲車をシリア紛争で最も熾烈な戦争地帯から目と鼻の先に持っているのに、ほぼ何もせず、たまにトルコに逃げようとするクルド人に、放水車で放水する程度だったのだ。

アブ・カレドは言う。「ＩＳＩＳとトルコの関係は知りません。コバネ戦のとき、ＩＳＩＳへの兵器はトルコからやってきました。いまでも重傷者はトルコに出かけ、ひげを剃って髪を切り、病院に行きます。だれかにコバネの写真を見せられました。ＩＳＩＳの連中がマクドナルドのフライドポテトやハンバーガーを食べているのが映っていたんです。そんなのをどこで手に入れたのか？　トルコです」

アブ・カレドはトルコ南部で多くの時間を過ごし、ＩＳＩＳの同調者たちはそこでの布教の試みを隠そうとさえしていないと言う。国境町キルズでは、重要なモスクが二つある。「その片方はイスラム国向けです。そこに行くと、みんなが『シリアに行きたいか?』と言います。そして行き来する旅を手配してくれるんです。もう一つのモスクはジャブハット・アル＝ヌスラ用です」

二〇一四年六月のモースル侵略にあたり、ISISはモースルのトルコ領事館を襲って人質四九人を取った。その中には外交官、兵士、子供もいた。三ヶ月後にその全員が釈放されたが、それについてはどちらの側からもあまり説明がなく、アンカラが身代金を払ったか、ISISと人質交換に応じたのではという疑念が炎上した。アブ・カレドはまちがいなく人質交換が行われたという。というのも人質四九人と交換に引き渡されたジハード主義者のうち二人と会っているからだ。

「FSAの捕虜になっていたんです。七、八ヶ月捕まっていました。この連中の話だと、ISISがあのトルコ人を捕まえた直後、二四時間以内に、『我々はトルコ諜報部門に移送された。そして飛行機に乗せられてイスタンブールに連れてこられた』と言うんです」。アブ・カレドの情報源によると、ISISの捕虜たちは牢屋には入れられず、「素敵な建物」に入れられ、二四時間の監視がつけられたという。「面倒はちゃんと見ましたよ。それから交換されたんです」

＊＊＊

やがて、アブ・カレドは残虐さと無能ぶりと嘘に我慢できなくなった。でもかれはアムン・アル＝ダウラの工作員、つまりカリフ国の国家公安部隊の一員だった。だからＩＳＩＳからあっさり逃げ出すわけにはいかなかった。自分の逃亡を計画して準備し、計画と準備の間に捕まって元も子もなくなってしまわないよう祈った。「秘密警察にいると、すべてが統制されます。あっさりイスラム国領土を離れるわけにはいきません。自分の場合はなおさら難しい。国境すべてが、国家諜報部門に支配されているからです。そしてみんな私が訓練したんです！ほとんどの連中は私を知ってます。私はアル＝バブではとても有名なんです。だからこんな風に逃げ出しました」

アブ・カレドの寝返りはかなりギリギリのものだった。まずは偽身分証明書を印刷するという違法ビジネスをやっている、アル＝バブでの友人が発端だった。ＩＳＩＳの入管は、単なる民間人であれば身分証明書さえ持っている限り、好きに行き来できる仕組みになっている。アブ・カレドのパスポートはいまでもラッカの「人事部」が持っていた。だから書類が必要で、しかも正規のものと見分けがつかないものでなければならない。二〇ドルで身分証明書を作ってもらった。使った写真はひげを完全に剃ったときのもので、ＩＳＩＳ参加以前のものだったという。それはジハード主義者としての一年間の姿とは、まったく似ても似つかぬ代物なのだ、とかれは強調した。

実行は九月初旬と決めた。そして一人で行くことにしていた。少なくとも最初は。「発つとき、妻には言いませんでした。ラッカに行きたいとだけ言ったんです。『ラッカでやることがある』。銃――AKです――は家に置いていきました。拳銃を持っていきました。ISISに所属していたら、外にいるときにはいつも武器が必要です。制服を着ていきました。朝七時に家を出ます。そして友人の家に行きました。偽身分証明書を作ってくれたあの友人です。着替え、武器はかれの家に残しました。かれが新しい身分証明書をくれました。ひげは剃りました。ただし完全には剃りませんでした。ひげがなくて逮捕されるのは嫌ですからね。でも身分証明書の写真と似た風貌になりました」

アブ・カレドはアル＝バブからバイクに飛び乗ってマンビジュに向かい、そこからミニバスに乗って、アレッポに向かった。アル＝バブでバスに乗ってもよかったのだけれど、あらゆる駅にISISがアムニエーン、つまり治安部隊のメンバーを配置していて、旅客を調べていたという。だからアル＝バブではまちがいなく見つかったはずだ。でもマンビジュの連中は、アブ・カレドの正体など見当もつかなかった。「偽身分証を出しましたよ」。するとバスに乗るのを許してもらえた。

アブ・カレドがアレッポ――反乱軍が制圧しており、ISIS配下ではない――にたどりつくと、すぐに妻に連絡した。「『一時間で出発しなければいけない』と告げました。身の回りのもの、着替えを少々、小さなバッグに入れてタクシーに乗れと言ったんです。四五分以内に彼女は、母親、弟、妹をつれて出発しました。そして二、三時間後にみんなやってきました」

イスラム国を離れてから、アブ・カレドは新しい戦闘部隊を構築した――これはＩＳＩＳと戦い、同時にアサド政権とも戦うためだ。イスラム主義の一大旅団であるアフラール・アル＝シャムが明らかに、この新興軍設立の資金を出しているが、それでもかれの大隊《カテイバ》は独立なのだという。「一万リラをくれましたよ。すると兵一人あたり二〇ドルほどですね」。これはシリアで小さな民兵団を維持するための最低月給なのだという。

「アレッポ北部で我々と戦っているＩＳＩＳ旅団が二つあります。私はそのどっちのエミルも知ってますよ。一人はモロッコ出身で、一人はリビアです。考え方も戦い方も知っているんです」

いろいろな体験をした後で、少し休みたくないのか、と尋ねると、アブ・カレドは首を横に振ってこう言った。「死ぬのは怖くありません」

アブ＝カレドはイスタンブールのラレリからスルタンアフメット地区へと歩き、オスマン時代の有名な建築物であるブルーモスクのほうへぶらぶらと向かった。それを見るのはこれが最後になるかもしれないのだ。女性は、そこら中の看板に指示されているように、頭をスカーフで覆って敬意を示さなければならない。でもスルタンアフメット・カミー（ブルーモスク）の中庭を通り抜けるとき、二〇代の女性を見かけた。階段を、ヘッドスカーフなしで上がっていくのだ。でもだれにも止められない。アブ・カレドは彼女を見て、何か重要な啓示でも受けたかのようだった。「いつの日か、シリアもまたこんなふうになります」とかれは述べた。

かれはちょっとブルーモスクの中庭をうろついてから、ヒッポドロームへと抜けた。そこでアブ・カレドは一瞬立ち止まり、上を見た。この一週間以内のことだが、ロシア戦闘機がアレッポの自分の新居近くを爆撃したのだという。家の壁は震えた。「バシャールはシリア人全員に、空を見つめることを教えました。でもここには戦闘機はいませんね」

エピローグ

ＩＳＩＳは、レヴァントとメソポタミアにおけるその本拠地でどれだけ成功を収めてきただろうか？　その地理的な広がりの収縮と「外国作戦」を改めて強調しているところから判断すると、この組織はかなりの打撃を受けてきた。イギリスの防衛企業ＩＨＳによると、このテロル軍は二〇一五年にはシリアとイラクにおける領土の一四パーセントを放棄した。とはいえ、こうした損失のほとんどは戦略的というよりは戦術的なものだ。ＩＳＩＳはいまだにこの地域に深く根を下ろし、またユーフラテス川峡谷と東シリアや西イラクのスンナ派アラブ部族の中心地における支持者たちの間でも大きな存在なのだ。ラマディはＩＳＩＳがかなり後になってから制圧した県都で、ここを制圧することでイラク政府は、後にその奪還でＩＳＩＳが被った被害よりも大きな損害を出している。またイラクによるラマディ奪還で、もっと大きく重要なモースルを制圧する見通しはさらに遠いものとなった。

過去や現在のＩＳＩＳメンバーによる証言に基づくと、上空からのアメリカ主導の直接戦争と、地上からの代理戦争は、どちらもジハード主義者たちにひどい害を与えると同時に、はからずもかれらを支援してしまっている。

ＩＳＩＳによる侵略でデリゾール県から追い出された集団の一つ、ウスド・アル＝シャルキーヤの指導者であるアブ・バルザンは、「生来の決意作戦」以来、アル＝バグダーディの精鋭地上軍が壊滅してしまい、決意あふれる専門の聖戦士たちが不足したせいで、ＩＳＩＳはかつてなら楽々と撃破できた、冴えない反乱勢たちと似たり寄ったりの存在になってしまったと語る。二〇一六年初頭、かれは筆者たちの一人にこう語った。「ＩＳＩＳ最高の戦士は外国人たちだったのに、その多くが戦闘や空爆で死んだ。その後任たちは同じ水準の経験を持っていない」

別の問題は、リクルートと社会的なアウトリーチだ。背中に巨大な標的をつけた蜂起軍に加わりたがる者はほとんどいない。二〇一四年には、競合または独立系の反乱集団からＩＳＩＳに寝返る人々のおかげで、同組織は多くの戦闘で戦果を挙げてシリアの三分の一を制圧できた。でもこうした寝返りは激減した。主にデラー県やパルミラ近くの後背地では、公然と、または秘密裏にＩＳＩＳに参加する、小規模な地方集団はある。でも他のところでは、新規加入が止まった。

アル＝バグダーディにとってもっと不都合なのは、寝返りの方向がいまや逆転しているということだ。ＩＳＩＳは忠誠者たちを大量に失いつつあり、おかげで最も高い訓練を受けた規律正しい兵たちが失われている。アル＝バグダーディは一二月の決然とした音声メッセージで次のように認めている。「敵が強大であるほど、うわべだけの偽善者たちは排除され、我々は純粋で堅牢で不動の存在となるのだ」。特にシリアやイラクの地元採用者たちは、自分の故郷の町を監視するための比類ない知恵を持っていた。かれらがいなくなると、ますます外国人を連れてくるしかなくなるが、するとＩＳＩＳなんて植民地占領者の一種でしかないという、すでに広まった見方は強化されるばかりだ。元ＦＳＡやイスラム主義の戦士たちはカリフ国から転出したか、あっさり戦場からあれやこれやの理由で撤退した。メディア報道とはちがい、ＩＳＩＳメンバーは家族の面倒を見るといった正当な理由があれば、軍務から退きたいと申し出ることはできるのだ。

　これまで見た通り、ＩＳＩＳは武闘派たちを自国や前線にとどまらせようと、その場しのぎの手法をあれこれ試している。たとえばカリフ国外への移動を、きちんとした理由（たとえば緊急の医療上の必要性）がない限り認めないといったことだ。ある県《ウィラヤ》から別の県《ウィラヤ》に移動する住民ですら、納得のいく理由を提出しなければならない。そこでみんな嘘をつくようになる。

　デリゾール県出身の元ＩＳＩＳシンパであるカリームは、病気の母の付き添いでトルコに行かせてくれと言って秘密警察組織《アムニヤット》をだまそうとしたという。でも地元のＩＳＩＳ医師は、カリームの母親はそもそもカリフ国を離れる必要はなく、その症状はデリゾール県マヤディーンの病院で十分に治療できると反論した。そこでカリームは逃亡した。自分の地域を友人二人と共に、未明のうちに離れたが、ＩＳＩＳの警備員に止められて、党の身分証明書を押収されてさらに調査されることになってしまった。逮捕を恐れてカリームはとうとう、パルミラを通る砂漠道経由でシリアから脱走した。そちらのほうがＩＳＩＳの検問が少し手薄なのだ。

支持者たちや銃を持ったムジャヒディンの流出はあっても、ＩＳＩＳはいまだに内乱は予想していないし、また新たな覚醒《サフワ》もないと考えている。というのも、その支配体制のほとんどを、まさにそうした事態に備えるのに費やしてきたからだ。アンドロポフ式の対抗諜報こそがＩＳＩＳの十八番であり、ＩＳＩＳが内部崩壊しつつあるという多国籍軍による継続的な対抗プロパガンダ作戦はあっても、公安担当者や地元行政職員はほとんどパラノイアの兆候を見せていない。内部の反対は、いまのところ、致命的な危険と言うよりは単なる面倒ごとでしかない。少なくともＩＳＩＳの工作員たちが「外国」の反対者をうまく暗殺し、内部のインターネットアクセスを規制し、衛星テレビを禁止できる限りは。

戦争はまた、いまだにＩＳＩＳの統治方法を目に見えるほどは変えていない。それどころか多国籍軍による攻撃の予想外の影響で、ファルージャからアル＝バブに至るＩＳＩＳのリクルート活動がかえって進んでしまった。特にシリア東部でのインフラと産業の爆撃で、人々の生活はめちゃめちゃになった。だから勤労年齢の青年たちは、稼ぐためにＩＳＩＳに参加せざるを得なくなったのだ。同じように、トルコやヨルダンやレバノン経由での、高リスクで高価なヨーロッパ移住に手が届かない貧しい世帯は、子供たちが他にまともな経済的手段がないために「カリフ国の小犬」に変身するのを目にしてきた。シリア国内ですでに家を失った国民たちが、最もこうした目に遭いやすい。

シリアとロシア空軍の紛争参加は、子供の兵士化という現象を悪化させた。たとえば八人家族が、絶え間ない砲撃や空爆のためデリゾール県の都市を離れ、ＩＳＩＳが支配する田舎町に移住した。一家の大黒柱は四人の娘と息子二人（一人は身障者）を食わせるだけの仕事を見つけられない。そこで父親は五体満足の息子を、四〇〇ドルの月給と扶養家族補助だけのためにＩＳＩＳに参加させた。その後息子はハサカ県での戦闘に派遣されている。

多国籍軍の高官は二〇一五年九月、筆者たちの一人に向かって、「生来の決意作戦」がＩＳＩＳ支配下に住む人々に与えている有害な影響は承知しているものの、経済が悪化することで、人々がＩＳＩＳに対して蜂起したり、ＩＳＩＳと戦っている外国と協力したりするようになるかもしれないと示唆した。これはまともな政策というよりない物ねだりに近い。というのもこれは、空爆がおおむね機能している戦時経済を破壊しており、その戦時経済はＩ、Ｓ、Ｉ、Ｓ、の到来以前から存在していたものだという事実を無視しているからだ。

二〇一二年と二〇一三年にシリアの大半でアサド政権が崩壊してから、市民たちは生き残るために、地元の資源や場当たり的な自給自足手法に頼らざるを得なくなった。東部では、石油が安かったので農民たちはエンジンを使ってユーフラテス川から水をくみ上げて農地を灌漑している。また輸送と農業目的のために、重機や車両を動かすのに精製が不十分な石油が使われている。原始的な製油所や石油タンカーを警備する警備員として、家族全員が仕事を得ることもできた。このボトムアップ式の炭化水素産業は、戦争で大被害を受けた地元市場を本当に活性化させ、電力と水の安定供給を確保したのだった。ＩＳＩＳがジャジーラを支配するようになったとき、資源は統制してピンハネはしたものの、賢明にもこの戦時経済を完全に独占はしなかった。石油業界では同じ家族が働き続け、単にその上の経営陣が変わっただけだ。ＩＳＩＳは価格統制と一種の規制は導入したが、支配下に置いた人々の反目を買うほどの締め付けは行わなかった。空爆は、もともとＩＳＩＳには依存していなかった私腹を肥やす仕組みに永続的な被害を与えている。だから市民の反乱が起こるとすれば、ほぼまちがいなくそれは反米となり、タクフィール主義者に対する反乱ではないだろう。

　またＩＳＩＳのプロパガンダは、この新しい形のシリア人の苦労を本当に引き起こしたのがだれかについて、道徳的な歪曲を見事に実現している。真の犯人は十字軍たち、つまり多国籍軍だというのだ。空爆は、都心と隣接する村とを結ぶ橋を壊し、カリフ国の平均的な市民の暮らしをきわめて困難にした。デリゾール県の商人たちはいまや、あちこち行き来するのにボートを使わねばならない。以前なら三〇分で済んだ移動が、最低でも二時間かかる。一部の国境地帯では、インフラが損傷破壊されたために、シリア人が国内の近くに移動しようとするときにでも、まずはイラクに出る必要が生じ、おかげでかれらはますますＩＳＩＳの行政に頼るようになっている。ＩＳＩＳは両国の国境を「廃止」したから、移動の面では障害ではなくむしろ有益な存在となっているのだ。

先ほどの多国籍軍高官によると、アメリカ政府はイラク政府に対し、ＩＳＩＳ支配下で暮らす公務員の給料支払いを止めるように要求し、イラクは二〇一五年七月にこれに従った。人々の不満を高めようというのだ。これは完全に逆効果となった。一〇月になると、イラクの役人がロイター通信に告げたところでは、公務員の給与をカットしたために「人々は窮乏にたたき込まれ、反乱軍の強化を支援するようになりかねない」。モースルの元国境警察官ユーヌス・カラフは、年金で七人を養っていたが、ロイター通信にこう語っている。「政府は我々との最後のつながりを断ち切った。これほど惨めな状況になったことはない」

バアス派式の人民統制は、イラクの他の部分では有益だった。そこではバクシーシ（喜捨）の文化があり、おかげで複数のギャングたちに、かなりのみかじめ料を支払うはめになっていた。元モースルの商人でいまはロンドンに住む人物によると、ＩＳＩＳがニナワ県都を制圧するまでは、アル＝バグダーディの強請屋《ゆすりや》に月五〇ドル支払い、タクフィール主義者たちに賄賂を払ったことを見逃してもらうために、腐ったイラク役人にほぼ同額の賄賂を支払うことになっていた。「ＩＳＩＳの占領後は、少なくとも賄賂は一回で済んだ」とかれは冗談口を叩いた。

グリーンゾーンで続けて大使となってきた、元アメリカ外交官のアリ・ケデリーによれば「サダム・フセインのバアス党政権と、ノウリ・アル＝マリキのダワ党政権下で劣悪な統治が四〇年続いてきたため、イラクは失敗国家となっている。バグダッドの慢性的な腐敗。強姦、拷問、殺人の系統的な使用。外国と国内の軍事的な進出。民族浄化、ときには民族虐殺。このすべてが結びついて脆弱なイラクの国民アイデンティティを失わせ、一九二〇年に近代イラク国家が形成される以前に何世紀も存在した自己の感覚を強化した。それは部族、民族、宗派に基づく自己だ」。

アブ・ムサーブ・アル゠ザルカーウィが考案した、スンナ派とシーア派の殺人的な対立が、この国を引き裂いている。この事実がどこよりも赤裸々に現れているのは、ディヤラ県だ。ここは人口一〇〇万人以上で、半分がスンナ派、四分の一がシーア派、四分の一がクルド人だ。二〇一五年一月、バグダッドの一二〇キロ北にあるムクダディヤの村に、ハンビーが十台やってきた。その車両からは一〇人かそこらの男たちが降り立った。シーア派民兵と、イラク治安維持軍人たちで、それが丸腰の住民七二人をまとめると、近くの野原に連れ出した。「二時間ほどにわたり、かれらはひざまずいて顔を伏せさせられ、その間に戦士たちは標的を選んで泥壁の背後の地点に連れて行ったんだ」とある目撃者は回想する。かれらの死体が後に発見されると銃創だらけだった。被害者たちの年齢は様々で、上は七〇歳までいた。

イラク首相ハイデル・アル゠アバディの元スポークスマンだったラフィド・ジャボーリは当時、政府による戦争犯罪の批判の後でバグダッド版の型どおりの弁明となった声明を発した。「首相は緊急調査を命じ、いまその結果待ちです」。アル゠アバディは残虐行為を非難し、「神聖な場所で殺人や攻撃を行う者、人々の家屋に放火してその魂や財産を、ダーイシュから解放された場所で攻撃する」者たちを非難した。「こうした行為はテロ行為と同じくらい危険だ」

それなのに殺人や攻撃は、その後増える一方だ。一年後、ディヤラは再び炎上した。二〇一六年一月一一日、ＩＳＩＳはムクダディヤのショッピング複合施設で爆弾を二つ連続して炸裂させ、五一人を虐殺した。ＩＳＩＳの主張では、この標的は人民動員隊の集合場所として選んだことになっているが、被害者たちのほとんどはスンナ派民間人だった。翌日の一月一二日、バドル団や正義同盟のメンバーたちは報復として、スンナ派の家やモスクを焼き、民間人を約一〇人殺した。

今回は、スンナ派国会議員たちは民兵の蛮行に抗議してイラク議会をボイコットした。そして、この地域の人民動員隊は武装解除されるべきだと主張した。立法府の二人、ナヒダ・アル＝ダイニとラアド・アル＝ダラキ（移民難民評議会の議長）は一週間のうちに四三人が殺され、モスク九つが放火されたと計算している。ハディ・アル＝アミリはバドル軍に対する糾弾を、スンナ派とシーア派との対立を煽るための「大きな陰謀」と呼んだ。また暴力行為を報道しようとするイラクのジャーナリストとスンナ派国会議員を、悪意あるゴシップを広めたとして糾弾した。ディヤラの警察長官は、アル＝アミリとバドル軍に近しく、「噂」を広めているものはだれでも逮捕するよう命令を下した。つまり真実を語っている者すべてということだ。

イラクのスンナ派がスレイマニの手先たちの獲物だというだけでも十分にひどい。ディヤラの報復殺戮と同じ月、ゼネラルダイナミクス社のアメリカ人業者三人が、バグダッドのドーラ地区でシーア派民兵に誘拐された。うち二人は、イラクのテロ対抗機関からの兵たちの訓練を手伝っていた。これはイラク軍で数少ないプロの軍事部隊だ。CBSニュースによると、イラクのアメリカ大使館はイラン支援の傀儡が再びアメリカ人を捕まえようとしているという事前の警告を受けていた。本書執筆時点ではその三人とも捕虜のままで、サドルシティにいると言われる。ここはかつて、米兵に対するイランの手先による暴力が集中していたところだ。でもかれらの誘拐は、あまり報道されていないシーア派民兵による類似の誘拐――二〇一五年九月にはトルコの建設労働者一八人、一二月にはカタールの鷹匠二六人――のトレンドに沿ったものだ。

ゼネラルダイナミクス社従業員の奪還のために働く西側諜報職員の一人が、二〇一六年一月末に筆者の一人に告げたところでは、主な容疑者は正義同盟だ。これはゴドス軍が計画指揮をした作戦で、米兵五人を殺した二〇〇七年カルバラ襲撃を実施したのと同じ民兵団だ。イラクのアメリカ人人質はもちろん、スレイマニがじわじわとイラクの公安組織を完全に乗っ取るための保険となっている。アメリカが実際にテロ組織認定している民兵団、ヒズボラ旅団のスポークスマンであるジャファァール・フサイニによれば、「こうしたアメリカ軍はすべて我がグループにとって主要な標的となる。連中とは以前にも戦ったし、戦いを再開する準備もできている」。

イラク駐在の米兵は四四五〇人いて、そのアメリカの下請け業者がさらに七〇〇〇人いる。

だからある有力な特別グループがすでに、アメリカ人を標的にするという以前の習慣に逆戻りしたという事実はオバマ政権にとって大きな懸念材料となるはずだ。特にオバマ政権は、シリアにおけるイランの影響を潰そうとしない口実としてまさにこの問題を挙げているからだ。正義同盟とヒズボラ旅団のどちらもアレッポに派兵していて、アル＝アサド政権とロシアが反対派からの県都奪還のために攻撃を行う支援をしている。つまり、一年前には直接アメリカの支援を受けてＩＳＩＳからアメルリ奪還を行った集団が、今日ではアメリカがＩＳＩＳをイラクに封じ込めたのを利用して、兵力を隣にまわし、アメリカが武装させた反ＩＳＩＳ反乱軍を一掃しようとしているのだ——そしてアメリカはそれを見ないふりをしている。この地域の住民が、アメリカの外交政策は『不思議の国のアリス』のキチガイ帽子屋が考案しているのではと思っても仕方ないだろう。

これまで挙げた皮肉や矛盾はすべて、最低でもオープンソースの情報だけから裏付けられる。もっとスキャンダラスなのは、アメリカの諜報部門がまたもや、別のホワイトハウスの広報ニーズや政治的な気まぐれに合うよう、操られて右往左往させられたということだ。二〇一五年八月末と九月頭に、『デイリービースト』はフロリダ州タンパのアメリカ中央軍のアナリスト五〇人以上が、自分たちによるＩＳＩＳやアル＝ヌスラについての評価が系統的に歪められて、証拠で裏付けられるよりも多くの進展が見られるかのような印象を与えるように操作されていると公式に抗議した。ペンタゴンの監察官に提出された苦情文書では、アメリカ国防総省内で、「生来の決意作戦」についてバラ色の評価を出すために行われている恫喝や脅しを表すのに「スターリニスト」という言葉さえ使われている。「批判的な報告書をレビューしたアメリカ中央軍の上級課報高官たちは、それをアナリストたちに突き返して、自分の評価を裏付けるような脚注や詳細を含む新しいバージョンを書くよう命じた」と同サイトのナンシー・ユーセフとシェイン・ハリスは語る。そしてその例として、苦情文書で名前が出てくる高官二人の名前を挙げている。具体的には、中級のISIS役人の暗殺が、もっと重要なISIS上級司令部の人員暗殺だとして描かれ、ISISの石油精製所や設備に対する攻撃は、その数十億ドルの闇市場経済のうちかなり大きな部分を潰したことにされているが、それは証拠から見て裏付けられるよりもあまりに大きいという。デレク・ハーヴェイがかつて筆者の一人に語ったところでは、テロリストネットワークの能力をこんなふうに捏造するのは、昔ながらの伝統なのだという。「アル＝カイダが破壊されたか、もはや要因ではないか――そういう分析は一切触れるなと言われました。アル＝カイダの中核部分は、オバマ政権によりほぼ壊滅と宣言されましたから」。でもこの宣言は、二〇一一年にパキスタンのアボッタバードにある隠れ家でオサマ・ビン・ラディンを殺した襲撃の際に、海軍特殊部隊のネイビーシールズが集めた諜報で大きく否定された。

多国籍軍の空爆がシリアにおけるISISの魅力を高めてしまったり、イラクにおける宗派の亀裂を拡大してしまったのはまったくの想定外だったが、この地域でのロシアの介入は意図的にそれを実現するよう計算されていた。ウラジーミル・プーチンのおかげで、アル＝アサドは失った領土のたった一・三パーセントを取り戻した――しかも、主にISIS以外の反乱軍からだ。レヴァントに傀儡政権を確保しようというロシアの目的は「おおむね達成された」とIHSは結論づけている。

そうだとしても、その代償はなんだろう？ アレッポでは、一〇万人の民間人が二〇一六年二月上旬に、トルコ国境目指して狂ったように逃げ出した。ロシアの空襲があまりに頻繁で熾烈だったので、シリアではもうとにかく隠れ場所がなくなってしまったからだ。捜索救助を行うシリアのホワイトヘルメッツのボランティア、アブドルラフマーン・アルハサンが『オブザーバー』紙に語ったところでは「とにかく空襲が多すぎるときがあります。みんな本部でいつまでも待っているのに、ジェット機は上空からいなくならないんです」。状況はシリア南部でもほとんど同じだった。こちらでは、二〇一六年の最初の数週間で、デラー県中央部にある反乱軍支配下のシェイク・アル＝マスキンという町に親アサド政権軍が進軍するのを、ロシアの戦闘機が支援し、南部戦線の武装部隊に対して一〇〇〇回以上の空爆を行った。結果として、親ISISのシュハダ・アル＝ヤルムークと強硬なジハード主義者のムタンナ運動を強化することになった。この両者は、伝統的にはザルカーウィ主義者たちを敵視していた地域で、戦闘員三五〇〇人ほどで構成されている。あるイスラエルの国防軍司令官が『フィナンシャルタイムズ』紙に露骨に語ったように、ロシアの介入でISISはイスラエルの目前の場所で

「ますます強く」なっているのだ。

プーチンの戦争はまた、シリア国内にすさまじい難民危機を引き起こしており、反乱軍とつながりのあるニュースモニターによると、デラー県では一五万人が家を失っている。「ほとんどの難民は大都市からきており、その数字があまりに大きいので、地域の小さな居留地では吸収しきれない」と活動家のモハメッド・アル゠ハリリはウェブサイト、『オール・フォー・シリア』に語っている。ほぼ同時期に、アサド政権はダマスカス郊外でISIS戦士たちと取り決めをして、地域から難民を移送してもらった。その向かう方向は一ヶ所しかなく、南だ。こうした過激主義の移住は、この領土に対する南部戦線の掌握力をさらに弱め、その供給ラインを危うくし、やがてヨルダンが、自国とその北部のジハード主義者制圧との間のまともな緩衝地帯として考えていた地域を圧倒してしまう。

ロシアはまた、ダマスカスの有力な反ISIS反乱軍も攻撃している。二〇一五年のクリスマスには、ジャイシュ・アル゠イスラム（イスラム軍）の司令官ザフラン・アロウシュを、ダマスカスのゴウタ地区空爆で殺害した。ここはアル゠アサド軍が二〇一三年にサリンガスを使ったところだ。アロウシュの政治的評判は、よく言っても複雑なものだった。アサド政権打倒という同じ大義を奉じている多くのシリア人は、かれをサラフィー主義の「ファシスト」と考え、その反アラウィー派の差別意識は、政権の反スンナ派差別意識の裏返しでしかないと考えていた。また多くの人は、二〇一三年に人権活動家ラザン・ザイトウネを誘拐したのはかれだと考えている。ただしアロウシュはこれを何度も否定している。でも戦場の指揮官としての実績は、さほど複雑ではない。かれはＩＳＩＳとまちがいなく一貫して戦い続けてきた、最初期からの（一番最初かもしれない）反乱軍指導者なのだった。

嫌々ながら、あまり本気を出さずにＩＳＩＳと戦う他の派閥とはちがい、イスラム軍はＩＳＩＳによるダマスカス地域での永続的な拠点阻止を一手に引き受けてきた。だから、アル＝アサド政権もその外国スポンサーたちも感謝するはずだと思うかもしれない。だがちがった。ロシアはアロウシュの代理人たちが、スイスにおけるアメリカ国務省主催の、開始時点ですでに失敗が決まっていた平和交渉に出席する何週間も前に、かれを標的にして確実に殺すように手配したのだった。かれの死で、アロウシュを嫌っていた人たちもイスラム軍のまわりに結集し、プーチンの真の（口先のではなく）戦争目的について疑問を抱く人はほとんどいなくなった。

ロシアの戦闘機は、ＩＳＩＳのいない地域ではパン屋や国境なき医師団の病院を爆撃し、ＩＳＩＳが確かに兵舎を持っている地域では、民間人だけを攻撃している。デリゾール県は今日までの最悪の空爆被害に遭っている。オマル・アブ・ライラは、この地域の親反乱軍オンラインニュースポータルである『デリゾール24』を運営している。かれは筆者たちに、東部地域のロシア空爆の月次分析を送り、同時に確認されて名前も判明した民間人死者の一覧も提供してくれた——全員で一一五人、うち六人が女性で一四人が子供だ。二〇一五年一一月がいちばんひどい月で、デリゾール県には五五回も空爆があり、その一つは国境都市でありジハード主義者の移動ルートにあるアルブ・カマルで民間人七一人が殺された。倒錯した話だが、ロシア空爆が開始してからＩＳＩＳはデリゾールで勢力を増している。

概念的にテロ対抗の介入のためにテロリストを動員するという地政的なパラドックスは、その後また新しい次元を獲得している。ロシアの特殊部隊《スペツナズ》が「榴弾砲《りゅうだんほう》を装備し、戦闘機支援を受け、レバノンのヒズボラの精鋭部隊にも後押しされて（中略）ラタキアの高原や町で激戦を展開している」とダマスカスで運用されている共同作戦室の関係者が、クウェートの新聞『アル＝ライ』に語っている。この指令センターの構成組織は、モスクワ、バグダッド、テヘラン、ダマスカスの準軍組織に、神の党を付け加えたものだ。この同盟組織は実に味気ない「４＋１」というあだ名を与えられている――これはＰ５＋１という、国連常任理事国にドイツを加えた、イランと核計画をめぐる武器制限合意を交渉した国々を指すあだ名をもじったものだ。

レバノンのヒズボラによると、ロシアはシリアの武闘派たちに直接武器を提供している。この主張は、ロシアの外務副大臣ミハイル・ボグダーノフにより裏付けられているようだ。この人物は、ベイルートでの一九八三年海軍兵舎爆撃を先導して米兵二四一人とフランス空挺部隊五八人を殺した組織を、ならず者集団と認めるのを一切拒否した人物だ。ボグダーノフによるとロシア政府が「［ヒズボラと］接触と関係を維持するのは、かれらをテロ組織と考えていないからだ」という。

4＋1同盟の主導役は、もちろんスレイマニのゴドス軍だ。その理由は何よりも、ゴドス軍がいまやアル＝アサド政権の公安組織やそれに伴う軍事機構のほとんどを、直接あるいは間接的に支配しているからだ。革命防衛隊の遠征部隊であるゴドス軍は、シリアに二〇〇〇人超の「顧問」を派遣している。うち何百人もがその後、棺桶に入ってテヘランに戻り、外国における「殉教」として国葬となって、それをいまやイラン国営メディアが公然と報じている。スレイマニのエージェントたちはまた、記録上はイランにいないはずのアフガン難民たち（なかには一二歳の子もいた）を何千人も徴兵または脅して、「テロリスト」に対するシーア派の聖戦に加わらせ、見返りとして月に一〇〇〇ドルを約束した。ここでは外国人戦士は、カリフの名において徴用されたのとまったく同じやり方で、アヤトラのために徴兵されている——人間の盾にされるのだ。

通称ファテミヨン旅団に加わるアフガン戦士たちは、ゴドス軍によって「砲兵の支援なしに、軽自動火器しか持たされずに、非常に強固なISIS軍事拠点に対して進軍するなどの危険な軍事作戦を実施させられる」とヒューマン・ライツ・ウォッチは述べている。このNGOに対して一七歳の「マシード・アフマドザイ（仮名）」が行った説明によれば、テヘランで二一日の軍事訓練を受けてから、かれを含むアフガン難民たちはダマスカスにまず送られ、それからパルミラに送られたそうだ。「ダーイシュが進軍していて、アラブ人たちは撤退中でした。シリア人たちは怖がって戦いません。だから連中は、我々を前線に行かせてダーイシュと戦えと命じたんです。一緒にいるシリア人はほとんどいませんでした。進軍しなければ撃つ、退却は許さないと言われました。それでもみんなが嫌がると、司令官は脚を撃ちました。うちのグラウンドにいる二人がそうやって撃たれました。司令官はイラン人のホッジ・ヘイダル、別名アブ・ハメッドで、イラン革命防衛隊の人でした」

アル＝アサド政権の残虐行為はシリア革命開始からの五年で十分に記録されている。でも西側がいまやISISと戦争しているので、西側の世間的な想像力は、中東における黒ずくめの首斬り人やはりつけ人たちを、異常なまでに邪悪な勢力とみなすようになっているというのはまちがいない。シリアの「世俗」独裁とISISの神学的独裁の皮肉な奸計はこのために見落とされ、おかげでシリア政府は大喜びで、いまやISISに対する世界のこだわりから最大の利益を受けられる立場となっているのだ。アル＝アサドはおかげで、スンナ派反乱軍をまったくおとがめなしに殺し、難民化させられるようになり、アメリカ国務長官ジョン・ケリーはこれに対し、被害者のほうがジュネーブで交渉しないのが悪いと主張する。その被害者たちは、アレッポでロシアやシリア航空機が落とすバレル爆弾やじゅうたん爆撃により粉々にされ続けているのだ。

独裁者たちは昔から、共感と死体の数が反比例することを理解していた。スターリンいわく、一人の死は、多少の経験があれば悲劇に仕立てあげられる。一〇〇万人が死んでも、それは統計でしかない。

それでも、統計は多少の視点を与えてくれる。シリア人権ネットワークは、二〇一五年一月から七月にかけて、アサド政権は民間人七八九四人を殺したという。ＩＳＩＳが殺したのは一一三一人だ。これまで見たように、殺しの手口は似たり寄ったりで、ときには生者の虐殺などの場合にはまったく同じだった。本書執筆時点では、国連人権理事会が、アル＝アサドの公安部隊とアル＝ヌスラ、ＩＳＩＳがそれぞれ行った、囚人の系統的な収監、拷問、殺害についての五年にわたる包括的調査の結果を公表した。文献証拠と六〇〇件以上のインタビューに基づく（その大半は元囚人に対するものだ）この報告書は、ぞっとするだけでなく啓発的な読み物となっている。

邪悪度を決めるのにどんな計算を持ち出せばいいのか、あるいはその単発的な大きさと、悪名高い「凡庸さ」をどう判断すればいいのか？　長いひげをはやしてアラブ服を着ている死刑執行人は、きれいな口ひげをはやして軍の作業服を着た死刑執行人よりもひどいなどと考えるべき理由はあるだろうか？　二〇一四年初期、シリアのアル＝アサド政権によってセドナヤ（ここは蜂起の初期にアル＝アサドが無数のジハード主義者を釈放した刑務所だ）に収監され囚人は「看守たちがその独房にやってきて、激しく殴打し、頭や急所を蹴った後で死亡した。現場にいた他の囚人たちは、壁のほうを向いているように言われたが、男の絶叫は聞こえた。元同房だった囚人は、何が起きたかを妻や家族に伝えるようかれに頼まれた」と言う。「かれは死んだ。我々はその目を閉じてやり、軍用毛布にくるんで、心の中でコーランを唱えた」

同じ頃、アレッポのジャラブラスにあるＩＳＩＳ運営刑務所では、「二七歳の人物が房室から引きずり出され、金属棒で殴られて絶叫していた。かれが元の部屋に戻されると、その人物は口から泡を吹いていた。同房の人々が医者を呼んでくれと言うと、看守たちは『窒息させておけ』と言った」。その人物も死んだという。

オーウェルはスペイン内戦と、もっと具体的にはその開幕劇となる紛争がリアルタイムでいかにまちがって記憶されたかを回想する論説で、「中国都市でのレイプや虐殺、ゲシュタポの監獄での拷問、肥だめに投げ込まれた高齢のユダヤ人教授、スペイン街路沿いの難民の機銃掃射——それはすべて起きたことであり、しかも『デイリーテレグラフ』紙が五年遅れで突然それについて知ったからというだけで、そうした事件が少しでも軽減されるわけではない」と書いている。五年たってケーブルテレビのニュースがジハードのことしか語りたがらないからといって、シリアの当初の犯罪者たちが歴史の脚注だけにとどめられてよいわけではない。

「生来の決意作戦」が開始されたとき、ＩＳＩＳの勢いはとどめようがないかのように見えた。ＩＳＩＳのスローガン「とどまって拡大」は、それがすでに飲み込んだ広大な領土や、その国家的または非国家的な敵の状態が実に危ういものだったこともあり、異様なまでにもっともらしく思えたものだ。敵対するはずのイラク軍部隊は霧散して、シリア（スンナ派）軍の徴兵部隊は首を斬られ。クルド人ペシュメルガは逃亡した。一八ヶ月にわたる空爆に、増加する一方のＩＳＩＳ離反者による直接証言のおかげで、この組織の軍事的な威力の神話性は消えた。失われた都市、町、村も、すでに拡大しすぎたジハード主義蜂起軍に独自の不名誉な退却を強いるのに一役買った。それでもＩＳＩＳは耐性と適応力が高く、自分の弱さを新たに強みに変えるという巧妙な能力を実証しているのだ。

その国際的な敵よりも優れた点として、ＩＳＩＳはカリフ国への抵抗として登場した多くのはかない短期同盟や寄り合い所帯の中に生じる機会を活用している——自由シリア軍と人民防衛隊の対立、ペンタゴンとゴドス軍の対立、ロシアと神の党の対立などだ——そして、プロパガンダやテロを通じてこうした対立を自分の利益になるよう活用する最高の方法を考えている。たとえば、どこまでがＩＳＩＳ陰謀論でどこまでがアメリカ外交政策かを区別するのは、難しくなってきている。特にアメリカがロシアやイランの介入をどこまで黙認するかという点ではこれが顕著だ。地政的な計画なしのテロ対抗作戦は、思想の戦いにおいてタクフィール主義者を利するものとなった。なんといってもかれらは、その活動を継続するにあたり、盗んだ戦車や油田にだけ頼っているわけではなく、自分たちが支配する何百万人も——そして支配していない何百万人も——が共有する、スンナ派を押さえつけようとする全世界的な陰謀があるのだという信念にも頼っているのだ。

ポストＩＳＩＳの状況がいつ訪れるかはさておき、アメリカやロシアの爆撃機と無数の民兵組織のおかげで、現代の中東が永遠に塗り替えられ、それに伴う多くの予想可能な副次的紛争が引き起こされるだろう。この意味で、ＩＳＩＳは明言していた目標の一つは実現したことになる。それは「サイクス＝ピコ」国境の廃止だ。イランはシリアやイラクの公安組織のほとんどを牛耳るようになり、シリアでは実質的な占領軍をつくり上げ、イラクでは根絶不能な深い国家をつくり上げてしまった。シリアのクルド人たちは、あるＮＡＴＯ加盟国の支援を受けて、準自治国家もどきを構築しつつあり、別のＮＡＴＯ組織はそれを不安に思っている。いまや四五〇万人以上のシリア人が外国で難民となっており、レバノン、トルコ、ヨルダン、イラクのテント都市で暮らすか、あるいは必死の――ときには文字通り必ず死ぬ――手段でヨーロッパにたどりつこうとしている。その数は日々増える一方で、移民の波はハンガリーからスロバキア、ドイツ、フランスと、ドミノ倒しめいた社会危機をつくり出し、極右勢力と孤立主義的な政治分子の人気を高めてしまっている。これがさらに、西洋がムスリムに対して敵対的だというＩＳＩＳの分析を裏付けるものとなっているのだ。ＩＳＩＳはまた、この人道的な大脱出を利用して難民のふりをし、ヨーロッパに密入国してテロ作戦を実施しようとしている。一方、シリア東部とイラク西部の中核地域はおおむねＩＳＩＳ支配に任されたままで、いまやＩＳＩＳはパレスチナからアフガニスタンまで、他の失敗国家や機能不全政府の混乱に便乗し、さらなる軍事的な遠征地を構築しつつある。一年以上前に我々は（本書の初版で）「テロルの軍隊は、当分の間私たちとともにあり続けるだろう」と結論した。残念ながら、この評価を改めるべき理由はほぼない。

謝辞

筆者たちは、知識と体験によりこの恐ろしい物語を浮き彫りにしてくれた人々に心から感謝する。

イラク蜂起の初期と覚醒《サフワ》をめぐる議論は、我々独自の「大佐評議会」にすさまじく恩恵を受けている。デレク・ハーヴェイ、リック・ウェルチ、ジム・ヒッキー、ジョエル・レイバーンは、その友情だけでもこの投資に対する素敵な収益だ。そしてこの全員が何時間も時間を割いて、インタビューを受け、ときには朝の三時に送った悲痛なメールでの再インタビューも受けてくれた。

ダグラス・ストーン少将は、イラクのアル＝カイダ向け刑務所を一年あまり運営し、それによりジハード主義者たちがキャンプ・ブッカにむしろ入ろうとしていることを確信した。アリ・ケデリーとエマ・スカイは、特にイラク戦争の終わり近くになって米政府が行った決定が、バグダッド（およびニナワやアンバールやサラーフッディーン）での命運を左右した様子を説明してくれた。ライース・アルコウリは、テロリストがお互いにどんな話をしているか聞き耳を立てるのが本業だが、優秀でユーモアあふれる通訳でもあり、マンハッタンのミッドタウンにあるスターバックスはいまだに怯えているはずだ。シラーズ・マヘルはジハード主義に関する博士論文完成の合間を見て、ISIS参加に集う外国人戦士たちの各種分類を説明してくれた。マーティン・チューロフとクリストフ・ロイターは、紙上の報道では中東特派員として最高の二人であり、自分のフィールドワークを鷹揚にも共有させてくれて、シリア紛争のかなり細かい細部まで明確にするのを手伝ってくれた。アサド一族や政権の研究をライフワークとするトニー・バドランは、テロと戦っていると称するシリアが、実はそのテロ集団と野合している点を明らかにしてくれた。

『ナウ・レバノン』のハニン・ガダールは、私たちの知る最も勇敢で筋の通った編集者であるだけでなく、彼女の雑誌のためにもともと書かれた原稿を本書で使わせてくれた。また『フォーリンポリシー』のベンジャミン・ポールカーも同様だ。この増補改訂版で追加された六章分のほぼすべては、『デイリービースト』での導師三人の後押しと指導の賜物だ。その三人はジョン・アヴァロン、クリストファー・ディッキー、ノア・サクトマンで、著者の一人を、元ISISスパイのインタビューのためにイスタンブール出張に送り出してくれた後で、この陰惨な主題についての取材に戻れるよう休暇をくれたのだった。

『ガーディアン』のポール・ウェブスター、『フォーリンアフェア』のデヴィッド・ミハイルとキャスリン・アッラワラ、および『フォーリンポリシー』のデヴィッド・ケナーは、著者たちに記事を委託し、この本が成立する前からＩＳＩＳについての研究を始める支援をしてくれた。

現代ロシア研究所のリディヤ・デュコヴィッチ、オルガ・コヴォストゥノヴァ、ボリス・ブルック、グレイス・リー、ドミトリー・ポスペロフ、および『インタープリター』のジェームズ・ミラー、キャサリン・フィッツパトリック、ピエール・ヴォーは、我々が中東から恐ろしげな、わけのわからない電話をかけてきたのにも応じてくれた。かれらはすでに、世界の別のところからそうした電話を受けるのに慣れていたからだ。

アレックス・ローウェルは初期の草稿を読んでくれて、いつもながら洞察を与え、もとの原稿の改訂案を出してくれた。ステファン・ベック、アイメン・ジャワド・アル＝タミーミ、ロビン・シムコックは第二版について同様の作業をしてくれた。

このプロジェクトを完成に導くために、同じくらい熱心で、辛抱強く、力を貸してくれた同僚、友人、家族としては、リンダ・ワイス、レスリー・ウィルソン、リック・ピーターソン、ステファニー・ワイス、スティーブン・ワイス、エリオット・ワイス、ジェシカ・ワイス、ジーン・ワイス、オーギー・ワイス、マイケル・プレジェント、クリス・ハーマー、ジェシカ・ルイス・マクフェウト、アーロン・スタイン、イルハン・タニール、ウラジーミル・ヴァン・ウィルゲンブルグ、ユースフ・サイマン、セレン・ケナー、オマル・アブ・ライラ、ナンシー・ユーセフ、シャイン・ハリス、ポール・クルイックシャンク、アン・ジウディチェリ、ファルハ・バラザイ、マリアム・ハモウ、マヤン・カティブ、ナダ・キワン、クサイ・ザカルヤ、アマール・アブドゥルハミド、リナ・セルギー、フィリップ・スマイス、ムビン・シャイク、マイク・ジグリオ、ハムディ・リファイ、ション・ペン、ミシャール・アルーゲルガーウィ、マフムード・ハブーシュ、クレイグ・ラーキン、アブドゥルサラム・ハイカル、アフメド・ハサン、アブドゥルハミド・ハサン、カリーム・シャヒーン、スルタン・アル・カッセミ、イヤド・アル＝バグダーディ、アブドゥラー・アル＝ガダーウィ、エリザベス・ディキンソン、ファイサル・アル＝ヤファイ、ニック・マーチ、フサイン・アブドゥルラティーフ、ガズィ・ジェイロウディ、アブドゥルナセル・アイド、アブドゥルラフマーン・アルジャモス、モウサブ・アル＝ハマディ、そして『ナショナル』とデルマ研究所のみんなが挙げられる。

そして本書を記録的な短期間でまとめあげたレーガンアーツ出版のチームは、ジュディス・レーガン、ルーカス・ウィットマン、エミリー・グリーンワルド、リン・シカグリオーネだ。ムスタファ・Lとジョン・ブンドックは、本書の初版ではファクトチェッカーとしてスタートし、次第にリサーチ助手となった。カイル・オートンは、いずれ我々みんなの上司になりそうだが、この改訂版について同じ二重の役割を果たしてくれた。事実関係のまちがいや解釈の誤りはすべて著者たちだけの責任である。

最後に、ＩＳＩＳ占領地について我々が知っている多くの情報は、勇敢なメディア組織二つの仕事のおかげで得られたものだ。デリゾール24と、「ラッカは静かに虐殺されている」だ。

テロ軍の蛮行をあばくために命をかけるシリア人たちの存在は、希望を失わずにいる十分な理由となる。

訳者あとがき

はじめに

いま（二〇一七年秋）の時点でイスラム国／ＩＳＩＳと聞いて、多くの人はどのような印象を持つのだろうか。二〇一七年も特に後半に入ってからは、ＩＳＩＳもかつてほどの勢いはない。欧米やアジアで、ＩＳＩＳのシンパによる単独犯的なテロはある。中には、二〇一七年八月のバルセロナでのテロのように、かなり大がかりなものも見られる。でも本体のほうはといえば、あまりぱっとしない。最近は斬首ビデオも出てこないし（これは報道側の自粛も大きいだろう）、最後に大きな話題をさらったのが、本書でも触れられているパルミラの制圧・破壊だろうか。その後はむしろ押され気味で、実質的な首都だったモースルやラッカもほぼ陥落し、自称カリフのアル＝バグダーディも生死不明の状態だ。もはや過去のもの、という見方も多いのではないか。結局のところあれは、アメリカによるイラク侵攻とサダム・フセイン更迭により生じた中東の権力の空白に咲いた一時的な歴史のあだ花であり、もはや復活はあり得ない、というのが現時点での一般的な見方だろう。

しかしながら、イスラム国／ＩＳＩＳは本当に過去のものといえるのだろうか？　まずそもそも、イラクもシリアもその他中東地域全体も、安定状態にはほど遠い。今後、地域がどのように動くかはまったく見えていない。かつての状況はほとんど変わっていない。アル＝カイダなどイスラム系過激組織はまだ健在で、さらにＩＳＩＳ自体も本体が危ういのにメソポタミア地域外での活動はあまり衰えていない。これを最後っ屁的な断末魔と見るのか、それとも影響力の健在と見るのかは意見がわかれるのかもしれないが、まだ存在感は十分に残っている。

さらに、そもそも七世紀のカリフ国再興などという、普通ならＳＦの設定にしかならないようなことが実際にこの現代に起こってしまい、しかもそれが弱小のカルト団体にとどまらない、領土も軍も統治機構もまがりなりに持っている準国家（それを国と呼んでいいかという議論は形式的なものにすぎない）をかなりの規模で作り上げてしまった、という事実の衝撃力は、いまだにまったく衰えていない。その復活——または類似の組織による別の試み——は本当にあり得ないのだろうか。ＩＳＩＳをそもそも成立させた条件は何なのか？　ＩＳＩＳ自体、ビン・ラディンの死などでアル＝カイダの勢力が弱まってきたと思われたときに突然台頭してきた（と一般には見られる）。ＩＳＩＳはもっと大きな流れの一部と考えるべきであり、単発の現象として見るのは、あまりに近視眼的だろう。ではその大きな流れとは何なのか？

本書は、ＩＳＩＳをめぐる動きを詳細にたどることで、この大きな流れを描き出そうとした大著となる。

著者たちについて

著者マイケル・ワイスとハサン・ハサンはいずれもジャーナリストだ。ワイスはニュースサイト『デイリービースト』のシニア編集者、オンライン雑誌『インタープリター』編集長であり、中東イスラム関連だけでなくロシア関連の情報にも詳しい。またハサン・ハサンはタハリール中東政策研究所のフェローとなる。まさにＩＳＩＳの活動の中心であるデリゾール県の出身であり、現地とのつながりも深い。この二人による本書は、二〇一五年の刊行以来、その包括性や詳細度のために高い評価を得ており、『ニューヨークタイムズ』のベストセラーリストにも入った。そして二〇一六年には、大幅に増補改訂をほどこした第二版が刊行された。初版から内容はほとんど倍増し、まさにリアルタイムで拡大する本となっている。

本書の主要論点

本書の特徴は、なんといってもこの分厚さからくる、内容の包括性だ。イスラム国／ＩＳＩＳの本といっても、もちろんＩＳＩＳだけを扱うものではない。それを取り巻く各種の動きや力すべてを扱おうとする。ややこしいのは、そのそれぞれが必ずしも独立ではないということで、各種環境が複雑にからみあい……。

だが簡単に整理すると、一つの大きな流れは、アル＝カイダ（いやそれ以前）からつながるイスラム原理主義とグローバル・ジハード主義だ。本書はまずISISの父祖とも言うべきアル＝ザルカーウィの来歴をたどりつつ、この人物に影響を与えたグローバル・ジハード主義の台頭、そしてその受け皿となったアル＝カイダと、そのイラク支部として生まれつつも特に他のイスラム教徒を殺すべきかどうかで大きく方向性がわかれたイスラム国の源流が詳細に描き出される。

もう一つの流れは地域内の宗派対立と部族主義だ。ISISの源流を特徴づけたのは、宗派などの異なる他のイスラム教徒を殺してよいか、という問題だといま述べた。その根底には、シーア派とスンナ派との各国における反目がある。また同じ宗派の中でも部族間の関係がきわめて重要な社会力学を創り出している。これはこの地域に古くから存在する力学である一方で、各種勢力が歴史的に様々な形で煽り、ときには捏造してまで煽ってきたものでもある。

そうした力関係をうまく活用してきた勢力として、近年の地域の独裁者たちが挙げられる。その筆頭はかつてのイラク独裁者サダム・フセインであり、またシリアの独裁者であるアル＝アサドとなる。かれらは自分たちの権力温存のため、こうした宗派対立を煽り、そちらに国民の不満を向けたりする。また国内の反乱分子を抑える強権的な政治の根拠としてイスラム原理主義を利用しようとする中で、逆にそうした原理主義を強化し、結果的に後のグローバル・ジハード主義への人材供給を行ってしまうこととなる。

そして、そこに大きく作用するのが外国、特にアメリカとイランの思惑だった。対テロ戦争をうたうアメリカの支援を確保するため、特にアル＝アサドはあえてテロ組織（たとえばＩＳＩＳ）をこっそり支援し、テロリストへの攻撃と称して反政府運動を弾圧する。アメリカはそのときの目先の思惑だけで方針をコロコロ変え、イラク制圧後にもきちんとした政治体制確立にも、域内の民主主義確立にもコミットせず、中途半端な対応を続けてきた。このため旧イラク政府や軍の関係者が大量にＩＳＩＳに流入してしまった。そして一時的に成功した地元の反ＩＳＩＳ的な動きも、すぐに支援を放棄してかえってかれらをＩＳＩＳの餌食にしてしまう。

一方、イランも昔から勢力拡張を虎視眈々と狙っており、現在のＩＳＩＳを含む中東の騒乱はアメリカ打倒と地域への覇権確立を同時に行える、願ってもないチャンスだった。かれらもまた、ときにテロを後押ししつつ、ときにはそれを潰していい顔をしてみせるという二枚舌戦略を繰り返す。本書はそうしたイランの地道な活動をもたんねんになぞる。

こうした各種の動きが総合されて生まれたのが、あの異様なイスラム国／ＩＳＩＳではあった。もちろんこれでもかなり端折っている。クルド人独立運動やトルコ、さらにはロシアの思惑も作用しているが、とても整理しきれない。多様な力が働き、そのそれぞれが勝手な思惑で合従連衡を繰り返す状況で、ＩＳＩＳの立場も刻々と変わる。その変幻自在な柔軟性が、ＩＳ

ＩＳの大きな強みでもある。本書はさらに、その統治戦術、メディア戦略、外部リクルート戦略と研修システム、経済運営を扱い、最後に世界各地に広がるその活動を見る。これはつまり、最初に説明されたグローバル・ジハード主義の広がりということだ。

こうして一巡した本書は最後に、イスラム国／ＩＳＩＳの未来を考えるのだが……その未来はどう考えても明るいものではない。いま挙げた各種の動きはすべて、ほとんど何も変わっていない。あまりに多くのプレーヤーたちの思惑が入り乱れ、地域がまとまる様子もない。著者たちはそこから、ＩＳＩＳ——またはそれに類するもの——が今後当分は続くのだ、と結論づけている。

本書の特徴

もちろんこんな分厚い本だ。この整理だけではあまりに簡略化されすぎているのは当然のことだ。イスラム国／ＩＳＩＳの問題の根深さは、まさにそれがこんな単純な図式にはおさまらないところにある。こうした各種の要因同士のからみあい、さらには時代を追っての変化（またはその変化のなさ）——その複雑さを複雑に描き出したことこそが本書の最大の特徴となる。

ＩＳＩＳを扱った、日本で刊行されている本の多く（そのほとんどは、日本人が捕虜となり斬首されてＩＳＩＳに注目の集まった二〇一五年初頭に出たものだ）はこうした多くの動きのうち、一つにしか注目しない。たとえばグローバル・ジハード主義とか、あるいはアメリカの武力介入の影響といったことだ。それはやり方次第ではすっきりした（といっても比較的でしかないが）見通しを与えてくれる一方で、こうした状況のややこしさから目をそらすことにもなる。さすがにグローバル・ジハード主義に注目する本は簡単な解決策を出すような安易な真似はしないが、すべてをアメリカのせいにする本は、アメリカさえ中東から手を引けば万事解決、といったきわめて安易な図式を描き出すことも多い。一方、ISIS内部に注目した本は、逆にISISが西洋的な民主主義・資本主義社会とちがう運営をしているというだけではしゃぎ、アンチ欧米資本主義を無邪気にうたってほとんどISIS翼賛になりかけたものすらある。これはまさに、ISISに欧米の若者が馳せ参じるメカニズムであり、その意味では興味深いが、それでかれらの活動が正当化されるとは考えにくい。

本書はISISをめぐる多くの側面を可能な限りうまく整理し、外部からの客観的な視点とともに、そのメンバーや寝返った人々のインタビューを通じて内部からの視点もかなり明確に打ち出せている。なぜISISが一定の支持を（単なる消去法的なものであっても）得て、しかもある程度の持続性を持てているのか？　なぜ多くの勢力が、表面的にはISIS糾弾をうたいつつも、それを支援したりしているのか？　本書の分厚さにひるむ人も多いだろう（訳者もひるんだ）。だがISISを取り巻く状況のややこしさは、まさにこうした厚さを必要とするのだ。

その後の展開――著者たちとのQ&A

さて、本書の初版が最初に出たのは二〇一五年、さらに増補改訂版が出たのは二〇一六年だ。その後もイスラム国／ＩＳＩＳをめぐる状況は（二〇一五年ほどではないが）着実に変わりつづけており、冒頭で述べた通り、少なくともイラクやシリアでは劣勢に追い込まれ、風前の灯火のような印象すらある。一方でアメリカではトランプ政権が誕生し、ＩＳＩＳへの対応も変わるようなことが選挙戦中には言われていた。だが実際はどうだろうか？　二〇一七年の時点で、著者たちは現状をどう見ているのか、また今後の展開をどう予想するのか、さらにはＩＳＩＳやこの地域をめぐる各種の通説についてどう考えているのか？　それについて問い合わせてみた。その結果を以下に示そう。

Q1　ＩＳＩＳの運命をどう見ていますか？　このまま消え去るでしょうか、それとも当分の間、それなりの存在感を保ち続けるでしょうか？　あるいはＩＳＩＳに代わる別の団体が出てくることもあるでしょうか？

――**A**　「消え去る」ことは絶対にありません、アメリカが二〇一四年にＩＳＩＳと対戦しはじめて以来、かれらはシリアとイラクでの勢力圏縮小に向けた準備をしてきました。この組織が正式に始まったのは二〇〇三年ですが、その後の歴史を見る限り、ＩＳＩＳは驚くほど回復力が高く、適応力も高いゲリラ組織で、進出先の社会政治的な機能不全を活用します。「カリフ国」は崩壊しても、ＩＳＩＳ武闘派やその同調者たちは、昔のように砂漠に隠れてアメリカが撤収するのを待ったりはしないでしょう。またＩＳＩＳ占領地は急激に縮小していても、外国での攻撃を刺激する能力は衰えていません。モースルとラッカがほぼ陥落した二〇一七年でも、イギリスではＩＳＩＳによる攻撃が四回もありました。またＩＳＩＳのメンバー構成も変わってきています。もはやかれらは厳密な意味ではアラブ人組織や中東組織ではなく、ヨーロッパや旧ソ連諸国出身の新人が増え、母語も英仏独露の各語が多くなっています。このためＩＳＩＳはずっと国際的な組織になりつつあります。

Q2　シリアでは、結局アル＝アサド大統領の希望通りに事態が進展したようですが、これまでの状況を考えるとそれが現地の国民にとっていい結果かどうかは怪しいのではないでしょうか。政権の国民に対する態度は変わると思いますか？

――**A**　アサドがシリアでの戦争に勝ちつつあるのは、イランとロシアからの軍事支援、およびアメリカの譲歩のおかげです。アメリカは、シリアで敵対しているのはＩＳＩＳだけだと強調するのに必死で、ＣＩＡによる反アサド勢力要請の計画はトランプ政権で大きく削減され、アメリカ配下のスンナ派アラブ戦士たちはＩＳＩＳにしか銃を向けるなと言われています。しかしいまや、この多面的な紛争でアメリカ戦略の矛盾（アサドがジハード主義を引きつけたと批判しつつ、それを更迭しようとせず、むしろその支援国家に譲歩しなだめることしかしない）が衝突しはじめています。すでにシリアの南部と北部では、親イラン勢力と親米勢力との小競り合いが始まっています。そして米軍はアサド軍より先にデリゾール東部を奪還しようと動いています。ポストＩＳＩＳでは、この二つの勢力が衝突せざるを得ないでしょう。アメリカ介入の予想外の影響としては、イラン覇権がレヴァント地域に大きく広がってしまったことで、これがイスラエルやヨルダン、サウジや湾岸諸国を刺激しています。いずれまた、アメリカはイランをはじめとする反西欧勢力と何らかの紛争にひきずりこまれるでしょう。

Q3　ＩＳＩＳや地域に対するトランプの政策（またはその不在）をどうご覧になりますか？

——**A**　オバマ政策をおおむね継続するだけでしょう。これは二重の意味で皮肉ではありません。トランプは、対ＩＳＩＳで弱腰だとオバマを罵倒し、イランへの強硬派として選挙に出ていたからです。でも、トランプはシリアやイラクでのイランを止める策を何も講じていません。数週間前にイスラエルはワシントンに使節団を送りましたが、イスラエル占領のゴラン高原に浸透しつつある革命防衛隊はホメイニ主義への対抗策がまったくないどころか、無関心だったことに唖然としたようです（テヘランから地中海まで陸上回廊を作ろうというイランの狙いは本物です。信頼できるジャーナリストの友人の一人がイラク最高位の治安高官にして、偶然ではなくイランのスパイでもあるハディ・アル＝アメリからそう聞いたのです）。シリアに対する化学兵器禁止を強化したおかげで、サリンガスは使われていないのはほめていいかもしれません。それでも同政権は反対勢力の占領地にいる民間人に対し、塩素爆弾やもっと危険な兵器を使い続けているのです。

Q4　本書では、アメリカの不手際がＩＳＩＳ拡大の大きな原因として何度も登場します。多くの人は、そもそもアメリカがイラクに侵攻したのが諸悪の根源だとし、いまにして思えばサダム・フセインの統治は、暴虐な独裁ではあっても、少なくとも現状に比べればマシだったと述べます。それを無理に排除したから地域が不安定化しＩＳＩＳがのさばったのだ、というわけです。こうした評価には同意されますか？

——**A**　「サダム・フセインのほうがマシだった」と述べてアメリカの介入に反対する人物は、バカなのでそれ以上耳を貸すべきではありません。サダム・フセインの暴虐ぶりは否定の余地がないものです。本書で強調しているのも、ＩＳＩＳが人材面でも統治や戦略面でもサダム・

フセインをひきついでいるのだ、ということです。確かに、アメリカのイラン侵攻と占領は道徳的にも戦略的にもひどいものでした。ではアメリカが手を出さなければ、イラクは安定した立派な国でいられたか？　あり得ません。サダムが政権の座にあったときにアラブの春が起きたらどうなっていたでしょうか。イラクで反政府運動が起きたら、最初は平和的なものでも、まちがいなく暴力的なものになり、シリアと同じように血みどろに鎮圧されたでしょう。アル＝カイダがそこにつけ込んだのはまちがいありません。さらにサダムとアサドは反目しあっていました。するとおそらく、二つの反政府運動が同時に起き、しかもそれぞれが隣国の政権の支援を受けることになったでしょう！

アメリカは二〇一〇年と二〇一一年頃に、イラクでの悲惨なまちがいを少しは救えるチャンスがありました。軍隊を全面撤収させず、政治的な関与を保ち、ソフトパワーを使ってイランによる軍や治安当局の支配を抑えるべきだったのです。ノウリ・アル＝マリキが選挙操作をしたのに支援を続けたのは、当時の大統領オバマのせいだし、イラク政策を統括していたのは、ジョー・バイデン副大統領でした。またシリアでの残虐行為を内戦に発展させ、ＩＳＩＳ――というか当時はＩＳＩ――がメソポタミアで台頭する余地を与えたのもオバマです。とはいえ、責めを負うべき人物は実に多い。

Q5　もっと一般的な議論として、中東はまだまだ民主主義に移行できる段階ではなく、あと一世紀くらいは独裁主義が続くしかなくて、もっと民主的なシステムに移行できるだけの社会制度が整うためにはその間に何らかの宗教改革も必要だったのだ、という主張があります。本書の分析も、ある程度はこうした見方を支持するものに読めますが、どうお考えでしょうか？

——A　実のところ、本書では中東の独裁主義こそがジハード主義を最も効果的に育成したものだと述べています。アサドがアル＝カイダと共謀してイラクでの混乱を深め、アメリカに被害を与えただけでなく、ポストアメリカのイラク国家を揺さぶろうとした様子について、丸一章かけて論じています。そのほうが代替案より望ましかったのでしょうか？　アサド政権はそう思って欲しいでしょう。だから虐殺行為を当初から「反テロ戦争」と呼び続けていたのです。実際にはそのテロリストというのは、丸腰のデモ隊に水を届ける一三歳の子供だったりしたわけですが。

確かに民主主義に必要な条件は銃剣で強制できるものではなく、自然発生すべきです。少なくともその機会は与えられるべきだ。シリアではイラクとはちがい、まともなボトムアップの革命があった。それは当初は改革運動として始まったのに、それが（各種陰謀論とは裏腹に）西側によって支援されるどころか、邪魔され、潰されたのです。これはそれ自体が悲劇です。アラブ人たちは原始的すぎて、自己統治もできず、虐殺者たちに支配されねばならないなどというオリエンタリズムを持ち出す必要はありません。サダムもアサドも、大量虐殺をして近隣国を侵略し、ちょっとした経済改革要求にも応じませんでした。大した安定ぶりです。

Q6 最近ではフィリピンやインドネシアでのＩＳＩＳシンパが目立ちつつあります。しかもかつての一匹オオカミ《ローン・ウルフ》的な活動から、もっと組織だったものになりつつあるようです。ＩＳＩＳ的な動きがもっと東アジアに拡大する可能性をどうお考えですか？

――**A** それはすでに起きていることだし、当初は「一匹オオカミ」に見えたものが、実は中央の計画や協調作戦だったりすることも多いのです。アブ・バクル・アル＝バグダーディが死んでも、テロを遂行する分子がヨーロッパや他の大陸にはたくさんいるのは確実です。これは国際ジハード主義運動であり、それを統括するＩＳＩＳが消えてもずっと続くでしょう。

いかがだろうか。なお、このインタビュー後にもＩＳＩＳをめぐる情勢はさらに変わりつつある。二〇一七年後半の、バルセロナやストックホルム、ロンドンなどのテロはいまだに大きな衝撃だ。そしてまた、六月にテヘランでＩＳＩＳによるテロが行われたのは新しい展開と言えるかもしれない。本書によれば、ＩＳＩＳはかなりイランの息がかかっており、したがって対イランの攻撃は考えにくそうだ。だがイランの国会議事堂とホメイニ廟への爆弾テロは、この図式への再考をもたらすものかもしれない。イランとＩＳＩＳの関係もまた変化しつつあるらしい。いずれ、本書もまたさらなる増補改訂が必要になるのだろう。

書誌、その他

本書は Michael Weiss and Hasan Hasan, *ISIS: Inside the Army of Terror* (Revised and Updated), (New York, Regan Arts, 2016) の全訳となる。当初、二〇一五年版の初版をもとに著者たちから得たＰＤＦファイルを使って翻訳を終えたが、その時点で増補版が出ていることがわかり、あわてて増補版のペーパーバックと Kindle 版をもとに改訂と追加を行った。増補版は、初版のほとんど倍近くなっていることもあり、思ったよりも時間がかかってしまったが、幸か不幸か、ＩＳＩＳは本書の言う通り、いまだに過去の遺物とはなっていない。本書の意義もまったく薄れていないどころか、一時のブームを経てアップデートされたＩＳＩＳの現状を伝える数少ない本として、その価値はさらに増していると言えるかもしれない。

この本の話を持ってきてくれた亜紀書房の内藤寛氏、およびきわめて面倒な編集の実務を担当し、熾烈なチェックを行ってくれた寺地洋了氏に感謝する。本書のテーマは必ずしも訳者の専門ではないため、意図せぬまちがいもまだいろいろ残っているはずだ。お気づきの点があれば、訳者までご一報いただければ幸いだ。判明したまちがいについては、サポートページ http://cruel.org/books/ISIS/ で随時公開する。

二〇一七年秋　東京にて

山形浩生
hiyori13@alum.mit.edu

注

はじめに

p.10 **イラクとアル＝シャムのイスラム国** 厳密には、「ISIS」はすでに存在しない。組織の公式名称はイスラム国だ。私たちがISISを使い続けたのは、単に便宜上の理由だけだし、使うべき名称について激しい論争があるのも知っている。私たちのインタビュー相手の多くはダーイシュを使っていたが、これはアラビア語で「ダウラ・アル＝イスラミーヤ・フィル・エラク・ワ・シャム」、つまりイラクとアル＝シャムのイスラム国の略称となる。この略称自体に具体的な意味はないが、発音が硬いので蔑称とみられている。アラビア語での綴りは強面ぶり、厳しさ、愚鈍さの印象がある。

1 創設者 アブ・ムサーブ・アル=ザルカーウィのジハード

p.29 **ザルカは聖書でヤコブが神様との** Loretta Napoleoni, *Insurgent Iraq: Al-Zarqawi and the New Generation* (New York: Seven Stories Press, 2005) 29–30.

p.30 **アル＝ザルカーウィはできの悪い生徒で** Napoleoni, *Insurgent Iraq*, 260.

p.30 **酒を飲み、密造酒を造った** Mary Anne Weaver, "The Short, Violent Life of Abu Musab al-Zarqawi," *The Atlantic*, July 1, 2006, http://www.theatlantic.com/magazine/archive/2006/07/the-short-violent-life-of-abu-musab-al-zarqawi/4983.

p.30 **初めて牢屋に入ったのは** Loretta Napoleoni, "Profile of a Killer," *Foreign Policy*, October 20, 2009, http://foreignpolicy.com/2009/10/20/profile-of-a-killer.

p.30 **息子が裏社会に落ち込んで** Weaver, 2006.

p.33 **そこは果てしない待機と計画の都市** Jean-Charles Brisard, *Zarqawi: The New Face of Al-Qaeda* (New York: Other Press, 2005) 16.

p.35 **アッザームはマルクス役** Fawaz A. Gerges, *The Far Enemy: Why Jihad Went Global* (New York: Cambridge University Press, 2005) 135.

p.35 **また何百万ドルもの資金が** Lawrence Wright, *The Looming Tower* (New York: Vintage, 2007)［邦訳ローレンス・ライト『倒壊する巨塔』（平賀秀明訳、白水社、2009)］; Gerges, *The Far Enemy*, 134.

p.35 **世界で最も悪名高い国際テロリストの一部** Gerges, *The Far Enemy*, 76.

p.36 **八〇年代末** Peter L. Bergen, *The Osama bin Laden I Know: An Oral History of al Qaeda's Leader* (New York: Free Press, 2006), 64–65.

p.36 **司令官《エミル》だった** Bergen, *The Osama bin Laden I Know*, 63, 66–67.

p.37 **一九八九年一一月末** Napoleoni, *Insurgent Iraq*, 52–53.

p.37 **爆弾を仕掛けた下手人の可能性としては** Bergen, *The Osama bin Laden I Know*, 93.

p.37 **到着した一人がアル＝ザルカーウィだった** Weaver, 2006.

p.38 **ヨルダンに戻る代わりに** Brisard, *Zarqawi*, 17.

p.38 **ハリード・シェイク・モハメッドの兄弟** Brisard, *Zarqawi*, 21.

p.38 **悲惨なアラビア語能力にもかかわらず** Ibid.

p.38 **また後の義兄弟であるサラー・アル＝ハミにも出会う** Brisard, *Zarqawi*, 21; Bergen, *The Osama bin Laden I Know*, 32.

p.38 **アル＝ハミはアフガニスタンのホストの地雷で片脚を失っており** Weaver, 2006.

p.38 **その妹は婚礼のためにペシャワールに** “هذا بيان للناس - أبو مصعب لازرقاوي,” YouTube video, 34:05, ةا ansaralshari3a の 投 稿 , March 25, 2012, http://www.youtube.com/watch?v=EUrLMFautCI.

p.38 **アル＝ハミによれば** Brisard, *Zarqawi*, 22.

p.39 **アル＝ハミは数ヶ月後に花嫁と** Brisard, *Zarqawi*, 23–24.

p.39 **つきあっていたのは、パシュトゥーン族の軍閥** Brisard, *Zarqawi*, 24.

p.39 **卒業生の中には二回の世界貿易センタービル攻撃** “KSM trains at Sada camp,” GlobalSecurity.org, 最終更新 January 11, 2006, http://www.globalsecurity.org/security/profiles/ksm_trains_at_sada_camp.htm; “Hambali trains at Sada camp,” GlobalSecurity.org, 最終更新 January 11, 2006, http://www.globalsecurity.org/security/profiles/hambali_trains_at_sada_camp.htm.

p.39 **ロレッタ・ナポレオーニが** Napoleoni, *Insurgent Iraq*, 55.

p.39 **最初のフェーズは一五日続く「実験の日々」** Ibid.

p.40 **第二フェーズは一五日続く「軍隊準備期」** Ibid.

p.40 **テロリストのためのクラウゼヴィッツだ** Ibid.

p.40 **一九九三年末にアル＝ザルカーウィはヨルダンに戻り** Brisard, *Zarqawi*, 28.

p.41 **その懸念は半年以内に的中した** Brisard, *Zarqawi*, 29.

p.41 **二人羽織を密やかに再現するかのように** Brisard, *Zarqawi*, 36.

p.41 **アル＝マクディシは衒学的な学者** Brisard, *Zarqawi*, 37.

p.41 **「かれが知的に思えたことは一度もない」** Jeffrey Gettleman, “Zarqawi's Journey: From Dropout to Prisoner to Insurgent Leader,” *New York Times*, July 13, 2004, http://www.nytimes.com/2004/07/13/international/middleeast/13zarq.html

p.42 **アル＝マクディシはアル＝ザルカーウィに密輸品を渡して** Brisard, *Zarqawi*, 26–27.

p.42 **ムハバラートに活動を監視され** Brisard, Zarqawi, 39.

p.43 **違法武器所持と、禁止テロ組織所属で有罪** Weaver, 2006.

p.43 **判事はさらに、ヨルダンのフセイン王を** Napoleoni, *Insurgent Iraq*, 64–65.

p.43 **両者は一九九四年に懲役一五年** Brisard, *Zarqawi*, 43.

p.44 **ずっと集中力を高め** Weaver, 2006.

p.44 **手下たちは標準制服を** Brisard, *Zarqawi*, 48.

p.44 **「視線を動かすだけで……」** Gettleman, 2004.

p.44 **脅しや説得により** Brisard, *Zarqawi*, 48.

p.44 **気に食わないやつはぶちのめした** Ibid.

p.45 **「そのメモはひどいアラビア語だらけで……」** Gettleman, 2004.

p.45 **頭脳を鍛えられなかった** Ibid.

p.45 **八ヶ月半も独房に送り込まれた** Napoleoni, *Insurgent Iraq*, 70.

p.45 **アル＝ザルカーウィがエミルの称号を名乗ったのも** Napoleoni, *Insurgent Iraq*, 75–76.

p.46 **導師たるアル＝マクディシは** Weaver, 2006.

p.46 **そのいくつかはビン・ラディンの目にさえ止まった** Bruce Riedel, *The Search for Al Qaeda: Its Leadership, Ideology, and Future* (Washington, D.C.: Brookings Institution Press, 2010) 93–94.

p.46 **リチャード（仮名）によると** ペンタゴンの元高位対テロ担当官インタビュー, December 2014.

p.47 **テロ行為を実行していなかった（または失敗していた）多くのイスラム主義者たち** Brisard, *Zarqawi*, 57.

p.48 **アル＝ザルカーウィは一九九九年夏にヨルダンを離れることができた** Brisard, *Zarqawi*, 59.

p.48 **ペシャワールで一時逮捕** Napoleoni, *Insurgent Iraq*, 97.

p.48 **即座にヨルダンに戻らないとパスポートは返さない** Brisard, *Zarqawi*, 67.

p.49 **その会合にはいまやビン・ラディンの文句なしのナンバーツーであるアイマン・アル＝ザワヒリもいたが** Bryan Price, Dan Milton, Muhammad al-Ubaydi, and Nelly Lahoud, "The Group That Calls Itself a State: Understanding the Evolution and Challenges of the Islamic State," Combating Terrorism Center at West Point, December 16, 2014, http://www.ctc.usma.edu/posts/the-group-that-calls-itself-a-state-understanding-the-evolution-and-challenges-of-the-islamic-state.

p.50 **一九九〇年代初頭、アル＝カイダは** Bergen, *The Osama bin Laden I Know*, 197.

p.51 **そうしたコネの一人がアブ・ムハンマド・アル＝アドナニ** Price et al., 2014.

p.52 **元ＣＩＡアナリストで後にイラクのアル＝ザルカーウィ追跡担当者だったネイダ・バコスは** "Tracking Al Qaeda in Iraq's Zarqawi Interview With Ex-CIA Analyst Nada Bakos," Musings on Iraq blog, June 30, 2014, http://musingsoniraq.blogspot.com/2014/06/tracking-al-qaeda-in-iraqs-zarqawi.html.

p.52 **アル＝カイダが設立資金を出して作られた** Brisard, *Zarqawi*, 71–72.

p.53 **主にパレスチナ人とヨルダン人を配備した** Brisard, *Zarqawi*, 72.

p.53 **この名前は、アブラハム的な** Weaver, 2006.

p.53 **同キャンプ卒業生の一部は確かに** Napoleoni, *Insurgent Iraq*, 125–26; Brisard, Zarqawi,

88.

p.53 **ヨルダン当局によれば** Napoleoni, *Insurgent Iraq*, 125–26; Weaver, 2006.

p.54 **ジュンド・アル＝シャムは爆発的に成長した** Weaver, 2006.

p.55 **二〇〇〇年から二〇〇一年にかけて** Ibid.

p.55 **アル＝ザルカーウィはそのたびに断った** Napoleoni, *Insurgent Iraq,* 98–99; Weaver, 2006.

p.55 **「かれが預言者以外の人物を誉めるのは聞いたことがない……」** Napoleoni, *Insurgent Iraq*, 98–99.

p.55 **傲慢なせいか資金提供者との意見相違のためか** Weaver, 2006.

p.55 **ヘラートにおけるアル＝ザルカーウィの腹心の一人** Brisard, *Zarqawi*, 77.

p.56 **九・一一同時多発テロ攻撃と** Brisard, Zarqawi, 115.

p.56 **この超コングロマリットの標的は二つ** Napoleoni, *Insurgent Iraq*, 106–07; Brisard, *Zarqawi*, 115–16, 122.

p.56 **二〇〇三年二月三日** Napoleoni, *Insurgent Iraq*, 116–17.

p.57 **「初めてザルカーウィについて知ったのは……」** 筆者の一人とのインタビュー, December 2014.

p.59 **「ジハード主義者たちは……」** 筆者の一人とのインタビュー , December 2014.

p.60 **そしてアル＝ザルカーウィと三〇〇人ほどの武装団は** Napoleoni, *Insurgent Iraq*, 109.

p.60 **南レバノンではパレスチナ難民キャンプを訪れ** Brisard, *Zarqawi*, 96, 99–100.

p.60 **ビン・ラディンの元ボディガードであるシャディ・アブダラは** Brisard, *Zarqawi*, 95.

p.61 **アル＝ザルカーウィはまたシリアにも出かけ** Brisard, *Zarqawi*, 96.

p.62 **ヨルダン諜報筋のある上級職員は** Weaver, 2006.

p.64 **二〇〇二年一〇月にはすでに** Riedel, *The Search for Al Qaeda*, 87–88; Gerges, *The Far Enemy*, 252.

p.64 **半年後、ビン・ラディンはアルジャジーラで** Riedel, *The Search for Al Qaeda*, 88.

p.65 **これに対抗すべくビン・ラディンは都市戦争と** Ibid.

p.65 **ムジャヒディン軍招集を世界的に呼びかけた** Riedel, *The Search for Al Qaeda*, 10–11, 87–89, 132.

p.65 **「遠い敵」に損害を与えるため** Riedel, *The Search for Al Qaeda*, 88.

2 虐殺者たちのシェイク　アル＝ザルカーウィとイラクのアル＝カイダ

p.66 **ビン・ラディンの命令はイラク占拠の** Kevin Woods, James Lacy, and Williamson Murray, "Saddam's Delusions," *Foreign Affairs*, May/June 2006, http://www.foreignaffairs.com/articles/61701/kevin-woods-james-lacey-and-williamson-murray/saddams-delusions.

p.66 **でも、別の政権破滅シナリオについては** Michael R. Gordon and Bernard E. Trainor, *The*

Endgame: The Inside Story of the Struggle for Iraq, from George W. Bush to Barack Obama (New York: Vintage Books, 2013) 20–21.

p.66 **そして親衛隊の一部門、フェダイーン・サダムを強化し** Ibid.

p.66 **第二次湾岸戦争の堂々たる歴史研究** Ibid.

p.67 **この戦略を解剖し** Gordon & Trainor, *The Endgame*, 18–20.

p.67 **そこに加わったのは、さらに不満を抱くイラク人たち** Gordon & Trainor, *The Endgame*, 14; "Coalition Provisional Authority Order Number 1: De-Ba'athification of Iraqi Society," The Coalition Provisional Authority, May 16, 2003, http://www.iraqcoalition.org/regulations/20030516_CPAORD_1_De-Ba_athification_of_Iraqi_Society_.pdf; Sharon Otterman, "IRAQ: Debaathification," Council on Foreign Relations, April 7, 2005, http://www.cfr.org/iraq/iraq-debaathification/p7853#p9.

p.69 **後者をイラン・イラク戦争での負傷兵たちと区別するため** Brian Owsley, "Iraq's Brutal Decrees Amputation, Branding and the Death Penalty," Human Rights Watch/Middle East, June 1995, http://www.hrw.org/reports/1995/IRAQ955.htm.

p.69 **そこでこの政権は女性雇用の禁止を導入し** Napoleoni, *Insurgent Iraq*, 146.

p.69 **イラクの新生ムスリムたちの一部は** Joel Rayburn, *Iraq After America: Strongmen, Sectarians, Resistance* (Stanford, California: Hoover Institution Press, 2014) 101.

p.70 **モスクに送り込まれた将校のほとんどは** Rayburn, *Iraq After America*, 102.

p.70 **このプログラムの卒業生の多くは** Ibid.

p.70 **そうした一人がハラーフ・アル＝オラヤン** Rayburn, *Iraq After America*, 113.

p.70 **マムード・アル＝マシャダーニはアメリカ侵攻以前から** Rayburn, *Iraq After America*, 114.

p.73 **だからこそジョージ・ブッシュ（父）は** Gordon & Trainor, *The Endgame*, 5.

p.74 **ブッシュ父は、イラク軍がクウェートに** Ibid.

p.74 **民主主義を暴力的に導入する** Rayburn, *Iraq After America*, 105.

p.75 **これを実行したのは二六歳のモロッコ人男性** Carolina Larriera, "Remembering Sergio Vieria de Mello Ten Years After the Attack on the UN in Baghdad," *The Huffington Post*, October 19, 2013, http://www.huffingtonpost.com/carolina-larriera/remembering-sergio-vieira_b_3779106.html.

p.75 **この「美化」は、どうやらこのブラジル人外交官が** Christopher Hitchens, "Why Ask Why?: Terrorists Attacks Aren't Caused by Any Policy Except That of the Bombers Themselves," *Slate*, October 3, 2005, http://www.slate.com/articles/news_and_politics/fighting_words/2005/10/why_ask_why.html.

p.76 **ハーヴェイによると、この機関はザルカーウィの手下にVBIED改造用の車を** Gordon & Trainor, *The Endgame*, 22; "Iraq's Security Services: Regime Strategic Intent—Annex C," Central Intelligence Agency, April 23, 2007, http://www.cia.gov/library/reports/general-reports-1/iraq_wmd_2004/chap1_annxC.html; "Special Security Organisation—SSO: Al

Amn al-Khas," GlobalSecurity.org, 最終更新 July 28, 2011, http://www.globalsecurity.org/intell/world/iraq/khas.htm.

p.76 **テロリストがだれか知っていて** Derek Harvey, 筆者の一人とのインタビュー , October 2014.

p.77 **ジェームズタウン財団による調査だと** Murad Batal al-Shishani," Al-Zarqawi's Rise to Power: Analyzing Tactics and Targets," *Terrorism Monitor* Vol. 3 No. 22, The Jamestown Foundation, November 18, 2005, http://www.jamestown.org/single/?tx_ttnews%5Btt_news%5D=610&no_cache=1#.VIk1cDHF8ei.

p.78 **ヨルダン大使館と国連を爆破した同月** Riedel, *The Search for Al Qaeda*, 100, 105; Lawrence Joffe, "Ayatollah Mohammad Baqir al-Hakim," obituary, *The Guardian*, August 29, 2003, http://www.theguardian.com/news/2003/aug/30/guardianobituaries.iraq.

p.78 **実はその自爆作戦を実行したのは** Napoleoni, *Insurgent Iraq*, 108, 160–161; "Imam Ali Mosque," GlobalSecurity.org, 最終更新 July 9, 2011, http://www.globalsecurity.org/military/world/iraq/an-najaf-imam-ali.htm; Bassem Mroue, "Alleged Al Qaeda Militant Is Hanged," *The New York* Sun via The Associated Press, July 6, 2007, http://www.nysun.com/foreign/alleged-al-qaeda-militant-is-hanged/57989; Ben Wedemean, "FBI to Join Mosque Bombing Probe," CNN.com, September 1, 2003, http://www.cnn.com/2003/WORLD/meast/08/31/sprj.irq.main.

p.79 **アル＝ザルカーウィが書いたとされる** Musab Al-Zarqawi, "Letter from Abu Musab al-Zarqawi to Osama bin Laden," Council on Foreign Relations, February 1, 2004, http://www.cfr.org/iraq/letter-abu-musab-al-zarqawi-osama-bin-laden/p9863.

p.80 **宿敵として名前が挙がっているのは、バドル旅団だ** 一貫性のため、私たちは本書全体でバドル軍と表現しているが、実は後にバドル組織と改名された。

p.80 **「バドル旅団はこうした機関に要員を送り込み……」** Ibid.

p.80 **「もし我々が連中を宗派戦争の戦場に引きずり出せれば……」** Ibid.

p.81 **この数字は誇張かもしれないが** "Iraq: Islamic State Executions in Tikrit," Human Rights Watch, September 2, 2014, http://www.hrw.org/news/2014/09/02/iraq-islamic-state-executions-tikrit.

p.81 **この前者二つの集団はその後** "Iraq: ISIS Executed Hundreds of Prison Inmates," Human Rights Watch, October 30, 2014, http://www.hrw.org/news/2014/10/30/iraq-isis-executed-hundreds-prison-inmates.

p.82 **アル＝ザルカーウィは別の重要な面でも** Brisard, *Zarqawi*, 142–43.

p.82 **そして捕獲者側が祈りを暗唱し** Brisard, *Zarqawi*, 131.

p.83 **アル＝ザルカーウィはコンピュータ画像編集ソフトに詳しい人物と** Brisard, Zarqawi, 143.

p.84 **目下のヨルダン監獄からかつての弟子に宛てた手紙で** Riedel, *The Search for Al Qaeda*, 103.

p.84 **でも元CIAアナリストのブルース・リーデルが** Riedel, *The Search for Al Qaeda*, 102–03.

p.85 **学者のマイケル・W・S・ライアンが述べた** Michael W. S. Ryan, "Dabiq: What Islamic State's New Magazine Tells Us about Their Strategic Direction, Recruitment Patterns and Guerrilla Doctrine," http://www.jamestown.org/programs/tm/single/?tx_ttnews[tt_news]=42702&cHash=0efbd71af77fb92c064b9403dc8ea838#.VLGK7caJnzL

p.86 **二〇〇七年にバグダッド西部のニスール広場で発砲し** "Four Blackwater Agents Hung in Fallujah Iraq March 31, 2004," YouTube video of ABC broadcast, 2:41, WARLORDSMEDIUMの投稿, December 11, 2011, http://www.youtube.com/watch?v=bln0q8E5onE.

p.86 **いまにして思えば驚くべきことに思える** Gordon & Trainor, *The Endgame*, 23, 56–57.

p.86 **パレスチナ人ジャーナリストであるワエル・エッサムによると** 筆者たちとのインタビュー, November 2014.

p.86 **ニコラス・バーグの斬首は** Gordon & Trainor, *The Endgame*, 113.

p.89 **アンバール県のザルカーウィ派に対する米軍の主要兵器は** Gordon & Trainor, *The Endgame*, 114.

p.90 **マクリスタルは、アル＝ザルカーウィのネットワークがもたらす脅威** Ibid.

p.90 **その頃には、心理戦争とプロパガンダの利用に長けてきた** Bergen, *The Osama bin Laden I Know*, 364.

p.91 **またF/A-18ホーネット戦闘機も同行し** Gordon & Trainor, *The Endgame,* 117–18.

p.91 **この都市で三ヶ所の「拷問ハウス」が発見され** Gordon & Trainor, *The Endgame*, 119.

p.92 **二〇〇四年に米軍が殺害した反乱軍のおよそ四分の一** Lt. Colonel Kenneth Estes, *US Marine Corps Operations in Iraq, 2003-2006* (Marine Corps History Divistion), 66; CQ Researcher, *Global Issues: Selections from CQ Researcher* (CQ Press, 2014), ebook.

p.93 **アメリカは「イスラムに対する全面戦争」を仕掛けている** Napoleoni, *Insurgent Iraq*, 183.

p.94 **二〇〇四年一二月、ビン・ラディンはアル＝ザルカーウィの忠誠の誓いに対して** Ibid.

p.94 **この肩書きはいささか欺瞞的だった** Riedel, *The Search for Al Qaeda*, 105.

p.94 **ブルース・リーデルが回想するように** Riedel, *The Search for Al Qaeda*, 12–13.

p.94 **ここでイブン・タイミーヤ** Riedel, *The Search for Al Qaeda*, 100.

p.95 **リーデルが述べたように** Riedel, *The Search for Al Qaeda*, 106.

p.95 **かれはアメリカとそのヨーロッパの同盟国** Riedel, *The Search for Al Qaeda*, 106.; "Mapping the Global Muslim Population," PewResearch, October 7, 2009, http://www.pewforum.org/2009/10/07/mapping-the-global-muslim-population.

p.95 **サウジの崇拝者に言わせると** Riedel, *The Search for Al Qaeda*, 105.

3 残虐性マネジメント　イラクのイスラム国家誕生

p.99 **反乱軍の拠点の一つは** Gordon & Trainor, *The Endgame*, 123; "Haifa St, Baghdad, Iraq," Google Maps, 2015年1月17日にアクセス , http://www.google.com/maps/place/Haifa+St,+Baghdad,+Iraq/@33.3263295,44.3705687,12z/data=!4m2!3m1!1s0x15577f4a7ecb0a21:0x808bf83e3e9c97e9.

p.99 **ハイファストリートは特に** Gordon & Trainor, *The Endgame,* 123.

p.100 **ドーラ（これもまた反乱軍が浸透しているバグダッドの地区）** Ibid.

p.101 **モースルがこれほど簡単に崩壊したというのは** Gordon & Trainor, *The Endgame*, 124.

p.102 **特に、自分の職場を離れようとしなかったイラク兵** Gordon & Trainor, *The Endgame*, 126.

p.102 **アル=ザルカーウィの邪悪な戦略は「イダラート・アル=タワーフシュ（残虐マネジメント）」** William MacCants 訳 , Abu Bakr Najri, *The Management of Savagery: The Most Critical Stage Through Which the Umma Will Pass*, May 23, 2006, https://azelin.files.wordpress.com/2010/08/abu-bakr-naji-the-management-of-savagery-the-most-critical-stage-through-which-the-umma-will-pass.pdf

p.107 **投票所に現れたのはスンナ派の一パーセント以下** Rayburn, *Iraq After America*, 110.

p.107 **二〇〇五年二月二八日、シーア派が多数派** Warzer Jaff and Robert E. Worth, "Deadliest Single Attack Since Fall of Hussein Kills More Than 120," *New York Times*, February 28, 2005, http://www.nytimes.com/2005/02/28/international/middleeast/28cnd-iraq.html.

p.108 **ある陰惨な例では** "Interview Col. H.R. McMaster," *Frontline End Game*, June 19, 2007, http://www.pbs.org/wgbh/pages/frontline/endgame/interviews/mcmaster.html.

p.109 **「もしそれに失敗したと感じたら……」** Gordon & Trainor, *The Endgame*, 36.

p.109 **「ザルカーウィ、というかその手先のイラク人たち……」** 筆者の一人とのインタビュー , December 2014.

p.111 **また中東最大のリン鉱山を持ち** Napoleoni, *Insurgent Iraq*, 190.

p.111 **ヒットでのアダム・サッチの経験を元に** "Anbar Before and After The Awakening Pt. IX: Sheik Sabah Aziz of the Albu Mahal," Musings on Iraq blog, January 23, 2014, http://musingsoniraq.blogspot.com/2014/01/anbar-before-and-after-awakening-pt-ix.html.

p.111 **アルブ・マハルのハムザ大隊の中には** Hannah Allam and Mohammed al Dulaimy, "Marine-led Campaign Kill Friends and Foes, Iraqi Leaders Say," McClatchy DC via *Knight Ridder Newspapers*, May 16, 2005, http://www.mcclatchydc.com/2005/05/16/11656_marine-led-campaign-killed-friends.html.

p.111 **カイムにおける作戦の卒業生は** Gordon & Trainor, *The Endgame*, 172; Rayburn, *Iraq After America*, 110–11.

p.112 **砂漠の守護者たちの三分の一は** Ibid.

p.112 **憲法制定議会のための一月選挙をボイコット** Col. Gary W. Montgomery and Timothy S. McWilliams, eds., *Al-Anbar Awakening: From Insurgency to Counterinsurgency in Iraq, 2004–2009*, Vol. 2, Marine Corps University Press, 2009, http://www.marines.mil/Portals/59/Publications/Al-Anbar%20Awakening%20Vol%20II_Iraqi%20Perspectives%20%20PCN%2010600001200_1.pdf.

p.113 **その最初の施策は、スンナ派にイラク警察に参加するよう** Monte Morin, "Officer Killed by Suicide Bomb Had High Hopes for Ramadi," *Stars and Stripes*, January 9, 2006, http://www.stripes.com/news/officer-killed-by-suicide-bomb-had-high-hopes-for-ramadi-1.43384.

p.113 **ガラス工場での募集四日目に** Monte Morin, "Suicide Bomb Kills Dozens of Iraqi Police Recruits, Two Americans," *Stars and Stripes*, January 6, 2006, http://www.stripes.com/news/suicide-bomb-kills-dozens-of-iraqi-police-recruits-two-americans-1.43269.

p.113 **まだアル＝ザルカーウィの強引な戦術にはかなわなかった** Stephen Biddle, Jeffrey A. Friedman, and Jacob N. Shapiro, "Testing the Surge: Why Did Violence Decline in Iraq in 2007," *International Security*, Vol. 37, No. 1, Summer 2012, 20.

4 カオスのエージェント イランとアル＝カイダ

p.116 **スンナ派の投票率は八〇パーセントほど** Rayburn, *Iraq After America*, 119.

p.117 **さらに、非穏健非アル＝カイダ反乱軍** Gordon & Trainor, *The Endgame*, 191–92.

p.117 **サダム・フセイン時代のイラクの有名な学者カナン・マキヤ** Kanan Makiya, *Cruelty and Silence: War, Tyranny, Uprising, and the Arab World* (New York: Jonathan Cape, 1993).

p.119 **政権崩壊から間もなくして独自の民兵組織** Nada Bakri, "In Lebanon, New Cabinet Is Influenced by Hezbollah," *New York Times*, June 13, 2011, http://www.nytimes.com/2011/06/14/world/middleeast/14lebanon.html.

p.119 **二〇〇四年八月のナジャフの戦いは** Gordon & Trainor, *The Endgame*, 101.

p.120 **アンサリはゴドス軍の第一〇〇〇部の工作員だった** Ibid.

p.120 **イラク・イスラム革命最高評議会（SCIRI）** Rayburn, *Iraq After America*, 15–17.

p.120 **SCIRIの武闘部門** "Iraqi Minister's Son Misses Flight, Forces Plane Back: Airline," Reuters, March 6, 2014, http://www.reuters.com/article/2014/03/06/us-lebanon-iraq-plane-idUSBREA2519B20140306; Rayburn, *Iraq After America*, 73–75.

p.120 **「ムラーたちは、我々米軍……」** 筆者の一人とのインタビュー , June 2014.

p.121 **元 CIA 係官は、その後当然ながら少将に昇進したこの人物について** Dexter Filkins, "The Shadow Commander," *The New Yorker*, September 30, 2013, http://www.newyorker.com/magazine/2013/09/30/the-shadow-commander.

p.121 **ペトレイアスにとって、イランは** Gordon & Trainor, *The Endgame*, 423.

p.122 **この待ち伏せが行われる直前に** Gordon & Trainor, *The Endgame*, 313, 351–52.

p.122 **アル＝ムハンディスはイラク戦争で使われた** Gordon & Trainor, *The Endgame*, 151, 159; Filkins, 2013.

p.122 **爆発すると、EFP の熱は** David Axe, "Real E.F.P.: Pocket-Sized Tank Killer," *Defense Tech*, February 14, 2007, http://defensetech.org/2007/02/14/real-e-f-p-pocketsized-tank-killer.

p.123 **クルディスタン地域政府の首都エルビルで** Gordon & Trainor, *The Endgame*, 324–25.

p.124 **イランとアル＝カイダの秘密取引を暴くことで……** "Treasury Targets Key Al-Qa'ida Fuding and Support Network Using Iran as a Critical Transit Point," US Department of the Treasury, July 28, 2011, http://www.treasury.gov/press-center/press-releases/Pages/tg1261.aspx.

p.125 **「やつらはそこで、イランの庇護下にいて……」** Filkins, 2013.

p.125 **二〇〇五年一二月以降、SCIRI がイラク内務省を** Gordon & Trainor, *The Endgame*, 140.

p.125 **「連中を止めるか、イラクをイランにくれてやるか……」** Gordon & Trainor, *The Endgame*, 141.

p.125 **それでもかれによる損害を小さくしようということで** Ibid.

p.126 **それに対応した西バグダッド担当の旅団は** Gordon & Trainor, *The Endgame*, 146.

p.126 **バグダッドのアメリカ大使からの国務省宛て公電によれば** "Islamic Human Rights Organization Alleges Iraqi Forces Detainee Abuse in Ninewa," Wikileaks, June 16, 2005, http://wikileaks.org/plusd/cables/05BAGHDAD2547_a.html.

p.126 **他のイラク政府機関もまた** Gordon & Trainor, *The Endgame*, 222.

p.126 **一方、病院はスンナ派の処刑場** Gordon & Trainor, *The Endgame*, 221–222.

p.127 **またスンナ派の国際的な行き来も** Ibid.

p.127 **米兵がついにこの地下牢の扉を** Gordon & Trainor, *The Endgame*, 185–86.

p.128 **収監されたのは「最も犯罪的なテロリスト」だけ** Ibid.

p.128 **いかに陰惨な協力が行われているかを証言** Edward Wong and John F. Burns, "Iraqi Rift Grows After Discover of Prison, *New York Times*, November 17, 2005, http://www.nytimes.com/2005/11/17/international/middleeast/17iraq.html.

p.130 **二〇〇六年にアメリカ政府は** "Testimony of Dr. Matthew Levitt, Fromer-Wexler fellow and director of the Stein Program on Counterterrorism and Intelligence at The Washington Institute for Near East Policy," US House Financial Services Committee, November 13, 2014, http://financialservices.house.gov/uploadedfiles/hhrg-113-ba00-wstatemlevitt-20141113.pdf.

p.130 **ライース・アルコウリによると** 筆者の一人とのインタビュー, November 2014.

p.130 **二〇〇五年から二〇一〇年にかけて、アラブ湾岸諸国の出資者や** US House Financial Services Committee, 2014.

p.130 **バイジ石油精製所からの石油密売** Gordon & Trainor, *The Endgame,* 231; Benjamin

Bahney, Howard J. Shatz, Carroll Ganier, Renny McPherson, and Barbara Sude, An Economic Analysis of the Financial Records of al-Qa'ida in Iraq (National Defense Research Institute, 2010) e-book.

p.131 **二〇〇六年に行われたアメリカ国防情報局（DIA）評価** Gordon & Trainor, *The Endgame*, 231.

p.131 **AQI の財源はその頃には** US House Financial Services Committee, 2014.

p.132 **二〇〇五年七月、アル＝ザワヒリがアル＝ザルカーウィに対して友愛的な口調** "Zawahiri's Letter to Zarqawi (English Translation)," Combating Terrorism Center at West Point, October 2013, http://www.ctc.usma.edu/posts/zawahiris-letter-to-zarqawi-english-translation-2.

p.132 **「タリバンの過ち」を避けろと助言した** Riedel, *The Search for Al Qaeda*, 104.

p.133 **戦うべきでないと思っている敵が一つだけ** Combating Terrorism Center at West Point, 2013.

p.133 **AQI がイランに少しでも挑発行為をしようものなら** Riedel, *The Search for Al Qaeda*, 104.

p.134 **CIA がこの重要な手紙を漏洩したのは** Riedel, *The Search for Al Qaeda*, 103.

p.137 **爆破の日、イラクの副大統領でシーア派の** Ellen Knickmeyer and K.I. Ibrahim, "Bombing Shatters Mosque in Iraq," *Washington Post*, February 23, 2006, http://www.washingtonpost.com/wp-dyn/content/article/2006/02/22/AR2006022200454.html.

p.137 **大アヤトラのアリ・アル＝シスタニは** Ibid.

p.137 **イラクの NGO の一つは** Gordon & Trainor, *The Endgame*, 194.

p.137 **アル＝アスカリ・モスク爆破は** Ellen Knickmeyer and Muhanmed Saif Aldin, "Tense Calm Prevails as Iraqi Forces Seal Off River Town," *Washington Post*, October 18, 2006, http://www.washingtonpost.com/wp-dyn/content/article/2006/10/17/AR2006101700254.html; Rayburn, *Iraq After America*, 120.

p.137 **死体はチグリス川に投げ捨てられた** Joshua Partlow and Saad al-Izzi, "Scores of Sunnis Killed in Baghdad," *Washington Post*, July 10, 2006, http://www.washingtonpost.com/wp-dyn/content/article/2006/07/09/AR2006070900139.html; Gordon & Trainor, *The Endgame*, 214.

p.137 **マフディ軍はまた、ガザリーヤに検問所を** Jon Lee Anderson, "Inside the Surge," *The New Yorker*, November 19, 2007, http://www.newyorker.com/magazine/2007/11/19/insidethe-surge; "Ghazaliya, Baghdad, Iraq," Google Maps, 2015年1月17日にアクセス, http://www.google.com/maps/place/Ghazaliyah,+Baghdad,+Iraq/@34.0092759,43.8541015,9z/data=!4m2!3m1!1s0x15577d6b25af61b3:0x1c37973c4265e31e; Gordon & Trainor, *The Endgame*, 213–14.

p.138 **何も知らないイラク警官が** Gordon & Trainor, *The Endgame*, 213–14.

p.138 **スンナ派反乱軍はシーア派に対して同じ手口** Rayburn, *Iraq After America*, 87–88.

p.138 **AQIなどのイスラム主義反乱集団は** Gordon & Trainor, *The Endgame*, 213–14.

p.138 **これは、ホワイトハウスの国家安全保障理事会スティーブン・ハドリーが** "Text of U.S. Security Adviser's Iraq Memo," *New York Times*, November 29, 2006, http://www.nytimes.com/2006/11/29/world/middleeast/29mtext.html.

p.138 **「スンナ派地域へのサービスの不提供……」** Ibid.

p.139 **米軍に捕まっておきながらこっそり逃げ出したことさえ** Riedel, *The Search for Al Qaeda*, 106.

p.139 **アル＝ザルカーウィをその手下を通じて** Gordon & Trainor, *The Endgame*, 206.

p.139 **米軍は、標的がずっと目と鼻の先に** Ibid.

p.140 **イラク兵はまずアル＝ザルカーウィを見つけた** Gordon & Trainor, *The Endgame*, 207.

p.140 **アル＝ザルカーウィを当人自身よりも熟知していると** Dexter Filkins, Mark Mazzetti and Richard A. Oppel Jr., "How Surveillance and Betrayal Led to a Hunt's End," *New York Times*, June 9, 2006, http://www.nytimes.com/2006/06/09/world/middleeast/09raid.html.

p.140 **それまでの警告の言葉をすべて反古に** Riedel, *The Search for Al Qaeda*, 106.

p.140 **アル＝ザルカーウィの設立したムジャヒディン諮問評議会** Eben Kaplan, "Abu Hamza al-Muhajir, Zarqawi's Mysterious Successor (aka Abu Ayub al-Masri)," Council on Foreign Relations, June 13, 2006, http://www.cfr.org/iraq/abu-hamza-al-muhajir-zarqawis-mysterious-successor-aka-abu-ayub-al-masri/p10894.

p.141 **アル＝マスリは一九八〇年代に** Gordon & Trainor, *The Endgame*, 230.

p.141 **まず、かれはイラク化の方針をさらに進め** Rayburn, *Iraq After America*, 121; Ahmed S. Hashim, "The Islamic State: From al-Qaeda Affiliate to Caliphate," Middle East Policy Council, Vol. 21, No. 4, Winter 2014, http://www.mepc.org/journal/middle-east-policy-archives/islamic-state-al-qaeda-affiliate-caliphate.

p.141 **その支配地はニナワ、アンバール、サラーフッディーンの各県** Rayburn, *Iraq After America*, 121, 136.

p.142 **ISI初代エミルのアブ・オマル・アル＝バグダーディの戦争大臣として部下になった** Gordon & Trainor, *The Endgame*, 230; Rayburn, *Iraq After America*, 128.

p.142 **かれが後を継いだことが公表されてから** Gordon & Trainor, *The Endgame*, 230.

p.142 **アル＝ザルカーウィは自分について救世主的な見方をしており** Ibid.

p.143 **「外部からやってきて……」** 筆者の一人とのインタビュー, October 2014.

p.143 **どちらも、アメリカ人やそのシーア派支援者たちの灰の上に** Gordon & Trainor, *The Endgame*, 230; Hashim, 2014.

p.143 **軍事歴史研究者アーメッド・ハシムが述べるように** Hashim, 2014.

p.144 **最終的には、ISIに参加しないジハード主義者たちは** 筆者の一人とのインタビュー, November 2014.

p.145 **二〇一四年五月に、かれは声明の中で** Price et al., 2014.

p.146 **JSOCによる襲撃で入手された** Bill Roggio, "Iraqi Troops Kill Senior al Qaeda in Iraq

Leader," *The Long War Journal*, November 7, 2008 http://www.longwarjournal.org/archives/2008/11/iraqi_troops_kill_se.php.

p.146 **『ウォールストリート・ジャーナル』紙の報道では** Greg Jaffe, "At Lonely Iraq Outpost, GIs Stay as Hope Fades," *Wall Street Journal*, May 3, 2007, http://www.wsj.com/articles/SB117813340417889827.

p.147 **アブ・ガズワンがミニ首長国を** Gordon & Trainor, *The Endgame*, 233.

p.147 **かつてアブ・ガズワンは多国籍軍に収監** Gordon & Trainor, *The Endgame*, 233; "Fire Marshal Ronald P. Bucca," Officer Down Memorial Page, 2015年1月17日にアクセス, http://www.odmp.org/officer/16195-fire-marshal-ronald-p-bucca.

p.148 **ブッカで、アル＝ラフマーンは** Gordon & Trainor, *The Endgame*, 32–33, 233–34.

p.148 **マイケル・ゴードンとバーナード・トレイナーが回想** Gordon & Trainor, *The Endgame*, 234.

5 覚醒 イラク人、ＩＳＩに刃向かう

p.150 **「アンバール覚醒の歴史はとても苦々しいものです」** 元政府高官, 筆者たちとのインタビュー, August 2014.

p.151 **盗まれた原油のドラム缶** Gordon & Trainor, *The Endgame*, 244.

p.151 **アルブ・アエタ部族とアルブ・ディヤーブ部族のシェイク** Myriam Benraad, "Iraq's Tribal 'Sahwa': Its Rise and Fall," *Middle East Policy Council*, Vol. 18, No. 1, Spring 2011, http://www.mepc.org/journal/middle-east-policy-archives/iraqs-tribal-sahwa-its-rise-and-fall.

p.152 **夜間警備は、ラマディの被害者一家の間で** Gordon & Trainor, *The Endgame*, 244.

p.152 **ラマディが他とちがっていたのは** Kirk Semple, "Uneasy Alliance Is Taming One Insurgent Bastion," *New York Times*, April 29, 2007, http://www.nytimes.com/2007/04/29/world/middleeast/29ramadi.html.

p.152 **アル＝リシャーウィは敵の敵と新たに** Gordon & Trainor, *The Endgame*, 250.

p.152 **「反乱軍とつながりの……」と米軍中尉が** George Packer, "The Lesson of Tal Afar," *The New Yorker*, April 10, 2006, http://www.newyorker.com/magazine/2006/04/10/the-lesson-of-tal-afar.

p.153 **評議会は急速に拡大し** Gordon & Trainor, *The Endgame*, 252.

p.153 **二〇〇七年の元日直前に** Gordon & Trainor, *The Endgame*, 253.

p.154 **成功したアル＝リシャーウィは** Ibid.

p.154 **「神にかけて、よい武器と……」** Edward Wong, "An Iraqi Tribal Chief Opposes the Jihadists, and Prays," *New York Times*, March 3, 2007, http://www.nytimes.com/2007/03/03/world/middleeast/03sheik.html.

p.154 **大統領と会った数日後に** Alissa J. Rubin and Graham Bowley, "Bomb Kills Sunni Sheik

Working With US in Iraq," *New York Times*, September 13, 2007, http://www.nytimes.com/2007/09/13/world/middleeast/13cnd-iraq.html

p.155 **そのエミルは、外国占拠者とは** Gordon & Trainor, *The Endgame*, 263.

p.156 **この戦略は、AQIだけでなく** Jason Burke, *The 9/11 Wars* (New York: Penguin, 2012), 267.

p.156 **ペトレイアスと海兵隊中将ジェームズ・マティスは** Burke, *The 9/11 Wars*, 265.

p.156 **軍事動員と警察との組み合わせ** Joint Chiefs of Staff Joint Publication 3-24, *The Patraeus Doctrine: The Field Manual on Counterinsurgency Operations*, US Army, 2009.

p.157 **二〇〇七年にアメリカ政府の会計検査院が** Glenn Kessler, "Weapons Given to Iraq Are Missing," *Washington Post*, August 6, 2007, http://www.washingtonpost.com/wp-dyn/content/article/2007/08/05/AR2007080501299.html.

p.157 **米軍の解決策はかれらを分離させることだった** Burke, *The 9/11 Wars*, 271.

p.158 **ペトレイアスの前任者ジョージ・ケイシー・ジュニアが委託した** Gordon & Trainor, *The Endgame*, 209.

p.158 **さらに攻撃の大部分は** Ibid.

p.159 **IEDを起爆してもそれが不発弾だったり** Gordon & Trainor, *The Endgame*, 210.

p.159 **前年のラマディと同様に** Gordon & Trainor, *The Endgame*, 370.

p.160 **集団がバックアップ拠点にしていたのは** Ibid.

p.160 **一等軍曹ベンジャミン・ハンナーは** Joshua Partlow, "Troops in Diyala Face A Skilled, Flexible Foe," *Washington Post*, April 22, 2007, http://www.washingtonpost.com/wp-dyn/content/article/2007/04/21/AR2007042101467_pf.html.

p.160 **二等軍曹ショーン・マグワイヤーはゴードンとトレイナーに語った** Gordon & Trainor, *The Endgame*, 375.

p.162 **二〇〇四年、ファルージャ第二の戦いから** Jackie Spinner, "Marines Widen Their Net South of Baghdad," *Washington Post*, November 28, 2004, http://www.washingtonpost.com/wp-dyn/articles/A16794-2004Nov27.html.

p.162 **ベルト地帯の都市ラドワニヤにおける** Gordon & Trainor, *The Endgame*, 381.

p.163 **バグダッド西の近隣アメリヤでは** Gordon & Trainor, *The Endgame*, 384.

p.163 **最初のイラク治安部隊訓練装備における** Ibid.

p.165 **二〇一〇年六月のペンタゴン記者発表で** Gen. Raymond Odierno, "DOD News Briefing with Gen. Odierno from the Pentagon," US Department of Defense, June 4, 2010, http://www.defense.gov/transcripts/transcript.aspx?transcriptid=4632.

p.166 **『アメリカ後のイラク』でジョエル・レイバーンは** Rayburn, *Iraq After America*, 124.

p.167 **死の数ヶ月前、かれは米軍の人々とスカイプ通話を** ジブーリの対話者の一人へのインタビュー, November 2014.

p.168 **「人々はもう覚醒という言葉を信じない……」** 筆者の一人とのインタビュー, August 2014.

6 米軍退却の影響 ISIとアル＝マリキ、米軍撤退完了を待つ

p.171 **アブ・グレイブ刑務所での囚人拷問は世界的に公開され** Alissa J. Rubin," US Military Reforms Its Prisons in Iraq," *New York Times*, June 1, 2008, http://www.nytimes.com/2008/06/01/world/africa/01iht-detain.4.13375130.html.

p.171 **ある米軍の推計によると** Joel Rayburn とのインタビュー, October 2014.

p.171 **増派に伴う軍事作戦激増のおかげで** Craig Whiteside, "Catch And Release in the Land of Two Rivers," War on the Rocks, December 18, 2014, http://warontherocks.com/2014/12/catch-and-release-in-the-land-of-two-rivers.

p.172 **その発見をまとめたCENTCOM向けの** Major General D.M Stone,"Detainee Operations," United States Marine Corps, PowerPoint presentation, November 2014.

p.175 **『ガーディアン』紙にインタビューされた元ISISメンバー** Martin Chulov, "Isis: The Inside Story," *The Guardian*, December 11, 2014, http://www.theguardian.com/world/2014/dec/11/-spisis-the-inside-story.

p.175 **アブ・アフメドは同紙にこう語っている** Ibid.

p.176 **ロードアイランド州ニューポートの海軍戦争学校教授** Whiteside, 2014.

p.179 **これについては二〇〇九年三月に『ワシントンポスト』紙外国特派員の** Anthony Shadid, "In Iraq, Chaos Feared as US Closes Prison," *Washington Post*, March 22, 2009, http://www.washingtonpost.com/wp-dyn/content/article/2009/03/21/AR2009032102255_pf.html.

p.180 **レイバーンは語る。「アル＝カイダの連中を捕まえるのは簡単でした……」** 筆者の一人とのインタビュー, October 2014.

p.181 **もはやアル＝マリキにとっては役立たず** Burke, *The 9/11 Wars*, 430.

p.181 **ディヤラ県ではこの条件がことさらひどくなった** Gordon & Trainor, *The Endgame*, 591.

p.181 **でもこうした歪んだ司法は、シーア派の囚人には適用されず** Gordon & Trainor, *The Endgame*, 592.

p.182 **シャディードは、ファルージャ北東のアルカルマ警察長官** Shadid, 2009.

p.182 **もともと覚醒についての腹づもりは** Gordon & Trainor, *The Endgame*, 591.

p.182 **かれらの移行を任されたイラク政府機関** Gordon & Trainor, *The Endgame*, 593.

p.183 **アル＝マリキはもともとアメリカが導入したような** Ibid.

p.183 **ムラー・ナジム・アル＝ジブーリは暗殺前に** 筆者の一人とのインタビュー, November 2014.

p.183 **アメリカはアル＝マリキの独裁傾向がきわめて強いと考えており** Gordon & Trainor, *The Endgame*, 614.

p.184 **オディエルノは、この広範な立候補禁止キャンペーンの背後には** Gordon & Trainor, *The Endgame*, 609.

p.186 **組閣のためには他の主要勢力と手を組むしか** Gordon & Trainor, *The Endgame*, 617.

p.187 **翌日、イラク大統領ジャラル・タラバーニは** Rayburn, *Iraq After America*, 213–14.

p.187 **アル＝マリキはやがて国民統合政府を形成し** Gordon & Trainor, *The Endgame*, 620.

p.188 **オディエルノはと言えば、独立国家の選挙に対する露骨な操作や** Gordon & Trainor, *The Endgame*, 619.

p.188 **イラク政策統括としてオバマ大統領に任命されたジョセフ・バイデン副大統領** Gordon & Trainor, *The Endgame*, 615.

p.188 **ケデリーはこう語ってくれた。** 筆者の一人とのインタビュー , November 2014; Ali Khedery, "Why We Stuck With Maliki—and Lost Iraq," *Washington Post*, July 3, 2004, http://www.washingtonpost.com/opinions/why-we-stuck-with-maliki-and-lost-iraq/2014/07/03/0dd6a8a4-f7ec-11e3-a606-946fd632f9f1_story.html.

p.189 **増派の影響はアメリカ政策業界ではいろいろ議論** "Blowback Against Glenn Greenwald #1," Anonymous Mugwump blog, May 25, 2013, http://anonymousmugwump.blogspot.co.uk/2013/05/blowback-against-glenn-greenwald-1.html

p.189 **実は、SOFA 拡張の必要性については** "Five Myths About ISIS," Anonymous Mugwump blog, October 5, 2014, http://anonymousmugwump.blogspot.co.uk/2014/10/five-myths-about-isis.html.

p.189 **でもアル＝マリキは拡張しなかった** Gordon & Trainor, *The Endgame*, 673–674.

p.192 **アル＝ハシミは離陸を許されたが** Adrian Blomfield and Damien McElroy, "Iraq in Fresh Turmoil as Prime Minister Nuri al-Maliki Orders Arrest of Vice President," *The Telegraph*, December 19, 2011, http://www.telegraph.co.uk/news/worldnews/middleeast/iraq/8966587/Iraqin-fresh-turmoil-as-Prime-Minister-Nuri-al-Maliki-orders-arrest-of-vice-president.html.

p.192 **かれはそのままイラク領クルディスタンに亡命し** Associated Press in Baghdad, "Iraq Vice President Sentenced to Death Amid Deadly Wave of Insurgent Attacks," *The Guardian*, September 9, 2012, http://www.theguardian.com/world/2012/sep/09/iraq-vice-president-hashemi-death-sentence.

p.193 **その場でのイラク兵殺害者を探しているというのが口実** Joel Rayburn, "Iraq Is Back on the Brink of Civil War," *New Republic*, May 8, 2013, http://www.newrepublic.com/article/113148/iraqs-civilwar-breaking-out-again.

p.195 **オバマ政権によると、イラクでの自爆テロは二〇一一年と二〇一二年には** Jessica D. Lewis, "Al-Qaeda in Iraq Resurgent," *Middle East Security Report* 14, Institute for the Study of War, September 2013, http://www.understandingwar.org/sites/default/files/AQI-Resurgent-10Sept_0.pdf.

p.195 **二〇一四年元日の最初のファルージャ制圧は** Sinan Adnan and Aaron Reese, "Beyond the Islamic State: Iraq's Sunni Insurgency," *Middle East Security Report* 24, Institute for the

Study of War, October 2014, http://www.understandingwar.org/sites/default/files/Sunni%20Insurgency%20in%20Iraq.pdf

7 アサドの代理 シリアとアル＝カイダ

p.197 **アンバール県の覚醒指導者アル＝リシャーウィは** Edward Wong, "An Iraqi Tribal Chief Opposes the Jihadists, and Prays," *New York Times*, March 3, 2007, http://www.nytimes.com/2007/03/03/world/middleeast/03sheik.html.

p.198 **学者エヤル・ジッサーが指摘するように** Eyal Zisser, "Hafiz al-Asad Discovers Islam," *Middle East Quarterly*, March 1999, http://www.meforum.org/465/hafiz-al-asad-discovers-islam.

p.198 **たとえばごく最近まで、シリア国内法でムスリム同胞団は** Fares Akram, "Hamas Leader Abandons Longtime Base in Damascus," *New York Times*, January 27, 2012. http://www.nytimes.com/2012/01/28/world/middleeast/khaled-meshal-the-leader-of-hamas-vacates-damascus.html.

p.199 **今日では、同政権は大量の国内および外国支援による蜂起軍に対する** David Axe, "Iran Transformed Syria's Army into a Militia that Will Help Assad Survive Another Year," Reuters, December 17, 2014, http://blogs.reuters.com/great-debate/2014/12/16/iran-transformed-syrias-army-into-a-militia-that-will-help-assad-survive-another-year; Amos Harel, "Iran, Hezbollah Significantly Increases Aid to Syria's Assad," *Haaretz*, April 6, 2012, http://www.haaretz.com/news/middle-east/iran-hezbollah-significantly-increase-aid-tosyria-s-assad-1.422954.

p.199 **二〇〇七年にCENTCOMは** "Three Major Terror Busts in Iraq—Iran, Syria Connections Exposed, Say US Officials," ABC News, March 22, 2007, http://abcnews.go.com/blogs/headlines/2007/03/three_major_ter; Burke, *The 9/11 Wars*, 171.

p.199 **多国籍軍スポークスマンのケヴィン・バージャー少将** Bill Roggio, "Al Qaeda in Iraq Operative Killed Near Syrian Border Sheds Light on Foreign Influence," *The Long War Journal*, October 3, 2007, http://www.longwarjournal.org/archives/2007/10/al_qaeda_in_iraq_ope.php.

p.200 **二〇〇八年にウェストポイントのテロ対抗センター（CTC）が発表した研究** Peter Bergen, Joseph Felter, Vahid Brown, and Jacob Shapiro, *Bombers, Bank Accounts, & Bleedout: Al-Qa'ida's Road In and out of Iraq*, Combating Terrorism Center at West Point, July 2008, https://www.ctc.usma.edu/wp-content/uploads/2011/12/Sinjar_2_FINAL.pdf.

p.200 **CTCの調査によれば「国境の村や都市では……」** Ibid.

p.201 **アル＝アサドはもちろん、自分がどんな形であれ** Ibid.

p.202 **ジェイソン・バーク『九・一一戦争』が示すように** Burke, *The 9/11 Wars*, 171.

p.202 **「アサドにとっての問題は……」** 筆者の一人とのインタビュー , December 2014.

p.202 **「アサドはイラクでのブッシュ戦略の一部が……」** 筆者の一人とのインタビュー , December 2014.

p.202 **ワシントンを拠点とする民主主義防衛財団のシリア専門家** 筆者の一人とのインタビュー , December 2014.

p.204 **バドランは例として、シェイク・マフムード・グル・アガシという** "Death of a Cleric," *NOW Lebanon*, October 5, 2007, http://now.mmedia.me/lb/en/commentaryanalysis/death_of_a_cleric.

p.204 **この司祭を二〇〇三年にインタビューしたジャーナリスト** Ibid.

p.205 **ブランフォードは、アル＝カカがテロリストを送り込む** Ibid.

p.205 **ハバシュがアル＝カカに初めて会ったのは二〇〇六年だった** 筆者の一人とのインタビュー , December 2014.

p.207 **「アラブ新聞の報道によると……」** 筆者の一人とのインタビュー , December 2014.

p.207 **ファタ・アル＝イスラムは後にウェブサイトに** Graham Bowley and Souad Makhennet, "Fugitive Sunni Leader Thought to Have Been Captured or Killed in Syria," *New York Times*, November 10, 2008, http://www.nytimes.com/2008/12/10/world/africa/10iht-syria.4.18569673.html.

p.210 **シリアがイラクに送り込んだ反乱兵のほとんどは** Gordon & Trainor, *The Endgame*, 231.

p.210 **この暗殺は、同政権の「危機管理セル」を** Ian Black and Martin Chulov, "Leading Syrian Regime Figures Killed in Damascus Bomb Attack," *The Guardian*, July 18, 2012, http://www.theguardian.com/world/2012/jul/18/syrian-regime-figures-bomb-attack; Michael Weiss, "What the Assault on the Assad Regime Means," *The Telegraph*, July 20, 2012, http://blogs.telegraph.co.uk/news/michaelweiss/100171767/what-the-assault-on-the-assad-regime-means.

p.210 **アメリカ財務省によれば** Bill Roggio, "US Strike in Syria 'Decapitated' al Qaeda's Facilitation Network," *The Long War Journal*, October 27, 2008, http://www.longwarjournal.org/archives/2008/10/us_strike_in_syria_d.php.

p.211 **ある国務省公電がウィキリークスにより** "Gen. Patraeus's Meeting with P.M. Maliki," Wikileaks, January 7, 2009, http://www.wikileaks.org/plusd/cables/09BAGHDAD31_a.html.

p.212 **かれはアル＝カイダへの資金提供者で** "Treasury Designates Members of Abu Ghadiyah's Network Facilitates Flow of Terrorists, Weapons, and Money from Syra to al Qaida in Iraq," US Department of the Treasury, February 28, 2008, http://www.treasury.gov/press-center/pressre-leases/Pages/hp845.aspx.

p.212 **アブ・ガディヤの前任者** James Joyner, "Zarqawi Financial Network Independent," *Outside the Beltway*, January 25, 2005, http://www.outsidethebeltway.com/zarqawi_

financial_network_independent.

p.212 ペトレイアスは、ブッシュ政権に対して Gordon & Trainor, *The Endgame*, 461.

p.212 スタンリー・マクリスタルの JSOC が Roggio, October 2008.

p.213 アル＝アサドに対し、悪質な活動はやめろと Gordon & Trainor, *The Endgame*, 577.

p.213 ダマスカス駐在アメリカ大使館の代理大使マウラ・コネリー "UK Foreign Secretary Miliband's Nov. 17–18 Trip to Damascus," Wikileaks, November 19, 2008, http://www.wikileaks.org/plusd/cables/08DAMASCUS821_a.html.

p.214 たぶんこのエピソードを念頭に "Cable 09DAMASCUS384, Re-engaging Syria: Dealing with Sarg Diplomacy," Wikileaks, June3, 2009, http://wikileaks.org/cable/2009/06/09DAMASCUS384.html.

p.215 二〇一四年一二月、『ガーディアン』紙のマーティン・チューロフは Chulov, December 2014.

p.216 公務員やジャーナリストを含む一〇〇人以上が死亡 Ibid.

p.216 二〇〇九年一一月に、政府は八月の爆破に関与した Steven Lee Myers, "Iraq Military Broadcasts Confession on Bombing," *New York Times*, August 23, 2009, http://www.nytimes.com/2009/08/24/world/middleeast/24iraq.html.

p.216 でもシリアが手配中のバアス党員二人を "Iraq and Syria Recall Envoys," *Al Jazeera*, August 25, 2009, http://www.aljazeera.com/news/middleeast/2009/08/20098251602328210.html.

p.216 引き渡しを拒絶された人物の一人 Khaled Yacoub Oweis, "US Security Team to Visit Syria, Focus on Iraq," Reuters, August 11, 2009, http://www.reuters.com/article/2009/08/11/ussyria-usa-sb-idUSTRE57A5Y120090811.

p.216 一時的に、アル＝アサドはアル＝アーメッドが Gordon & Trainor, *The Endgame*, 610; Hugh Naylor," Syria is Said to Be Strengthening Ties to Opponents," *New York Times*, October 7, 2007. http://www.nytimes.com/2007/10/07/world/middleeast/07syria.html.

p.216 イラクの外務相ホシュヤール・ゼバリは Tony Badran, "The 'Lebanonization' of Iraq," *NOW Lebanon*, December 22, 2009, http://now.mmedia.me/lb/en/commentaryanalysis/the_lebanonization_of_iraq.

p.218 イラクの将軍は何ヶ月にもわたり Chulov, December 2014.

p.218 この会合についての国務省公電によれば "Syrian Intelligence Chief Attends CT Dialogue With S/CT Benjamin," Wikileaks, February 24, 2010, http://wikileaks.org/plusd/cables/10DAMASCUS159_a.html.

p.219 ジハード主義者への独自の変わった対応手法について Ibid.

p.219 この疑問への答えは、ダニエル・ベンジャミンに対するマムルークの追加論点 Ibid.

8 復活 アブ・バクル・アル＝バグダーディ配下でのISI

p.221 **ISISの歴史は、『ダービク』での再構成によれば** "The Return of Khilafah," *Dabiq*, Issue 1, July, 2014, http://media.clarionproject.org/files/09-2014/isis-isil-islamic-state-magazine-Issue-1-the-return-of-khilafah.pdf.

p.222 **第一の勝利は、……アブ・カラフの殺害だ** Bill Roggio, "US Kills Senior Syrian-based al Qaeda Facilitator in Mosul," *The Long War Journal*, January 28, 2010, http://www.longwarjournal.org/archives/2010/01/us_kills_senior_syri.php.

p.222 **アメリカの職員が後に語ったように** Ibid.

p.223 **アル＝ラーウィは伝令役二人の名前を挙げ** Gordon & Trainor, *The Endgame*, 623.

p.223 **「この二人が死んだのは［ISIの］弱さの反映です」** 筆者の一人とのインタビュー, November 2014.

p.223 **対テロ専門家ライース・アルコウリは語った** Ibid.

p.225 **バグダッドの西側、スンナ派住民とシーア派住民がかなり入り交じっているトブチ地区にある** Ruth Sherlock, "How a Talented Footballer Became World's Most Wanted Man, Abu Bakr al-Baghdadi," *The Telegraph*, November 11, 2014, http://www.telegraph.co.uk/news/worldnews/middleeast/iraq/10948846/How-a-talented-footballer-became-worlds-most-wanted-man-Abu-Bakr-al-Baghdadi.html.

p.225 **近視で眼鏡をかけており** Ibid.

p.225 **ISISの専門家でイラク政府のコンサルタントも務める** 筆者の一人とのインタビュー, December 2014.

p.226 **ご近所の一人、アブ・アリは** Sherlock, November 2014.

p.227 **二〇〇三年末には独自のイスラム主義反乱組織** Hashim, 2014.

p.227 **アル・バグダーディは、別種の大学である** Chulov, December 2014.

p.228 **ISISの元高官で、ブッカ時代の** Ibid.

p.228 **アブ・アフメドによれば、やがてかれは監獄内で問題を** Ibid.

p.228 **二〇〇四年末には、** Ibid.

p.229 **アル＝ザルカーウィがムジャヒディン・シューラ評議会を放置して反乱軍をイラク国民化しようとした** Hashim, 2014.

p.238 **「残虐性、その手口、戦場内外でのISISの振る舞い……」** 筆者の一人とのインタビュー, October 2014.

p.239 **ISISの上層部が元サダム・フセイン派や復活サダム・フセイン派だらけ** Ben Hubbard and Eric Schmitt, "Military Skill and Terrorist Technique Fuel Success of ISIS," *New York Times*, August 27, 2014, http://mobile.nytimes.com/2014/08/28/world/middleeast/army-know-how-seen-as-factor-in-isis-successes.html.

p.239 **一人目はアブ・アブドゥル＝ラフマーン・アル＝ビラーウィ** Ruth Sherlock, "Inside

the Leadership of Islamic State: How the New 'Caliphate' Is Run," *The Telegraph*, July 9, 2014, http://www.telegraph.co.uk/news/worldnews/middleeast/iraq/10956280/Inside-the-leadership-of-Islamic-State-how-the-new-caliphate-is-run.html.

p.239 **かれはアンバール県のアル＝カリディーヤで** Hisham al-Hashimi, "Revealed: The Islamic State 'Cabinet,' From Finance Minister to Suicide Bomb Deployer," *The Telegraph*, July 9, 2014, http://www.telegraph.co.uk/news/worldnews/middleeast/iraq/10956193/Revealed-the-Islamic-State-cabinet-from-finance-minister-to-suicide-bomb-deployer.html.

p.241 **『ウォールストリート・ジャーナル』によると、その間のどこかで** Siobahn Gorman, Nour Malas, and Matt Bradley, "Brutal Efficiency: The Secret to Islamic State's Success," *Wall Street Journal*, September 3, 2014, http://www.wsj.com/articles/the-secret-to-the-success-of-islamic-state-1409709762.

p.241 **イラクとシリアの軍事関係者は、アル＝アンバリが** Siobahn Gorman, Nour Malas, and Matt Bradley, "Disciplined Cadre Runs Islamic State," *Wall Street Journal*, September 3, 2014, http://www.wsj.com/articles/SB20001424052970204545604580127823357609374.

p.242 **ISIS軍事評議会の別のメンバーであるアブ・アイマン・アル＝イラーキだ** "Exclusive: Top ISIS Leaders Revealed," *Al Arabiya News*, February 13, 2014, http://english.alarabiya.net/en/News/2014/02/13/Exclusive-Top-ISIS-leaders-revealed.html.

p.242 **かれもまた米軍によりキャンプ・ブッカに収監されており** Hubbard & Schmitt, 2014.

p.243 **ブッカとバアス政権の双方の卒業生のしんがりとしては** "3 Senior ISIS Leaders Killed in US Airstrikes," CBS News, December 18, 2014, http://www.cbsnews.com/news/3-senior-isis-leaders-killed-in-u-s-airstrikes.

p.243 **イラク特殊部隊中佐だったかれは** Sherlock, July 2014.

p.244 **元米軍諜報職員で、イラクのクルド人ペシュメルガ（軍隊）を** 筆者の一人とのインタビュー , October 2014.

p.245 **国際的には「赤ひげジハーディスト」として知られる** "Red-Bearded Chechen Fighter Is Face of ISIS," *Sky News*, July 3, 2014, http://news.sky.com/story/1293797/red-bearded-chechen-fighter-is-face-of-isis.

p.245 **アブ・オマル・アル＝シシャーニまたは誕生名タルカン・バティラシュヴィリ** Gorman et al. "Disciplined Cadre," 2014.

p.245 **二〇〇八年のロシア・グルジア戦争でも戦ったが** Nina Akhmeteli, "The Georgian Roots of Isis Commander Omar al-Shishani," BBC News, July 8, 2014, http://www.bbc.com/news/world-europe-28217590.

p.245 **アル＝シシャーニは、父親がまだイスラム教に** Ibid.

p.246 **二〇一〇年にグルジアの大規模恩赦の一環で釈放** Bassem Mroue, "Chechen in Syria a Rising Star in Extremist Group," Associated Press, July 2, 2014, http://bigstory.ap.org/article/chechen-syria-rising-star-extremist-group.

p.246 **「いまではあいつは、信仰のために……」** Akhmeteli, 2014.

p.247 **中には基地内部にかなりの侵入を実現した連中も** Mroue, 2014.

p.248 **メナガ基地は、アル＝シシャーニが外国人自爆テロリスト** Nour Malas and Rima Abushakra, "Islamists Seize Airbase Near Aleppo," *Wall Street Journal*, August 6, 2013, http://www.wsj.com/articles/SB10001424127887323420604578652250872942058.

p.248 **反アサドに寄与したというよりは主に士気を高めただけと** Anne Barnard and Hwaida Saad, "Rebels Gain Control of Government Air Base in Syria," *New York Times*, August 5, 2013, http://www.nytimes.com/2013/08/06/world/middleeast/rebels-gain-control-of-government-air-base-in-syria.html; Michael Weiss, "Col. Oqaidi on al-Qaeda, UN Inspectors, and Kurdish Militias," *NOW Lebanon*, August 18, 2013, http://now.mmedia.me/lb/en/interviews/col-oqaidi-on-alqaeda-un-inspectors-and-kurdish-militias.

p.248 **カリードはロシアのジハード主義フォーラムに投稿した声明で** Joanna Paraszczuk, "Military Prowess of IS Commander Umar Shishani Called Into Question," Radio Free Europe Radio Liberty, November 6, 2014, http://www.rferl.org/content/umar-shishani-military-prowess-islamic-state/26677545.html.

9 裏切られた革命 ジハードがシリアに到来

p.251 **二〇一一年一月三一日、バシャール・アル＝アサドは** "Interview With Syrian President Bashar al-Assad," *Wall Street Journal*, January 31, 2011, http://www.wsj.com/articles/SB10001424052748703833204576114712441122894.

p.251 **そのインタビューのたった三日前** "Syria: Gang Attacks Peaceful Demonstrators; Police Look On," Human Rights Watch, February 3, 2011, http://www.hrw.org/news/2011/02/03/syria-gang-attacks-peaceful-demonstrators-police-look; Lauren Williams, "Syria Clamps Down on Dissent with Beatings and Arrests," *The Guaridian*, February 24, 2011, http://www.theguardian.com/world/2011/feb/24/syria-crackdown-protest-arrests-beatings.

p.251 **そして二月一七日に、首都の近隣である** Molly Hennessy-Fiske, "Syria: Activists Protest Police Beating, Call for Investigation," *Los Angeles Times*, February 17, 2014, http://latimesblogs.latimes.com/babylonbeyond/2011/02/syria-activists-protest-police-beating-call-for-investigation.html.

p.251 **デモは、警官の振る舞いだけに向けられるよう** Ibid.

p.252 **デモはシリア内務相が現場にやってきて** Rania Abouzeid, "The Syrian Style of Repression: Thugs and Lectures," *TIME*, February 27, 2011, http://content.time.com/time/world/article/0,8599,2055713,00.html.

p.252 **似たような抗議が間もなくダマスカス** Dane Vallejo and Michael Weiss, "Syria Media Briefing: A Chronology of Protest and Repression," The Henry Jackston Society, May 2011,

http://henryjacksonsociety.org/cms/harriercollectionitems/Syria+Media+Briefing.pdf.

p.253 **ダマスカスの軍事諜報部パレスティン支局** Fergal Keane, "Syria Ex-Detainees Allege Ordeals of Rape and Sex Abuse," BBC News, September 25, 2012, http://www.bbc.com/news/world-middle-east-19718075.

p.254 **「……ごく最近死んだ人なのは明らかでした」** Garance le Caisne, "'They were torturing to kill': inside Syria's death machine," *The Guardian*, October 1, 2015, http://www.theguardian.com/world/2015/oct/01/they-were-torturing-to-kill-inside-syrias-death-machine-caesar.

p.254 **国務省の戦争犯罪大使スティーブン・ラップは** Josh Rogin, "US: Assad's 'Machinery of Death' Worst Since the Nazis," *The Daily Beast*, July 7, 2014, http://www.thedailybeast.com/articles/2014/07/07/u-s-assad-s-machinery-of-death-worst-since-the-nazis.html.

p.256 **アル＝アサドに忠義立てする人々のお気に入りのスローガン** "The Syrian regime says, 'Al Assad or we'll burn the country down,' " YouTube video, 7:24, Tehelka TVの投稿, October 30, 2013, http://www.youtube.com/watch?v=wNBGHaTkgW8.

p.256 **ザカリヤが言っているのは** James Reynolds, "Syria Torture Accounts Reinforce Human Rights Concerns," BBC News, July 3, 2012, http://www.bbc.com/news/world-middle-east-18687422.

p.256 **「アサドは主要地域での反対派弾圧に……」** 筆者の一人とのインタビュー, November 2014.

p.257 **二〇一〇年にニブラス・カジミは** Nibras Kazimi, *Syria Through Jihadist Eyes: A Perfect Enemy* (Stanford, CA: Hoover Press, 2010), 63.

p.258 **「宗派主義は、最初の最初からアサドにより……」** 筆者の一人とのインタビュー, November 2014.

p.259 **二〇一二年に反乱軍に捕まった一人の話では** Ruth Sherlock, "Confessions of an Assad 'Shabiha' Loyalist: How I Raped and Killed for £300 a Month," *The Telegraph*, July 14, 2012, http://www.telegraph.co.uk/news/worldnews/middleeast/syria/9400570/Confessions-of-an-Assad-Shabiha-loyalist-how-I-raped-and-killed-for-300-a-month.html.

p.259 **そのほとんどは女子供だった** Stephanie Nebehay, "Most Houla Victims Killed in Summary Executions: UN," Reuters, May 29, 2012, http://www.reuters.com/article/2012/05/29/us-syria-un-idUSBRE84S10020120529.

p.259 **シャビーハは白いスニーカーですぐに見分けがついた** Harriet Alexander and Ruth Sherlock, "The Shabiha: Inside Assad's Death Squads," *The Telegraph*, June 2, 2012, http://www.telegraph.co.uk/news/worldnews/middleeast/syria/9307411/The-Shabiha-Inside-Assads-death-squads.html.

p.259 **でも国連調査で** "Report of the Independent International Commission of Inquiry on the Syrian Arab Republic," Human Rights Council, 21st Session, August 15, 2012, http://www.ohchr.org/Documents/HRBodies/HRCouncil/RegularSession/Session21/A-HRC-21-50.doc.

p.259 **後にアル＝アサドの主要な戦争戦略となる** Chris McGreal, "Houla Massacre: US

Accuses Iran of 'Bragging' about Its Military Aid to Syria," *The Guardian*, May 29, 2012, http://www.theguardian.com/world/2012/may/29/houla-massacre-us-accuses-iran.

p.260 **近年ではシリア軍が、反乱軍を撃退して** Sam Dagher, "Syria's Alawite Force Turned Tide for Assad," *Wall Street Journal*, August 26, 2013, http://www.wsj.com/articles/SB10001424127887323997004578639903412487708.

p.260 **「シリア軍はこの三年にわたる危機を乗り越えられません……」** Axe, 2014.

p.261 **国民防衛隊の旅団はすべて** Ibid.

p.261 **ロイター通信は、このIRGCプログラムの士官数名に対し** "Insight: Syrian Government Guerrilla Fighters Being Sent to Iran for Training," Reuters, April 4, 2013, http://www.reuters.com/article/2013/04/04/us-syriairan-training-insight-idUSBRE9330DW20130404.

p.261 **サメルが教練を受けたと思われるキャンプ** Farnaz Fassihi, Jay Solomon, and Sam Dagher, "Iranians Dial Up Presence in Syria," *Wall Street Journal*, September 16, 2013, http://www.wsj.com/articles/SB10001424127887323864604579067382861808984.

p.261 **二〇一三年九月に『ウォールストリート・ジャーナル』に話をしたイラン軍人** Ibid.

p.262 **当然ながら、国民防衛隊はすでに** Michael Weiss, "Rise of the Militias," *NOW Lebanon*, May 21, 2013 http://now.mmedia.me/lb/en/commentaryanalysis/rise-of-the-militias.

p.262 **アル＝バイダとバニヤスには少数派キリスト教徒も** "No One's Left," Human Rights Watch, September 13, 2013, http://www.hrw.org/reports/2013/09/13/no-one-s-left-0.

p.263 **おかげでイランの高官が死亡するように** Filkins, 2013.

p.263 **特筆すべき点として、イランはアル＝アサドの従来軍の「支援教練」で** Farnaz Fassihi and Jay Solomon, "Top Iranian Official Acknowledges Syria Role," *Wall Street Journal*, September 16, 2012, http://online.wsj.com/news/articles/SB10000872396390443720204578000482831419570.

p.263 **シリア反乱軍に捕まって、二〇一三年に捕虜交換により釈放された** Will Fulton, Joseph Holliday, and Sam Wyer, *Iranian Strategy in Syria*, AEI's Critical Threats Project & Institute for the Study of War, May 2013, http://www.understandingwar.org/sites/default/files/IranianStrategyinSyria-1MAY.pdf.

p.263 **戦争調査研究所の発表した報告によれば** Ibid.

p.264 **「シリアはイラン政権に占領されている……」** Karim Sadjadpour, "Iran: Syria's Lone Regional Ally," Carnegie Endowment for International Peace, June 9, 2014 http://carnegieendowment.org/2014/06/09/syria-s-lone-regional-ally-iran.

p.264 **すでに二〇一一年五月には** "Administration Takes Additional Steps to Hold the Government of Syria Accountable for Violent Repression Against the Syrian People," US Department of the Treasury, May 18, 2011, http://www.treasury.gov/press-center/press-releases/Pages/tg1181.aspx.

p.264 **後で明らかになったように、こうした支援は** Michael R. Gordon, "US Presses Iraq on Iranian Planes Thought to Carry Arms to Syria," *New York Times*, September 5, 2012,

http://www.nytimes.com/2012/09/06/world/middleeast/us-presses-iraq-on-iranian-planes-thoughtto-carry-arms-to-syria.html.

p.264 **二〇一二年にイラクがその否定をやめたときには** Ibid.

p.265 **アメリカ情報筋によると** Arash Karami, "Iran News Site Profiles Head of Iraq's Badr Organization," *Al-Monitor*, November 13, 2014, http://www.*Al-Monitor*.com/pulse/originals/2014/11/iran-news-site-profiles-badr-org.html.

p.265 **二〇一四年一月に、イスラエルのメイル・アミット諜報テロ情報センターは** William Booth, "Israeli Study of Foreign Fighters in Syria Suggests Shiites May Outnumber Sunnis," *Washington Post*, January 2, 2014, http://www.washingtonpost.com/blogs/worldviews/wp/2014/01/02/israeli-study-offoreign-fighters-in-syria-suggests-shiites-may-outnumber-sunnis.

p.265 **カタイブ・ヒズボラもまたシリアで** Phillip Smyth, "From Karbala to Sayyida Zaynab: Iraqi Fighters in Syria's Shi'a Militias," Combating Terrorism Center at West Point, August 27, 2013, http://www.ctc.usma.edu/posts/from-karbala-to-sayyida-zaynab-iraqi-fighters-in-syriasshia-militias.

p.265 **ムクタダ・アル＝サドルのマフディ軍も同様だ** Suadad al-Salhy, "Iraqi Shi'ite Militants Fight for Syria's Assad," Reuters, October 16, 2012, http://www.reuters.com/article/2012/10/16/us-syriacrisis-iraq-militias-idUSBRE89F0PX20121016.

p.265 **特別グループの専門家フィリップ・スマイスは** Phillip Smyth, "Breaking Badr, The New Season: Confirmation of the Badr Organization's Involvement in Syria," Jihadology blog, August 12, 2013, http://jihadology.net/2013/08/12/hizballah-cavalcade-breaking-badr-the-newseason-confirmation-of-the-badr-organizations-involvement-in-syria.

p.266 **イランは、何千ものアフガン難民を** Farnaz Fassihi, "Iran Pays Afghans to Fight for Assad," *Wall Street Journal*, May 22, 2014, http://www.wsj.com/articles/SB100014240527023049083045795641615086l3846.

p.266 **他には元タリバン戦士とされる人々が** Nick Paton Walsh, "'Afghan' in Syria: Iranians Pay Us to Fight for Assad," CNN, October 31, 2014, http://www.cnn.com/2014/10/31/world/meast/syria-afghan-fighter.

p.266 **これまでアサドの生存にとって最も重要だった** Martin Chulov, "Syrian Town of Qusair Falls to Hezbollah in Breakthrough for Assad," *The Guardian*, June 5, 2013, http://www.theguardian.com/world/2013/jun/05/syria-army-seizes-qusair.

p.266 **ある神の党民兵がレバノンのニュースサイトNOWに告白した** Mona Alami, "Hezbollah Fighter Details Opsin Qusayr," *NOW Lebanon*, June 4, 2013, http://now.mmedia.me/lb/en/interviews/hezbollah-fighterdetails-ops-in-qusayr.

p.267 **二〇一三年七月にアブ・ラミというシリア人活動家が** Martin Chulov and Mona Mahmood, "Syrian Sunnies Fear Assad Regime Wants to 'Ethnically Cleanse' Alawite Heartland," *The Guardian*, July 22, 2013, http://www.theguardian.com/world/2013/jul/22/

syria-sunnis-fearalawite-ethnic-cleansing.

p.267 **西側の新聞による蜂起後初のアル＝アサドのインタビュー** Andrew Gilligan, "Assad: Challenge Syria at Your Peril," *The Telegraph*, October 29, 2011, http://www.telegraph.co.uk/news/worldnews/middleeast/syria/8857898/Assad-challenge-Syria-at-your-peril.html.

p.268 **でも二〇一二年二月に彼女がまだ** Wyatt Andrews, "Clinton: Arming Syrian Rebels Could Help al Qaeda," CBS News, February 27, 2012, http://www.cbsnews.com/news/clinton-arming-syrian-rebels-could-help-al-qaeda.

p.269 **シリアの反政府情報源ながらも実証主義の点で** Glenn Kessler, "Are Syrian Opposition Fighters, 'Former Farmers or Teachers or Pharmacists'?" *Washington Post*, June 26, 2014, http://www.washingtonpost.com/blogs/fact-checker/wp/2014/06/26/are-syrian-opposition-fighters-former-farmers-or-teachers-or-pharmacists.

p.269 **国務省におけるオバマ大統領のシリア特別顧問** Frederic Hof, "Saving Syria is No 'Fantasy,' "*Politico*, August 11, 2014, http://www.politico.com/magazine/story/2014/08/mr-president-saving-syria-is-nofantasy-109923.html.

p.270 **かれは大規模な大赦を行った** "Assad Orders New Syrian Amnesty," *Al Jazeera*, June 21, 2011, http://www.aljazeera.com/news/middleeast/2011/06/2011621944198405.html.

p.271 **元シリア議員ムハンマド・ハバシュは** Mohammed Habash, "Radicals Are Assad's Best Friends," *The National*, January 1, 2014, http://www.thenational.ae/thenationalconversation/comment/radicals-are-assads-best-friends.

p.271 **一列に並んでいる有名な写真がある** Joshua Landis, "Syria's Top Five Insurgent Leaders," Syria Comment blog, October 1, 2013 http://www.joshualandis.com/blog/biggest-powerful-militia-leaders-syria.

p.271 **将来ISISに参加する人々もまた大赦** Ahmad al-Bahri, "ISIS Restructures Raqqa Under its New Ruling System," *Syria Deeply*, November 17, 2014, http://www.syriadeeply.org/articles/2014/11/6388/isis-restructures-raqqa-ruling-system.

p.271 **米国務省によると、二〇一四年七月半ば時点で** "Designations of Foreign Terrorist Fighters," US Department of State, September 24, 2014, http://www.state.gov/r/pa/prs/ps/2014/09/232067.htm.

p.274 **たとえば二〇一四年一月には、ファイエズ・ドワイリ少将** Phil Sands, Justin Vela, and Suha Maayeh, "Assad Regime Set Free Extremists from Prison to Fire Up Trouble during Peaceful Uprising," *The National*, January 21, 2014, http://www.thenational.ae/world/syria/assad-regimeset-free-extremists-from-prison-to-fire-up-trouble-during-peaceful-uprising.

p.275 **もっと興味深いことに、ファレスによれば** Ruth Sherlock, "Exclusive Interview: Why I Defected from Bashar al-Assad's Regime, by Former Diplomat Nawaf Fares," *The Telegraph*, July 14, 2012, http://www.telegraph.co.uk/news/worldnews/middleeast/syria/9400537/Exclusive-interview-why-I-defected-from-Bashar-al-Assads-regime-by-former-diplomat-Nawaf-Fares.html.

p.276 **シリアでジハード主義者たちの中に潜入していたジャーナリスト** Rania Abouzeid, "The Jihad Next Door," *Politico*, June 23, 2014. http://www.politico.com/magazine/story/2014/06/al-qaeda-iraq-syria-108214.html.

p.276 **その一人は** Ibid.

p.276 **ドワイリ少将は『ナショナル』に** Sands et al., 2014.

p.277 **アル＝ジョラニがハサカで最初に接触したのは** Abouzeid, 2014.

p.277 **確実にわかっていることは** Ibid.

p.277 **アル＝ジョラニのセルは、二〇一一年末に** "Extremism Hits Home Stopping the Spread of Terrorism," *Per Concordian*, Vol. 5, No. 3, 2014, http://www.marshallcenter.org/mcpublicweb/MCDocs/files/College/F_Publications/perConcordiam/pC_V5N3_en.pdf.

p.278 **ライース・アルコウリはこう語る** 筆者の一人とのインタビュー, November 2014.

p.279 **後にアル＝ジョラニはアルジャジーラに対し** "Full Interview with Abu Mohammad al-Jolani," Internet Archive, Abe Khabbaab (ابد خباب لامهاجر) の投稿, http://archive.org/details/golan2.

p.280 **アル＝ザワヒリは二〇一二年初頭に二つの公式発表** Sheikh Ayman Al-Zawahiri, "Move Forward, O Lions of Sham," *The Global Islamic Media Front*, 2012, http://azelin.files.wordpress.com/2012/02/dr-ayman-al-e1ba93awc481hirc4ab-22onward-oh-lions-of-syria22-en.pdf.

p.280 **アル＝ザワヒリはアル＝アサド政権を痛罵し** Sheikh Ayman Al-Zawahiri, "Move Forward, O Lions of Sham," *The Global Islamic Media Front*, April 26, 2012, http://worldanalysis.net/modules/news/article.php?storyid=2125.

10 分離 アル＝カイダとISIS決裂

p.281 **だがAP通信が報じたように** Bradley Klapper and Kimberly Dozier, "Al-Qaeda Building Well-Organized Network in Syria: US Intelligence Officials," National Post, August 10, 2015, http://news.nationalpost.com/2012/08/10/al-qaeda-building-well-organized-network-in-syria.

p.283 **そしてアル＝ザワヒリのお説教も実を結んだ** Bradley Klapper and Kimberly Dozier, "US Officials: al-Qaeda Gaining Foothold in Syria," Yahoo! News, August 10, 2012, http://news.yahoo.com/us-officials-al-qaida-gaining-foothold-syria-201207990.html.

p.284 **反乱軍はまた、ますますサウジアラビアとカタールの** Julian Borger, "Syria Crisis: West Loses Faith in SNC to Unite Opposition Groups," *The Guardian*, August 14, 2012, http://www.theguardian.com/world/2012/aug/13/syria-opposition-groups-national-council.

p.284 **反体制派調査を見ると** "Syrian Opposition Survey: June 1– July 2, 2012," The International Republican Institute and Pechter Polls, http://iri.org/sites/default/files/2012%20

August%2017%20Survey%20of%20Syrian%20Opposition,%20June%201-July%20 2,%202012.pdf.

p.285 **二〇一二年一二月一一日、アメリカ財務省は** "Treasury Sanctions Al-Nusrah Front Leadership in Syria and Militias Supporting the Asad Regime," US Department of the Treasury, December 11, 2012, http://www.treasury.gov/press-center/press-releases/Pages/tg1797.aspx.

p.286 **二〇一二年一二月、シリア人たちは全国で** Ruth Sherlock, "Syrian Rebels Defy US and Pledge Allegiance to Jihadi Group," *The Telegraph*, December 10, 2012, http://www.telegraph.co.uk/news/worldnews/middleeast/syria/9735988/Syrian-rebels-defy-US-and-pledge-allegiance-tojihadi-group.html.

p.286 **財務省の諜報を裏付ける最初のアル＝カイダのエージェント** Rania Abouzeid, "How Islamist Rebels in Syria Are Ruling a Fallen Provincial Capital," *TIME,* March 23, 2013, http://world.time.com/2013/03/23/how-islamist-rebels-in-syria-are-ruling-a-fallen-provincial-capital.

p.287 **アメリカ海兵隊は、イラク人たちがバグダッドのパラダイス広場で** Paul Wood, "The Day Saddam's Statue Fell," BBC News, April 9, 2004, http://news.bbc.co.uk/2/hi/middle_east/3611869.stm.

p.287 **ところが今回はイスラム主義者たちが** Rania Abouzeid, "A Black Flag in Raqqa," *New Yorker*, April 2, 2013, http://www.newyorker.com/news/news-desk/a-black-flag-in-raqqa.

p.287 **教えるパンフレットが配られた** Abouzeid, March 2013.

p.288 **『ニューヨーカー』誌で、ラニア・アブゼイドは** Abouzeid, April 2013.

p.289 **アル＝バグダーディはこのメッセージで** Rita Katz and Adam Raisman, "Special Report on the Power Struggle Between al-Qaeda Branches and Leadership," INSITE on Terrorism blog, June 25, 2013, http://news.siteintelgroup.com/blog/index.php/about-us/21-jihad/3195-special-report-on-the-power-struggle-between-al-qaeda-branches-and-leadership-al-qaeda-in-iraq-vs-al-nusra-front-and-zawahiri.

p.289 **アル＝ジョラニは自分の真の忠誠対象について** Ibid.

p.289 **それに続いたのは、アル＝ヌスラからのメディア発表の** Ibid.

p.290 **従ってアル＝ザワヒリはISISを「解体」させ** "Translation of al-Qaeda Chief Ayman al-Zawahiri's Letter to the Leaders of the Two Jihadi Groups," 2015年１月１8日にアクセス , http://s3.documentcloud.org/documents/710588/translation-of-ayman-al-zawahiris-letter.pdf.

p.291 **アル＝スリは二〇一四年二月にアレッポで自爆テロにより** Thomas Joscelyn, "Al Qaeda's Chief Representative in Syria Killed in Suicide Attack," *The Long War Journal*, February 23, 2014, http://www.longwarjournal.org/archives/2014/02/zawahiris_chief_repr.php.

p.291 **かれはアル＝カイダ活動家としてはベテランだし** "Sources in Aleppo, Syrian Net:

Syrian Regime Released from Abu Musab al-Suri and his Assistant Abu Khaled, Observers See a Threat to Washington," Aleppo Syrian Net, December 23, 2011, 2015年1月3日にアクセス, http://www.sooryoon.net/archives/41907.

p.291 **今日のシリアにおける最も強力な反乱グループの一つ** Caleb Weiss, "Caucasus Emirate Eulogizes Slain Ahrar al Sham Leaders," *The Long War Journal*, September 15, 2014, http://www.longwarjournal.org/archives/2014/09/caucasus_emirate_eul.php.

p.292 **サイクス＝ピコ協定は、マーク・サイクス卿の考案物** James Barr, *A Line in the Sand: Britain, France and the Struggle That Shaped the Middle East* (New York: Simon & Schuster, 2012), p. 12.

p.292 **この協定はかつてもいまも、中東をめぐる西洋の狡猾で不誠実な計略** Ian Black, "Isis Breach of Iraq-Syria Border Merges Two Wars into One 'Nightmarish Reality,' " *The Guardian*, June 18, 2014 http://www.theguardian.com/world/2014/jun/18/isis-iraq-syria-two-wars-one-nightmare.

p.293 **アル＝バグダーディはアル＝ザルカーウィが創始し** Constanze Letsch, "Foreign Jihadis Change Face of Syrian Civil War," *The Guardian*, December 25, 2014, http://www.theguardian.com/world/2014/dec/25/foreign-jihadis-syrian-civil-war-assad.

p.298 **二〇一三年七月一一日、FSA最高軍事評議会司令官カマル・ハマミ** Paul Wood, "Key Free Syria Army Rebel 'Killed by Islamist Group,' " BBC News, July 12, 2013, http://www.bbc.co.uk/news/world-middleeast-23283079.

p.298 **「連中を雑巾代わりにして床を拭いてやる」** "New Front Opens in Syria as Rebels Say al Qaeda Attack Means War," Reuters UK, July 13, 2013, http://uk.reuters.com/article/2013/07/13/uk-syria-crisis-idUKBRE96B08C20130713.

p.298 **同様に、ISISが「まちがって」アフラール・アル＝シャムの司令官** Richard Spencer, "Al-Qaeda–Linked Rebels Apologise After Cutting Off Head of Wrong Person," *The Telegraph*, November 14, 2013, http://www.telegraph.co.uk/news/worldnews/middleeast/syria/10449815/Al-Qaeda-linkedrebels-apologise-after-cutting-off-head-of-wrong-person.html.

p.299 **尊敬を集める反政府活動家を誘拐し** "Rule of Terror: Living Under ISIS in Syria," *Report of the Independent International Commission of Inquiry on the Syrian Arab Republic*, United Nations, November 14, 2014, http://www.ohchr.org/Documents/HRBodies/HRCouncil/CoISyria/HRC_CRP_ISIS_14Nov2014.pdf.

p.299 **独占的な検問所を作って** Tareq al-Abed, "The Impending Battle Between FSA, Islamic State of Iraq and Syria," *Al-Monitor*, July 31, 2013, http://www.*Al-Monitor*.com/pulse/security/2013/07/syria-possible-battle-fsa-islamic-state-iraq-syria.html.

p.299 **自動車爆弾を送り込み、三〇人を殺した** Lauren Williams, "Islamist Militants Drive Free Syrian Army Out of Raqqa," *The Daily Star Lebanon*, August 15, 2013' http://www.dailystar.com.lb/News/Middle-East/2013/Aug-15/227444-islamist-militants-drive-free-

syrian-army-outof-raqqa.ashx.

p.299 **その後 ISIS はこの派閥を同市から追い出した** Ibid.

p.299 **二〇一三年一二月末** Michael Weiss, "Has Sahwa Hit the Fan in Syria?," *NOW Lebanon*, January 8, 2014, http://now.mmedia.me/lb/en/commentaryanalysis/529244-has-sahwa-hit-thefan-in-syria.

p.300 **標的となった建物の中には** Ibid.

p.300 **最近のファレスは、ISIS による圧政を** Ibid.

p.301 **「カフランベルが重要になったのは……」** Ibid.

p.301 **二〇一四年元日** Ibid.

p.301 **でもこの軍勢は ISIS が、アル＝アサドのムハバラートすら** Ibid.

p.302 **イスラム戦線はプレスリリースで** Ibid.

p.302 **この新しい主流戦線創設の目的は一つ** 筆者の一人とのインタビュー, January 2015.

p.302 **この拡大するサフワ運動に参加した最後の集団** Ibid.

p.304 **こうした要求をのまなければ** Ibid.

p.304 **一月五日、イスラム戦線はかつての同志に対して** Ibid.

p.305 **不安定な停戦が行われ** Ibid.

p.305 **アル＝ジョラニはシリア北部を震撼させたフィトナの** Ibid.

p.305 **ISIS 参加者たちへのインタビューは決然としたスローガンを掲げていた** Richard Barrett, "The Islamic State," The Soufan Group, November 2014, http://soufangroup.com/wp-content/uploads/2014/10/TSG-The-Islamic-State-Nov14.pdf.

p.306 **アブ・ハリード・アル＝スリと停戦に調印した** Yossef Bodansky, "The Sochi Olympics Terror Threat has Links to Camps in Syria that are Supported by the US," *World Tribune*, January 24, 2014, http://www.worldtribune.com/2014/01/24/the-sochi-olympics-terror-threat-has-links-to-campsin-syria-that-are-supported-by-the-u-s.

p.306 **二〇一四年二月二日、グローバルなアル＝カイダは** "Al-Qaeda Disavows Any Ties with Radical Islamist ISIS Group in Syria, Iraq," *Washington Post*, February 3, 2014, http://www.washingtonpost.com/world/middle_east/al-qaeda-disavows-any-ties-with-radical-islamistisis-group-in-syria-iraq/2014/02/03/2c9afc3a-8cef-11e3-98ab-fe5228217bd1_story.html.

p.306 **本名マイサラ・アル＝ジュブリで** Abu Bakr al Haj Ali, "Abu Maria: The Nusra Leader Behind the Split with IS in Syria?," *Middle East Eye*, November 14, 2014, http://www.middleeasteye.net/in-depth/features/changes-jabhat-al-nusra-indicate-changes-entire-battlefield-1875666927.

p.308 **ISIS はさらに、アル＝ザルカーウィが** Nibras Kazimi, "The Caliphate Attempted," Hudson Institute, July 1, 2008, http://www.hudson.org/research/9854-the-caliphate-attempted-zarqawi-s-ideologicalheirs-their-choice-for-a-caliph-and-the-collapse-of-their-self-styled-islamic-state-of-iraq.

p.309 **カーターセンターが最近実施した調査によると** "Syria: Countrywide Conflict Report #4," The Carter Center, September 11, 2014, http://www.cartercenter.org/resources/pdfs/peace/conflict_resolution/syria-conflict/NationwideUpdate-Sept-18-2014.pdf.

p.309 **当のアル=アサド政権も** Kyle Orton, "The Assad Regime's Collusion with ISIS and al-Qaeda: Assessing the Evidence," The Syrian Intifada blog, March 24, 2014, http://kyleorton1991.wordpress.com/2014/03/24/assessing-the-evidence-of-collusion-betweenthe-assad-regime-and-the-wahhabi-jihadists-part-1.

p.309 **政権顧問の一人は『ニューヨークタイムズ』紙に対し** Michael Weiss, "Trust Iran Only as Far as You Can Throw It," *Foreign Policy*, June 23, 2014, http://foreignpolicy.com/2014/06/23/trustiran-only-as-far-as-you-can-throw-it.

p.310 **この一部は、ISISが大きく依存している資金源が** Ibid.

p.310 **西側の諜報筋が二〇一四年一月** Ruth Sherlock. "Syria's Assad Accused of Boosting al-Qaeda with Secret Oil Deals," *The Telegraph*, January 20, 2014, http://www.telegraph.co.uk/news/worldnews/middleeast/syria/10585391/Syrias-Assad-accusedof-boosting-al-Qaeda-with-secret-oil-deals.html.

p.310 **元国務省のシリア関連顧問だったフレデリック・ホフ** Frederic C. Hof, "Syria: Should the West Work with Assad?" Atlantic Council, July 10, 2014, http://www.atlanticcouncil.org/blogs/menasource/syria-should-the-west-work-with-assad.

11 転向者たちと「五つ星ジハード主義者」たち ISIS戦士の肖像

p.314 **中流階級ティーンのオーストリア人美少女が** Allan Hall, "One of the Teenage Austrian 'Poster Girls' Who Ran Away to Join ISIS Has Been Killed in the Conflict, UN Says," *Daily Mail*, December 18, 2014, http://www.dailymail.co.uk/news/article-2879272/One-teenage-Austrian-poster-girls-ran-away-join-ISIS-killed-conflict-says.html.

p.314 **そしてシリアに出かける途中で止められる、そのまねっこたち** "Austria Detains Teenage Girls Who Wanted to Marry ISIS Fighters," *NBC News*, January 11, 2015, http://www.nbcnews.com/storyline/isis-terror/austriadetains-teenage-girls-who-wanted-marry-isis-fighters-n284096.

p.314 **一九四〇年にジョージ・オーウェルが書いた** "George Orwell Reviews Mein Kampf (1940)," *Open Culture*, August 19, 2014, http://www.openculture.com/2014/08/george-orwell-reviews-mein-kampf-1940.html.

p.321 **ISISのスポークスマン、アブ・ムハンマド・アル=アドナニ** "Abu Speech: Jihadist Kurds of Halabja Attack Lead 'Islamic State' Kobani," (لااسلامية‹‹علد كوباني ي مذ حلبجة يقود هجوم ››لادولة ››أبو خطاب‹‹ جهادي كرد) *Al-Quds Al-Arabi*, October 10, 2014, http://www.alquds.co.uk/?p=233274.

p.321 **化学兵器による攻撃の被害者の面倒を見るために開始された慈善活動** "Kuwaiti Charity Designated for Bankrolling al Qaida Network," US Department of the Treasury, June 13, 2008, http://www.treasury.gov/press-center/press-releases/Pages/hp1023.aspx.

p.322 **だから何十年にもわたる中東クルド人地域での布教** Salem al-Haj, "Issue: Islamic Tide in Iraq's Kurdistan File Historical Reading," (تاريخية قراءة لا عراق كردستان فـي لااسلامي لامد :لاعدد ملف) *AlHiwar*. February 7, 2014, http://alhiwarmagazine.blogspot.ae/2014/02/blog-pot_5030.html.

p.322 **シリアでは、ISISに入るクルド人は** Jordi Tejel, *Syria's Kurds: History, Politics, and Society* (New York: Routledge, 2009), 90, 102.

p.323 **二〇一四年一二月に殺されたとされるアル＝バグダーディの副官** "Abu Muslim al-Turkmani: From Iraqi Officer to Slain ISIS Deputy," *Al Arabiya News*, December 19, 2014, http://english.alarabiya.net/en/perspective/profiles/2014/12/19/Abu-Muslim-al-Turkmani-From-Iraqi-officer-to-slain-ISIS-deputy.html.

p.323 **アル＝アティル・アル＝アブシ** Radwan Mortada, "Al-Qaeda Leaks II: Baghdadi Loses His Shadow," *Al-Akhbar*, January 14, 2014, http://english.*Al-Akhbar*.com/node/18219.

p.323 **アル＝アブシは、釈放直後にアレッポの郊外で** Suhaib Anjarini, "The War in Syria: ISIS's most Succesful Investment Yet," *Al-Akhbar*, June 11, 2014, http://english.*Al-Akhbar*.com/node/20133.

p.323 **アル＝アブシはISIS形成の何ヶ月も前から** Mortada, 2014.

p.323 **ワエル・エッサムによると** 筆者の一人とのインタビュー , November 2014.

p.325 **アル＝バグダーディを最も熱烈に擁護し** Anjarini, 2014.

p.325 **また、元の反乱軍に見切りをつけ** Mitchell Prother, "ISIS's Victories May Win It Recruits from Rival Syrian Rebel Groups," McClatchy DC, June 23, 2014, http://www.mcclatchydc.com/2014/06/23/231236_isiss-victories-may-win-it-recruits.html.

p.326 **一〇月には、イスラム主義集団七団体** "Charter of the Syrian Islamic Front," Carnegie Endowment for International Peace, January 21, 2013, http://carnegieendowment.org/syriaincrisis/?fa=50831.

p.326 **イスラムの協議《シューラ》に基づくシステムを採用するという宣言を出した** "Syria Rebel Factions, Including al Qaeda-linked Nusra Front, Reject Authority of US-Backed Opposition SNC," CBS News, September 25, 2013, http://www.cbsnews.com/news/syria-rebel-factions-including-al-qaeda-linked-nusra-front-reject-authority-of-us-backed-opposition-snc.

p.326 **それどころか一部のイスラム戦線司令官たち** Joanna Paraszczuk, "Syria: Truce Between ISIS's Abu Umar al-Shishani & Ahrar ash-Sham on Eastern Front in Aleppo Province, EA Worldview, January 8, 2014, http://eaworldview.com/2014/01/syria-claimed-truce-abu-umar-alshishani-ahrar-ash-sham-eastern-front.

p.326 **イスラム戦線の部隊の中で、かつては最も強力な下位派閥** "1,000-strong Syrian Rebel Brigade Defects to Islamic State," RT, July 11, 2014, http://rt.com/news/171952-thousand-

strong-defect-islamicstate.

p.326 **イスラム戦線とアル＝ヌスラからの戦士たちは** Yusra Ahmed, "Nusra Front Suffers Defections to Join Rival ISIS," Zaman Al Wasl, October 24, 2014, http://www.zamanalwsl.net/en/news/7205.html.

p.327 **ジハード主義言説がなかったこともISISには好都合** Ahmed Abazid, "The Muslim Brotherhood and the Confused Position," Zaman Al Wasl, March 28, 2014, http://www.zamanalwsl.net/news/48054.html.

p.330 **ISISが完全に支配した地域で** Liz Sly, "The Islamic State is Failing at Being a State," *Washington Post*, December 25, 2014, http://www.washingtonpost.com/world/middle_east/the-islamic-state-is-failing-at-being-a-state/2014/12/24/bfbf8962-8092-11e4-b936-f3afab0155a7_story.html.

p.332 **かれがドラッグの売人として有名だった** Ruth Sherlock, "Bodyguard of Syrian Rebel Who Defected to Isil Reveals Secrets of the Jihadist Leadership," *The Telegraph*, November 10, 2014, http://www.telegraph.co.uk/news/worldnews/islamic-state/11221995/Bodyguard-of-Syrian-rebel-who-defected-to-Isil-reveals-secrets-of-the-jihadist-leadership.html.

p.332 **アーメル・アル＝ラフダンは、アル＝ヌスラから分離したISISに** Anjarini, 2014.

p.333 **『ニューステイツマン』誌への記事で、マヘルは** Shiraz Maher, "From Portsmouth to Kobane: The British Jihadis Fighting for Isis," *NewStatesman*, November 6, 2014, http://www.newstatesman.com/2014/10/portsmouth-kobane.

p.334 **二〇一四年九月には、CIAの計算だと** "CIA Says IS Numbers Underestimated," *Al Jazeera*, September 12, 2014, http://www.aljazeera.com/news/middleeast/2014/09/cia-triples-number-islamic-state-fighters-201491232912623733.html.

p.334 **民間人の苦しみに動かされた伝道師的ジハード主義者たち** 筆者の一人とのインタビュー, November 2014.

p.335 **ISISはアサド派による虐殺から別の形で恩恵** シリアの活動家や反乱勢とのインタビュー, 2013–2014.

p.335 **ナイフや軽火器で武装した民兵たちは** Kyle Orton, "What to do About Syria: Sectarianism and the Minorities," The Syrian Intifada blog, December 24, 2014, kyleorton1991. http://wordpress.com/2014/12/24/what-to-do-about-syria-sectarianism-and-the-minorities.

p.335 **拷問のビデオでは** ラフィーダとヌサイリスは、それぞれシーア派とアラウィー派を指す罵倒語。

p.335 **サウジ国民はしばしば** "Kawalis al-Thawra Program, 7th episode with Mousa al-Ghannami," (داعش وجهل لاشرع حكمة بين لاحدود تطبيق-لاسا بعة لاحلقة -لا ثورة كولايس) YouTube video, 36:13, لاغنامي موسد の投稿, December 20, 2014, http://www.youtube.com/watch?v=sYtJ0XNMoKI.

12 ツイッターから『ダービク』まで 新ムジャヒディンのリクルート

p.338 **ソーシャルメディアの力をいささか誇大に扱ったのは** "Head to Head—Will ISIL Put an End to Iraq," YouTube video, 47:27, *Al Jazeera* English の投稿 , November 21, 2014, http://youtu.be/XkJl9UbG2lo.

p.339 **モースル陥落二週間前** Nico Prucha, "Is This the Most Successful Release of a Jihadist Video Ever," Jihadica blog, May 19, 2014, http://www.jihadica.com/is-this-themost-successful-release-of-a-jihadist-video-ever. ビデオは以下で見られる：http://jihadology.net/2014/05/17/al-furqan-media-presents-a-new-video-message-from-the-islamic-stateof-iraq-and-al-sham-clanging-of-the-swords-part-4.

p.342 **これはクラウドソーシングを通じて視聴者を最大化した** J.M. Berger, "How ISIS Games Twitter," *The Atlantic*, June 16, 2014, http://www.theatlantic.com/international/archive/2014/06/isis-iraq-twitter-social-media-strategy/372856.

p.345 **各種ビデオでは、ISIS ジハード主義者たちが黒旗を掲げて** "The Failed Crusade," *Dabiq*, Issue 4, October 2014, http://media.clarionproject.org/files/islamic-state/islamic-state-isis-magazine-Issue-4-the-failed-crusade.pdf.

p.346 **アル＝バグダーディは預言者の孫であるフセインの子孫** Hashim, 2014.

p.357 **二〇一四年にイラク治安維持軍に捕まった ISIS 知事** "Mufti 'Daash' Legitimate: Hedma Shrines of Mosul, on the Basis of the 'Modern Prophetic,' " *Al-Ghad*, November 17, 2014, http://www.alghad.com/articles/836900.

p.357 **アメリカ国務省は「考え直して背を向けよう」というツイッターアカウント** Think AgainTurn Away, Twitter post, January 15, 2015, 11:04 a.m., http://twitter.com/ThinkAgain_DOS/status/555802610083852289.

p.357 **その三日前、世界がパリの『シャルリ・エブド』の** Dan Lamothe, "US Military Social Media Accounts Apparently Hacked by Islamic State Sympathizers," *Washington Post*, January 12, 2015, http://www.washingtonpost.com/news/checkpoint/wp/2015/01/12/centcom-twitter-account-apparently-hacked-by-islamic-state-sympathizer.

p.358 **ホワイトハウスはこの一件を「サイバー落書き」と** Eli Lake and Josh Rogin, "Islamic State's Psychological War on US Troops," *Bloomberg View*, January 15, 2015, http://www.bloombergview.com/articles/2015-01-15/islamic-states-psychological-war-on-us-troops; "ISIS Supporters Just Hacked the US Military's CENTCOM Twitter Account." *Vox*, Zack Beauchamp の投稿 , January 12, 2015, http://www.vox.com/2015/1/12/7532363/centcom-hack-isis.

13 シェイクたちへの揺さぶり ISIS、部族を手玉に

p.361 **AQI が二〇〇〇年代半ばにひっくり返そうとしたのは** William D. Wunderle, *A Manual for American Servicemen in the Arab Middle East: Using Cultural Understanding to Defeat Adversaries and Win the Peace* (New York: Skyhorse Publishing, 2013).

p.361 **初期のバアス党は、「退行的」な部族主義など** Carole A. O'Leary and Nicholas A. Heras, "Syrian Tribal Networks and their Implications for the Syrian Uprising," The Jamestown Foundation, June 1, 2012, http://www.jamestown.org/single/?no_cache=1&tx_ttnews%5Btt_news%5D=39452.

p.361 **デモ参加者たちは「ファザート・ホウラン」** "شام - فزعة حوران - اهداء للثورة من شباب سوريا بالسعودية" YouTube video, 7:28, Shaam Network S.N.N. の 投 稿, April 1, 2011, http://www.youtube.com/watch?v=Y4ww1xUrHMs.

p.363 **全体として、部族はシリアの総人口の三割ほどを占めるが** Nasser Al-Ayed, "Jihadists and Syrian Tribes," Global Arab Network, November 6, 2014, http://www.globalarabnetwork.com/studies/13181-2014-11-06-11-53-28.

p.363 **デリゾール県はシリアとイラクを結ぶ場所** Peter Neumann, "Suspects into Collaborators," *London Review of Books*, Vol. 36, No.7, Apil 3, 2014, http://www.lrb.co.uk/v36/n07/peter-neumann/suspects-into-collaborators.

p.364 **二〇一二年夏には** Karen Leigh, "In Deir Ezzor, ISIS Divides and Conquers Rebel Groups," *Syria Deeply*, August 11, 2014, http://www.syriadeeply.org/articles/2014/08/5930/deir-ezzor-isis-divides-conquers-rebel-groups.

p.372 **どうせ言うことをきくなら同じイスラム教徒のほうがいいはずだ** William McCants, The ISIS Apocalypse: The History, Strategy, and Doomsday Vision of the Islamic State (New York: St. Martin's Press, 2015), Kindle Location 1352.

p.372 **ISIS は一三〇〇人以上の覚醒民兵を暗殺してきた** Craig Whiteside, "War, Interrupted, Part I: The Roots of the Jihadist Resurgence in Iraq," *War on the Rocks*, November 5, 2014, warontherocks.com/2014/11/war-interrupted-part-i-the-roots-of-thejihadist-resurgence-in-iraq/.

14 アル=ダウラ イスラム「国」のスリーパーセル

p.388 **「六月までは［ISIS の］本部は爆撃しなかったし……」** Martin Chulov, "Isis Fighters Surround Syrian Airbase in Rapid Drive to Recapture Lost Territory," *The Guardian*, August 22, 2014, http://www.theguardian.com/world/2014/aug/22/isis-syria-airbase-tabqa.

p.388 **「ISIS の戦略は明確に変化しています……」** "ISIS Take over Syria Army Base, Behead

Soldiers: Activists," *The Daily Star Lebanon*, July 26, 2014, http://www.dailystar.com.lb/News/Middle-East/2014/Jul-26/265226-85-syria-troops-killed-in-jihadist-advance-activists.ashx.

p.389 **アサドの実のいとこであるドウライド・アル＝アサドの発言が引用** YouTube video, 7:29, Syria.truth の投稿 , September 15, 2014, http://www.youtube.com/watch?v=zsA7FQywurU#t=11.

p.390 **シリア空軍がやっとISISに対する空爆を強化すると** Anne Barnard, "Blamed for Rise of ISIS, Syrian Leader is Pushed to Escalate Fight," *International New York Times*, August 22, 2014, http://www.nytimes.com/2014/08/23/world/middleeast/assad-supporters-weigh-benefits-of-usstrikes-in-syria.html.

p.390 **「武力に加え、ムスリムたちの慰撫とかれらとの統治共有が不可欠だ」** Price et al., 2014.

p.394 **「連中がやるのは、司令官が盗賊か強盗だという口実を使って……」** Ghaith Abdul-Ahad, "'Syria is Not a Revolution Any more—This is Civil War,'" *The Guardian*, November 18, 2013, http://www.theguardian.com/world/2013/nov/18/syria-revolution-civil-war-conflict-rivalry.

p.394 **ジャズラの死亡記事の中で、ジャーナリストのオルワ・モクダッドは** Orwa Moqdad, "A Rebel Killed by Rebels," *NOW Lebanon*, December 19, 2013, http://now.mmedia.me/lb/en/reportsfeatures/526509-the-enemy-of-the-enemy.

p.402 **軍事指揮官一人、治安司令官一人以上** Hassan Abu Haniya, "Structural Construction of the 'Islamic State,'" *Al Jazeera* Center for Studies, November 23, 2014, http://studies.aljazeera.net/files/isil/2014/11/2014112363816513973.htm

p.406 **かれらはカリフ国を石油で儲けさせるためにものすごい高給を要求する** Erika Solomon, Guy Chazen, and Sam Jones, "Isis Inc: how oil fuels the jihadi terrorists," *The Financial Times*, October 14, 2015, https://www.ft.com/content/b8234932-719b-11e5-ad6d-f4ed76f0900a#axzz3xj4hwZtV.

p.407 **ロシア政府が表向きはISIS破壊を謳っているのに** Tony Badran, "Minority Report: Is the link between Assad and the Islamic State a Christian One?" *Now*, May 9, 2014, https://now.mmedia.me/lb/en/commentaryanalysis/562681-minorityreport.

p.408 **天然ガスは西のアサドへと送られるのだ** Matthew M. Reed, "Revealed: Assad Buys Oil From ISIS," *Daily Beast*, December 10, 2015, http://www.thedailybeast.com/revealed-assad-buys-oil-from-isis.

p.410 **ドイツの外国諜報機関** "German Spies Say Isis Oil Isn't Money Gusher," *The Local*, November 7, 2014, http://www.thelocal.de/20141107/spies-say-isis-oil-isnt-moneygusher.

p.410 **年間貯蓄や資本資産（二・五パーセント）** "Zakat FAQs," Islamic Relief UK, 2015年1月18日にアクセス, http://www.islamic-relief.org.uk/about-us/what-we-do/zakat/zakat-faqs/#trade.

p.410 **支配地内に住む非ムスリムにも課税** The Islamic State blog, http://the-islamic-state.blogspot.ae/2014/02/blog-post_26.html.

p.411 **何百万ドルものアメリカや外国軍の軍備を押収** Bronstein & Griffin, 2014.

p.411 **大量の武器や装備、設備、現金を手に入れている** "Dispatch from the Field: Islamic State Weapons in Iraq and Syria," Conflict Armament Research Ltd, September 2014, http://conflictarm.com/wpcontent/uploads/2014/09/Dispatch_IS_Iraq_Syria_Weapons.pdf.

p.412 **二〇一五年五月にアメリカ特殊部隊に殺され** Andrew Keller, "Documenting ISIL's Antiquities Trafficking," September 29, 2015, https://eca.state.gov/files/bureau/final_presentation_to_met_on_isil_antiq_uities_trafficking_for_das_keller_9_29_2015.pdf

p.412 **強奪活動のピークの頃でした** Rachel Shabi, "Looted in Syria-and sold in London: the British antiquities shops dealing in artefacts smuggled by Isis," *The Guardian*, July 3, 2015, http://www.theguardian.com/world/2015/jul/03/antiguities-looted-by-isisend-up-in-london-shops.

15 忠誠と不忠 ISISイデオロギーの理論と実践

p.416 **「歳入を断つ以外にISISの能力や作戦上の柔軟性と……」** Mina Al-Oraibi, "Exclusive: General Allen discusses coalition plans for defeating ISIS as regional tour starts," Asharq al-Awsat, October25, 2014, http://english.aawsat.com/2014/10/article55337867/us-gen-johnallen-at-least-one-year-until-isis-is-out-of-iraq.

p.416 **反乱軍の兵たちの間にある「タクフィール文化」を指摘し、それが草の根の対抗蜂起軍の試みをすべてダメにしてしまう** Hassan Hassan によるインタビュー, December2015.

p.417 **送り戻されて信仰「強化」の訓練をもっと受ける** Hassan Hassan によるインタビュー, January 2015.

p.417 **ISISが支配する町にはそれぞれだいたいモスクが二〇ヶ所あり** Hassan Hassan, "The secret world of Isis training camps-ruled by sacred texts and the sword," *The Guardian*, January 24, 2015, http://www.theguardian.com/world/2015/jan/25/inside-isis-training-camps.

p.418 **すでに確立した人々や軍事司令官は、アブ・バクル・ナジ『残虐性マネジメント』などのマニュアルの** Hassan Hassan によるインタビュー, November 2014.

p.419 **同性愛者を屋根上から投げ落とすのだ** John Hall, "Hurled to his death infront of a baying mob: ISIS barbarians throw 'gay' man off building in another sickening day in Jihadi capital of Raqqa," *The Daily Mail*, March 4, 2015, http://www.dailymail.co.uk/news/article-2978890/ISIS-barbarians-throwgay-man-building-bloodthirsty-crowdsSyria.html.

p.420 **ペルシャ軍の「血の川」を作ると神に誓っていた** Ibn Kathir, *Khalid Bin Al-Waleed*

(Lulu.com, December 2015), page 165.

p.422 **多くの評論家はこれがISISのイデオロギー的な基礎の全体を説明するものだという浅はかな説明をしている** Alastair Crooke, "You Can't Understand ISIS if You Don't Know the History of Wahhabism in Saudi Arabia," *The World Post*, October 27, 2014, http://www.huffingtonpost.com/alastair-crooke/isis-wahhabism-saudi-arabia_b_5717157.html.

p.422 **チュニジアなどが、なぜ一人あたりではサウジアラビアよりも多くのジハード主義者をISISに** Mohanad Hashim, "Iraq and Syria: Who are the foreign fighters?," BBC, September 3, 2014, http://www.bbc.com/news/worldrniddle-east-29043331.

p.422 **このイスラム覚醒の時期には、多国籍のアラブ人が湾岸諸国、特にサウジアラビアとクウェートに流入した**: Toby C. Jones, "Awakening Islam: The Politics of Religious Dissent in Contemporary Saudi Arabia," *Middle East Journal* 66, no.1 (Winter 2012): 187-88. Project Muse, http://muse.jhu.edu/journals/mej/summary/v066/66.1.jones.html.

p.423 **ビン・ラディンはサウジアラビアでムスリム同胞団に参加していた** http://www.alarabiya.net/servlet/aa/pdf/c789e942-8cf0-4fe9-9e9e-9ad365638d88

p.423 **結果として同胞団的な政治はますます保守化し、サラフィー主義がますます政治化した** Stephane Lacroix, *Awakening Islam: The Politics of Religious Dissent in Contemporary Saudi Arabia* (Harvard UP: Cambridge, MA, 2011), http://www.hup.harvard.edu/catalog php?isbn=9780674049642.

p.424 **クトゥブはウスタディヤート・アル＝アラム、つまり世界に対する優越性を主張** Sayed Khatab, "hakimiyyah" and "jahiliyyah" in the Thought of Sayyid Qutb." *Middle Eastern Studies* 38 (3). Taylor & Francis, Ltd.:145-70. http://www.jstor.org/stable/4284246.

p.426 **アル＝ファハドもまた、ISISに忠誠を誓ったと言われている** Robert Spencer, "Muslim cleric who issued fatwa permitting WMD pledges allegiance to Islamic State," *Jihad Watch*, August 25, 2015, https://www.jihadwatch.org/2015/08/muslim-cleric-who-issued-fatwa-permitting-wmd-pledges-allegiance-to-islamic-state.

p.438 **またシリアの多くのジハード主義者たちによれば、かれの著書はISIS支配地域で大量に出回っている** 住民やISISメンバーに対するHassan Hassanによるインタビュー、およびISISとマクディシに批判的なシリアのイスラム主義者たちへのインタビュー。

p.430 **二〇〇九年にアル＝ビナーリはアル＝マクディシにより、ファトワを教え発する資格を与えられ** Shiv Malik, Ali Younes, Spencer Ackerman, and Mustafa Khalili: "The race to save Peter Kassig," *The Guardian*, December 18, 2014, https://www.theguardian.com/news/2014/dec/18/-sp-the-race-to-save-peter-kassig.

p.431 **主にラバトモスクでお気に入りの主題である、シーア派の邪悪について説教を行う** Aymenn Jawad Al-Tamimi, "Islamic State Training Camp Textbook: 'Course in Monotheism'-Complete Text, Translation and Analysis," aymennjawad.org, July 26, 2015, http://www.aymennjawad.org/17633/islamicstate-training-camp-textbook-course-in.

16 イラクへの帰還 ISISの里帰り

p.435 **この山はノアの箱船が流れ着いたとされる、ごつごつした岩の塊だ** Martin Chulov, "40,000 Iraqis stranded on mountain as Isis jihadists threaten death," *The Guardian*, August7, 2014, www.theguardian.com/world/2014/aug/07/40000-iraqis-stranded-mountain-isis-death-threat.

p.436 **大惨事だ。まったくの大惨事だ」と国連児童基金（UNICEF）のイラク代表** Loveday Morris, "Iraqi Yazidis stranded on isolated mountaintop begin to die of thirst," *Washington Post*, August 5, 2014, https://www.washingtonpost.com/world/iraqi-yazidis-stranded-on-isolated-mountaintop-begin-to-die-of-thirst/2014/08/05/57cca985-3396-41bd-8163-7a52e5e72064_story.html?utm_term=.b1891bfa8f13.

p.440 **すでにシリアからのクルド難民を吸収し続けていたバルザーニの地域政府をパンクさせた** Sarah El-Rashadi, "Iraq's 2 million IDPs struggling," *Al-Monitor*.com, December 30, 2014, http://www.*Al-Monitor*.com/pulse/en/originals/2014/12/fighting-iraq-creates-2-million-refugees.html.

p.447 **「彼女の肌が白く、アメリカ人だったから」だという** "US hostage Kayla Mueller 'killed by IS', say ex-slaves," BBC.com, September 10, 2015, http://www.bbc.com/news/worldmiddle-east-34205911.

p.448 **ジェームズ・フォーリーとスティーブン・ソトロフを救出できるかもしれないという希望があったが** Nicholas Schmidle, "Inside the Failed Raid to Save Foley and Sotloff," *New Yorker*, September 5, 2014, www.newyorker.com/news/news-desk/inside-failed-raid-free-foley-sotloff.

p.448 **それをアメリカ諜報筋が本物と認定して** "American ISIS hostage is dead, family confirms," CBS News and The Associated Press, February 10, 2015, www.cbsnews.com/news/kayla-jeanmueller-american-isis-hostage-is-deadfamily-confirms/.

p.452 **そしてフォーリーや** Brian Ross James Gordon Meek, and Rhonda Schwartz, "'So Little Compassion': James Foley's Parents Say Officials Threatened Family Over Ransom," ABC News, September 12, 2014, abcnews.go.com/Intemational/government-threatened-foley-familyransom-payments-mother-slain/story?id=25453963.

p.452 **ソトロフの場合** Lawrence Wright, "Five Hostages," *New Yorker*, July 6, 2015, www.newyorker.com/magazine/2015/07/06/five-hostages.

p.453 **そのファイルはかれを「ポン引き」と呼んでいたのだ** Shiv Malik, Ali Younes, Spencer Ackerman, and Mustafa Khalili, "How Isis crippled al-Qaida," *The Guardian*, June10, 2015, www.theguardian.com/world/2015/jun/10/how-isis-crippled-al-gaida.

p.453 **副次的被害が出たらテロ対抗軍のせいにするのは「古くさいイカレた手口」だ**

と述べることで Brian Ross, Lee Ferran, and Rym Momtaz, "Parents of American ISIS Hostage Kayla Mueller Plead for Response From Terror Group," February 7, 2015, http://abcnews.go.com/International/isis-claims-female-american-hostage-killed-airstrike/story?id=28776563.

p.454 **アブドゥラー王自らがいまや戦闘機でラッカの爆撃作戦を指揮しているといった主張まで登場** Gianlucca Mezzofiore, "No, Jordan's King Abdullah II is not personally flying planes against Isis," *International Business Times*, February 5, 20105, http://www.ibtimes.co.uk/no-jordans-king-abdullah-ii-not-personally-flying-planes-against-isis-1486742.

p.454 **二〇一五年八月になると、ISISへの爆撃をすべてやめてしまった** Richard Allen Greene and Schams Elwazer, "Bombing ISIS: Arabs lag far behind West," CNN, December 10, 2015, http://www.cnn.com/2015/12/10/middleeast/arab-countries-bombing-isis/.

p.455 **初の記者会見の一つで、ISISと戦うためにアメリカとイランが** Jay Solomon, "Prime Minister Haider al Abadi Pledges to Unify Iraq in Fight Against Islamic State," *Wall Street Journal*, September 25, 2014, www.wsj.com/articles/prime-minister-haider-al-abadi-pledges-to-unify-irag-in-fight-against-islamic-state-1411688702.

p.456 **イランの関与を隠し、見かけ上ISISに対する民衆反乱とするためだ** Phillip Smyth, "The Shiite Jihad in Syria and its Regional Effects," The Washington Institute for Near East Policy, February 2015, pages 31, 50, http://www.washingtoninstitute.org/uploads/Documents/pubs/PolicyFocus138_Smyth-2.pdf.

p.456 **「この聖なる目標実現のため治安維持軍に加われ」** Raheem Salman and Isra al Rubei'i, "Iraq's top Shi'ite cleric issues call to fight jihadist rebels," Reuters, June 14, 2014, www.reuters.com/article/us-iraq-security-idUSKBNOENORV20140614.

p.456 **その日のうちに三万人が志願したという** Loveday Morris, "Shiite cleric Sistani backs Iraqi government's call for volunteers to fight advancing militants," *Washington Post*, June 13, 2014, https://www.washingtonpost.com/world/middle_east/volunteers-flock-to-defend-baghdad-as-insurgents-seize-more-iraqi-territory/2014/06/13/10d46f9c-f2c8-11e3-914c-1fbd0614e2d4_story.html

p.456 **アル＝シスタニのファトワは、一九一四年のメソポタミア侵略イギリス軍に対するジハード宣言以来** Ian Rutledge, *Enemy on the Euphrates: The Battle for Iraq, 1914-1921* (London: Saqi Books, 2014), Chapter Four.

p.460 **中東にとって「よいこと」であり「アメリカにとってよいこと」だと述べている** "Transcript: President Obama's Full NPR Interview," NPR, December 29, 2014, www.npr.org/2014/12/29/372485968/transcript-president-obamas-full-npr-interview.

p.461 **ヒューマン・ライツ・ウォッチによると** "Iraq Forces Executed 255 Prisoners in Revenge for Islamic State Killings-HRW," Reuters, July 12, 2014, news.yahoo.com/iraq-forces-executed-255-prisoners-revenge-islamic-state-13 3400715.html.

p.461 **被害者のうち八人は一八歳に満たない少年だ** "Iraq: Campaign of Mass Murders of Sunni

Prisoners," Human Rights Watch, July 11, 2014, https://www.hrw.org/news/2014/07/11/iraq-campaign-massmurders-sunni-prisoners.

p.461 **二〇一四年八月二二日** "Iraq: Survivors Describe Mosque Massacre," Human Rights Watch, November 2, 2014,www.hrw.org/news/2014/11/01/iraq-survivors-describe-mosque-massacre.

p.463 **バドル軍は最近になって「人々を誘拐してすぐに処刑し……」** Susannah George, "Breaking Badr," *Foreign Policy*, November 6, 2014, foreignpolicy.com/2014/11/06/breaking-badr.

p.463 **アメリカは「基本的にこの連中が……」** : Ibid.

p.464 **この作戦すべては、スレイマニが計画し、バドル軍が先導していたのだ** "Ashura 'processin the rock cliff unite in support of the' resistance factions led forces Ghabban," almasalah.com, October 24, 2014, http://almasalah.com/ar/news/40335/%D8%B9%D9%85%D9%84%D9%8A%D8%A9-%D8%B9%D8%A7%D8%B4%D9%88%D8%B1%D8%A7%D8%A1-%D9%81%D9%8A-%D8%AC%D8%B1%D9%81-%D8%A7%D9%84%D8%B5%D8%AE%D8%B1-%D8%AA%D9%88%D8%AD%D8%AF-%D9%81%D8%B5%D8%A7.

p.464 **いまやアメリカ戦闘機の支援を受けた正義同盟とヒズボラ旅団** "US Military Conducts Air Strikes Against ISIL, Airdrops Humanitarian Aid Near Amirli," United States Central Command, August30, 2014, www.centcom.mil/en/news/articles/us-rnilitary-conducts-airstrikes-against-isil-airdrops-humanitarian-aidiraq.

p.471 **ベテランジャーナリストのパーカーはイラクを去った** "Reuters Iraq bureau chief threatened, denounced over story," Reuters, April 11, 2015, www.reuters.com/article/us-mideastiraq-reuters-idUSKBNON20FY20150411.

p.473 **イランのホメイニ主義者たちとのつながりは、イラクではほとんど公然の秘密だ** Matt Bradley and Julian Barnes, "New Iraq Militias Take a Lead in Tikrit Fight," WSJ.com, April 1, 2015,http://www.wsj.com/articles/new-iraq-militias-take-a-lead-in-tikrit-fight-1427936422.

p.474 **同市のすぐ外の町をさしてヒューマン・ライツ・ウォッチに語った** "Ruinous Aftermath: Militia Abuses Following Iraq's Recapture of Tikrit," Human Rights Watch, September 20,2015, https://www.hrw.org/node/281164.

p.475 **アブ・バクル・アル＝バグダーディが二〇〇六年にISISでの初仕事として任された町だった** Joby Warrick, *Black Flags: The Rise of ISIS*, (New York: Doubleday, 2015), chapter 19［邦訳ジョビー・ウォリック『ブラック・フラッグス——「イスラム国」台頭の軌跡』（下）（伊藤真訳、白水社、2017)］.

p.484 **二〇一五年に議会で承認されたが、まだ法律としては定まっていない** Moustafa Saadoun, "It's official: Sunnis joining Iraq's Popular Mobilization Units," almonitor.com, January 14, 2016, http://www.*Al-Monitor*.com/pulse/originals/2016/01/iraq-sunnis-join-

shiite-popular-mobilization-forces.html.

p.485 **(たとえばアメリカ人たちが撃った迫撃砲弾の数など)** Fazel Hawramy, Shalaw Mohammad, and David Smith, "Kurdish fighters say US special forces have been fighting Isis for months," *The Guardian*, November 30, 2015, http://www.theguardian.com/us-news/2015/nov/30/kurdish-fighters-us-special-forces-isis-combat.

17 シリアで交戦中 継続、いや拡大中

p.510 **[内部の人々に] 食料など重要な物資が届かないようにしている** https://www.facebook.com/Raqqa.Sl/posts/1119578281386755

p.510 **ラッカ革命派旅団を完全に圧倒した** "9 YPG fighters killed in attack on Ain Issa at the northwestern countryside of Al-Raqqah," January2, 2016, http://www.syriahr.com/en/?p=41949

p.510 **数日後、部族軍は完全に解散した** "Tribes' Army disbands in north amidst accusations of YPG blockade," syriadirect.org, January 6, 2016, http://syriadirect.org/news/tribes-armydisbands-in-north-amidst-accusations-of-ypg-blockade/.

p.528 **「暴力的過激活動への対処」と題されたホワイトハウスでの二日間の会議**: "Russia Update: Ukrainian Security Chief Accuses 'Grey Cardinal' of Directing Snipers on Maidan," *The Interpreter*, February 20,2015, http://www.interpretermag.com/russia-update-february-20-2015/#6970.

p.535 **でもその行動をISISと結びつけるのはまったくまちがっている」** Mohammed Tuaev, "Experts: the purpose of the shelling in Derbent was military," Kavkaz-uzel.ru, December 30, 2015, http://www.kavkazuzel.ru/articles/275278/.

p.536 **人民動員隊は、イラク治安維持軍の米軍指導員たちに銃を向けるぞと繰り返し脅しをかけている** Michael Crowley, "Iran might attack American troops in Iraq, U.S. officials fear," *Politico*, March25, 2015, www.politico.com/story/2015/03/could-iran-attack-us-troops-in-iraq-116365.

p.538 **人権とテロ攻撃を扱う地域ニュースサイト「コーカシアンノット」** "Experts have linked the statement to a weakening Shebzuhova "Caucasus Emirate," kavkaz-uzel.ru, January 6, 2016, http://www.kavkaz-uzel.ru/articles/275548/.

p.538 **アル=バグダーディに忠誠を誓っているところを示すビデオがユーチューブに上がった** "IG has announced the inauguration of the North Caucusus militants al-Baghdadi," kavkaz-uzel.ru, June23, 2015, http://www.kavkaz-uzel.ru/articles/264409/.

p.538 **「コーカシアンノット」は、この忠誠が本物かどうかを疑問視** Ibid.

p.543 **二〇一四年にクリミアを制圧した、エリート海兵隊員や空挺部隊も含まれているのだ** Avi Ascher-Shapiro, "Russia Now Has 4,000 People in Syria-And They're Not in a Rush

to Fight the Islamic State," *VICE*, November 5, 2015, https://news.vice.com/article/russia-nowhas-4000-people-in-syria-and-theyrenot-in-a-rush-to-fi.ght-the-islamic-state.

p.544 **アル＝アサドのために参戦させたのは、このゴドス軍指揮官のほうだった** Jim Sciutto, "Iran's Quds Force leader traveled to Moscow in violation of U.N. sanctions, official says," CNN, August 7, 2015, http://www.cnn.com/2015/08/07/politics/gasem-soleimani-iran-guds-force/.

p.545 **その標的の比率は「ごくわずか」しか変わっていない** Hugo Spalding, "5 Myths: Russia's False ISIS Narrative in Syria," *The Interpreter*, December 2, 2015, http://www.interpretermag.com/5-myths-russias-false-isis-narrative-in-syria/.

p.545 **その反乱軍に対する無慈悲な攻撃を正当化している** : Ibid.

p.545 **シャムでアメリカのサフワ同盟者を狙うことで、ロシアはまたもや西側と紛争を起こそうとしているのだ」** Pierre Vaux and James Miller, "Putin in Syria: Even ISIS Says Russia Is Not Bombing ISIS," *The Interpreter*, November 19, 2015, http://www.interpretermag.com/putinin-syria-even-isis-says-russia-is-notbombing-isis/.

p.550 **一ヶ月のうちに、アレッポに対するロシアの空爆で直接家を失った人が三万五〇〇〇人** "Tens of thousands flee Aleppo following latest wave of airstrikes in Syria," *The Guardian*, October 20, 2015, http://www.theguardian.com/world/2015/oct/20/russia-us-sign-memorandum-syria-bombings-airstrikes.

p.550 **間接的には他の県での政権による攻撃に空爆支援を行う** Sarah El Deeb, "UN: At least 120,000 displaced in Syria in last month," *The Big Story*, October 26, 2015, http://bigstory.ap.org/article/049569661f954cfeb08ac3a6e0f6259c/aid-group-100000-newly-displaced-3-weeks-syria.

18「おまえたちのローマを征服する」ISISテロの一年

p.552 **テロ犯のダイアナ・ラマゾフは、手榴弾を二つ持っていたが、自爆した** "Turkey bombing: Female suicide attacker hits Istanbul police station," BBC, January 6, 2015, www.bbc.co.uk/news/world-europe-30701483.

p.554 **パリ郊外のヴィルジュイフに自動車爆弾を仕掛けた（不発だった）** "Explosion in Villejuif: the owner of the car bomb tells," MetroNews.fr, January 12, 2015, http://www.lci.fr/faits-divers/explosion-a-villejuif-la-proprietaire-de-la-voiture-piegee-raconte-1519846.html.

p.559 **警察のほうは放水車で投石に対抗した** The Associated Press, "Two explosions hit Kurdish political rally in Turkey," *The Guardian*, June 5,2015, www.theguardian.com/world/2015/jun/05/two-explosions-kurdish-peoples-democratic-party-rally-turkey.

p.559 **爆破装置はガスボンベ二つにビー玉を詰めて、ゴミ箱に隠したものだった** "Turkey

rally explosions 'caused by homemade bombs,'" BBC, June 6, 2015, www.bbc.co.uk/news/worldeurope-33035450.

p.560 **アラゴズが部屋の真ん中にやってきて自爆し、三二人を殺戮した** "Suruc massacre: 'Turkish student' was suicide bomber," *BBC*, July 22, 2015, www.bbc.co.uk/news/world-europe-33619043.

p.560 **その兄も間もなく後に続いた** Louisa Loveluck and Josie Ensor, "Suruc bomber was 'Turk with links to Isil,'" *The Telegraph*, July 22, 2015, www.telegraph.co.uk/news/worldnews/europe/turkey/1175 5 200/Suruc-bomber-was-Turk-with-links-toIsil.html.

p.561 **別の兵士一人が捕獲されたかもしれないという** Gianluca Mezzofiore, "Turkey: PKK kill third policeman in Suruc suicide bombing revenge ambush in Diyarbakir," The *International Business Times*, July 23,2015, www.ibtimes.co.uk/turkeypkk-kill-third-policeman-surucsuicide-bombing-revenge-ambushdiyarbakir-1512253.

p.561 **ISIS 戦士九人を殺し、ISIS 拠点三ヶ所を「完全に破壊」した** "Turkey bombs Islamic State targets in Syria," BBC, July 24, 2015, www.bbc.co.uk/news/world-europe-33646314.

p.562 **エルビルのクルディスタン地域政府から外交ルートで抗議が入った** Richard Spencer, Raziye Akkoc, and Louisa Loveluck, "Turkey launches air strikes on PKK targets in Iraq," *The Telegraph*, July 25, 2015, www.telegraph.co.uk/news/worldnews/europe/turkey/11762483/Turkey-launches-air-strikes-on-PKK-targets-inIraq.html.

p.562 **攻撃直後に一時的にツイッターをブロックさえした** Sneha Shankar, "Turkey Suruc Attack: Court Bans Publication Of Photos And Videos Of Deadly Bombing, Blocks Twitter Access," The *International Business Times*, July 22, 2015,www.ibtimes.com/turkey-suruc-attack-court-bans-publication-photos-videos-deadly-bombing-blocks-2019362.

p.563 **ISIS の行為と自国政府の行為の間の、かなり露骨な相関を指摘するものだ** Louisa Loveluck, Richard Spencer, and Murat Dal, "Turkey bomb massacre kills 97 and injures over 246 at pro-Kurdish peace rally," *The Telegraph*, October 10, 2015, www.telegraph.co.uk/news/worldnews/europe/turkey/11923935/Turkey-Ankara-bombkills-30-at-pro-Kurdish-rally.html.

p.564 **その息子とアラゴズ兄弟はシリアに戻った** Zia Weise, "Ankara bombing: Perpetrators used tea house in Adiyaman to recruit for Isis-in plain sight of authorities," *The Independent*, October 15,2015, www.independent.co.uk/news/world/middle-east/ankara-bombing-perpetrators-used-tea-house-in-adiyaman-to-recruit-for-isis-in-plain-sight-of-a6695881.html.

p.564 **トルコはアンカラ爆破に関連する人物四人を逮捕した** "4 arrested as part of Ankara bombing investigation," *Today's Zaman*, October 19, 2015, www.todayszaman.com/g20 4-arrested-as-part-of-ankara-bombing-investigation_401902.html.

p.564 **そこには容疑者六七人がブラックリストに挙がっていた** "Biggest probe into ISIL in Turkey completed," Dogan News Agency, December 18, 2015, www.hurriyetdailynews.

com/Default.aspx?pageID=238&nID=92735&NewsCatID=509.

p.597 **二〇一五年一一月、国連の制裁監視チームは** Rob Crilly, "Islamic State is building a 'retreat zone' in Libya with 3000 fighters, say UN experts," *The Telegraph*, December 2, 2015, www.telegraph.co.uk/news/worldnews/islamic-state/12028246/Islamic-Stateis-building-a-retreat-zone-in-Libya-with-3000-fighters-say-UN-experts.html.

p.598 **「北アフリカすべてに対して投射するための拠点」** David D. Kirkpatrick, Ben Hubbard and Eric Schmitt, "ISIS' Grip on Libyan City Gives It a Fallback Option," *The New York Times*, November 28, 2015, https://www.nytimes.com/2015/11/29/world/middleeast/isis-grip-on-libyan-city-gives-it-a-fallback-option.html.

p.598 **ある国連推計によると二〇〇〇人から三〇〇〇人となる** "Libya a massive safe haven for ISIS now, U.N. warns," CBS News and The Associated Press, December 1, 2015, www.cbsnews.com/news/libya-safe-haven-isis-3000-fighters-un-warns/.

p.598 **ここは武力イスラム主義の温床で** Brian Fishman and Joseph Felter, "Al-Qa'ida's Foreign Fighters in Iraq," Combating Terrorism Centre at West Point, January 2, 2008, https://www.ctc.usma.edu/posts/al-gaidas-foreign-fighters-in-iraq-a-first-look-at-the-sinjar-records.

p.600 **その六人はすべてサダム・フセインの軍事諜報部門のメンバーだったという** "The Arrival of Iraqi soldiers to lead to Sirte Daash Libya," *Afrigatenews.net*, July 25, 2015, http://www.afrigatenews.net/content/%D9%88%D8%B5%D9%88%D9%84-%D8%B6%D8%A8%D8%A7%D8%B7-%D8%B9%D8%B1%D8%A7%D9%82%D9%8A%D9%8A%D9%86-%D8%A5%D9%84%D9%89-%D8%B3%D8%B1%D8%AA-%D9%84%D9%82%D9%8A%D8%A7%D8%AF%D8%A9-%D8%AF%D8%A7%D8%B9%D8%B4-%D9%84%D9%8A%D8%A8%D9%8A%D8%A7-0.

p.600 **地元ジハード主義集団、特にアル＝カイダから新人を横取り** Benoit Faucon and Matt Bradley, "Islamic State Gained Strength in Libya by Co-Opting Local Jihadists," *The Wall Street Journal*, February 17, 2015, www.wsj.com/articles/islamic-stategained-strength-in-libya-by-co-opting-local-jihadists-1424217492.

p.600 **最上位の聖職者トルキー・アル＝ビナーリをリビアに送っている** Cole Bunzel, "From Paper State to Caliphate," Brookings Analysis Paper, March 2015, page 11, www.brookings.edu/-/media/research/files/papers/2015/03/ideology-of-islamic-state-bunzel/the-ideology-ofthe-islamic-state.pdf.

19 ISIS スパイの告白 イスタンブールでの会合

p.622 **押収された ISIS 内部文書に基づき、アムニヤットの慎重な機能分化を示す暴露記事を発表した** Christoph Reuter, "The Terror Strategist: Secret Files Reveal the Structure

of Islamic State," *Der Spiegel*, April 18, 2015, http://www.spiegel.de/international/world/islamic-statefiles-show-structure-of-islamist-terrorgroup-a-1029274.html.

エピローグ

p.651 **イギリスの防衛企業IHSによると** "Islamic State's Caliphate Shrinks by 14 Percent in 2015," *IHS Jane's*, December 21, 2015, press.ihs.com/press-release/aerospace-defense-security/islamic-states-caliphate-shrinks-14-percent-2015.

p.654 **特にシリア東部でのインフラと産業の爆撃で** Hassan Hassan, "In Syria, many families face a terrible dilemma," *National*, September 20, 2015, www.thenational.ae/opinion/comment/in-syria-many-families-face-a-terrible-dilemma.

p.657 **「政府は我々との最後のつながりを断ち切った。これほど惨めな状況になったことはない」** Isabel Coles, "Despair, hardship as Iraq cuts off wages in Islamic State cities," Reuters, October 2, 2015, http://www.reuters.com/article/us-mideast-crisis-iraq-salaries-idUSKCN0RW0V620151002.

p.658 **被害者たちの年齢は様々で、上は七〇歳までいた** Ahmed Rasheed, Ned Parker, and Stephen Kalin, "Survivors say Iraqi forces watched as Shi'ite militias executed 72 Sunnis," Reuters, January 28, 2015, www.reuters.com/article/usmideast-crisis-irag-killings.

p.659 **「こうした行為はテロ行為と同じくらい危険だ」** "Iraq's PM pledges hard line against alleged militia abuses," Reuters, January 31, 2015, http://www.reuters.com/article/us-mideast-crisis-iraq-killings-idUSKBN0L40SO20150131.

p.659 **ムクダディヤのショッピング複合施設で爆弾を二つ連続して炸裂させ、五一人を虐殺** "At least 51 killed in attacks in Iraqi capital, eastern town," Reuters, January 11,2016, http://www.reuters.com/article/us-mideast-crisis-iraq-violence-idUSKCN0UP1R420160111.

p.659 **スンナ派の家やモスクを焼き、民間人を約一〇人殺した** Ahmed Rasheed, "Sunni mosques in east Iraq attacked after ISIS-claimed blasts," Reuters, January 12, 2016, http://www.reuters.com/article/us-mideast-crisis-iraq-violence-idUKKCN0UP1R420160112.

p.659 **一週間のうちに四三人が殺され、モスク九つが放火されたと計算している** Ahmed Rasheed and Saif Hameed, "Sunni MPs boycott Iraq parliament and govt in protest at violence," Reuters, January 19, 2016, www.reuters.com/article/uk-mideast-crisis-iraq-violence-idUKKCNOUX19.

p.660 **これはイラク軍で数少ないプロの軍事部隊だ** Abigail Fielding-Smith and Crofton Black, "Baghdad kidnappings: Were American civilians working for US defence giant on 'critical' Iraq special forces programme?," Bureau of Investigative Journalism, January 19,2016, www.thebureauinvestigates.com/2016/01/19/baghdad-kidnappings-us-civilians-worked-for-general-dynamics-defence-giant-on-critical-iraq-special-forces-deal.

p.660 **イラン支援の傀儡が再びアメリカ人を捕まえようとしているという事前の警告を受けていた** "Official: Americans kidnapped from Iraq interpreter's home," CBS News, January18, 2016, www.cbsnews.com/news/americans-kidnapped-from-iraqinterpreters-home-in-dora-baghdad.

p.660 **二〇一五年九月にはトルコの建設労働者一八人** "Kidnapped Turkish construction workers freed in Iraq," BBC, September 30, 2015, www.bbc.co.uk/news/world-middle-east-34398902.

p.660 **一二月にはカタールの鷹匠二六人** "Qatar hunters abducted in Iraq desert by gunmen," BBC, December 16, 2015, www.bbc.co.uk/news/world-middleeast-35112774.

p.660 **「連中とは以前にも戦ったし、戦いを再開する準備もできている」** "Kidnapping of Americans in Iraq raises fear about security," CBS News, January 18, 2016, www.cbsnews.com/news/kidnapping-of-americans-in-iraq-raises-fears-about-security.

p.661 **二〇一五年八月末……に、『デイリービースト』は** Shane Harris and Nancy Youssef, "Spies: Obama's Brass Pressured Us to Downplay ISIS Threat," *Daily Beast*, August 27, 2015, www.thedailybeast.com/articles/2015/08/26/spies-obama-sbrass-pressured-us-to-downplay-isis-threat.html.

p.661 **九月頭に、『デイリービースト』は** Shane Harris and Nancy Youssef, "Exclusive: 50 Spies Say ISIS Intelligence Was Cooked," *Daily Beast*, September 10, 2015, www.thedailybeast.com/articles/2015/09109/exclusive-50-spies-say-isis-intelligence-was-cooked.html.

p.663 **「おおむね達成された」とIHSは結論づけている** Columb Strack, "Syrian government territory grows by 1.3% with Russian military support," *IHS Jane's*, January 21, 2016, www.janes.com/article/57402/syrian-government-territory-grows-by-1-3-with-russian-military-support.

p.663 **「ジェット機は上空からいなくならないんです」** Marga Zambrana, Muhammed Almahmoud, and Emma Graham-Harrison, "Bombarded Aleppo lives in fear of siege and starvation," *Observer*, February 6, 2016, www.theguardian.com/world/2016/feb/06/aleppo-under-bombardment-fears-siege-and-starvation.

p.663 **ISISはイスラエルの目前の場所で「ますます強く」なっているのだ** Sam Jones and Erika Solomon, "Isis empowered by shifting forces in southern Syria," *Financial Times*, January26, 2016, https://www.ft.com/content/1784ef9c-c41d-11e5-808f-8231cd71622e#axzz3zrGlys6Y.

p.664 **活動家のモハメッド・アル＝ハリリはウェブサイト、オール・フォー・シリアに語っている** "Russia strikes displace over 150,000 in Daraa: rebel media," *NOWLebanon*, February 2, 2016, https://now.mmedia.me/lb/en/NewsReports/566560-russia-strikes-displace-over-150000-in-daraa-rebel-media.

p.664 **ISIS戦士たちと取り決めをして、地域から難民を移送してもらった** Kate Ng, "Syria and Isis reach deal to end Yarmouk camp siege, as wounded militants begin safe passage

back to strongholds," *Independent*, December 25, 2015, http://www.independent.co.uk/news/world/middle-east/syria-and-isis-reach-deal-to-end-yarmouk-camp-siege-as-wounded-militants-begin-safe-passage-back-to-a6786031.html

p.665 **ただしアロウシュはこれを何度も否定している** Anne Barnard, "Powerful Syrian Rebel Leader Reported Killed in Airstrike," *New York Times*, December 25, 2015, www.nytimes.com/2015/12/26/world/middleeast/zahran-alloush-syria-rebel-leader-reported-killed.html.

p.665 **かれはISISとまちがいなく一貫して戦い続けてきた、最初期からの（最初かもしれない）反乱軍指導者なのだった** Hassan Hassan, "Syria rebel group will survive leader's death," *National*, December 27, 2015, www.thenational.ae/opinion/syria-rebel-group-will-survive-leaders-death.

p.666 **ダマスカスで運用されている共同作戦室の関係者が、クウェートの新聞『アル＝ライ』に語っている** "Russia special forces aiding Hezbollah in Latakia: report," *NOW Lebanon*, January27, 2016, https://now.mmedia.me/lb/en/NewsReports/5 665 3 8-russia-special-forces-aiding-hezbollah-in-latakia-report.

p.666 **ロシアはシリアの武闘派たちに直接武器を提供** Jesse Rosenfeld, "Russia Is Arming Hezbollah, Say Two of the Group's Field Commanders," *Daily Beast*, January 11, 2016, www.thedailybeast.com/articles/2016/01/11/russia-is-arming-hezbollah-say-two-of-the-group-s-field-commanders.html.

p.666 **「かれらをテロ組織と考えていないからだ」** "Russia says Hezbollah not a terrorist group: Ifax," Reuters, November 15, 2015, www.reuters.com/article/us-mideast-crisis-syria-russia-terrorgro-idUSKCNOT412520151115.

p.667 **シーア派の聖戦に加わらせ、見返りとして月に一〇〇〇ドルを約束した** Patrick Goodenough, "Iran Accused of Coercing Vulnerable Afghans to Fight For Assad in Syria," CNS News, February 4, 2016, www.cnsnews.com/news/article/patrick-goodenough/iran-accused-coercing-vulnerable-afghans-fight-assad-syria.

p.667 **「砲兵の支援なしに、軽自動火器しか持たされずに……」** "Iran Sending Thousands of Afghans to Fight in Syria," Human Rights Watch, January 29, 2016, www.hrw.org/tet/node/285569.

p.669 **ISISが殺したのは一一三一人だ** Hugh Naylor, "Islamic State has killed many Syrians, but Assad's forces have killed more," *Washington Post*, September 5, 2015, https://www.washingtonpost.com/world/islamic-state-has-killed-many-syrians-but-assads-forces-have-killed-even-more/2015/09/05/b8150d0c-4d85-11e5-80c2-106ea7fb80d4_story.html?utm_term=.27c48600561b.

p.669 **アル＝アサドの公安部隊とアル＝ヌスラ、ISISがそれぞれ行った、囚人の系統的な収監、拷問、殺害** "Out of Sight, Out of Mind: Death in Detention in the Syrian Arab Republic," Office of the United Nations High Commissioner for Human Rights, released to the public February 8, 2016, http://www.ohchr.org/Documents/HRBodies/HRCouncil/

CoISyria/A-HRC-31-CRP1_en.pdf.

p.670 **五年遅れで突然それについて知ったからというだけで** George Orwell, "Looking back on the Spanish War," *New Road*, 1943, http://orwell.ru/library/essays/Spanish_War/english/esw_1.

p.672 **あるいは必死の――ときには文字通り必ず死ぬ――手段でヨーロッパにたどりつこうとしている** "Syria's refugee crisis in numbers," Amnesty International, February 3,2016, www.amnesty.org/en/latest/news/2016/02/syrias-refugee-crisis-in-numbers.

著者

マイケル・ワイス　Michael Weiss

オンラインメディア『デイリービースト』シニアエディター、『インタープリター』編集長であり、CNN のコントリビューターも務める。『フォーリンポリシー』『ガーディアン』『フォーリンアフェアーズ』『ポリティコ』をはじめとする媒体に寄稿。

ハサン・ハサン　Hassan Hassan

タハリール中東政策研究所研究員、イギリスのシンクタンクである王立国際問題研究所元アソシエイト・フェロー。『ガーディアン』『フォーリンポリシー』『フォーリンアフェアーズ』『ニューヨークタイムズ』などに数多くの記事を寄稿。

訳者

山形浩生（やまがた・ひろお）

1964 年東京生まれ。東京大学大学院工学系研究科都市工学科およびマサチューセッツ工科大学不動産センター修士課程修了。大手調査会社に勤務するかたわら、科学、文化、経済からコンピュータまで広範な分野での翻訳、執筆活動を行う。著書に『新教養主義宣言』『要するに』ほか、訳書にピケティ『21 世紀の資本』（共訳）、アカロフ／シラー『不道徳な見えざる手』、クルーグマンほか『国際経済学』（共訳）、オーウェル『動物農場』、伊藤／ハウ『9 プリンシプルズ』など多数。

カバー写真 ABACA/ アフロ

亜紀書房翻訳ノンフィクション・シリーズ III-5

イスラム国 グローバル・ジハード「国家」の進化と拡大

著者　マイケル・ワイス／ハサン・ハサン
訳者　山形浩生

発行　2018年2月3日　第1版第1刷発行

発行者　株式会社　亜紀書房
東京都千代田区神田神保町1-32
TEL　03-5280-0261（代表）　03-5280-0269（編集）
振替　00100-9-144037
http://www.akishobo.com
印刷　株式会社トライ
http://www.try.sky.com
本文デザイン・組版　コトモモ社
装丁　間村俊一

Printed in Japan　ISBN978-4-7505-1534-2

亜紀書房翻訳ノンフィクション・シリーズ　最新刊

ヒトラーの原爆開発を阻止せよ！

――〝冬の要塞〟ヴェモルク重水工場破壊工作

ニール・バスコム著
西川美樹訳

ユダヤ人を救った動物園【普及版】

――アントニーナが愛した命

ダイアン・アッカーマン著
青木玲訳

1924

――ヒトラーが〝ヒトラー〟になった年（仮）

ピーター・ロス・レンジ著
菅野楽章訳
＊二〇一八年二月発売予定

13歳のホロコースト
——少女が見たアウシュヴィッツ

エヴァ・スローニム著
那波かおり訳

兵士を救え！マル珍軍事研究

メアリー・ローチ著
村井理子訳

戦地からのラブレター
——第一次世界大戦従軍兵から、愛するひとへ

ジャン＝ピエール・ゲノ編著
永田千奈訳

イスラム過激派二重スパイ

モーテン・ストームほか著
庭田よう子訳

人質460日
——なぜ生きることを諦めなかったのか

アマンダ・リンドハウトほか著
鈴木彩織訳

ハイジャック犯は空の彼方に何を夢見たのか

ブレンダン・I・コーナー著
高月園子訳

帰還兵はなぜ自殺するのか

デイヴィッド・フィンケル著
古屋美登里訳

兵士は戦場で何を見たのか

デイヴィッド・フィンケル著
古屋美登里訳

シリアからの叫び

ジャニーン・ディ・ジョヴァンニ著
古屋美登里訳

隠れナチを探し出せ

——忘却に抗ったナチ・ハンターたちの戦い

アンドリュー・ナゴルスキ著
島村浩子訳

失われた宗教を生きる人々

——中東の秘教を求めて

ジェラード・ラッセル著
臼井美子訳